KB164231

HANGIL
GREAT BOOKS
177

대변혁 II
19세기의 역사풍경

위르겐 오스터함멜 지음 | 박종일 옮김

한길사

HANGIL
GREAT BOOKS
177

Jürgen Osterhammel
Die Verwandlung der Welt: Eine Geschichte des 19

Translated by Park Jong il

리틀빅혼 전투(Battle of the Little Bighorn)

리틀빅혼 전투는 1876년 6월 25-26일 몬태나주 리틀빅혼 카운티에서
라코타-샤이엔 원주민 연합과 미국 육군 7기병연대 간에 벌어진 전투다.
부족단위로 분열되어 있던 아메리카 원주민이 연합해 미국에 승리를 거둔
기념비적인 전투다. 전투 이후 미국 측의 군사적 탄압이 강해져,
타탕카 이오타케(시팅 불) 등은 캐나다로 근거지를 옮겨 투쟁을 계속했다.

와시타강 학살

1868년 11월 27일 조지 암스트롱 커스터(George Armstrong Custer, 1839-76) 장군이
이끄는 육군 제7기병대의 병사들이 수많은 여성과 아이들을 죽였고,
인질과 인간 방패 역할을 하기 위해 많은 사람을 포로로 잡았다.
학살이냐 전투냐 논란이 있지만, 사실상 학살이 진실에 가깝다.
커스터 부대가 받은 명령은 "와시타강 쪽으로 나가 마을을 불태우고
말을 없애버리고, 전사들은 모두 죽이거나 목매달고
부녀자와 아이들은 생포"해오라는 것이었다.

일본의 포경문화

일본은 서양의 고래잡이에 영향을 받지 않고 단독적으로
고래잡이 기술과 문화를 발전시켜왔다. 에도시대에는 시구라쿠미(鯨組)라는
대규모 고래잡이 집단이 조직적인 포경을 벌였다. 메이지시대에는
서양의 포경 기술을 도입하고 멀리는 남극해 등의 공해에도 진출했다.
일본인 특유의 문화적 소양으로 '포경문화'를 발전시켰는데
포경을 생업으로 한 지역에서 포경과 고래에 얽힌 다양한
신앙, 전통, 제례, 회화, 서적 등이 전승되었다.

태평천국운동 당시 전투 묘사도

홍수전은 하늘에서 계시가 내려와 자신이 예수그리스도의 동생이라 믿은 후
기독교 신자가 되었고 기독교를 기반으로 하는 태평천국을 세웠다.
당시 청나라는 아편전쟁을 치른 후라 병력 손실이 컸고,
증세를 실시하면서 불만을 품은 사람들을 대거 태평천국이
흡수했다. 태평천국은 14년 동안 이어졌는데,
19세기 최대의 내전으로 꼽힌다.

1900년과 1904년의 동아시아 시국

19세기 말에 중국을 침략한 서구 열강들을 상징적인 형태로 묘사했다. 러시아를 대표하는 곰은 북쪽에서 침입하고 있고, 영국을 대표하는 사자 몸통을 가진 불독 머리는 중국 남부에 있으며, 꼬리로 산둥반도를 둘러싸고 있다. 프랑스를 상징하는 개구리의 오른손에는 광저우만을 가리키는 하이난섬이 있고 왼손에는 쓰촨성의 일부가 있다. 미국을 대표하는 대머리 독수리가 필리핀에서 접근하는 중이다. 독수리에는 "피는 물보다 진하다"라고 쓰여 있는데, 이는 1859년 미 해군 원수 조시아 타트널(Josiah Tattnall)의 말을 인용한 것이다. 일본은 대만을 향해 낚시를 하고 있으며, 조선을 가로질러 광선을 퍼뜨리고 있다. 프로이센에 이어 다른 유럽 국가들도 지도 하단에서 중국을 침공하기 위해 기다리고 있다.

◀ 1900년에 요하네스 쿡쿡(Johannes Koekkoek)이 그린 의화단원의 모습

의화단운동은 열강에 의한 중국의 침략이 본격화되었을 때,
즉 정치적·경제적 침탈과 토지분할이 심화되었을 때 발생한 민중운동이다.
서양 세력을 몰아내자는 기치를 내걸고(부청멸양扶淸滅洋) 봉기를 일으켰다.

▶ 의화단원들이 철도를 파괴하는 모습.

의화단원들은 철도와 전선 등을 파괴하고 교회에 방화를 하는 등
광범위한 구교운동(仇敎運動)을 펼쳤다. 이들은 외국세력에 굴복하는 관리,
서양 선교사, 중국인 기독교도를 공격했다.

1889년(메이지 22년) 제국헌법(帝國憲法) 반포

1889년 2월 11일 '대일본제국 헌법'이 공포되었다. 이 헌법은 일본 천황이
구로다 기요타카 총리대신에게 하사한 흠정헌법의 형태로 반포되었다.
칙어는 '불마의 대전'(不磨ノ大典)이었고 따라서 일본국 헌법으로 개정할 때까지
한 번도 수정이나 개정을 하지 않았다. 1882년 3월 당시 참의였던 이토 히로부미는
독일의 입헌군주를 조사한 뒤 1883년에 귀국해 헌법 제정을 준비하기 시작했다.

샤를 루이 나폴레옹 보나파르트(Charles Louis Napoléon Bonaparte, 1808−73)

흔히 나폴레옹 3세로 불린다. 1848년에 2월 혁명 이후 세워진
제2공화국의 대통령으로 선출되었으나 1851년에 친위 쿠데타를 일으켜,
1852년 12월에 제2제국을 선포, 황제에 즉위했다.
제정 전반기의 성과는 뚜렷했다. 파리 도심을 정비했고, 해운업을 성장시키면서
수에즈운하 개통에도 성공했다. 또한 농업 근대화 정책을 펼쳤으며 노동자들에게
협동조합을 개설할 수 있게 했다. 하지만 제정 후반기에는 경제 불황,
멕시코 원정 실패를 겪었으며 결정적으로 프로이센과 벌인 보불전쟁에서
포로로 잡히면서 패전하고 만다. 이후 공화주의자들에게 폐위당한다.

크림전쟁(Guerre de Crimée)

크림전쟁은 1853년 10월부터 1856년 2월까지 크림반도에서 벌어진 전쟁이다.
러시아제국이 오스만제국, 프랑스 제2제국, 대영제국과 사르데냐 왕국이 결성한
동맹군에 패배한 전쟁이다. 포탄과 철도 그리고 전보와 같은 현대 기술을 사용한
최초의 전쟁이고 기사와 전쟁 사진으로 기록되었다. 또한, 짧은 기간에
60만 명이 넘는 막대한 사상자가 생겨 유럽을 충격에 빠뜨렸다.

스당전투에서 체포된 후 비스마르크와 대화를 나누는 나폴레옹 3세
프랑스-프로이센전쟁은 통일 독일을 이룩하려는 프로이센과
이를 저지하려는 프랑스 제2제국 간에 벌어진 전쟁이다.
스당전투는 프랑스-프로이센전쟁을 끝낸 전투로
프로이센이 뫼즈강 연안 스당 요새에서 프랑스군을 격파한 전투다.
이 전투에서 프랑스 황제 나폴레옹 3세가 포로로 잡혀
프랑스 제2제정이 몰락했다. 나폴레옹 3세의 체포 소식을 들은
프랑스공화주의자들은 나폴레옹 3세를 폐위한다.

1910년 런던 트라팔가 광장에서 연설하는 샬롯 데스파드

로맨스 작가였던 샬롯 데스파드는 남편이 사망한 후 참정권 운동에 뛰어들었다.
여성사회정치연합(WSPU)의 주요 인물 가운데 가장 나이가 많은 사람 중
한 명이었으며, 세금 거부, 인구조사 거부 등 주로 비폭력적인 투쟁을 주도했다.
그는 참정권운동으로 네 번이나 감옥에 수감되었으며 평생 여성의 권리,
빈곤 구제 및 세계 평화를 위한 활동을 벌였다. 데스파드의 사망 후
런던에는 그의 이름을 딴 거리가 두 개 생겼으며, 오늘날까지
인류를 위한 위대한 대의에 헌신한 사람으로 기억된다.

◀ "투표를 원하는 여성은 어디에나 있다"
여성을 위한 주간 참정권 신문 투표를 광고하는 1909년 포스터

▶ 여성참정권을 위해 기사와 같이 노력하자는 포스터

'서프러제트'(suffragette)는 1880년대와 1910년대 영국 등
서구권 국가에서 벌어진 여성참정권운동이다. 당시 영국의
신문『데일리 메일』(Daily Mail)은 에멀린 팽크허스트(Emmeline Pankhurst, 1858~1928)가
참정권운동을 위해 1903년 결성한 여성사회정치연합(WSPU)을 경멸하는 뜻으로
서프러제트를 처음 사용했지만, 서프러제트는 이를 적극적으로 차용했다.
그들의 슬로건은 "말이 아닌 행동"이었고, 1918년에 30세 이상 여성에게
선거권과 피선거권이 인정될 수 있게 하는 데 중대한 영향을 끼쳤다.
하지만 모든 여성에게 참정권이 주어진 것은 아니었고 집을 소유한 사람만
투표가 가능했으므로 대부분 노동자 계층은 제외되었다.
1913년 서프러제트 에밀리 데이비슨(Emily Davison)은 영국 국왕
조지 5세가 참관하는 경마대회에서 가로대 밑으로 빠져나가
달려오는 국왕의 말에 몸을 던졌다. 데이비슨은 끝내 깨어나지 못했고
그의 외투 안에선 WSPU라고 쓰인 깃발 두 개가 발견됐다.

HANGIL GREAT BOOKS 177

대변혁 II
19세기의 역사풍경

위르겐 오스터함멜 지음 | 박종일 옮김

한길사

일러두기

1. 이 책은 *Die Verwandlung der Welt: Eine Geschichte des 19*, Verlag C.H.Beck oHG, München 2010을 저본으로 번역했고 영어본(*The Transformation of the World*, trnas. by Patrick Camiller, Princeton University Press, 2014)과 중국어본(世界的演變: 19世紀史, 强朝暉/劉風譯, 社會科學文獻出版社, 北京 2016)을 참조했다.

2. 본문에 있는 각주는 이해를 돕기 위해 모두 옮긴이가 넣었다.

대변혁 19세기의 역사풍경

I

서론 • 27

제1부 근경 近景

제1장 기억과 자기관찰 19세기의 영구화 • 45

1. 시각과 청각 • 75
2. 기억의 보관소, 지식의 보고, 보존매체 • 81
3. 관찰, 묘사, 사실주의 • 101
4. 통계학 • 119
5. 신문 • 127
6. 사진 • 147

제2장 시간 19세기는 언제인가? • 167

1. 시대구분과 시대의 특징 • 193
2. 역법과 시대구분 • 203
3. 전환과 과도기 • 211
4. 혁명의 시대, 빅토리아주의, 세기말(Fin de siècle) • 221
5. 시계와 속도 • 241

제3장 공간 19세기는 어디인가? • 267

1. 시간과 공간 • 289
2. 문화지리학 공간의 명칭 • 293
3. 심리적 지도 공간관념의 상대성 • 311

4. 상호작용의 공간 대륙과 해양 · 327

5. 지역구획 권력과 공간 · 347

6. 영토권, 디아스포라, 경계 · 355

제2부 전경全景

제4장 정주와 이주 유동성 · 379

1. 규모와 추세 · 403

2. 인구재난과 인구전환 · 417

3. 근대초기 원거리 이민의 유산 크레올과 노예 · 425

4. 징벌과 유배지 · 435

5. 인종청소 · 447

6. 내부이민과 노예무역의 형태전환 · 457

7. 인구이동과 자본주의 · 477

8. 이민의 동기 · 497

제5장 생활수준 물질적 생존의 안전과 위험 · 513

1. 생활수준과 생명의 질 · 533

2. 기대수명과 건강인(Homo hygienicus) · 539

3. 전염병의 공포와 예방 · 555

4. 이동하는 위험, 어제와 오늘 · 569

5. 자연재해 · 593

6. 기근 · 601

7. 농업혁명 · 621

8. 빈곤과 부 · 631

9. 소비의 지구화 · 649

찾아보기 · 695

대변혁 19세기의 역사풍경

Ⅱ

第6장　도시　유럽 모형과 세계적 특색 · 743

1. 도시의 정상 형태와 특수 형태 · 757
2. 도시화와 도시체계 · 773
3. 탈도시화와 초성장 사이에서 · 787
4. 특수한 도시와 보편적인 도시 · 803
5. 항구도시의 황금시대 · 825
6. 식민도시　통상항과 제국도시 · 841
7. 내부 공간과 지하 공간 · 867
8. 상징, 미학, 계획 · 895

第7장　프런티어　공간의 정복, 유목생활에 대한 침입 · 933

1. 침략과 프런티어 과정 · 945
2. 북아메리카의 서부 · 963
3. 남아메리카와 남아프리카 · 993
4. 유라시아대륙 · 1011
5. 이민 식민주의 · 1033
6. 자연의 정복　생물권에 대한 침입 · 1047

第8장　제국과 민족국가　제국의 지구력 · 1095

1. 추세　강대국 정치와 제국의 확장 · 1097
2. 민족국가로 가는 길 · 1117
3. 제국　응집력의 유래 · 1149
4. 제국　유형과 비교 · 1167

5. 제국 중심유형과 변형 · 1179

6. 팍스 브리타니카 · 1213

7. 제국 생활상황 · 1235

제 9 장 강대국체제, 전쟁, 국제주의

두 차례의 세계대전 사이 · 1265

1. 국제체제로 가는 험난한 길 · 1281

2. 질서의 공간 · 1293

3. 전쟁 평화로운 유럽, 전쟁에 찢긴 아시아와 아프리카 · 1307

4. 외교 정치적 도구, 문화의 경계를 넘는 예술 · 1327

5. 국제주의와 보편규범의 등장 · 1349

제 10 장 혁명

필라델피아로부터 난징시를 거쳐 상트페테르부르크로 · 1377

1. 혁명 아래로부터, 위로부터, 예기치 않은 방향으로부터 · 1389

2. 혁명적인 대서양지역 · 1405

3. 세기 중반의 혼란 · 1445

4. 1990년 이후의 유라시아 혁명 · 1475

찾아보기 · 1515

대변혁 19세기의 역사풍경

第11장 국가 최소정부, 통치자의 업적, 미래의 철창 · 1563

　1. 질서와 교류 국가와 정치 · 1583

　2. 군주제의 재발명 · 1597

　3. 민주주의 · 1623

　4. 행정 · 1645

　5. 동원과 처벌 · 1665

　6. 자강 변경방어정책 · 1681

　7. 국가와 민족주의 · 1689

제3부 주제

第12장 에너지와 공업

　누가, 언제, 어디서 프로메테우스를 풀어놓았는가? · 1713

　1. 공업화 · 1729

　2. 에너지체계 석탄의 세기 · 1753

　3. 경제발전과 비발전의 경로 · 1767

　4. 자본주의 · 1783

第13장 노동 문화의 물질적 기초 · 1801

　1. 농업노동의 비중 · 1823

　2. 작업 장소 공장, 공사장, 사무실 · 1841

　3. 해방의 길 노예, 농노, 농민 · 1865

　4. 임금노동의 비대칭성 · 1881

제**14**장 네트워크 작용범위, 밀도, 틈 · 1897

  1. 교통과 통신 · 1913

  2. 무역 · 1937

  3. 화폐와 금융 · 1949

제**15**장 등급제도 사회적 공간의 수직적 차원 · 1981

  1. 세계사회사 · 1987

  2. 귀족의 완만한 쇠락 · 1997

  3. 부르주아와 준 부르주아 · 2017

제**16**장 지식 증가, 농축, 분포 · 2059

  1. 세계어 소통의 대 공간 · 2083

  2. 문해력(文解力)과 학교 교육 · 2095

  3. 유럽의 문화수출품 대학 · 2115

  4. 지식의 유동성과 번역 · 2135

  5. 자아와 타자에 관한 인문학 · 2145

제**17**장 문명화와 배제 · 2175

  1. '문명세계'와 '문명포교' · 2187

  2. 노예해방과 '백인의 통치지위' · 2209

  3. 배외주의와 '인종전쟁' · 2241

  4. 반유대주의 · 2261

제*18*장 종교 · 2283

　　1. 종교의 개념과 조건 · 2297

　　2. 세속화 · 2309

　　3. 종교와 제국 · 2321

　　4. 개혁과 혁신 · 2335

　　맺는말 역사상의 19세기 · 2357

　　옮긴이의 말 · 2389

　　찾아보기 · 2397

제 6 장

도시

유럽 모형과 세계적 특색

거대한 아치형 창문의 외벽을 가진 파리 북역(Gare du Nord)
1846년에 완공되었으며 사진은 1900년 무렵의 모습이다
인류가 발명한 사회 기반시설 가운데 도시를 파괴하는 데
가장 큰 역할을 한 것은 철도였다. 철도는 전통적인 도시의 내부구조에
열상(裂傷)을 입혔다. 한 국가 안의 여러 도시, 또는
여러 국가의 여러 도시가 철도를 통해 네트워크를 형성해갔다.
기차역 건설은 19세기가 마주한 거대한 도전이었다.
인류는 역사적으로 이처럼 큰 규모의 이동수단을 설계해 본 적이 없었다.
선진적 기술을 적용하고 편의성과 독특한 외관을 갖춘 기차역은
당대 최고의 예술작품으로 찬사를 받았다.

고대 로마 양식의 뉴욕 펜실베이니아 역
당대 미국의 위대한 건축물 가운데 하나였다.
이 역은 1910년에 완공되었으며 1963년에 철거되었다.
사진은 1910년대의 모습이다.

위에서부터 아래로 파리의 마차(1828),
런던의 마차(1829), 코펜하겐의 마차(1907)
저소득 계층도 감당할 수 있는
대중 교통수단을 찾아내는 일은
도시발전의 전제조건이었다.
마차는 도시교통의 중요한 초기 발명품이었다.

1890년 무렵 런던의 마차철도(horse-drawn tram)
19세기 70년대에 유럽대륙 전체에 보급된 마차철도는 증기관이 철도에 도입된 후에도
도시 내부에서 운행되었으나 전기를 이용한 노면열차의 보급 후 서서히 사라졌다.
마차와 마차철도는 사회공간의 분화에 중대한 영향을 미쳤다.
이런 교통수단의 요금과 교통노선 주변의 지가 상승을 감당할 수 있는
중산계급은 일터에서 비교적 멀리 떨어진 곳으로 집을 옮길 수 있었고,
이 때문에 사회학에서 말하는 작업장 공동체(workplace community)가 해체되었다.

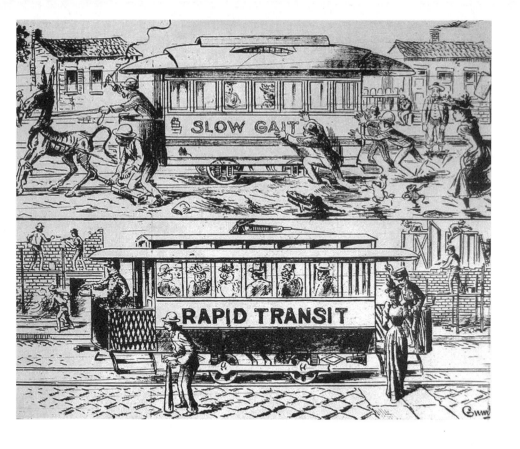

1893년 10월 21일 뉴올리언스의 지역지 『마스코트』(The Mascot)에 실린
궤도전차의 등장을 찬양하는 신문만화
궤도전차는 도시의 시내 교통에 진정한 의미의 혁명을 가져왔다.
1차 세계대전이 일어나기 전 거의 모든 유럽 대도시에서
궤도전차망이 완성되었고 도시의 마차 운송은 종말을 고했다.

일본의 인력거
아시아 국가의 도시에서 사람을 실어나르는 대중 교통수단은
말이 아니라 사람이었다. 1870년에 일본에서
인력거가 발명되었고 1880년대에 중국, 조선, 동남아시아로 수출되었다.

찰스 피어슨(Charles Pearson, 1793-1862)
정치가 피어슨의 창의적인 아이디어에서 시작된
세계 최초의 지하철 건설공사는 1860년 런던에서 시작되었다.
1863년에는 6킬로미터에 달하는 '메트로폴리스 라인'이 개통되었다.
지하철의 개통은 도시의 통합과 교외지역의 개발에
엄청난 영향을 주었으며 '메트로'라는 명칭도 여기서 나왔다.
런던의 방식을 본뜬 지하철이 부다페스트(1896), 글래스고(1897),
보스턴(1897), 파리(1900), 뉴욕(1904), 부에노스아이레스(1913)에 건설되었다.
아시아에서는 도쿄에 처음으로 지하철이 건설되었다(1927).

개통 당시의 런던 지하철 모습
최초의 지하철은 증기기관차가 열차를 끌었고
오르막 경사에서는 기관차가 멈추거나 후퇴하는 경우도 있었다.
열차 안의 조명은 석유등이나 가스등이었다.

▲ 카미유 피사로, 「오페라 거리, 비의 효과」

▼ 파리개조사업, 파리의 건축가 조르주외젠 오스만(Georges-Eugenè Haussmann, 1809-91)

나폴레옹 1세 시대의 영광을 파리에 재현하겠다는 나폴레옹 3세의 정치적 포부를
건축적으로 담아내어 파리를 개조한 건축가가 오스만이었다.
이 사업은 파리개조사업이라 불리며 당시에는 천문학적인 공사비용으로
큰 비난을 받았으나 준공 이후 영국 등 다른 나라들의 찬사를 받았다.
오늘날 우리가 알고 있는 파리는 이때부터 시작되었다. 오스만은 도시를
하나의 유기체로 보고 최초로 도시 전체를 체계적으로 건설했다.
당시 유럽의 신도시는 주로 군주의 영광을 드러내기 위한 것에만 치중했지만
오스만은 도시 기반시설부터 도로 체계, 녹지 조성, 미관 관리,
도시 행정에 이르기까지 모든 것을 통일된 형태로 계획했다. 당시 파리는
중세 도시의 모습에서 전혀 벗어나지 못했으나 이전과는 전혀 다른 근대화된 파리가 탄생했다.

모내드녹 빌딩을 그린 준공 당시의 그림엽서

20세기 건축의 보편적 언어는 마천루였다. 19세기 80년대에 시카고에서
지금까지의 건물과는 외관이 전혀 다른 인류역사상 최초의
마천루가 들어섰다. 모내드녹 빌딩(Monadknock Building Complex, 1889~93년)은
건축의 새로운 시대가 왔음을 한눈에 일깨워주는 건물이었다.
1910년 무렵에는 50층 이상 고층건물의 건설은 기술적으로 불가능한 일로
인식되었다. 이런 건축은 오랫동안 미국인의 전유물이었다.

▲ 파리 오르세역(Gare d'Orsay) 1900년의 모습
▼ 파리 오르세역 개장 후 운영하는 모습(1905년)

▲ 자이푸르 기념탑(Jaipur Column)

자이푸르 기념탑은 루티엔스가 디자인 했으며,
인도 뉴델리 대통령 관저에 있다.

▼ 에드윈 루티엔스(Edwin Lutyens, 1869–1944)

루티엔스는 20세기 영국의 가장 중요한 건축가다.
그는 제국주의 미학의 우월성을 거칠게 드러내지 않으면서도
정부기관 건물, 정원, 분수, 가로수길이 어우러진
뉴델리의 조화로운 도시경관을 만들어냈다.

1. 도시의 정상 형태와 특수 형태

'도시'는 공간을 사회적으로 조직하는 하나의 방식이다. 이 방식을 다른 방식과 분명하게 구분하기는 쉽지 않다. 도시는 언제나 다른 그무엇, 즉 '비도시'와 긴장관계에 놓여 있다. 비도시는 정착 농경민의 마을로 이루어진 농촌, 유목민의 사막과 초원, 지주의 세력이 집중된 대규모 농장과 플랜테이션, 또는 같은 지역에 있는 다른 도시일 수도 있다(다른 도시와의 관계는 평화적 경쟁관계인 경우도 있고 아테네와 스파르타, 로마와 카르타고처럼 화해할 수 없는 적대관계인 경우도 있다).[1]

도시는 반대편 극단이 되는 비도시와 비교될 때 쉽게 구분될 수 있다. 그러나 인간의 거주지가 어떤 조건을 갖추어야 도시라고 불릴 수 있는지는 분명하게 규정하기 어렵다. 성벽(城壁), 시장(市場), 도시 특허장(city charter) 등 현대 이전의 유럽 도시의 뚜렷한 특징은 다른 문명에서나 19세기에는 존재하지 않았다. 주민의 수도 믿을만한 기준은 아니다. 2,000명, 5,000명, 아니면 1만 명? 도시가 될 수 있는 최소 인구는 몇 명인가. 지금까지 어느 나라의 통계 기관도 도시가 될 수 있는 국제적 기준에 합의하지 못했다. 통계적인 비교도 기준이 되기 어렵다.

다른 영역에서도 도시의 특성을 규정할 수 있는 기준을 제시하기 어렵다. 어떤 사학자는 '도시사'가 역사학의 한 분파로서 성립될 수 있는지에 대해 의문을 제기한다. 결론적으로 말하자면 역사 발전의 모든 측면이 도시의 모습에 반영되어 있지 않은가. 궁극적으로 도시를 독립적인 모습과 고유의 '정신'을 지닌 사회적 공간으로 보아야 하는지, 그보다는 거시적 도시화 과정에서 상황에 따라 변할 수 있는 관념으로 보아야 하는지에 대해서 아직 일치된 견해가 없다.[2] 도시사(都市史)와 도시화사(都市化史)는 병행하지만 서로 시각을 달리한다. 도시사는 특정 도시의 외모와 인상에 주목하지만 도시화사는 인류가 도시에 정착하게 된 과정, 그중에서도 그 과정이 현대에 나타난 추세를 주목한다.[3]

도시의 모형

도시를 형성한 모든 문명은 도시에 대한 각자의 이상형과 도시를 묘사하는 고유의 용어를 갖고 있다. 중국어의 성시(城市), 그리스어의 폴리스(πόλις polis), 영국어의 타운십(township)은 의미가 다르다. 비잔티움에서 콘스탄티노플로, 다시 이스탄불로 변해온 기나긴 과정에서 볼 수 있듯이 시대마다 모습이 전혀 다른 도시도 있다. 모든 문명은 '도시'와 '도시생활'에 대해 자기 나름의 해석을 발전시켜왔다. 그런 의미에서 도시는 문명의 특수성이 집중적으로 표출되는 장소이며 한 사회의 상상력을 가장 선명하게 보여주는 전시장이다.

18세기나 19세기에도 베이징과 아그라(Agra),* 에도와 리스본, 이스파한**과 팀북투***를 혼동하는 사람은 없었을 것이다.

* 인도의 오래된 도시, 타지마할로 유명한 도시다. 무굴제국의 수도였다.
** 이란의 고대도시. 지금도 인구 규모로는 이란의 세 번째 도시이며 역사는 기원전으로 거슬러 올라간다. 1597년 사파비드(Safavid) 왕조의 수도로 선정되고 나서부터 크게 번영했다.
*** 아프리카 말리의 고대 도시. 15세기와 16세기에 번성했던 아프리카의 이슬람 문화를 대표하는 유적들이 많이 남아 있다.

우리는 농촌에 있을 때보다 도시에 있을 때 자신이 어디에 있는지를 파악하기가 더 쉽다. 도시의 건축물은 다른 무엇보다도 문명의 특징을 분명하게 드러내고 있기 때문이다. 도시에서 문명의 특징은 돌로 남는다. 거대도시가 성장하면서 —20세기 후반의 중요한 사회사적 특징의 하나이다— 문명의 독특한 개성은 점차 도시에서 사라졌다.

우리는 지리학자나 사회학자가 만들어낸 도시의 모형을 액면 그대로 받아들여서는 안 된다. '중국식' 도시, '인도식' 도시, '라틴아메리카식' 도시처럼 기회가 있을 때마다 반복적으로 강조되는 기본적인 특징은 많은 특정 사례를 극단적으로 추상화한 결과로서 이해해야 비로소 의미를 갖는다. 이런 모형은 특징을 단순화하기 때문에 오랜 시간에 걸쳐 일어난 변화를 전면적으로 이해하는 데는 도움이 되지 않으며, 오직 도시의 지나치게 정태적인 '약도'만 보여줄 뿐이다.[4] 또한 이런 모형은 기능이 유사한 도시들 —예컨대, 항구도시 또는 수도— 은 문명의 경계를 넘어서 차이보다 훨씬 더 큰 공통적인 특징을 갖고 있다는 사실을 무시한다. 문명이 사회질서의 획일적인 영역(독일 지리학계가 늘 주장하는 '문화지역')인지, 그래서 다른 문명과 확연하게 구분되는지는 특별히 의문스럽다.

동남아시아의 어느 곳이 아니라도 '인도식 도시'는 볼 수 있다. 화교사회를 보더라도, 중국인이 발을 디딘 곳이면 동일한 모형의 화교 집단거주지가 형성된다는 생각은 명백한 오류임을 알 수 있다. 도시의 형태는 고정된 채 휴면상태에 있다가 깨어나서는 변화하는 환경 가운데서 자동적으로 개화(開花)하는 '문화의 법칙'이 아니다. 도시 생활의 모든 형태는 당연히 고유한 특성을 갖고 있다. 유럽인은 도시의 중심에 거주하기를 좋아하지만 북아메리카에서는 이런 선호가 강하지 않다. 그러나 도시의 특정 형태를 당연한 것으로 받아들이기보다는 어떤 조건하에서 도시의 목표가 설정되고 달성되었는지를 살펴보는 것이 더 흥미 있는 일이다. 그러자면 우리는 '중국식 도시'를 관찰할 때 당연히 '중국적이지 않은' 요소를 관찰의 초점으로 해야 한다.

도시는 각종 관계와 네트워크의 교차점이다. 도시는 도시를 둘러싸고 있는 지역을 조직한다. 시장, 지배적인 국가기관, 지방정부의 능동성이 교역의 네트워크, 행정적 계층조직, 도시 사이의 수평적 연합을 만들어낸다. 외로운 섬 같은 도시는 없다. '외부세계'로부터 오는 영향은 도시를 거쳐 퍼져나간다. 도시는 세계를 향한 문이다. 서방뿐 아니라 중동/이슬람의 강력한 전통은 도시를 모든 문명의 발상지(fons et origo)로 본다. 근현대 이전의 여행자들은 모두가 도시를 여행의 목적지로 정했다. 도시는 황야의 여러 가지 위험으로부터 벗어날 수 있는 피난처였다. 낯선 환경에 들어온 이방인 또는 외부자로서 그들이 도시에서 마주치는 위험은 농촌에서보다 훨씬 적었다.

도시에는 지식, 부, 권력이 모였다. 물론 원대한 뜻을 품은 사람, 세상에 대한 호기심으로 가득 찬 사람, 실의에 빠지거나 생활에 절망한 사람도 도시에서 기회를 찾을 수 있었다. 농촌사회와 비교할 때 도시는 '거대한 용광로'였다. 도시는 제국 통치의 중심이자 전 세계 도시 체계의 조종자였다. 런던은 금융의 중심이었고, 바티칸은 가톨릭 신앙의 중심이었고, 파리와 밀라노는 패션의 중심이었다.

도시의 기억은 이미 사라진 많은 문명의 신화 같은 추억과 밀접하게 관련되어 있었다. 바빌론, 아테네, 제2성전(聖殿) 시대의 예루살렘, 칼리프시대의 바그다드, 선출된 공작이 통치하던 시대의 베네치아……. 도시는 고대의 기원이자 현대의 요람이다. 도시는 그 주변을 이끌어가고, 권력을 행사하고, '상대적'으로 진취적이기 때문에 우월한 위치에 서 있다. 이것은 어느 시대에나 진실이었다. 그렇다면 19세기의 도시에서 새로운 것은 무엇이었을까.

돌의 세계

도시 생활방식의 다양성은 결코 낮게 평가되어서는 안 된다. 최초로 고층빌딩이 올라간 도시로부터 ― 1885년 전례가 없는 17층 건물이 올라간 시카고가 다른 도시들을 한 발 앞섰다[5] ― 임시적인 정착지에 이르기까지 도시의 형태는 천태만상이었다. 19세기에 들어와서도 유럽 중세 초기의 순회수도를 닮은 이동도시(villes itinérantes)가 없어지지 않았다. 1886년에 메넬리크 2세(Menelik II)가 아디스아바바성을 쌓기까지 에티오피아는 수백 년 동안 이동수도를 유지해왔다. 6,000명의 노예가 황실 소유의 일상 집기, 금은보석, 제사용품을 둘러메고 거대한 가축 떼를 몰아가며 최고 통치자와 귀족들을 따라가는 광경은 이때부터 역사 속으로 사라졌다. 새로운 수도 건설은 에티오피아가 현대사회를 향해 첫 발을 내딛는 매우 상징적인 사건이었다. 1894년, 메넬리크 2세가 아두아(Adua)에서 뜻밖에도 이탈리아 원정군을 격파하자 열강은 아디스아바바의 지위를 인정하고 이 도시에 유럽식 외교공관을 짓기 시작했다.[6]

19세기 말까지 모로코의 역대 왕들은 도시의 궁전보다 말안장 위에서 더 많은 시간을 보냈다. 술탄 물라이 하산(Mulay Hassan)은 궁전을 건설하는 일에 열정을 보이기는 했지만 1893년까지도 여전히 4만 명의 수행원과 노복으로 구성된 대부대를 이끌고 바깥을 떠도는 유랑생활을 했다.[7] 이러한 '유목성' 생활방식을 시대의 발전을 따라잡지 못한 낙후된 현상으로 봐야 할까. 중국은 물론 러시아와 대영제국의 통치자들도 자신을 위해 각지에 여름궁정과 겨울궁정을 지었다. 1860년 이후 세계에서 가장 큰 나라 가운데 하나인 인도에서도 통치자는 해마다 몇 달씩이나 피서 명승지 ― 히말라야 산자락에 자리 잡은 기후가 서늘한 심라(Simla. 훗날 Shimla로 바꾸었다) ― 에서 국가를 관리하는 직책을 수행했다. 매년 여름, 인도총독부 전체가 거대한 카라반을 형성하여 그림같은 풍경으로 둘러싸인 성으로 이동했다. 그러나 빅토리아 여왕의 전권대표인 인도 총독의 임시 관저는 1888년부터는 간소한 천막이 아니라 영국식 후기 르네상스 풍으로 지은 총독부(Viceregal Lodge) 건물로 바뀌었다.[8]

그럼에도 불구하고 총체적으로 보아 19세기는 통치자들은 정착하고 도시는 석조건물로 바뀌어간 시대였다. 유럽에서도 1800년 무렵에 석조건물은 결코 일반적이지 않았다. 아이슬란드 같은 변방 국가에서는 1915년 이후가 되어서야 석조건물이 나타나기 시작했다.[9]

건축 재료가 석재로 바뀌는 추세는 식민지 국가에서 두드러지게 나타났다. 식민 종주국은 석조건물을 통해서 도시의 외관을 질서정연하게 변화시키고자 했고, 그 이면에는 식민지의 정치질서를 견고하게 만들고자 하는 의도가 숨겨져 있었다.

이와 동시에 식민 종주국은 석조건물을 통해 식민지 지배권을 영원히 지키겠다는 결심을 대외적으로 알리고자 했다. 그들은 석재를 동원해 진흙과 목재를 제압하는 것이 문명국가의 역사적 사명이라고 인식했다. 그러나 최종적인 결과는 역설적이었다. 경량 재료로 지어진 주택은 화재나 정치적·경제적 상황의 변화 때문에 쉽게 사라질 수 있다. 석조건물은 굳건하게 살아남아서 오늘날까지도―빈민굴, 식민지 이후 시대 정치의 권력중심, 관광객을 끌어모으는 오래된 유적으로서 경멸의 대상으로 변해―식민주의의 죽음을 선명하게 증거하고 있다.

때로는 삼림자원의 고갈이 어쩔 수 없이 석재를 선택하도록 만들었다. 목재 건물은 사람들의 눈에 점차 원시와 낙후의 표지, 왕조시대의 낡은 유물로 비치게 되었다. 빅토리아시대에 유행한 튜더왕조 부활 양식의 전면(前面) 목재 벽 구조는 신고전주의 석조 건축의 근엄한 분위기를 보완하기 위한 부수적 장식에 불과했다.

생태적·경제적 조건의 제약 때문에 선택의 여지가 없는 도시에서는 진흙과 목재 구조의 건물이 여전히 도시 건축의 주류를 이루었다. 이런 모습의 도시는 인간이 자연에 순응한 이성적인 태도의 표현일 수 있었다. 미국의 생물학자이자 예술품 수장가인 에드워드 모스(Edward S. Morse)는 1885년에 이렇게 말했다.

서방과 마찬가지로 일본에서도 극히 소수의 사람들만 방화 기능을 갖춘 주택을 지을만한 돈을 가지고 있다. 그러므로 일본인의 입장에서 유일하고도 합리적인 선택은 가연성 재료를 사용해서 간편하고 언제든지 철거할 수 있는 주택을 지어서 손실을 가능한 한 낮추는 것이다. 불이 나면 재빨리 달려가 불길이 삼키기 전에 널빤지라도 몇 장 뜯어서 들고 나올 수 있으니 다행한 일이다.[10] 이런 숙명론적 철학을 받드는 사람이 지금까지도 있다. 그러나 오늘날에는 일본의 도시도 시멘트와 석재로 지은 집이 들어차기 시작했다. 잎이 알록달록 물든 고목과 촘촘한 갈대 이엉의 아름다움은 진부한 시멘트 방화기능의 희생물이 되었다.[11]

도시는 지구의 보편적 현상이다. 국가는 유럽인의 발명품이라고 할 수 있을지 모르나 도시의 경우는 그렇지 않다. 도시문화는 (북아메리카와 오스트레일리아를 제외한) 모든 대륙에서 독립적으로 일어났다. 중동의 나일강 유역과 지중해 동부, 중국과 인도, 훨씬 훗날의 일본, 중부아메리카, 사하라 이남지역에서 각기 독자적인 도시문화가 형성되었는데 대부분의 경우 농업과 밀접한 연관성이 있었다.

도시의 물리적 형태와 생활방식은 유럽에서 전래된 것이 아니다. 유럽에서 발생한 '근대적인' 도시는 전 세계로 퍼져나갔지만 거의 하나의 예외도 없이 강인한 토착 도시문화와 충돌했다. 16세기 20년대에 테노치티틀란(Tenochtitlán)은 철저하게 파괴되었고 그 위에 멕시코시티가 세워졌다. 고도 베이징의 웅장한 성벽(세 겹의 직사각형 모양이었다)과 16개의 성문은 유럽과 일본 침략자의 포격도 견뎌냈지만 20세기 50년대와 60년대에 도시설계자와 마오쩌둥의 홍위병이

'봉건시대의 찌꺼기'를 철저하게 파괴했다. 이것은 서방 침략세력을 맞이한 두 극단의—소멸하거나 끈질기게 버티거나—사례였다. 나머지 지역의 상황은 두 극단 사이의 어디쯤에 속했다. 도시 건축과 도시 조직의 각종 요소는 끊임없이 결합·대체·혼합하거나 좁은 공간에서 서로 격렬하게 충돌했다. 도시의 현대화란 큰 추세는 시점을 달리하며 세계 각지에서 나타났으나 완전히 서방의 방식을 따라간 경우는 거의 없었다.

19세기의 추세

19세기 동안 '도시'에 어떤 변화가 일어났을까. 특히 19세기 후반은 도시화가 고도로 진행된 시기였다. 역사상 어떤 시대도 사회생활에서 19세기와 같은 공간 밀도의 변화를 경험한 적이 없었다. 도시 인구의 증가속도는 이전 몇 세기보다 훨씬 빨랐다. 영토가 광활한 몇몇 국가에서 유사 이래 처음으로 도시 주민의 생활방식이 경제와 문화 영역에서 주도적인 생활방식이 되었다. 이런 현상이 나타난 적 있었던 곳은 고대 지중해의 핵심지역, 중국 송대(960-1279)의 중원 지역, 근대 초기의 이탈리아뿐이었다.

유럽이든 중국이나 인도이든 어떤 도시체계도 이처럼 대규모의 '도시유입'을 받아들일 준비가 되어 있지 않았다. 따라서 도시화 초기단계에서 유입을 조절하려는 시도는 위기를 불러왔다. 기존 도시가 수용할 수 없는 인구는 주변의 신흥도시로 흘러들었다. 미학적 관점에서는 그렇지 않지만 사회적으로는 가장 성공적인 사례가 지금까지 도시가 존재한 적이 없는 지역—특히 미국 중서부와 태평양 연안 지역, 오스트레일리아—에서 나타났다. 19세기 20년대부터 도시화는 이곳에서 맨바닥에서부터 시작되었다. 이것은 때때로 조건이 좋은 땅을 맘대로 골라 원주민들로부터 빼앗아왔다는 사실의 다른 표현이었다. 이러다보니 연속성이나 비연속성 문제는 논할 계제가 아니었다.

세계의 다른 지역에서 도시의 발전 궤적이 연속성을 보여준 사례는 드물었다. 19세기 중엽부터 유럽 대륙의 모든 국가에서 잇따라 등장한 대도시는 기왕의 도시 역사와는 근본적으로 단절되었다. 18세기 말 프랑스의 경제학자들은 (분명히 파리를 대상으로 관찰했겠지만) 대도시는 '사회'가 결집되고 사회적 기준이 형성되는 곳이란 사실을 처음으로 알아냈다. 대도시는 경제순환의 동력원으로서, 사회적 유동성의 증폭기로서 기능했다. 대도시에서 가치는 (농촌에서처럼) 오로지 생산을 통해서만 증가하는 것이 아니라 사람들의 상호작용을 통해서도 증가했다. 상품의 신속한 회전이 부를 만들어냈다.[12]

사람들은 근대적 대도시의 본질은 순환, 다시 말해 교통기술의 발전에 따라 끊임없이 속도가 빨라지는 도시 내부 또는 도시와 주변지역 사이의 사람, 가축, 교통수단, 상품의 이동이란 점을 점차 깨달아갔다. 비판적인 태도를 가진 사람들은 대도시 생활의 빠른 속도에 대해 끝없이 불평과 원망의 소리를 냈지만 반대로 도시의 개혁자들은 근대도시의 핵심인 원활한 순환을 보장하기 위한 여러 조치를 구상했다(궤도전차의 운행, 도로의 확장을 통한 교통문제 해결, 상수도관 매설과 지하 오수배수관 설치를 통한 도시 급배수문제 해결, 공기의 질을 개선하기 위한 빈민가 정리와 주택 개선 사업), 이런 것들이 영국의 도시위생 개혁자들과 중세 이후의 파리를 만들어낸 오스망 백작(Baron Georges-Eugène Haussmann)이 구상하고 추진했던 도시개발의 핵심 구상이었다.[13]

19세기 말의 유럽 대도시는 근대 초기의 도시에 비해 사회적으로 더욱 분화했다. 도시의 권력집단 구성원의 균질성은 전보다 낮아졌다. 정책 결정권을 가진 귀족 엘리트, 중간 계층의 상인과 수공업자, 도시빈민이라는 간단한 3등분 구조는 사라졌다. 엘리트 계층의 통일된 취향이란 것도 더 이상 존재하지 않았다. 귀족 거주지, 서민 거주지 같은 단지 개념의 도시 설계는 더 이상 통하지 않게 되었다.

빅토리아시대의 도시는 미학적으로나, 사회적으로나, 정치적으로나 '전쟁터'였다.[14] 그러나 이 시대의 도시는 과거의 어느 도시보다도 더 견고했다. 도시에서 석고장식은 거의 사라졌고, 금속재료가 더 많이 사용되었다. 벽돌쌓기는 더 단단해졌다. 도시는 '만년성'이었다.

건축의 체적도 커졌다. 평균적인 시청 건물이나 철도역사의 규모가 과거에는 교회당이나 베르사유 형식의 궁전이라야 도달할 수 있었던 크기가 되었다. 역설적이게도, 시민을 위한 거대한 공공건축이 왕과 귀족의 화려한 궁전보다 더 시민을 왜소하게 만들었다.

19세기에 도시의 면적, 주민의 수, 도시 인구가 총인구에서 차지하는 비중 등 수적인 팽창 이외에도 대도시에서는 다음과 같은 몇 가지 중요한 전환이 일어났다.

1. 속도의 차이는 있지만 거의 전 세계에 걸쳐서 도시화와 도시의 성장이 일어났다. 다른 어떤 영역에서보다도 도시화 과정에서 사회발전 속도의 지역적 차이 — 현대성의 기본적인 특징 — 가 명백하게 드러났다.

2. 전 세계에 걸쳐서 도시의 유형이 갈수록 다양해졌다. 오랜 유형의 도시는 지속적으로 사라지고 대량의 새로운 유형이 뒤를 이어 등장했다. 도시유형의 다양화는 도시의 새로운 특수기능이 나타난 결과였다. 예컨대, 철도는 교통의 요충 도시를 낳았고, 여가시간의 증가, 중산층의 휴가 수요의 증가에 따라 해변 휴양도시라는 새로운 개념의 도시가 나타났다.

3. 바빌론과 고대 로마시대 이후 인류는 광활한 면적의 대도시에 대해 이해하고 있었다. 그러나 19세기에 들어와서 세계의 대도시

를 지속적으로 연결할 수 있는 네트워킹의 초기 모형이 가능해졌다. 세계의 도시체계는 이 기초 위에서 태어났다. 이 체계는 더 긴밀하게 연결된 형태로, 내부 기능의 우선 순위만 부분적으로 바뀐 채로 오늘날까지도 존재한다.

4. 도시 기반시설은 역사적으로 선례가 없는 방식으로 건설되었다. 몇천 년 동안 도시 '건축환경'의 중심은 건물이었다. 그러나 이제는 도로가 포장되고, 항구가 건설되고, 철도와 전차 궤도가 놓이고, 거리에 조명시설이 설치되었다. 지하에는 오수배수를 위해 터널이 뚫리고 지하철이 놓였다. 지상과 지하를 가리지 않고 새로운 시설이 들어섰다. 19세기 말이 되자 도시는 더 밝고 더 깨끗해졌다. 이와 함께 대도시에는 신비한 지하세계가 형성되었다. 이 때문에 공포와 탈출과 관련된 전설이 생겨났다.[15] 도시 기반시설 건설은 방대한 규모의 민간 및 공공투자를 유발했고, 이것은 공업화 시대에 공업 이외의 중요한 투자대상이 되었다.[16]

5. 견고한 실물이 새로운 투자 대상으로 각광을 받게 된 배경에는 도시 부동산의 상품화와 꾸준한 가치상승, 임대차 시장의 높아진 위상이 자리 잡고 있었다. 이때부터 도시의 토지자산은 자본투자의 수단이자 투기의 대상이 되었다. 토지의 가치는 농업적 활용도 때문이 아니라 단순히 그 위치 때문에 상승했다. '마천루'(摩天樓)가 이런 추세의 표지였다.[17] 토지의 가치는 경제의 생산 영역에서는 상상도 할 수 없는 속도로 치솟았다. 시카고가 개발되던 초기인 1832년에 100달러이던 토지가 1834년에는 3,000달러에 팔렸고 다시 1년이 지나자 1만 5,000달러를 넘었다.[18] 파리 같은 오래된 도시에서는 19세기 20년대부터 부동산 투기바람이 일기 시작했다.[19] 도쿄와 상하이 같은 아시아 도시에서도 같은 부동산 시장 체계가 작동했다. 이러한 상황에서 토지 등기제도는 세분화되고 경제생활에서 매우 중요한 제도가 되었다. 토지법, 건축법, 임대차법은 법학

의 새로운 학과가 되었다. 만약 부동산 저당권이 존재하지 않았더라면 금융업의 발전은 상상할 수 없었을 것이다. 새로운 사회신분도 나타났다. 부동산 중개인, 토지 투기자, (중하층 계층을 대상으로 표준화된 주택을 짓는) 개발사업자 그리고 세입자……[20]

6. 도시는 늘 계획되었다. 우주의 기하학적 형태가 지상에 투영되었다. 특히 바로크시대의 왕공귀족들은 이상적인 도시를 건설하는 일에 몰두했다. 19세기에 들어와서야 도시계획은 국가 또는 지방정부의 상시적인 임무로 인식되었다. 무절제한 확장에 반대하여 끊임없이 싸웠으나 질 때가 더 많았던 도시 의회는 그럼에도 불구하고 계획을 멈추지 않았다. 이런 갈등이 도시의 정치와 행정의 핵심적인 부분이 되었다. '현대적인' 도시가 되고자 한다면 도시는 기술적 해법이 뒷받침된 완전한 미래상을 설계해야 한다.

7. 공공과 공동체 정치에 관한 새로운 이념이 형성되고 널리 보급되었다. 과두집단과 (구분되지도 않고 행동을 예측할 수도 없는) '민중'이 공공 영역이란 무대에서 유일한 출연자이던 시대는 지나갔다. 전제적인 통제의 완화, 선거를 통한 대표성의 강화, 새로운 대중매체의 출현, 이익집단의 조직화, 정당조직의 형성은 지방정치의 성격을 바꾸어놓았다. 최소한 입헌체제인 나라에서 수도는 전국적인 정치가 벌어지는 의회가 자리 잡은 곳이었다. 의회에서 벌어지는 일들에 대한 유권자들의 관심은 전례 없이 높았다. 클럽, 협회, 교회단체, 종파모임 등 다양하고 활력 넘치는 사회단체가 여러 형태의 정치 환경 가운데서 태동하기 시작했다. 이와 관련된 영국과 독일의 근대 초기의 상황에 대해서는 역사학자들이 풍부한 연구결과물을 내놓았다. 청 말기 중국의 지방 도시에서도 유사한 상황이 벌어졌다.[21]

8. 새롭게 등장한 '도시성'(都市性)에 관한 논쟁과 도시생활에 대한 비판은 도시를 세계관 논쟁의 중심에 가져다 놓았다. 도시는 예

로부터 특별한 존재였고 그 속에 사는 사람들은—최소한 지중해 주변의 도시문화에서는—'촌사람'(rustici)을 얕잡아 보았다. 그러나 대도시를 진보의 선도자가 되게 하고 문화적·정치적 혁신의 진정한 중심으로 올려놓은 것은 다름 아닌 19세기의 역동적이고 진보적인 역사관이었다. 쥘 미슐레(Jules Michelet, 1798–1874)*는 심지어 파리는 지구라는 행성의 보편적 도시라는 신화를 만들어냈다. 이 비유는 발전하여 파리는 세계가 인정하는 '19세기의 수도'라는 개념으로 자리 잡게 된다.[22] 이때부터 농촌생활을 찬미하는 사람은 대체로 식견이 부족한 사람, 심지어 수구 '반동파'로 인식되었다. 농촌을 변호한 사람들의 의도는 도시와 농촌의 조화를 주장하려던 게 아니라 문명비판의 색채가 강했다. 그들의 주장은 농촌 낭만주의에 대한 찬양이거나 아니면 독일 지주계급(Junkertum)의 불만의 표출이었다.

19세기 말이 되자 목가적 전원생활도 '도시화'되어 '전원도시'란 개념이 생겨났다. 신생학문인 사회학은—생 시몽(Henri Saint Simon)에서 짐멜(Georg Simmel)에 이르기까지—본질적으로 도시인의 생활을 연구하는 학문이었다. 사회학의 주요 관심대상은 '공동사회'(Gemeinschaft)보다는 '이익사회'(Gesellschaft), 농촌식의 느긋한 자족적 분위기보다는 도시의 속도와 명쾌함이었다. 정치경제학은 토지를 사회적 부의 원천으로 파악하는 18세기 중농주의와 결별했다. 토지는 '생산요소'의 하나라는 관점은 의심의 대상이 되었고 이제는 토지가 경제발전의 장애요소로 받아들여졌다.

카를 마르크스와 존 스튜어트 밀 세대에게 가치가 생산되는 곳은 도시의 공업지역이었다. 도시의 농촌에 대한 새로운 문화적 우

---

* 쥘 미슐레는 프랑스의 역사학자다. 프랑스 사학의 아버지라 불린다. 중세와 결별한 르네상스란 용어와 개념을 만들었다.

위는 하락하는 농촌의 정치적 위상을 반영했다. 남동부 러시아에서 발생한 푸가초프 반란(Pugachev Rebellion, 1773-75년) 이후 20세기에 접어들면서 농민운동 —1900년 중국의 의화단(義和團) 반란, 1907년 루마니아의 농민폭동, 1910년에 시작된 멕시코의 사파티스타 운동(Zapatista Movement) —이 발생할 때까지 그 사이에는 세계의 어느 곳에서도 기성질서에 도전하는 대규모 농민봉기를 찾아보기 어려웠다. 1857-58년 인도의 민족대봉기, 거의 같은 시기에 일어난 중국의 태평천국 봉기처럼 깊은 인상을 남긴 몇 차례의 대규모 폭동과 반란은 모두 농민 분노의 자연발생적 폭발 수준을 초월한 더 넓은 사회적 기반을 갖고 있었다.

많은 사람이 19세기에 도시는 '현대화'(modern)되었고 '현대성'(modernity)은 도시에서 태어났다고 말한다. 도시의 현대성을 정의하고 나아가 현대성 전반의 역사적 의미를 이해하려면 위에서 논의한 과정 전부를 고려해야 한다. 19세기 후반에 처음 등장한 도시의 현대성이란 개념은 일방적인 면이 있었다. 데이비드 워드(David Ward)와 올리비에 준즈(Olivier Zunz)는 도시의 현대성을 이성적 계획과 문화적 다원주의의 결합으로, 데이비드 하비(David Harvey)는 집약 중인 질서로, 마셜 버만(Marshall Berman)은 '파열된 주관성'(fractured subjectivity)으로 정의하려는 시도가 있었다.[23) 빅토리아시대 초기의 런던, 제2제국 시기의 파리*, 1890년 이후의 뉴욕과 상트페테르부르크와 빈, 20세기 20년대의 베를린, 20세기 30년대의 상하이는 모두 상술한 현대성의 현장이라 불려왔다. 라고스와 멕시코시티 같은 초대형 도시를 '현대성'의 화신이라고 보는 사람이 없듯이 도시의 현대성과 도시의 규모는 관계가 없다.

* 나폴레옹 3세가 황제로서 통치한 1852-70년의 프랑스.

도시의 찬란한 현대성은 (긴 역사에 비추어보면) 순간일 뿐이다. 때로는 현대성이 지속된 기간은 수십 년에 불과했다. 현대성은 질서와 혼란의 평형, 인구의 유입과 유효한 기술구조(Technostrukturen)의 융합, 구조화되지 않은 공공 공간의 개방, 탐색과 시험 가운데서 흘러나온 에너지였다. 현대화의 전제는 '전통'시대가 끝났을 때에도 도시가 여전히 특정 형태를 유지하고 있는 것이며, 동시에 비도시와 구분되는 특징을 유지하고 있는 것이다. 광대한 면적과 분산된 인구, 여러 개의 위성도시로 구성된 다축(多軸) 방사형 거대도시에는 내부의 경계도 외부의 경계도 모호하고, 도시의 착취대상이자 도시주민이 '소풍'이란 명분으로 소비했던 교외지역도 더 이상 존재하지 않는다. 도시의 19세기는 대도시의 형성과 함께 종말을 고했다.

2. 도시화와 도시체계

　지금까지 도시화는 기계화된 공장식 생산의 보편화와 함께하는 도시 규모의 급속한 성장이라는 좁은 의미로 해석되어왔다. 도시화와 공업화는 동전의 양면으로 인식되었다. 이런 관점은 이제 설득력을 잃었다. 오늘날 도시화란 더 넓은 의미에서 사회발전의 가속화, 인구밀도의 증가, 전혀 다른 환경 아래서 진행되는 사회구조의 재편과정으로 이해된다.[24] 이러한 과정의 가장 중요한 결과는 인간이 더 긴밀하게 교류할 수 있는 공간의 형성이다. 이 공간에서 사람들은 더 빠르게 정보를 교환하고, 그것을 더 효율적으로 활용하며, 양호한 제도적 환경에서 새로운 지식을 만들어 낼 수 있다.

　도시, 특히 대도시는 지식의 집결지이며 이 때문에 많은 사람이 도시로 모여든다.[25] 어떤 역사학자는 도시화를 두 종류로 나눈다. 하나는 새로운 취업 기회의 대량 출현으로 공간의 밀도가 대폭 높아지는 양적 변화의 과정이다. 다른 하나는 인간이 새로운 행위와 경험을 할 수 있는 공간의 출현이다. 달리 말해 도시의 특수한 생활방식이 발전하여 유발하는 질적인 변화의 과정을 의미한다.[26] 이런 구분은 우리가 도시화 현상의 다원성을 이해하는 데 도움을 주지만 어느 정도는 도식적이란 비판을 면하기 어렵다.

도시와 공업

19세기에 도시의 발전은 전 세계적 현상이었고, 공업화보다 도시화가 훨씬 더 넓게 보급된 현상이었다. 공업의 기반이 없는 곳에서도 도시는 성장하고 인구밀도는 더 높아졌다. 도시화는 독자적인 논리를 따라 진행되었다. 도시화는 다른 과정, 예컨대 공업화, 인구증가, 민족국가 건설의 부산물이 아니었다.[27] 근세 말기의 보다 높은 단계의 도시화는 공업화가 성공할 수 있는 기반 조건이 아니었다. 만약 그랬더라면 북부 이탈리아는 공업혁명의 선구자가 되었을 것이다.[28]

공업화는 도시 주거지역으로 모여드는 사람들의 수준을 높여놓았다. 리글리(E.A. Wrigley)의 런던에 관한 고전적 저작이 보여주듯이 도시화의 과정은 양방향의 관계였다. 공업혁명 직전 런던은 거대도시로 성장해 있었고 전국 인구의 1/10 이상이 런던에 살고 있었다(1750년). 상업적인 부, 구매력(거대한 식품 수요는 농업의 합리화를 자극했다), 노동자의 집중('인력자본')은 새로운 생산기술이 승수효과를 낼 수 있는 최적의 기회를 제공했다.[29] 런던의 발전은 잉글랜드와 스코틀랜드 지방도시의 도시 부흥과 때로는 보완관계를, 때로는 견제관계를 이루면서 사회의 효율성과 포용력을 전반적으로 한 단계 높여놓았다. 맨체스터, 버밍엄, 리버풀 등 공업혁명의 동력원이었던 도시들도 대도시의 반열에 올랐지만 19세기 후반 영국에서 발전 속도가 가장 빠른 도시는 이들 공업중심지가 아니라 서비스업이 발달하고 곧바로 정보에 접촉하여 그것을 가공하는 능력이 뛰어난 도시였다.[30] 유럽 대륙과 세계의 기타지역에서 (또한 영국 자신을 포함하여) 급속한 도시화는 공업이 '궁극적인 동인이 될 수 없었던' 곳에서 일어났다.

많은 사례가 보여주는 바와 같이 19세기에 일부 도시는 주목할만한 공업적 기초 배경 없이 성장했다. 잉글랜드 남부의 해변도시 브라이튼(Brighton)은 당시 영국에서 가장 빠르게 발전하는 도시였지만 이곳에는 공업이라고 할만한 것이 없었다. 부다페스트의 활력은 공업에서 나왔다기보다는 농업의 현대화가 교역과 금융이라는 두 핵심 기능을 만나 만들어낸 측면이 강했다.[31] 러시아 상트페테르부르크와 리가의 인구가 지속적으로 증가한 것은 방대한 수공업을 배경으로 한 상업의 확장 덕분이었고 공업은 부차적인 역할만 했을 뿐이다.[32]

경제발전 과정의 가장 역동적인 분야에서 기회를 그냥 흘려보낸 도시도 있었다. 세인트루이스는 19세기 40년대 중반까지는 숨 가쁠 정도로 짧은 시간 내에 미시시피강 계곡에서 첫 손가락으로 꼽는 대도시로 성장한 것은 물론이고 북아메리카 서부지역의 중심으로 떠올랐다. 그러나 이 도시는 공업 기반을 갖출 기회를 놓쳐버렸기 때문에 겨우 몇 년 만에 선두 자리를 시카고에 내어주어야 했다. 기회의 창이 닫힌 후 세인트루이스의 경제는 단번에 붕괴되었다.[33]

런던, 파리, 빈의 중심가를 천천히 걷다보면 우리는 이곳에서 공업도시의 흔적을 찾아볼 수 없다는 사실을 알게 된다. 이런 현상의 뒤에는 인류가 공업의 파괴로부터 도시문화를 지켜내기 위해 벌였던 싸움의 과정이 숨어 있다. 19세기의 표지적 의미를 지닌 이들 대도시에서 옛 모습이 지워지지 않고 오랫동안 지켜질 수 있었던 까닭은 공업화에 타협하거나 투항하지 않고 저항했기 때문이다.[34] 20세기에 공업을 기반으로 하지 않고 발전하기 시작한 거대도시(예컨대 라고스, 방콕, 멕시코시티 등)의 사례를 통해 우리는 도시화와 공업화의 관계는 느슨한 것이며, 둘 사이에는 필연적인 관계란 존재하지 않는다는 사실을 알게 된다. 도시화는 분명히 전 세계적 현상이지만 공업화는 산발적이고 비획일적이며 여러 가지 성장방식 가운데 하나이다.

정상급 도시

19세기의 시간 구조나 '현대성'과의 과도한 연결을 벗어나야만 우리는 긴 도시발전사에서 19세기가 위치한 좌표를 정확하게 파악할 수 있다.[35] 아울러 우리는 유럽이 도시화의 발원이라는 주장에 의문을 제기할 수 있다. 대도시가 유럽인의 발명품이 아니듯이 도시 일반의 기원도 유럽이 아니다. 기록된 역사에서 가장 오랫동안 등장하는 인구가 가장 많은 도시는 아시아와 북아프리카에 있었다. 추정이긴 하지만 바빌론의 인구는 기원전 1700년 무렵에 이미 30만 명을 넘었다. 제정시대의 로마는 인구 규모 면에서 동시대 중국의 주요 도시들을 앞질렀지만 이것은 역사에서 유일한 예외였다. 로마는 자신만 대표했을 뿐 유럽을 대표하지는 않았다. 기원 2세기에 로마의 인구는 100만 명에 가까웠고, 베이징과 런던은 각기 18세기 말과 19세기 초에 이 수준에 도달했다.[36] 제정시대의 로마는 인류의 정착거주의 역사에서 유일한 사례였다. 인구의 규모 순서대로 도시를 배열한 피라미드에서 로마가 차지해야 할 자리는 꼭대기가 아니라 구름 속에서 지구의 도처에 흩어져 있는 인간의 집단 거주지를 조감해보는 자리다. 로마와 함께 이 피라미드 체계 밖에 자리 잡을 수 있는 도시는 전성기—제4차 십자군원정이 파국으로 끝나기 전인 1204년—의 비잔티움뿐이다. 이때 비잔티움은 세계의 도시에 가까웠다.

우리가 현재 확보하고 있는 19세기 이전까지의 비서방 도시의 인구 관련수치는 대부분 추정치다. 이미 1899년에 비교도시통계학의 아버지라 불리는 애드나 웨버(Adna Ferrin Weber)는 직설적으로 지적하기를, 오스만제국은 도처에 도시가 있었지만 통계학자에게 알려진 것은 "그중에서 가장 큰 몇몇 도시뿐이고 그나마도 불완전하게 알려져 있다"고 했다.[37] 아래에서 제시하는 수치는 그러므로 제한된 근거의 가설로 받아들여야 한다. 도시는 갈수록 커지고 여행자와 평론가들의 지식욕은 갈수록 강해지고 있다. 그러므로 우리는 최소한 이 수치에 의존하여 지구상에서 가장 큰 도시들의 여러 시점에서의 규모를 비교하여 대체적인 판단을 할 수밖에 없다.

1300년 무렵에는 유럽의 도시 가운데서 파리만 전 세계 10대 도시 안에 들어갈 수 있었다. 항저우(杭州), 베이징, 카이로, 광저우(廣州), 난징(南京) 다음으로 파리는 여섯 번째 도시였고 그 뒤로 페스(Fes)*, 카마쿠라(鎌倉), 쑤저우(蘇州), 시안(西安)이 있었다.[38] 10대 도시 가운데서 6곳이 중국의 도시인데, 당시의 유럽인들은 마르코 폴로의 여행기를 통해 이 도시들에 대해 초보적으로 이해할 수 있었다.

1700년 무렵이 되자 국면이 바뀌었다. 근대 초기에 이슬람제국이 흥기하면서 이스탄불, 이스파한, 델리, 인도 무굴제국의 또 하나의 대도시인 아메다바드(Ahmedabad)가 (각기 1, 3, 7, 8번째로) 10대 도시 안에 들어갔다. 런던(4번째)은 근소한 차이로 파리(5번째) 앞에 섰는데, 세계 10대 도시에 들어간 유럽의 도시는 이 둘뿐이었다. 이때 이후 파리는 인구 규모 면에서 다시는 런던을 넘어서지 못했다. 베이징은 10대도시 명단에서 여전히 2번째 자리를 지켰고 그 나머지 명단에 오른 유명한 도시는 모두 일본 도시로서 에도, 오사카(大阪), 교토(京都)였다. 당시에 일본은 도쿠가와 집안의 통치 아래서 한 세기 동안 지속적으로 도시의 빠른 성장기를 맞고 있었다.[39] 1800년 무렵, 세계 10대 도시의 명단에 약간의 변화가 생겼다.[40]

이들 도시 가운데서 6곳은 아시아의 도시이며 이스탄불을 포함시킨다면 7곳이 아시아의 도시이다. 명단의 15번째로 가면 런던, 파리, 나폴리 이외에 또 하나의 유럽 도시(모스크바, 23만 8,000명)가 나오고 그 뒤를 규모가 거의 차이나지 않는 리스본이 따르고 있고 17번째

---

* 모로코의 대표적인 고도로서 789년에 건설되었고, 현재 남아 있는 세계에서 가장 오래된 대학인 알-카라위인(al-Qarawiyyin) 대학교가 859년 문을 열었다.

1. 베이징	100만 명	6. 항저우	50만 명
2. 런던	90만 명	7. 에도(도쿄)	49만 2,000명
3. 광저우	80만 명	8. 나폴리	43만 명
4. 이스탄불	57만 명	9. 쑤저우	39만 2,000명
5. 파리	54만 7,000명	10. 오사카	38만 명

는 빈(23만 1,000명)이다. 1800년의 세계 25대 도시 —— 챈들러(Tertius Chandler)와 폭스(Gerald Fox)가 추산한 것이며 (동일한 통계학적 기준을 적용하지는 않았지만) 다른 자료로도 입증이 된다 —— 가운데서 서방 기독교권 도시는 6곳뿐이다. 베를린의 인구는 17만 2,000명이며 뭄바이(Mumbay)와 베나레스(Benares, 또는 바라나시Varanasi)와 비슷한 규모였다.

아메리카 대륙에서 인구가 가장 많은 도시는 멕시코시티(12만 8,000명), 그다음이 포르투갈어지역의 중심도시인 리우데자네이루(10만 명)이다. 1800년까지도 북아메리카의 도시는 규모 면에서 주목할만한 곳이 없었다. 북아메리카에서 가장 큰 도시는 여전히 미국의 첫 번째 수도인 필라델피아(6만 9,000명)였다. 그러나 뉴욕이 이도시를 추월할 준비를 하고 있었다. 뉴욕은 이민과 경제적 호황 덕분에 이미 미국의 대서양 연안에서 가장 중요한 항구도시가 되어 있었고 새로운 세기에 들어와서는 미국에서 가장 큰 도시로 뛰어올랐다.[41] 얼마 뒤 오스트레일리아도 북아메리카와 함께 인구의 폭발적 증가지역이 되었지만 1800년 무렵까지는 도시화의 역사란 게 이곳에는 존재하지 않았다. 오스트레일리아에 있는 유럽계 주민 전체가한 독일 귀족이 세운 작은 저택에 모여 살 수 있는 정도였다.[42]

수치가 주는 인상으로는 1800년 무렵에는 중국, 인도, 일본이 여전히 지구상에서 도시문화의 선도자였다. 물론 '도시'의 의미는 다양했다. 유럽의 여행자에게 익숙한 도시를 둘러싼 성벽은 중국에서도 볼 수는 있었지만 보편적이지 않았다. 유럽인이 쓴 여행기를 보면 고정된 형태가 없고 전혀 도시 같지 않은 아시아의 도시에 관한 묘사가 등장한다. 어떤 때는 도시와 농촌의 차이가 거의 없거나 찾기 어려운 경우도 있었다. 예를 들자면, 자바섬은 19세기에 인구밀도가 높은 섬이었지만 중심지라고 할 도시가 없었고, 사람들이 상상하기 좋아하는 지리적으로 떨어져 있고 경제적으로 자급자족하는 아시아식 농촌마을도 없었다. 있는 것이라고는 도시와 농촌의 중간 형태인 마을, 이도저도 아닌 회색지대였다.[43]

그럼에도 불구하고 모든 도시는 고밀도의 교류의 공간, 농촌이 생산한 잉여를 소비하는 곳, 교역이나 이주의 중추였다. 모든 도시는 공공질서의 문제를 해결해야 했고, 이 문제는 '시골'에서 마주하는 문제와는 성격이 달랐다. 아시아의 대도시들은 이런 문제를 해결할 수 있었다. 그렇지 않으면 도시는 존재하지 못했을 것이다. 한 여행자가 어떤 도시에 도착하면 아무리 둔감하고 식견이 부족하더라도 자신이 있는 곳이 도시라는 것은 알 수 있었다. 도시생활의 규칙은 문화의 경계를 초월하여 누구나 알 수 있는 것이었다.

도시인구, 동아시아와 유럽

도시화는 사회 상태를 측정하기 위해 19세기에 통계학자들이 만들어낸 상대적이며 명백히 인위적인 지표이다. 이 지표는 특정 도시의 성장은 주변 환경과 연결되어 있다는 가정을 내포하고 있으며 그 중심 척도는 국가 전체 인구 가운데서 도시가 차지하는 비중이다. 이 비중이 가장 높은 곳은 반드시 대도시가 소재한 지역은 아니다. 따라서 유럽과 동아시아 국가들을 비교해보는 것은 의미 있는 일이다. 두 지역은 근대 초기에 도시 집중화가 뚜렷하게 나타난 곳이기 때문이다.

1600년 무렵에 유럽의 도시화 정도는 이미 중국보다 약간 높은 수
준에 도달했다. 이때의 중국은 도시 인구의 비율에서 1,000여 년 동
안 큰 변화가 없었다. 평균적으로는 중국의 도시규모가 유럽의 도시
보다 컸다. 중국의 양대지역 ― 장강 하류(상하이, 난징, 항저우, 쑤저
우 등의 도시가 있는 곳)와 동남부지역(항구도시 광저우와 그 주변지
역 그리고 내지) ― 은 높은 인구밀도와 도시규모의 방대함 때문에
근대 초기에 이곳을 찾은 유럽 여행자들에게는 늘 놀랍기만 한 곳이
었다. 1820년 무렵, 인구 1만 명 이상의 도시는 중국이 310곳이었고
1800년 무렵의 유럽(러시아 제외)은 364곳이었다. 중국 도시의 평균
인구는 4만 8,000명, 유럽은 3만 4,000명이었다.[44] 아래 표는 19세기
몇몇 특정 연대의 도시인구 비중을 보여준다.

〈표 7〉 인구 1만 명 이상 도시의 총인구 대비 비중(1820-1900년)

단위: 퍼센트

	중국	일본	서유럽
1820-25년	11.7	12.3	-
1840년대	3.7	-	-
1875년	-	10.4	-
1890년대	4.4	-	31.0

자료출처: 중국과 일본: Rozman, Gilbert: *East Asian Urbanization in the Nineteenth Century:*
Comparison with Europe(Woude, A. M. van der[et al. ed.]: *Urbanization in History : A Process*
of Dynamic Interactions, p.65, Tab. 4.2a/4.2b에 수록)
서유럽: Maddison, Angus: *The World Economy. A Millennial Perspective*, Paris, 2001, p.40,
Tab. 1-8c.

우리는 위의 표에서 두 가지 분명한 특징을 볼 수 있다. 첫째, 일본
은 시종 중국과 서유럽 사이에서 중간 위치를 차지하고 있다. 둘째,
유럽의 도시화는 19세기 30, 40년대부터 급격히 빨라졌다. 서방이 동

아시아의 두 대국의 문을 열기 직전에 일본의 도시인구의 비중은 중국보다 3배 이상 높았다. 그런데 이 비교는 방법론에 있어서 정당한가. 도시화의 정도를 기준으로 한다면 당시의 일본은 중국보다 더 '현대적'이었다고 할 수 있는가. 방대한 중국을 지역에 따라 구분하여 (지역별로) 평균을 내고 중국에서 경제가 가장 발달했던 미시적지역 — 예컨대, 인구 규모가 일본과 비슷했던 장강 하류지역 — 을 일본과 비교한다면 두 나라 사이의 간격은 크게 줄어들 것이다. 19세기 40년대에 장강 하류지역의 도시인구 비중은 5.8퍼센트였다. 1890년에는 이 숫자가 8.3퍼센트로 올라가 일본의 현대화 초기의 10.4퍼센트에 많이 근접했다.[45] 그런데 절대 수치를 가지고 이 문제를 설명한다면, 인구 밀도가 높은 이 두 지역 가운데서 도시생활을 경험한 사람의 숫자는 어느 쪽이 더 많을까. 1825년 무렵 일본에서 인구 1만 명 이상의 도시에 사는 일본인은 370만 명이었다가 1875년에는 330만 명으로 줄어들었다. 중국에서 이 숫자는 아편전쟁이 일어났을 때 약 1,510만 명이었다가 19세기 90년대에는 1,690만 명으로 소폭 늘어났다.[46]

유럽의 도시화 문제를 살펴볼 때 우리가 활용하는 수치 자료는 폴 바이로흐(Paul Bairoch, 1930-99년)와 그의 조수들이 연구 분석한 결과물이다. 그들은 주민 5,000명 이상의 정착 거주지는 모두 도시로 분류했다. 바이로흐 등의 분석을 근거로 할 때 1830년 무렵 유럽 대륙의 도시 주민 수는 총 2,440만 명이었는데 1890년이 되자 7,610만 명으로 증가했다.[47] 이 수치를 통해 우리는 위에서 설명한 지역의 도시인구의 비중에 대해 개략적인 추정만 할 수 있을 뿐이긴 하지만, 1830년 무렵 유럽에선 도시 인구가 다수이고 아시아에서는 농촌인구가 다수인 상황은 존재하지 않았다.

1890년이 되자 도시와 농촌의 차이는 더 크게 벌어졌다. 19세기 도시화 경험에서 중국과 일본 두 나라 사이에 큰 차이가 존재함에도 불구하고 이른바 동아시아 도시화의 공통된 모형으로 귀납시킨다면 인식상의 오류를 면하기 어렵다. 일본의 경우에서 우리는 모순된 현상을 발견하게 된다. 국가가 주도하는 현대화 개혁이 사실은 일시적인 비집중화, 탈도시화를 유발했다. 일본은 봉건시대의 번(藩)을 폐지하고 근대적 행정구역인 현(縣)을 설치했다. 사무라이는 다이묘의 성이 있는 곳에서 일정기간 거주해야 했고 다이묘는 막부가 있는 수도에서 일정기간 거주해야 했다. 이런 복종의무의 폐지는 농촌인구의 수평적 이동을 촉진했다. 중등 규모의 도시가 이 과정의 초대 수혜자가 되었다.

도쿠가와시대에서 메이지시대에 이르는 과도기에 도쿄의 인구는 100만 명에서 1875년의 86만 명으로 줄어들었다. 그러나 도쿄의 미래의 확장은 바로 이 인구의 감소에서 시작되었다. 도쿄를 둘러싸고 있던 여러 다이묘의 영지가 새로운 정부의 손에 들어가자 도시발전 계획을 세우기가 편해졌다. 중국에서도 미미한 도시화의 성과는 현대화—연해지역은 세계경제 체제로 편입되고 항구도시들(특히 상하이)이 급속하게 성장했다—의 산물이었다. 도시 인구의 빠른 증가는 거의 전부가 장강 하류와 광저우, 홍콩 주변지역에서 나타났다. 이 모든 것을 종합해볼 때, 중국은 일본에 비해 19세기 초와 마찬가지로 여전히 도시화가 뒤진 상태였다.

긴 안목으로 중국·일본과 유럽을 비교해보는 것은 의미 있는 일이다. 근대 초기에 유럽 도시 인구의 절대치는 중국·일본의 수준에 이르지 못했고 동아시아에는 더 많은 거대도시가 있었다. 유럽은 1550년 이후 첫 번째의 도시화 물결을 경험했고 1750년 이후 두 번째의 물결을 경험했다.[48] 도시인구의 비중은 1500년에서 1800년 사이에 두 배로 높아졌다. 1650-1750년에 유럽의 도시화 정도는 일본에 비해 약간 낮았고, 장강 하류지역과는 근접했고 중국 전체의 수준보다는 높았다.

19세기 유럽 도시화의 비약적인 진전은 공업화에 따른 신흥 공업도시의 성장이 원인의 전부는 아니었다. 그 뿌리는 잔 드 브리스(Jan de Vries)가 말한 1750년 이후의 '새로운 도시화'까지 거슬러 올라간다. 이것은 영국에서 시작되어 세기가 바뀔 때쯤에는 남부유럽(특히 중소규모)의 도시로 확산되었다. 대도시의 확장은 중소도시에 비해 돌출적이지 못했고 전체 인구증가와 보조를 같이했다. 철도망이 확산되면서부터 대도시는 인구비중과는 비례하지 않는 더 높은 중요성을 지니게 되었다. 그래도 대도시는 20세기에 유럽 이외의 지역에서 흔히 타나난 거대도시처럼 '뇌수종형(과분수형)도시화'로 발전하지는 않았다.

등급

18세기에 서유럽국가(러시아와 스페인은 포함되지 않는다)는 점차 계층이 분명한(규모가 잘 반영된) 도시 등급체계를 형성했다. 드 브리스—신중한 실증론자로서 평소에 국가 전체 또는 유럽 전체보다는 '미세지역'을 연구대상으로 선호했다—는 서열/규모의 균형 잡힌 분포는 유럽의 도시화 유형의 특징을 잘 드러내고 있다고 평가한다.[49] (러시아 서쪽의) 유럽 도시들은 고도의 상호작용을 통해 지리적으로 긴밀하게 연결되고 수직적으로 분화된 체계를 형성했다. 유럽의 해외 식민지 도시들도 (아직 제대로 알려지지 않은) 이 체계에 소속되었다. 드 브리스는 아울러 19세기 말에 일부 유럽 도시는 (아마도 역사상 처음으로) 국내 이주나 국외로부터의 이민이 아니라 도시 내부의 자연적인 인구 재생산이 도시화(도시 인구증가)의 주요 원천이 되는 문턱을 넘었다고 지적한다. 이와는 반대로, 이민이 모여든 북아메리카의 도시는 경제발전 수준으로는 유럽의 서북부지역과 비슷한 수준에 이르렀으나 1차 대전 이전까지는 자체 재생산을 통한 인구증가의 단계에 이르지는 못했다.[50] 아무리 근거가 충분하더라도 이념적 동기에서 출발하여 유럽의 특수한 길(Sonderweg)이 우월하다고 주장한다면 당연히 의문과 비판의 대상이 될 수밖에 없다. 그런데 유럽 도시화의 독특한 길은 실천적 논증을 통과할 수 있을 것 같다.

도시화를 연구하는 학자들에게는 흔히 비교분석을 통해 도시의 구조를 평가하는 경향이 있다. 그들의 관심사는, 대·중·소도시 사이의 관계가 궁극적으로 '협조적'이냐 하는 것이다. 이 기준에 따르면 19세기에 영국, 프랑스, 네덜란드, 독일뿐만 아니라 미국에도 '온전한' 도시 등급체계가 있었다. 코펜하겐과 스톡홀름으로 대표되는 덴마크와 스웨덴은 이런 체계를 갖추지 못했다. 러시아도 마찬가지로 상트페테르부르크(1913년 유럽에서 네 번째로 큰 도시였다)와 모스크바를 제외하면 큰 도시라고 할만한 게 없었다. 19세기 90년대에 러시아에서 세 번째로 큰 도시 사라토프(Saratov)의 인구는 상트페테르부르크의 1/10에 지나지 않았다. 국가 중앙권력의 명령에 따라 건설된 전형적인 주정부 청사 소재지인 이 도시는 주로 행정과 군사적 고려에서 나왔고 그 기능 또한 시종 이 범주를 넘지 않았다. 역동적이었던 제정시대 말기에도 이 도시의 인구는 5만 명을 넘지 않았다.[51] 등급이 분명한 도시체계가 없는 것이 러시아 현대화의 중요한 장애였다.

일본은 반면에 등급이 분명한 도시 계보의 이상에 비교적 근접한 나라였다. 중국도 역사적으로 이런 특징을 갖추었으나 19세기에 인구 1-2만 명 사이의 소도시는 중국에서 찾기 어려웠고, 대도시의 빠른 성장도 소수 대도시에 국한되었으며, 이 도시들조차도 한결같이 해안지역 또는 해안에서 가까운 곳에 있었다.

어떤 도시 연구자는 이런 도시등급의 공백과 비례의 불균형은 전체 도시체계의 상업적 연결이 발달하지 않았던 표지라고 주장하는 데, 중국 역사학자들의 연구결론은 이런 판단을 부정하고 있다. 이런 증거는 당시의 중국 '국내'시장이 이미 날로 일체화되어가는 모습을 나타냈음을 보여준다. 달리 말하자면, 외골수로 서방을 참조하여 '심미감'의 균형을 도시등급 체계의 기준으로 삼으면서 구조의 차이가 경제에 미치는 영향을 진지하게 분석하지 않는다면 인식의 오류를 면하기 어렵다. 중국에서 소수의 해안 대도시 이외에도, 행정중심이 아니며 상업발전이 국가의 통제를 비교적 적게 받던 중형도시 — 전문 연구자들은 '비행정 시장중심'(nonadministrative market center)이라 부른다 — 가 숫자로도 물론이고 평균 규모 면에서도 꾸준히 증가했다. 그렇다면 '비이상적' 등급체계도 훌륭하게 작동했다고 할 수 있다.

3. 탈도시화와 초성장 사이에서

위축

어떤 문제에서건 평가는 신중해야 한다. 도시의 급격한 양적 성장과 급속한 현대화가 같은 것은 아니며, 마찬가지로 '탈도시화'가 (더러 그런 경우가 있기는 하지만) 반드시 위기와 정체를 의미하는 것은 아니다. 유럽과 마찬가지로 일본에서는 18세기 공업화 시초 단계에서 대도시 인구의 외부유출 현상이 나타났다. 실제로 탈도시화는 1800년 이전 유럽의 여러 지역, 예컨대 포르투갈, 스페인, 이탈리아, 네덜란드 등에서 나타난 현상이었다.[52] 남유럽 도시의 쇠락은 유럽 도시문화의 중심이 남쪽에서 북쪽과 대서양으로 옮겨가는 추세의 반영이었다. 1840년 무렵이 되어서야 남쪽 옛 도시의 쇠락이 멈추었다.

발칸은 하나의 예외였다. 경제발전 수준이 비슷한 다른 지역과 비교했을 때 발칸의 도시화 정도는 꽤 높았다. 이것은 19세기 특유한 발전 추세의 결과가 아니라 오스만제국의 도시문화에 대한 일반적인 존중과 각 요새도시의 중요한 지위 때문이었다. 오스만제국의 통치가 끝난 후 많은 발칸 국가가 탈도시화의 과정을 경험했다. 예컨대, 1789-1815년에 혼란에 빠진 세르비아가 대표적인 경우다. 기록에 의하면 1777년 베오그라드에는 6,000여 채의 가옥이 있었으나 1834년이 되자 769채만 남았다.[53] 세르비아 혁명은 하룻밤 사이에 오스만제국의 기구를 철저하게 붕괴시켰을 뿐만 아니라 도시 구조까지도 소멸시켰다. 몬테네그로도 1878년 이후에 유사한 급격한 변화를 경험했다. 불가리아의 도시는 최소한 완만한 과정을 거쳤다

동아시아에서 탈도시화는 다른 원인 때문에 일어났다. 대략 1750년 이후 상업이 번성하면서 각지의 도시가 빠르게 팽창했다. 19세기 초, 방콕의 인구는 태국 전체 인구의 1/10을 넘어섰다.[54] 버마와 말레이시아 각 주의 상황도 이와 비슷했다. 그러나 1850년대에 쌀 경작이 확산되면서 새로운 '농촌화' 현상이 나타났고 농촌인구가 상대적으로 증가했다. 1815-90년에 자바에서는 주민 2,000명 이상인 도시에 사는 인구의 비중이 7퍼센트에서 3퍼센트로 떨어졌다. 이것은 현지의 경제가 수출 중심으로 전환되면서 생긴 직접적인 결과였다.

1930년을 전후하여 동남아시아는 세계에서 도시화 정도가 가장 낮은 지역의 하나였다. 식민지가 되지 않은 태국의 수도만 1767년 이후 지켜온 전통적인 지배적 지위를 유지하고 있었다. 모든 식민지 수도의 기능적 중요도는 왕조시대 때보다 떨어졌다.[55] 필리핀에서만 고도로 분권화된 정치환경 때문에 식민지가 되기 전 시대에는 권력의 집약지로 기능하는 도시가 없었다. 이것이 스페인이 1565년에 건설한 마닐라에 행정, 군사, 종교, 경제적 기능이 집중된 이유였다. 필리핀은 '뇌수종형 도시화'—훗날 태국과 헝가리 등 다양한 나라에서 같은 특징이 나타나게 된다—가 가장 먼저, 가장 오래 지속된 나라였다.[56]

네덜란드인이 자바에 나타난 시점은 스페인인이 필리핀에서 가장 큰 루손섬에 나타난 때보다 불과 몇십 년 뒤였지만 네덜란드인이 세운 바타비아(Batavia)—이곳의 경제는 마닐라와 마찬가지로 부지런한 화교들에 의존했다—는 식민지가 되기 전 원주민 통치자의 권력 중심이던 도시를 완전하게 압도하지 못했다. 필리핀에서는 19세기 말이 되어서야 상대적으로 취약한 제2선 도시들이 형성되기 시작했

다.[57)]

이상의 사례에서 알 수 있듯이 식민통치가 도시화를 촉진하는지, 방해하는지, 또는 후퇴시키는지는 상황에 따라 달랐다. 1800–72년에 인도의 도시인구는 증가하지 않았다. 영국이 식민통치를 시행하기 전 아그라, 바라나시, 파트나(Patna) 등 인도의 거의 모든 대도시에서는 주민수가 줄었다. 영국은 인도를 정복해나가던 1765–1818년 현지에 원래 있던 도시체계를 보존하고 유지시켰다. 이런 방식은 식민 역사상 유일한 사례이다. 그러나 식민전쟁 중에 도시 내부, 또는 도시와 도시를 연결하는 기간시설이 많이 파괴되었는데, 유명한 인도의 국도가 여기에 포함되었다.

영국이 새로 도입한 징세와 독점 체계는 토착 교역을 방해했고, 그래서 상인들은 도시를 버리고 농촌으로 돌아갔다. 현지 군대의 무장해제, 무기생산을 위시한 도시의 공업 쇠퇴, 호족의 행정 관리권 해체는 탈도시화 과정을 부추겼다. 19세기 70년대 초가 되자 이 추세는 바뀌기 시작했으나 속도는 완만했다. 1900년 무렵, 인도의 도시화 수준은 100년 전과 비교했을 때 근본적인 변화가 없었다.[58)]

한 사회의 탈도시화는 개별 도시의 위축을 수반한다.[59)] 앞에서 보았듯이 도쿄는 일시적으로 이런 경험을 한 적이 있었다. 아시아의 기타 지역에서 많은 도시가 19세기 말까지도 여전히 예전의 파괴로부터 회복되지 못하고 있었다. 사파비 왕조(Safavid Empire)*의 웅장한

* 사파비 왕조는 사파비 가(家)의 이스마일 1세를 시조로 하는 이란의 왕조(1501–1736)이다. 현대 이란이 이 왕조에서 비롯되었다. 1502년 아제르바이잔에서 창업한 후 메소포타미아에서 아프가니스탄에 이르는 지역을 통일했다(통치 영역에는 지금의 이란, 아제르바이잔, 바레인, 아르메니아, 동부 그루지아, 이라크, 쿠웨이트, 아프가니스탄 전체가, 지금의 터키, 시리아, 파키스탄, 투르크메니스탄, 우즈베키스탄의 일부가 포함되었다). 1722년에는 아프간족에게 수도를 점령당함으로써 사실상 쇠퇴했으나 왕통(王統)은 1736년까지 존속

도성 이스파한의 인구는 1700년에 이미 60만 명을 넘었으나 1722년에 아프간 군대의 침입으로 도시 전체가 파괴되었다. 그 후 1800년까지 겨우 인구 5만 명을 유지한 이스파한은 옛 역사의 그늘처럼 존재를 이어갔다. 1882년, 이 도시의 인구는 7만 4,000명이었다. 무굴왕조의 도성 아그라는 제국이 멸망한 후 쇠락의 길을 걷다가 1950년에 (1600년 수준인) 인구 50만 명으로 회복되었으나 과거의 정치 중심지로서의 지위는 잃어버렸다.

아시아와 아프리카에서 역사의 풍운을 국가와 함께 했던 도시들은 식민침략으로 파괴되거나 새로운 통상로에서 비켜나면서 점차 몰락의 길로 접어들었다. 근대 초기 유럽에서 도시의 쇠락은 특이한 일도 아니었다. 런던, 파리, 나폴리 등 신흥 도시가 일어서는가 하면 어떤 도시는 서서히 정체와 몰락의 길로 들어섰다.

독일의 많은 중형 도시들—몇 곳만 예를 든다면 뉘른베르크, 레겐스부르크, 마인츠, 뤼벡 등—은 종교개혁부터 19세기 초에 이르기까지의 수백 년 동안 규모면에서 거의 변화가 없었다. 베네치아, 앤트워프, 세비야, 라이덴, 투르의 1850년 주민 수는 1600년에 비해 크게 줄었다. 1913년 로마의 인구는 대략 60만 명으로, 고대 로마의 절반 수준을 겨우 넘겼다. 페리클레스(Pericles)시대에 아테네 주민 수가 15만 명이었다고 가정한다면 그리스의 수도는 1900년까지 고대의 인구 수준을 회복하지 못했다고 할 수 있다. 1850년이 되어서야 유럽 전체의 인구가 증가 추세로 돌아섰다. 이 시기 도시화는 (가장 낙후한 포르투갈을 포함하여) 모든 나라로 확산되었다. 이때 이후 유럽의 중요 도시에서는 심각한 인구감소 현상이 나타나지 않았다. 도시의 퇴락은 당분간 과거의 일이 되었다.

되었다. 이후 이란지역은 18세기 말 카자르 왕조에 의해 재통일되었다. 사파비왕조가 후세에 남겨 논 강력한 문화적자산은 시아파 이슬람과 이란 민족주의이다.

초성장

개별 도시를 관찰 대상으로 한다면, 통계 수치가 0에서 출발하는 지역의 도시발전 추세는 숫자상으로는 경이로울 수밖에 없다. 오스트레일리아와 미국의 도시가 19세기에 지구상에서 가장 빠르게 성장한 도시라고 할 때 우리는 경탄할 필요가 없다. 1841년, 빅토리아 식민지(와 그 후계자인 오늘날의 연방)의 수도인 멜버른은 인구 3,500명의 비교적 큰 마을이었다. 금광 발견과 특히 빅토리아시대의 경제번영을 따라서 1901년에 이곳의 인구는 50만을 돌파했다.[60] 세기가 바뀔 무렵 (그리고 오늘날까지도) 오스트레일리아는 위는 크고 아래는 작은 도시등급체계를 형성했다. 이 체계의 상단부에는 규모도 방대하고 연방정부의 수도와 원양 항구와 경제 중심의 기능을 한 몸에 지닌 대도시가 있고, 하단부에는 낙후된 중형 도시 몇 곳이 자리 잡고 있다. 우리는 이것을 '제3세계 모형'이라고 부를 수 있지만 오스트레일리아에서 이 모형은 경제의 역동성을 저해하지 않았다. 통계학적인 관점에서 볼 때 오스트레일리아는 전 세계에서 도시화의 속도가 가장 빨랐던 지역이라고 할 수 있다.[61]

북아메리카 식민지는 농업사회였다. 마을은 작아서 도시의 익명성 같은 것은 존재하지 않았다. 몇 곳의 도시 — 보스턴, 필라델피아, 뉴욕, 뉴포트, 찰스턴 — 만 규모 면에서 영국의 지방 도시와 비교될 수 있을 정도였다. 미국의 도시화 물결은 1830년에 시작되어 백 년 동안 지속되었다. 1930년 이후 미국의 인구 10만 이상 대도시가 전체 인구에서 차지하는 비중은 큰 변화가 없다.[62] 미국의 도시화 과정에서 운하와 철도의 역할은 유럽의 경우보다 훨씬 컸다. 콜로라도주 덴버시는 수로로는 연결되지 않는 도시였지만 순전히 철도 덕분에 존재를 드러낼 수 있게 되었다.[63] 철도산업이 일어났기 때문에 고립된 개별 도시의 기초 위에서 종횡으로 연결된 도시체계가 형성될 수 있었다.

식민지시대 초기에 형성된 대서양 연안의 정착지가 집결된 동북부 지역에서 철도망이 확산되자 새로운 도시가 잇달아 생겨났다. 이로 인해 한 층 더 종횡으로 확장된 도시체계가 나타났다.

미국 서부에서는 이러한 도시체계가 19세기 중엽에 갑자기 형성되었다. 그 첫 번째가 시카고였다. 이 도시의 인구는 불과 40년 만에 (1850년의) 3만 명에서 110만 명으로 폭증했다.[64] 시카고와 중서부 지역의 기타 도시는 오스트레일리아의 도시와 마찬가지로 문자 그대로 아무것도 없는 곳에서 일어나기 시작했다. 변경이 서부로 확장되면서 하나씩 생겨난 도시는 유럽의 모형을 따르지 않고 주변지역이 농업지역으로 개발되기 전에 기반을 잡은 교역의 중심지로서 발전해나갔다.[65]

태평양 연안지역에서는 스페인의 선교 거점이 만들어놓은 느슨한 네트워크가 도시가 발전할 수 있는 지리적 기반을 미리 만들어놓았다. 캘리포니아는 미국 역사에서 카우보이와 인디언이 말을 달리던 광야였던 적이 없다. 농촌 마을도 없는 상황에서 캘리포니아의 도시 인구 비중은 일찌감치 1883년부터 50퍼센트를 넘었다. 같은 시기에 전국 평균의 도시인구 비중은 약 32퍼센트 정도였다.[66] 그러나 진정한 의미에서, 절대적인 수치로 볼 때 인구의 증가는 그 뒤에 시작되었다. 1870년대까지도 로스앤젤레스는 멕시코 '푸에블로'(pueblo)* 의 특징을 유지하고 있었다. 그 뒤로 점차 '앵글로'(또는 영어 사용권)화, 프로테스탄트화, 백인화했다.[67]

공업혁명 시기에 잉글랜드 중부지역의 도시화와 함께 19세기 미국 중서부와 오스트레일리아 연해지역에 형성된 도시군은 가장 극적이며 빠른 도시화의 사례였다. 특정한 환경에서는 상대적으로 고립된 상황에서도 도시가 팽창할 수 있었다. 부에노스아이레스가 그

---

* 푸에블로는 과거는 물론 현재에도 미국 남서지역에서 (아메리카) 원주민 공동체를 일컫는 말이다.

런 사례였다. 스페인 식민제국 시기에는 주목받지 못했던 이 도시는 농업을 기초로 한 수출지향 경제가 발달하면서 인구가 6만 4,000명 (1836년)에서 157만 6,000명(1914년)으로 증가했다.[68]

이런 기하급수적인 성장은 유럽 도시에서는 사례를 찾기 어려웠다. 1800-90년 동안에 베를린, 라이프치히, 글래스고, 부다페스트, 뮌헨은 연간 인구증가율이 8-11퍼센트로서 유럽에서 발전 속도가 가장 빨랐던 도시였다. 런던, 파리 등 기타 대도시의 확장 속도는 상대적으로 매우 완만했다. 유럽 전체에서 어떤 도시의 발전 속도도 신대륙의 도시에 미치지 못했을 뿐만 아니라 식민지시대에 생겨난 '오래된 도시'──뉴욕(47퍼센트), 필라델피아와 보스턴(19퍼센트)──에도 미치지 못했다.[69]

19세기를 둘로 나누어 따로 살펴보면 모양은 달라진다. 19세기 후반기에 미국 동해안 대도시의 발전 속도는 유럽 도시와 분명한 차이가 나지 않았다. 총체적으로 보아 1850년 이후의 수십 년 동안은 전 세계의 모든 도시에서 외부 유입인구가 몰려들던 시기였다. 그리고 행정구역의 합병으로 주변의 땅과 사람들이 도시로 흡수되었다. 잉글랜드, 스코틀랜드, 벨기에, 작센에서만 19세기 전반기의 발전 속도가 하반기보다 빨랐다.

덴마크와 네덜란드의 도시인구 비중은 이 시기에 오히려 낮아졌다. 1850-1910년의 60년은 전체 유럽의 역사에서 도시인구의 연평균 증가 속도가 가장 빨랐던 시기였다.[70] 1850년, 유럽에서 인구 100만 이상인 도시는 두 곳──런던과 파리──뿐이었다. 이 두 도시 뒤로 커다란 단층을 사이에 두고 인구 30-40만 명인 도시 집단이 자리 잡고 있었다. 1913년이 되자 이런 단층 구조는 좀더 평형을 이루었다. 인구 100만 명인 도시가 13곳으로──런던, 파리, 베를린, 상트페테르부르크, 빈, 모스크바, 맨체스터, 버밍엄, 글래스고, 이스탄불, 함부르크, 부다페스트, 리버풀──늘어났다.[71]

도시 성장의 궁극적인 추동력은 무엇이었을까? 지금까지 역사에서 나타난 현상과 다른 점은 정치적 의지가 더는 주도적 요인이 되지 못했다는 사실이다. 거창한 도시건설 사업 ─쇼군(將軍) 도쿠가와 이에야스(德川家康)가 추진한 에도 건설(1590년), 마드리드의 수도 승격(1561년. 1850년 이후에야 도시 확장공사가 시작되었다), 네바 강 가운데 섬 위에 상트페테르부르크 요새를 짓기로 한 차르 표트르 2세의 결정(1703년), 젊은 아메리카합중국이 포토맥강변에 새로운 수도 워싱턴을 세우기로 한 결정(1790년) ─은 19세기에는 찾아보기 어려웠다. 그러나 영국령 인도 총독부가 콜카타에서 델리로 옮겨가(1911년) 그곳에 웅장한 새 수도를 건설한 것이 어쩌면 이런 범주에 들어갈 수 있을지 모르겠다. 정부 소재지거나 최고 권력자의 공식 거주지이기 때문에 도시가 성장하는 일은 다시는 일어나지 않았다. 소수의 아프리카 식민지 수도(라고스와 포르투갈령 동아프리카의 수도 로렝수 마르케스Lourenço Marques.* 1900년에는 라고스의 규모는 나이지리아의 고도 이바단Ibadan의 1/3 규모에 불과했다)와 러시아가 동방으로 확장하면서 세운 전초기지 블라고벤센스크(Blagoveshchensk. 1858년), 블라디보스토크(Vladivostok. 1860년), 하바롭스크(Khabarovsk. 1880년)는 (인구수로는 성공적이지 못했어도) 예외였다. 반면에 독일, 이탈리아, 일본의 여러 제후들의 도성은 민족국가 성립 후 원래의 기능을 상실했고 이와 함께 인구도 대폭 감소하는 경우가 많았다.

19세기에 도시의 성장은 과거의 어떤 시기보다도 시장과 민간 추진력의 영향을 많이 받았다. 세계에서 가장 크고 가장 역동적인 몇몇 대도시의 성장은 '민간부문'의 역량이 만들어낸 결과였다. 이런 도시는 더는 권력과 귀족문화의 중심이 아니라 정치적 위상이 높은 도

---

* 현재는 모잠비크의 수도 마푸투(Maputo).

시와 치열하게 경쟁하는 상업의 중심지였다. 시카고, 모스크바, 오사카는 이런 유형의 대표적인 도시다.[72] 결정적인 작용을 하는 진정한 우월성은 잘 조직된 노동의 사회적 분업, 높은 수준의 수요를 만족시킬 수 있는 서비스(특히 금융업), 완벽한 시장 메커니즘, 더 원활한 통신수단 등이었다.

대도시는 새로운 기술 수단(증기선 교통, 운하·철도·전신망의 건설)을 활용하여 활동 반경을 지속적으로 확대해왔다. 급속한 성장의 기회가 더 많았던 도시는 공업 중심지가 아니라 배후지역의 거대한 자원을 개발하여 국제시장의 수요를 만족시킬 수 있었던 도시였다. 부에노스아이레스, 상하이, 시카고, 시드니, 멜버른 등이 그런 도시였다. 식민시대든 비식민시대든 높은 성장추세를 보인 도시는 일반적으로 항구도시였다. 일본의 도시가 성장한 근본적인 동력은 공업화가 아니라 개방과 국제교역이었다.[73]

도시체계

중앙정부의 명령으로 성장 잠재력이 높은 도시가 세워지는 것은 아니지만 중앙정부가 나선 조정(調整)은 법적·재정적 통일성을 높였고, 교환과 통신의 표준을 제시했다. 또한, 공공 목적의 도시 기반시설을 설계할 때 기준을 제시했으며 건설 자금을 제공함으로써 도시체계의 형성과 건설에 긍정적인 영향을 미쳤다. 이 중에서도 마지막에 열거한 역할은 특별히 중요하다. 철도시대가 오기 전까지 영국과 미국 두 나라에서 하천–운하 체계는 도시를 연결해주는 중요한 통로였다.

19세기 초에 영국은 수로를 통해 각지의 화물을 런던으로 실어날랐다. 1825년에 이리(Erie)운하가 개통되었을 때 미국인이 가졌던 자부심은 충분한 이유가 있었다.[74] 세계적으로 이런 체계를 만들 수 있는 지리적 조건을 갖춘 곳은 갠지스강 유역, 중국 광저우의 배후지역과 강남지역 뿐이었다. 그러나 중국에서 여러 도시체계는 하나의 통일된 전국적—심지어 중원지역에 한정된—체계를 형성하지 못했고 새로운 과학기술 수단도 응용되지 못했다. 이를 통해서 우리는 도시체계의 횡적인 통일과 종적인 분화는 공업화 등 사회적·경제적 과정뿐만 아니라 민족국가의 형성과도 밀접한 관계가 있음을 알 수 있다.

19세기에 경제적 성공은 내부적으로는 통합되면서도 등급이 분명하고 외부적으로는 개방된 도시체계를 갖춘 나라에서 나타났다. 민족국가에서는 도시체계가 없어서는 안 되지만 도시는 제대로 작동하는 민족국가의 틀에 반드시 의존적이지는 않았다. 영국이 식민통치하던 홍콩이든 베이루트처럼 오스만제국의 변방에 자리 잡은 비식민지 해안도시이든 국가와 영토의식이 없거나 약했기 때문에 도시의 발전이 장애를 입었던 것은 아니었다.[75]

대부분의 도시체계는 개방적이었다. 19세기에 민족국가가 이미 형성된 지역에서는 국가는 점차 국가경제의 조직자로 진화해갔고 도시의 공업화는 국가경제 안에서 역할의 중요도가 높아갔다. 이와 동시에 '거대'도시는 교역·이주·통신의 국제적 네트워크와 직접 연결되었다. 바꾸어 말하자면, '민족국가시대'에도 개별 국가는 반드시 대도시보다 '강대'하지는 않았다. 대도시는 (국가자본을 포함한) 자본의 집적과 분배를 담당하고 동시에 '국가 간' 연결의 기반 역할을 했다. 도시의 발전은 국가형성의 직접적인 결과도 아니고 공업화의 부수현상도 아니다.[76]

근대 초기 도시 사이의 원거리 교류는 도시의 역사를 기술할 때 빠져서는 안 되는 영역이다. 원거리 교류는 유럽 내부의 고정적인 (예컨대 박람회 형식의) 교역관계뿐만 아니라 (처음에는 지중해지역의 후에는 대서양으로 확대된) 리스본, 세비야, 암스테르담, 런던, 낭트, 브리스톨 같은 항구도시와 이들의 바다 건너 상대 항구를 연결하는 해양 활동도 있었다. 상대 항구는 식민지 항구(케이프타운, 뭄바이, 마카오, 바타비아, 리우데자네이루, 아바나)일 수도 있었고 현지 세력이 장악하고 있는 항구(이스탄불, 잔지바르, 수라트Surat*, 광저우, 나가사키)도 있었다. 바타비아와 스페인령 라틴아메리카지역의 식민지 도시들은 대부분 약간 변형된 유럽 도시의 복사판이었다. 그러나 식민자들이 건설한 여러 도시 가운데서 최소한 한 도시는 유럽의 위성도시나 교두보이기를 거부하고 독자적인 정치 문화의 중심으로 기능했다. 그곳이 필라델피아였다. 1760년 역사가 80년이 채 안 되는 이 도시 — 인구는 2만 명으로서 뉴욕보다 약간 많았다 — 는 영어권 세계에서 가장 활기찬 도시의 하나였다. 정치, 교역, 문화의 중심지 필라델피아는 펜실베이니아 식민지와 전체 대서양지역을 연결하는 요충이었다.77)

19세기와 다른 시대의 차이점은, 국제적인 수준에서 보았을 때 식민지 도시는 정치적인 지침을 좇아 성장한 것이 아니라 시장의 법칙을 따랐기에 성장했다는 사실이다. 대영제국에서는 1840년대까지 항해법(Navigation Laws)이 해외교역을 통제했다. 이 법의 규정에 따르면 자메이카 같은 수출품 생산자는 영국 시장에서 독점권을 누리는 대신 수입하는 상품은 전부 대영제국으로부터 들여와야 했다. 항해법은 유럽의 무역대국과 경쟁할 때 중요한 무기로 쓰였다. 이 법의 효력 때문에 암스테르담이 세계경제에서 행사하던 막강한 영향력이 18세기에 들어와 런던의 영향력에 밀리게 되었다.

항해법이 작동을 멈춘 바로 그 시점에 중국에서 영국의 영향력이 유럽과의 모든 해외교역의 중계기지로서 광저우의 독점적 지위를 종식시켰다. 아시아, 유럽, 식민지를 대상으로 하여 제정된 여러 가지 중상주의 법령이 서로 독립적으로 적용되면서 직접적 또는 간접적으로 특정 도시의 발전을 지원하거나 성장을 견제했다. 근대 초기

* 인도의 해안도시, 구자라트주의 수도.

에 형성된 경로 의존성은 이어지는 세기에도 구조화된 요인으로서 장기적인 영향을 미쳤다. 그러나 19세기 40년대 이후 전 세계를 석권한 (사람의) 자유이동과 자유무역이 변화하는 도시체계의 (비정부적) 시장경제적 성격을 강화했다.

네트워크(Network)와 허브(Hub)

도시체계란 무엇인가. 흔히 사용되는 이 개념에 대한 명확한 정의는 지금까지도 제시된 적이 없다. 따라서 이 개념에 대해 약간의 이론적 설명을 해둘 필요가 있다. 도시체계의 함의는 두 가지 방식—수직과 수평—으로 해석될 수 있다. 수직적 해석은 피라미드 모형을 차용한다. 가장 밑바닥에는 무수한 마을이 자리 잡고 있고 정상에는 핵심지역이 자리 잡고 있다. 중간에 규모에 따라 여러 정착지가 계층을 이루고 있는데, 그 가운데는 농촌의 정기 시장도 있고, 고정된 시장 조직을 갖춘 소도시도 있고, 서비스와 관리기능을 함께 갖춘 중형 도시도 있다. 수평적 해석에서는 도시 사이의 관계, 도시가 소속되어 있으면서 도시 기능과 발전을 지원하는 네트워크를 관찰 대상으로 한다. 첫 번째 모형이 가상의 등급질서 구조라고 한다면 두 번째 모형은 도시의 중심과 주변지역 또는 다른 도시 중심 사이의 상호작용을 가리킨다.

이 등급구조의 위로 올라갈수록 두 모형은 서로 연결된다. 많은 도시들, 특히 대도시는 횡적으로도 종적으로도 강한 제약을 주고받는 도시와 연결되어 있기 때문이다. 횡적 네트워크 모형은 전 지구적 역사를 이해하는 데 더 많은 도움을 줄 것이다. 도시가 지역범위의 등급질서 안에서 차지하는 주도적 지위가 아니라 도시의 허브로서의 특징을 주목할 때 우리는 한 도시에게 인접한 주변지역에 대한 지배보다는 멀리 떨어진 시장 또는 원료 공급지에 대한 지배가 더 중요하다는 사실을 좀더 분명하게 이해할 수 있을 것이다. 예컨대, 면방업 중심도시인 랭커셔(Lancashire)에게 식량 공급지인 러시아 흑해 연안의 항구도시와 이집트 중부 면화산지와의 관계는 영국 안에서 이 도시의 배후지역인 서픽(Suffolk)과의 관계에 못지않게 중요했다. 전통적인 지도로는 나타낼 수 없는 이런 경제지형은 상응하는 정치적 의미를 지니고 있었다.

맨체스터나 베드포드 같은 도시의 입장에서는 가까운 유럽대륙에서 1848-49년에 일어난 혁명보다는 대서양 건너 미국의 내전으로부터 더 직접적인 영향을 받았다. 같은 나라 안에서도 모든 도시는 넓은 범주의 제약으로부터 벗어날 수 없었다. 공업혁명의 중심 도시들은 생산, 원재료 공급, 상품 판매를 독자적으로 수행할 수 있는 능력이 있었을지 모르나 런던에서 내놓는 모든 정치적·재정적 정책으로부터 영향을 받지 않을 수 없었다.

네트워크의 관점에서 접근할 때 또 하나의 장점은 주변부 신흥도시의 형성에 관해서도 이해할 수 있다는 것이다. 19세기에 태어난 많은 도시는 기존 도시의 주변 농촌이 자연스럽게 진화한 것이 아니라 '외부' 이해관계자들의 의도적인 노력 때문에 팽창한 것이었다.[78] 이런 현상은 식민지와 미국 서부지역에서 나타났을 뿐만 아니라 다르에스살람(Dar es Salaam)이나 베이루트 같은 도시에서도 나타났다. 다르에스살람은 19세기 60년대에 잔지바르의 술탄 세이이드 마지드 (Sultan Seyyid Majid)가 대상무역의 종점으로서 황무지 위에 건설한 도시였다.[79] 19세기 초 베이루트의 인구는 6,000명밖에 되지 않았는데 19세기 말의 인구는 10만명을 넘겼다. 시리아 고대 도시로서의 전통과 활력이 없었더라면 베이루트의 성장은 상상하기 어렵지만 이 도시가 성장할 수 있었던 진정한 동력은 유럽에서 시작된 지중해무역의 부흥이었다.[80]

도시체계의 외부세계에 대한 개방성은 끊임없는 순환의 직접적 결과다. 네트워크는 인간 행위의 산물이며 '객관적인' 존재형태를 갖고 있지 않다. 역사학자들도 시각을 바꾸어 창조자와 사용자의 상이한 입장에서 네트워크를 관찰할 수밖에 없다. 네트워크 또한 내부적으로 끊임없이 재구성된다. 네트워크상의 여러 허브(도시) 사이의 관계 또한 한 순간도 쉬지 않고 변화한다. 특정한 도시가 정체하거나 '쇠퇴의 길로 접어드는' 것도 도시가 속한 도시체계와의 관계를 중심으로 평가해야 이러한 현상의 큰 흐름을 알 수 있다.

시대가 변화하는 과정에서도 도시체계는 때로는 변하지 않는 일면을 보여준다. 지난 한 세기 반 동안 유럽에서 완전히 새로운 도시가 나타나 걸출한 도시로 성장한 사례는 없다. 한편으로는 도시체계가 내부적으로 구조적인 변화를 겪고 있었어도 도시화의 전반적인 수준은 변함이 없었다. 한 도시의 기능이 축소되거나 상실될 때 다른 도시의 성장이 그것을 보완하여 평형을 이루었다. 인도에서 많은 사람이 한때 번화했던 옛 도시의 영광을 돌아보며 아쉬워하지만, 그들은 옛 도시의 경제적 활력이 (때로는 부분적으로 문화적 활력까지) 도시체계의 하부를 차지하고 있는 보다 작은 상업 도시들에게로 이전된 사실은 깨닫지 못한다. '공식적인' 도시지리의 그늘 속에서 새로운 도시체계의 형태가 자라고 있었다.[81]

두 모형 모두에서 중요한 위치를 차지하는 도시, 달리 말해 수평적 네트워크에서 중요한 허브이면서 동시에 수직적 등급체계에서 정상의 기능을 하는 핵심도시를 '대도시'(metropolis)라고 부를 수 있을 것이다. 대도시는 큰 도시일 뿐만 아니라 동시에 ① 공인된 문화의 대표이며, ② 넓은 배후지역을 통제할 능력을 갖고 있고, ③ 외래 인구에 대해 강력한 흡인력을 가진 도시이다. 이런 대도시가 전 지구적 네트워크의 한 부분을 감당하고 있다면 '세계적 도시'라고 불릴 수 있을 것이다.

근대 초기와 19세기에 이런 '세계적 도시'가 등장하지 않았을까.

이 문제의 답을 찾기는 쉽지 않다. 세계적인 도시란 개념의 의미가 무엇인지 아직 일치된 견해가 없기 때문이다. 세계적 도시를 '현실적이거나 잠재적으로 전 세계에 영향을 미칠 수 있는 도시'라고 한다면 통속적이고 지나치게 단순한 정의라고 할 것이다. 만약 이 기준을 따른다면 수메르인이 세운 우루크(Uruk)성이 역사상 첫 번째의 세계적인 도시일 것이다.[82] 이 문제에 관한 브로델의 견해는 한층 명쾌하다. 그는 이른바 '세계도시'는 자신이 설정한 범위 안에서 '세계경제'를 지배하는 도시라고 정의했다.

이런 기준을 따르면 베네치아 또는 암스테르담이 특정 시기의 세계도시였다.[83] 브로델의 주장에 의하면 19세기에 들어와서야 '세계적 패권을 가진' 단일 도시가 등장했는데 그것이 런던이었다. 1920년대 이후는 뉴욕이 런던의 지위를 대신했다. 그러나 이런 시각 또한 지나치게 단순하다. 19세기에 세계의 '문화의 수도'라는 게 있었다고 한다면 그곳은 런던이 아니라 파리였다. 1800년 무렵과 1900년 무렵 두 차례에 걸쳐 빈이 파리의 경쟁자로 등장했다(빈은 세계의 무역과 금융 방면에서는 거의 아무런 역할도 하지 못했다). 런던에서 뉴욕으로의 바통터치 과정도 그렇게 명쾌하지는 않아서 정확한 연대를 특정할 수 없다. 런던은 세계제국의 중심으로 남았고, 무역과 공업 방면에서 지위가 후퇴한 뒤에도 금융의 중심 도시로서 지위는 유지했다.

오늘날 '세계도시' 또는 '전 지구적 도시'라고 할 때는 단수가 아닌 복수로 표시한다. 이제 세계도시는 거대한 제국의 수도이거나 영향력이 압도적인 거대도시가 아니라 한 국가에 뿌리를 두고서 '전 세계를 상대로 활동하는'(global player) 여러 도시 가운데 하나라는 의미다. '세계도시' 또는 '전 지구적 도시'는 전 지구적 도시체계의 한 부분이며, 그 체계 안에서 여러 나라의 세계적 도시와의 관계가 (이들 도시가) 소재한 국가 또는 제국의 주변 지역과의 관계보다 더 긴밀하다.

세계도시가 영토적 기반과 거리를 둘 수 있게 된 데는 오늘날의 통신기술이 결정적인 역할을 했다.[84] 전 지구적 도시등급체계 안에서 한 도시의 서열을 결정하는 매개변수는 19세기 말에 처음 형성되었다. 예를 든다면, 내부적으로는 본사와 지사의 등급체계를 갖춘 다국적 기업, 국제기구의 소재지, 전 지구적 미디어 네트워크와의 관계 등이다.

19세기에 세계도시 가운데서 가장 큰 도시들 사이의 교류방식과 그 빈도에 관한 실증적 연구는 아직까지 공백으로 남아 있다. 만약 이 분야의 연구가 있었더라면 우리는 다음과 같은 결론에 도달했을지 모른다. 20세기 말과 같은 과학기술이 있어야 대도시를 포함하는 특별한 체계 ─ 진정한 세계도시 체계 ─ 가 탄생했을 것이다. 대륙을 연결하는 전화, 무선통신, 정기적인 항공노선이 일상생활에 들어오기 전에는 각 대륙 주요 도시 사이의 안정적이고 지속적인 교류와 상호작용은 생각할 수 없었다. 그 후 위성기술과 인터넷이 등장하면서 도시 사이의 교류의 밀도가 새로운 차원으로 비약했다.

이런 시각으로 볼 때 19세기는 우리 시대의 희미한 선사시대라고 할 수 있다. 체펠린(Zeppelin) 비행선이나 편안하고 호화로운 원양 정기여객선을 타고 대서양을 건너는 데 4-5일이 소요되었다. 즉, 대서양을 건너는 일이 일상적인 여행이 아니라 아직도 비용이 많이 드는 모험인 시대였던 것이다. 그리고 이 시대 ─ 이 시대의 시발점은 노르트도이처 로이드(Norddeutscher Lioyd)사의 첫 번째 호화 여객선인 1만 4,000톤급 빌헬름대제(Kaiser Wilhelm der Große)호가 취항한 1897년이다 ─ 는 끝나지 않았다. 런던, 취리히, 뉴욕, 도쿄, 시드니와 그 밖의 세계적인 대도시 사이의 지속적이고 밀접한 교류는 신속하고도 상시적인 항공편 여행이 가능해진 1960년대 이후에 나타난 새로운 현상이었다.

4. 특수한 도시와 보편적인 도시

성지, 휴양지, 광산도시

한 도시가 일정 규모를 넘어서게 되면 단일한 기능으로 그 도시의 성격을 분류하기 쉽지 않다. 이때 도시는 여러 가지 역할을 동시에 수행한다. 도시는 흔히 다원적이다. 그러나 어느 시대든 노동력을 고도로 특화된 분야에 집중하는 도시가 있다. 17세기 중엽 지금의 볼리비아에 있던 인구 20만의 포토시(Potosí)는 아메리카 대륙 전체에서 가장 큰 도시였다. 해발 4,000미터에 자리 잡고 있어서 인간이 거주하기에 적합하지 않은 자연조건인데도 이 도시가 이렇게 성장할 수 있었던 이유는 신대륙에서 매장량이 가장 풍부한 은광(銀鑛) 때문이었다. 인구 규모로는 포토시보다 큰 18세기의 중국 장시(江西)성 징더전(景德鎭)시는 기계시대가 오기 전 지구상에서 수작업으로 도자기를 가장 많이 생산하는 도시였다. 이곳에서 생산된 도자기는 국내시장은 물론 국제시장에도 공급되었다.

19세기에 세계에는 또 하나의 전통적인 단일 기능을 가진 도시가 있었다. 종교적 성지인 도시는 인구의 이동이 빈번하고 인구 규모의 부침도 컸지만 도시 자체는 늘 안정되고 활력으로 넘쳐났다. 메카, 바라나시 같은 오래된 종교 중심지 이외에 힌두교, 불교, 이슬람교, 기독교를 믿는 국가에서 새로운 종교적 성지가 여럿 등장했다. 피레네산맥 북쪽 끄트머리에 자리 잡은 루르드(Lourdes)는 1860년대부터 이름이 알려지기 시작했다. 19세기 말에 성지순례를 떠나는 신자들의 수가 전례 없는 규모로 늘어났다.

네덜란드의 동방학자 크리스티안 후르그론제(Christiaan Snouck Hurgronje)는 이슬람을 연구하기 위해 1884-85년에 아라비아지역에서 1년 가량 생활한 적이 있었다. 그는 만연한 상업주의가 메카 주민들의 성격을 변화시켰고 이것이 경건한 순례자들에게 실망을 안겨주고 있다는 사실을 알게 되었다.[85] 루르드의 상황도 대체적으로 이와 다르지 않았다. 종교 지도자가 이끄는 운동은 단시간에 많은 대중을 끌어 모으는 특징을 갖고 있다. 1883년에 건설된 옴두르만(Omdurman)은 수단의 마디(Mahdi)운동*의 중심지였다. 이 도시는 건설된 지 몇 년 만에 인구가 15만으로 증가했다. 주민 가운데는 마디를 따르는 경건한 신자도 있었고 봉기군의 병사도 있었는데 둘은 명확하게 구분되지 않는 경우가 많았다.[86] 전략적인 고려에서 도시는 사막 쪽으로 문을 내고 그곳으로부터 사람들을 끌어모았고, 나일강을 향한 전면은 요새화했다. 이런 도시 배치는 강 건너 맞은편에 있던 카르툼(Khatoum)과 정반대였다. 옴두르만은 성지이자 병영이었다. 1898년 영국군이 마디운동을 진압한 후 도시도 흔적 없이 사라졌다.

그 밖의 단일 기능의 도시유형은 19세기에 들어와 나타났다. 철도 보급이 확산되면서 간선 철도의 교차지점에 고도로 전문화된 철도 허브가 형성되었다. 런던 서남쪽의 클래펌(Clapham), 캔자스시티, 버

---

* 마디는 심판의 날에 악, 불의, 독재를 처벌하기 위해 이 땅에 온다는 이슬람교의 메시아이다. 이슬람교가 창건된 610년 이후 이슬람권에서는 마디라 자처하거나 미디로 추대된 인물이 여럿 등장했다. 마디는 나라를 세우거나(수단의 마디운동), 이슬람교의 개혁에서 시작하여 새로운 종교로 나아가거나(바브교Babism, 훗날 바하이교Bahá'í Faith), 이슬람교의 한 종파를 만들었다.

지니아주의 로어노크(Roanoke), 중국 동북지역의 창춘(長春, 1898년에 러시아가 건설한 중동철도中東鐵道 연선의 중요 도시) 등이 가장 대표적인 도시이다. 나이로비도 영국이 우간다철도 건설 공사를 위한 후방 보급기지로서 1899년에 건설한 정착지가 발전한 도시이다.[87] 이런 도시에는 통상적으로 기관차 수리공장과 철도의 유지·보수에 필요한 시설이 들어섰다. 이런 도시가 수로교통과 철도교통의 연결점인 경우에는 발전의 전망은 특히 좋았다.

19세기에 태어난 새로운 사물 가운데 하나가 해변 휴양도시였다. 해변 휴양도시는 18세기에 유행한 온천 휴양지와는 구분되어야 한다. 온천 휴양지를 찾는 사람은 대부분 사회 상류층이었고 그들의 목적은 온천욕을 하면서 상류사회와 교제하는 것이었다. 18세기 동안 온천 휴양지의 영향력은 꾸준히 올라갔다. 보헤미아의 카를스바트(Karlsbad), 벨기에의 스파(Spa), 프랑스의 비쉬(Vichy), 크리미아의 얄타(Yalta), 독일의 비스바덴(Wiesbaden)과 바덴바덴(Baden-Baden) 등은 역사적으로 널리 알려진 온천 휴양지였다. 이들 온천 휴양지는 또한 동유럽 왕실과 귀족들의 서유럽 전초기지 역할도 했다. 뒤로 가면서 온천 휴양지는 (호화로움과 배타성 때문에) 점차 시민계급인 은행가와 고위 관료들도 선망하는 장소가 되었다. 그러나 이들은 도박을 즐겨서 평판이 좋지 않았다. 1870년 7월, 바트 엠스(Bad Ems)*에서 요양하고 있던 프로이센 국왕 빌헬름 1세(Wilhelm I)는 프랑스 대사와 외교적 논쟁을 벌였다. 분쟁의 내용을 매일 전보를 통해 통보받고 있었던 비스마르크는 "독일의 국가이익을 지키기 위해 전쟁을 일으킬" 기회를 쉽게 찾아낼 수 있었다.[88] 오스트리아의 프란츠 요제프(Franz Joseph) 황제는 겨울이면 바트 이셜(Bad Ischl)**에서 겨울을 보내곤 했었다. 1895년의 어느 날 황제는 머물고 있던 호

* 독일 라인란트 팔츠 주에 있는 작은 온천도시.
** 오스트리아의 작은 온천 도시

텔 식당에서 전임 영국 수상 글래드스톤(William Ewart Gladstone)과 마주쳤다. 노년의 두 신사는 인사조차 나누지 않았다.[89]

해변 휴양의 민주화는 잉글랜드와 웨일즈에서 시작되었다. 또한 이곳에서 '휴가산업'(holiday industry)이 처음으로 생겨나 경제의 중요한 요소로 성장했다. 1881년, 잉글랜드와 웨일즈에는 106곳의 공인된 해변 휴양도시가 있었다. 1911년에는 145곳으로 늘어났고 이곳에 거주하는 주민은 약 160만 명으로 영국 전체 인구의 4.5퍼센트였다. 사회 전체의 부가 증가하면서 휴가 수요가 지불능력이 있는 상층부에서 사회 하층부로 확산되어갔고 이것이 휴가산업이 급속하게 발전한 배경이었다. 공급자 측면에서는 갈수록 다양한 휴가 상품이 제공되었다. 수요와 공급은 상호작용을 통해 끊임없이 증가했다. 전통적인 휴양지의 기능이 질병 치료가 중심이었다고 한다면 새로 생겨난 해변 휴양지는 다양한 계층의 소비자들을 대상으로 맞춤 서비스를 제공했다. 일찍이 18세기부터 해변 휴양지에는 사회적 등급이 형성되기 시작했다. 가장 고급의 해변 휴양지로는 귀족과 중·상 계층이 찾는 바스(Bath)와 턴브리지웰스(Tunbridge Wells)가 있었다. 18세기 중엽부터 사회 저층 사람들이 잉글랜드 북부의 랭커셔(Lancashire)를 찾아 해수욕을 즐기기 시작했다.

해수욕장은 일종의 특수한 도시유형이었다. 이곳에서는 광천수, 온천욕, 공원이 중심이 아니라 모두에게 열려 있는 해변이 중심이었다. 내륙의 온천 휴양도시와 비교할 때 해변 휴양도시의 삶은 더 느긋하고 신분의 차이를 의식하는 사람은 거의 없었다. 아이들은 놀이터를 찾기 위해 먼 곳까지 나갈 필요 없이 해변 어디서나 자유롭게 뛰어놀 수 있었다. 사람들이 해변 휴양도시에서 평균적으로 머무는 기간은 온천 휴양도시보다 훨씬 짧은 1-2주였다.

1840년 무렵 잉글랜드와 웨일즈의 일부 해변도시는 오늘날 우리에게 익숙한 해변 휴양지의 대부분의 특징을 다 갖추었다. 잉글랜드

서부 해안의 블랙풀(Blackpool)은 새로운 대중적 해변 휴양도시의 대표였다. 1900년 무렵, 이곳 주민 4만 7,000명이 매년 접대하는 여행객은 10만 명이 넘었다. 원래는 세계박람회를 위해 설계한 풍경건축(Fun-Architektur) 작품이 이곳에 전시되었다. 서커스, 오페라, 무도장이 들어섰고 옆에는 에펠탑을 흉내낸 철탑이 세워졌으며 잉글랜드 옛 마을이 복원되었다.[90] 민중의 여가시간이 늘어나고, 소비능력이 높아지고, 철도와 도로가 건설되어 해변도시도 날로 번성했다.

1900년 무렵에 중부 대서양, 지중해지역, 태평양의 해안과 도서지역, 발트해, 크리미아, 남아프리카에 비슷한 모양의 해변 휴양도시가 들어섰다. 중국에서는 사람들이 휴식을 취하려 할 때는 산으로가 숲속을 거닐었고 욕장이라고 할 때 온천을 떠올리지 바다를 생각하지는 않았다. 부오하이완(渤海灣)에 위치한 베이따이허(北戴河) 해수욕장은 19세기 말에 베이징과 톈진 지역에 거주하는 유럽 교민들의 휴양지로서 개방되었다. 지금 이곳은 수백 곳의 호텔이 들어선 대중의 깊은 사랑을 받는 휴양지가 되었다. 그러나 이곳의 가장 좋은 해변은 당과 국가의 지도자들이라야 즐길 수 있다. 해수욕장은 18세기 초에 서방인들이 발명했다. 해수욕장은 공업화 시대 이전에 등장했고 그후 후기 공업화 시대를 거쳐 오늘날의 서비스 시대에 이르기까지 기나긴 역사과정을 거쳐 각지로 확산되었다.[91]

모든 대륙에 나타난 또 하나의 새로운 도시유형은 광산도시였다. 앞에서 언급한 포토시가 바로 이런 유형의 도시였다. 19세기에 인류는 역사에 전례가 없는 깊이까지 땅속을 파고 들어갔다. 석탄 채굴은 공업화를 위한 에너지의 기둥이었다. 뒤집어 말하자면 기술의 진보는 채굴의 효율을 높였고 채굴의 심도도 따라서 끊임없이 깊어졌다. 전문화된 광산도시는 시대의 뚜렷한 표지였다. 실레지아(Silesia)와 루르(Ruhr), 로렝, 영국의 미드랜드(Midlands), 우크라이나의 돈바스(Donbass), 애팔레치아 산맥 등 도처에 광산도시가 생겨났다. 20세기가 시작되고 나서 얼마 후 중국의 북방에서도 석탄 채굴이 시작되었는데 경영자의 일부는 영국 기업이었고 일부는 일본 기업이었다. 이들이 선진적인 석탄 채굴 기술을 중국에 들여왔다.

공업화와 함께 기타 광물에 대한 수요가 생겨났다. 지질학의 등장과 채굴 제련 기술의 발전이 인류가 더 많은 새로운 광물자원을 획득할 수 있는 중요한 기반이 되었다. 캘리포니아와 오스트레일리아에 불어닥친 금광 열풍이 단시간 내에 수많은 노동력을 끌어들일 수 있었던 것은 사금채취 자체가 기술과 자금에 대한 요구가 낮은 탓도 있었지만 금광을 찾기 위해 거금을 기꺼이 투자하려는 사람들이 많았기 때문이었다. 칠레는 식민지시대에 금광과 은광뿐만 아니라 동광 채굴도 시작했다. 19세기 40년대 동광의 생산과 수출이 대폭 증가했다. 그러나 처음 수십 년 동안 동광 채굴은 규모도 작았고 대부분 인력에 의존했으며 증기 기계를 사용한 광산은 매우 드물었다. 현대적 기술이 세기말에 광범위하게 적용된 뒤에도 칠레에서 진정한 의미의 광산도시는 생겨나지 않았다. 광산촌은 하나하나가 외로운 섬처럼 현지 경제의 주변부에서 생존을 이어갔다.[92]

콜로라도주의 애스펀(Aspen)은 진정한 의미의 광산도시였다. 1879년, 이곳에서 은광이 발견되었다. 첫 번째 시굴자들이 도착한 뒤 얼마 지나지 않아서 도시계획자들이 따라왔다. 1893년이 되자 외로운 통나무집 두 채가 아스팔트로 포장한 도로, 밤길을 밝히는 가스등, 길이 2킬로미터의 궤도전차 노선, 도시 전체를 덮는 상수도 공급망, 세 곳의 은행, 우체국, 체육관, 감옥, 시청, 호텔, 세 곳의 신문사, 오페라극장을 갖추어 콜로라도주에서 세 번째로 큰 도시로 변해 있었다. 그러나 1983년부터 '전 세계에서 가장 깨끗한 광산도시'라고 불리던 이 도시는 은 가격이 폭락하면서 도시를 받쳐주던 경제적 기둥을 잃어버렸다.[93]

수도(首都)

지금까지 살펴본 특화된 기능의 도시 상대편에는 여러 가지 특정 기능 이외에 다음과 같은 '중심적인' 기능을 수행하는 도시가 있었다. ① 민중과 종교관련 사무의 관리. ② 해외교역. ③ 공업생산. ④ 서비스.[94] 그런데 '서비스'가 많은 도시에서 보편적으로 수행하는—일상생활 어느 곳에서든 만날 수 있는—온갖 종류의 지속적인 기능이라고 정의해보자. 우리는 나머지 세 가지 기능의 편중 정도를 기준으로 도시를 세 종류의 유형—수도, 항구도시, 공업도시—으로 분류할 수 있다. 물론 한 도시가 세 가지 기능을 다 가지고 있는 경우도 있을 수 있지만 그런 사례는 매우 드물다. 뉴욕, 암스테르담, 취리히는 수도가 아니고 파리, 빈, 베를린은 항구가 아니며 해안선으로부터 멀리 떨어진 베이징에는 몇십 년전까지만 해도 공업이라고 부를만한 게 거의 없었다. 정부의 소재지와 항구이면서 동시에 공업 중심인, 세 가지 기능을 갖춘 도시는 런던과 도쿄뿐이다. 그럼에도 모든 도시는 기능을 분배할 때 통상적으로 분명한 중심이 있으므로 도시를 세 가지 유형으로 분류하는 것은 그렇게 불합리한 일은 아니다.

한 국가의 수도는 인구의 다소에 관계없이 정치적·군사적 권력 중심으로서 다른 도시와 구분된다. 그 밖의 특징도 모두 여기서 비롯된다. 수도는 최고 통치자의 거주지이며 중앙 관료기구의 소재지이다. 수도의 노동시장은 흔히 다른 도시에 비해 서비스업—작게는 권력기구의 구성원들을 위해 제공되는 서비스에서부터 크게는 특별히 역동적이고 예술적 심미안을 요구하는 건축업까지—에 기울어 있다. 수도에서 사는 주민들에게 통치자가 특별한 관심을 기울이는 이유는 어떤 정치체제이든 (가장 억압적인 체제라 할지라도) 수도는 대중정치의 무대이기 때문이다.

현대 이전 사회에서 수도에 대한 식량공급은 매우 중요한 정치적 과제였다. 황제나 교황이 통치하던 로마이든 중국 대륙의 중앙을 관통하는 대운하를 통해 식량을 확보하던 베이징이든 이 문제에서는 차이가 없었다. 오스만제국에서도 술탄은 민중에게 직접적인 책임을 졌다. 민중은 술탄이 기본적인 식량공급을 보장해줄 뿐만 아니라 고리대금이나 권력남용으로부터도 보호해줄 것을 기대했다. 이런 형세는 19세기 초까지도 변함이 없었다.[95]

런던에서 기세를 올리며 두려움의 대상이었던 도시 '폭민'(暴民, mob)은 언제든지 혁명의 도화선이 될 가능성이 높았다. 일부 국가의 수도에서도 같은 현상이 존재했다. 폭민은 때로는 이용될 수 있었고 때로는 진압될 수도 있었지만 상시적으로 통제될 수는 없었다. 수도는 악대가 연주하는 위풍당당한 행진곡 속에서 군주가 즉위하거나 매장된 곳이기도 했다. 어떤 사람은 수도에서 단두대에 올랐다. 19세기에도 이런 일이 벌어졌다. 1808년, 오스만제국의 술탄 무스타파 4세(Mustafa IV)는 반란자들에 의해 이스탄불의 궁정에서 참수되었다. 수도는 공공의 전시무대이자 상징으로 가득찬 장소이기도 하다. 정치질서의 이념은 벽돌 한 장씩에 담겨 수도의 기하학적 모습을 형성했다. 어떤 도시도 한 나라의 수도처럼 역사의 의미를 층층이 담아낼 수 없다. 모든 수도에서 표지가 되는 건축은 그 나라 특유의 권력의지를 형상으로 표현하고 있다.

로마를 제외하면 수도이면서 동시에 종교의 중심인 경우는 드물었다. 메카, 제네바, 캔터베리 같은 종교도시는 민족국가의 범위 내에서 수도의 역할을 한 적이 없었다. 신권 군주제 국가에서는 수도 자체가 종교·제사의 장소였다. 청 왕조 시대의 중국에서 황제는 예법에 따라 매년 정해진 날짜에 각종 제사의식을 치러야 했다. 오스만제국의 이스탄불 술탄은 칼리파의 신분으로 순니파 교도의 우두머리였다. 가톨릭 국가인 오스트리아에서 1848년 이후 왕권과 교권의 연합은 공고해졌다. 황제 프란츠 요제프는 빈에서 열리는 성체

절(Corpus Christi) 행렬에 빠진 적이 없었고 성목요일(FERIA V IN CENA DOMINI)에는 직접 시립양로원을 찾아 정교한 절차를 거쳐 선발된 12명 노인의 발을 씻겨주는 의식을 거른 적이 없었다.[96]

많은 수도가 온갖 방법을 다해 개성 있는 문화도시를 건설하려 했다. 그러나 이런 희망이 언제나 실현될 수 있었던 것은 아니었다. 진정한 문화도시는 정부나 위원회가 지명한다고 해서 이루어지는 게 아니라 긴밀한 교류와 문화시장이 발전하는 과정 —이 과정은 계획하기가 쉽지 않다—에서 자연스럽게 형성된다. 이런 과정을 거쳐야만 문화도시로서 가장 중요한 흡인력을 갖출 수 있다. 이것은 모든 도시가 해낼 수 있는 과정은 아니다. 예컨대, 필라델피아는 18세기에 '신대륙의 아테네'란 구호를 내걸었다. 필라델피아의 뒤를 이어 미국의 수도가 된 워싱턴은 미국의 다른 도시와 비교하여 문화영역에서 패권을 쥐어본 적이 없었다. 베를린도 마찬가지였다. 이 도시가 런던, 빈, 파리처럼 문화영역에서 우월한 수도였던 적은 없었다.

스페인어권 라틴아메리카를 제외하면 19세기에 새롭게 등장한 수도는 거의 없었다. 이들 새로운 수도도 식민지시대부터 중요한 행정 중심지였다. 물론 세 곳의 예외—앞에서 언급한 아디스아바바, 완전히 유럽 모형을 따라 건설된 라이베리아의 프리타운(Freetown)[97]*, 1808년 이후 포르투갈 왕실의 소재지였고 1822년부터 독립한 브라질 왕국의 수도였던 '열대의 베르사유' 리우데자네이루—는 있었다.[98] 유럽에서 가장 중요한 새로운 수도는 베를린, 로마(이탈리아는 로마-토리노-피렌체-로마로 세 번 수도를 옮겼다), 베른(1848년 이후 스위스 연방의 '연방도시'가 되었다), 브뤼셀(과거에 수도였던 적이 있기는 했으나 1830년 벨기에 왕국이 독립한 뒤로 진정한 의미에서 각종 핵심기능이 집결된 수도가 되었다)이었다.

* 원저의 오류이다. 프리타운은 시에라 레온(Sierra Leone)의 수도이다. 라이베리아의 수도는 먼로비아(Monrovia)이다.

또 하나의 흥미 있는 예는 부다페스트이다. 1867년 '타협안'*이 통과된 후 부다페스트는 오스트리아-헝가리제국의 두 곳 수도 가운데 하나가 되었다. 프라하와 경쟁해야 하는 부다페스트의 입장에서 가장 중요한 목표는 무슨 수를 쓰더라도 체코의 대도시가 합스부르크 왕조 안에서 수도의 지위를 갖지 못하도록 하는 것이었다. 그래서 1872년에 부다와 페스트 두 도시가 합병하여 부다페스트가 생겨났다. 새로운 도시는 유럽의 도시현대화 과정에서 훌륭한 표본이 되었다. 헝가리화 정책이 깊이 있게 추진되면서 19세기 말이 되자 부다페스트는 문화면에서도 민족학적 시각에서도 분명한 민족적 특징을 드러냈다. 그러나 오스트리아-헝가리제국이란 연합체제 안에서 부다페스트와 빈 사이의 갈등은 끝내 완화되지 않았다.

 "오스트리아-헝가리 이중왕국"**은 대도시 사이의 이원관계라는 또 하나의 문제를 갖고 있었다. 두 도시가 정치적·산업적 기능을 정교하게 분리하여 경쟁하는 상황은 19세기의 특별한 현상이었다. 이런 현상은 수도와 경제의 중심기능을 의도적으로 분리시켰기 때문에 나온 결과였다. 무역, 공업, 서비스업의 중심인 뉴욕과 비교할 때 워싱턴은 전원 분위기가 넘치는 농촌 소도시 같았다. 이런 대비는 여러 곳에서 찾을 수 있다. 상업, 공업, 서비스업으로 급성장하고 있던

* 대타협 또는 오스트리아-헝가리 타협(독일어로는 Ausgleich, 헝가리어로는 Kiegyezés)이라 부른다. 1867년 2월 8일 오스트리아제국과 헝가리 왕국 사이에서 체결된 헝가리인의 자치권을 대폭 향상시키는 타협안이다. 이 타협안에 따라 오스트리아-헝가리제국이 수립되었다. 헝가리는 재정과 외무, 국방 이외의 분야에서 고도의 자치를 누리게 되었으며, 줄러 언드라시(Gyula Andrássy)가 헝가리의 초대 수상이 되었다. 헝가리의 대귀족들이 프란츠 요제프 1세를 헝가리 왕으로 추대했다.
** 독일어로는 Österreichisch-Ungarische Monarchie, 헝가리어로는 Osztrák-Magyar Monarchia, 영어로는 Austro-Hungarian Dual Monarchy라 부른다.

뉴욕, 멜버른, 시드니, 몬트리올, 토론토와 비교할 때 캔버라와 오타와는 한적한 지방도시였다. 어떤 국가의 정부는 의도적으로 이런 경쟁관계를 장려했다. 이집트의 파샤 무함마드 알리(Pasha Muhammad Ali)는 수도 카이로의 지위를 유지하면서도 알렉산드리아의 재건을 위해 더 많은 자원을 투입했다.[99] 다른 지역에서는 '제2도시'가 자기 목소리를 내는 배경은 도시 부르주아지의 자기주장이었다. 모스크바는 1712년에 수도의 지위를 상실한 뒤로 러시아 공업화의 초기 중심지로 변신했다.

일본에서 오사카는 1868년 메이지유신 이후 중앙정부로부터의 재정지원이 거의 없는 상황에서도 빠르게 공업중심지와 항구도시로 성장하여 도쿄의 가장 강력한 경쟁자가 되었다. 에도에 주재하는 도쿠가와 막부와 교토에 거주하는 천황 사이의 세력 겨루기는 이때부터 상업중심인 오사카와 정부가 소재한 도쿄 사이의 현대적인 경쟁으로 대체되었다.

중국에서는 19세기 50년대에 일어선 신흥도시 상하이가 권력 중심인 베이징을 상대로 강력하게 도전했다. 중앙집권제 아래 있던 중국에서 15세기 이후는 이런 상황이 벌어진 적이 없었다. 관료 중심의 보수적인 베이징과 자유로운 상업도시 상하이 사이에 이때부터 일종의 긴장 대치관계가 형성되었고 그 관계는 지금까지 이어지고 있다.

식민도시에서, 특히 오래된 식민지에서 이와 비슷한 도시 사이의 이원성 현상이 나타났다. 물론 이런 관계는 정부의 의도된 계획에서 나온 것은 아니었다. 요하네스부르크, 라바트(Rabat)*, 수라바야(Surabaya)** 같은 경제중심 도시는 케이프타운(Cape Town, 1910년에 프레토리아Pretoria가 뒤를 이었다), 페즈(Fez, 1927년까지 모로코의 수

---

     * 모로코의 수도.
   ** 인도네시아 제2의 도시.

도), 바타비아(자카르타) 같은 수도의 경쟁 상대였다. 베트남에서는 북부에 위치한 정치 수도 하노이(河內, 1806년 이전까지 황제의 거주지였다가 1889년부터 프랑스 식민정부의 수도가 되었다)와 남부의 경제중심 도시 호치민(西貢) 사이의 역할분담이 이와 비슷했다. 이탈리아가 통일된 후 로마와 밀라노의 경쟁관계도 날로 두드러졌다. 인도에서는 양대 도시의 갈등이 1911년부터 격화되기 시작했다. 이해에 식민정부는 국가기관 전체를 경제중심 도시인 콜카타로부터 건설한 지 얼마 안 되는 새로운 도시 뉴델리로 옮기기로 결정했다.

상술한 사례들을 종합해보면 우리는 다음과 같은 사실을 발견할 수 있다. 19세기에 지구상에서 극히 소수의 도시만 런던과 파리 모형을 따라 각종 기능을 한곳으로 집결시킨 전능형 도시로 발전했다. 수백 년의 역사를 갖고 있고 활력이 넘치는 대도시라도(예컨대, 도쿄와 빈) '제2도시'와의 경쟁을 피할 수가 없었다. 로마에서는 이원관계의 연원이 다른 곳에 있었는데, 그것은 세속 정권과 바티칸 사이의 대립이었다.

황성(皇城)과 수도

1900년 무렵, 유럽의 상위 5대도시(이자 인구 집중도시) ―런던, 파리, 베를린, 상트페테르부르크, 빈―가운데서 맨체스터처럼 1800년 이후 24위에서 7위로 뛰어오른 공업시대의 산물인 도시는 없었다. 이들 도시는 너무 커서 단순히 정치적 수도나 왕의 궁전이 있는 도시라고 할 수는 없었다. 프랑스에서는 나폴레옹과 조세핀이 벼락부자와 혁명 덕분에 출세한 인물의 분위기가 짙게 풍기는 새로운 형식의 황궁을 지었다. 그러나 나폴레옹은 전쟁을 치르느라 늘 바깥에 나가 있었기 때문에 권좌에서 쫓겨나는 1815년까지도 파리에 안정된 통치권력의 중심을 세우지 못했다. 권력을 회복한 부르봉 왕조와 그중에서도 특히 '부르주아 왕'이라 불리던 루이 필립(Louis Philip)은 외관이 소박한 건축 기풍을 좋아했다. 튀니지의 총독 아메드 베이(Ahmed Bey)는 이런 건축을 그대로 도입하고 모방함으로써 오스만제국의 통치자들과 거리를 두겠다는 뜻을 드러냈다.[100] 런던의 영국 왕실은 스스로를 드러내는 일에 큰 열정을 보이지 않았다. 퓌클러-무스카우 후작(Fürst von Pückler-Muskau)은 1826년에 런던에서 보낸 편지에서, 존 내쉬(John Nash)가 리젠트 파크(Regents Park)를 화려하게 설계한 덕분에 이 도시는 그나마 한 나라의 수도로서 모습을 갖추게 되었다고 적었다.[101] 그러나 1825-50년에 버려진 버킹엄 하우스(Buckingham House)를 버킹엄궁으로 재건한 작업은 건축학적으로 걸작이라고 할 수는 없었다. 빅토리아 여왕 본인도 원저(Windsor)성, 밸모럴(Balmoral)성, 와이트(Wight)섬의 행궁을 더 좋아했다. 빈의 호프부르크(Hofburg) 왕궁은 인근 링슈트라세(Ringstraße) 거리의 화려함에 대비하면 상당히 소박한 모습이었다.

절대군주의 도성인 이스탄불과 베이징만큼 궁전이 도시를 압도하는 곳은 없었다. 이곳에서는 도시의 온전한 한 구역이 통치자와 그 가족들만을 위한 공간으로 정해져 있었다. 이스탄불의 황실 공간의 많은 부분이 19세기 동안에 공원, 목조궁전, 무기고, 철도와 항구시설 등 공공의 목적으로 전용되었다.[102] 훨씬 더 오래된 도시 베이징은 1897년까지도 철도로 연결되지 않았다. 현대적 공업이 이곳에 모습을 드러낸 때는 철도보다 더 늦은 시점이었다. 새로운 세기가 시작될 무렵에도 황궁과 중앙정부 기구는 자금성(紫禁城) 성벽 안쪽에 함께 자리 잡고 있었다. 그러나 권력의 대부분은 이미 그들의 손을 떠나 공사관 구역에 있는 열강의 대표들, 각 성을 차지하고 있는 군벌, 상하이의 대자본가에게 넘어가 있었다. 베이징은 상징성만 남아 있고 정치적 실권은 없는 화려한 건물들로 가득 찬 도시였다.

1900년, 의화단과 8국 연합군의 두 차례 약탈을 거치면서 한 시대가 끝이 났다. 서방병사의 군홧발이 자금성 안의 궁전 건물을 모조리 짓밟았고 궁중의 정원은 서방 군대의 마구간이 되었다. 관료들은 국가의 중요문서를 불태운 후 수도를 빠져나갔다. 도성으로서 베이징의 지위는 1927년까지 유지되었고 2차 대전이 끝난 뒤에 다시 수도가 되었다. 의화단의 봉기가 진압된 뒤 봉기군이 훼손한 교회는 재건되었지만 파괴된 수많은 사찰과 사당은 극히 소수만 재건되었다. 제국의 수도는 1900년의 약탈을 겪은 뒤 그 충격으로부터 벗어나지 못했다. 사라진 수도의 존엄은 다시 돌아오지 않았다.[103] 몇 년 뒤 베이징에는 현대식 호텔이 들어서기 시작했고 이때부터 국제적인 관광 시대를 맞아 로마, 기자의 피라미드, 타지마할과 함께 매력 있는 관광도시로 변했다.[104]

미국식 공화주의의 중심인 워싱턴 역시 전란의 세례를 받았다. 1814년 8월, 영국군이 백악관과 의사당을 불태웠다.* 포토맥강변에 세워진 워싱턴은 계획된 수도의 표본이었다. 1790년, 첫 번째 설계가 의회의 승인을 받았다. 1800년부터 워싱턴은 대통령이 상주하는 곳이 되었다. 수도의 개략적인 위치는 남부주와 북부주의 타협으로 결정되었고 구체적인 위치는 조지 워싱턴(George Washington)이 결정하여 공병 장교 피에르 랑팡(Pierre Charles L'Enfant)에게 설계를 맡겼다. 첫 번째 설계는 바둑판 모양을 선호하는 토머스 제퍼슨(Thomas Jefferson)의 아이디어를 따랐다. 랑팡은 제퍼슨의 아이

* 나폴레옹이 러시아를 침공할 때 영국은 프랑스를 견제하기 위해 유럽대륙과의 교역을 금하는 해상봉쇄령을 내렸다. 미국은 이를 무시하고 프랑스와 교역하다가 미국의 상선과 선원이 나포된 것이 전쟁의 발단이었다(1812년 전쟁. 1812-1815). 영국령 캐나다의 영국군과 미국 정착자들을 공격하던 아메리카 원주민들이 동맹이 되어 미국군을 공격했다. 이 전쟁에서 미국의 수도가 처음이자 마지막으로 외국군의 공격을 받았다.

디어를 확대하여 넓은 도로, '웅장한 원경'(magnificent distances), 멋진 공공 공간을 갖춘 도시를 설계했다. 랑팡은 어린 시절에 르 노트르(André Le Nôtre)가 설계한 베르사유의 정원에서 놀았다(그의 아버지는 궁정화가였다). 랑팡은 이곳에서 축선(軸線) 배치의 개념을 처음으로 알게 되었다. 이런 까닭에 미국의 수도를 위한 그의 설계는 궁극적으로 후기 바로크 양식에서 영감을 얻었다.

미국의 새로운 수도가 설계되고 건설되던 때와 거의 비슷한 시기(1800-40년)에 특별한 연관성도 없는 상태에서 러시아의 수도 상트페테르부르크가 (미국의 수도와) 유사한 '과대망상적 정신'(esprit mégalomane)을 표출하는 신고전주의 양식의 이상적인 도시로 개조되었다는 사실은 놀라운 일이다. 워싱턴에 비해 상트페테르부르크는 더 많은 자금이 투입되었고 성과는 더 구체적이었다.[105] 상트페테르부르크의 개조를 주창한 인물은 공화주의자인 조지 워싱턴과는 정반대의 정치적 성향을 가진, 당대에 가장 악명 높은 독재자 차르 파울(파벨) 1세(Paul I)였다. 두 도시의 또 다른 차이점은, 상트페테르부르크에서는 교회 건축이 도시 건설에서 핵심적 지위를 차지했다는 것이다. 상트페테르부르크의 카잔(Kazan) 성당은 바티칸 성베드로 성당의 러시아 판이었고, 성 이삭 성당은 유럽의 모든 성당의 종합판이었다. 워싱턴에서는 성스러운 건물은 아무 역할도 하지 못했다.

오랫동안 워싱턴의 초기 설계는 세부적인 절차에서나 설계 정신에서도 일관되게 적용되지 못했다. 1792년, 온화한 성품의 워싱턴 대통령과 격렬한 논쟁을 벌인 후 설계자 랑팡은 해고되었다. 그는 떠나면서 중요한 설계도를 가지고 갔다.[106] 이때부터 '워싱턴' 도심은 (랑팡이 구상했던 것보다 규모는 작지만) 실험장이 되었다. 초기 설계에 따르면 대통령의 공식 주거는 규모가 지금의 백악관보다 6배나 컸다. 공사가 끝난 직후의 워싱턴에서는 랑팡이 구상했던 웅장함은 찾아볼 수 없었다. 1842년 초에 워싱턴을 찾은 찰스 디킨스(Charles Dickens)는 별다른 인상을 받지 못했다. 이 도시에는 웅장한 원경은 없고 '웅장한 의도'만 있었다. "간선도로는 비정상적으로 넓어서 어디가 기점이고 어디가 종점인지 알 수 없다. 1마일이나 되는 도로에 집도 주민도 없다. 공공건물에는 공중(公衆)이 보이지 않았다."107)

원형 지붕에 상하원 건물이 양 날개처럼 포진한 의회 건물은 19세기 60년대에 완성되었다. 링컨기념관은 1922년에 완공되었지만 제퍼슨기념관은 1934년에야 건설예산이 의회를 통과했다. 중간에 19세기 말에 유행한 네오로마네스크 양식의 건물 ─스미소니안협회(Smithsonian Institution)─까지 끼워 넣어 절충주의적 배치를 택한 고전주의 풍의 건축군은 대부분 양차 세계대전 사이의 수십 년 동안에 건축가 존 포우프(John Russel Pope)가 완성한 작품이다. 워싱턴이란 도시의 모습은 그 젊은 나이와는 걸맞지 않다.

'충격의 도시' 맨체스터

미국의 수도로서 워싱턴은 시발점에서부터 도시체계의 주변부에 자리 잡았던 도시이자 경제면에서도 동력원이라고 하기에는 거리가 멀었다. 19세기의 각국 수도 가운데서 베를린 ─역사로 보나 도시체계 안에서의 중심적 위치로 보나 런던, 파리, 빈과는 상대가 안 되는 도시─이 공업도시의 모형에 가장 가까웠다. 독일의 공업화 과정에서 베를린만큼 최신기술, 특히 전기산업이 집결된 도시는 없었다. 베를린은 공업화 초기단계 ─증기기관 시대─의 중심지는 아니었다. 베를린의 특징은 공업생산에 과학이 체계적으로 적용되는 곳이란 점이었다. 기업(의 연구개발 활동)과 과학연구의 주도자이자 대기업의 주요 고객인 정부가 긴밀하게 협력하여 경제적 혁신을 만들어나갔다. 어떤 도시도 이런 역할을 해낸 적이 없었다. 그러므로 독일제국의 수도 베를린은 세계 최초의 '과학도시'(Technopolis), 또는 피터 홀*의 말을 빌리자면 '첫 번째 실리콘벨리'였다고 할 수 있다.[108] 베를린과 비교할 때 파리는 상대적으로 서비스업과 소형 상공업 중심의 도시였다. 두 도시는 경제적인 관점에서 볼 때 하나는 미래의 대도시였고 하나는 과거의 대도시였다.

파리뿐 아니라 급속하게 성장하던, 경제적으로 가장 현대적이던 지구상의 몇몇 도시는 결국 중요한 공업중심지가 되지 못했다. 19세기 말 런던의 중심 기능은 베를린이나 모스크바와는 달리 중소기업과 대형 서비스부문(국제금융 기능을 포함하여)이 결합된 형태였다. 1890년 무렵 뉴욕의 핵심은 여전이 상업과 항구 기능이었다.[109] 런던과 뉴욕의 경제적 발전은 상당 부분 자체적인 수요가 기반이 되었다. 두 도시 모두 건설업이 성장의 중요한 동력이었다. 런던에는 에센(Eessen)의 크루프(Krupp) 같은 대형 강철공장이 없었고(크루프 가문이 에센 전체를 지배했다), 섬유업계도 기계화된 면방직과 면방적 공장이 주류가 아니고 (파리나 베를린처럼) 재봉사와 기성복 생산업체가 중심이었다. 런던과 템스강 하류지역은 19세기 초까지만 해도 전 세계 조선업의 선도자였지만 세기 말이 되자 글래스고와 리버풀에 그 자리를 내주어야 했다.[110] 런던의 경제적 우위는 대규모 전문생산이 아니라 다양한 생산 분야에서 나왔다. 그렇기 때문에 런던은 전형적인 방직, 강철, 화학공업 도시의 모습과는 거리가 멀었다. 일반적으로 대형 공장이 중소기업보다 더 현대적일 것이란 인식은 잘못된 것이다. 19세기에는 시간이 흐를수록 대도시의 경제적 현대화는 다양한 형태의 기업이 만들어내는 혁신의 능력에 의해 결정되었다.[111]

그렇다면 '전형적인'─역사에 전례가 없는, 전혀 새로운 19세기

* Peter Hall(1932 – 2014), 영국의 도시지리학자다.

형의—공업도시는 어디에서 찾을 수 있는가?[112] 처음에는 영국에서만 이런 유형의 도시가 나타났다. 1850년 이전에 영국의 중부지역을 찾은 독일과 프랑스 여행자들은 근대 초기의 전통적인 도시에 익숙한 사람들이라 공업이 선도하는 도시화를 이해하지 못했다. 그들은 본국의 도시 빈민의 비참한 생활상을 듣고 보아왔기 때문에 맨체스터의 습기 차고 비좁은 지하 공간에서 생활하는 영국 노동자를 보고 놀라지 않았다. 그러나 거대한 공장 건물과 숲을 이룬 공장 굴뚝은 놀라지 않을 수 없는 풍경이었다.

19세기 30, 40년대의 맨체스터가 '충격의 도시'(shock city)라고 불렸던 이유는 도시의 구체적 공간 때문이었다.[113] 이 도시에 들어선 많은 7층 높이의 공장건물들은 미학적인 고려나 도시경관과의 조화라는 개념은 전혀 개입되지 않았다. 이런 풍경이 흔하게 늘어선 곳은 도시의 중심지역이 아니라 교외지역이었다. 이 지역은 원래 작은 마을이었는데 공업이 들어오면서 순식간에 모든 것을 철저하게 바꾸어놓았다. 공업화의 초기단계—영국의 경우 대략 1760년에서 1790년 사이—에서부터 새로운 공장들이 마을에 들어서기 시작했다. 공장이 두세 개만 들어서도 시골마을 하나가 작은 도시로 변했고 뒤에 가서는 기업 하나가 주변지역 모두를 공업중심지로 바꾸어놓았다. 굴뚝은 새로운 경제형식의 상징이었다. 특히 이탈리아의 종탑을 본뜬 굴뚝은 한 도시의 표지가 되기도 했다.[114] 어떤 도시는 완전히 공업지역으로서 건설되었고 오랫동안 공업이 도시의 유일한 존재목적이었다. 셰필드(Sheffield), 오버하우젠(Oberhausen), 카토비체(Katowice), 피츠버그(Pittsburgh) 등이 대표적인 도시였다.*

찰스 디킨스, 프리드리히 엥겔스(Friedrich Engels), 알렉시스 드 토

---

* 셰필드는 영국의 철강공업도시다. 오버하우젠은 독일 루르 지방의 주요 공업도시 가운데 하나고, 카토비체와 피츠버그는 각각 폴란드와 미국의 철강공업·광산도시다..

크빌(Alexis de Tocqueville) 같은 관찰자들이 문명을 야만으로 바꾸어놓는 장치라고 비난했던 맨체스터는 단일 기능의 대도시 가운데서 가장 유명한 사례였다.[115] 공장이 들어서고 대규모 노동자집단이 등장했을 때 이곳은 도시 기반시설이 전혀 갖추어지지 않은 곳이었다. 버밍엄의 인구는 1800-50년 사이에 7만 1,000명에서 23만 명으로 3배 증가했다. 같은 시기에 맨체스터의 인구는 8만 1,000명에서 40만 4,000명으로 증가했고 항구도시 리버풀의 인구는 7만 6,000명에서 42만 2,000명으로 올라갔다.[116] 맨체스터 등 공업도시는 당시 사람들에게 도시의 지저분함, 소음, 냄새 등 혐오스러운 인상만 주었을 뿐 그때까지 사람들이 익숙하게 알고 있던 도시의 모습은 하나도 찾을 수가 없었다. 맨체스터식의 새로운 도시는 발전 속도가 매우 빨라서 도시에 필수불가결한 시설, 제도, 특징을 갖추어나갈 틈이 없었다. 경제적 기능성이 공간과 사회환경 자체를 만들어냈다. 그전까지는 누구도 경제가 도시생활의 궁극적인 기반이라고 생각하지 않았다.[117]

이런 인식은 도시의 건축에도 반영되었다. 공장은 건축의 요소로서 도시 속에 녹아들기 어려웠다. 공업도시에서는 도시 건축의 전체적인 배치에 관한 관념 ─ 예컨대, 바로크시대의 바둑판식 배치 ─ 은 사라지고 현장 문제의 해결이란 실용성이 도시계획의 중심 가치가 되었다. 공장 부지의 선택은 순전히 이윤을 극대화하는 관점에서 출발했고, 따라서 공장은 도시에 대해 원심력으로서 작용했으며, 이런 방식은 유럽 도시가 전통적으로 도심지를 강화해오던 것과는 정반대였다.[118] 맨체스터, 리즈(Leeds)*, 함부르크, 빈의 새로운 시청사가 근대 초기에 세웠던 옛 시청사보다 훨씬 규모가 컸던 이유는 (시청을 움직이는 사람들이) 자본의 상징(빈의 경우 궁정)에 맞서서 대중

* 영국 잉글랜드 웨스트요크셔주의 도시.

의 정신을 상징하는 건물로 균형을 찾으려는 의도가 작용했기 때문
이다.

맨체스터 모형은 공업과 도시가 결합할 때 나올 수 있는 유일한 형
식은 아니었다. 예컨대 버밍엄은 두 도시를 모두 방문한 적이 있는
토크빌이 지적한대로 좀더 다양한 경제구조에 상응하여 다른 형식
을 택했다. 또한 맨체스터도 얼마 후에 청년 엥겔스가 비판한 것처
럼 그렇게 전형적인 도시는 아니었다.[119] 루르지역도 순전히 경제적
요인들 때문에 생겨난 공업도시였지만 도시의 모형은 맨체스터와는
전혀 달랐다. 루르지역이 그렇게 될 수 있었던 데는 네 가지 요인 ─
석탄광, 코크스 제련기술, 철도, 동부지역으로부터 노동력의 대량 유
입 ─ 이 함께 작용한 배경이 있었다. 시발점에서는 루르 계곡에 도
시의 기반이 전혀 없었고 단지 10만 명에 달하는 노동자들을 위한 무
계획적인 주거지가 널려 있었을 뿐이었다. 노동자 거주지역도 법률
적인 지위는 촌락에 불과했다. 19세기 내내 루르지역에는 도시의 핵
심이라고 할만한 것이 형성되지 않았다. 그곳은 일종의 초기형태의
'광역도시', 다극화된 도시 공간, 맨체스터 모형의 집약적인 공업도
시와는 극명하게 대비되는 새로운 형식의 도시였다.[120]

오늘날 일부 역사학자들은 맨체스터가 실제로 노동자들에게는 가
혹한 환경의 공업도시였는지에 대해 의문을 제기한다. 이들은 맨체
스터의 초기 경제가 전적으로 면방업에 집중되어 있었다는 인상과
는 달리 상당한 정도로 다변화되어 있었다고 주장한다. 맨체스터 역
시 잉글랜드 중부지역 전체에 퍼져 있던 노동 분업과 도시체계의 한
부분이었다. 대형 공업도시는 이런 도시체계 안에서 특수한 자신의
역할을 해냈을 때, 몇 가지 환경 ─ 인근 지역에서부터 국제시장에
이르기까지 ─ 과의 조화와 타협을 성공적으로 조직화해냈을 때 지
속적으로 발전할 수 있었다. (창업세대와 그 계승자를 포함하여) 기업
가는 노예를 부리는 공장 감독 이상의 역할을 해야 했다. 그들은 '네

트워크'를 형성해야 했고, 기술발전 동향과 일반적인 경제·정치 상황의 변화를 주시해야 했고, 자신이 속한 집단의 이익을 지키기 위해 노력해야 했다.[121]

공업도시는 그러므로 공장을 보는 시각으로 평가해서는 안 된다. 최소한 소수의 기업이 지배하지 않는 큰 공업도시에서는 도시의 발전과 함께 혁신을 가능케 하는 문화적 환경이 형성되었다. 맨체스터, 버밍엄, 리즈 같은 도시는 대중의 참여라는 자신만의 자원을 동원하여 공업화 초기단계에서의 혼란을 극복하고 성장할 수 있었다. 이들 도시는 박물관과 (중세에 설립된 옥스퍼드와 캠브리지에 맞서는) 시립대학을 설립하여 공동체 기반시설을 개선했으며, 위엄 있는 건물을 세워—무엇보다도 극장과 장엄한 시청을 짓고, 시청의 중앙 회의실에 거대한 파이프오르간을 설치했다—장소의 권위를 높였다.[122] 공장지역 주거지의 형태는 다양했다. 대형 공업도시의 빈민굴처럼 생활환경이 열악한 (러시아와 일본에서 흔히 보이던) 원시적인 판자촌도 있었지만 작업장과 노동자들의 주거환경이 견딜만하다는 것을 보여주기 위한 기업적 가부장제의 전시장으로서 공장주도 함께 사는 주거지역이 있었다.[123]

5. 항구도시의 황금시대

런던은 무엇보다도 항구도시였다. 최소한 동인도 제도와 서인도 제도와의 교역이 활발해진 17세기 이후 런던의 역사는 해양에서의 우위와 떼어놓고는 말할 수가 없다. 수도를 해양-상업중심 도시와 대륙-정치중심 도시의 두 형태로 나눈다고 할 때 어느 것도 런던을 제대로 대변할 수 없다. 런던은 두 형태가 합쳐진 도시였다.[124] 언뜻 보면 항구 도시는 시대에 뒤떨어진 것처럼 보이고 공업도시는 현대적인 것처럼 보이지만 이는 잘못된 인식이다. 어떤 대도시는——앤트워프가 좋은 사례이다——공업화 이전 시대의 제조업 경제에서 점진적으로 국제항구/서비스형 경제로 이행했을 뿐만 아니라[125] 19세기에 일어난 운송혁명 때문에 항구도시로서의 성격도 급격하게 변했다. 세계의 어떤 지역에서는 항구에서 도시화가 시작되었고 지금까지도 도시화는 항구에서만 진행되고 있다. 카리브해 지역에서 중요한 도시는 모두가 17세기에 수출항구로서 발전하기 시작했다. 이들 규모가 크지 않던 식민지 항구는 점차 무역과 해적(대략 1730년 이전)이 지배하는 세계를 형성했다. 킹스턴(자메이카)과 하바나는 이 세계의 양대 중심도시였다.[126]

항구도시의 흥기

19세기는 항구와 항구도시의 황금시대였다. 정확하게 말하자면 대형 항구의 황금시대였다. 빠르게 확장되는 국제무역이 쏟아내는 거대한 물량을 소화할 수 있는 항구는 소수였기 때문이다. 1914년 무렵, 영국의 수출은 주로 12곳의 항구도시를 통해 이루어지고 있었으나 19세기 초에는 이보다 몇 배나 되는 항구가 수출 화물을 처리하고 있었다. 미국 동부해안에서는 뉴욕이 그 지배적 지위를 꾸준히 강화했다. 1820년 이후 뉴욕은 미국의 가장 중요한 수출화물(면화)을 선적하는 주요 항구가 되었다. 그전까지는 면화를 나르는 선박은 모두 찰스턴이나 뉴올리언스를 출발하여 리버풀이나 르아브르(Le Havre)로 갔다가 그곳에서 유럽의 화물과 이민을 싣고 뉴욕으로 돌아오는 삼각형 항로를 따랐다. 이제는 면화가 남부 플랜테이션을 출발하여 육로로 뉴욕으로 옮겨진 후 그곳에서 배에 실려 유럽으로 갔다. 내전이 폭발하기 전까지 미국 남부의 해외무역은 뉴욕의 중간상, 선주, 보험업자, 은행이 통제했다.[127]

1842-61년 사이에 중국의 여러 항구도시가 통상항으로 잇달아 개방되었다. 그 후로도 중국의 통상항은 계속 늘어났다. 19세기 말이 되자 원양운송의 수요를 충족시킬 수 있는 항구는 상하이와 영국이 식민지배하던 홍콩뿐이었다. 그 후 북방 최대의 항구 톈진(天津)과 동북지역 최남단 항구 다롄(大連)이 개방되었다.

항구(seaport)는 20세기 후반에는 공항(airport)이 그러했던 것처럼 나라와 나라 사이, 대륙과 대륙 사이 거래와 교류의 핵심 접촉점이었다. 먼 바다를 건너온 여행자가 이국에 도착한 후 첫 번째로 보게 되는 것은 부두의 각종 시설과 항구 연안의 건축물이었으며, 여행자가 처음 만나는 사람은 세관 직원, 부두의 짐꾼이었다. 여객, 화물, 대륙을 넘는 이민의 무리가 몇 배로 늘어나면서 해운업의 중요성은 규모 면에서나 문화적 의미에서도 전례 없이 높아졌다.

역사를 살펴보면 바다에 면한 나라라고 해서 모두가 해양에 대해 호감을 갖지는 않았다. 여러 섬의 주민들은 선조들을 그곳으로 데려다 준 항해기술을 잊어버렸다. 태즈메이니아(Tasmania)인들은 심지어 물고기를 먹는 습관도 잃어버렸다.[128] 알랭 코르벵(Alain Corbin)이 보여주었듯이 대륙의 유럽인들은──최소한 그의 연구대상인 프랑스인은──18세기 중엽이 되어서야 바다에 대해 개방적인 태도를 갖기 시작했다. 1607년에 육지와 바다 사이에서 멋진 도시경관을 자랑했던 도시 암스테르담은 이른 시기의 예외였다.[129]

　18세기 이전에는 네덜란드를 제외한 나라에서는 해안과 항구는 화가들에게 매력 있는 그림의 주제가 아니었다. 해양에 대한 태도가 바뀌면서 사람들은 건물과 건축기술의 전시무대로서 항구의 기능을 발견하게 되었다. 여러 해변 도시에서 처음으로 해변 산책로가 등장했다. 1820년 이전까지는 영국에서도 항구도시의 해변산책로는 흔치 않았다.[130] 반면에, 아시아 대륙을 떠나온 오스만제국의 상층사회는 14세기부터 해변생활의 묘미를 발견했다. 1453년에 오스만제국에게 점령된 이스탄불 곳곳에 궁전, 누각, 별장이 세워지기 시작했다. 그곳에서는 보스포루스 해협과 금각만(金角灣, Golden Horn)의 아름다운 풍경을 마음껏 즐길 수 있었다.[131] 유럽인들은 19세기 말이 되어서야 아무것도 없는 해변의 모래밭에서 즐길 수 있다는 생각을 받아들이기 시작했다.

　바다에 대한 인식이 친근한 쪽으로 바뀌어 간 것은 모든 곳에서 나타난 자연스러운 추세는 아니었다. 이러한 변화는 근대 초기에 원대한 안목을 가진 몇몇 집권자──루이 14세 치하의 프랑스와 표트르 대제 치하의 러시아가 그런 예였다──가 무역과 항해의 기지를 건설하기 위해 쏟은 노력의 결과였다. 19세기 이전에는 세계의 대부분 도시, 권력 중심지 또는 문화중심지는 연해지역에 있지 않았다. 예를 들자면 카이펑(開封), 난징(南京), 베이징, 아유타야(Ayudhya)*, 교토,

* 태국의 고도, 아유타야 왕조의 수도.

바그다드, 아그라, 이스파한, 카이로, 로마, 마드리드, 빈, 모스크바 그리고 훗날의 멕시코시티가 그랬다.

미국이 이런 법칙을 깨뜨린 대표적인 예였다. 아메리카합중국이 성립된 이후 중요한 도시는 모두가 항구였거나 해안에서 가까운 지역에 자리했다. 일본의 저명한 역사학자 아미노 요시히코(網野善彦)는 연해지역 주민의 생활을 연구한 후 다음과 같은 사실을 알게 되었다. 해안선 길이가 2만 8,000킬로미터에 이르는 섬나라 일본의 국민성을 결정한 핵심 요소는 항해, 어로, 해상무역이 아니며 일본은 자신이 농업사회라고 인식하고 있었다.[132] 그러나 우리는 여기서 어촌과 항구도시 사이의 차이를 알아야 한다. 모든 문명사회에서 어민은 인구도 적고 대다수가 바깥 세계와 격리된 집단으로서 존재했다. 그들의 특수한 생활방식은 특이하게도 오랫동안 지속되는 생명력을 보여주었다. 그러나 항구도시는 반대였다. 항구도시는 큰 사회조류에 자발적으로 순응했으며 그 경제행위도 국제시장의 동향에 의해 결정되었다. 한 항구도시와 대양을 사이에 두고 마주한 또 하나의 항구도시의 관계는, 항구도시와 이웃한 어촌과의 관계보다 더 밀접한 경우가 많았다.

대부분의 역사서는 항구도시와 그 주민을 초라하게 취급했다.[133] 사람들의 관념 속에서 언제나 항구도시는 변방, 즉 내륙 중심도시로부터 멀리 떨어진 곳에 있었다. 그곳 주민의 성격은 변덕이 심하고 쉽게 통제되지 않을 뿐만 아니라 대부분 지나치게 개방적이어서 정통적인 문화, 종교, 민족성을 대표하는 사람들이 보기에는 신뢰할 수 없는 존재였다. 한참 형성 중이던 독일 민족주의 공동체의 입장에서 보자면 한자동맹(Die Hanse)조차도 받아들이기 어려운 변방의 존재였다. 함부르크는 1883년이 되어서야 정식으로 독일 관세동맹의 한 부분이 될 수 있었다. 그전까지 함부르크는 관세란 기준에서 보자면 외국이었다. 함부르크는 이웃한 내륙지역과는 관세구역으로 분리되어 있었다. 항구도시에서는 종교의 성지나 학술기구를 찾아보기 어려웠다. 대형 사찰, 교회당, 모스크 그리고 정상급 대학과 과학연구기관은 대부분이 내륙도시에 세워졌다. 유럽이든 북아프리카든, 또는 전체 아시아세계이든 이점에 있어서는 예외가 없었다.

특수한 세계

19세기에 두 가지 일반적인 경향이 항구도시의 역할을 강화하고 성격을 바꾸어 놓았다. 하나는 해양활동의 분화이고 다른 하나는 목제 선박의 철제선박으로의 대체였다. 해외무역이 번성하고 선박의 성능이 강화됨에 따라 해양활동의 분야는 갈수록 전문화되고 방식도 다양해졌다. 대형회사(예컨대, 동인도회사)가 내부에 독점하던 여러 기능이 분화했는데, 무엇보다도 먼저 해양에서의 민간활동과 군사활동이 분리되었다. 해상전쟁을 위해 각국은 전문화된 시설을 만들고 국가기구가 그것을 배타적으로 관리했다. 영국의 플리머스(Plymouth), 포츠머스(Portsmouth), 채텀(Chatham)과 프랑스의 브레스트(Brest)와 툴롱(Toulon), 러시아의 크론스타트(Kronstadt) 같은 도시는 대규모 함대의 정박장, 조선과 선박수리의 기능이 한군데 모인 중요한 군사기지가 되었다. 독일의 행동은 약간 느렸다. 1856년, 프로이센은 군항 빌헬름스하벤(Wilhelmshaven)을 건설했다. 19세기에는 이런 군항이 지구상에 널렸다. 대영제국은 몰타(Malta, 1869년 수에즈운하가 개통되자 전략적 중요성이 크게 높아졌다), 버뮤다, 싱가포르에 대형 군함조선소를 세웠다.[134] 증기선이 등장한 초기에는 선박은 자주 정박해야 했으므로 이런 수요에 맞춰 선박의 연료를 보충해주는 전문기능을 갖춘 석탄항구가 등장했다. 19세기에 폭발한 몇가지 황당한 제국 간의 분쟁, 예컨대 태평양에서의 충돌의 핵심적인 원인은 함대의 연료를 확보하는 문제에서 비롯되었다.[135]

해양활동이 민간——군사부문으로 분리되었듯이 해상운송도 여객——화물로 분리되었다. 항구의 기능 배치에서도 이런 변화가 반영되었다. 여객이 타고 내리는 부두는 가능한한 도시의 중심에 가깝게 자리 잡았고, 철도가 등장한 뒤로 화물 부두는 흔히 항구의 상대적으로 구석진 곳에 배치되었다. 마르세유가 이처럼 항구 공간을 양분한 대표적인 사례였다. 19세기 중엽에 마르세유의 구항(舊港, Vieux Port)——로마시대부터 거의 변화가 없었다——은 멀리 떨어지지 않은 신항(新港, Port Moderne)에게 지배적인 지위를 물려주어야 했다. 옛 항구들은 도시의 생활과 긴밀하게 융합되어 있었고 큰 배는 (보스턴이나 리버풀 같은) 도시의 중심부를 지배했다.

새로운 유형의 항구는 (자체적인 관리 기구를 갖추고 공간적으로나 정신적으로 도시와는 떨어진) 외부세계와 격리된 자기 완결적 세계였다.[136] 분리된 부두가 처음 등장한 곳은 런던, 헐(Hull), 리버풀이었다. 마르세유 항구 현대화 작업의 본보기는 (1799년에 건설이 시작된) 런던의 웨스트인디아 부두(West India Dock)였다. 19세기 내내 런던에서는 늘어나는 화물량에 맞추어 새로운 항구시설이 지속적으로 건설되었다. 해외에서 런던으로 들어오는 화물량은 1820-1901년 사이에 13배(77만 8,000톤에서 1,000만 톤으로)로 늘어났다. 같은 기간에 입항하는 배 가운데서 가장 큰 배의 규모도 10배로 커졌다.[137] 웨스트인디아 부두는 템스강 연안에 있던 원래의 개방형 부두와는 달리 폐쇄된 구역이었다. 새로운 부두는 높이 8미터의 담장으로 외부와 단절되었고 중세의 성처럼 경비원이 철저하게 지켰다. 유럽 도시의 성벽이 하나씩 철거되던 역사적 시점에 각지의 항구는 오히려 높은 담장을 쌓아가고 있었다. 담장의 안쪽에서 벌어지는 활동은 갈수록 세분화되는 분업을 기반으로 하고 있었다. 런던의 여러 부두는 공학적인 기적으로 평가받았다. 유명한 『카를 베데커* 관광안내서』는 런던의 부두를 빠뜨리지 말고 참조할 것을 권유했다.[138]

19세기 프랑스에서 두 번째로 큰 도시인 마르세유 신항은 본보기로 삼았던 런던을 여러 면에서 앞질렀다. 시멘트 재료의 사용으로 건설공사는 상당히 간편해졌고, 그렇게 만들어진 부두에 대형 선박이 접근할 수 있었고 화물선은 부두의 창고 바로 옆에 닻을 내렸다. 강철 기술이 발전하면서 보다 높고 보다 견고한 증기식 또는 수압식 크레인이 등장했다. 현대화의 압력을 받은 유럽 각지의 항구들은 런던과 마르세유의 뒤를 따라 항구 시설을 개조하기 시작했다. 항구건설의 역사적 관점에서 보자면 19세기 중엽은 중세 이후 가장 중요한 의미를 갖는 일대 전환점이었다. 함부르크도 현대화 작업을 거친 항구의 하나였다. 1866년 이후 새로운 설비가 들어서서 옛 항구를 완전히 대체했다.[139] 많은 도시가 그랬듯이 함부르크에서도 항구 기능의 대대적인 재배치가 일어났다.

혁신의 물결은 아시아로 퍼져나갔다. 뭄바이—이 도시는 1869년 수에즈운하의 개통으로 많은 혜택을 받았다—는 자금조달 문제로 여러 가지 논란을 거친 후 1875년에 마침내 현대적인 항구로 다시 태어났다. 일본에서는 오사카 시민들이 정부의 지원이 없는 상황에서 스스로 자금을 마련하여 항구의 대규모 확장공사를 완성했다. 이것은 19세기 말 일본에서 가장 중요한 도시건설 공사였다. 바타비아는 1886년이 되어서야 부두에서 직접 화물을 싣고 내릴 수 있는 환경을 갖추었다. 늦기는 했지만 이 오래된 식민지 수도가 항구의 현대화 작업에 나서지 않을 수 없었던 이유는 신흥 항구도시 수라바야의 도전 때문이었다. 1888년, 홍콩의 첫 번째 현대화된 부두가 완성되었다. 이것은 중국 항구 현대화의 시발점이었다.[140] 그러나 중국 연해지역

* 카를 베데커(Karl Baedeker, 1801‑59)는 독일의 출판업자다.

의 항구 현대화는 느리게 진행되었다. 값싼 노동력의 과잉은 기계화를 가로막는 장애요인이었다. 거의 거저다 싶을 정도의 저렴한 가격으로 짐꾼을 고용할 수 있는데 굳이 크레인을 설치할 필요가 있을까.

새로운 항구는 특수한 세계를 형성했다. 곳곳에 화물이 산처럼 쌓였고, 쿨리들이 맨몸으로 짐을 날랐고, 가끔씩 기계도 보였다. 그곳은 상류사회 사람들과 가족을 이끌고 이민하는 사람들이 배에 오르고 내리는 부두와는 단절되어 있었다. 두 부두는 각기 독립된 세계였다.

1950년대 이후 원양 여객운송은 완전히 사라졌다. 컨테이너 부두와 석유비축 탱크가 도시로부터 멀리 떨어진 하구에 자리 잡았다. 19세기에 전성기를 맞았던 '현대화된' 항구는 하나씩 문을 닫거나, 철거되거나, 고층빌딩 단지로 변했다. 때로는 낙후한 항구시설이 무역 발전의 장애물이 되기도 했다. 부에노스아이레스에서는 이용할 만한 자연항이 없었기 때문에 원양 화물선은 육지에서 멀리 떨어진 정박지에 머물고 있고 소형 선박들이 오가며 짐을 싣고 내려야 했다. 아르헨티나의 과두통치 집단 가운데서 항구 건설을 지지하는 세력이 정권을 잡은 후 비로소 건설계획이 빛을 보았다. 1898년, 거대한 자본을 투입한 건설공사가 완성되었다. 라플라타강에는 마침내 길이 9킬로미터의 시멘트 부두와 현대적인 하역장비를 갖춘 항구가 등장했다.[141] 케이프타운 항구의 현대화를 촉진한 유일한 원인은 보아전쟁이었다. 항구 개조공사는 자금 면에서나 기술적으로도 케이프타운주가 그때까지 경험한 적이 없는 거대한 도전이었다.[142]

철선(鐵船)과 철도

금속제 선박이 목제 선박을 대체한 것이 첫 번째 추세라고 한다면, 이와 관련이 있지만 시간적으로는 이보다 약간 뒤에 일어난 풍력선에서 연료 동력선으로의 이행이 두 번째 추세라고 할 수 있다. 이런 변화의 흐름은 1870년대에 처음 싹을 틔웠다가 1890년 무렵에 완결되었다. 그 결과 운송능력은 높아졌고, 화물운송과 여객운송의 가격은 내려갔고, 항행속도는 빨라졌다. 이 밖에도 해양운송은 기후조건의 제약으로부터 상당 부분 벗어날 수 있었다. 이제 정해진 시간표에 따라 사람과 화물을 운송하는 일이 가능해졌다. 속도의 상승이 대양을 건너는 시간만 줄여놓은 것은 아니었다. 증기 기선은 범선처럼 오랜 시간 항구에 정박할 필요가 없었기 때문에 항구의 작업과 생활리듬이 빨라졌다.

증기선의 보급이 가져온 또 하나의 중대한 변화는 해양운송과 내륙 하천운송의 장벽이 상당부분 제거된 것이었다. 범선으로는 역류 항행은 힘든 일이었다. 그러나 엔진을 장착한 포함이나 소형 상업용 선박은 이전에는 항행할 수 없었던 내륙으로 접근 할 수 있었다.

중국은 두 차례 '개국'(開國)했다. 한 번은 1842년에 체결된 이른바 불평등 조약에 의한 문서상의 개국이었고, 한 번은 1860년 이후 찾아온 증기선에 의한 현실상의 개국이었다. 내륙의 핵심지역을 철도가 관통하기 수십 년 전에 서방과 중국의 증기선이 이곳을 찾았다. 1863-1901년, 장강의 수위가 가장 높을 때면 원양 증기선이 중국 판도의 정중앙에 자리잡은 한커우(漢口, 지금의 우한武漢)까지 바로 접근할 수 있었다. 세기가 바뀐 직후에 항구가 확장되고 시설이 개선됨에 따라 상하이가 마침내 원양 항행의 종점으로서 독점적 지위를 차지하게 되었다. 이때부터 한커우에서 출발하거나 한커우로 가는 화물은 모두 상하이에서 싣고 내리게 되었다.[143]

철도의 개통도 항구도시의 기능에 중대한 변화를 가져왔다. 우리는 그런 사례를 동아시아와 동남아시아에서 찾아볼 수 있다. 극소수이긴 해도 몇몇 항구는 ── 예컨대 홍콩과 싱가포르 ── 지리적 위치의 우월성 때문에 내륙과 연결되는 철도가 놓이지 않았을 때도 오랫동안 운송 항구로서 정상적으로 기능할 수 있었다. 그러나 이런 항구는 예외적이었다. 정상적인 상황이라면 어느 대륙에서건 철도와 연결되지 않은 항구에게는 미래가 없었다. 현대적인 대형 항구 도시가 우월한 지위를 누릴 수 있는 이유는 해양교통과 육로교통이 만나는 접합점이었기 때문이다.

전부는 아니지만 많은 대형 항구가 동시에 조선업의 중심지였다. 많은 경우에 —— 예컨대, 바르셀로나와 베르겐 —— 조선업은 항구도시가 일으킨 첫 번째 공업이었다. 조선업은 기계제조업 가운데서 난도가 높아 고도의 기술수준을 요하는 업종이었는데, 용접하는 기술이 나오기 전 대갈못으로 고정시켜 선체를 만들던 시대에는 더욱 그러했다.

중국에서 공업화는 바로 상하이, 홍콩, 푸저우(福州) 등의 대형 조선소에서 시작되었고 시간적으로도 각지의 면방공장보다 훨씬 앞서 시작했다. 조선소는 예외 없이 정부의 통제를 받았다. 중국뿐만이 아니라 많은 나라의 정부가 조선업이 군사적으로나 경제적으로도 국가발전에서 차지하는 중요도를 인식하고 있었고, 따라서 막 일어난 조선업을 장려하고 지원하는 태도를 보였다. 글래스고, 킬 같은 항구도시는 조선업의 지위가 해외무역을 크게 초월했다. 글래스고는 19세기 50년대 이후 정체된 면방업으로부터 조선업과 기계제조업으로 성공적인 방향전환을 이루어냈다. 19세기 80, 90년대의 전성기에 글래스고의 조선능력은 세계에서 첫손가락에 꼽혔다.[144]

항구의 사회상

사회사의 관점에서 볼 때 항구도시(특히 점진적으로 공업화한 항구도시)의 가장 큰 특징은 노동시장의 다양성과 유동성이다. 이런 도시에서 노동력 수요의 출처는 매우 나양했다. 선원에서 짐꾼까지, 조선소의 숙련기술자에서부터 경공업 분야의 비숙련 노동자까지, 선장과 1등 항해사에서부터 도항사(導航士)와 항구공사 기술자까지. 그리고 온갖 종류의 서비스업(무역금융에서부터 홍등가에 이르기까지)이 존재했다. 그야말로 없는 것이 없었다. 그러므로 항구도시를 그곳의 특수한 지리적 위치가 아니라 취업구조의 특수성을 중심으로 정의해야 할 이유는 충분하다.[145]

항구도시와 내륙도시의 또 하나의 큰 차이는, 항구의 경제에서 단기취업이 중요한 위치를 차지했다는 점이다. 노동자는 오늘 고용되었다가 다음 날 해고되었다. 그런 일자리를 찾는 사람은 많았다. 항구도시의 노동자는 남성 일색이었던 반면에 공업혁명 초기 경공업 분야의 여성 노동자의 비중은 3/4정도로 추산된다. 유럽에서 부두노동자는 전체 노동자 집단의 최하층을 형성했다. 그러나 20세기 초의 중국에서 부두노동자는 반제국주의 파업활동을 주도했고 국내 정치에서 전위 세력의 역할을 담당했다.

유럽에서 부두노동자는 가장 낮은 소득계층이었으며, 가장 가혹한 착취를 당하는 집단이었으며, 고용형태는 대부분 일당을 받는 임시직이었다. 다른 업종에서는 일당 임시직이 감소하는 추세를 보이고 있을 때도 부두노동자는 변함이 없었다. 여기에 더하여, 운수노동의 기계화가 확산되면서 단순 육체노동에 대한 수요가 점차 줄어들었다. 노동력에 대한 수요는 계절에 따라 진폭이 컸으므로 여성과 아동은 가정 소득의 감소를 대비해 노동시장에 뛰어들어야 했다. 아동 노동자는 부두에서 일하지는 않았지만 언젠가는 부두노동에 가담하게 될 예비전력이었다.[146]

항구도시의 인구 유동성과 불안정성은 19세기에 비로소 나타난 특징은 아니었다. 옛날부터 항구는 상업적 디아스포라를 흡인해왔다. 그렇다고 해서 항구도시를 외국이민자들로 구성된 다원 혼합체로만 볼 수는 없었다. 배후지역에서 항구도시로 이주한 사람들은 완전한 이방인은 아니었다. 예컨대 중국에서 항구도시의 외지 노동자들은 출신지역에 따라 같은 업종에 취업하고 같은 지역에 거주하는 경우가 흔했다. 이들은 독특한 생활권, 조합조직, 구성원 모집 네트워크를 형성했다. 특히 상하이는 출신지역적 연대를 바탕으로 한 각종 공동체가 모여서 만든 조각보 같은 도시의 전형이었다. 20세기 초, 노동조합 또는 기타 정치적 단체로 항구도시의 프롤레타리아를 조직화하려는 생각을 가진 사람이라면 무엇보다도 먼저 이런 지역주의를 극복할 수 있어야 했다.[147]

출신지역을 기반으로 한 집단은 아시아 도시만의 특색은 아니었다. 국내외로 밀접한 관계를 가진 항구도시에서 여러 가지 종족 집단으로 구분되는 사회구조가 형성된 자연스런 추세였다. 19세기 트리에스트(Triest)*에는 아르메니아인, 그리스인, 유대인, 세르비아인 등 다양한 '민족'이 함께 어울려 살고 있었다. 오데사(Odessa)는 1805년 이후 유대인, 스위스인, 독일인, 그리스인의 이민만 선택적으로 받아들여 급속하게 성장한 도시였다.[148] 아일랜드 대기근 이후 수많은 아일랜드인이 굶주림을 피해 리버풀, 글래스고, 카디프(Caridiff) 등의 항구도시로 이주했다. 이들은 현지에서 폐쇄적이고 외부세계와 격리된 노동자 집단을 형성했다. 1851년, 아일랜드 이민은 리버풀 전체 인구의 1/5을 넘었다. 함부르크에서는 외래 이주민이 사회생활 가운데서 보여주는 자기폐쇄적 특징은 분명하지 않았다. 그러나 이것은 항구도시에서 예외적인 경우였다. 이주자의 입장에서 보자면 생활환경은 열악했고 자녀들이 사회적 사다리를 타고 올라 갈 수 있는 기회는 현지인에 비해 현저하게 적었다.

치안기관은 한결같이 항구도시를 범죄와 폭동의 온상으로 보았다. 그러나 이런 평가는 19세기가 아니라 20세기의 실상에 더 가깝다. 독

---

* 이탈리아 북부의 항구도시.

일의 1918년 혁명은 킬(Kiel) 항구의 수병들이 일으킨 폭동에서 시작되었다. 러시아에서는 1921년 수병들이 혁명의 대의를 배반한 세력에 반대하여 봉기했다. 반식민·반외세 투쟁 과정에서 ─ 홍콩과 광저우(중국), 마드라스(인도, 오늘날 첸나이), 하이퐁(海防, 베트남), 몸바사(Mombasa, 케냐) 등 ─ 부두노동자는 언제나 투쟁의 최전선에 섰다. 내륙의 도시와 비교할 때 항구도시는 외국인을 대할 때 개방적인 태도를 보여주었을 뿐만 아니라 외래사상에 대해서도 그러했다.

독일의 함부르크와 브레멘 같은 한자동맹 항구도시가 내세운 부르주아 자유주의는 프로이센의 권위주의에 맞서는 평형 작용을 했다. 이런 대립 관계와 유사한 사례를 세계의 여러 지역에서 찾을 수 있다. 항구도시는 일탈과 혁신의 공간인 경우가 많았다. 항구도시에서 국가를 대표하는 것은 (나라 안의 다른 곳에서는 쓸모가 없는) 세관과 세관 관리였다. 해적행위와 해상전쟁은 항구도시의 약점이기도 했고 이 때문에 특별한 법정이 설치되어 바다에 관한 특별한 법을 집행했다.

엘리자베스 1세의 해적행위 시대 이후 대영제국은 항구 봉쇄와 포격 등의 수단을 통해 '해상 압박'을 가하는 수단을 소홀히 한 적이 없었다. 유명한 사례는 1807년에 영국 해군이 코펜하겐의 고성을 폭격한 사건이었다. 도발받지 않은 상황에서 중립국을 공격한 행위는 유럽 대륙에서 영국의 위신을 크게 떨어뜨렸다. 1815년, 미국 해군은 (유럽의 어느 나라도 좋아하지 않던) '해적소굴'이라 불리던 알제리를 상대로 전쟁을 선포하고 알제리의 범선 함대를 성공적으로 격파했다.[149] 1863년, 영국 해군은 영국 상인 한 명이 살해되자 일본의 요새 도시 가고시마(鹿兒島)를 포격하여 도시 대부분을 파괴했다.[150]

해외무역은 식민지에서는 물론이고 유럽에서도 도시화를 촉진하는 주요 동력이었다. 1850년 무렵 전 세계 인구 10만 이상의 도시 가운데서 40퍼센트가 항구였다. 20세기 중반이 되기도 전에 공업도시가 항구도시를 밀어내고 첫 번째 자리에 올랐다.[151] 일부 유럽국가에서 도시화는 기본적으로 해안지역 특유의 현상이었다. 마드리드를 제외한 스페인 대도시(바르셀로나, 카디스, 말라가, 세비야, 발렌시아)는 모두 해안 도시였다.

네덜란드와 노르웨이의 상황도 이와 비슷했다. 대륙 국가인 프랑스에서도 대형 지방 중심도시 일부(보르도, 마르세유, 낭트, 루앙)는 해안 도시였다. 몇몇 초대형 도시를 제외하면 항구도시의 경제구조는 내륙도시와 달랐다. 전형적인 항구도시 공업은 식품과 식용유 가공, 설탕정제, 어류포장, 커피로스팅 등이었고 뒤에 가서 석유정제가 추가되었다. 그러나 중공업과 비교적 규모가 큰 경공업은 항구도시에서 찾아보기 어려웠다.

기술혁신의 중요 기지는 공업지역이 아니라 뉴욕이나 함부르크 같은 항구도시였다.[152] 항구에서 공업중심지로 진화한 도시는 손꼽을 정도였다. 제노바가 그런 도시였다. 이 도시는 훗날 이탈리아의 공업중심지의 하나로 발전하게 되지만 이미 19세기 말에 공업의 도시발전에 대한 기여도가 대외무역의 기여도를 초과했다. 그 밖에 유사한 사례로서는 바르셀로나와 1차 대전 이후의 상하이가 있다.

항구도시는 대체로 소수의 상인, 은행가, 선주로 구성된 과두집단, 다시 말해 '대자산계급'(grande bourgeoisie)이 지배했다. 이들은 상공회의소(Chamber of Commerce)를 조직하여 자신의 이익을 보호하고 특권적인 지위를 유지했다. 로테르담이건, 브레멘이건, 아니면 상하이나 이즈미르(Izmir)*건 상황은 마찬가지였다. 이들 도시에서 대지주 계층의 정치적 영향력은 내륙 대도시에 비해 훨씬 작았다.

과두집단 내부에서 언제나 의견이 일치하지는 않았다. 무역이익과 공업이익 사이에, 자유무역 지지자와 반대자 사이에 수시로 갈등이

---

* 터키 제3대 도시. 옛 이름은 스미르나(Smyrna).

발생했다. 전반적으로 상업자본 과두집단은 적게 간여하고 적게 징세하는 정부—야경꾼 정부—를 지지했다. 그들의 최고의 관심사는 자유로운 무역이었다. 상인들은 도시계획에 대해 회의적이었으며 항구 시설 이외의 기반시설에 대한 투자를 꺼려했다. 이런 도시라면 도시 관리의 혁신을 시도할 이유가 없었고 공중위생을 개선하는 조치에 앞장서는 경우도 거의 없었다. 이런 도시에서는 제도적인 사회복지보다는 가능하면 오랫동안 가부장적 자비심과 임시방편의 자선행위에 의존하려 했다. 따라서 리버풀과 제노바 같은 항구도시에서 나타난 계급갈등은 양극화된 도시구조의 특징적인 결과였다. 버밍엄, 베를린, 토리노(Torino) 같은 공업 중심의 내륙도시에 비해 항구도시의 중산층의 역할은 미약했다.

6. 식민도시
통상항과 제국도시

항구도시나 행정중심지가 식민지에 있다고 해서 '식민도시'라고 부를 수 있을까.[153] 19세기 말, 지구상의 많은 지역이 식민통치를 받고 있었다. 그러므로 우리는 시대적 특징이 풍부한 도시유형으로서 '식민도시'를 상정하지 않을 수 없다. 이 유형의 도시의 전신은 근대 초기로 거슬러 올라갈 수 있다. 스페인은 처음부터 이베리아식 도시 모형을 (언제나 똑같은 형식은 아니었지만) 아메리카 신대륙에 수출했다. 16세기 말에 스페인령 아메리카의 도시 모형이 필리핀으로 수입되었다. 마닐라는 화교가 많다는 점을 제외한다면 보통의 멕시코 도시와 차이가 없었다. 마닐라는 무역항구이면서 동시에 세속권력과 종교권력의 중심지였다. 마닐라는 유럽이 아시아로 확장하던 초기에 건설한 유일한 교두보였다.[154] 네덜란드 — 고도로 도시화된 배경을 갖고 있었다 — 는 비교적 작은 규모로 스페인의 수법을 모방했다. 1619년에 세워진 요새 도시 바타비아가 그렇게 해서 만들어진 도시였다.

콜카타와 하노이

영국인은 인도를 식민통치하는 동안에 그들의 중심 기지인 콜카타*

* 영국인에 의해 캘커타(Calcutta)로 표기되어 오다가 2001년부터 공식명칭은 원래 이름인 콜카타로 바뀌었다. 뭄바이

를 '궁전의 도시'로 만들어 놓았다. 동인도회사가 최고의 정치적 권력을 행사해온 지 40여 년이 지난 1798년부터 벵골주의 수도는 개조되기 시작하여 전 세계에서 선두를 다투는 신고전주의 양식의 건물이 운집한 화려한 도시로 변했다. 기능면에서 이 도시는 근본적으로 변한 게 없었다. 18세기 60년대 이후 영국인은 건축에 거대한 열정을 쏟았지만 이 도시는 자신의 지위에 걸맞은 '외피'를 가져본 적이 없었다.

새로운 도시계획의 핵심은 새로운 정부청사(거대한 총독부 청사)를 지어 복종하지 않는 인도인과 영국에 대해 호감을 갖지 않은 프랑스인에게 앞으로는 다시는 코웃음 치지 못하게 하는 것이었다. 1803년, 새로운 총독부 건물이 완공되었을 때 그 위용은 영국 식민정부가 그때까지 건설했던 모든 건축물을 무색하게 만들었다. 총독부 청사뿐만이 아니라 숱한 공공건물(시청, 법원, 세관 등)과 교회, 동인도회사 관리층과 상인들의 개인적인 별장까지도 동시에 완공되었다. 모든 건물을 압도하며 우뚝 솟은 건물은 윌리엄 요새(Fort William)였다.[155]

도리아 양식의 주랑(柱廊) 건축이 가득한 콜카타는 단순히 인도에 이식된 영국 도시가 아니었다. 콜카타는 벽돌이란 매개를 통해 현실 속에 구현된 제국시대 로마에 대한 유토피아적 상상이었다. 콜카타는 기능형 도시가 아니라 치밀하게 계산된 권력의 풍경이었다. 인도인까지도 이곳에 오면 자신의 처지가 어떤지를 깨닫게 되었다. 건축학적으로 유럽의 식민 흔적은 지구상 어디에서나 쉽게 찾아볼 수 있었지만 그것이 콜카타에서만큼 명료하고도 강력하게 표출된 곳은 없었다. 어떤 식민지도 인도처럼 상징의 무게에 눌린 곳은 없었다.

(Mumbai)도 같은 사례이다. 영국인이 봄베이(Bombay)로 표기한 뒤 오랫동안 그렇게 불려왔으나 1995년부터 원래 이름 뭄바이로 바뀌었다.

또한, 어떤 식민지도 인도처럼 식민지의 영광을 나타내는 도시를 건설하는 재정을 현지에서 조달할 수 있을 만큼 풍요롭고도 손쉽게 착취할 수 있는 곳은 없었다.

국제적인 위신 때문에 불가피한 경우가 아니라면 식민지 경영은 절대로 손해 보는 사업이어서는 안 된다. 따라서 식민지 도시 전체의 품격을 유럽식 건축물로 채우기는 어려웠다. 가난한 식민지의 수도일지라도 최소한으로 갖추어야 할 유럽식 건물은 총독부, 병영, 교회당이었다. 이런 핵심 건축물 이외에도 병원과 유럽에서 온 관리와 상인들이 거주할 몇 채의 고급주택은 있어야 했다. 한 지역 전체를 유럽풍의 주거지로 할 것인지는 외국인 주민의 규모에 따라 결정되었다.

완전히 새로운 견본 도시를 계획하고 건설 자금을 감당하겠다는 의지가 실현된 경우는 거의 없었다. 1857년에 건설되었고 훗날 프랑스령 서아프리카 전체의 수도로 성장한 다카르(Dakar)는 그러므로 특별히 인상적인 사례다.[156] 더블린은 특수한 경우라고 볼 수 있다. 더블린은 계획된 식민도시가 아니라 제국주의의 특징이 풍부한 상징적 도시였다. 아일랜드의 수도인 이 도시에 영국의 국왕 또는 여왕의 조각상이 도처에 널려 있었다. 그것은 런던의 권력의지의 상징이자 개신교도들의 종교의식의 시발점이기도 했다. 그러나 영국이 더블린 시정부를 완전하게 장악한 적이 없었기 때문에 제국주의적 기념물에 맞서는 아일랜드의 민족적 기념물이 점차 세워졌다.[157]

20세기 초의 하노이는 규모가 방대한 식민도시였다. 이 도시는 한때 통킹(Tonkin)보호국의 중심지였고 1902년 이후 인도차이나연맹(Union indochinoise, 베트남, 캄보디아, 라오스로 구성됨)의 수도였다. 베트남은 시작부터 프랑스의 식민지배에서 목에 가시 같은 존재였다. 프랑스 제3공화국은 현지인은 물론이고 세계를 향해 식민지배의 능력을 보여줄 필요가 있었다. 하노이는 통킹지역의 거점도시이며 1802년 이전까지는 베트남 황제의 황성이었다. 1889년, 프랑스인은 하노이에 대한 실질적인 통제권을 장악하고 곧바로 이 도시를 프랑스 도시로 개조하기 시작했다. 원래의 성벽과 보방(Vauban)식* 요새는 철거되었다. 프랑스인은 도로 배치를 다시 하고 바둑판 모양의 포장도로를 건설했다. 정부청사, 흉물스런 교회당과 함께 철도역, 오페라하우스(파리의 가르니에 오페라극장의 축소판), 중학교(lycée), 감옥, 최신기술을 동원한 홍하(紅河)를 가로지르는 다리, 사찰과 사당, 수많은 관공서, 유리 돔을 얹은 파리식 백화점, 고위 관리와 부유한 상인들을 위한 별장(식민지시대 말에 이런 호화별장은 200여 채에 이르렀다)이 들어섰다. 교외지역에는 일반 프랑스 교민을 위한 표준화된 주택단지가 들어섰다. 철거된 과거시험장과 불탑 자리에 식민주의의 적나라한 상징으로서 대형 총독부와 교회당 건물이 세워졌다. 영국인은 구도시 콜카타 옆에 따로 식민 신도시를 세웠지만 프랑스인은 하노이 구도시 위에 새로운 도시를 세웠다. 새 도시의 도로와 광장에는 인도차이나를 정복한 프랑스 '영웅' 또는 프랑스의 역사적 인물과 당대 저명인사의 이름을 붙였다.

이런 식민시대 초기의 건축은 아시아의 건축언어와 조금도 타협하지 않았다. 프랑스 식민자들은 호치민에서는 정치적 메시지를 확고하게 전달하기 위해 베트남식 건축 요소를 공개적으로 금지했다. 그들의 의도는 프랑스 문명의 우수성을 베트남 전체에 전파하고 전 세계에 프랑스 문화의 매력을 보여주는 것이었다. 코린트 양식, 네오고딕 양식, 초기 바로크 양식 등 각종 건축 양식이 뒤섞였다. 같은 시기에 영국령 인도에서도 역사적 전통을 대하는 태도에 거리낌이 없기는 마찬가지였지만 그래도 최소한——1888년에 준공된 뭄바이의 빅토리아 철도역에서 보듯——영국식, 프랑스식, 베네치아식 고딕 양식

---

* Sébastien Le Prestre de Vauban (1633–1707): 프랑스의 군사기술자.

에다 이른바 '인도-사라센' 양식이란 건축 요소를 결합시키려는 시도는 있었다.[158]

세기가 바뀌고 나서야 베트남과 파리에서는 19세기 90년대의 경박하고 가식적인 풍조에 대한 반감이 일어나기 시작했다. 학자들은 중국-베트남 전통의 뒤쪽에서 정치적으로 덜 폭발적인 (크메르Khmer와 앙코르Angkor로 대표되는) '옛' 인도차이나를 발견했다. 1차 대전 이후 하노이에도 장식예술풍(Art déco)의 건물이 잇달아 등장했다.[159] 정치 분야에서도 유럽화가 철저하게 진행되었다. 1,000명(1901년)에서 4,000명(1908년)에 불과한 프랑스 교민이 하노이에서 모국의 오래된 지방정치 풍습 ─ 시장, 시의회, 예산, 격렬한 정파싸움 ─ 을 고스란히 재현했다.[160]

투르(Tours)나 리옹(Lyon)과 비교할 때 가장 큰 차이는 중국이나 인도 출신의 비유럽계 이민을 포함하여 현지에서 출생한 주민이 어느 정도의 법적인 보호를 받았고 일정 정도는 비공식적인 활동에 참여할 수 있었다는 점이다(부유한 화교 상인은 상공회의소에 가입할 수 있었다). 그러나 이들은 정치문제에 관해서는 전혀 발언권이 없었다.

이상적인 '식민도시'

하노이는 전 세계의 식민도시 가운데서 유럽적인 풍모를 가장 많이 갖춘 도시였다. 이 도시는 따라서 '현대'(근대 초기와는 다른) 식민도시의 이상형으로 정의될 수 있다. 현대 식민도시는 20세기 말의 세계화 도시와 마찬가지로 원초적 외부지향성이란 보편적 특징을 갖고 있다. 그 밖의 특징은 아래와 같다.[161]

- 정복이 유일한 정통성의 근거인 외부에서 온 통치자가 독점한 정치, 군사, 치안 권력.

- 도시생활을 규정하는 의사결정 과정에서 원주민(엘리트계층 포함)의 배제.
- 종주국(유럽)으로부터 가장 최신이거나 최신에 가까운, 세속적·종교적 종주국의 민족적 특성이 반영된 건축의 도입,
- 널따랗고 위생적이며 유럽의 기준을 따라 설계된 외국인 거주지역과 (최상의 경우라도) 불성실하게 현대화되고 후진적이라는 평가를 받는 원주민지역(native city)으로 나뉜 공간의 이원화와 수평적 격리.
- 종족을 기준으로 계층을 엄격하게 구분하고, 원주민은 독립적 신분을 갖지 못하고 상층사회를 위해 봉사하면서 소득이 미약한 최저계층으로 귀속되는 사회적 불평등.
- 외국의 이익과 국제시장의 수요를 만족시키기 위한 배후지역(국내)에 대한 개발, 개조, 착취, 약탈.

식민도시의 특징을 목록으로 배열해보면 성급하게 표지를 붙이는 실수를 피할 수 있다. 한편으로, 식민도시를 건축의 형태와 경제적 기능만을 근거로 하여 판정할 수는 없다. 다른 한편으로, 이런 특징들을 모두 동일선상에 놓을 수는 없다. 구체적으로 말하자면, 형식과 기능을 혼동해서는 안 된다. 상술한 여러 특징을 기준으로 식민도시를 정의한다면 우리가 얻을 수 있는 것은 추상적인 개념이지 현실 상황에서는 이 기준에 부합하는 실제 사례는 매우 적다. 예컨대, 하노이는 경제적으로 중요한 도시였지만 항구도시도 아니었고 전형적인 식민지 '진공펌프'도 아니었다. 이 도시가 한 역할은, 인도차이나의 경우 항구도시 하이퐁과 남부의 대도시 호치민뿐만 아니라 홍콩, 바타비아 그리고 궁극적으로는 마르세유와 낭트까지 포함되는 '도시체계'의 맥락 안에서라야 온전하게 평가될 수 있다.

모든 이상형은 우리가 관찰 대상을 현실적 맥락에서 보다 분명하

게 파악할 수 있도록 도와주는 보조적인 도구에 불과하다. 상술한 식민도시 이상형도 마찬가지로 비교를 통해 식민도시의 여러 가지 특징을 드러내주는 보조도구다. 한편으로 이상형은 배제의 작용도 한다. 비유컨대, 식민도시를 다른 문화 사이의 지속적 접촉의 장소로 이해한다면[162] 다원적 문화의 특징을 가진 대형 항구도시는 식민지에 있건 식민지 이외의 지역에 있건 정도의 차이는 있지만 식민도시의 색채를 지니고 있다. 런던, 뉴올리언스, 이스탄불, 상하이가 그런 사례다. 이 도시들은 다원적인 사회구조를 갖고 있었다. 그러므로 이런 특징만으로는 식민도시를 판단하는 기준이 될 수 없다.

반면에 식민도시를 단순히 정치적 시각에서 이해한다면, 그래서 외부에서 '이식된' 전제적인 권력체제가 현지 엘리트를 배제하는 것을 핵심적인 기준으로 한다면, (러시아제국의 일부로서) 바르샤바가 이런 조건을 만족시키는 도시가 될 것이다. 19세기 말, 폴란드 민족국가의 수도가 될 수 없었던 이 도시에 상주하는 러시아 주둔군이 4만 명이었다. 위압적인 요새가 바르샤바 시민을 내려다보고 있었고 코사크 기병이 거리를 순찰했다. 최고지휘권은 모스크바가 직접 임명한 경찰총장이 쥐고 있었다. 대비할 수 있는 사례를 들자면, 당시 빈 등 유럽의 '정상적인' 도시에서는 상주하는 군대가 일반적으로 1만 5,000명에 불과했고 병력의 대부분은 자국민이었다.[163]

식민도시의 많은 특징은 있다와 없다로 나누는 '2진법'이 아니라 입체적으로 정의되어야 한다. 어떤 역사학자들은 식민도시의 격리 혹은 '종족적 분리'를 주목하고 어떤 역사학자들은 다른 문화의 혼합, 융합 또는 이종교배(Hybridität)를 주목하여 여러 대형 식민도시의 '코스모폴리타니즘'을 찬양한다.

어느 쪽을 주목하든 둘 사이에는 미세한 여러 층차(層次)가 존재한다. 식민도시의 사회적 구성요소는 원칙적으로 식민자와 피식민자 둘로 나뉘지만 그것이 생활의 모든 용역을 빠짐없이 규정하지는 않는다. 사회적 위계와 종족적 위계는 복잡한 방식으로 서로 겹친다. 인종차별이 성행하던 시대에도 피부색과 종족적 동질성이 계급적 차이를 완전히 압도하지는 못했다.

식민지 대도시에서 영국인이 조직한 사교단체는 부유한 인도 상인 이나 말레이시아 귀족을 배제했을 뿐만 아니라 '가난한 백인'도 배 제했다. 인도 식민정부에서 일하는 영국인 관리와 인도의 구빈원(救貧院)에서 생활하는 백인의 사회적 신분의 차이는, 같은 영국인 관리 와 부유하고 교육받은 인도인 변호사 사이의 종족적 차이보다 훨씬 컸다. 물론 양자의 관계에 정치적 요인이 개입되지 않았다는 전제하 에서이긴 하지만(이런 전제는 1차 대전 이후에 가능해졌다). 전형적인 '식민도시' 사회는 단순히 두 계급 또는 두 종족으로 구성된 질서가 절대로 아니었다.

격리

공간의 이원성 ─ 특권을 누리는 외국인이 사는 치안이 양호하고 기후조건은 더 쾌적한 지역과 현지에서 출생한 사람들이 거주하는 지역 ─ 은 식민도시에서 쉽게 드러나는 특징이다. 그러나 이런 이 원대립적 관계도 만들어진 형식적 가설이다. 권력관계와 사회계층 은 언제나 엄격하게 구분된 도시공간으로 표출되지는 않았다. 실제 로 이런 배치가 존재한다 하더라도 식민지에서 생활하는 유럽인은 가사 노동에 있어서 현지인에게 의존하지 않을 수 없고, 이런 의존 성은 (현지인과) 생활공간을 철저하게 분리하는 데 장애요인이 되었 다. 식민자들이 동족들하고만 교류하기란 쉽지 않았다. 일상생활의 많은 부분을 반(半)공식적인 무대에서 활동해야 하는 식민자들 앞 에는 그들의 일거수일투족을 면밀히 관찰하는 현지인 '관중'이 있 었다. 거주구역의 격리는 반드시 명확한 주종관계를 의미하지는 않

았다. 예컨대, 볼가강변에 자리한 카잔(Kazan)시에는 러시아인 거주
구역과 타타르인 거주구역이 있었지만 양자 사이에서 식민과 피식
민의 관계를 찾아보기는 어려웠다.[164] 최소한 아시아에서는 모든 대
도시에 근대 초기부터 현지 사회가 포용한 소수민족 공동체가 존재
했다. 이스탄불에는 1886년에 이 도시에 영구적으로 정착한 비무슬
림 주민이 최소한 13만 명이었다.[165] 유럽인들이 동남아시아와 그
곳의 도시들에 왔을 때 본 것은 통합된 공동체 안에서 소수자 집단
이 (반드시는 아니지만 거의 대부분의 경우) 평화롭게 공존하는 모습
이었다. 이런 도시는 ─오스만제국의 도시들처럼 ─종교가 가장
중요한 분류 기준이고 그다음 분류기준은 언어가 되는 다원화 도시
(villes plurielles)였다.[166] 유럽 식민주의는 이런 모자이크 구조를 개
조하거나 제거하지 않고 그 위에 자리 잡았다. 종족 격리는 식민도시
의 '본질'로부터 파생된 현상이 아니라 자체적인 발전사를 갖고 있
었다. 1803년에 영국이 델리를 점령한 때로부터 1857년 인도 민중
의 대봉기가 폭발할 때까지 독립된 영국인 거주구역이 형성되지 않
았다. 봉기가 진압된 후 영국 수상 파머스턴(Lord Palmerston) 일파
는 인도인에 대한 징벌로서 델리를 평지로 만들어버리겠다고 주장
했다. 무굴제국의 황궁(레드포트Red Fort)이 대부분 파괴되는 등 중
요한 파괴행위가 있었지만 델리가 평지가 되는 지경까지 나아가지
는 않았다.[167] 1857년의 공포를 겪고 난 후 많은 영국인이 이 '토착
도시'에 머물려하지 않았다. 외국인 거주구역이 새로 만들어졌지만
인도인의 그곳 토지매입은 시종 허용되었다. 경찰도 식민 '지배자
들'을 인도 강도들로부터 완벽하게 지켜줄 수 없었다. 많은 영국인이
인도인 '동네'에 집을 빌려 살면서 계속해서 구시가지로 일하러 가
거나 즐기러 갔다. 1903년의 전염병을 겪으면서 교외에 거주구역을
건설한 이점이 증명되자 점차 많은 인도인 지주들이 '문명구역'(civil
lines) ─영국인 거주구역을 그렇게 불렀다 ─으로 이주했다.[168] 그

런데 뭄바이의 상황은 달랐다. 이 도시에서는 요새와 같은 동인도회사의 건물이 도시발전의 구심이었다. 19세기 초가 되어서야 이 구심점 옆에 인도인이 거주하는 '토착구역'이 점차 형성되기 시작했다. 또 그 후로 도시발전의 세 번째 요소로서 부유한 유럽인을 위한 교외의 별장식 주택이 건설되었다.[169]

'식민지형' 격리와 다른 공간분리의 차이점은 무엇일까? 과거에도 그랬지만 지금도 유럽의 도시에서는 어떤 때는 거리를 경계로 하여 이웃 동네에서, 어떤 때는 아파트를 수직으로 분할하여 층에 따라 (부르주아는 '좋은 층'에 살고 가난한 시인은 꼭대기 층에 사는 것처럼) 격리와 관련된 축소 모형을 찾아볼 수 있다.[170] 넓은 의미에서 보자면 격리는 일종의 보편적인 현상이자 다양한 방식으로 표출되는 사회적 차별의 기초적인 형태이다. '식민'이라 함은 여기서는 정권을 장악한 소수의 외국인이 종족을 기준으로 하여 강제로 실시한 도시형 인종분리에 불과하다. 현실에서 이런 사례는 많지 않다. 근대사에서 알려진 격리와 관련된 소수의 극단적인 사건은 인종적 편견과는 관련이 없었다. 예를 들자면 도쿠가와시대의 무사와 평민의 분리가 그렇다. 빅토리아시대 초기에 아일랜드인들이 공업도시와 항구도시에서, 조금 뒤에 가서는 북아메리카에서 사회적 또는 인종적(여기서는 종교를 의미하는 면이 강하다) 이유 때문에 신분구조의 맨 아래층에 머물 수밖에 없었다고 단정하기는 어렵다.[171] 아일랜드인은 '백인'이었지만 흰색에도 여러 종류가 있었다.[172]

결론적으로 말해, 자세히 살펴보면 '식민도시'의 이상형이란 분명한 윤곽이 없다는 사실을 발견하게 된다. 식민지에 있는 도시라고 해서 모두가 전형적인 식민도시는 아니다. 그리고 유사한 기능을 가진, 식민지에 있는 도시와 비식민지에 있는 도시 사이의 차이가 지나치게 강조되어서도 안 된다. 마르세유와 마드라스를 예로 들자면, 두 도시의 항구로서의 공통성은 식민지/비식민지의 차이를 훨씬 능가한다. 다른 관점에서 보자면, 전 세계적 범위의 도시발전사에서 식민지적 전환기가 있었고 그 시기는 19세기 말에서 20세기 중엽까지 지속되었다. 보스턴, 뉴욕, 리우데자네이루, 케이프타운 등으로 대표되는 '변경 도시'(Frontierstadt)가 역사적 배경이 없는 가운데서 성장한 근대 초기의 혁신적인 발명품이라고 한다면, 유럽인이 세운 식민도시는 북아프리카와 아시아의 오랜 문명 위에 새겨진 흉터이자 동시에 저항의 상징이었다. 인류 역사에서 유럽 도시의 모형이 이 시기처럼 전 세계에 거대한 영향을 미친 적이 없었다. 식민제국이 붕괴되면서 엄격한 의미의 식민도시도 역사가 되었다. 되돌아보면 식민도시는 식민주의 이후에 등장한, 오늘날의 거대도시로 발전해가는 과정의 중간 기착지였다. 이런 도시는 진화하면서 점차 유럽 도시의 표본을 벗어나 부분적으로는 현지의, 부분적으로는 전 세계적 요소를 흡수했다. 달리 말하자면, 이런 도시의 발전을 촉진한 동력은 특별히 유럽 또는 서방에서 나온 것이 아니었다.

식민지 서구화

한 도시의 식민역사와 그 도시가 거대도시로 발전해간 과정 사이에는 복잡다단한 관계가 있기 때문에 포괄적으로 표현하기 어렵다. 2000년에 지구상의 10대 도시 가운데 오직 도쿄만 제국의 대도시였다. 만약 뉴욕을 미국의 세계패권의 중심이라고 본다면 제국의 대도시는 두 곳이 된다.[173] 1850-1960년 사이에 가장 중요한 제국의 대도시였던 런던과 파리는 오래전부터 인구 규모면에서는 상위권에 들지 못했지만 '세계적 도시'——세계 도시체계의 정상부를 차지하고 많은 영역에서 전 세계에 영향을 미치는 도시——로서의 지위는 흔들리지 않았다. 오늘날의 세계적 도시(도쿄, 뉴욕, 런던, 파리가 선두 집단이다) 가운데서 런던을 제외한 도시들이 그 지위를 누리고 있는 까닭은 한때 식민 대도시였기 때문이 아니다. 세계 10대 대도시 가운데서 도쿄를 제외한 나머지는(뉴욕까지 포함하여!) 형식만 다를 뿐 한때 '식민도시'였다. 1905년 서울이 일본의 식민지가 되었을 때 멕시코시티는 이미 식민 이후 백 년 가까운 역사를 갖고 있었고, 카이로는 공식적으로는 단지 36년(1881-1918년)의 식민지 역사를 갖고 있었다. 바타비아(자카르타)의 식민역사는 무려 330년(1619-1949년)에 이르렀다. 한때 화려했던 몇몇 식민도시(케이프타운, 하노이, 다카르 등)는 거대도시의 길로 나아가지 못했다. 이런 도시는 지금은 조용한 소도시로 변했다. 식민제국의 몇몇 중심 도시(마드리드와 암스테르담)는 중간 정도의 관광도시로 자리 잡았다. 통계적 기준이 아닌 다른 기준으로 평가한다면 거대도시로 볼 수 있는 도시(방콕과 모스크바)는 식민지였던 적이 없다. 상하이는 매우 특수하고도 제한적인 식민지 역사를 갖고 있었다.

식민도시 단계는 세계적인 네트워크를 갖춘 대도시 시대를 준비하는 '특별할 것 없는' 준비단계였다. 식민역사가 오늘을 위해 이점이 있었는지 아닌지에 대한 평가는 일치하지 않는다. 이 문제에 대한 대답은 배제법으로 표현하는 게 가장 안전할 것 같다. 식민도시로서의 과거는 20세기 중엽 이후 폭발적인 도시화의 필수적인 조건도 아니었고 주된 원인도 아니었다. 달리 말하자면 식민제국이라는 지난날의 '후견인'이 식민시대 이후 그 도시가 성장하는 데 어떤 보장도 되지 못했다.

영국의 이민 식민지(자치령) ― 오스트레일리아뿐만 아니라 뉴질랜드와 캐나다(특히 서부지역)까지 ― 에 등장한 신유럽 변경 도시는 특수한 유형의 도시였다. 이 유형의 도시는 유럽 식민화의 직접적인 산물이었고 따라서 문화적 '이종교배'의 특징이 별로 없었다. 이 도시는 이미 있던 도시의 문화적 기초로부터 전혀 영향을 받지 않고 변경이란 환경에서 완전히 새로운 계획 위에 세워졌기 때문에 앞에서 말한 식민도시의 정의에 들어맞지 않는다. 오스트레일리아의 도시는 영국 도시의 단순한 복제가 아니었으며, 그런 점에서 스페인어권 아메리카의 신흥 도시와는 달랐고 거의 같은 시기에 발달하기 시작한 미국 중서부지역 도시에 가까웠다. 아메리카대륙의 스페인령 식민도시는 어느 정도는 현지 환경의 영향을 받기는 했지만 근본적으로 스페인 도시 모형의 복사판이었다. 아시아와 아프리카의 식민 도시와는 달리 오스트레일리아 도시의 발전은 연속적이었다. 오스트레일리아의 도시는 격렬한 탈식민화의 과정을 경험할 필요가 없었고 영국 헌법의 전통적인 틀 안에서 완만하고 지속적이며 평화롭고 점진적으로 정치적 권리와 평등을 확보했다. 경제적인 면에서는 런던 금융시장에 대한 의존성을 벗어나지 못하는 한(이런 변화는 1860년 이후 점진적으로 발생했다)[174], 대영제국 시장이 여전히 대체할 수 없는 지위를 차지하고 있는 한, 오스트레일리아의 대외 무역이 대부분 영국의 무역회사와 대리상에게 조종되고 있는 한[175] 오스트레일리아의 도시는 '식민도시'로 남아 있었다.

19세기 식민주의가 만들어낸 놀랍고도 새로운 형식의 식민지는 통상항이었다.[176] 아시아와 아프리카의 통치자들은 외국인의 무역활동을 특정 지역에 한정하고 엄격하게 감시 통제했다.[177] 중국, 일본, 조선이 1840년부터 잇달아 국제무역을 개방하기 시작한 뒤로 열정적인 자유무역 신봉자라도 시장의 힘만 믿었다가는 이 새로운 경제 공간에 '침투'하기란 불가능하다는 사실을 알게 되었다. 특수한 제도가 필요했고, 그것은 궁극적으로 군사력을 동원한 위협이 뒷받침되어야 했다. 온갖 종류의 국제적 협의 ─ 실제로는 '불평등조약' ─ 를 거쳐 서방 상인들에게 일방적인 특권이 주어졌다. 그중 가장 중요한 특권은 아시아 국가의 법정에 서지 않는다는 치외법권(治外法權)이었다. 이 밖에도 서방은 자신의 무역관리 기구를 만들어 소재국 정부가 관세정책을 통해 가하는 통제를 벗어날 수 있었다. 불평등조약

을 근거로 하여 외국 상인에게 개방된 도시(일부는 항구가 아닌 곳도
있었다)에는 현지 정권의 통제를 받지 않고 관할권이 외국 영사관에
게 주어진 외국인 거주구역(Kozession, 법정 조계) 또는 외국 상인단
체가 자치권을 갖는 외국인 거주구역(Niederlassung, 상업조계)이 세
워졌다. 전체적으로 보아 이들 치외법권을 누리는 조계 또는 항구의
역사적 역할을 지나치게 높게 평가할 수는 없다.[178] 일본이 대외개
방을 한 초기 몇 년 동안 이곳은 서방세력이 일본에 침투하는 중요
한 대문이었다. 그러나 1868년 이후 메이지 정부가 자발적으로 서방
문명을 받아들이는 태도를 보이고 국내에서도 현대화 정책을 강력
하게 실시하자 이들 도시의 중요성도 따라서 사라졌다. 조계(租界)나
통상항이 일본의 도시화 과정에 끼친 영향은 중요할 게 없었다. 일
본의 주요 도시 가운데서 통상항구였던 곳은 요코하마(橫濱)뿐이다.
1859년, 이곳에 첫 번째 외국인 교민이 들어온 후로 30여 년 동안 이
항구도시의 인구는 12만(절대 다수는 당연히 일본인)으로 늘어났고
발전 속도는 9년 뒤에 건설되는 블라디보스토크만큼 빨랐다.[179] 중
국에서는 통상항의 역할이 일본보다 훨씬 컸다. 통상항 지정이 중지
된 1915년 이전까지 통상항으로 지정된 92곳의 항구 가운데서 오직
일곱 곳에만 그 영역 안에 소형 유럽 식민지가 존재했다. 이 일곱 곳
가운데서도 두 곳의 도시에 이 시기 역사의 깊은 낙인이 남았다. 하
나는 국제공동조계와 그에 인접하여 프랑스 조계가 있었던 상하이
이고, 다른 하나는 북방 도시 톈진(天津)이었다. 톈진에는 도합 아홉
곳의 조계가 있었지만 규모는 상하이에 비해 훨씬 작았다. 두 도시가
1860년 이후 활기차게 발전할 수 있었던 주요 원인은 중국 경제의 국
제시장에 대한 의존도가 높아진 것이지만 한편으로는 조계에서 보
호받는 외국상인이 도시의 발전을 촉진시킨 일면도 있었다.

  비교적 규모가 작은 조계지(예컨대, 광저우와 하문廈門)는 외국인
이 모여 사는 외로운 섬과 같았다. 그러나 상하이나 톈진의 조계는

같은 비유를 적용할 수 없는 곳이었다. 20세기 20년대까지 상하이의 공동조계는 시종 서방 대기업의 중국지사 대표가 관리 책임을 지고 있었고 형식상으로도 중국 쪽에서 개입하지 않았다. 그러나 조계에 거주하는 사람의 99퍼센트는 중국인이었으며 이들은 조계지의 땅을 살 수도 있었고 각양각색의 경제활동도 할 수 있었다. 이 밖에도 조계지에서는 정치적 이단자가 중국정부의 사법권이 미치는 도시에서보다 훨씬 자유롭게 정치적 견해를 표출할 수 있었다. 중국의 비판적인 여론은 대부분이 원칙적으로는 법치의 땅이라 불리던 조계지에서 처음 형성되었다.[180]

상하이는 지리적인 이점에 더해 도시 전체가 조계라고 하는 핵심을 둘러싸고 발전하기 시작했다. 통상항의 조계지는 유럽형 도시 모형이 중국에 유입되는 공간이었다. 상하이에는 콜카타나 하노이와는 달리 웅장한 궁전식의 건축물이 들어서지 않았고 국제시장을 향한 개방성을 표현하는 건축물이 들어섰다. 20세기 30년대가 되자 이렇게 들어선 건축물들이 상하이를 대표하는 스카이라인인 와이탄(外灘)을 형성했다. 조계에는 간혹 디즈니랜드식의 동화 같은 건축물도 들어섰다. 예컨대, 수많은 첨탑과 흉벽(胸壁)으로 중세의 요새를 연상케 하는 톈진 영국조계의 공부국건물(Gordon Hall), 독일의 '조차지'(식민지) 산둥성 칭다오(青島)에 세워진 전통적인 목조구조의 독일마을이 그랬다. 더 중요한 것은 조계가 소재한 도시에 중국에서는 지금까지 없었던 새로운 풍경 ─ 널찍한 도로, 낮은 건축 밀도, 벽돌과 콘크리트 구조의 가옥(중국 전통양식의 가옥도 포함하여) ─ 이 등장했다는 사실이었다. 한 가지 특별한 변화도 일어났다. 건축의 길에 면한 쪽에 유리창이 생겼다. 전통적인 중국식 가옥은 통상적으로 거리를 향한 쪽은 창문이 없는 막힌 벽이고 점포인 경우 거리 쪽에 문을 냈다.[181]

도시의 자발적 서방화(Self-Westernization)

식민지에만 '식민도시'가 존재했던 것은 아니었다. 외관으로 보아 식민도시의 특징이 가장 두드러진 몇몇 도시는 식민통치자의 의도와는 전혀 관계없이 예방적인 목적에서 추진된 자발적 서구화의 결과물이었다. 20세기에 들어와서 이런 현상은 더 이상 놀라운 일이 아니다. 아무리 늦어도 20세기 20년대쯤에는 '현대적 문명' 도시의 기준에 관해 전 세계적 합의가 이루어졌다. 그 기준 가운데는 돌 또는 아스팔트로 포장한 도로, 상하수도 체계, 쓰레기처리 체계, 공중위생, 건축물의 방화시설, 거리와 광장의 조명, 대중교통 체계, 철도망의 확충, 공립학교(사회 구성원 전체에게는 아닐지라도 부분적으로 제공되는 공공교육의 기회), 병원을 포함한 위생서비스, 시장(市長), 경찰조직, 전문화된 행정기구가 포함된다. 양차 세계대전 사이에 군벌이 난투극을 벌이던 중국에서 지방 통치자와 현지 사회의 엘리트는 어려운 환경에서도 이 목표에 근접하기 위해 할 수 있는 모든 일을 다 했다.[182] 이런 도시 모형이 유럽에서 유래되었다는 사실은 아무런 문제가 되지 않았고 실제적인 조건의 차이 때문에 원래 모형에 각양각색의 변형과 조정이 가해졌을 뿐이다.

1차 대전이 폭발하기 전, 유럽이 아직도 중천의 태양과 같은 형세를 유지하고 있을 때 도시의 자발적 서방화는 현실적인 수요를 충족시키는 일 이외에 일종의 정치적 신호이기도 했다. 1882년 영국에 점령되어 식민지가 되기 전의 카이로가 좋은 예다. 1865-69년의 짧은 몇 년 동안에 카이로는 소수의 프랑스 식민지 수도와 유사한 도시의 2원적 구조를 형성했다. 나폴레옹이 지휘하는 프랑스 군대가 점령한 1798-1800년의 시기에 카이로가 심각한 파괴를 경험한 후 이집트의 첫 번째 현대화 개혁자 파샤 무함마드 알리(Pasha Muhammad Ali, 1805-48년 집권)는 많은 사람의 예상과는 달리 인구증가가 정체된 수도를 위해 거의 아무 것도 하지 않았다. 건물의 양식이 완만하게 바뀌었을 뿐이었다. 유리창이 사용되기 시작했고, 가옥의 내부 공간 배치가 바뀌었고, 가옥에 번호가 붙여지는 정도의 변화가 일어났다. 무함마드 알리는 프랑스인 건축가를 고용하여 '신-맘루크'(neo-Mamluk) 양식의 모스크를 짓고 이것을 이집트의 민족적 건축양식이라 규정했다. 이것 말고는 무함마드 알리와 그의 두 후계자의 집권 기간 동안에 카이로의 모습에는 변화가 없었다.[183] '서방화의 꿈'을 품고 있던 파샤 이스마일(Ismail, 1863-79년 집권. 1867년 이집트 총독 '케디브'Khedive의 칭호를 획득함)이 권좌에 오르고 나서야 카이로는 도시 역사상 처음으로 거대한 변화를 맞이했다.[184] 이스마일은 미궁과 같은 카이로 옛 성──길이 너무 좁아 무함마드 알리의 마차조차도 통과할 수 없었다──과 나일강 사이에 기하학적으로 배치된 새로운 도시를 건설했다. 새 도시는 옛 도시와 완전한 대비를 이루었다. 한 쪽은 걸어서만 다닐 수 있는 어두운 거리가 있었고 다른 쪽은 가로등으로 밝혀지고 마차도 통행할 수 있는 널따란 도로가 있었다. 한 쪽은 흙먼지가 날리고 악취가 코를 찔렀고 다른 쪽은 푸른 나무가 우거지고 공기는 깨끗했다. 한 쪽은 하수도가 노출되어 있었고(얼마 전의 파리처럼) 다른 쪽은 오수관과 배수관로가 지하에 매설되었다. 장거리 운송 수단으로서 한 쪽은 대상(隊商)에 의존했고 다른 쪽은 철도를 이용했다. 같은 시대의 이스탄불과 마찬가지로 가로수로 덮이고 세로로 곧게 뻗은 대로는 카이로에 미학적 혁명을 불러왔다.

세계박람회를 참관하기 위해 1867년에 파리로 간 총독 이스마일은 유럽 도시의 뛰어난 계획성으로부터 깊은 인상을 받았다. 그는 파리의 도시계획을 총괄한 건축가 오스망 백작(Georges-Eugène Haussmann, Baron)을 찾아가 가르침을 구했다. 카이로로 돌아온 후 그는 유능한 공공건설부 장관 알리 무바라크(Ali Mubarak)를 파리로 보내 현장을 직접 보게 했다. 이스마일은 수에즈운하가 개통되는

1869년을 웅대한 도시계획 사업의 완성시점으로 설정하고 카이로를 현대화된 동방의 찬란한 진주로 만들겠다는 의욕을 불태웠다. 그는 막대한 재정을 아끼지 않았고 극장, 오페라하우스, 공원 그리고 새로운 총독부와 나일강을 건너는 최초의 다리 두 곳을 건설했다.[185] 방대한 지출로 결국 국가재정이 파탄 난 것은 다른 화제이니 여기서는 굳이 언급하지 않겠다. 부분적으로 이스마일은 유럽인들에게 현대화 의지를 보여주어 이집트를 유럽의 일원으로 받아들이도록 설득하겠다는 전술적 목표를 갖고 있었고, 다른 한편으로는 지중해 북쪽에서 도시계획의 우수성을 목격한 후 도시계획이야말로 현대화를 실현하고 세상 사람들에게 그 성과를 보여줄 수 있는 이상적인 수단이란 확신을 갖게 되었다. 카이로 개조사업 과정에서 이스마일은 카이로 옛 성을 버려두지 않았다. 그는 옛 성을 가로지르는 간선도로를 건설하라는 명령을 내렸는데, 무함마드 알리 통치시대라면 상상도할 수 없는 일이었다. 이스마일은 도시 위생환경의 개선도 필요하다는 것을 알고 있었지만 이 분야에서 그의 업적은 취수장을 짓고 상수도관로를 부설하여 식수공급 문제를 해결하는 데 그쳤다. 그리고 이것은 겉으로 드러나지도 않는 일이었다.[186] 새로운 도시와 옛 도시는 선명하게 대비되었다.[187] 1882년 이후의 영국 식민지시기에 카이로에는 이스마일 총독과 알리 무바라크 장관이 구상한 도시배치 구조가 그대로 유지되었고 새로운 변화는 얼마 되지 않았다. 그러므로 '식민화된' 카이로는 실제로는 한 이집트 통치자의 걸작이었다. 한 나라의 군주로서 그는 진보의 힘을 숭상했고 유럽 현대문명을 표준으로 받들었을 뿐만 아니라 현대화를 통해서 자신의 나라가 정치적으로 열강의 속국으로 전락하는 처지를 피하게 되기를 바랐다(장기적으로 보면 이런 노력은 성공적이지 못했다).

아시아와 북아프리카의 일부 도시도 유사한 자발적 서방화의 역사를 경험했다.

- 베이루트 카이로와 전혀 다른 새로운 이 도시는 '자발적 서방화'를 통해 전통의 속박을 받지 않는 오스만제국형 현대화의 전시장, 선망하던 바다 건너 마르세유의 부르주아 문화의 반사경이 되었다.
- 이스탄불 유럽 도시모형을 본받은 또 하나의 모범 사례. 개조 과정은 카이로만큼 과감하지 않았으나 변화의 깊이는 카이로보다 훨씬 앞섰다. 이 도시에서는 기초 시설의 개선이 더 중시되었고, 신도시와 구도시가 대립하는 도시 이원구조의 형성을 피할 수 있었다.
- 도쿄 원심력이 한편으로는 1880년 무렵에 옛 에도의 일부를 시카고나 멜버른의 교외지역처럼 바꾸어놓아 도시 전체의 건축경관을 망쳐놓았고, 다른 한편으로는 그렇기 때문에 신전통주의의 자부심이 일상생활 속에 파고들도록 자극했다.
- 서울 늦게 개방했고(1876년) 1910년에 가서야 공식적으로 식민지가 된 이 도시는 이 기간(1876-1910년) 동안에 당시 유행하던 국제적·서방적 건축언어의 실험장이 되어 자신의 면모를 바꾸어놓았다.[188]

한커우(漢口)의 역사는 또 다른 모습을 보여준다.

비식민지적 역동성, 한커우(漢口)

지구상에서 갈수록 많은 지역이 국제무역의 네트워크에 편입되는 흐름은 해안지역이 발전하는 중요한 조건이 되었다. 오스트레일리아의 도시화 과정은 거의 전부가 해안지역을 중심으로 진행되었고, 오래된 도시체계를 가진 비식민국가(예컨대, 중국이나 모로코)에서는 인구·경제·정치의 무게중심이 내륙에서 해안으로 옮겨갔다.[189]

상하이와 홍콩, 카사블랑카와 라바트는 이때의 공간이동으로부터 혜택을 입은 도시였다. 내륙지역에서도 일부 도시는 국제시장과 국내교역을 성공적으로 결합시킨 덕분에 역동적으로 발전했다. 이런 내륙도시가 식민국가에 있었더라면 주저 없이 '전형적인 식민도시'라고 불렸을 것이다. 그랬더라면 보다 역동적인('발전된', '서방의') 경제 환경과 보다 정태적인('후진적인', '동방적') 경제 환경 사이의 구조적 차이가 확대되는 장기적 추세에 역행하는 예외적 사례가 될 수 있었을 것이다.

이런 유형의 도시는 규모도 다양하고 소속된 도시체계 안에서의 등급도 다양했다. 한 예로 사헬(Sahel)지역의 카노(Kano)──북부 나이지리아 소코토(Sokoto) 칼리프국(caliphate)의 대도시──를 들 수 있다. 영국의 탐험가이자 해군 장교 휴 클레퍼턴(Hugh Clapperton)이 1824-26년에 이곳을 찾아왔고, 독일의 탐험가이자 지리학자 하인리히 바르트(Heinrich Barth)는 영국 정부의 의뢰를 받아 1851년과 1854년에 이곳을 찾았다. 두 사람은 성벽으로 둘러싸인 번화한 도시를 보았다. 사하라 사막을 건너온 대상들이 모여드는 시기인 봄철이면 어느 시점에서건 이곳의 주민 수는 6-8만 명 정도였다. 영국이 점령한 1894년 직전의 이 도시의 주민은 10만 명이었고 그 절반이 노예였다. 당시의 카노는 수공업이 발달하고 교역활동의 범위가 넓은 역동적인 경제 중심지였다. 이곳에서 생산한 가죽제품은 북아프리카로, 직물과 의류는 수단 서부로 수출되었다. 주변지역에서는 면화, 담배, 인디고가 많이 생산되었는데 대부분이 수출되었다. 노예와 노예무역은 여전히 이곳 경제의 중요한 부분이었다. 노예는 군인이나 생산 노동자로서 이용되었다. 이슬람 성전의 발전기지로서 카노는 노예 병사를 공급했다. 이 도시는 경제적 기회를 잘 활용하여 사헬지역의 가장 중요한 상업중심으로 자리 잡았다.[190]

경제지리학의 관점에서 보자면 한커우(오늘날의 우한武漢시를 구성하는 세 구역 가운데 하나)는 땅은 비옥하고 인구는 조밀하며 수로가 사통팔달(그중의 하나가 장강이다)했으니 꿈과 같은 도시이다. 이곳에서부터 강을 따라 내려가면 곧장 상하이를 거쳐 바다에 이른다.[191] 한커우는, 1842년 이후에 영국인에 의해 개발되어 중요 항구로 성장한 홍콩과 비교할 때 역사가 본질적으로 다르다. 기록에 따르면 인간의 집단 거주지로서 한커우의 역사는 1465년까지 거슬러 올라간다. 19세기 말에 한커우는 이미 해외와 밀접하게 교류하는 (내륙과 관계가 희박하고 주기능이 화물의 집산지인 해안 항구와는 선명하게 대비되는) 내륙의 중요 도시로 발전해 있었다.[192] 서방 선교사들이 남긴 기록에 따르면 한커우는 18세기에 이미 중화제국의 가장 아름다운 도시가운데 하나였으며 중국 상인들은 이곳을 '아홉 곳의 성으로 통하는 길목'(九省通衢)이라고 불렀다.[193] 한커우는 거대한 도시였다. 1850년(태평천국 봉기군이 이 도시를 황폐화시키기 전) 이 도시의 인구는 최소한 100만으로서 런던과 함께 당시 지구상에서 가장 큰 도시 가운데 하나였다. 한커우의 번영은 외국인의 활동이나 국제시장과의 연계와는 아무런 관련이 없었다. 한커우는 1861년에 통상항으로 지정되었다. 영국과 프랑스가 재빨리 이곳에 조계를 설치했다. 외국인의 집안일을 하는 중국인만 조계출입이 허용되었다. 1895년 이후 독일, 러시아, 일본이 잇달아 한커우에 조계를 설치했다. 그 후로 많은 외국 영사관원, 상인, 선교사가 몰려왔다(선교사들의 활동지역은 조계가 아니라 중국인이 생활하는 구역이었다). 갑자기 나타난 서양인과 서양식 건물, 장강에 정박한 포함을 배경으로 하여 제시된 각종 요구사항은 이 도시의 역사를 완전히 바꾸어놓았다.

그러나 이런 것들 때문에 한커우의 성격이 '식민도시'로 바뀌지는 않았다. 그 무렵의 상하이와는 달리 조계가 도시 내부를 지배하지 않았다. 가장 큰 조계(영국 조계)에서 생활하는 외국인의 숫자는 1870년까지도 110명을 넘지 않았다. 상하이, 홍콩, 카이로, 하노이와

는 달리 한커우는 실질적인 '유럽도시'로 변하지 않았다. 더 중요한
것은 이 도시의 무역활동이 외국의 경제적 이익에 따라 좌우되지 않
았으며, 경제논리도 제국주의 추세를 따라가지 않았다는 것이다. 그
러므로 '민족적' 교역도시에서 유럽과 북아메리카 자본주의의 진공
펌프로 전락하지 않았다. 로우(William T. Rowe)*의 훌륭한 분석에 따
르면, 1861년 개항 이전의 한커우는 서방 사회학에서 주장하는 정태
적이며 기하학적으로 설계된, 정부의 절대적인 권위에 복종하는 '동
방도시'가 결코 아니었으며 또한 1861년 이후의 한커우는 절대로 전
형적인 '식민도시'도 아니었다. 로우는 특정한 꼬리표를 붙이려 하
지 않는다. 그는 고도로 분화되고 전문화된 상인계층이 기존의 교역
네트워크를 발전시켜 새로운 사업 분야로 확장해가는 '부르주아적'
도시의 모습을 그려낸다. 동업조합―로우의 도시사 관점에 비추어
본다면 이 시기 한커우의 동업조합은 결코 '전근대적' 유물이 아니
었다―은 변화하는 환경에 유연하게 적응했다. 그들은 서방식 은
행을 도입하기 위해 전통적인 신용제도를 버리지 않고 그 효율을 높
이는 데 주력했다. 한커우 사회는 외래 인구의 유입을 받아들여 보다
다원적인 도시가 되었으며, 지역 엘리트가 주도하여 사회 저층 집단
도 소외되지 않고 자신의 활동 영역을 찾을 수 있는 공동체를 발전시
켰다. 태평천국의 봉기가 진압된 후 대규모 재건사업이 필요해졌고
한커우 사회는 이 일을 성공적으로 완수했다. 한커우의 민중은 피동
적인 식민의 대상이 되기를 거부했다. 19세기 90년대에 공업화가 시
작된 후 한커우의 사회 환경과 도시 구조에 점진적인 변화가 일어났
다. 초기의 몇몇 공장은 외국인이 세운 것이었지만 한양철창(漢陽鐵
廠)을 포함한 대기업은 중국인 손으로 세워진 것이었다. 초기 공업
화시대로 진입한 한커우는 여전히 식민도시로 변하지 않았다. 장강

---

* William T. Rowe (1947-): 미국의 중국학, 도시사 학자.

중류에 위치한 이 도시는 취약한 경제가 세계시장과 접촉한다고 해서 모두 식민적 의존성에 빠져들지는 않는다는 것을 보여주는 증거이다.

19세기에 첫 번째 후기 식민주의 도시도 생겨났다. 이런 도시는 젊은 아메리카합중국의 도시보다 더 분명하게 식민역사와 결별하고 어떤 의미에서는 자신을 '재창조'하려 시도했다. 멕시코시티가 그런 상황에 처해 있었다. 멕시코가 정식으로 독립을 선언하기 전인 1810년부터 이 도시는 이미 '탈식민화'의 첫걸음을 내디뎠다. 맨 먼저 이른바 인디언공화국 — 구체적으로는 '인디언 조공'이라 불리던 재정적 강탈 — 이 폐지되었다. 그러나 도시를 둘러싸고 옥수수를 재배하는 인디언 마을로 이루어진 띠는 그 후로도 수십 년 동안 남아 있었다. 달라진 점이라고 한다면 인디언들의 농토가 민간 투기상인들의 손에 들어갔다는 것이었다. 1812년 11월, 새로 제정된 카디스(Cadiz) 헌법에 따라 멕시코에서는 처음으로 전국에서 지방선거가 실시되었다. 1813년(멕시코가 독립을 선언하기 8년 전) 4월부터 시민이 투표를 통해 선출한 시의회가 멕시코시티를 지배했다. 시의회는 전원이 '아메리카인'(Americanos)으로 구성되었고 인디언 유지 몇 명이 그 가운데 포함되었다. 이것은 명실상부한 반(反)식민주의 혁명이었다. 사람들은 구체제의 마지막 흔적을 지우고 싶어 했다. 그러나 현실에서의 변화는 기대했던 만큼 극적이지는 않았다. 해방운동 과정에서 멕시코시티의 역할은 제한적이었다. 새로 세워진 공화제 국가에서 이 도시가 식민시대에 누렸던 영광과 권력은 철저히 사라졌다. 19세기 중엽까지 도시의 면모는 거의 변하지 않았다. 특히 중요한 것은 가톨릭의 국교로서의 지위가 흔들리지 않았다는 점이다. 도시 전체는 과거와 마찬가지였다. 멕시코시티는 언뜻 보아 거대한 수도원과 같았다. 1850년이 되었을 때도 이 도시 안에는 7곳의 남성 수도원과 21곳의 여성 수도원이 있었다. 멕시코시티는 여전히 '바로

크식' 분위기를 유지하고 있었고 국가와 교회는 여전히 불가분의 관계를 유지하고 있었다. 19세기 후반에 이르러서야 진정한 의미의 도시의 더 큰 변혁이 시작되었다.[194)

제국도시

식민도시는 제국도시에 대응하는 개념이다. 제국도시는 제국의 통치 중심이자 식민자의 권력의 원천이었다. 제국도시의 정의는 그리 복잡하지 않다. 제국도시는 정치권력의 중심이자 정보의 집결지다. 제국과 경제적으로 의존적인 주변부의 비대칭적 관계에서 생겨난 기생적인 수혜자이며, 또한 지배이념의 상징적 전시장이다. 아우구스투스(Augustus)시대와 그 뒤로 이어지는 기원후 2세기 동안의 로마가 제국도시의 순수한 원형이었으며 16세기의 리스본과 이스탄불, 19세기의 빈이 또한 제국도시였다. 근대에 들어온 뒤로는 제국도시의 기준에 완전하게 부합하는 도시를 찾기는 어렵다. 베를린은 도시의 면모에서 식민시대(1884-1914/18년)에 남겨진 제국도시의 흔적을 찾아볼 수 있으나 아프리카, 중국, 남태평양에 있던 비교적 많지 않은 독일의 식민지에 대한 베를린의 경제적 의존성은 의미 있는 수준이 못 되었다.[195) 이와는 반대로, 인도네시아에 대한 착취가 없었더라면 19세기 네덜란드의 번영은 상상할 수 없는 일이었다. 그러나 이 중요한 의존성은 치밀하게 관찰하지 않으면 찾아내기 쉽지 않다. 암스테르담을 제국도시로 부각시키려는 시도는 별로 없었다. 지난날 식민시대의 화려함을 상기시켜주는 가시적인 유물은 왕립 열대박물관(Tropenmuseum) 정도이다. 암스테르담과 선명하게 대비되는 제국도시가 로마이다. 이탈리아의 식민지는 네덜란드보다 적었으나 1870년 이후 로마에는 카이사르가 남겨놓은 유적 옆에 제국을 찬양하는 웅장한 건물이 다시 들어섰다.[196) 파리는 이 분야에서 남달리 유리한 조건을 갖추고 있었다. 프랑스 제2제국과 제3공화국 시기의 해외식민지 확장은 나폴레옹 1세 시대에 형성된 제국도시의 풍모에 새로운 광채를 더해주었다. 마르세유는 파리 다음가는 제국도시였다. 마르세유와 파리의 관계는 마드리드와 세비야의 관계와 비슷하다. 어떤 의미에서는 스코틀랜드제국의 중심이라고 할 수 있는 글래스고는 '대영제국의 두 번째 도시'라고 자부했지만 여행객들은 도시의 면모에서 그런 느낌을 받기 어려웠다.

사실상 19세기의 유일한 세계제국의 중심이었던 런던조차도 제국의 기품을 지나치게 드러내지 않았다. 1870년 무렵의 콜카타는 오히려 런던보다 더 '제국의 기품'이 넘쳤다. 오랫동안 런던은 제국의 상징적 건물을 짓지 않았다. 건축의 영역에서 대영제국의 수도는 경쟁상대인 파리에 비해 모든 면에서 뒤졌다. 존 내쉬가 설계한 리젠트 거리는 파리의 웅장한 개선문(Arc de Triomphe, 1806-36년 동안에 세워졌다)과 겨루기에는 미약했다. 나폴레옹 3세 시대에 벌어진 대대적인 파리 개조사업에 비견할만한 일은 바다 건너 영국에서는 일어나지 않았다. 시간이 흐르면서 프랑스인도 세계박람회와 식민지박람회를 거창하게 꾸미는 기법을 알게 되었다. 유럽의 대도시 가운데서 런던은 언제나 실제 모습보다는 더 못나 보이는 미운 오리새끼였다. 19세기를 통틀어 런던은 오수처리와 가로 조명에서만 경쟁도시 파리를 앞질렀다.

런던의 '제국적' 절제의 이유를 찾아야 한다면 영국의 민간과 공공부문의 검소한 기풍 탓으로 돌릴 수 있고, 제왕적 사치의 행태에 저항감을 갖는 입헌군주제라는 정치체제의 특성을 꼽을 수도 있을 것이다. 그 밖에도 또 하나의 이유를 찾을 수 있다. 런던은 도시계획 분야에서 결정권을 가진 통일된 관리 기구를 갖지 못했다. 위대한 수도가 빈이나 뮌헨에 비해 초라해 보인다거나 도시 경관에 볼만한 것이 없고 제대로 된 호텔이 부족해서 관광업이 피해를 보고 있다는 불만의 목소리가 높아갔으나 끝내 아무런 조치도 없었다. 빅토리아 여왕 즉위 50주년을 맞은 1887년과 즉위 60주년인 1897년이 되어서야 영국은 '제국적' 무감각 상태에서 깨어났다. 그러나 트라팔가 광장 서남쪽 끄트머리에 세워진 해군본부 건물(Admiralty Arch)을 제외하면 이 시기 영국의 건축적 업적이라고 할만한 것이 없다.[197]

1914년 이전의 런던에서는 몇 개의 영웅적인 정복자 동상과 하이드 파크 북쪽의 앨버트기념비(Albert Memorial)를 제외하면 제국의 기상을 상징하는 이렇다 할 기념물이 없었다. 이 분야에서 런던은 청 황실의 피서별장에도 미치지 못했다. 내몽고 승덕(承德)의 황실 여름 주거지의 건축격식과 건물배치는 중앙아시아를 정복하겠다는 중국의 야심을 분명하게 표현하고 있었다. 1차 대전 이후에 세워진 런던의 오스트레일리아 하우스(Australia House)나 인디아 하우스(India House) 같은 건물은 왕국 안에서 식민지를 대변하는 외교공관의 역할을 했을 뿐이다.

도시계획과 건축학의 관점에서 보자면 런던은 제국의 수도라 할 수 없었다. '제국적' 특징은 런던의 다른 영역에서 찾아볼 수 있었다. 항구와 부두에서 일하는 수많은 아시아계와 아프리카계 노동자, 런던 시내를 관광하는 다양한 피부색의 여행객, 식민지에서 귀국한 관리들의 이국정취가 넘치는 생활방식, 음악당에서 연주되는 해외 작곡가들의 작품이 런던의 진정한 제국적 위상을 반영했다. 제국의 핵심 실력이 최대한 빛을 발한 곳은 밤거리를 밝혀주는 가스등이었다.[198] 런던은 허세를 부릴 필요가 없었다.

7. 내부 공간과 지하 공간

성벽

현대 이전의 도시는 성벽으로 둘러싸여 있고 방어시설이 지켜주는 공간이었다. 성벽은 군사적 목적을 상실한 뒤에도 관세구역의 경계로서 기능을 이어갔다. 이 기능까지도 필요 없게 된 뒤에는 공간의 상징적 표지로 남았다. 역사적으로 모든 제국은 성벽을 쌓을 수 있는 기술·조직·재정 능력 덕분에 주변의 '야만인'을 복종시키고 패주(霸主)의 자리에 오를 수 있었다. 야만인은 성벽을 허물 줄은 알아도 성벽을 쌓을 줄은 몰랐다. 성벽과 성문은 도시와 농촌, 집약과 분산을 가르는 경계였다.

유럽, 아시아, 아프리카의 '전형적인' 도시는 일반적으로 성벽을 쌓았지만 도시 하나하나를 놓고 보면 상황은 각기 달랐다. 다마스쿠스와 알레포(Aleppo)*에는 성벽이 있었고 카이로에는 도시의 구역을 나누는 내부 성벽만 있었지 외부에서 도시를 둘러싸는 '고리형 시설'은 없었다. 프랑스가 카이로를 점령한 짧은 몇 년 동안(1798-1801년)에 군사적 필요 때문에 내부 성벽이 철거되었다. 프랑스군이 떠나자 파손된 성벽은 빠르게 복구되었다. 19세기 20년대부터 성벽 감시는 전통적인 자경단의 손을 떠나 국가경찰의 임무가 되었다.[199]

* 시리아 제2의 도시.

신대륙에서는 성벽이 있는 도시는 예외적이었는데, 퀘벡과 몬트리올이 그런 경우였다. 미국과 오스트레일리아의 도시는 성벽의 존재 때문에 발전이 지체된 경우는 없었다. 그러나 20세기 80년대 이후 미국인은 새로운 형태의 성벽 쌓기를 즐기기 시작했다. 부유한 개별주택 구역과 시가구역 사이에 방호벽을 쌓고, 감시탑을 세우고, 통문을 만들어 격리와 보호의 목적을 달성했다. 이런 추세는 지금까지도 진행 중이다. 이런 식민지적 행태는 주민의 소득과 거주환경의 차이가 비교적 높은 수준에 도달한 지역 어디로든 널리 전파되었다. 심지어 (공식적으로는 아직도) 사회주의 국가인 중국의 대도시에서도 이것은 보편적인 행태로 자리 잡았다.

1800년 무렵, 유럽의 도시에서 성벽은 일상적인 사물이었다. 그러나 성벽 안쪽에는 예외 없이 사람들이 조밀하게 모여 사는 풍경만 있지는 않았다. 예컨대, 러시아의 많은 도시는 인구가 희박한 널찍한 공간이었다. 교외지역이 성장하면서 성벽은 방어시설로서의 의미를 점차 잃어갔지만 그 물리적인 형태는 보존되었다. 성벽의 소멸은 직선형 과정을 거치지는 않았고 한 도시의 현대화 정도도 성벽의 존속 여부로 판단하기는 어려웠다. 어떤 관점에서 보더라도 현대도시라 할 수 있는 함부르크 같은 도시에서도 야간에 성문을 닫는 전통이 1860년 말까지 지켜지고 있었다. 훗날 식민지 수도가 된 모로코의 라바트에서도 1900년 무렵까지 매일 일몰 후에는 성문을 닫고 열쇠는 지방장관이 보관했다.[200)]

도시의 방어시설을 철거하는 것은 단순히 성벽을 철거하고, 해자를 메우고, 그렇게 해서 생긴 평지 위에 집을 짓는 행위만을 의미하지 않는다. 이런 변화는 부동산시장에 중대한 영향을 미치게 되고 이로 인해 각 방면의 이해관계자들 사이에서 격렬한 충돌이 일어나지 않을 수 없었다. 도시 관리자는 철거의 비용과 수익을 계산해 봐야 할 뿐만 아니라 새로 생긴 토지를 개발하는 계획도 세워야 했다.

도시의 물리적 경계가 소멸하면 도시와 농촌의 합병은 불가피해진다.[201] 통상적인 상황에서는 성벽 철거는 대도시에서 시작하여 중소도시로 확산되었다. 보르도(Bordeau)의 성벽은 이미 18세기 중엽에 철저한 도시 현대화 계획에 따라 철거되었고 그 자리에 생겨난 공지에 광장과 가로수 길이 들어섰다. 님(Nimes)의 성벽도 해변 산책로로 바뀌었다.[202]

성벽을 제거하는 문제에 있어서 모든 프랑스 도시가 동일한 길을 가지는 않았다. 그르노블(Grenoble)에는 1832년까지도 성벽이 굳건하게 남아 있었고 그 후로도 한동안 성벽은 철거되지 않고 오히려 확대되었다.[203] 독일의 여러 대도시는 ─ 베를린, 하노버, 뮌헨, 만하임, 뒤셀도르프 등 ─ 1800년 이전에 성벽 철거를 끝냈다. 그 후 나폴레옹전쟁 시기에는 많은 도시가 ─ 울름(Ulm), 프랑크푸르트, 브레슬라우(Breslau)* 등 ─ 강제로 성벽을 철거당했다. 성벽이 철거된 자리에는 대부분 녹지나 가로수 길이 들어섰기 때문에 도시 전체의 경관을 관찰하면 옛 성벽의 흔적을 쉽게 발견할 수가 있다. 빈회의 이후 수십 년 동안 독일 사회 전체가 정체에 빠졌고 그 영향으로 성벽 철거의 속도도 완만해졌다. 그러나 19세기 후반에 마지막 성벽이 사라졌다(1881년 쾰른Köln, 1895년 단치히Danzig**). 유럽의 대도시 가운데 프라하처럼 19세기 말까지 성벽이 남아 있었던 곳은 흔치 않다. 19세기 30년대까지도 프라하는 몽환적 분위기가 넘치는 중세도시의 모습을 그대로 가꾸어온 반면에 부다페스트는 전력을 다해 도시를 현대화했다.[204] 19세기 중엽, 영국에서는 도시 미관을 보존할 목적이나 회고적 목적을 제외하고는 성벽을 찾아볼 수가 없었다. 네덜란드에서는 1795-1840년 사이에 지속적으로 성벽이 철거되었다.[205] 보수적인 귀족계층이 발언권을 장악하고 "폐쇄된 도시의 꿈"(필립 자라진

* 지금은 폴란드의 브로츠와프(Wrocław).
** 지금은 폴란드의 그단스크(Gdańsk).

Philipp Sarasin*의 말)에 빠져 있던 도시에서는 성벽의 철거가 지연된 반면에(바젤은 1859년에 성벽을 철거했다) 취리히와 베른에서는 농민과 도시의 급진분자들이 힘을 합쳐 1830년대에 성벽을 철거했다.[206]

스페인의 역동적인 도시 바르셀로나는 1860년까지도 성벽으로 둘러싸여 있었다. 이탈리아에서는 제노바와 나폴리 등 항구 도시는 일찍부터 성벽을 철거했으나 절대 다수의 이탈리아 도시는 20세기가 시작될 때까지도 "중세후기 또는 근대초기에 만들어진 성벽 안에 갇힌 채" 살고 있었다.[207] 성벽의 철거가 대규모 도로건설과 같은 시기에 진행되었을 때는 도시계획자들은 성벽을 헐고 생겨난 고리형 빈터에 도시 중심부의 교통 압력을 경감시켜줄 도로를 만들라고 권고했고 이것을 받아들인 도시가 빈, 밀라노, 피렌체였다. 1857년, 황제 프란츠 요제프(Franz Joseph)는 빈을 제국과 황실의 영광을 전시할 새로운 공간으로 만들기 위해 터키전쟁 때 건설되어 남아 있던 옛 방어시설을 철거하라는 명령을 내렸다.[208]

소도시에서는 장식적 요소로서 옛 성문을 남겨놓은 경우가 많았고 19세기에 들어와서는 성벽이 재건되는 사례도 있었다. 1840년, 여전히 1814-15년의 반프랑스 동맹(러시아와 독일)군 점령의 기억이 또렷한 파리에서 새로운 방어벽을 건설하자는 결정이 나왔다. 1841-45년 동안에 총연장 36킬로미터에 94곳의 보루를 갖추고 폭 15미터의 수로를 두른 성벽이 파리에 세워졌다. 성벽의 일부는 행정구역으로는 파리가 아닌 교외지역까지 둘러쌌다. 오랫동안 방치되었던 이 성벽은 1920년에야 완전하게 철거되었고 그 자리에 공원과 운동장 등 공공시설이 들어섰다.[209]

인도에서 영국인은 도시 방어시설 건설과 관련하여 '자책 골'을 기록한 적이 있었다. 델리의 성벽은 1720년에 지진으로 심각하게 훼손

---

* 필립 자라진은 스위스의 역사학자다.

되었다. 1804-11년에 영국인은 이 성벽을 완벽하게 재건했다. 그러나 1857년에 인도대봉기가 폭발했을 때 영국인은 4개월이란 시간을 투입하고 막대한 대가를 치른 뒤에야 델리를 탈환할 수 있었다. 이때의 교훈을 살려 영국은 접근할 수 있는 인도의 모든 도시의 성벽을 제거하기로 결정했다. 그러나 델리의 7킬로미터에 이르는 두터운 성벽을 폭파하는 데는 너무 많은 자금이 소요되기 때문에 '성벽도시'는 무수한 포탄 자국으로 만신창이가 된 보루와 함께 그 자리에 남았고, 다만 성문은 그때부터 다시는 닫히지 못했다.[210]

이스탄불의 육상과 해상의 방어시설이 잇달아 철거된 후에 베이징의 성벽만 시공간을 초월한 구시대의 기념비처럼, 베이징성 북쪽 수십 킬로미터 떨어진 곳에 있는 만리장성의 축소판처럼 홀로 남게 되었다. 의화단 봉기 때에 청 왕조 수도의 웅장한 성벽이 사진을 통해 전 세계에 알려졌다. 베이징성의 성벽은 중화제국의 오랜 역사를 상징했고, 특히 건축형식면에서 중국 전통건축의 표본이었다. 같은 시대의 이스탄불과 비교했을 때 베이징성의 다른 점은 근대 초기 유럽의 방어시설을 전혀 채택하지 않았다는 것이었다.

1900년 8월 초, 8국 연합군이 베이징을 공격했다. 당시의 전투장면은 중세의 공성전과 전혀 다르지 않았다. 공격군은 한편으로는 포격으로 성벽에 구멍을 내려했고 한편으로는 병사들이 사다리를 타고 성벽을 올라가 성을 지키려는 병사들과 육박전을 벌였다. 중국 성벽의 다중구조는 효과는 일시적이긴 해도 마지막에 위력을 발휘했다. 내성 문과 외성 문 사이의 개활지는 적지 않은 러시아 병사들의 무덤이 되었다.[211]

중화제국의 도성 베이징은 전 세계에서 가장 규모가 큰 (성벽이 둘러싼) 성이었다. 베이징성의 중심에는 높은 담장으로 둘러싸인 황궁, 바로 자금성이 있었고 그 바깥이 역시 담장으로 둘러싸인 황성이었다(이 배치는 지금까지도 그대로 남아 있다). 성 안에는 호수와 공원이

있었고 정부 기관과 각종 상업용 건축물도 있었다. 황성 바깥에 북성
(北城; 19세기에 유럽인들은 '타타르성'이라 불렀다)과 남성(南城; '중
국성') 두 부분으로 구성된 내성을 13곳의 높은 망루가 있는 성벽이
둘러싸고 있었다. 내성 성벽은 15-16세기에 건설된 후 18세기 중엽
에 확장되었다. 의화단 봉기를 진압한 후 서방 열강은 청 정부에게
성벽의 철거를 요구하지 않았다. 이 때문에 청 왕조는 체면을 지키고
자금도 아낄 수 있었다. 1915년에 이르러 중국정부는 교통의 원활한
흐름을 위해 한 성문 근처의 성벽 일부를 허물기로 결정했다.[212]

   역사적으로 중국의 도시는 모두가 성벽으로 둘러싸인 구조였
고 — 한자 성(城)은 성벽이란 뜻도 있고 도시란 뜻도 갖고 있다 —
(반드시는 아니지만 대체로) 중국의 전통적인 천원지방(天圓地方) 관
념을 따라 배치되었다. 그러나 모든 도시는 성벽을 건설할 때 현지의
구체적인 상황을 고려하여 결정했다. 예컨대, 상하이의 성벽은 16세
기 50년대에 건설되었는데, 당시에 해적이 창궐하여 연해지역 백성
들의 생활에 심각한 위협이 되고 있었다. 수십 년 뒤, 해적이 자취를
감추자 성벽도 쓸모가 없어졌다. 19세기 중엽 진흙과 굽지 않은 벽돌
로 만든 성벽은 무너져내려 성벽을 두른 수로는 진흙으로 메워졌다.
19세기 50년대 말, 상하이가 신흥도시로서 새로운 면모를 보이고 있
을 때에도 낡은 성벽은 의연하게 서 있었다. 성벽이 둘러싼 구역은
고관이나 주요 정치인의 집무실과 저택이 있는 곳이었다. 20세기 초,
성벽 철거 문제를 두고 현대화를 주장하는 '철거파'와 보수적인 반
대파 사이에 격렬한 논쟁이 벌어졌다. 성벽 바깥에는 좁고 구불구불
한 골목길로 이루어진 번화한 외곽구역이 점차 규모를 갖추어갔다.
몇 년이란 짧은 시간 동안에 외국인들이 '남시'(南市)라고 부르던 구
역 옆에 '북시'(北市)가 등장했다.

   아편전쟁이 끝난 후 상하이는 조약에 따라 통상항으로 개방되었
다. 그 후 몇 년 동안 도시 중심부의 넓은 면적이 영국과 프랑스의 지

배 아래로 들어갔다. 이리하여 유럽풍의 도시가 이곳에 태어났다. 바둑판 모양의 도로와 네모반듯한 광장, 공원, 경마장이 들어섰고 황푸강(黃浦江)을 따라서 널따란 길이 뚫리고 길 옆으로 외국 회사의 사무실 건물이 빗살처럼 늘어섰다.[213] 훗날 대도시로 발전하게 되는 중국 북방의 톈진과 베트남의 호치민과 마찬가지로 외국인은 상하이에 성벽으로 둘러싸인 중국식 옛 도시와 선명하게 대비되는 새로운 도시를 건설했다. 명나라 때에 건설된 옛 성벽은 그 기능이 공격자를 막아내는 방어벽에서 (외국인이 피하고 싶은) 불결하고 퇴락한 중국의 '성벽도시'를 가리는 차단벽으로 완전히 바뀌었다.

식민지 홍콩에서도 소규모 '성벽도시'는 영국 경찰과 행정 당국이 식민지시대가 끝날 때까지도 간섭하지 않던 이방지역으로 남았다.* 19세기 말에 영국인이 제작한 상하이 지도를 보면 성벽 안 구역은 공백으로 남아 있다. 상하이의 외국인은 자신들을 보호하기 위한 어떤

* 홍콩채성(香港寨城)이다. 원래 이름은 구룽채성(九龍寨城, Kowloon Walled City)으로 영국령 홍콩 내에 존재했던 중화인민공화국 영토였다. 그러나 실제로는 홍콩과 중화인민공화국 양쪽의 주권이 미치지 못한 특수지역이었다. 불과 0.03 제곱킬로미터의 면적에 최대 5만 명의 인구가 밀집(환산하면 1제곱킬로미터당 170만 명의 인구밀도)한 거대한 고층 슬럼도시로 마굴(魔窟), 무법지대 등으로 불리었다. 1842년 아편전쟁 이후 홍콩섬이 영국의 식민지가 되었을 때 영국의 움직임을 감시하는 청나라의 전략 초소였다. 1898년 영국이 신계(新界)지역을 추가로 99년 동안 조차하면서 사실상 홍콩권역으로 편입되었으나 중국의 요구로 중국영토로 남았다(이른바 '조계 안의 조계'). 중국은 구룽채성에 계속 군대와 행정관을 주둔시켜 주권을 행사하겠다고 주장했으나 영국은 구실을 내세워 청나라의 행정관을 추방시켜버린다. 이후 구룽채성 관할권을 놓고 어느 쪽도 확실한 권한을 행사하지 못하는 상황이 계속되었다. 1984년 홍콩반환협상이 시작되면서 반환 전에 철거하기로 결정되었다. 1993년에 주민과 협의를 거쳐 철거가 완료되었고 그 자리에 공원이 들어섰다. 홍콩은 1997년에 중국에 반환되었다.

방벽도 만들지 않았으나 다른 도시에서 서방인은 보호설비 뒤쪽에서 생활했다. 베이징의 공사관 구역은 높은 담장으로 사방을 둘렀고 의화단 봉기 후에는 담장을 더욱 강화했다. 광저우에서 외국인은 도시의 최남단에 집중 거주했는데 그곳은 주강(珠江) 가운데 인공으로 만든 섬이었다.

철도의 침입

성벽을 과거의 유물로 만든 것은 철도였다(자동차와 성벽은 좀 더 쉽게 공존할 수 있었다).[214] 인류가 발명한 사회기반시설 가운데서 그 어떤 것도 도시구조를 파괴하는 데 철도만큼 위력을 발휘하지 못했다. 철도의 등장으로 "전통 도시의 내부 구조가 처음으로 열상(裂傷)을 입었다."[215] 철도를 떠올리면 우리는 맨 먼저 도시 간 철도 연결을 생각하게 된다. 영국의 첫 번째 철도는 1838년에 개통된 런던-버밍엄 노선이었다. 인도 최초의 철도는 1853년에 개통된 뭄바이와 타나(Thana)라는 작은 마을 사이의 노선이었다. 철도가 등장하면서 인간이 거주하는 지역의 발전 전망이 강 또는 바다와의 거리에 따라 결정되던 시대가 저물고 있었다.

한 국가 안의 여러 도시, 또는 여러 국가의 여러 도시가 철도를 통해 연결되면서 하나의 네트워크를 형성해갔다. 유럽과 북아메리카에서 이 과정은 20-30년이란 짧은 시간 동안에 완성되었는데, 주로 19세기 50, 60년대에 집중적으로 진행되었다. 개별 철도노선의 연대기보다 더 의미 있는 것은 철도 '체계'라고 부를 수 있는 네트워크가 형성된 시점이다. 철도체계는 단순히 철도노선의 확장뿐만 아니라 철도노선의 네트워크를 작동시키는 장비와 조직을 운용할 줄 알아야 하고 기본적인 안전성·규칙성·수익성·이용자의 편의성을 보장해야 하기 때문이다. 프랑스와 (합스부르크 왕실이 통치하는 지역을 제외한) 독일어권 지역들은 1850년대에 이런 요건을 충족시키는 수준의 체계적 통합성을 확보했다. 뉴잉글랜드 지역의 여러 주는 그보다 몇 년 정도 앞섰다. 1880년 이전에 우랄산맥 서쪽의 모든 유럽지역(스칸디나비아와 발칸지역 제외)이 이런 기준에 부합하는 철도네트워크 안에 들어갔다.[216] 1910년까지는 인도·일본·중국의 북방지역, 아르헨티나가 유사한 철도망을 갖추었다.

철도의 등장은 도시에 어떤 의미였을까. 철도건설의 열풍을 맞이한 곳에서 당면한 과제는 기술과 자금만이 아니라 도시의 미래와 관련된 여러 가지 문제였다. 철도건설이 도시에 가져올 결과를 두고 치열한 토론이 벌어졌다. 개인의 이익과 공공의 이익이 충돌할 때 어떻게 처리할 것인가. 기차역의 위치는 어디로 하고 기차역 건물의 규모와 모양은 어떻게 설계할 것인가. 이런 문제를 가장 먼저 대면한 곳이 1840년대의 영국과 중부 유럽이었다. 이 시기에 새로운 기술만 등장한 것이 아니라 새로운 미학 관념도 생겨났다.

1852년, 파리에서 마지막 기차역(리옹역Gare de Lyon)이 준공되었다. 사람들이 이처럼 철도건설에 열정을 보였던 또 하나의 이유는 철도와 역이 도시 내부로 들어오면서 건설에 방대한 양의 토지가 필요했고 이 때문에 도시의 부동산 가격이 폭등했기 때문이다. 도시 내부의 철도와 기차역 공사가 끝났을 무렵에 영국의 철도회사가 소유한 토지는 도시 전체 면적의 5퍼센트(런던)에서 9퍼센트(리버풀) 사이였고 추가로 10퍼센트 정도의 토지에 대해 간접적인 결정권을 갖고 있었다.[217] 철도는 거대한 뱀처럼 도시 안으로 파고들어와 중심부에 자리잡았다. 처음에는 도시 안에 철도와 역을 건설하면 빈민가를 정리하는 데 도움이 될 것이라는 주장이 있었지만 현실의 결과는 달랐다. 철거민의 이주 대책에 대해서는 누구도 물어본 적이 없었다.

이 문제에 대해 모두가 모르는 척했다. 영국에서 수십만 명이 철도건설 과정에서 주거를 잃었다. 도시 한 구역의 중심부를 뜯어내는 데

1-2주면 충분했다. 철로 양쪽으로 새로운 동네가 하룻밤 사이에 생겨났다. 고가도로는 처음에는 인기를 끌었지만 문제를 해결하지는 못 했다. 철로와 역은 시끄럽고 지저분했다. 철로와 역이 주변지역에 활기를 불어넣을 것이라는 기대는 실망으로 끝나는 경우가 많았다. 이주자의 비중이 높은 모스크바 같은 도시에서는 기차역 주변에 일용노동자들이 모여 사는 빈민가가 형성되었다.[218]

철도가 놓이자 영국에서는 처음에는 장거리 여행자가 늘어났고 다음 단계에서는 화물 운송이 늘어났다. 화물 운송이 늘어나자 땅을 많이 차지하는 화물역이 필요해졌다. 1880년 이후의 세 번째 단계에 들어와서야 지역 통근자들의 기차 이용이 늘어났다. 그러나 철도회사는 수익이 낮은 이 분야의 서비스를 소홀히 했고, 그래서 때로는 정부가 보조금을 지원해야 했다.[219] 철도건설에 앞장섰던 나라들에서는 1870년 무렵이 되자 기차역 건설에 따른 도시 면모의 물리적 변화가 완성되었다.

기차역은 도시 경관을 바꾸어놓았을 뿐만 아니라 도시 전체의 성격에도 혁명을 일으켰다. 8,687개의 파일을 박아 만든 3개의 인공섬 위에 1889년에 준공된 암스테르담 역은 도심과 부두 사이를 거대한 병풍처럼 막아섰다. 한때는 찬탄의 대상이었던 번화한 거리 풍경과 광활한 바다풍경의 강렬한 대비는 이제는 다시 볼 수 없게 되었다. 암스테르담은 이때부터 바다를 등지고 앉게 되었다. 시민들의 시각과 생활 감각 속에서 암스테르담은 해변 도시로부터 내륙 도시로 바뀌었다. 기차역이 들어서면서 운하도 하나씩—결국 모두 16줄기가—매립되었다. 도시계획자는 암스테르담이 그들이 모범으로 보아왔던 대도시처럼 '현대화'되기를 바랐다. 1901년, 전통 보호파의 항의 덕분에 운하 매립공사는 정지되었다. 근대 초기의 암스테르담의 도시 기본구조는 이렇게 겨우 살아남았다.[220]

건축학적 관점에서 볼 때 기차역 건설은 이 시대가 마주한 거대한 도전이었다. 특히 철도회사나 공공 기관이 건설자금을 부담한 이후 더욱 그러했다. 초기에 기차역 — 예컨대, 런던의 유스턴(Euston) 역 — 을 지을 때는 자금이 부족하여 중간에 그냥 마무리하기도 했다. 인류는 역사적으로 이처럼 큰 규모의, 천정이 있으면서 사람들이 이동하는 공간을 설계해 본 적이 없었다. 기차역은 무엇보다도 기계와 사람의 유동성과 짜여진 일정표를 완벽하게 보장해야 하는 건물이었다. 유스턴 역을 짓기 얼마 전에 파리에서는 대형 백화점 건물을 지으면서 처음으로 강철과 유리가 건축 재료로 사용되어 건축구조 간소화의 새로운 가능성을 보여주었다. 이런 구조를 채택한 대표적인 역이 뉴캐슬(New Castle, 1847–50년)이었다. 이제 사람들은 구조보다는 외관을 더 중시하게 되었고 대중에게 강력한 시각적 충격을 주려는 설계가 시도되었다.

기차역의 위치는 흔히 몇 가닥의 도로가 합쳐지는 지점이어서 먼곳에서도 기차역이 한눈에 들어왔다. 선진적 기술을 적용하고 편의성과 독특한 외관을 갖춘 기차역은 최고의 예술작품으로 찬사를 받았다. 히토르프(Jakob Ignaz Hittorff)가 설계한 파리 북역(Gare du Nord)이 바로 그런 역이었다.[221] 기차역의 설계자는 기술과 양식을 마음대로 결정할 수 있는 실력자가 되었다.[222] 온갖 건축양식이 시도되었다. 암스테르담 역(1881–91년)은 르네상스 양식을, 마드라스 역(1868년)은 고딕과 융합된 로마네스크 양식을, 뭄바이 역(1864–73년)은 인도 예술풍이 가미된 거친 유럽식 절충주의 양식을, 라호르 역(1861년)은 요새 모양을, 런던의 세인트 판크라스 역(Saint Pancras, 1864–73년)은 웅장한 철골 구조를 바탕으로 호화로운 네오고딕 양식을, 파리 북역(1861–66년)과 프랑크푸르트 역(1883–88년)은 거대한 아치형 창문의 외벽을, 안트워프(1895–99년) 역은 온갖 잡동사니 양식을, 쿠알라룸푸르 역(1894–97년)은 무어풍의 환상적인 양식을, 파리 오르세 역(Gare d'Orsay, 1890–1900년)은 회화작품 같은 스타일을, 뉴욕의 펜실바니아 역(1910년 완공)은 고대로마 양식을, 헬싱키역(1910-14년)은 북유럽 낭만주의 양식을 적용했다.[223]

이러한 사례들로부터 우리는 인도 또한 초기 기차역 설계자들의 경연장이었던 사실을 알 수 있다. 독일 기술자가 지은 이스탄불의 두 기차역(1887년과 1909년에 완공되었다)은 유럽에서 온 여행자에게는 이슬람의 영감을 받은 건물로 부각되었고 소아시아 쪽에서 온 여행자들에게는 고전적인 그리스식 외관이 돋보였다.

행인과 마차

1870년 무렵에 기차를 타고 유럽의 어느 도시에 도착한 사람이라면, 도시에 오기까지는 오늘날에도 통용되고 있는 기술을 이용했지만 일단 도시의 기차역 밖으로 나서는 순간 말이 끄는 운송수단에 의존해야 했다. 1800년 무렵과 그 이전에는 전 세계의 모든 도시가 행인으로 북적거렸고, 따라서 모든 도시가 비슷한 진화단계에 놓여 있었다.[224] 도시의 외관상의 중요한 차이는 말이 사용되는 범위의 차이였다. 언제 어떤 조건에서든 말의 이용이 무제한 허용되지는 않았기 때문이다. 중국의 도시에서 보행을 원치 않는 사람은 가마를 선택했다. 이스탄불에서는 무슬림이 아니면 시내에서 말을 타는 것이 금지되었다. 19세기에 들어와서도 화물 운송에서 나귀나 말의 역할은 인력에 미치지 못했다.[225] 일본에서는 도쿠가와시대 말기까지도 신분이 고귀한 무사만 마차를 타고 이동할 수 있었다. 나머지 사람들은 먼지 날리고 진흙으로 뒤덮인 길을 맨발로 걸어야 했다. 19세기 중엽에 대외 개방을 한 후 일본 정부는 맨발로 거리를 걷지 못하게 하는 법령을 공포했다. 맨발은 외국인에게 좋지 않은 인상을 준다는 것이 이유였다.[226]

걸어 다녀야 하는 도시에서 일터와 집 사이의 거리가 너무 멀 수는 없었다. 주거 밀도가 높은 빈민가가 형성된 이유가 이것이었고 빈민가를 정리하기 쉽지 않은 이유가 또한 이것이었다. 저소득 인구도 감당할 수 있는 대중교통 수단을 찾아내는 일은 도시발전의 필수불가결한 전제조건이었다. 공업화 시대 이전의 교통기술로는 이 문제를 해결하기 어려웠다. '공업시대'로 진입한 뒤에도 전통적 교통수단이 오랫동안 활용되었다. 마차는 도시교통에서 중요한 초기의 발명품이었다. 마차 운영에는 특별한 선진기술이 필요하지 않았으므로 민간 마차주가 상업적 서비스를 제공했다. 정해진 시각에 정해진 노선을 정해진 가격으로 운행하는 교통수단으로서의 마차는 미국인의 발명품이었고 1832년에 처음으로 뉴욕 거리에 나타났다. 그로부터 24년 후에 도시 여객마차가 파리의 거리에 등장했다.[227]

마차 운임은 운영경비가 많이 들기 때문에 비쌀 수밖에 없었다. 마차주는 예비용 말까지 대량으로 사육해야 했다. 말의 활동 수명은 5, 6년에 불과했고 사육하는 데는 많은 비용이 들어갔다. 뿐만 아니라 말이 끄는 버스의 속도는 빨라야 사람의 평균 보행속도의 두 배를 넘지 못했다. 마차는 또한 많은 양의 말똥을 쏟아냈다. 1900년 무렵, 시카고시 청소국이 거리에서 치우는 말똥의 양이 놀랍게도 1년에 60만 톤이었다.[228] 포장된 도로 위에서 나는 말발굽 소리와 말채찍 소리는 프랑크푸르트에 살던 철학자 쇼펜하우어가 심한 불평을 늘어놓을 정도였다. 길 막힘과 마차 사고는 도시의 일상사였고 말똥 치우기는 도시의 큰 부담이었다.

1859년 리버풀에서 처음으로 투입되었고 19세기 70년대에 유럽 대륙 전체에 보급된 마차철도(Pferdetram, horse-drawn tram)도 문제를 근본적으로 해결하지는 못했지만 어느 정도의 기술적인 발전은 있었다. 마차철도는 일반 마차보다 적재능력이 두 배나 높았다. 경영 원가와 운임이 내려갔지만 그 폭은 크지 않았다. 마차철도는 다른 지역보다 뉴욕에서 특히 환영받았다. 1860년, 뉴욕의 마차철도 총연장은 228킬로미터에 이르렀고 이용객 수는 매일 10만 명을 넘었다. 19세기 80년대에 미국의 마차철도 운영회사는 도합 415개였고 이 회사들이 연인원 1억 8,800만 명을 실어 날랐다.[229] 수로교통이 중요한 지위를 차지하던 이스탄불에서도 서방식 널따란 포장 도로 위에 마차철도가 깔렸다. 이스탄불의 마차철도가 유럽과 다른 점은, 몽둥이를 든 사람이 마차 앞에서 걸어가면서 악명 높은 이스탄불의 개들을 좇아내야 했다는 것이다.[230]

(미국이 아닌) 영국에서 마차철도 회사의 토지투기를 금하는 법이 제정되었다. 이 때문에 마차회사는 교외에까지 노선을 확장할 동기를 잃어버렸다. 그러나 마차와 마차철도는 사회공간의 분화에 중대한 영향을 미쳤다. 마차버스의 요금과 교통노선 주변의 지가 상승을 감당할 수 있는 중산계급은 일터에서 비교적 멀리 떨어진 곳으로 집을 옮길 수 있었고, 이 때문에 사회학에서 말하는 작업장 공동체(workplace community)가 해체되었다.[231]

마차버스와 마차철도의 효율을 높이는 전제는 궤도의 부설이었다. 궤도의 최대 장점은 도시와 도시 사이, 도시와 교외 사이의 운송이었기 때문이다. 기차의 등장은 한편으로는 도시 내부의 유동성을 크게 높여놓아 마차 수량의 증가를 불러왔다. 19세기 말이 되자 그 시대에 가장 발전된 운송기술을 이용하고 있는데도 도시 내부의 교통상황은 개선되지 않는 흥미로운 역설이 나타났다. 1890년에 영국과 북아메리카사람들은 도시 안에서 이동할 때 여전히 1820년대의 기술에 의존하고 있었다.

1890년, 영국에서 마차버스와 마차철도를 끄는 데 이용되고 있는 말의 수는 대략 28만 필이었다.[232] 말을 이용하는 문제에서 경험이 풍부하기로는 파리를 능가하는 도시가 없었다. 추산에 의하면 1862년에 프랑스 전체에 약 290만 필의 말이 있었다(대부분은 농업용과 군사용이었다). 1880년, 파리의 말 수는 최소한 7만 9,000필이었고

1912년엔 약 5만 5,000필이었다. 전세마차는 17세기부터 사용되었는데 1828년에 처음으로 고정된 노선에서 운행되는 대중 교통도구가 되었다.

1855년에 제네랄 합승마차회사(Compagnie Générale des Omnibus)가 설립된 후로 마차버스가 본격적으로 보급되기 시작했다. 이 시기에 각종 운송서비스에 대한 새로운 수요가 생겨났다. 예를 들자면, 새로 생긴 르 봉 마르셰(Le Bon Marché)백화점은 19세기 50년대에 백화점 지하에 말 사육장을 설치하고 150필의 말을 사육하면서 한편으로는 이와 함께 거대한 마차정류소를 설치하여 고객의 내방과 구매상품 배송 시에 교통편을 제공했다. 이 밖에 우체국, 소방서, 경찰에서도 말이 필요했다. 부유한 사람들은 자동차 시대로 진입한 뒤에도 여전히 말을 키웠는데, 일부는 승마용이었고 일부는 마차를 끄는 용도에 쓰였다. 1891년, 런던 시내에 약 2만 3,000대의 개인용 마차가 있었다.[233] 프랑스 제2제국 시대에 영국의 영향을 받아 승마가 크게 유행했다. 승마훈련, 경마, 말 대여가 시민 여가생활의 주요 부분을 차지했고 동시에 이것이 부유한 사람과 개인 마차를 유지할 능력이 없는 사람의 신분을 구분하는 중요한 표지가 되었다. 말의 황금시대가 저층 민중에게 가져다준 가장 좋은 이점은 말고기를 싼값에 살 수 있는 기회였다.[234]

장기적 관점에서 볼 때 마차교통은 당연히 철도의 경쟁상대가 될 수 없었다. 그러나 마차교통이 하룻밤 사이에 사라지지는 않았다. 19세기 초에 유럽의 우편마차는 최고의 효율과 우아함을 자랑했다. 이 상황은 프랑스에서 처음 사용한 훌륭한 구호――"여객을 편지만큼 빠르게 배달한다"――가 대변했다. 철도시대에 접어들기 전 영국만큼 국제마차를 빈번하게 이용한 사례가 없었다. 19세기 30년대가 시작될 때 런던 최대의 마차회사 체플린회사(Chaplin & Company)는 64대의 마차와 1,500필의 말을 보유하고 있었다. 1835년, 매일 50대의 마차가 런던을 출발하여 브라이턴으로, 22대가 버밍엄으로, 16대가 포츠머스로, 15대가 해협을 건너는 페리보트의 선착장 도버로 향했다. 런던의 장거리 마차가 보유한 객석은 5만 8,000석이었다. 범선과 마찬가지로 우편마차는 역사의 무대에서 퇴장하기 직전에 기술적으로 더 이상 추구할 게 없는 완벽한 수준에 도달했다.

민간의 경제적 필요와 정치적 결정 덕분에 도로가 개선(아스팔트 포장)되자 런던에서 에든버러까지(530킬로미터)가는 데는 기상조건이 좋을 때 이틀이면 족했지만 1750년에는 이 길을 가는데 열흘이 걸렸다. 모스크바에서 상트페테르부르크로 가는 여행자는 4-5일을 마차를 타야 했고, 프랑크푸르트에서 슈투트가르트까지 가는 데는 1882년에 '특급마차'가 도입된 후로 40시간에서 25시간으로 줄었다. 이 시기의 마차는 안락함과 정확성에 있어서 과거 어떤 시대보다 뛰어났다.[235] 노면이 평탄한 조건에서 성능이 가장 좋은 마차라면 한 시간에 20킬로미터를 달릴 수 있었다. 미국의 정착민들이 사용했던 중량 마차는 4-6필의 말이 끌고 서부의 평원을 달렸는데 최고 시속이 3-4킬로미터를 넘지 못했다.

19세기 80년대에 마차는 철도의 확장에 밀려 점차 사라져갔다.[236] 그 밖의 지역에서는 현대화가 싹을 틔우기는 했으나 장거리 운송에서 말의 중요한 역할은 세기가 바뀌어서도 변함이 없었다.

1863년, 베이루트에서 다마스쿠스까지 근대적인 도로가 개통되었다. 이 도로를 달리는 고속마차는 12-15시간이면 한쪽 끝에서 다른 쪽 끝까지 갈 수 있었다. 마차의 원활한 운행을 위해서는 수천 필의 말을 예비로 보유해야 했다. 1895년에 개통된 철도 노선은 같은 구간을 달리는 소요시간을 9시간으로 줄여놓았다. 그래도 기차가 마차를 완전히 대체한 것은 20세기 20년대에 이르렀을 때였다.[237]

궤도전차, 지하철, 자동차

도시 교통의 여러 문제가 마침내 해결된 것은 궤도전차가 도입된 뒤의 일이었다. 1888년의 미국, 1891년의 리즈와 프라하, 러시아가 자랑스럽게 생각했던 1896년의 니즈니노브고로드(Niznij Novogorod), 1901년의 런던, 1903년의 독일의 조그만 마을 프라이부르크 임 브라이스가우(Freiburg im Breisgau)에 전차가 들어왔다. 기술적인 면에서 보자면 전차는 전기적 에너지를 회전구동력으로 전환시킨 기계장치였다. 궤도전차의 등장은 도시의 시내 교통에 진정한 의미의 혁명을 가져왔다. 궤도전차의 속도는 마차철도보다 두 배나 빠르면서도 요금은 절반에 지나지 않았다. 집 앞에서 전차를 타고 공장으로 출근하는 일이 현실이 되었다. 운임 하락의 파장이 사회에 미친 영향은 수십 년 전에 대서양을 건너는 우편 증기선의 운임이 떨어졌을 때와 거의 같았다.

영국에서 1인 평균 대중교통수단 이용 횟수는 1870년 8차례에서 1906년의 130차례로 늘어났다. 1차 세계대전이 폭발하기 전 거의 모든 유럽 국가의 대도시에서 궤도전차 망이 완성되었다. 이와 함께 도시의 마차 운송도 종말을 고했다. 1897년, 뉴욕의 모든 마차버스가 운행을 중지했다. 1913년, 파리에서도 대중교통 수단으로서의 마차가 사라졌다.[238] 그러나 전차 요금은 가난한 사람들에게는 여전히 부담하기 어려웠다. 진정으로 전차의 혜택을 누릴 수 있는 사람들은 고정적인 직장을 가진 노동자 계층이었다.

아시아국가에서 기차역까지 사람들 실어나르는 대중교통 도구는 말이 아니라 사람이 끌었다. 1870년에 일본에서 두 개의 바퀴 위에 의자를 얹은 인력거가 발명되었다(일본어 이름은 '구루마'이다). 얼마 후 인력거는 대량으로 생산되었고 19세기 80년대에는 중국, 조선, 동남아시아로 수출되었다.[239] 일본의 대도시에서 인력거는 빠르게 확산되었고 인력거 회사들 사이에 치열한 가격 경쟁이 벌어졌다. 1898년 무렵 오사카(大阪) 역 앞에는 손님을 기다리는 인력거가 500대를 넘었다. 1900년, 도쿄의 인력거꾼은 대략 5만 명 정도였다. 사람의 힘으로 끄는 단축(單軸) 수레는 처음에는 일종의 사치품이어서 운임을 부담하기가 쉽지 않았다. 메이지시대 말기에 마차철도가 보급된 후로 인력거는 부유한 사람들만 즐길 수 있는 서비스가 되었다.[240] 세기가 바뀌고 나서 일본에서 말이 끄는 마차철도는 곧 궤도전차에 밀려났다. 그러나 신분과 지위가 있는 사람들에게 제공되는 전세마차는 여전히 거리에서 쉽게 찾아볼 수 있었다.

19세기 말, 인류는 아직 자동차 시대에 진입하지 못했다. 자동차라고 하는 새로운 기술혁신이 처음에는 미국에서, 다음으로는 2차대전 이후 유럽에서 문자 그대로 도시의 폭발을 불러왔다. 1914년에는 전 세계에 보급된 개인용 동력 운송수단이 약 250만 대였는데 1930년에는 3,500만 대로 늘어났다.

20세기가 시작될 무렵 유럽 대륙의 많은 사람에게 자동차는 쉽게 보기 힘든 물건이었다. 이 비싸고 귀한 물건을 구입할 능력이 없는 사람이라도 동력으로 움직이는 수레에 앉아 볼 기회는 찾을 수 있었다. 1907년부터 베를린의 합승마차 수는 급격하게 줄어들기 시작했고, 1914년에는 동력을 장착한 '택시'(전기 동력장치를 포함하여)의 숫자가 마차와 비슷해졌다. 1913년, 독일에서는 인구 1,567명당 1대의 자가용 승용차가 있었고 프랑스에서는 437명당 1대, 미국에서는 81명당 1대였다.

이 무렵 남유럽과 동유럽에서 개인용 자동차는 보기 힘들었다. 1차대전이 폭발하기 전, 대도시가 아니면 일상생활 가운데서 자동차를 만나기가 어려웠다. 미국은 유일한 예외였다. 당시 세계에서 가장 앞선 기술의 자동차는 미국에서 생산되었다. 교통기술의 관점에서 볼 때 20세기는 미국에서 시작되었다. 1920년 무렵, 자동차가 희귀한 물

건이 아니라 새로운 대중교통 체계의 기술적 바탕으로 자리 잡은 나라는 미국뿐이었다.[241]

단거리 대중교통 분야에서 가장 위대한 혁신은 지하철이었다. 지하철이 가장 먼저 건설된 곳은 런던이었다. 지하철은 철도기술과 하수도 공사를 통해 터득한 터널기술이 결합된 산물이었다. 런던 지하철은 장기적인 안목을 가진 도시계획자가 마련한 구상이 아니라 찰스 피어슨(Charles Pearson)이란 개인이 제시한 창의적인 아이디어였다. 지하철 건설은 1860년에 시작되었다. 3년 뒤에 첫 번째 지하철 노선 ─ 길이 6킬로미터의 '메트로폴리스 라인'(Metropolis Line), 세계적으로 지하철의 통칭인 '메트로'(Metro)가 여기서 나왔다 ─ 이 개통되었다. 지하철은 깊이 15-30미터의 지하에 건설되었는데 진정한 의미의 지하터널(tube) 방식은 아니었다.

지하 굴착기술이 성숙한 1890년에 이르러서야 터널방식의 지하철이 등장했다. 이때부터 지하철 역이 땅속 더 깊은 곳에 설치될 수 있었다. 같은 시기에 지하철의 동력도 전력으로 바뀌기 시작했다. 최초의 지하철에서는 창문도 없는 열차를 증기기관차가 앞에서 끌었다. 폐쇄된 터널 안에서 이런 기술은 종종 문제를 일으켰다. 열차 안의 조명은 석유등이나 가스등이라 매우 어두웠고 열차가 만석이 되면 경사면을 오를 때 기관차가 멈추거나 후퇴하는 경우도 있었다. 도시의 부동산 거물들은 자기 소유의 토지 위나 아래로 지하철이 지나가는 것을 막기 위해 온갖 수단을 동원했다. 일부 지하철 노선이 기술적인 어려움에도 불구하고 굽어지게 된 것은 바로 이 때문이었다. 그러나 지상에 철도를 건설할 때 토지소유자의 저항이 더 거셌기 때문에, 지하철은 나쁜 두 가지 대안 가운데서 선택된 덜 나쁜 해법이었다.

철도도 그랬지만 지하철도 처음에는 회의론자들의 비판의 대상이었다. 1863년, 79세 고령의 수상 파머스턴은 지하철 개통식 참석을 거부했다. 나이든 사람은 할 수 있는 한 땅속보다 땅 위에 머물러야 행복하다는 것이 그 이유였다. 하지만 대중은 새로운 교통수단을 받아들이는 데 전혀 주저함이 없었다. 1863년 1월 10일, 지하철이 개통되던 첫날 3만 명이 지하철을 탔다. 이 시기의 지하철은 지저분하고 불편했지만—은퇴한 수단 식민정부의 관리는 지하철의 소음을 앓어가 숨 쉬는 소리에 비유했다—사실이 증명하듯 상대적으로 빠르고 안전한 교통수단임은 분명했다.

지하철 노선망의 점진적 확대는 도시의 통합과 교외지역의 개발에 엄청난 영향을 미쳤다. 지하철 운임은 대부분의 사람들이 부담할 수 있는 수준이었고 운영자의 입장에서도 지하철은 수지가 맞는 사업이었다. 런던 방식을 본뜬 지하철이 세계 각지에서 잇달아 완공되었다. 부다페스트(1896년), 글래스고(1896년), 보스턴(1897년), 파리(1900년), 뉴욕(1904년), 부에노스아이레스(1913년) 등. 1927년, 아시아 첫 번째 지하철이 도쿄에서 개통되었다.[242] 영국 기술자가 생각해낸 아이디어를 전 세계에서 실행에 옮겼다. 1970년 이후 세계 각지에 전례 없는 지하철 건설의 열풍이 불어닥쳤다.

빈민가와 교외

보행 위주의 도시에서 개인이 살기에 가장 좋은 지역은 역시 도시의 가장 중심지였다. 파리에서부터 에도에 이르기까지 근대 초기의 도시에서 성벽 바깥에 거주하는 사람들은 열등한 존재로 인식되었다. 1800년 무렵의 멕시코시티는 이런 동심원적 질서의 훌륭한 견본이었다. 스페인인은 정부기관, 교회, 수도원, 학교, 상점이 있는 도시 중심에 거주했고 그들 속에 다수의 피부색이 검은 하인들이 섞여 살았다. 그다음 원에는 출신지에 따라 등급이 나뉘는 새로운 이민 집단이 포진했다. 가장 바깥쪽 원은 인디언 마을로 채워졌다.[243] 1900년 무렵의 모스크바에서도 유사한 상황을 목격할 수 있었다. 가장 좋은 부분은 도시 중심이었고 중심에서 멀어질수록 환경은 나빠졌다. 도심에서 가장 먼 외곽지역은 거칠었다. 그곳의 거리는 조명이 빈약했고, 판잣집엔 아직 석유등도 걸리지 않았다. 자연환경은 황무지 상태였고, 사람들은 맨발로 나다녔다. 모스크바의 부르주아와 귀족들에게 그곳은 문명의 끄트머리였다.[244] 오늘날의 대도시에서도 실업 빈민은 도시 중심과는 단절된 외곽 주변부의 판자촌에 모여 산다.

한 도시의 중심과 주변부의 가치 역전은 당연하지 않았다. 이런 현상이 나타난 도시에 사는 사람들 사이에서 도시 중심에서 멀리 떨어진 곳으로 가 살려는 움직임이 나타난다면, 그 도시는 19세기 도시사에서 도시 위생개선 운동과 철도의 침입에 이어 나타나는 3번째 혁명을 경험하고 있는 중이라고 말할 수 있다. 교외화(suburbanization)는 도시 주변지역의 발전 속도가 중심지역을 초월하는 과정, 그래서 도심지와 교외지역 사이를 이동하는 것이 일상적인 생활방식이 되는 과정이다.

이 과정은 대략 1815년에 영국과 미국에서 시작되었고 최종적으로 미국과 오스트레일리아에서 정점에 이르렀다. 반면에, 유럽인은 도심에서 벗어난 곳에 거주하는 데 관심을 갖지 않았다.[245] 자동차가 널리 보급되기 시작한 20세기 20년대 이전부터 미국에서는 공간적으로 독립된 주택이 미국인의 마음 속에 이상으로 자리 잡았다. 주택소유, 일터로부터 멀리 떨어진 곳의 독립된 가옥에서의 생활에 대한 선호, 낮은 거주밀도에 대한 높은 가치부여는 미국 문명의 강한 특징 가운데 하나이다. 1945년 이후의 '도시 확장'(metropolitan sprawl) 과정에서 이런 특징이 남김없이 표출되었다. 그 대표적인 사례가 "대도시를 거부하고 교외를 선택한" 로스앤젤레스였다.[246]

나라마다 교외화 과정은 나름의 특징을 보였다. 프랑스의 '교외'(banlieue)와 독일 또는 스칸디나비아 국가에서 19세기 80년대에 유행하기 시작한 '전원마을'(Schrebergartenkolonie)은 다르다. 그러나 유럽의 교외화에는 기본적인 규칙이 있었고 그것이 잘 드러난 곳이 영국이다. 런던 — 교외란 개념의 발상지 — 과 남부 잉글랜드에서는 농촌으로 은퇴하여 농장이 딸린 별장(겸손하게 표현하기 위해 '오두 막'이라 불렀다)에서 안락한 노후 생활을 즐기는 것이 상류층의 오랜 관습이었다. 그러나 교외화는 이것과는 다른 새로운 개념이었다. 교외화는 도시 중심부에 정규적인 직업을 갖고 있는 사람이 도심의 주거를 포기하고 교외로 주거를 옮긴 후 매일 교외와 도심을 오가는 생활양식을 의미했다.

1820년 무렵부터 마차를 타고 출퇴근 할 수 있는 일부 상층 인사들이 런던 주변지역에 호화로운 독립주택 또는 반(半)연립식 별장을 짓고 거주하기 시작했다. 존 내쉬가 설계한 도시와 시골의 매력을 겸비한 리젠트 파크는 영국의 별장촌의 표준이 되었다. 파리 시민 이폴리트 텐(Hyppolyte Taine)*은 19세기 60년대에 맨체스터와 리버풀의 별장촌을 방문했을 때 조용한 환경을 보고 감탄해 마지않았다.[247]

'신분 있는 사람'들이 도심으로부터 교외로 주거를 옮기는 추세는 런던보다 맨체스터에서 먼저 나타났다. 이들은 정오에 클럽으로 가서 점심을 먹은 후 저녁에 마차를 타고 귀가했다. 제국시대의 독일 —교외의 별장과 도심에서 멀리 떨어진 '고급주택지'가 유행한 두 번째 나라—은 영국과 상황이 비슷했다. 그런데 고대 로마에서 유래한 '별장'(villa)이 정말 유럽의 특색이었을까. 19세기의 마지막 30, 40년 동안에 모로코의 술탄이 자유화정책을 실시하자 이제는 통치자 앞에서 몸을 낮출 필요가 없어진 부유층이 재빨리 페즈의 고지대에 호화주택을 짓기 시작했다.[248] 갈수록 많은 중산계층이 교외지

---

* 이폴리트 텐(1828-93)은 프랑스의 철학자, 사상가, 비평가, 역사가다. 19세기 프랑스 실증주의에서 가장 존경받는 사상가 가운데 한 사람이다.

역에 거주를 선택할 수 있었던 전제는 소득의 증가, 편리하고 빠른 교통, 출퇴근길에 소비할 수 있는 시간의 증가, 부동산업자들이 개발한 상품화된 주택이라는 조건이었다. 물론, 단선적인 시각으로 초기 교외화 문제를 관찰해서는 안 된다. 교외화와 빅토리아시대 대도시의 변화는 밀접한 관련이 있었는데, 그중심은 바로 빈민가의 변화과정이었다.[249]

중산계급이 주도한 공업화는 도심지 저품질 주거공간의 고밀도화를 불러왔다. 이때부터 중산계급은 건강을 위협하는 주거환경을 벗어나기 위해 교외로 이주했다. 그러나 그들은 빈민지역이 자신들에게 가져다준 경제적 이익—임대수입이나 빈민가의 토지거래 수입—을 여전히 누리고 있었다. '빈민가화'(slumification)와 교외화는 오랫동안 정치적으로 통제되지 않은 시장이라는 동전의 양면이었다. 1880년 이전에는 유럽 국가 가운데서 자유로운 주택시장이 가장 기본적인 주거환경을 보장해주지 못할 수도 있다고 생각한 나라는 없었다.

1차 대전 이후에 영국을 비롯한 몇 나라가 국가 주택정책을 수립하기 시작했다.[250] 주택문제가 정치의제가 되면서 그 해법도 정치적 과제가 되었다. 정치적 의사결정권자가 극단적인 빈곤과 빈민가의 환경문제를 '정상적인 현상'으로 본다면, 나아가 도덕적으로 당사자의 자업자득이라고 인식한다면 행동의 필요성을 느끼지 못할 것이다. 같은 논리로, 정책결정권자가 빈민가를 외래인이 도시사회에 혼입되는 과도기 현상이라고 인식한다면 역시 행동의 필요성을 느끼지 못할 것이다.[251]

미국에서는 빈민가가 오히려 밀집도가 높은 도심지에 (다층 임대용 공동주택의 형식으로, 가장 흔한 곳으로서 뉴욕과 신시내티에) 형성되었고, 인종 구성도 복잡했으며, 궁핍과 범죄행위의 온상으로 인식되었다. 세기가 바뀔 무렵에 하층 이민자의 동화문제의 절박성을 두고 광범위한 토론이 벌어졌다. 유럽의 도시——글래스고, 리버풀, 더블린, 리스본, 파리의 12구역과 13구역——에서 지속적으로 진행되고 있던 빈민가화는 명백한 경고였다.[252] 영국에서 빈민가는 신체적·도덕적 질병의 발원지로서, 현대성의 한계를 일깨워주는 성가신 경고자로서 그리고 무엇보다도 귀한 토지의 비생산적인 남용의 사례로서 혐오와 공포의 대상이었다.[253]

빈민가가 철거된 후 그곳으로 이주한 중산층은 거의 없었다. 그곳은 일반적으로 상업지역으로 바뀌었다. 그러나 유럽에서 넓고 쾌적한 녹지가 있는 공간과 별장지역으로의 이주는 보편적인 규범은 아니었고 미국에서도 마찬가지였다. 파리, 부다페스트, 빈의 부르주아지는 도심의 주택에 남아 살기를 원했다. 그들의 주택은 일반적으로 객실은 호화롭게 장식했지만 개인적인 공간은 소박했다. 이런 도시의 도심의 거주밀도는 런던 도심의 두 배에 가까웠다.[254] 이들 도시에도 교외지역이 등장했고 도심의 거주밀도도 점차 낮아졌지만 변화의 정도와 속도는 영국의 교외화 수준을 따라가지 못했다.

뉴욕의 도시발전은 전형적인 미국 모형과 차이가 있었다. 19세기 60년대부터 80년대까지 뉴욕 도심의 중상층 주민이 거주하는 주택의 규모는 갈수록 커졌다(그곳은 이전에는 좁은 임대용 다층주택이 들어서 있던 곳이었다). 이것이 가능했던 이유는 비싼 지가에 적응하기 위해 개인 정원을 없앴기 때문이었다. 궁극적으로 대부호를 제외한 '모든' 뉴욕 시민은 자기 생각대로 사용할 수 있는 개인 토지를 소유할 수가 없었다. 그래서 도심을 떠나지 않고 살 수 있는 대안의 하나로서 '프랑스식 다층주택'(아파트)이 1880년대에 등장했다. 유압식 또는 전동식 승강기가 보급되면서 도심의 고층 호화아파트가 상품성을 갖게 되었다. 값비싼 별장식 주택에 마음을 뺏긴 사람이 아니라면 새로운 세기에 들어온 뒤로는 맨해튼 중심부의, 전화와 압축공기를 이용한 우편물 배달 장치가 설치되어 있고, 냉온수가 상시 공

급되며, 지하층에 수영장과 세탁소가 있는 아파트로 이사 갈 수 있었다.[255]

북아메리카와 오스트레일리아의 (대부분) 도시가 빈민가의 형성을 피할 수 있었던 원인은 무엇일까. (숙련 노동자를 포함하여) 인구의 많은 부분이 감당할 수 있는 독립 단일가구 주택이 교외화의 주류로 자리 잡은 까닭은 무엇일까. 왜 이들 도시에서는 루이 필립('부르주아 군주') 치하의 파리에서처럼 노동자의 1/4또는 1/5이 '침대와 아침식사'만 제공하는 여인숙──최소한의 가구만 갖추고, 벽지도 바르지 않고, 벽난로도 없는, 습기 차고 천정이 낮은 5층짜리 건물의 방한 칸──에서 살아가는 상황[256]이 벌어지지 않았을까. 달리 말하자면, '신유럽'의 주거양식이 '구세계'와는 전혀 다르게 발전한 이유는 무엇일까.

이것은 19세기 도시발전사에 대한 가장 흥미로운 질문일 것이다. 토지 공급이 풍부했기 때문이라는 설명은 언뜻 보아 설득력이 있는 것 같지만 충분한 답변은 아니다. 해답은 다른 곳에 있는 것 같다. 공간을 많이 차지하는 도시화가 집약적인 도시화보다 현저하게 비용이 많이 든다. 도시 기반시설에 대한 투자가 늘어나기 때문이다. 교외철도의 노선이 길수록 역의 수가 늘어나고 하수도관의 매설 범위도 넓어진다. 분산형 주거지를 만들려면 다음 세 가지 조건을 동시에 갖추어야 한다. ① 새롭고 저렴한 공법(예컨대, 조립식 주택). ② 기계화된 운송수단(궤도전차, 증기기관 지하철 또는 교외철도). ③ 비교적 높으면서 균질인 소득분포. 멜버른 같은 도시는 이런 조건을 완벽하게 갖추었지만 유럽 국가에서는 도시화가 집중적으로 진행되던 시기에 그렇지 못했다.[257] 따라서 우리는 '앵글로색슨'과 '아메리카' 문화에서 보이는 단일가구 주택에 대한 선호를 독립변수로 봐서는 안 된다. 이런 선호가 실현되는 데는 만만치 않은 난관이 있었다.

유럽 도시계획의 미학적 기준으로 평가한다면 오스트레일리아와 미국 중서부의 신흥도시는 단조롭거나 심지어 초라하게 보였을 수도 있다. 그러나 이들 신흥도시는 프티부르주아의 꿈 ─ 가족 전체가 한집에 살면서 간섭받지 않는 개별 공간을 가지는 것 ─ 이 대다수 임금노동자에게 접근 가능한 목표가 되게 해주었다. 19세기 초부터 자본주의 일관생산 방식이 다양한 양식의 규격이 통일된 주택을 가능하게 만들었다(서로 등을 맞대고 독자적인 테라스를 가진 영국의 도심 벽돌주택에서부터 글래스고, 파리, 또는 베를린의 아파트 단지에 이르기까지). 빅토리아시대의 런던 주택의 9/10는 '특색건축'(purpose-built)이 아니라 (오늘날에도 그렇지만) 미래의 수요를 기대한 '투기적'(speculative) 사업의 결과물이었다. 그러나 이런 생산방식은 품질을 보증할 수 없었다. 오직 신세계의 민주화된 교외가 주거 과밀문제를 해결했다. 그러나 그 과정에서 20세기의 도심지역 침체란 유산을 남겨놓았다.

1910년의 기술적으로 진화된 교외는 오늘날에도 우리에게 익숙하고 친밀하며, 우리는 주저 없이 그 이름 앞에 '현대적'이란 수식어를 붙인다. 이에 반해 19세기 초의 보행 위주의 도시에서는 중세의 분위기가 아직도 남아 있었다. 그곳에선 프랑스인이 발명한 단두대를 사용한 일관작업식의 살육은 역사의 뒤켠으로 사라졌지만 공개처형은 여전히 대중의 사랑받는 오락 활동이었다. '문명도시' 런던에서 1816-20년 사이에 140명이 공개 교수형에 처해졌다.[258] 이 무렵의 도시는 칠흑같이 어두웠다.[259] 밤이 되면 집집마다 일찌감치 등불을 껐다. 거리의 행인은 횃불이나 초롱을 들고 앞을 밝혀야 했다. 가장 먼저 가스등을 밝힌 곳은 면방공장이었는데, 작업시간을 늘리는 게 목적이었다. 1807년, 런던 거리에 처음으로 가스등이 켜졌다. 1860년 무렵에 독일의 250곳 도시가 가스등 조명체계를 갖추었다.[260] 일본은 19세기 70년대에 공공장소에 석유등과 가스등 조명을 동시에 도입했다. 석유등이 가스등으로 완전히 대체되지 않은 이유는 기초시설에 대한 투자가 필요하지 않았기 때문이다. 철도가 석유를 전국 구석구석으로 실어나를 수 있었다. 메이지 천황이 사망한 1912년에 일본은 여전히 주로 석유등 조명에 의존하는 나라였다.[261] 새로운 조명기술이 실내까지 밝히게 된 것은 도시의 주요 광장과 거리를 밝히고 나서 한참이 지난 뒤의 일이었다.

19세기 80년대 이후 영국의 보통 노동자 가정도 가스를 사용하여 조명·취사·난방을 할 수 있는 조건이 갖추어졌다. 가스 기술의 발전은 공업과 불가분의 관계를 맺고 있었다. 특히 19세기 80년대에 서유럽 가정의 주방에서 가스 사용이 보편화된 뒤로 철의 소비량이 대폭 상승했다. 1875년, 파리에서 처음으로 전력사용이 실용화되었다. 그 뒤로 전기가로등이 클리블랜드(1897년), 뉘른베르크(1882년. 독일에서 첫 번째 사례), 베를린(1884년), 멕시코시티(1897년. 모든 설비를 수입했다)의 거리를 잇달아 밝히기 시작했다.

전기조명 초기에는 가스가 주력인 조명시장에 진입하기란 쉬운 일이 아니었다. 가스조명은 분명한 장점을 갖고 있었고 전기조명의 장점이 부각되는 데는 시간이 걸렸다. 극적인 승부는 극장의 무대조명에서 결정되었다. 19세기 30년대 말에 파리 극장의 조명기술은 상당한 수준에 올라와 있어서 가스관을 열고 닫는 것만으로 극장 내부의 조명을 순식간에 켜고 끌 수 있었으나 무대 위의 한 장면이나 한 배역을 집중 조명할 때는 전기조명이 필요했다. 이때부터 현대 예술에서 신체언어의 중요성과 매력이 제대로 평가받기 시작했다.[262]

새로운 조명기술이 보급되면서 무대 조명이 예술의 한 영역으로 성립되는 조건이 갖추어졌다. 유럽의 도시들 사이에서 '빛의 도시'란 이름을 얻기 위한 경쟁이 벌어졌고[263] 그 결과는 도시 내부를 엄청나게 바꾸어놓았다. 도시의 밤이 민주화되었다. 마부를 부리는 사람이나 횃불을 든 사람이 아니라도 누구나 밤거리에 나설 수 있게 되었다. 한편으로는 통치자가 신하와 시민의 야간활동을 세밀하게 관찰할 수 있게 되었다. 촛불이나 등불에서 나온 깜박이는 불빛이 기계장치에서 나온 눈부신 불빛으로 바뀐 것만큼 도시와 농촌의 불균형이 극명해진 적은 이전에는 없었다.

8. 상징, 미학, 계획

징벌과 이국풍

어떤 의미에서는 형식적인 분석을 통해 도시 경관을 파악할 수 없다. 지역의 풍치와 특색을 제대로 파악하는 데는 문학적인 묘사보다 나은 수단은 흔치 않다.[264] 한 사회의 '정신'이 도시경관으로 표현된다는 주장은 별로 설득력이 없다. 그보다는 동시대인이 생각하는 도시의 특성이 무엇인지 알아보는 것이 훨씬 더 간단한 방법이다.

19세기 유럽에서는 도시란 유기체와 같다는 얘기가 많았다. 이런 관점이 도시사회학의 초기 사상 가운데 하나였다. '현대성'(modernity)을 도시의 외재적 기준으로 삼는 건 문제가 있다. 역사학자가 이런 기준을 추종한다면 어떤 상업도시 또는 공업도시가 흥기할 때 역사학자는 새로운 '도시인'의 열정과 옛 엘리트(토지귀족 또는 고위관료)의 혐오 가운데서 어느 한쪽에 쉽게 동조하게 된다.

'낙후성'의 의미는 복잡하다. 한 도시를 두고 '큰 마을'이라고 한다면 궁극적으로 무슨 의미일까. 모스크바나 베이징에 온 서유럽인은 그 사회의 구조가 자신들의 사회와는 다르다는 것 때문에 도시경관이 촌스럽다고 경멸하기 쉽다.

한 도시에 대한 이미지와 평가는 한 순간에 바뀔 수 있다. 인구

40만의 러크나우(Lucknow)* ─ 아와드(Awadh)지역 나와브(nawab)**
의 수도 ─는 인도에서 가장 부유한 군주가 거주하는 도시로서 19세
기 인도아대륙에서 가장 번성한 내륙도시이자 페르시아화된 엘리트
의 고상한 문화적 중심지였다. 1857년, 이곳은 (영국인이 보기에) 하
룻밤 사이에 반역과 악의 소굴로 바뀌었다. 인도대봉기*** 시기에 이곳
에 주둔하던 영국군은 140일 동안 포위되었다. 이것이 가능했던 것
은 오래된 도시의 좁고 구불구불한 도로망 때문이란 분석이 나왔다.
반란을 진압한 뒤 영국은 이 도시를 보다 안전하고 위생적인 도시로
재건했다(실제 전투보다는 질병으로 죽은 유럽인이 더 많았다).

　도시개조작업은 1877년까지 20년 동안 진행되었다. 반란기간 동
안에 전장으로 변했던 식민지 이전의 도시 ─아그라, 메에루트

---

　* 지금은 인도 우타르프라데시주의 주도. 현재(2011년) 인구
　　는 280만 명이다.
　** 무굴제국의 황제가 지역을 다스리는 태수나 토후에게 수여
　　한 직책.
*** 인도대봉기는 세포이항쟁(Sepoy Mutiny), 인도항쟁(Indian
　　Mutiny), 1857년 항쟁(Revolt of 1857)으로도 불린다. 인도인
　　용병들을 중심으로 일어난 반영(反英)항쟁이다. 영국은 동
　　인도회사를 통해 인도를 간접적으로 통치하고 있었고 동인
　　도회사는 군대를 보유하고 있었다. 동인도 회사에서 고용한
　　인도인 용병을 세포이라 불렀는데, 페르시아어로 용병을
　　뜻한다. 이 항쟁은 인도 독립운동의 시작으로 평가된다. 세
　　포이항쟁은 동인도 회사의 종교에 대한 몰이해에서 촉발되
　　었다. 항쟁은 인도 전역을 확산되지는 않았다. 펀자브의 시
　　크교 제후는 오히려 동인도 회사 편에 서서 병력을 동원하
　　기도 했다. 하이데라바드, 마이소르, 트라반코르, 카시미르,
　　라즈푸탄 등 많은 토후국들은 항쟁에 가담하지 않았다. 아
　　와드 등 일부 지역에서는 항쟁이 서방세계 전체에 대한 배
　　척운동의 양상을 띠었다. 세포이 항쟁으로 인해 동인도 회
　　사는 해체되고 인도는 영국의 직접지배 아래로 들어갔다.
　　이렇게 하여 영국령 인도제국이 등장했고 빅토리아 여왕이
　　인도제국의 군주를 겸했다.

(Meerut), 잔시(Jhansi) ─ 도 유사한 처지가 되었다. 도시의 구시가지는 철거되었고 상징물은 체계적으로 모욕당했다. 러크나우에 있는 중요한 이슬람 성지로 민중이 경배하는 장소인 나와브의 능은 영국군의 병영으로 개조되었다. 병사들은 이곳을 징 박힌 군화로 밟고 다니며 술 마시고 돼지고기를 먹었다. 이 도시의 종교적 심장이던 금요일 모스크는 폐쇄된 후 흙더미가 될 때까지 방치되었다. 모스크의 잔해는 도시의 사회적 공간에 대한 침입의 증거로 남았다. 도시 전체에 몇 곳의 소규모 모스크만 남았다. 군사적 용도에 맞춰 도시 가운데로 대로가 뚫렸고, 대로가 지나는 곳의 거리와 골목은 모두 파괴되었다. 영국인은 여기서 더 나아가 빈민가를 없앤다는 명분으로 전통적인 기념물을 제거했다. 러크나우는 이국적 분위기를 철저하게 제거당했다.265)

표본이 되는 도시와 건축 양식은 서로 다른 방향으로 상호작용했다. 건축 양식은 쉽게 모방할 수 있었지만 도시의 문화적 '정신'은 거의 복사하기 어려웠다. 19세기에는 절충주의와 문화적 성실주의 사이를 왕복하는 경향이 있었다. 이런 경향은 유럽에만 국한되지 않았다. 건축가 노구치 마고이치(野口孫市)와 히다카 유다카(日高胖)가 아르누보와 최신 설계이념을 오사카에 소개했다. 신도시 요코하마는 다양한 설계이념과 건축양식 ─ 둥근 지붕과 주랑(柱廊), 고딕식 첨탑과 이슬람 풍 원형 아치 ─ 의 집합처가 되었다.266) 또 하나의 비식민지 국가 샴은 20세기 초에 신흥국의 기상을 건축적으로 표현하기 위해 의도적으로 타이 '민족양식'을 개발했는데, 기존 요소들을 집합한 것이었다.267)

반면에 18세기 중엽의 경험에 이어서 유럽에서는 대략 1805년 이후 두 번째(미국의 경우는 첫 번째) 건축분야의 이국풍 물결이 밀려왔다. 이 시기에 영국의 해변도시 브라이튼에 건설된 왕궁은 '인도식' 둥근 지붕과 첨탑을 채택했고 이곳에서 가까운 곳에 세워진 왕

세자궁 종마장(지금은 콘서트홀로 사용되고 있다)은 화려한 동방 풍 건물이었다.[268] 미국의 흥행사(興行師) 피니어스 바넘(Phineas Taylor Barnum)은 동화 같은 3층짜리 '무굴양식'의 저택 '이라니스 탄'(Iranistan)을 지어 브라이튼 궁을 능가하려 했다. 1848년에 준공된 구조가 취약한 이 건물은 9년 뒤에 화재를 만나 잿더미가 되었다. 대서양 건너편의 다른 '동방식 별장'이 수명도 길었고 미학적으로도 앞섰다.[269] 사실상 건물 전체가 동방양식인 경우보다 동방식 실내 장식(타일, 투각 목조각과 금속조각, 테피스트리, 카펫)을 채택한 경우가 더 흔했다. 아방가르드 양식은 기차역을 장악했고, 배수장 건물은 '무어풍'을 가미했다. 묘지는 각종 이국풍 장식으로 가득했다. 중국식 불탑과 일본식 목제 홍예문(虹預門)은 공원까지 파고들었다.[270]

이와는 반대로, 전형적인 유럽풍이라 할 수 있는 기사상(騎士像)은 아시아지역에서 환영받지 못했다. 세계박람회는 각국의 건축 경연장이 되었다. 달리 말하면 사람들에게 세계박람회는 세계 건축예술의 정수를 보여주는 전시회였다.[271] 세계박람회의 영향을 받아 두 종류의 '동방' 건축요소——바자르(bazaar)와 오벨리스크(obelisk, 方尖塔)——가 개별 건축물의 장식을 넘어 세계를 풍미했다. 서방에서 첫 번째로 '바자르'란 이름을 붙인 시장거리가 문을 연 뒤로부터 현대의 쇼핑몰이 등장하기까지 동방식의 차일을 친 시장은 서방인의 변함없는 인기를 누렸다. 그런데 유럽의 바자르가 다른 점은 고객이 상인과 흥정을 할 수가 없다는 것이었다. 오히려 서방의 바자르가 고정 가격표시제의 선구자가 되었다.[272]

오벨리스크는 독자적인 역사를 갖고 있다. 르네상스 시대의 유럽에서 오벨리스크는 고대 이집트 문명의 미학적 지혜의 상징으로 인식되었다. 오벨리스크는 현대 동방의 상징이라기보다 상고시대 인류문명의 화신이었다. 이제 유럽인들이 오벨리스크의 새로운 용도를 생각해냈다. 그들은 이역문명의 사물을 이용하여 유럽 대도시의 시각적 핵심 구역을 장식하는 아이디어를 생각해냈다.

이런 일에서 미국인이 택한 방식은 아주 간단했다. 그들은 1885년에 자기나라의 수도에 '워싱턴기념비'란 이름으로 높이 55미터짜리 오벨리스크를 직접 만들어 세웠다. 그러나 19세기에 제국주의 열강이 생각해낸 방식은 실물 오벨리스크를 실어오는 것이었다. 1880년과 그다음 해에 두 개의 '클레오파트라의 바늘'이 런던 템스강변과 뉴욕 센트럴파크에 각각 하나씩 세워졌다. 그러나 이 분야에서의 극치는, 1836년 10월 25일 파리의 콩코르드 광장 한가운데서 제막된 거대한 오벨리스크였다. 무게 22톤에 이르는 이 석조 기념물은 파샤 무함마드 알리가 프랑스 국왕에게 보낸 선물이었다.

이집트의 파샤는 이슬람시대 이전 문명의 보물에 대해서는 관심이 없었다. 그는 이 기회를 이용하여 1798년 나폴레옹의 이집트 원정 이후 줄곧 고대 이집트 문물을 탐내오던 프랑스인들에게 외교적 호의를 표시하고 싶었다. 본심을 말하자면, 그는 프랑스의 도움을 받아 이스탄불에 있는 술탄의 통치로부터 완전하게 벗어나고 싶었다. 그가 제시한 유일한 요구는 오벨리스크 운반 작업은 프랑스인이 직접 하라는 것이었다. 프랑스는 1828년에 두 나라로부터 다같이 존경받는 고대이집트 상형문자 전문가 샹폴리옹(Jean-François Champollion)을 보내 룩소르(Luxor)의 오벨리스크를 선물로 지목했다. 1831년, 새로 집권한 7월왕정(Monarchie de Juillet)은 기술자들로 구성된 운송단을 전용선 편으로 보냈다. 이 팀이 오벨리스크를 파내고, 배에 실어 나일강을 따라 내려와 지중해를 건너고, 육상으로 올리고, 센강을 따라 파리까지 운반하고, 대중이 보는 앞에서 제막식을 하기까지는 5년이란 시간이 필요했다. 거대한 자금을 투입한 이 작업의 결과 '19세기의 수도' 파리는 도시에서 가장 붐비는 공간이자 단두대가 세워졌던 광장을 3,300년의 역사를 가진 동방의 기념물로 장식할 수 있었다.[273]

거대한 석조 기념물의 조용하고 엄숙한 모습과 대혁명 시대의 피비린내 나는 기억은 선명한 대비를 이루었다. 오벨리스크는 다른 장점도 갖고 있었다. 표면에 새겨진 문자는 전문가만 해독할 수 있었기 때문에 비난하는 사람이 아무도 없었다. 하나의 상징물로서 오벨리스크는 분열이 아닌 융합의 역할을 해냈다. 이와는 반대되는 사례가 몽마르트 언덕의 예수성심(Sacré-Cœur)교회였다. 이 교회도 오벨리스크와 마찬가지로 대혁명 이후에 세워진 기념물이었다. 이 교회(1875-1914년에 건설)는 파리코뮌 봉기가 진압된 후 법과 교회의 승리를 확인하기 위해 세워졌다. 이것은 민중에 대한 도전이었다.

북아메리카와 오스트레일리아는 유럽의 여러 가지 방식을 도입한 후 현지의 환경과 사회적 요구에 맞추어 개조했다. 지금까지 살펴본 바와 같이 영국인이 가장 먼저 발명한 교외라는 새로운 사물이 미국과 오스트레일리아에서 최종적으로 현지문화의 일부가 되었다. 어떤 사물의 영향은 반대 방향으로 나타났다. '원형감옥'(Panoptikon)이 그런 사례다. 이 감옥의 양식은 중앙의 감시탑을 구심점으로 하여 사방으로 방사형으로 한 칸씩 감방을 배열했다.

이런 구상은 영국의 철학자이자 정치이론가이며 사회개혁가이던 제레미 벤덤(Jeremy Bentham)이 1791년에 처음으로 제시한 것이지만 미국에서 가장 먼저 현실화되었고 그런 뒤에 다시 유럽으로 '수출'되었다.

미국인은 호텔을 짓는 데서도 선구자 역할을 했다. 19세기 20년대부터 미국에 처음으로 대형 호텔이 등장하기 시작했다. 유럽 여행자들의 눈에 이런 호텔은 품위 없는 병영처럼 보였다. 1855년, 침상 700개라는 전례 없는 규모의 루브르 대호텔(Grand Hotel du Louvre)이 파리에서 문을 열었다. 이 대형 호화 호텔은 매우 성공적이어서 이미 1870년에 공쿠르(Edmond de Goncourt)는 파리가 '미국화'되고 있다고 비판했다.[274] 이때부터 전 세계에서 현대적이라 자칭하는 도시라면, 혹은 간단히 말해 여행자를 받아들이는 도시라면 호텔을 짓지 않을 수 없었다. 유럽, 일본과 식민지 세계의 대부분의 도시에서 1차 대전이 폭발하기 전의 30년 동안 호화롭기로 전설적인 대형 호텔들이 등장했다. 카이로 교외의 메나호텔(Mena House, 1886년), 싱가포르의 레플즈(Raffles, 1887년), 런던의 사보이(Savoy, 1889년), 도쿄의 데이고쿠(帝國, 1890년), 파리의 리츠(Ritz, 1898년), 뭄바이의 타지마할 펠리스(Taj Mahal Palace), 베를린의 에스플라나데(Esplanade, 1908년) 등등. 베이루트에는 이미 1849년에 유럽인들도 인정하는 호화 호텔이 있었다. 북아프리카와 서아시아에는 대상들이 머무는 유서 깊은 역참을 기반으로 하여 현대화된 호텔이 들어섰다. 중앙에 정원을 두고 외곽으로 객실이 배치된 대상들의 호텔은 낙타 떼를 쉬게 하고 사업 이야기도 나누기에 적합한 공간이었다.[275]

도시계획, 관리형과 개발형

19세기의 도시는 계획되었을까. 그런 경우는 거의 없는 것 같고 또 그 시대에는 계획이란 게 거의 없었다. 급속하게 성장한 '충격의 도시'의 대표라 할 수 있는 맨체스터, 시카고, 오사카의 경우를 보면 계획을 세우려는 의지는 사회의 변화라는 자연발생적인 힘 앞에서 무력해졌다. 정치적인 결정권을 가진 기구가 자신의 직무로 인식하지 않는 한 계획은 수립될 수 없었다.

예컨대, 런던은 어느 정도는 무정부 도시였다. 런던의 첫 번째 도시 관리기구인 도시공사위원회(Metropolitan Board of Works)는 1869년까지도 필요한 재정 배분을 받지 못했다. 1885년이 되어서야 런던은 영국 안에서의 위상에 걸맞게 의회 내에서 발언권을 갖게 되었고, 이때부터 국가정책에 합당한 영향을 미칠 수 있게 되었다. 그로부터 4년 뒤에 직접선거에 의해 런던카운티 의회가 설치되었다. 맨체스터를 찾은 토크빌과 디킨스는 도시의 새로운 사물 가운데서 종합적인 계획에서 나온 것이 별로 없다는 것을 알고는 놀랐다. 그러나 비판자들은 바로 그 맨체스터에서, 여론을 바꾼 보고서가 19세기 30년대와 40년대에 나오고 불과 몇 년 뒤에 사회적 의제에 민감한 지방정부가 모습을 갖추기 시작했다는 사실을 간과했다.[276] 조셉 컨비츠(Josef Konvitz)의 이론에 따르면 도시계획에는 두 가지 유형이 있다. '개발형 계획'은 도시의 윤곽과 포괄적인 심미적 이미지를 중시한다. '관리형 계획'은 도시를 끊임없는 기술적·사회적 관리가 필요한 공간으로 본다. 둘의 공통점은 도시계획 전문가 집단의 필요성을 인정한다는 것이며 이 집단이 중요한 영향력을 행사하는 경우가 많았다.

관리형 도시계획은 19세기 80년대에 유럽과 북아메리카에서 등장했다. 도시 엘리트들은 일시적인 통증완화를 뛰어넘는 행동이 필요하다는 점을 인식했다. 그들은 도시 위생을 위한 초기적 조치가 필요하며, 도시 전체의 환경문제를 상시적으로 살펴야 한다고 주장했다. 기술적 문제와 사회적 정책을 체계적·통합적으로 처리해야 한다는 관점이 조정되지 않은 개별적인 경제적 이해관계의 논리 ─런던 지하철역의 무정부적인 건설이 충격적인 사례였다─를 압도했다. 이것은 토지소유권 보호를 제한하는 것만을 의미하지는 않았다. 관리형 도시계획은 공공의 이익을 위한 토지의 강제 매수에서 확연하게 존재를 드러냈다.[277]

개발형 도시계획은 유럽의 최근 발명품이 아니라 고대로부터 내려온 방식이었다. 최소한 중국과 인도에서는 통치의 기하학과 종교의 기하학이 중세와 근대 초기의 유럽에서보다 훨씬 깊고 강한 뿌리를 내리고 있었다. 중세와 근대 초기의 유럽에서 종교기하학의 영향은 교회의 중심축선(中心軸線)의 위치를 바로잡는 정도에 그쳤다. 획일적인 공간 배치가 개발형 계획의 간단하고도 효과 높은 방식이었다. 이런 방식은 고대 중국 도시의 직사각형 배치뿐만 아니라 유럽 도시의 기하학적 배치에서 찾아볼 수 있고(예컨대, 만하임Mannheim, 글래스고, 발레타Valetta, 바리Bari)* 미국의 도시와 토지에 찍혀 있는 격자모양에서도 드러난다. 소수의 예외(보스턴과 하부 맨해튼)를 제외하고 이 방식은 직사각형 세포의 증식분열 논리를 따랐다. 19세기 초에 보스턴을 찾은 여행자라면 중세 초기의 유럽 도시를 쉽게 떠올릴 수 있었겠지만 필라델피아를 찾은 여행자는 미래지향적인 도시형 계몽주의의 합리성을 목격했을 것이다. 필라델피아에서는 먼저 토지를 격자모양으로 나누어 소유자에게 분배하고, 그런 다음에 소유자가 한 칸씩 채워나갔다.[278] 그러나 그 후로 반복되는 토지투기가 도시 발전의 질서를 흩트려놓았다.[279]

19세기의 도시계획은 일관된 규범이 없기 때문에 흥미롭다. 모든 대륙에서 많은 도시가 급속하게 팽창했다. 예컨대, 오사카의 도시 계획은 1899년에야 시작되었다.[280] 계획의 유무는 특정 조건에 의해 결정되었다. 대규모 화재는 도시계획을 자극할 수도 있었고 그렇지 않은 경우도 있었다. 모스크바는 1812년의 대화재를 겪고 나서 1770년에 세워놓았던 계획대로 재건되었다. 그러나 현실 결과는 그렇게 질서정연하지 않았다. 1790년의 대화재 때문에 카를로스 3세(Carlos III)때에 형성된 마드리드의 로코코양식의 매력은 부분적으로 사라져버렸다. 재건사업이 끝난 뒤에도 황금시대의 모습은 돌아오지 않았다.[281] 반면에 함부르크는 1842년의 대화재를 도시계획의 호기로 활용했다. 시카고에서는 상업지역(공장지역은 피하고) 전체가 1871년에 연기 속으로 사라졌다. 그 뒤 시카고는 세계 최초의 마천루 도시로 다시 태어났다.[282]

가장 역동적인 도시의 급속한 팽창은 바로크시대의 사고방식을 지닌 정부 당국을 무력하게 만든 면이 있지만 반면에 무질서한 성장에

* 만하임은 독일 바덴-뷔르템부르크주의 도시. 발레타는 말타공화국의 수도. 바리는 이탈리아반도 남부의 도시

질서를 세워야 한다는 각성도 가져왔다. 예컨대 모스크바의 주택, 공원, 거리는 외래인에게 뒤죽박죽의 잡탕이란 인상을 주었다. 도시화의 현실은 이곳에서 도시계획의 모든 이념 또는 이상 — 전통적이든 현대적이든, 유럽적이든 러시아적이든 — 과 충돌했다.[283] 세계의 많은 도시가 비슷한 경험을 했다. 모순과 충돌이 특별히 격렬했던 곳은 도시전체의 경관을 바꾸려는 야망을 갖고 있던 전제정권이 개인의 이익을 최대한 보장하는 정권으로 대체된 지역이었다.

극적인 사례가 멕시코시티였다. 베니토 후아레스(Benito Juárez)의 자유주의 정권이 통치하던 19세기 중반의 짧은 과도기에 바로크풍의 도시경관은 무자비하게 파괴되었다. 교회의 특권이 박탈되자 어떤 저항세력도 없어졌다. 1861년은 격변의 한 해였다. 단지 몇 달 동안에 수십 곳의 종교건축이 약탈되었다. 병사들은 교회에 난입하여 제단의 성상을 말에 묶어 끌어내렸다. 몇 곳의 종교건축은 다른 용도로 사용되느라 화를 면했다. 국립도서관이 개조된 교회 건물하나를 차지했다. 대규모 우상파괴운동은 정치강령의 한 부분이었다. 독립적이고 민족적인 자유주의 지식분자들은 옛 식민지시대에 대한 반격의 의지를 강령에 담았다. 식민지시대의 모든 예술은 그들에게는 값싼 유럽 모조품이었다. 반세기 전에 프랑스가 경험했듯이 공공의 공간은 폭력적인 '탈신성화'(Laisierung)의 세례를 받았다.[284]

오스망의 파리, 루티엔스의 뉴델리

개발형 도시계획이 다시 흐름을 형성했다. 그 형식은 세 가지로 나눌 수 있었다. 첫째는 도심지역에 대한 외과수술식 개입을 통해 원대한 미학적 구상을 실현하려는 오스망 방식. 파리만의 특색인 이 방식을 주창한 인물은 처음에는 대통령이었다가 뒷날 황제가 된 루이 나폴레옹(Louis Napoleon)이다. 그는 국가를 철저하게 현대화하여 나폴레옹 1세 시대의 프랑스의 영광을 재현하겠다는 정치적 포부를 갖고 있었다. 1853년에 현직 센 주지사 조르주 오스망 백작을 공공 토목공사 책임자로 임명했다. 오스망은 이때부터 수많은 공사와 거대한 자금의 집행자가 되었다. 수년 동안 오스망의 목표와 방식은 논쟁의 중심이었다. 최종적인 결과가 증명하듯 그의 방식은 정확했고 그가 제시한 도시계획 이념은 유럽 전체가 모방하는 표본이 되었다.

그러나 유럽대륙에서 오스망식의 대규모 도시계획을 추진할 능력을 가진 도시는 많지 않았다. 그 첫 번째 도시가 바르셀로나였다.[285] 많은 도시가 이 방식의 부분적인 요소만 차용했다. 노팅엄(Nottingham)은 일찍부터 오스망의 넓은 가로수 길을 채택했다. 부에노스아이레스가 19세기 80년대에 그 뒤를 따랐는데, 이것은 아르헨티나의 현대화에 프랑스 방식이 더 유효한 참고가 된다는 판단의 표지이자 문화적 표본을 영국으로부터 프랑스로 바꾸겠다는 의지의 표현이기도 했다. 이 시기에 등장한 프랑스식 '차(茶)살롱'(salon de thé)은 20세기 80년대에 맥도날드 페스트푸드가 침입하면서 퇴장했다.[286]

파리 방식이 세상을 휩쓸고 난 뒤 일부 도시는 자신만의 독창적인 방식으로 도시 개조를 시도했다. 그 무렵 부다페스트는 세계에서 가장 아름다운 오페라극장을 짓겠다는 계획을 갖고 있었다. 부다페스트는 선택적 눈길로 주변의 도시를 살펴보았다. 파리의 오페라극장, 드레스덴의 고트프리드 젬퍼(Gottfried Semper)가 설계한 화려한 오페라극장, 빈의 시민극장(Burgtheater)이 후보였다. 1881년에 완성된 부다페스트 오페라극장은 최소한 한 가지만은 다른 도시의 추종을 허락하지 않았다. 그것은 최신 기술을 도입한 각종 설비와 당시로서는 가장 완벽한 방화기능이었다.[287]

부다페스트는 1872년과 1886년 사이에 전 유럽에 불어 닥친 건축과 개발의 열풍 가운데서 도시계획의 표본을 선택함으로써 후발주자의 이점을 충분히 누렸다. 부다페스트는 런던으로부터는 도시계획 추진 조직체계와 템스강 제방 길의 축조기술과 의회건물의 설계를 배워왔고, 빈으로부터는 도시 순환로(Ringstrasse)의 개념을 빌려왔고, 파리로부터는 가로수 길의 아이디어를 도입했다. 새로운 세기가 시작될 무렵 부다페스트는 독일과 미국의 건축가들이 아끼는 보석같은 존재가 되었다.[288]

프랑스의 도시 재개발을 촉발한 직접적이고도 긴박한 요인은 새로운 철도역을 짓고 역으로 접근할 도로를 건설하기 위한 토지 확보의 필요성이었다. 이 밖의 요인, 예컨대 빈민가를 도심에서 덜어내려는 의도, 제국의 위신을 높이려는 복고적 정서도 작용했다. 경제적 기력을 회복시키려는 정책의지도 도시개조의 당초 목적 가운데 하나였다. 파리는 정부가 발동하고 민간이 더 큰 열정을 가지고 자금을 투입한 도시개조사업의 흐름으로부터 가장 먼저 혜택받은 수익자였다.

이 도시에서는 이미 19세기 40년대부터 도시를 개조하려는 일련의 움직임이 있었다. 당시에는 정부가 적극적으로 개입할 수 있는 법률적 근거가 부족했다. 이 때문에 정부는 파리 시정부가 도심지역의 토지를 징발할 수 있는 법령을 제정했다. 이 시기 건축업 활황의 분위기에 영향을 받은 사법부도 이 법령을 적극 지지했다. 이것은 오스망에게는 하늘이 내린 기회였다. 그러나 오스망의 권력도 만능은 아니어서 그가 제시한 몇 건의 도로확장 계획은 개인의 이익과 충돌하자 결국은 물거품이 되었다. 그럼에도 불구하고 그의 대부분의 구상은 성공적으로 실현되었다. 성공의 원인은 두 가지였다. 하나는 정부의 분명한 목표와 확고한 의지였고 다른 하나는 지가상승으로부터 이익을 취하려는 투기자들의 정교한 계산이었다. 피터 홀(Peter Hall)이 말했듯이 오스망은 "미래를 판돈으로 건 도박사"였다.[289]

도시개조에 대한 오스망의 열정은 세 분야에서——기하학 특히 직선에 대한 집착, 실용성과 쾌적성을 겸비한 공간에 대한 꿈(마차의 흐름이 완만하고 행인이 천천히 걸을 수 있는 가로수 길), 파리를 세계 최고의 도시로 만들려는 야심 ─ 구체화되었다. 그는 자신이 만든 도시가 세계의 경이로움이 되기를 바랐다. 1870년 이후 파리가 세상 사람들에게 준 인상이 바로 그런 것이었다.

오스망과 동료들은 도시 전체의 개조를 위해 쏟은 기술적 노력에 못지않게 미학적 세부 요소에도 심혈을 기울였다. 그들은 17, 18세기 파리 고전주의의 면모를 현대적 대도시 환경에 훌륭하게 접합시켰다. 형식의 일관성이 도시 개조작업을 순탄하게 해주었다. 세부사항에서의 변용과 높은 수준의 건축 기술이 어우러져 단조로움을 탈피할 수 있었다. 전체 공정의 기본 요소는 5층짜리 아파트였다. 연결된 외벽이 형성한 수평선과 널찍한 도로, 획일적으로 채택된 석회암 재료(철로가 개설되면서 대량의 석회암을 파리로 운송할 수 있게 되었다)는 새로 뚫린 가로수 길을 따라 들어선 건물군과 조화롭게 일체가 되었다. 이로써 여러 곳의 광장과 기념물은 도시 전체의 경관의 중심점이 되었다.[290]

도시계획의 두 번째 형식에서는 독일적 특성이 분명하게 드러난다. 독일에서는 계획을 중시하는 전통과 지방정부의 강한 권위가 하나로 합쳐졌다. 영국이나 서유럽 지역과 비교할 때 독일은 늦게 공업화를 시작했다. 그리하여 독일은 대도시의 급속한 현대화 과정에서 발생하는 문제를 잘 알고 있었고 따라서 해결책도 빨리 찾아낼 수 있었다.

독일형 도시계획은 도심지의 대규모 개조보다는 외곽의 성장에 중점을 두었다. 본질적으로 독일의 도시계획은 확장에 대비한 계획이었다. 도시계획은 19세기 70년대에 시작되었고 90년대 초부터는 점차 도시 전체를 대상으로 한 전면적인 계획으로 전환했다.[291] 세기가 바뀔 무렵 독일은 질서 있는 도시 확장의 모범이라는 찬사를 들었다. 독일식 도시계획은 사회적 공간, 운송체계, 미학적 조화, 사유 부동산의 기부 등 모든 분야가 총체적인 조화를 이루었다는 평가를 받았다.[292] 달리 말하자면 독일은 일찍부터 개발형 도시계획과 함께 조화를 중시하는 정신 위에서 관리형 도시계획의 이념을 성공적으로 현실화했다.

프랑스 방식과 독일 방식 이외에 특징이 분명한 영국 방식이란 존재하지 않았다. 물론 영국이 도시의 공공위생 체계를 건설할 때 보여준 독창적이고 선구적인 정신은 따로 평가받아야 할 것이다. 런던은 1666년 대화재 이후의 재건 과정에서 상대적으로 보수적인 태도를 보였다. 19세기 20년대에 (섭정왕의 궁[칼튼 하우스 Carlton Huse]과 북쪽의 새로운 리젠트 파크를 연결하는) 리젠트 거리가 개통된 뒤로는 런던에서 혁신적인 건축정신이 드러난 사례는 없었다. 리젠트 거리는 유럽에서 인구가 밀집된 도심지를 관통한 첫 번째의 간선도로였다. 이 도로는 수백 년 전부터 계획은 세워져 있었으나 실행에 옮기지 못하고 있었다.

런던은 수많은 건물을 건설하고 도시의 모습이 크게 바뀌었지만 오스망의 위대한 업적에 비견할만한 것은 없었다. 그처럼 기백이 웅대한 도시개조 사업의 사례를 하나 더 찾고자 한다면 대영제국 전체로 시야를 넓혀 인도에서 새로 건설된 수도를 주목해야 할 것이다. 그 공사는 1차 대전이 폭발하기 직전에 시작되었고 1930년까지도 완성되지 못했다. 그렇기 때문에, 또한 많은 동방적 감각을 품고 있음에도 불구하고 기본적으로는 현대를 향한 욕망을 표현하고 있으므로, 인도의 새로운 수도 건설은 19세기의 경계를 뛰어넘는 ─ 세기의 경계를 어떻게 정의하든 관계없이 ─ 도시개조 사업이었다. 그렇다고 하더라도 이 사업을 시작하고 재정을 투입한 (정확하게 표현하자면 납세자인 식민지 민중으로 하여금 돈을 내도록 한) 제국주의의 정치적 의도 속에서 1차 대전 이전 시대의 정신, 다시 말해 영원히 (또는 영원에 가깝도록) 식민통치를 이어가겠다는 영국의 의지를 읽어낼 수 있다.

뉴델리에서 건축가 에드윈 루티엔스(Sir Edwin Lutyens)와 허버트 베이커(Sir Herbert Baker)는 현지의 계획부서 인원과 인도 노동자 3만 명의 도움을 받아 식민종주국인 영국은 물론 대영제국의 판도 안 어디에서도 찾아볼 수 없는 조건하에서 도시의 거대한 미래상을 현실 속에서 구현해냈다. 그 결과물은 단순히 기능이 완비되고 "인간이 거주할만한" 새로운 도시가 아니라 하나의 웅장한 상징이었다. 그러나 다행스럽게도 새로운 도시는 19세기 80년대의 하노이나 알베르트 슈페르(Albert Speer)가 '대독일 세계제국'의 영광을 표현하겠다는 망상을 품고 개조한 독일의 수도와는 달리 제국주의 미학의 우월성을 거칠게 드러내지는 않았다. 총독관저, 정부기관 건물, 대형 제후국의 뉴델리 주재사무소, 공문서보관소, 공원, 분수, 가로수 길 등이 함께 어우러져 조화로운 도시경관을 형성했다.

루티엔스와 베이커의 뉴델리는 여러 양식의 통합체였다. 도시는 현지인들이 수용하는 외국의 건축언어와 인도의 고유한 요소를 성공적으로 결합시켰다. 인도 고유의 요소 가운데는 이슬람의 요소도 있었고 힌두교의 요소도 있었다. 루티엔스는 앞선 세대 도시계획 대가들의 작품, 그중에서도 특별히 오스망의 파리와 랑팡의 워싱턴 DC를 면밀히 연구했다. 그는 공원도시 — 얼마 전 유럽에서 부활한 후 변형된 이슬람세계의 오랜 이상 — 와 최신 현대파 건축의 스케치를 섭렵하여 세밀하게 이해하고 있었으며, 뭄바이 기차역의 천박한 빅토리아 양식을 마음 속으로 경멸했다. 유럽이 아닌, 워싱턴이나 캔버라(1911년부터 오스트레일리아의 수도)도 아닌, 고대 건축의 전통이 풍부한 인도에서 이 책의 연구 주제인 시대(19세기)의 끄트머리에 도시계획의 위대한 환상곡이 시작되었다.[293] 루티엔스와 베이커가 설계한 평면과 직선에서 우리는 '탈통속적' 동방과 (루티엔스의 동시대 오스트리아 건축가 아돌프 로스Adlof Loos의 작품에 잘 요약된) 화려한 장식을 배격하는 현대적 서방의 결합을 발견하게 된다. 뉴델리는 빅토리아 이후 시대 건축양식의 영원성을 상징하는, 돌로 쌓아올린 문화의 통합(Kultursynthese)이다.

뉴델리는 독특했으며 앞으로도 그럴 것이다. 20세기 건축의 보편적 언어가 된 현대파 건축은 지구의 반대편에서 나왔다. 19세기 80년대에 시카고에서는 지금까지의 건물과는 외관이 전혀 다른, 인류 역사상 최초의 마천루가 들어섰다. 모내드녹 빌딩(Monadnock Building Complex, 1889-93년)은 건축의 새로운 시대가 왔다는 사실을 한눈에 일깨워주는 건물이다.[294] 1910년 무렵에는 50층 이상의 고층 건물을 짓기란 기술적으로 불가능한 일로 인식되었다. 오랫동안 이런 현대파 건축은 미국인의 전유물로 여겨져 왔다. 도시계획 전문가와 건축가들은 일종의 '국제적 연맹'을 형성하고 상호 관찰과 방문을 통해 경험을 공유했다. 그리하여 양식의 차용과 기술의 전수는 통상적인 일이 되었지만 그것이 건축 취향의 전 지구적 동질화를 의미하지는 않았다. 19세기의 가장 주목받는 새로운 건축 가운데 하나로 꼽히는 마드리드의 투우장은 인기 수출품목이 될 수 없었다.[295] 유럽인은 미국인의 교외에 대한 일반적인 관념을 받아들이지 않았듯이 고층건물에 대해서도 수용적인 태도를 보이지 않았다. 유럽의 도시계획자들은 비례가 맞지 않는 고도, 교회와 공공건물의 경관을 망치는 고층건물에 맞서 전력을 다해 저항했다.[296]

물질적 구조와 생활방식으로서의 도시의 수천 년 역사에서 19세기는 가장 중요한 시대였다. 20세기의 시발점에서, 더 나아가 20세기 20년대의 관점에서 바라보면 19세기는 도시의 역사에서 현대화가 뿌리내린 시기였다. 19세기와 근대 초기의 연속성보다 19세기와 20세기의 연속성이 더 강하다. 오늘날 우리에게 익숙한 도시의 특징 가운데서 '거대도시'와 거리의 제약이 없는 정보통신 기술을 제외한 나머지 특징들은 모두가 19세기에 태어난 것들이다. 19세기의 지평선 위로는 오늘날처럼 자가용 차량이 온 세계의 도시에서 독재자로 군림하는 정도는 아니었지만 자동차 시대의 윤곽도 떠오르고 있었다.

　과거의 도시사회학이 그랬고 오늘날의 도시지리학이 도시를 구분할 때 기준으로서 즐겨 사용하는 순수한 문화적 양식이 아직도 남아 있을까. 근대 이전 시기에 이미 '유럽' '중국' '이슬람' 도시의 구분이 선명성을 잃어가는 경향을 보였다. 도시의 기능적 유사성은 문화적 특수성에 못지않게 분명해졌다. 그러나 이런 평가를 극단으로 확대시켜 전 세계의 모든 도시가 '융합체' 또는 '혼성체'라고 주장하는 것은 경박한 인식이다.[297] 유럽의 인구이동과 군사적·경제적 확장을 배경으로 하여 많은 경향이 전 세계의 도시로 퍼져나갔지만 이런 현상이 모두 제국주의와 식민주의의 부산물은 아니었다.

　유럽 이외의 비식민지(아르헨티나, 멕시코, 일본, 오스만제국) 국가의 도시로 눈길을 돌려보면 모든 것이 분명해진다. 미래 도시의 청사진은 대서양권, 지중해권, 태평양권, 유라시아권 등 갈수록 넓은 지역적 맥락으로 그려져 왔다. '식민도시'는 더 이상 도시유형을 분류하는 정의로서 유효하지 않고, '서방'과 '동방'이란 과감한 이분법은 이제 논거를 상실했다. 오직 서방의 시각에서 볼 때만 이런 구분이 가능하다. 북아메리카와 오스트레일리아에 등장한 전혀 새로운 도시 경관에서 유럽 도시의 표본을 간단하게 복제한 흔적은 찾아볼 수 없다.

　유럽의 어떤 건축 양식도 1900년 이전의 시카고와 로스앤젤레스에서 직접적으로 모방된 적이 없었다. '미국식' 또는 '오스트레일리아식' 도시란 것도 하나의 유형으로 성립하기는 어렵다. 세계사적 관점에서 볼 때 도시 사이의 교차적 연결과 중첩이 쉽게 눈에 띄기 때문이다. 멜버른의 저밀도 분산화의 특징은 미국 서해안 지역의 도시와 유사하고 시드니의 고밀도 집중화의 구조는 뉴욕, 필라델피아, 유럽의 대도시와 닮았다.[298]

도시 기반시설의 현대화는 정치적 의지, 높은 수준의 행정능력, 자금, 기술과 여기에 더하여 공익을 목적으로 하는 시민단체뿐만 아니라 이윤추구를 목표로 하는 민간 투자자의 공동참여를 전제로 하는 전 세계적 과정이었다. 일시적인 좌절이 있었지만 일반적으로 그 과정은 주요 대도시에서는 1930년대에 완결되었다. 예컨대, 중국에서는 경제적 빈곤과 국가권력의 쇠락에도 불구하고 도시 위생시설의 건설과 개선은 (중국의 세계를 향한) 전시장인 상하이에만 국한되지 않았다. 1900년 이후 도시 현대화는 외국의 영향력이 미치지 않는 내륙의 비교적 작은 도시에서도 일어났다. 이곳에서는 지역 상층부가 민족주의적 동기에서 현대화를 지지했다.[299]

그러나 새로운 건축재료, 기술, 조직이 자동적으로 도시 사회의 변화를 낳지는 않았다. 도시는 하나의 독립적인 사회이면서 동시에 도시를 둘러싼 더 큰 환경의 거울이기도 하다. 그러므로 사회적 통합을 이끌어가는 제도와 그 작동방식은 도시마다 다르다. 예컨대, 서방의 사회계층 모형으로 중동 이슬람 사회의 논리를 이해하려면 실패하기 마련이다. 그 사회를 이해하려면 종교재단(와크프)의 존재를 알지 않으면 안 된다. 이 조직은 정치적 권위의 중심, 종교적·세속적 학문의 중심, 교류와 기부행위의 중심이다. 이 조직의 핵심 역할은 사유재산을 보호하고 사적(또는 기업) 이익과 도시 사회의 보편적 요구 사이의 충돌을 중재함으로써 사회를 안정시키는 것이다.[300] 유사한 사례는 세계 어디서나 찾아볼 수 있을 것이다. 특수한 사회제도는 흔히 수백 년을 이어온 경우가 많고, 외부로부터의 적응 압박을 이겨내고 급속하게 변화하는 도시에서 군건한 사회구조로 자리 잡았다.

주註

1) 그러므로 도시와 농촌을 대비하는 것은 편협한 관점이다. 같은 맥락이라면 19세기 브라질에서는 도시와 플랜테이션이 대비되어야 한다. Freyre, Gilberto: *Das Land in der Stadt.* pp.33f를 참조할 것.

2) Jansen, Harry S.: *"Wrestling with the Angel. Problem of Definition in Urban Historiography"* (Urban History, v.23[1996], pp.277-99에 수록)를 참조할 것.

3) Bairoch, Paul: *De Jéricho à Mexico. Villes et économie dans l'histoire,* Paris, 1985, pp.63, 129f. 작자는 고대 동방을 언급할 때 도시화란 개념을 채용했다.

4) Hofmeister, Burkhard: *Die Stadtstruktur. Ihre Ausprägung in den verschiedenen Kulturräumen der Erde,* Darmstadt, 1996(3rd ed.). 작자는 이 책에서 12종류의 도시유형을 제시하고 있다. 이들 유형은 거의 겹치지 않는다. 예컨대 '유럽'의 도시와 '앵글로색슨' 아메리카의 도시라는 분류는 영국과 유럽대륙의 도시가 서로 영향을 주지 않고 독자적으로 발전한 것 같은 인상을 준다.

5) Jones, Emrys: *Metropolis. The World's Great Cities,* Oxford, 1990, p.56.

6) Coquery-Vidrovitch, Catherine: *Histoire des villes d'Afrique noire: Des origines à la colonisation,* Paris, 1993, pp.274, 276, 281-86. Henze, Paul B.: *Layers of Time. A History of Ethiopia,* New York, 2000, p.154.

7) Geertz, Clifford: *Local Knowledge: Further Essays in Interpretive Anthropology,* New York, 1983, p.137.

8) Kanwar, Pamela: *Imperial Simla: The Political Culture of the Raj,* Dehli, 1990. Kennedy, Dane Keith: *The Magic Mountains: Hill Stations and the British Raj,* Berkeley, CA, 1996.

9) Kent, Neil: *The Soul of the North: A Social, Architectural and Cultural History of the Nordic Countries, 1700-1940.* London, 2001, p.320.

10) Morse, Edward S.: *Japanese Homes and Their Surroundings.* New York, 1886(reprinted 1986), pp.12f.

11) Seidensticker, Edward: *Low City, High City,* p.263.

12) Lepetit, Bernard: *Les Villes dans la France moderne (1740-1840),* Paris, 1988, p.94.

13) Daunton, Martin: *"Introduction"* (Clark, Peter[ed.]: *Cambridge Urban History of Britain,* Cambridge, 2000, vol.3/3, pp.1-56에 수록. 인용된 부분은 pp.6f).

14) Girouard, Mark: *The English Town: A History of Urban Life,* New Haven, CT, 1990, p.190.

15) Pike, David L.: *Subterranean Cities: The World Beneath Paris and London, 1800-1945,* Ithaca, NY, 2005를 참조할 것. Victor Hugo 이후 일부 작가들이 그려낸 파리의 억압받는 지하세계에 관해서는 문학 평론서 Prendergast, Christopher: *Paris and the Nineteenth Century,* Oxford, 1992, pp.74-101을 참조

할 것.

16) Dodgson, Robert A.: *Society in Time and Space. A Geographical Perspective on Change*, Cambridge, 1998, p.159. 기반시설의 이론과 역사에 관해서는 Grübler, Arnulf: *The Rise and Fall of Infrastructures: Dynamics of Evolution and Technological Change in Transport*, Heidelberg and New York, 1990을 참조할 것. 작자는 저서에서 도시간의 교통을 논술의 초점으로 하고 있다. 그 밖에 Laak, Dirk van: *"Infra-Strukturgeschichte"* (Geschichte and Gesellschaft, v.27[2001], pp.367-93에 수록)을 참조할 것.

17) De Soto, Hernando: *The Mystery of Capital: Why Capitalism Triumphs in the West and Fails Everywhere Else*, New York, 2000의 흥미 있는 해석을 참조할 것. 작자는 도시 토지가치의 장기적인 저평가가 '제3세계'의 '빈곤'을 불러왔다고 주장한다.

18) Chudacoff, Howard P.: *The Evolution of American Urban Society*, Englewood Cliffs, NJ, 1984, p.37.

19) Chartier, Roger(et al.): *La villes des temp modernes. De la Renaissance aux révolution*, Paris, 1980, p.567.

20) 이 문제는 경제사와 사회사 연구에서 주목을 받은 적이 별로 없었다. 예외적인 저작으로서 Day, Jared N.: *Urban Castles. Tenement Housing and Landlord Activities in New York City, 1890-1943*, New York, 1999가 있다.

21) Clark, Peter: *British Clubs and Societies*, Oxford, 2000과 Hardtwig, Wolfgang: *Genossenschaft, Sekte, Verein in Deutschland*. vol. 1: *Vom Spätmittelalter bis zur Französischen Revolution*, München, 1997을 참조할 것. 중국에 관하여는 Rankin, Mary Backus: *Elite Activism and Political Transformation in China: Zhejiang Province, 1865-1911*, Stanford, 1986을 참조할 것. 이 저서는 중국의 공공영역 형성의 시점과 과정에 관한 논쟁을 촉발했다.

22) Lees, Andrew: *Cities Perceived: Urban Society in European and American Thought, 1820–1940*, Manchester, 1985, p.79. 이 표현은 Walter Benjamin 덕분에 유명해졌다. 물론 그의 의도는 상투적인 표현 그 이상이었다.

23) Ward, David/Zunz, Olivier: *"Between Rationalism and Pluralism: Creatin Modern City"* (Ward, David/Zunz, Olivier (ed.): *The Landscape of Modernity. Essays on New York City, 1900-1940*, New York, 1992, pp.3-11에 수록). Harvey, David: *The Condition of Postmodernity*. Berman, Marshall: *All That Is Solid Melts Into Air: The Experience of Modernity*, New York, 1982.

24) Vries, J. de: *"Problems in the Measurement, Description and Analysis of Historical Urbanization"* (Woude, A. M. van der[et al. ed.]: *Urbanization in History : A Process of Dynamic Interactions*, Oxford, 1990, pp.43-60에 수록)은 도시화 이론의 걸작으로 꼽힌다.

25) Hohenberg, Paul M./Lees, Lynn Hollen; *The Making of Urban Europe, 1000–1994,* Cambridge, MA, 2009, pp.200–05.

26) Reulecke, Jürgen: *Geschichte der Urbanisierung in Deutschland,* Frankfurt am Main 1992, pp.11f.

27) Hohenberg, Paul M./Lees, Lynn Hollen; *The Making of Urban Europe, 1000–1994,* p.244.

28) Bairoch, Paul: *De Jéricho à Mexico.* pp.340f.

29) Wrigley, Edward Anthony: "*A Simple Model of London's Importance in Changing English Society and Economy, 1650-1759*" (같은 저자의 *People Cities and Wealth: The Transformation of Traditional Society,* Oxford, 1987, pp.133–56에 수록. 인용된 부분 은 p.146).

30) Daunton, Martin: "*Introduction*" (Clark, Peter[ed.]: *Cambridge Urban History of Britain,* vol.3/3, p.42에 수록. 인용된 부분은 pp.6f).

31) Melinz, Gerhard/Zimmermann, Susan: *Grossstadtgeschichte und Moderniesirung in der Habsburgermonarchie*" (같은 저자[ed.]의 *Wien-Prag-Budapest. Bluetezeit der Habsburgermetropolen, Urbanisierung, Kommunalpolitik, gesellschaftliche Konflikte(1867-1918),* Wien, 1996, pp.15–33에 수록. 인용된 부분은 p.23).

32) (Hamm, Michael F.[ed.]: *The City in Late Imperial Russia,* Bloomington, IN, 1986, pp.319–53에 수록. 인용된 부분은 p.325).

33) Adler, Jeffrey S.: *Yankee Merchants and the Making of Urban West. The Rise and Fall of Antebellum St. Louis,* Cambridge, 1991, pp.1, 4f.

34) Olsen, Donald J.: *The City as Work of Art. London, Paris, Vienna,* New Haven, CT, 1986, p.4.

35) Mumford, Lewis: *Die Stadt. Geschichte und Ausblick.* Köln, 1963을 참조할 것. 책의 관점은 모순이 없지는 않으나 세계 도시사의 고전으로 불리기에 모자람 이 없다. 또 하나의 도시 발전사의 명작으로서 Hall, Peter: *Cities in Civilization: Culture, Technology, and Urban Order.* London, 1998을 참조할 것.

36) Inwood, Stephen: *A History of London,* pp.270, 411. Clark, Peter[ed.]: *Cambridge Urban History of Britain,* vol.2/3, p.650(Tab.19.1). Bairoch, Paul: *De Jéricho à Mexico.* p.115. 작자는 당시 로마 인구가 130만(1823년 무렵의 유럽 최 대 도시의 인구)에 도달했다고 주장한다.

37) Weber, Adna Ferrin: *The Growth of Cities in the Nineteenth Century: A Study in Statistics,* New York, 1899. p.123.

38) Chandler, Tertius/Fox, Gerald: *3000 Years of Urban Growth,* New York, 1974, p.313

39) *Ibid,* p.321.

40) *Ibid,* p.323. 런던의 숫자는 Clark, Peter(ed.): *Cambridge Urban History of Britain,*

vol. 2, p.650(Tab. 19.1)에 근거하여 조정되었다.

41) 18세기 90년대가 뉴욕 도시발전이 가장 빨랐던 시기라는 평가에 관해서 는 Burrows, Edwin G./Wallace, Mike: *Gotham: A History of New York City to 1898*, pp.333-38을 참조할 것.

42) Weber, Adna Ferrin: *The Growth of Cities in the Nineteenth Century*, p.139.

43) Kumar, Ann: *Java and Modern Europe: Ambiguous Encounters*, Richmond, 1997, p.130.

44) Maddison, Angus: *Chinese Economic Performance in the Long Run*, p.35. 중국과 관 련된 수치는 Gilbert Rozman의 관점을 따랐다.

45) Rozman, Gilbert: "*East Asian Urbanization in the Nineteenth Century: Comparison with Europe*" (Woude, A. M. van der [et al. ed.]: *Urbanization in History*. p.65(Tab. 4.2b).

46) Ibid, p.64(Tab. 4.1a/b).

47) Bairoch, Paul: "*Une nouvelle distribution des populations: Villes et campagnes*" (Bardet, Jean-Pierre/Dupaquier, Jacques(ed.): *Histoire des populations de l'Europe*, pp.193-229에 수록. 인용된 부분은 p.212(Tab. 21).

48) Vries, Jan de: *European Urbanization 1500-1800*, Cambridge, 1984, pp.28, 39, 258f.

49) *Ibid*, p.34.

50) Vries, Jan de: "*Problems in the Measurement, Description and Analysis of Historical Urbanization*" (Woude, A. M. van der [et al. ed.]: *Urbanization in History*, pp.43-60 에 수록. 인용된 부분은 pp.58f.). Klein, Herbert S.: *A Population History of the United States*, pp.142f.

51) Lappo, Georgij/Hoensch, Fritz W.: *Urbanisierung Russlands*. p.38. Goehrke, Carsten: *Russischer Alltag. Eine Geschichte in neun Zeitbildern vom Frühmittelalter bis zur Gegenwart*. v.2/3: *Auf dem Weg in die Moderne*, Zürich 2003, p.290. Hildermeier, Manfred: *Bürgertum und Stadt in Russland1760-1870. Rechtliche Lage und soziale Struktur*, Köln, 1986, pp.603f.

52) Bairoch, Paul: "*Une nouvelle distribution des populations: Villes et campagnes,*" pp.204f.

53) Palairet, Michael: *The Balkan Economies c.1800-1914. Evolution without Development*, Cambridge, 1997, pp.28f.

54) Skinner, George William: *Chinese Society in Thailand*, pp.68f.

55) Reid, Anthony: "*South-East Asian Population History and the Colonial Impact*" (Liu Ts'ui-jung [et al]: *Asian Population History*, 2001, pp.45-62에 수록. 인용된 부분은 p.55.).

56) 1910년, 방콕의 인구는 태국 제2 도시의 12배였다. Baker, Christopher John/

Phongpaichit, Pasuk: *A History of Thailand*, p.99를 참조할 것.

57) Doeppers. Daniel F.: "*The Development of Philippine Cities before 1900*" (Journal of Asian Studies, v.31[1972], pp.769-92에 수록. 인용된 부분은 pp.783, 791f.).

58) Gupta, Narayani: "*Urbanism in South India: 18th-19th Centuries*" (Indu Banga[ed.]: *The City in Indian History: Urban Demography, Society, and Politics,* New Dehli, 1991, pp.121-47에 수록. 인용된 부분은 pp. 137, 142.). Mishra, Girish: *An Economic History Of Modern India (1994 & 1997),* Dehli, 1998(3rd ed.), p.23. Ramachandran, Ranganathan: *Urbanization and Urban System in India*, Dehli, 1989, pp.61f.

59) 이하의 숫자는 대부분 Chandler, Tertius/Fox, Gerald: *3000 Years of Urban Growth*에서 인용했다.

60) Reinhard, Marcel: *Histoire de la population mondiale de 1700 à 1948,* p.426.

61) Hofmeister, Burkhard: *Australia and Its Urban Centres,* Berlin, 1988, pp.54, 64-7.

62) Monkkonen, Eric Henry: *America Becomes Urban: The Development of U.S. Cities and Towns, 1780-1980,* Berkeley, 1988, p.70.

63) *Ibid,* p.81.

64) Weber, Adna Ferrin: *The Growth of Cities in the Nineteenth Century: A Study in Statistics,* New York, 1899, p.450.

65) Chudacoff, Howard P.: *The Evolution of American Urban Society,* p.36.

66) Monkkonen, Eric Henry: *America Becomes Urban,* p.85.

67) Abu-Lughod, Janet Lippman: *New York, Chicago, Los Angeles: America's Global Cities.* Minneapolis. MN, 2000. p.134.

68) Boyer, Richard E./Davis, Keith A.: *Urbanization in Nineteenth Century Latin America*, Los Angeles, 1973, p.7(Tab.2).

69) Weber, Adna Ferrin: *The Growth of Cities in the Nineteenth Century,* p.450.

70) Bairoch, Paul: *De Jéricho à Mexico.* p.282.

71) Bardet, Jean-Pierre/Dupaquier, Jacques(ed.): *Histoire des populations de l'Europe,* pp.193-229, 특히 p.227(Tab.24)를 참조할 것. Karpat, Kemal Haşim: *Ottoman Population, 1830-1914,* p.103(Tab. 5.3).

72) Ruble, Blair Aldridge: *Second Metropolis. Pragmatic Pluralism in Gilded Age Chicago, Silver Age Moscow, and Meiji Japan.* Cambridge, 2001, pp.15f, 25.

73) Wilkinson, Thomas O.: *The Urbanization of Japanese Labor, 1868-1955,* Amherst, MA, 1965, pp.63-5.

74) Hohenberg, Paul M./Lees, Lynn Hollen: *The Making of Urban Europe, 1000–1994,* p.42. Meinig, Donald William: *The Shaping of America.* v.2, pp.318-21.

75) Kassir, Samir: *Histoire de Beyrouth,* p.117.

76) 이 관점의 근거는 Tilly, Charles: *Coercion, Capital, and European States, AD 990–1992*, Oxford, 1992, p.51이다. 좀더 극단적인 주장은 Tilly, Charles/ Blockmanns, William P.: *Cities and the Rise of States in Europe, A.D. 1000 to 1800*, Boulder, CO, 1994, p.6을 참조할 것. 또한 Hohenberg, Paul M./Lees, Lynn Hollen: *The Making of Urban Europe, 1000–1994*, pp.169f도 참조할 것.

77) Lemon, James T.: *Liberal Dreams and Nature's Limit. Great Cities of North America since 1600*, Toronto, 1996, p.78. Nash, Gary B.: *First City: Philadelphia and the Forging of Historical Memory*, Philadelphia, 2001, pp.45f.

78) Hohenberg, Paul M./Lees, Lynn Hollen: *The Making of Urban Europe*, p.241.

79) Coquery-Vidrovitch, Catherine: *Histoire des villes d'Afrique noire*, pp.235–37.

80) Kaffir, *Beyrouth*, 2000, pp.38, 101, 127. Hanssen, Jens: *Fin de Siècle Beirut: The Making of an Ottoman Provincial Capital*. Oxford, 2005, pp.84f.

81) Lepetit, Bernard: *Les Villes dans la France moderne*, p.51을 참조할 것.

82) Modelski, George: "*World City in History*" (McNeill, William H.[et al., ed.]: *Berkshire Encyclopedia of World History*, v.5, Great Barrington, MA, 2005, pp.20656–73에 수록. 인용된 부분은 p.2066).

83) Braudel, Fernand: *Sozialgeschichte des 15.–18. Jahrhunderts*. v.3/3, p9.93f.

84) Knox, Paul: "*World Cities in a World System*" (Knox, Paul L./Taylor, Peter J.[ed.]: *World Cities in a World System*, Cambridge, 1995, pp.3–20에 수록. 인용된 부분은 p.12).

85) Snouck Hurgronje, Christiaan: *Mekka in the Latter Part of the 19th Century, Daily Life, Customs and Learning*, Leiden, 1931(Engl. translation by J.H. Monahan. Reprint in 2007), p.10.

86) Coquery-Vidrovitch, Catherine: *Histoire des villes d'Afrique noire*, p.244.

87) 관련된 고전적 분석으로서 Buck, David D.: "*Railroad City and National Capital: Two Faces of Modernity in Changchun*" (Esherick, Joseph W.[ed.]: *Remaking the Chinese City: Modernity and National Identity, 1900–1950*, Honolulu, 1999, pp.65–89에 수록)을 참조할 것. '국도(國都)'란 표현이 나오게 된 것은 창춘이 1932–45년에 일본의 괴뢰국 만주국의 수도였기 때문이다. 나이로비에 관해서는 Vorlaufer, Karl: "*Kolonial Stadt in Ostafrika. Genese, Funktion, Struktur, Typologie*" (Gründer, Horst/Johanek, Peter[ed.]: *Kolonialstädte, Europäische Enklaven oder Schmelztiegel der Kulturen?*", Münster, 2001, pp.145–201에 수록. 인용된 부분은 pp.164f.)를 참조할 것.

88) Mommsen, Wolfgang Justin: *Das Ringen um den nationalen Staat. Die Gründung und der innere Ausbau des Deutschen Reiches unter Otto von Bismarck 1850 bis 1890*, Berlin 1993, p.230.

89) Shannon, Richard: *Gladstone*, vol.2/2, London, 1982/1999, p.572.

90) Girouard, Mark: *The English Town,* p.289-91.

91) Walton, John K.: *The English Seaside Resort: A Social History, 1750-1914,* Leicester, 1983, pp.5f.

92) Collier, Simon/Sater, William F.: *A History of Chile, 1808-1994,* Cambridge, pp.76-80, 161.

93) 도시사의 고전적 저작인 Rohrbough, Malcolm J.: *Aspen: The History of a Silver-Mining Town, 1879–1893.* New York, 1986, pp.13, 288f를 참조할 것.

94) Price, Jacob M.: "*Economic Function and the Growth of American Port Towns in the Eighteenth Century*" (Perspectives in American History, vol.8[1974], pp.121-86에 수록)에 근거함.

95) Mantran, Robert: *Histoire d'Istanbul,* Paris, 1996, p.258.

96) Bled, Jean-Paul: *Wien.* p.183f.

97) Coquery-Vidrovitch, Catherine: *Histoire des villes d´Afrique noire,* pp.297-306 을 참조할 것.

98) Schultz, Kirsten: *Tropical Versailles,* p.101f.

99) Raymond, André: *Le Caire,* Paris, 1993, p.298.

100) Perkins, Kenneth J.: *A History of Modern Tunisia.* Cambridge, 2004, p.14.

101) Ackroyd, Peter: *London: The Biography,* London, 2000, p.520.

102) Kuban, Doğan: *Istanbul. An Urban History,* Istanbul, 1996. p.379.

103) Naquin, Susan: *Peking,* p.684. 베이징의 최신 소식을 알고자 한다면 Li, Lilian M.: *Beijing. From Imperial Capital to Olympic City,* Basingstoke, 2007을 참조할 것.

104) Dong, Madeleine Yue: *Republican Beijing: The City and Its Histories,* Berkeley, 2004, pp.90-100.

105) Berelowitch, Wladimir/Medvedkova, Olga: *Histoire de Saint-Pétersbourg,* Paris, 1996, p.317.

106) Reps, John W.: *The Making of Urban America: A History of City Planning in the United States,* Princeton, NJ, 1965, pp.240-62.

107) Dickens, Charles: *American Note for General Circulation*(1842), ed. by Patricia Ingham, London, 2000.

108) Brunn, Gerhard: "*Metrolois Berlin. Europaeische Hauptstaedte im Vergleich*" (Brunn, Gerhard/Jürgen Reulecke: *Metropolis,* 1992, pp.1-30에 수록. 인용된 부분은 pp.13f). Hall, Peter: *Cities in Civilization,* pp.377, 386.

109) Jackson, Kenneth T.: "*The Capital of Capitalism: The New York Metroloitan Region, 1890-1940*" (Sutcliffe, Anthony[ed.]: *Metropolis, 1890-1940,* London, 1984, pp319-53에 수록. 인용된 부분은 p.347).

110) Ball, Michael/Sunderland. David T.: *Economic history of London, 1800–1914,*

London, 2001, p.313.

111) 최근 사학계의 동향은, 19세기에 런던은 공업도시로서는 쇠퇴했었다는 관점을 부인한다. 위의 책 pp.55-66을 참조할 것. 여기서 인용된 부분은 p.65이다. 또한 Daunton, Martin: *"Introduction"* (Clark, Peter[ed.]: *Cambridge Urban History of Britain*, vol.3, pp.1-56에 수록. 인용된 부분은 p.45)을 참조할 것.

112) 관련된 훌륭한 논문으로서 Morris, R. J.: *"The Industrial Town"* (Waller, Philip: *The English Urban Landscape,* Oxford, 2000, pp.175-208에 수록)을 참조할 것.

113) Briggs, Asa: *Victorian Cities*, Hammondsworth, 1968, p.96. Briggs가 지적한대로 1851년 이후 맨체스터에 대해 흥미를 가진 사람은 거의 없었다(p.112).

114) Girouard, Mark: *The English Town*, pp.249, 253f.

115) 맨체스터의 인상과 관련하여 Lees, Andrew: *Cities Perceived*, pp.63-8, 49-51(맨체스터에 대한 칭송)을 참조할 것.

116) Bairoch, Paul: *De Jéricho à Mexico.* p.331(Tab.15/1).

117) Konvitz, Josef W.: *The Urban Millenium,* pp.98f.를 참조할 것.

118) Lichtenberger, Elisabeth: *Die Stadt. Von der Polis zur Metropolis.* Darmstadt, 2002, pp.41, 43.

119) Dennis, Richard: *English Industrial Cities in Nineteenth Century. A Social Geography,* Cambridge, 1984, pp.17f.

120) Reulecke, Jürgen: *"The Ruhr: Centralization versus Decentralization in a Region of Cities"* (Sutcliffe, Anthony[ed.]: *Metropolis,* pp381-401에 수록. 인용된 부분은 p.386).

121) Hohenberg, Paul M./Lees, Lynn Hollen; *The Making of Urban Europe, 1000–1994,* pp.188, 213, 234.

122) Trinder, Barrie: *"Industrializing Towns 1700-1840"* (Clark, Peter[ed.]: *Cambridge Urban History of Britain*, vol.2, pp.805-29에 수록). Reeder, David/Rodger, Richard: *"Industrialization and the City Economy"* (*Ibid*, vol.3, pp.552-92에 수록, 인용된 부분은 p.585f). 랭커셔의 혁신 환경에 관해서는 Hall, Peter: *Cities in Civilization,* pp.314, 334f를 참조할 것.

123) Goehrke, Carsten: *Russischer Alltag,* pp.292f. 긍정적인 면으로서 우치(Lodz, 폴란드어: Łódź)의 기업가 Carl Schreiber에 관해서는 Pietrow-Ennker, Bianka: *"Wirtschaftsburger und Burgerlichkeit im Koenigreich Polen,* p.187을 참조할 것. Qin, Shao: *Culturing Modernity: The Nantong Model, 1890-1930,* Stanford, CA, 2004.

124) Lepetit, Bernard: *Les Villes dans la France moderne (1740-1840),* p.123.

125) Lis, Catharina: *Social Change and Labouring Poor. Antwerp 1770-1860*, New Haven, CT, 1986, p.27. 전환의 전제는 방직업의 기계화 실패였다.

126) Knight, Franklin W./Liss, Peggy K.(ed.): *Atlantic Port Cities. Economy, Culture*

and Society in the Atlantic World, 1650-1850, Knoxville, TN, 1991을 참조할 것. 특히 Barry Higgman의 자메이카에 관한 논술(pp.117-48)을 참조할 것.

127) Gunn, L. Ray: "Antebellum Society and Politics (1825-1860)" (Klein, Milton Martin: *The Empire State. A History of New York,* Ithaca, NY, 2001, pp.307-415 에 수록). 특히 p.319를 참조할 것.

128) Fernández-Armesto, Felipe: *Civilizations,* pp.381-84.

129) Konvitz, Josef W.: *Cities and the Sea. Port City Planning in Early Modern Europe,* Baltimore, MD.1978, p.36

130) Corbin, Alain: *Meereslust. Das Abendland und die Entdeckung der Küste, Berlin, 1990, pp.239-243, 319f.* Girouard, Mark: *The English Town,* p.152.

131) Kreiser, Klaus: *Istanbul,* pp.218-225.

132) Amino Yoshihiko (網野 善彦): "Les Japonais et la mer", p.235.

133) 최근의 예외는 Frank Broeze가 편집한 두 권의 아시아 항구도시에 관한 귀 중한 논문집 *Brides of the Sea : Port Cities of Asia from the 16th-20th Centuries,* New South Wales University Press, 1989와 *Kuwait before Oil: The Dynamics and Morphology of an Arab Port City (Gateways Of Asia: Port Cities of Asia in the 13th–20th Centuries).*London, 1997이다.

134) Friel, Ian: *Maritime History of Britain and Ireland: c.400 – 2001*, London, 2003, p.198.

135) Hugill, Peter J.: *World trade since 1431: Geography, Technology, and Capitalism,* Baltimore, 1993, p.137.

136) Borruey, René: *Le port moderne de Marseille, du dock au conteneur (1844-1974),* Marseille, 1994, pp.5, 10f.

137) Dyos, Harold James/Aldcroft, D. H.: *British Transport: An Economic Survey from the Seventeenth Century to the Twentieth,* Leicester, 1969, p.247

138) Konvitz, Josef W.: *The Urban Millenium,* pp.65. Porter, Roy: *London,* p.188f. 런던 구항에 대한 뛰어난 묘사로는 Bird, James: *The Major Sea Ports of United Kingdom,* London, 1963, pp.366-90을 참조할 것.

139) Grüttner, Michael: *Arbeitswelt an der Wasserkante. Sozialgeschichte der Hamburger Hafenarbeiter 1886–1914,* Göttingen, 1984, p.19.

140) Dossal, Mariam: *Imperial Design and the Indian Realities.* p.172. Ruble, Blair Aldridge: *Second Metropolis.* pp.222-26(인용된 부분은 p.222). Abeyasekere, Susan: *Jakarta,* pp.48, 82. Chiu, T. N.: *The Port of Hongkong. A Survey of Its Development,* Honkong, 1973, p.425.

141) Bourdé, Guy: *Urbanisation et immigration en Amerique Latine. Buenos Aires (XIXe et XXe siècles),* Paris, 1974, pp.56-60.

142) Worden, N.(et al): *Cape Town: The Making of a City. An Illustrated History,*

Cape Town, 1998, p.166. Bickford-Smith, Vivian: *Cape Town,* p.26.

143) Bergère, Marie-Claire: *Histoire de Shanghaï,* Paris, 2002, p.63.

144) Butt, John: "T*he Industries of Glasgow*" (Fraser, W. Hamish[et al. ed.]: *Glasgow: vol.II: 1830-1912,* Manchester, 1996, pp.96-140에 수록. 인용된 부분은 pp.112f).

145) 유사한 관점으로서 J. M. Price의 고전적 논문 "*Economic Function and the Growth of American Port Towns in the Eighteenth Century*"를 참조할 것.

146) Lee, Robert/Lawton, Richard: "*Port Development and the Demographic Dynamics of European Urbanization*" (Lee, Robert/Lawton, Richard[ed]: *Population and Society in Western European Port Cities, c.1650-1939,* Liverpool, 2002, pp.1-36dp 수록. 인용된 부분은 p.17). 임시공 문제에 관해서는 Phillips, Gordon A./ Whiteside, Noel: *Casual Labor. The Unemployment Question in the Port Transport Industry, 1880-1970,* Oxford, 1992를 참조할 것.

147) 관련된 뛰어난 논문으로서 Johnson, Linda Cooke: "*Dock Labour at Shanghai*" (Davies, Sam[et al. ed.]: *Dock Workers. International Explorations in Comparative Labor History, 1790-1970,* Aldershot, 2000, pp.269-89에 수록)을 참조할 것.

148) Cattaruzza, Marina: "Population Dynamics and Economic Change in Triest and Its Hinterland, 1850-1914" (Lee, Robert/Lawton, Richard[ed]: *Population and Society in Western European Port Cities,* pp.176-211에 수록. 인용된 부분은 pp. 176-8). Herlihy, Paricia: *Odessa,* pp.24, 248f.

149) Panzac, Daniel: *Les corsaires barbaresques : la fin d'une épopée, 1800-1820,* Paris, 1999, p.226.

150) Auslin, Michael: *Negotiating with Imperialism: The Unequal Treaties and the Culture of Japanese Diplomacy,* Cambridge, 2004, p.97. 영국과 일본의 사망자 수는 18:1500이었다. 4년 전에는 프랑스가 호치민 성을 불 질렀다. 이것이 도전받지 않은 상황에서 고의적인 파괴의 첫 번째 사례였다. 이보다 앞서 나폴레옹 1세의 군대는 스페인의 도시에서 유사한 악행을 저지른 적이 있었다.

151) Lee, Robert/Lawton, Richard: "*Port Development and the Demographic Dynamics of European Urbanization*" (Lee, Robert/Lawton, Richard[ed]: *Population and Society in Western European Port Cities, c.1650-1939,* Liverpool, 2002, p.3).

152) Konvitz, Josef: "*Port Functions, Innovation and Making of the Megalopolis*" (Barker, Theo/Sutcliffe, Anthony: *Megalopolis. The Giant City in History,* Basingstoke, 1993, pp.61-72에 수록. 인용된 부분은 pp.64f).

153) Lees, Andrew/Lees, Lynn Hollen: *Cities and the Making of Modern Europe, 1750-1914,* Cambridge, 2007, pp.244-80.

154) Doeppers. Daniel F.: *The Development of Philippine Cities before 1900,* pp.778, 785.

155) Losty, Jeremiah P.: *Calcutta, City of Palaces : A Survey of the City in the Days*

of the East India Company, 1690-1858, London, 1990. 배경 분석으로서는 Marshall, P. J.: *"Eighteenth Century Calcutta"* (Ross, Robert; Telkamp, Gerard J. [ed.]: *Colonial Cities,* Dordrecht, 1985, pp.87-104에 수록)를 참조할 것.

156) *Ibid,* pp.193-206에 수록된 Betts, Raymond F.: *"Dakar: ville impériale(1857-1960)"*을 참조하라

157) Whelan, Yvonne: *Reinventing Modern Dublin. Streetscape, Iconography and the Politics of Identity,* Dublin, 2003, pp.38, 53, 93f.

158) Irving, Robert G.: *Indian Summer, Lutyens, Baker and Imperial Dehli,* New Haven, CT, 1981, p.42.

159) Papin, Philippe: *Histoire de Hanoi,* pp.233-46. Logan, William Stewart: *Hanoi: Biography of a City,* Seattle, 2000pp.72, 76, 81, 89. Wright, Gwendolyn: *The Politics of Design in French Colonial Urbanism,* Chicago, 1991. pp.83, 162, 179.

160) Papin, Philippe: *Histoire de Hanoi,* p.251

161) 제시된 모든 정의 가운데서 가장 유용한 것은 여전히 King, Anthony D.: *Colonial Urban Development: Culture, Social Power and Environment,* London, 1976, pp.18, 23-26, 33f이다. 지나치게 학술적이라 복잡하긴 하지만 같은 저자의 *Global Cities. Post-Imperialism and the Internationalization of London,* London, 1990, pp.39-49도 참조할 것. 일반화에 회의적인 견해로는 Post, Franz-Joseph: *"Europaeische Kolonialstaedte in vergleichender Perspective"* (Gründer, Horst/Johanek, Peter[ed.]: *Kolonialstädte,* pp.1-25에 수록)를 참조할 것. 예상치 못한 분야에서 나온 훌륭한 개관으로서 Beinart, William/Hughes, Lotte: *Environment and Empire,* pp.148-66을 참조할 것.

162) 유사한 관점으로서 Jones, Emrys: *Metropolis. The World's Great Cities,* Oxford, 1990, pp.17f.를 참조할 것.

163) Hamm, Michael F.[ed.]: *The City in Late Imperial Russia,* p.135. Bled, Jean-Paul: *Wien.* p.178. 군사점령을 경험한 그 밖의 수도는 멕시코시티(1847-48년), 부다페스트(1849-1852년), 베이징(1900-1902년)이 있다.

164) Häfner, Lutz: *Gesellschaft als lokale Veranstaltung.Die Wolgastädte Kazan und Saratov (1870-1914),* Köln, 2004, pp.75f.

165) Mantran, Robert: *Histoire d'Istanbul,* p.302.

166) 살로니카에 관한 훌륭한 분석으로서 Anastassiadou, Meropi: *Salonique 1830-1912. Une Ville ottomane à l'âge des réformes,* Leiden, 1997, pp.58-75를 참조할 것. 또한 Raymond, André: *Grandes ville arabes à l'époque ottomane,* pp.101, 133, 175, 295f를 참조할 것.

167) 도시의 파괴과정에 관해서는 William Dalrymple: *The Last Mughal, The Fall of a Dynasty, Delhi 1857,* London, 2006, pp.454-64를 참조할 것.

168) Gupta, Narayan: *Dehli between Two Empires 1803-1931, Society, Government and*

Urban Growth, Dehli, 1981, pp.15, 17, 58-60.

169) Kosambi, Meera: *Bombay in Transition : The Growth and Social Ecology of a Colonial City, 1880-1980,* Stockholm, 1986, pp.38, 43-4.

170) Lichtenberger, Elisabeth: *Die Stadt.* pp.240f.

171) 빅토리아시대의 도시에서 아일랜드인에 대한 인종적 격리가 사회적 격리와 구분하기 어려운 문제에 관해서는 Dennis, Richard: *English Industrial Cities in Nineteenth Century.* pp.221-33을 참조할 것.

172) Jacobson, Matthew Frye : *Whiteness of a Different Color: European Immigrants and the Alchemy of Race,* Cambridge, MA, 1998.

173) Bronger, Dirk: *Metropolen, Megastädte, Global Cities. Die Metropolisierung der Erde,* Darmstadt, 2004, pp.174(Tab.19), 191(Tab.55).

174) Gardener, W. J.: *"A Colonial Economy"* (Oliver, William Hosking[ed.]: *The Oxford History of New Zealand,* Oxford, 1981, pp.57-86에 수록. 인용된 부분은 p.67).

175) "대리상체계"의 중요한 기능에 관한 분석으로서 Davison, Graeme: *The Rise and Fall of Marvellous Melbourne,* Melbourne, 1978, p.22를 참조할 것.

176) 상세한내용은 Osterhammel, Jürgen: *"Konzessionen und Niederlassungen," "Pachgebiete," "Vertragshaefen"* (Staiger, Brunhild[et al. ed.]: *Das große China-Lexikon*에 수록), pp.394-397, 551-553, 804-808을 참조할 것. 유사한 조약 이 샴, 모로코, 오스만제국에도 적용되었다.

177) 모로코의 통상항의 현대적 변형에 관한 사례연구로서 Schroeter, Daniel J.: *Merchants of Essaouira. Urban society and Imperialism in Southwestern Morocco, 1844-1886,* Cambridge, 1988을 참조할 것. 저자의 의도와는 달리, Essaouira 는 1842년 이후의 중국의 통상항(광저우)과 유사성이 많지 않았다.

178) Osterhammel, Jürgen: *China und die Weltgesellschaft. Vom 18. Jahrhundert bis in unsere Zeit.* München, 1989, pp.167, 176.

179) 일본의 통상항에 관해서는 Hoare, James E.: *Japan's Treaty Ports and Foreign Settlements: The Uninvited Guests 1858-1899,* London, 1994와 Henning, Joseph M.: *Outposts of Civilization: Race, Religion, and the Formative Years of American-Japanese Relations,* New York, 2000을 참조할 것.

180) 권위 있는 저작으로서 Bergère, Marie-Claire: *Histoire de Shanghaï* 를 참조할 것. 톈진의 상황에 관해서는 서방학자가 쓴 전문 저작은 없다. 尚克强/ 刘海岩(ed.): 天津租界社会研究, 天津人民出版社, 1996을 참조할 것.

181) Schinz, Alfred: *Cities in China.* Berlin, 1989, p.171.

182) 더 많은 예는 Esherick, Joseph W.[ed.]: *Remaking the Chinese City*를 참조할 것. 개별 사례에 대한 상세한 분석은 張海林, 蘇州早期城市現代化研究, 南京大学出版社, 1999를 참조할 것.

183) Raymond, André: *Le Caire*, pp.297-304. 다른 학파의 관점은 Fahmy, Khaled: *"An Olfactory Tale of Two Cities. Cairo in the Nineteenth Century"* (Edwards, Jill[ed.]: *Historians in Cairo. Essays in Honour of George Scanlon*, Kairo, 2002, pp.155-87에 수록)을 참조할 것.

184) Raymond, André: *Le Caire*, p.306.

185) Abu-Lughod, Janet Lippman: *Cairo: 1001 Years of the City Victorious*, Princeton, NJ, 1971, pp.98, 104-106.

186) Fahmy, Khaled: *"An Olfactory Tale of Two Cities. Cairo in the Nineteenth Century,"* pp.166-69.

187) Raymond, André: *Le Caire*, pp.306-15. Mitchell, Timothy P.: *Colonising Egypt*, Berkeley, CA, 1991은 이집트의 자기식민화에 관해 흥미롭지만 지나치게 혐오적인 관점을 제시한다.

188) Kassir, Samir: *Histoire de Beyrouth*, pp.158f. Çelik, Zeynep: *The Remaking of Istanbul: Portrait of an Ottoman City in the Nineteenth Century*. Berkeley and Los Angeles, 1993, ch.3, 5. Edhem, Eldem: *The Ottoman City between East and West: Aleppo, Izmir and Istanbul*, Cambridge, 1999, pp.196f. Seidensticker, Edward: *Low City, High City*. *"Chicago-Melbourne"*은 영국 여행가 Isabella Bird의 관찰기다(인용된 부분은 p.60). Robinson, Michael E.: *Korea's Twentieth-Century Odyssey. A Short History*, Honolulu, 2007, p.8.

189) 모로코에 관해서는 Abu-Lughod, Janet Lippman: *Rabat*, p.32, 98을 참조할 것.

190) Coquery-Vidrovitch, Catherine: *Histoire des villes d'Afrique noire*, pp.248-52. 동아프리카의 유사한 발전과저에 관해서는 같은 책의 pp.226-29를 참조할 것.

191) 중국 사회사연구의 이정표적 거작인 Rowe, William T.: *Hankow: Commerce and Society in a Chinese City, 1796-1889(v.1)*, Stanford, CA, 1984와 *Hankow: Conflict and Community in a Chinese City, 1796-1895(v.2)*, Stanford, CA, 1989를 참조할 것.

192) 홍콩의 경제적 성장에 관한 훌륭한 저작으로서 Meyer, David R.: *Hong Kong as a Global Metropolis*, Cambridge, 2000, ch. 4-5를 참조할 것. 식민지로서 홍콩의 정치적 사회적 위상에 관한 분석으로서 Tsang, Steve Yui-Sang: *A Modern History of Hong Kong*, London, 2011, chs.2, 4, 5.

193) 인용문은 Rowe, William T.: *Hankow(v.1)*, pp.19, 23에 보인다.

194) Gruzinski, Serge: *Histoire de Mexico*, Paris, 1996, pp.326, 329, 332.

195) Heyden, Ulrich van der/Zeller, Joachim(ed.): *Kolonialmetropole Berlin. Eine Spurensuche*. Berlin, 2002,

196) Atkinson, David(et al.): *"Empire in Modern Rome: Shaping and Remembering*

an Imperial City" (Driver, F./Gilbert, D.[ed.]: *Imperial Cities: Landscape, Display, Identity,* Manchester, 1999, pp.40-63에 수록).

197) Port, Michael H.: *Imperial London. Civil Government Building in London, 1850-1915,* New Haven, CT, 1995, pp.7, 14, 17, 19, 23.

198) Schneer, Jonathan: *London 1900: The Imperial Metropolis,* New Haven, CT, 1999, ch.3.

199) Abu-Lughod, Janet Lippman: *Cairo,* p.85.

200) Abu-Lughod, Janet Lippman: *Rabat,* p.117.

201) Lichtenberger, Elisabeth: *Die Stadt.* p.153.

202) *Ibid,* pp154f.

203) Chartier, Roger(et al.): *La villes des temp modernes.* p.563.

204) Michel, Bernard: *Histoire de Prague,* Paris, 1998, p.202

205) Woud, Auke van der: *Het lege land. De ruimtelijke orde van Nederland, 1798-1848,* Amsterdam, 1987, pp.324-28.

206) Sarasin, Philipp: *Stadt der Bürger,* p.247f.

207) Lichtenberger, Elisabeth: *Die Stadt.* p.154.

208) Olsen, Donald J.: *The City as Work of Art.* p.69.

209) Lavedan, Pierre: *Histoire de l'urbanisme à Paris,* Paris, 1975, pp.376, 494. 공간 구상에 관한 정밀한 분석으로서 Rouleau, Bernard: *Histoire d'un espace,* Paris, 1997, pp.316f를 참조할 것.

210) Asher, Catherine B.: *"Dehli Walled: Changing Boundaries"* (Tracy, James D.: *City Walls: The Urban Enceinte in Global Perspective.* Cambridge, 2000, pp.247-81에 수록. 인용된 부분은 pp.279f). Gupta, Narayan: *Dehli between Two Empires 1803-1931,* p.210.

211) Fleming, Peter: *Die Belagerung zu Peking : zur Geschichte des Boxer-Aufstandes,* (aus dem Englischen von Alfred Günther und Till Grupp) Stuttgart 1961, p.210.

212) Steinhardt, Nancy Shatzman: *Chinese Imperial City Planning.* Honolulu, 1990, pp.178f. Naquin, Susan: *Peking,* pp.4-11.

213) Johnson, Linda Cooke: *Shanghai: From Market Town to Treaty Port, 1074-1858,* Stanford, CA, 1995, pp.81, 320.

214) 한 도시가 철도시대를 건너뛰기로 결정했다면 자동차 교통을 위해 성벽에 새로운 문을 내는 것은 쉬운 일이었다. 중국 서부의 도시 난주(蘭州)는 1930 년대에 그런 선택을 했다. Gaubatz, Piper Rae: *Beyond the Great Wall: Urban form and Transformation on the Chinese Frontiers,* Stanford, CA, 1996, p.53.

215) Giovannini, Carla: *"Italy"* (Rodger, Richard G.[ed.]: *European Urban History: Prospect and Retrospect,* Leicester, 1993, 00.18-35에 수록. 인용된 부분은 p.32).

216) Pounds, Norman: *A Historical Geography of Europe,* pp.449-461. "체계" 형

성의 조건에 관해서는 Caron, François: *Histoire des chemins de fer en France*, v.1, Paris, 1997, p.281. 기술적인 분석으로서 König, Wolfgang/Weber, Wolfhard: *Netzwerke*, pp.171-201을 참조할 것.

217) Kellett, John R.: *The Impact of Railways on Victorian Cities*, London, 2007, p.290.

218) Dennis, Richard: *English Industrial Cities in Nineteenth Century*. pp.128f. Brower, Daniel R.: *The Russian City between Tradition and Modernity, 1850–1900*, Berkeley, CA, 1990, p.53. 이 밖에도 도시 이주민에 대한 정밀한 분석으로 pp.85f를 참조할 것.

219) Kellett, John R.: *The Impact of Railways on Victorian Cities*, p.18.

220) Mak, Geert Ludzer: *Amsterdam – Biographie einer Stadt*. Berlin, 1997, pp.213-17.

221) Sutcliffe, Anthony[ed.]: *Metropolis*, pp.97f.

222) Brower, Daniel R.: "*Urban Revolution in the Late Russian Empire*," p.52. 저자는 도시의 형태에 관한 결정권이 국가기구로부터 철도건설 기술자와 도로건설 기술자에게 넘어갔다고 주장한다.

223) Parissien, Steven: *Bahnhoefe der Welt. Eine Architektur- und Kulturgeschichte*, Munchen, 1997.

224) Pinol, Jean-Luc: *Le Monde des villes au XIXe siècle*, Paris, 1991, pp.73f.

225) Kreiser, Klaus: *Istanbul*, p.53. Kuban, Doğan: *Istanbul*. p.369

226) Frédéric, Louis: *La Vie quotidienne au Japon au début de l'ère moderne (1868-1912)*, Paris, 1984, p.336.

227) Vance, James E.: *The Continuing City. Urban Morphology in Western Civilization*, Baltimore, MD, 1990, p.366.

228) Merchant, Carolyn: *Columbia Guide to American Environmental History*, New York, 2002, p.109.

229) Kenneth T. Jackson: *Crabgrass Frontier: The Suburbanization of the United States*, New York, 1985, p.41.

230) Çelik, Zeynep: *The Remaking of Istanbul*, pp.90-95, 102.

231) Dennis, Richard: *English Industrial Cities in Nineteenth Century*, p.125.

232) Armstrong, John: "*From Shillibeer to Buchanan: Transport and the Urban Environment*" (Clark, Peter[ed.]: *Cambridge Urban History of Britain*, vol. 3/3, pp.229-57에 수록. 인용된 부분은 p.237).

233) Ball, Michael/Sunderland. David T.: *Economic history of London*, p.229.

234) *mémoire de l'école des chartes*, Genève/Paris, 1993, pp.40, 45, 83, 123, 170-76, 215, 254-56. 내용이 풍부한 이 저작 이외에 사회적이고 조직적인 연구로서 Papayanis, Nicholas: *The Coachmen of Nineteenth-Century Paris : Service Workers*

and Class Consciousness, LA, 1993과, 풍부한 자료와 깊은 통찰력을 갖춘 저
작으로서 Roche, Daniel: *La Culture équestre de l'Occident, XVIe-XIXe siècle :
L'ombre du cheval*, vol. 2, *Le cheval moteur*, Paris, 2008을 참조할 것.

235) Dyos, Harold James/Aldcroft, D.H.: *British Transport*, pp.74f. Ball, Michael/
Sunderland. David T.: *Economic history of London*, pp.204f. Beyrer, Klaus: *Die
Postkutschenreise*, Tübingen, 1985, pp.235-38.

236) Bartlett, Richard A.: *The New Country. A Social History of American Frontier
1776-1890*, New York, 1976, pp.293, 298f.

237) Kassir, Samir: *Histoire de Beyrouth*, pp.144, 148f.

238) Bouchet, Ghislaine: *Le Cheval à Paris de 1850 à 1914*, p.214.

239) 인력거와 자전거를 결합한 인력 삼륜차는 20세기 40년대에 발명되었다.

240) Frédéric, Louis: *La Vie quotidienne au Japon au début de l'ère moderne (1868-1912)*,
p.349.

241) Bairoch, Paul: *De Jéricho à Mexico*. p.405. Merki, Christoph Maria: *Der holprige
Siegeszug des Automobils 1895-1930, zur Motorisierung des Strassenverkehrs in
Frankreich, Deutschland un der Schweiz*, Wien, 2002, pp.39-40(Tab.1), 88, 95.
Hugill, Peter J.: *World trade since 1431*, pp.217-20.

242) Wolmar, Christian: *The Subterranean Railway: How the London Underground Was
Built and How It Changed the City Forever*. London, 2005, pp.1-7. 파리의 지하
철에 관해서는 Pike, David L.: *Subterranean Cities*, pp.47-68을 참조할 것.

243) Gruzinski, Serge: *Histoire de Mexico*, pp.321, 323.

244) Bradley, Joseph: *Muzhik and Muscovite: Urbanization in Late Imperial Russia*,
Berkeley, CA, 1985, pp.55, 59.

245) Kenneth T. Jackson: *Crabgrass Frontier*, pp.13f. Vance, James E.: *The
Continuing City*, p.369. 이 저작은 교외화 문제에 관하여 풍부한 내용을 제공
하는 도시사회학과 도시지리학 문헌이다.

246) Fogelson, Robert M.: *The Fragmented Metropolis: Los Angeles 1850-1930*,
Cambridge, 1967, p.2.

247) Girouard, Mark: *Die Stadt. Menschen, Haeuser, Plaetze. Eine Kulturgeschichte*,
Frqankfurt a. Main, 1987, pp.275-79, 282. Girouard, Mark: *The English
Town*, p.270. 교외 별장에 관한 고전적 저작으로서 Olsen, Donald J.: *The City
as Work of Art*, pp.158-77을 참조할 것.

248) Escher, Anton/Wirth, Eugen: *Die Medina von Fes*, Erlangen, 1992, p.19.

249) Dyos, H. J./Reeder, David A.: "*Slums and Suburbs*" (Dyos, H. J./Wolff,
M.[ed.]: *The Victorian City: Images and Realities*, vol. 1, London, 1973, pp.359-86
에 수록). 모든 빈민가가 공업화의 산물은 아니다. 더블린의 악명 높은 빈
민가는 경기침체의 산물이었다. 유럽의 주택환경에 관한 폭 넓은 관찰로

서 Lenger, Friedrich: *European Cities in the Modern Era, 1850-1914*. Leiden, 2012, pp.97-112를 참조할 것.

250) Pooley, Colin G.: *Housing Strategies in Europe, 1800-1930,* London, 1992. pp.6, 328-32.

251) 모스크바를 대상으로 하여 관련 문제를 연구한 저작으로서 Brower, Daniel R.: *The Russian City between Tradition and Modernity,* p.79를 참조할 것.

252) Ward, David: *Poverty, Ethnicity and the American City, 1840-1925. Changing Conceptions of Slum and the Ghetto,* Cambridge, 1989, pp.13, 15, 52.

253) Yelling, J. A.: *Slums and Slum Clearance in Victorian London,* London, 1986, pp153f. 영국의 빈민가 문제의 "발견"에 관해서는 Koven, Seth: *Slumming: Sexual and Social Politics in Victorian London,* Princeton, NJ, 2004를 참조할 것.

254) 도시 상류층의 주거에 관해서는 Olsen, Donald J.: *The City as Work of Art.* pp.114-31을 참조할 것. Lichtenberger, Elisabeth: *Die Stadt.* pp.208-16.

255) Plunz, Richard: *A History of Housing in New York City.* New York, 1990, pp.60-66, 78-80.

256) 당시 상황을 기술한 저작으로서 Vigier, Philippe: *Paris pendant la monarchie de juillet 1830-1848*, p.314를 참조할 것. 노동자를 위한 소수의 표본 주택이 있었지만 루르는 유럽 노동자의 열악한 주택 환경을 벗어날 수 없었다. Reulecke, Jürgen: *Geschichte der Urbanisierung in Deutschland*, pp.46, 98을 참조할 것.

257) Frost, Lionel: *The New Urban Frontier. Urbanization and City-Building in Australia and the American West,* Kensington, 1991, pp.21, 34, 92, 100, 128f. Davison, Graeme: *The Rise and Fall of Marvellous Melbourne,* pp.137f.

258) Inwood, Stephen: *A History of London,* p.372.

259) 이 주제에 관한 깊이 있는 탐구로서 Schivelbusch, Wolfgang: *Lichtblicke: Zur Geschichte der künstlichen Helligkeit im 19. Jahrhundert,* München/Wien 1983을 참조할 것. Schlör, Joachim: *Nachts in der großen Stadt. Paris, Berlin, London 1840–1930,* München, 1991.

260) Pounds, Norman J. G.: *Hearth and Home.* p.388.

261) Frédéric, Louis: *La Vie quotidienne au Japon au début de l'ère moderne (1868-1912),* pp.341-44.

262) Daniel, Ute: *Hoftheater. Zur Geschichte des Theaters und der Höfe im 18. und 19. Jahrhundert,* Stuttgart, 1995, p.370.

263) Schlör, Joachim: *Nachts in der großen Stadt.* p.68.

264) 도시를 묘사하는 기법에 있어서 사회학자 Richard Sennett와 역사학자 Karl Schlögel은 걸출한 대가이다.

265) Oldenburg, Veena Talwar: *The Making of Colonial Lucknow, 1856-1877*, Delhi, 1989, pp.24, 36, 96f.

266) Ruble, Blair Aldridge: *Second Metropolis.* pp.221f. Frédéric, Louis: *La Vie quotidienne au Japon au début de l'ère moderne (1868-1912)*, p.340.

267) Baker, Christopher John/Phongpaichit, Pasuk: *A History of Thailand*, p.72.

268) Conner, Patrick: *Oriental Architecture in the West*, London, 1979, pp.131-53.

269) Sweetman, John: *The Oriental obsession: Islamic inspiration in British and American Art and Architecture 1500-1920*, Cambridge, 1988, pp.218f.

270) 이와 관련한 훌륭한 개설서로서 MacKenzie, John M.: *Orientalism: History, Theory and the Arts*, Manchester, 1995, pp.71-104.

271) Mitchell, Timothy: *"Die Welt als Ausstellung"* (Conrad, Sebastian/Randeria, Shalini: *Jenseits des Eurozentrismus. Postkoloniale Perspektiven in den Geschichts- und Kulturwissenschaften*, Frankfurt a. Main, 2002, pp.148-176에 수록).

272) Girouard, Mark: *Die Stadt*, pp.291-93. Girouard, Mark: *The English Town*, pp.229f.

273) 관련된 역사의 상세한 내용에 관해서는 Solé, Robert: *Le Grand Voyage de l'obélisque*, Paris, 2004를 참조할 것.

274) Girouard, Mark: *Die Stadt*, pp.301-03.

275) Kassir, Samir: *Histoire de Beyrouth*, p.141.

276) Briggs, Asa: *Victorian Cities*, p.115. Zimmermann, Clemens: *Die Zeit der Metropolen, Urbanisierung und Großstadtentwicklung*, Frankfurt am Main, 1996, p.66.

277) Konvitz, Josef W.: *The Urban Millenium*, pp.132f.

278) Urbana(IL)에 관한 훌륭한 관찰로서 Monkkonen, Eric Henry: *America Becomes Urban*, p.133을 참조할 것.

279) Reps, John W.: *The Making of Urban America*, pp.380, 349f.

280) Ruble, Blair Aldridge: *Second Metropolis*, p.216.

281) Bessière, Bernard: *Histoire de Madrid*, Paris, 1996, pp.135f.

282) Mayer, Harold M./Wade, Richard C.: *Chicago: Growth of a Metropolis*, Chicago, 1970, pp.117, 124.

283) Brower, Daniel R.: *The Russian City between Tradition and Modernity*, p.14.

284) Gruzinski, Serge: *Histoire de Mexico*, pp.57, 59, 339f.

285) Zimmermann, Clemens: *Die Zeit der Metropolen*, p.162

286) Bernand, Carmen: *Histoire de Buenos Aires*, pp.209, 213. 영국식 건축을 모방한 마지막 사례는 1878년에 지은 중세 요새형의 감옥이었다(p.191 참조).

287) Horel, Catherine: *Histoire de Budapest*, Paris, 1999, p.183.

288) *Ibid*, pp.93, 155, 174.

289) Hall, Peter: *Cities in Civilization,* p.737. 오스망 시대의 파리에 관한 가장 뛰어난 묘사는 pp.707-45를 참조할 것. 또한 Sutcliffe, Anthony: *Toward the Planned City. Germany, Britain, the United States and France 1780-1914,* Oxford, 1981, pp.132-34와 Jordan, David: *Die Neuerschaffung von Paris. Baron G. E. Haussmann und seine Stadt,* Frankfurt a. Main, 1996과 Van Zanten, David: *Building Paris: Architectural Institutions and the Transformation of the French Capital, 1830-1870.* Cambridge, MA, 1994를 참조할 것.

290) Sutcliffe, Anthony: *Paris: An Architectural History,* New Haven, CT, 1993, pp.83-104. 특히 pp.86-88을 참조할 것.

291) Sutcliffe, Anthony: *Toward the Planned City.* pp.9f.

292) 고전적인 분석으로서 Fisch, Stefan: *Stadtplanung im 19. Jahrhundert,* München 1988을 참조할 것. 일본과의 선명한 대비는 Hanes, Jeffrey E.: *The City As Subject: Seki Hajime and the Reinvention of Modern Osaka,* Berkeley, CA, 2002, pp.10f를 참조할 것.

293) 관련된 고전적 저작(또한 풍부한 도표를 수록하고 있는)으로서 Irving, Robert G.: *Indian Summer*를 참조할 것. 루티엔스와 전통의 문제에 관해서는 pp.82-87을 참조할 것., 루티엔스의 인물됨에 관해서는 Ridley, Jane: *Edwin Lutyens. His Life, His Wife, His Work*, London, 2003을 참조할 것.특히 pp.209f).

294) 건축학의 위대한 역사적 시점인 이 시기에 관한 훌륭한 기록으로서 Mayer, Harold M./Wade, Richard C.: *Chicago,* p.124f를 참조할 것.

295) Bessière, Bernard: *Histoire de Madrid,* p.205.

296) Jones, Emrys: *Metropolis.* p.76. Vance, James E.: *The Continuing City.* pp.374-76. Girouard, Mark: *Die Stadt.* pp.319-22.

297) 유럽 도시의 고유한 특징에 관한 중요한 저작으로서 학계에 중요한 공헌인 Häußermann, H./Kaelble, Hartmut: *Leviathan 29,* 2001을 참조할 것.

298) Frost, Lionel: *The New Urban Frontier,* p.14.

299) Esherick, Joseph W.[ed.]: *Remaking the Chinese City*를 참조할 것.

300) Leeuwen, Richard van: *Waqfs and Urban Structures,* pp.206f를 참조할 것. 이 슬람 도시의 기타 특징에 관해서는 Haneda Masashi/Miura Toro(ed.): *Islamic Urban Studies. Historical Review and Perspectives*, London, 1994를 참조할 것.

제 7 장

프런티어

공간의 정복, 유목생활에 대한 침입

프레더릭 터너(Frederick Turner, 1861-1932)

1890년 무렵 터너는 미국은 특수한 역사적 사명을 부여 받은 나라라는
환상을 형성하는 개념을 만들었다.

그는 인구가 희소한 '서부'를 개척한 것을 19세기 미국사의
핵심적인 과업이자 성취로 파악했고, 프런티어(Frontier)라는
개념을 만들었다. 프런티어는 미국 서부 개척 시대의
개척지와 미개척지의 경계를 가리키는 용어이며,
'인간의 발이 닿지 않은 미개척지'를 의미한다.

미국식 민주주의 특유의 평등주의는 서부의 숲과 평원에서
고난을 헤쳐 나온 공통의 경험에 뿌리를 두고 있었다.

프런티어는 미국역사의 거대서사를 가능케 하는 열쇠 말이었다.

인디언전쟁

1622년에서 1890년 사이에, 미국 백인 정착민(white man)과
미국 원주민인 아메리카 인디언 사이의 정복 전쟁을 뜻한다.
사실상 크리스토퍼 콜럼버스 상륙부터 아메리카 인디언과 이주민의 다툼이
시작되었지만, 점차 이민자의 증가와 열강의 식민지전쟁 등으로
본격화되었으며 인종청소와 학살 등으로 표출되었다.
미국독립전쟁 이후 백인 정착민은 싸고 넓은 땅인 서쪽으로 향한다.
연방 정부는 아메리카 원주민에게 '유보지'(Reservation)에
들어갈 것을 강요했는데 이에 격렬한 저항을 하게 된다.
1842년에 마지막 세미놀부족의 전사가 플로리다 늪지대에서 쫓겨남으로써
미국 동부지역 인디언은 철저하게 정복되었다.
19세기 40년대에 유럽계 개척민이 대평원지역의 침입을 시작했다.
19세기 50년대가 되자 본격적인 인디언전쟁이 폭발했다.
이 전쟁은 미국인의 집단기억 속에 또렷한 낙인을 찍어놓았고
할리우드 영화를 통해 영원한 화제로 자리 잡았다.

리틀빅혼 전투(Battle of the Little Bighorn)
리틀빅혼 전투는 1876년 6월 25-26일에 지금의 몬태나주
리틀빅혼 카운티에서 라코타-샤이엔 원주민 연합과
미국 육군 제7기병연대 간에 벌어진 전투다.
부족단위로 분열되어 있던 아메리카 원주민이 연합해 미국에 승리를 거둔
기념비적인 전투다. 전투 이후 미국 측의 군사적 탄압이 강해져,
타탕카 이오타케(시팅 불) 등은 캐나다로 근거지를 옮겨 투쟁을 계속했다.

▲ 커스터의 죽음을 묘사한 그림

조지 암스트롱 커스터(George Armstrong Custer, 1839-1876) 장군은
미국 육군 제7기병연대 소속으로 리틀빅혼 전투에 참가했다.
시팅 불이 커스터를 죽이는 장면이다.

▼ 타탕카 이오타케(Tȟatȟáŋka Íyotake, 1831-90)

타탕카 이오타케는 라코타족이 미국 정부와 맞선 시기 라코타족의 한 갈래인
훙크파파족의 지도자다. 영어권에선 그의 이름을 직역한 시팅 불(Sitting Bull)이라 부른다.
리틀빅혼 전투를 승리로 이끌었는데, 전투 전에 정착민 병사들이
라코타족 진영에 매뚜기떼처럼 뛰어 들어오는 환영을 보았다고 전해진다.
이후 1881년에 항복했으며 1883년에 스탠딩락 인디언 보호구역에 정착하였다.

권총이 지배하는 사회

1865년 미국내전이 끝난 뒤로 약 40년 동안 권총을 든 영웅들이 만들어낸
공포의 심각성과 보편성은 정점에 다다랐다.
200-300백여 명의 악명 높은 전문 살인자들이 대지주의 지시를 받고
소규모 목장주와 자경농민을 상대로 대지주의 이익을 관철시켰다.
이들은 정의감이 강하고 보통사람을 돕는 협객이 아니라
계급투쟁에서 상층부의 대리인이었다.

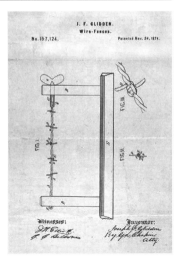

▲ 비료 원료로 사용하기 위해 쌓아놓은 들소 해골

인디언의 단일자원(들소) 위주의 경제모형은 그들이 통제할 수 없는 시장요인에 대한
의존도를 높여갔다. 들소 고기보다 들소 가죽에 대한 수요가 늘어나자
백인도 들소 사냥에 뛰어들었다. 내전이 끝난 후부터 19세기 70년대 말 사이에
대평원지역의 들소 수는 1,500만 마리에서 수백 마리로 줄어들었다.

▼ 철조망 발명자 길던(Joseph Glidden)이 제출한 특허서류의 도면

1874년에 특허를 획득한 철조망이 대량으로 보급되면서 이동 수렵에 의존하던 인디언은
생존이 불가능해졌다. 내전을 통해 형성된 미국사회의 폭력성은 인디언에 대한 새로운
공격으로 이어졌다. 이민이 주류를 형성한 사회에서 인디언의 존엄을 지킬 수 있는
자리는 남아 있지 않았다. 황야는 차례차례 국립공원으로 바뀌어 갔고
그들의 마을은 민속공예품으로 장식된 '인디언 보호구역'으로 변했다.

1690년 무렵 가나의 상아교역

동아프리카의 상아교역, 1880-90년대

19세기에 상업적인 수렵 프런티어가 등장하면서
최대의 피해를 입은 동물은 코끼리였다. 칼 손잡이, 당구공, 피아노 건반을
만들기 위해 19세기 70년대에 영국은 해마다 500톤의 상아를 수입했다.
아프리카산 상아 수출의 전성기는 1870-90년대였고 이 시기는
열강이 아프리카 지배권을 두고 경쟁을 벌이던 때와 일치했다.
이 시기에 매년 6-7만 마리의 코끼리가 살해되었다.

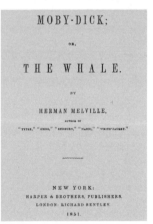

MOBY-DICK;

OR,

THE WHALE.

BY

HERMAN MELVILLE,

AUTHOR OF

"TYPES," "OMOO," "REDBURN," "MARDI," "WHITE-JACKET."

NEW YORK:

HARPER & BROTHERS, PUBLISHERS.

LONDON: RICHARD BENTLEY.

1851.

◀ 『모비딕』(Moby-Dick) 1892년 판본의 삽화
▶ 『모비딕』 1902년 판본의 삽화
▼ 『모비딕』 초판본 속 표지

1810년 무렵 칠레 연안에서 거대한 향유고래 어장이 발견되었다.
이곳에서 목격된 거대한 흰색 향유고래는 포경선원들 사이에 공포를 불러 일으켰고
허먼 멜빌(Herman Melville, 1819-91)의 소설작품 『모비딕』의 바탕이 되었다.
1860년 무렵 포경선의 갑판에 장착하는 포가 고안되었다. 이때부터 인간과 고래가
사투를 벌이는 '모비딕'의 시대는 끝났다. 포경(捕鯨)행위는 선사시대의 암각화에
기록될만큼 오랜 역사를 갖고 있었지만 대략 1820-60년이 포경업의 세계적 전성기였다.
석유가 발견되기 전까지 고래는 양초의 주원료였다.

▲「고래 해체」
▼「고래를 잡는 선단」
일본은 서방의 영향을 받지 않고 포경업을 운용한 유일한 민족이었다.

1. 침략과 프런티어 과정

19세기에 들어온 이후로 도시에 대칭되는 극단은 더는 '농촌'(토지에 의존하는 농민의 생활권)이 아니라 '프런티어'(자원개발 과정에서 이동하는 영역)이다. 프런티어는 공간적으로 끊임없이 외부를 향해 확산된다. 프런티어는 확장자가 스스로에게나 타인에게 말하듯 그렇게 비어 있는 공간이 아니다. 이동영역이 자기 쪽으로 접근하여 오는 모양을 지켜보는 사람의 입장에서는 프런티어는 침략자의 창끝이다. 창끝이 다가왔을 때 모든 것은 옛 모습을 잃고 만다.

사람들은 도시와 프런티어로 모여든다. 도시와 프런티어 사이에는 하나의 공통점이 존재한다. 도시도 프런티어도 19세기 인구이동을 끌어당긴 거대한 자석이었다. 그곳은 꿈의 실현을 갈망하는 사람들에게 한없는 기회를 제공했다. 도시와 프런티어의 또 하나의 공통점은 사회적 조건의 삼투성(渗透性)과 가소성(可塑性)이다. 가진 것이 재능뿐인 사람이라면 그곳에서 무언가를 이룰 수 있었다. 기회가 많다는 것은 동시에 위험이 많다는 의미이기도 하다. 프런티어에서 카드의 패는 다시 뒤섞여 승자와 패자를 만들어낸다.

도시와 비교할 때 프런티어는 '주변지대'에 속한다. 근본적으로 도시에서 프런티어 통치가 최종적으로 조직된다. 정복에 소요되는 무기와 도구가 말 그대로 '벼리어지는' 곳이 도시이다. 프런티어에 도시가 세워지고 나면 프런티어는 더 먼 곳으로 밀려난다. 새로 개척된 무역기지는 다음번 확장의 거점이 된다. 그러나 프런티어는 수동적인 주변지대가 아니다. 특수한 유형의 이익, 신분, 이념, 가치, 성격이 형성되어 그것들이 중심부와 상호작용을 한다.

프런티어가 보여주는 모습은 도시와 완전히 다르다. 보스턴에서 온 도시귀족이 보기에 통나무집에 사는 개척민은 거칠고 원시적인 인디언 부족의 전사와 아무런 차이가 없었다. 프런티어에서 발전한 사회는 특수한 생활권을 형성했다. 시간이 흐르면서 어떤 프런티어 사회는 점차로 독립했고 어떤 프런티어 사회는 도시의 압력을 이기지 못하거나 자원의 고갈 때문에 소멸했다.

토지점거와 자원이용

고고학적 증거나 역사기록은 공동체가 생존의 기반을 확보하기 위해 벌인 식민지적 토지침탈의 과정으로 가득하다. 19세기에 이런 추세가 정점에 이르렀지만 어떤 의미에서는 종말에 이르렀다고도 볼수 있다. 이전의 어떤 세기에도 경작에 사용된 토지가 19세기 만큼 많았던 적이 없었다. 이것은 세계의 많은 지역에서 인구가 증가한 결과였다. 그러나 하나의 이유만으로는 모든 것을 설명하기에 부족하다. 20세기에 들어와 총인구의 증가는 더 빨라졌지만 조방(粗放)식 토지이용은 같은 속도로 늘어나지 않았다. 전체적으로 볼 때 20세기의 특징은 (추가적인 공간의 투입이 아니라) 자원이 가진 잠재력의 심층적인 개발이었다. 20세기에 나노기술과 실시간 통신기술로 대표되는 심층적 개발의 새로운 경지가 열린 것은 사실이지만 한편에서는 열대우림의 파괴와 해양자원의 남획 같은 조방식(粗放式) 개발의 초기 형태가 여전히 사라지지 않고 있다.

19세기 유럽에서 식민침략을 통한 대규모 토지침탈 현상은 흔치 않은 일이 되었고(러시아는 예외) 토지침탈은 주로 유럽 이민이 전세계로 확장하는 형태로 나타났다. 유럽 역사의 모든 옛 드라마가 해외에서 재연되었다. 같은 시기에 유사한 과정이 중국과 열대 아프리카 국가에서 일어났다. 세계적인 쌀 수출증가의 영향을 받아 대량의 이민이 버마의 '쌀 생산 프런티어'(rice frontier)나 동남아시아 다른 지역의 '플랜테이션 프런티어'(plantation frontier)로 몰려들었다. 토지침탈식 정착이민은 매우 다양한 형태로 진행되었고 그에 따른 갈등과 충돌은 역사서에 모습을 드러냈다. '황야'로 마차를 몰아간 패기 넘치고 영웅적인 개척민이 '임자 없는' 땅을 차지하고 그곳에 '문명'의 조각들을 뿌려놓았다.

옛 역사서는 이러한 개척행위가 근대적인 민족국가의 형성과 인류 문명의 전반적인 발전에 기여했다고 칭송하고 미화했다. 그러나 다른 한편에서는, 이른바 '황무지'라는 그곳에서 수 세기 또는 십수 세기 동안 살아온 민족의 입장에서 사고한 사람도 소수지만 있었다. 제임스 쿠퍼(James Fenimore Cooper)는 1824~41년에 발표한 연작소설 『가죽스타킹』(*Leatherstockings Tales*)에서 몰락해가는 인디언 부족의 비극을 묘사했다. 쿠퍼는 도시귀족의 후예였다. 그의 가족은 뉴욕주의 변두리에 대규모 토지를 소유하고 있었다. 20세기 초에 이르러서야 비로소 이런 비판적인 시각이 소량이나마 미국의 역사서에 등장했다.[1]

2차 대전 이후, 특히 탈식민화가 시작되면서 백인이 이 세계에 선(善)을 전파했다는 주장에 대해 의문에 제기되었다. 역사학자들이 민족학에 관심을 가지면서 식민 확장 과정의 피해자들을 주목하기 시작했다. 아메리카 원주민, 브라질 인디언, 오스트레일리아 원주민이 받았던 부당한 대우가 학계와 대중의 시야에 들어왔다. 초기 역사서에서 영웅으로 추앙받던 개척자들이 한 순간에 잔인하고 음험한 제국주의자로 변했다.[2] 이렇게 시작된 세 번째 단계는 오늘날까지 이어지고 있다.

연구자들이 단조로운 흑백화를 다양한 농도의 회색으로 보완하자 그림은 더 자세하고 분명해졌다. 역사학자들은 미국의 환경사학자이자 민족지학자인 리처드 화이트(Richard White)가 이름을 붙여 유명해진 '중간지대'(middle ground) 현상을 발견했다. 이것은 '원주민'과 '신참자' 사이의 장기적인 접촉의 결과로 생겨난 가해자와 피해자의 모호한 역할, 타협과 일시적인 평형, 뒤얽힌 경제적 이해관계, 때로는 문화적 생물학적 '교잡성'(交雜性)을 가리킨다.[3]

오늘날까지도 사학계의 연구과정은 제3단계에 머물러 있다. 이 단계에서 우리의 역사에 대한 인식은 풍부하고 다양해졌다. 지역적 차이가 주목을 받았고 프런티어에 대한 관점은 다양해졌다. 확장 과정 중의 '제3자' 집단 — 예컨대, 북아메리카 서부지역의 중국인 — 의 역할이 인정받았으며, 확장 과정의 주체가 (전부는 아니지만) 대부분 가족단위였으며 항상 정력적인 남성이 주도하지는 않았다는 사실이 밝혀졌다. 더 나아가 '카우보이'와 나란히 활약한 '카우걸'의 존재도 알려졌다.[4] 그리하여 식민화 과정에 관한 많은 작품이 쏟아져나왔고 그 내용이 여러 매체 — 삽화가 풍부한 초기의 여행기에서부터 오늘날의 할리우드 서부극에 이르기까지 — 속에 다양하게 담겨 있다.

프런티어의 식민화 과정에 대한 평가는 관점에 따라 다를 수는 있지만 한 가지 기본적인 요소는 변함이 없다. 그것은 토지침탈의 승자와 패자가 분명하다는 점이다. 비유럽 민족이 침입에 저항하여 일정 정도의 승리를 거둔 소수의 사례 — 예컨대 뉴질랜드의 마오리족(Maoris) — 가 있기는 하지만 전 지구적 관점에서 볼 때 원시 생존방식에 대한 공격은 거의 모두 원주민의 패배로 마감되었다. 토착사회는 전통적인 생존의 기반을 상실했고 동시에 원래 자신의 소유였던 땅에 등장한 새로운 질서 가운데서 뿌리내릴 근거를 찾을 수도 없었다. 무자비한 박해와 처형을 피한 원주민일지라도 '문명화'의 개조 과정은 피해갈 수 없었다. '문명화'의 근본 내용은 토착문화에 대한 완벽한 멸시였다.

이런 의미에서 19세기가 경험한 '열대의 비극'을 클로드 레비스트로스(Claude Lévi-Strauss)는 1955년에 내놓은 저작을 통해 날카롭게 묘사했다. 유럽인과 북아메리카인이 멋대로 '원시인'이라고 판정한 토착민 집단을 상대로 벌인 대규모 공격은 식민지 착취체계 안에서 최소한 경제적으로는 쓸모 있는 비유럽인에 대한 정복보다 더 깊은 흔적을 역사에 남겨놓았다.

20세기에 식민통치는 형식상으로는 없어졌다. 그러나 원래 그 땅의 유일한 주인이었던 '소수민족'은 여전히 사회적으로 종속적인 지위에 머물고 있다. 이러한 지위는 비교적 짧은 시간 안에 형성되었다. 18세기에는 지구상의 여러 지역에 '중간지대'로서 상대적으로 안정된 접촉구역이 존재했다. 그러나 19세기 후반기에 이르자 이러한 취약한 공존형식은 유지되기 어려워졌다. 1945년 이후 식민통치와 인종주의가 합법성을 상실하면서 사람들은 과거의 부당행위, 원주민의 권리, (노예무역과 강제노동에 대한) 배상 등의 문제를 생각하기 시작했다. 피해자인 소수민족의 입장에서 보자면 외부세계의 점진적인 인정이 자기정체성을 확립하는 새로운 계기가 되었다. 그러나 생활방식의 주변화란 기본적인 사실은 바꿀 수가 없었다.

프레더릭 잭슨 터너와 그의 영향

토지침탈형 식민화는 제국이 성립하는 하나의 경로이다. 대규모 침략을 시작할 때 반드시 군대가 제1선에 서야 하는 것은 아니다. 많은 경우에 용감하게 적진 가운데로 뛰어드는 사람들은 상인, 이민자, 선교사이다. 어떤 경우에는 국가 자체가 식민이라는 수단을 통해 사전에 획정된 영토를 채운다. 때로는 내부 프런티어 또는 내부 식민화란 현상도 일어난다.

가장 놀랍고도 가장 성공적인 프런티어 개발은 대서양 해안에서부터 시작된 유럽인의 북아메리카 정착이었다. 전통적인 미국 역사학계는 이를 두고 '서부획득'(the winning of the west; 시어도어 루스벨트 대통령의 말)이라 부른다. 이 거대한 과정의 이름 자체가 미국에서 나왔다. 젊은 역사학자 프레더릭 잭슨 터너(Frederic Jackson Turner)가 1893년의 한 강연에서 이 용어를 만들어냈다. 그의 강연록은 지금까지도 미국 역사학계에서 가장 영향력 있는 역사학 논문으로 남아 있다.5)

터너는 이때의 강연에서 '프런티어'란 개념을 처음 제시했다. 그가 상정한 프런티어란 동쪽에서 시작하여 서쪽으로, '종결'상태에 도달할 때까지 끊임없이 옮겨가는 것이었다. 그곳에서 문명과 야만이 세력과 역사적 권리의 비대칭적 배분 속에서 만났다. 그곳에서 개척자들이 보여준 근면함은 미국이란 나라의 독특한 민족성으로 자리잡았다. 미국식 민주주의 특유의 평등주의는 서부의 숲과 평원에서 고난을 헤쳐나온 공통의 경험에 뿌리를 두고 있었다. '프런티어'는 그러므로 미국역사의 거대서사를 가능케 하는 열쇠말이었고 시간이 지나면서 다른 상황에도 적용되는 보편적인 중심개념으로 확대되었다.6)

수백 편의 저작과 논문을 통해 여러 학파의 학자들이 사상사적 시각에서 터너의 프런티어 이론을 해석했다. 신터너학파는 이론을 심화하고 세분화하려 했고, 비판자들은 근본적인 의문을 제기했다. 실용주의를 중시하는 학자들은 현실문제와의 관련성을 강조했다. 터너의 이름이 알려지지 않은 곳에서도 터너의 이론에서 파생된 역사인식이 미국인의 자기인식에 영향을 주었다.7) 프런티어의 신화는 독자적인 역사를 형성했다. 터너의 독창성은 학술적 영역에서도 도움이 되고 미국은 특수한 역사적 사명을 부여받은 나라라고 하는 환상을 형성하는데도 자극이 되는 개념을 만들어낸 데 있었다.

터너는 인구가 희소한 '서부'를 개척한 것을 19세기 미국역사의 핵심적인 과업이자 성취로 파악했다. 끊임없이 이동하는 프런티어를 따라 '문명'이 원시 대자연 가운데로 진입했다. '황야'에 원주민이 살고 있는 한 그곳은 사회적 진화과정에서 각기 다른 단계에 도달한 집단이 마주치는 곳이었다. 프런티어는 지리적인 의미에서 이동했을 뿐만 아니라 사회적 이동을 위한 공간을 열어놓았다. '프런티어를 건넌 사람들'(transfrontiersmen)과 그 가족들은 원주민과 자연을 상대로 한 투쟁과 근면함을 통해 물질적인 성공을 거두었다. 이들은 스스로의 행복을 만들어냈을 뿐만 아니라 새로운 사회를 만들어냈다. 새로운 사회의 중요한 특징은 유럽은 물론이고 비교적 안정된 미국 동부 해안지역의 계층사회와 비교했을 때 출신, 기회, 지위의 공평성이 최대로 보장된다는 점이었다.

터너는 공상가이면서도 학문하는 태도는 엄격하고 치밀했다. 그는 프런티어를 여러 유형으로 분류했다. 훗날 그의 추종자들이 역사현상의 수많은 변형을 모두 포괄하기 위해 분류를 극단적으로 세분화했다. 신터너학파의 대표적 인물인 레이 빌링턴(Ray Allen Billington)은 프런티어가 서부로 확장해가는 과정에서 출현한 순서에 따라 6개의 '영역' 또는 '추진력'으로 구분했다.

첫 번째는 모피상, 다음은 유목민, 세 번째는 광부, 네 번째는 개척농민(pioneer farmers), 그 뒤를 따라온 '기계화농민'(equipted farmers), 마지막으로 (프런티어를 종결시키고 안정된 도시사회를 건설한) '도시개척자'(urban pioneer)였다.[8] 그러나 비판자들은 이 순서가 지나치게 이상화된 것이며 정치와 군사적 요소의 작용을 소홀히 취급했다고 지적했다. 또한 그들은 프런티어의 '개방'과 '종결'을 판단하는 궁극적인 기준이 무엇인지에 대해서도 의문을 제기했다. 터너 자신도 명확한 정의를 제시하기를 주저했다. 그의 영향을 받아 프런티어 연구에 뛰어든 새로운 세대의 학자들은 '만남의 영역'(zones of encounter)이란 개념을 버리고 '문명'과 '야만'이란 분명한 구분을 제시했으나 무엇이 그 경계인지 다수가 수긍할 수 있는 설명을 해주지는 않았다.

터너학파에서 분리되어 나온 다른 프런티어 연구자들—월터 웹(Walter Webb)이 중심인물이다—은 보편역사의 관점에서 프런티어를 정의하려 했다. 이들은 프런티어의 유기적 특성(Organcharakter), 즉 접촉하는 사물을 변화시키는 능력을 중시했다.[9] 이 학파의 관점은 주변부가 역동적인 세계체제에 흡수된다는 이매뉴얼 월러스틴(Immanuel Wallerstein)의 이론이 형성되는 데 중요한 역할을 했다. 앨리스테어 헤네시(Alistair Hennessy)는 널리 주목받은 한 비교연구 논문에서 모든 프런티어 과정을 간단명료하게 요약하여 관념적으로는 상품화폐경제가 불가역적(不可逆的)으로 전파되는 형태로, 구체적으로는 유럽의 소유권 개념이 해외의 끝없는 초원공간—캐나다의 프레이리(prairies), 미국의 대평원(Great Plains), 아르헨티나의 팜파스(pampas), 남아프리카의 벨트(veldt), 러시아/중앙아시아의 스텝(steppes), 오스트레일리아의 내륙(outback)—에 적용되는 방식으로, "유럽 자본주의가 비유럽지역으로 확산된 역사"라고 했다.[10] 그 밖에도 위대한 세계사학자 윌리엄 맥닐(William H. McNeill)은 유라시아대륙의 역사를 연구하면서 터너의 이론을 응용했을 뿐만 아니라 터너 자신도 중시했던 자유동기설(自由動機說)을 그대로 답습했다. 맥닐은 프런티어를 모순적인 공간으로 파악한다. 프런티어는 정치적·문화적 분계선인 동시에 정착사회의 고도로 조직화된 핵심 영역에서는 더 이상 찾아볼 수 없는 개방적이고 자유로운 공간이다. 예를 들자면, 프런티어 지역에 거주하는 유대인은 그 사회적 지위가 유동성이 비교적 낮은 조건에서보다 훨씬 높았다.[11]

프런티어는 지도에 분명하게 표시되는 공간이어야 하는가? 어떤 사람은 프런티어를 특수한 사회관계의 형태로 이해해야 한다고 주장한다. 그래야만 포괄적이면서도 지나치게 모호하지 않은 정의를 내릴 수 있기 때문이다.[12] 프런티어는 특정 영토 안의 넓은 (단순히 한 지방이 아닌) 범위에서 인종적 근원과 문명적 지향을 달리하는 최소한 둘 이상의 집단이 단일한 정치적·법적 규칙을 통해서가 아니라 통상적으로 무력 또는 무력사용의 위협 아래서 상호 접촉을 유지하는 상황 또는 과정이다. 이들 집단의 어느 한쪽은 침입자의 역할을 맡고 있으며 주요 관심사는 토지와 (또는) 자연자원을 사유화하고 착취하는 것이다.

어떤 특수한 프런티어는 (국가 또는 제국의 지원은 부차적일 뿐이거나 특정 정부의 의도적인 도구화에 의존하여) 개인(민간)이 주도한 압력에 의해서 생겨난 경우도 있다. 정착자는 병사도 아니고 관리도 아니다. 이런 프런티어는 오래 지속되는 경우도 있지만 논리적으로는 사회적 취약성이 높아 불안정할 수밖에 없다. 시발점에서는 최소한 두 개의 '프런티어 사회'가 서로 대립하면서 외부 요인에 의한 변화에 휘말리게 된다. 흔치는 않지만('통합 프런티어') 둘은 하나로 통합되어 (예외 없이 인종적으로 계층화된) 이종교배 사회를 형성한다. 이 사회(특히 북아메리카)에서 혼혈문화(métissage)는 백인 프로테스탄트 가부장이 주도하는 고상한 문화의 밑바닥 '지하문화'로 존재한다.[13]

일반적으로는 두 개의 프런티어 사회의 불안정한 평형은 한쪽 세력이 약화되면서 붕괴된다. 사회질서가 점차 '현대화'되면서 세력이 약화된 쪽은 더 강한 집단으로부터 배제되고 분리되거나 때로는 물리적으로 추방되기까지 한다. 쌍방은 이 상황에 이르기 직전에 세력이 약한 한쪽이 경제적으로 다른 한쪽에 의존하는 정도가 높아지는 과도기를 거치게 된다. 프런티어는 상호교류 ─ 피진(pidgin)*의 예

* pidgin English. 'pidgin'은 'business'의 중국식 발음이다. 중국에서는 양경빈어(洋涇濱語)라고 부른다. 20세기 초에 상해에서 유행한 중국어와 영어의 합성어이다. '양경빈'(洋涇

처럼 — 의 공간을 제공하고 특수한 형태의 문화적 자기인식을 강화
시켜주기도 하지만 가장 중요한 충돌의 전선은 비문화적 영역에서
형성된다. 이 전선에서는 한편으로는 토지를 탈취하고 토지소유권
제도를 정립하여 권익을 지키려는 투쟁이 벌어졌고 다른 한편으로
는 다양한 형식의 노동조직과 노동시장 질서를 둘러싸고 투쟁이 벌
어졌다.

침략자는 상황에 따라 다음 세 가지 (또는 그중 하나의) 논리를 들
고 나와 자기행위를 변호했다.

1. 정복자의 특권. 기존 토지소유권을 무효화할 수 있는 권리다.

2. 17세기 청교도의 '무주지'(無主地, terra nullius) 원칙. 수렵자, 채
집자, 목축자가 거주하는 토지는 '주인이 없는 땅'으로 간주하며 경
작할 필요가 있을 때는 마음대로 차지할 수 있다는 주장이다.

3. '야만인'에게 문명을 전파한다는 종교적 사명. 이 논리는 뒤에
가서 소유권의 강제적 탈취를 합법화하는 이념으로 변신한다.

오늘날의 일상어 가운데서 프런티어란 단어는 개척과 혁신을 통해
서 이익을 추구하는 기업가 정신까지 포괄하는 의미로 넓게 사용되
고 있지만 역사학에서 말하는 프런티어는 현대 초기로 진입하기 전
의 과도적 상황을 가리킨다. 어떤 지역이 현대세계의 주류 기술생태
계에 통합되면 빠르게 프런티어로서의 특성을 상실하게 된다. 자연
의 정복 역시 빠른 속도로 자원의 조직적 착취로 전환된다. 예를 들
자면, 철도의 등장으로 기존의 취약한 균형이 파괴된 곳은 미국의 서
부뿐만이 아니다. 프런티어란 본질적으로 증기기관과 기관총이 등

濱)은 상하이 시내를 흐르는 하천의 이름이다. 상하이 사람
들은 배가 다닐 수 있는 하천을 빈(濱)이라 부른다. 1845년
상하이에 영국 조계(租界)가 설치된 후 양경빈은 조계의 경
계선이 되었고 이 강의 연안은 상하이에서 가장 번화한 지
역으로 변모했다. 또한 이 지역은 영어와 중국어가 가장 빈
번하게 접촉하는 장소였고 여기서 'pidgin'이 탄생했다.

장하기 직전의 과도기적 사회상황이다.

프런티어와 제국

프런티어와 제국 사이에는 어떤 관계가 있을까.[14] 여기서 논점의 핵심은 공간문제이다. 민족국가에서는 국경에 프런티어 공간이 존재한 적이 없다. 우리가 사용하고 있는 의미의 프런티어는 영토의 경계가 명확하게 정해지지 않았고 국가조직이 형성되고 있는 과정이라 아직 느슨하고 허술한 때에만 최초의 침입을 견뎌낼 수 있다. 프런티어에서 '국가'는 상대적으로 멀리 떨어져 있다. 제국의 경계가 (반드시 그렇지는 않지만) 전형적인 프런티어이다. 제국이 확장을 멈추는 순간 프런티어도 더 이상 잠재적인 병합의 대상이 아니라 외부 위협을 막아내는 노출된 측면으로 바뀐다. 프런티어는 제국의 방어선 바깥에 있는 통제되지 않는 공간, 마지막 초소 넘어 저쪽의 게릴라와 비적(bandit)이 수시로 출몰하는 위협적인 공간이 된다.

19세기의 영국제국에서 인도 서북부 프런티어는 바로 그런 위험이 사방에 널린 핵심 방어지역이었다. 그곳에서는 산악전이라는 특수한 전투기술 ― 경무장으로 낯선 지형을 돌아다녀야 하는 ― 을 갖추어야 했다. 러시아는 카프카스에서, 프랑스는 알제리에서 유사한 전쟁을 경험했다.[15] 그런데 티베트와 면한 영국령 인도의 북부 프런티어에는 안전한 개활지가 없었다. 그곳은 진정한 '프런티어'가 아니라 여러 나라가 참여한 복잡한 협상을 통해 획정된 국제적인 '경계선'이었다.[16] 유럽 식민세력이 합의하여 획정한 아프리카와 동남아시아의 국경선도 마찬가지였다. 이렇게 그어진 국경선은 현지의 상황과는 맞지 않았다. 지도 위에서 그어진 정치적 주권의 경계는 실제로 '살고 있는' 지리적 경계와 맞지 않아 빛을 잃었다.

둘 또는 그 이상의 식민종주국이 현대적인 영토주권의 개념을 근거로 하여 어떤 지역의 귀속문제를 두고 다툴 때 우리는 프런티어가 아니라 '국경지역'(borderland)을 말해야 한다. 터너의 추종자인 허버트 볼튼(Herbert Eugene Bolton)은 이것을 두고 "식민영역 사이의 다툼이 있는 경계"라고 불렀다.[17] 이곳의 행동방식은 프런티어 지역과는 다르다. 원주민은 지속적으로 여러 경계를 넘나들면서 어느 정도는 상호 간에 침입자 역할을 한다. 그러나 식민세력 사이에 합의가 이루어지면 피해를 입는 쪽은 예외 없이 현지 주민이다. 극단적인 경우 주민 전체가 국경 너머로 추방될 수도 있고, 18세기에 러시아와 청제국 사이에 벌어졌던 것처럼 주민의 교환이 협상테이블에 오를 수도 있다.

프런티어에 대한 제국의 태도는 구조적으로 이중적일 수밖에 없다. 프런티어는 지속적으로 혼란스러우므로 제국의 입장에서는 피할 수 없는 위협이다. 정복을 완성한 후 제국의 가장 중요한 임무는 질서와 안정을 유지하는 것이다. 무기를 지니고 순종하지 않는 개척민은 (식민지를 포함하여) 근대국가가 추구하는 무력의 독점을 위협하는 존재이다. 식민지의 변경에 위치한 프런티어는 그러므로 '임시적인' 상태를 벗어나기 어렵다. 그곳은 '아직' 제국에 병합되지 않았거나 '머지않아' 제국에서 이탈할 지역이다.

제국에 비해 민족국가는 자연조건 때문에 불가피한 경우가 아니라면 특수한 '프런티어 사회'에 대해 덜 관용적이다. 프런티어 지역은 그러므로 제국의 이상이 실현되는 곳이 아니라 (최상의 경우라 하더라도) 마지못해 수용된 이질적 존재이다. 좀더 일반화하여 표현하자면 정착민 식민지와 제국은 전혀 다른 존재이다. 정착민들이 불안정한 국경지역에 파견된 '무장농민'이 아니라면 제국의 중심부와 그들은 본질적으로 대립적일 수밖에 없다. 그들은 '이상적인 협력자'(로널드 로빈슨Ronald Robinson의 말)[18]이면서 동시에 끊임없는 정치적 문젯거리의 근원이다(완고한 스페인 정복자들conquistadores에서부터 결국에는 1965년에 독립을 선언한 남로디지아Southern Rhodesia의 백인 엘리트에 이르기까지).

최근 프런티어를 생태학적 관점에서 접근한 새로운 해석이 제시되었다. 터너 자신도 정착 프런티어 다음으로 중요한 '광업 프런티어'에 대해 언급한 바 있다. 광업 프런티어는 순수한 농업사회보다 더 복잡하고 완벽하게 독립적일 수 있는 사회였다. 좀더 일반화하여 말하자면 경제적이며 동시에 생태적인 의미에서 자원추출 프런티어라고 할 수 있다. 고전적인 프런티어에서도 '생태'는 중요한 역할을 했다. 개척자들은 새로운 환경조건에 맞춰 농업생산 방식을 조정해야 했다. 그들은 야생동물과 함께 생활했고 가축을 길렀다. 극단적으로 단순화하여 말하자면 그들은 가축 기반의 문명을 들소에 의존하는 아메리카 원주민 문명 속으로 진입시켰다. 생태문제를 빼놓고는 프런티어를 말할 수가 없다.

터너와는 독립적이면서도 유사한 방향을 지향하는 또 하나의 접근방식이 있다. 1940년, 미국의 여행가이며 기자이자 중앙아시아 전문가인 오언 래티모어(Owen Lattimore)가 혁신적인 저작 『중국의 아시아내륙 프런티어』(*Inner Asian Frontier of China*)를 출간했다. 저서에서 래티모어는 중국사를 농업문화와 유목문화 사이의 (장성으로) 상징되는 끝없는 충돌의 역사로 해석했다. 충돌은 서로 다른 자연조건을 바탕으로 한 두 가지 생활방식 사이에서 일어났다.[19] 래티모어의 관점은 지리결정론이 그 출발점이 아니었다. 그는 농경지와 초원 사이의 대립은 정치의 힘을 빌려 해소될 수 있다고 보았다. 중국과 초원에서 잇달아 일어난 제국과의 사이에는 쌍방이 이용하고 통제할 수 있는 관계가 형성되었다. 이 관계의 뿌리는 유목민과 농경민의 갈등이었다.

새로운 생태학적 시각에서 볼 때 터너의 통찰력은 래티모어가 발전시킨 좀더 넓은 시야와 결합될 수 있다. 오늘날 역사학자들은 '프런티어'에서 이루어지는 인간의 자연에 대한──조방식(粗放式) 개발 중심의──간섭행위를 직접적으로 자연추출식 프런티어 개념과 연결시킨다. 예컨대 존 리처즈(John F. Richards)가 저술한 근대초기 세계 환경사는 황무지 개척식 프런티어 개념이 주제이다. 19세기에 정점과 결론에 이른 이 과정의 시발점을 찾아가면 근대 초기에 닿는다. 그때 우수한 기술과 장비를 갖춘 개척자들이 유목민과 수렵-채집자들이 이용해오던 (농업적으로는 "심도 있게 개발되지" 않았던) 토지를 점거했다. 개척자들은 가는 곳마다 토지이용의 효율을 높인다는 명분을 내세워 그 땅의 원래 경작과 수렵방식에 개입했다. 그들은 숲을 불태우고, 늪지의 물을 빼내고, 메마른 땅을 관개(灌漑)하고, 그들의 눈에 이용가치가 없어 보이는 동물을 멸종시켰다. 이와 동시에 그들은 자신의 방식을 새로운 환경조건에 맞도록 개조했다.[20]

리처즈의 거작이 주장하는 바에 따르면 프런티어의 사회적·정치적·경제적·생태적 측면은 서로 분리될 수 없다. 리처즈 본인이 전 세계의 각종 프런티어 형태를 관찰했기 때문에 이 모든 측면의 현상을 설명할 수 있었다. 그러나 이 장에서 같은 방식으로 각지의 프런티어 형태에 관해 전면적인 분석을 시도하기란 불가능하므로 자원-개발식 프런티어에 관해서는 아래의 작은 절에서 간략하게 정리할 수밖에 없다.

4. 횡단과 국유화

생태적 접근방식의 중요한 장점은 프런티어 '과정'을 보다 분명하게 보여준다는 것이다. 프런티어를 정태적으로 묘사하기란 불가능하다. 프런티어는 사회적 공간의 특수한 형태다. 프런티어의 영향을 '사회적 변화'라고 하는 것은 너무 단순한 표현이다. 프런티어 과정은 여러 가지 유형이 있고 다음 두 가지가 대표적이다.

1. '프런티어 횡단과정'(transfrontier process), 즉 생태적 경계를 넘는 집단 이동. 이 유형의 대표적인 사례는 18세기의 마지막 30, 40년 동안 남아프리카에서 있었던 보어인의 집단이동(Boer Trek)이다. 케이프 식민지(Cape Colony)에서 비옥하고 관개하기 쉬운 토지가 줄어들자 아프리칸스(Afrikaans)어*를 사용하는 많은 백인들이 유럽식의 집약 경작 방식을 버리고 반(半)유목생활을 받아들였다. 그들 가운데 일부(대략 1/10정도)는 현지 아프리카 사회에 성공적으로 동화되었다. 19세기 초, 이들 혼합 혈통의 후예들(그리쿠아Griquas)이 자신들의 사회조직과 도시, 나아가 준 국가조직까지 만들었다(동/서 그리쿠아 랜드, East · West Griqualand).

남아메리카에서도 유사한 '프런티어 횡단집단'(Transfrontiermen)이 등장했다. 그러나 남아메리카의 경우는 자연자원의 결핍이 원인이 아니라 풍부한 야생동물을 잡아 가축과 말로 전환시킬 수 있는 조건이 기회가 되었다. 그렇다고 하더라도 아프리카와 유사성이 많았다. 대표적인 유사성이라고 한다면, 내륙에 자리 잡은 프런티어 횡단집단의 사회는 사실상 외부세력이 통치할 수가 없었다는 점이다.

또 하나의 분명한 특징은 인종-생물학적 교잡성이다. 19세기가 되어서야 이 집단을 독자적 단위로 구분하는 인종분류 기준이 생겨났다. 그 밖의 사례로서 카리브해 지역의 '해적집단'(buccaneers)과 오

---

* 16-17세기에 네덜란드 출신 이주자들의 후손이 써오던 네 덜란드어가 네덜란드 본국의 언어와 교류가 단절되고, 이후 이주자들에 의해 유입된 프랑스어, 포르투갈어, 영어, 말레이어 등의 언어와 아프리카 토착 언어인 반투어가 혼합되어 형성된 크리올어의 일종이다. 어휘는 90퍼센트 이상이 네덜란드어에서 기원하나 문법적으로는 네덜란드어와 크게 다르게 변화했다. 1925년 영어와 함께 남아프리카 연방의 공용어로 정식 지정되었고 1990년대에 새 흑인정권이 출범한 후로도 영어 및 반투어족 9개 언어와 함께 남아프리카 공화국의 공용어로 지정되어 사용되고 있다.

스트레일리아의 '산적집단'(bushrangers)이 있다. '산적집단'은 대부분이 탈옥수인 무장강도 집단이었으며 1820년대 이후 정부의 진압으로 소멸되었다.[21]

2. 프런티어의 국유화. 식민화와 프런티어 폭력은 초기단계에서는 지속적인 군사적 지원이 없이도 진행될 수 있었고 무엇이 범죄행위이고 무엇이 합법행위인지 사법체계를 통해 판정하기란 어려웠다. 그러나 소유권을 보장할 필요가 있을 때는 정부는 지체 없이 등장했다. 이미 근대 초기부터 정부는 불법으로 점유한 토지를 합법화하고 원주민의 소유권 주장을 일괄적으로 배척하는 법체계를 신속하게 수립함으로써 프런티어 문제를 해결하는 데 크게 기여했다.

여러 프런티어 정권은 토지 측량, 분배, 등기 업무에서 수행능력에 차이가 있었다. 대중의 인식 속에 무정부상태로 각인되어 있는 미국의 '서부광야' 바로 그곳에서 토지소유권이 초기단계서부터 철저하게 관리되어왔다. 그러나 정부는 토지자산의 집중에 대해서는 거의 개입하지 않았다. 미국의 프런티어는 언뜻 보기에 토지를 끝없이 공급해줄 것 같았고, 그래서 사람들은 그곳에 비교적 평등한 분배와 보편적 번영이 (논리적으로) 가능한 유토피아를 세울 수 있다는 환상을 가졌다.

토머스 제퍼슨(Thomas Jefferson)은 자원결핍의 족쇄에서 벗어나 하층계급이 없는 위대한 사회를 꿈꾸었다. 이 지점에서 미국을 캐나다와 아르헨티나와 비교해보면 하나의 의미 있는 교훈을 발견하게 된다. 캐나다와 아르헨티나에서 프런티어의 토지는 처음에는 공공의 재산으로 인식되었다. 캐나다에서는 유동성이 높고 모험심이 강한 소농이 국가가 공급하는 토지를 흡수했고 그래서 투기는 초기단계에서부터 나타났다. 아르헨티나에서 토지는 대지주의 손에 떨어졌다. 대지주가 소작인에게 좋은 조건으로 토지를 임대하는 경우가 많았지만 장기적으로는 프런티어의 균등주의 정신을 믿었던 사람들은 절망의 제물이 되었다.

　캐나다와 아르헨티나의 자연환경은 유사한 점이 많았고 두 나라와 세계시장과의 관계 또한 비슷했지만 토지소유권 제도의 발전과정은 전혀 다른 방향으로 나아갔다. 이런 결과가 나오게 된 원인의 하나는, 아르헨티나 정부는 수출주도형 성장정책을 추구했지만 캐나다는 균형 잡힌 사회질서를 중시한 차이였다. 아르헨티나에서는 통치 과두집단 자신이 토지소유에 관심을 가졌던 반면에 캐나다는 그렇지 않았다.[22]

2. 북아메리카의 서부

예외적 사례

미국의 프런티어, 특히 1840년대에서부터 1890년대까지의 프런티어는 몇 가지 이유에서 눈길을 끈다.

첫째, 19세기에 이처럼 많은 인원이 관련된 개척운동이 없었다. 하나의 대륙을 채운 인구이동이란 면에서 오스트레일리아는 비교의 대상이 되지 못한다. 이민이 장기간에 걸쳐 진행되었다는 면에서 뿐만 아니라 그 과정에서 일어난 극적인 사건들로 보아서도 그러하다. 예컨대 캘리포니아의 골드러시는 미국 역사에서 가장 규모가 크고 기간도 긴 이민물결이었다. 1849년 한 해에만 8만 명이 캘리포니아로 몰려갔고, 1854년에 캘리포니아에 사는 백인은 30만 명에 이르렀다. 규모면에서 이것과 비교할만한 이민물결이 1858년의 콜로라도 '골드러시'였다.[23] 구조적으로 유사한 골드러시가 남아프리카의 위트와테르스란드(Witwatersrand), 오스트레일리아의 뉴사우스웨일즈(New South Wales), 알래스카 등에서도 일어났다. 그러나 이들 지역에서 이민의 열풍이 끼친 영향은 현지에 국한되었고 미국처럼 대륙 전체를 가로지르는 이민운동으로 연결되지는 않았다.

둘째, 미국의 경우처럼 프런티어가 인접지역을 넘어서까지 중대한 영향을 준 사례는 없었다. 또한 프런티어 사회의 구조가 이처럼 성공적으로 국가체제 속에 통합된 경우도 없었다. 미국의 서부가 후진적인 '내부 식민지' 주변부로 진화하지 않았던 부분적인 이유는 미국의 지리적 특수성이었다. 세기 중반의 골드러시 이후로 태평양 연안에 형성된 매우 역동적인 경제발전 지역은 확장된 토지획득의 결과가 아니었다. 진정한 프런티어는 그러므로 오랫동안 활력 넘치던 동해안과 대륙의 다른 한쪽 끝에 형성된 신흥 경제발전 지역 사이에 자리 잡고 있었다.

미국의 프런티어는 문자 그대로 '중심부'였다. 사회사적 관점에서 보자면 근본적 차이가 있는 두 가지 유형의 프런티어 사회가 존재한다. ① 중산층 사람들이 사는 농장과 작은 마을로 이루어진 서부. 가족, 종교, 연대감이 강한 공동체가 특징이다. ② 역동적이며 소란스러운 개척지 서부. 가축무리, 금맥을 찾아다니는 사람무리, 군사적 전초기지가 특징이며 또한 미혼의 청년남성, 계절노동자, 높은 유동성, 위험한 작업환경이 이곳의 특징이기도 하다. 이 밖에 특수한 지역적 형태로서 ③ 골드러시 이후에 캘리포니아에 생겨난 사회유형. 이 사회는 전통적인 서부와는 너무나 달라서 태평양 연안의 캘리포니아를 '서부'에 포함시킬 수 있는지를 두고 아직도 논쟁이 그치지 않고 있다.

셋째, 19세기 미국의 프런티어는 예외 없이 현지 원주민 인구를 배척하는 쪽으로 작동하는 체제였다. 남아메리카의 상황도 이와 유사했던 반면에 아시아와 아프리카에서 원주민의 생존공간은 이곳저곳에 상당한 부분이 남아 있었다. 초기에는 북아메리카지역에서 '인디언'과 유럽인이 동화한 사례가 분명히 있었다. 18세기에 프랑스인은 잉글랜드인이나 스코틀랜드인에 비해 인디언과 평화로운 공존(modus vivendi)을 실현했다. 스페인인과 오늘날의 뉴멕시코에 거주하던 원주민 사이에는 세력이 대체적으로 균형을 이룬 탓에 '포용형 프런티어'[24]가 형성되었다. 그러나 미국의 세력범위 안에서는 이런 일은 일어나지 않았다. 미국이 19세기 동안에 점진적으로 발전시킨 독특한 원주민 관리 방식은 보호구역(reservation)이었다. 대륙 중부지역의 정착민 수가 늘어날수록 인디언을 '황야'로 쫓아낼 여지도 줄어들었다. 미국내전과 특히 19세기 80년대의 인디언전쟁이 끝난 후 원주민을 위한 분산된 거주지역이 광범위하게 설치되었다. 어떤 프런티어에서도——20세기에 들어와 남아프리카에서 원주민 흑인을 대상으로 한 유사한 사례가 있기는 하지만——원주민을 포위 격리시키는 방식이 이처럼 철저하고 대규모로 실시된 사례가 없었다.[25]

넷째, 학술적 개념으로나 대중적인 신화——학술적인 '탈영웅화'는 대중적인 신화에 영향을 주지 못했다——로서도 '프런티어'는 터너가 이름붙이기 훨씬 오래전부터 미국사의 통합적 주제였다. 1800년 무렵에 제퍼슨은 미국의 미래는 서부대륙이 결정할 것이라고 말한 바 있다. 제퍼슨의 예언 말고도 19세기 40년대에는 '명백한 운명'(Manifest Destiny)이란 논리가 등장했다. 이 표현은 훗날 미국의 침략적 외교정책을 미화하는 상투어가 되었다. 바로 이 논리를 바탕으로 일부 역사학자들은 미국의 태평양 진출——포경선이 선봉에 섰다——을 두고 프런티어가 해양으로 확장된 것이라고 해석했다.[26] 과거에는 물론이고 현재도 서부개발은 북아메리카 특유의 민족형성 방식으로 인식되고 있다. 프런티어가 이처럼 통합력이 강한 주제가 될 수 있는 까닭은 북아메리카의 거의 모든 지역이 한때는 '서부'였기 때문이다.

미국 서부에 관한 방대한 연구 성과를 여기서 요약하기는 불가능하다.[27] 극단적인 경우 서부의 역사에 관한 연구가 프런티어 이론에서 완전히 벗어난 사례도 있다. 연구의 초점이 특정 지역의 역사에 집중된다면, 다양한 지리적·직업적 프런티어는 근본적으로 상호 연결되어 있으며 동일한 과정의 다른 현상일 뿐이라는 터너의 기본 이론을 벗어날 수밖에 없기 때문이다. 미국사 연구의 또 하나의 경향은 (이 책의 관점과 근접해 있거니와) 서부를 지리적으로 구체화하는 것을 반대하며 (서부란) 지리적 특징을 내세워 묘사할 수 있는 지역이 아니라 여러 가지 의존관계의 결과라고 주장한다. 이 관점에 따르면 '서부'는 지도에 표시될 수 있는 장소라기보다는 일종의 특별한 역장(力場, Kraftfeld, Force Field)이다.

또 다른 연구자들은 사회적 행위자의 다양성을 강조하며—서부 사회를 뭉뚱그려 농장주와 인디언 사이의 대립으로 단순화해서는 안 된다—20세기에 들어온 이후 서부의 도시적 특징이 증가한 사실에 주목하기 시작했다. 20세기 30, 40년대의 고전적인 서부극에서 도시의 모습은 한 번도 보이지 않았다. 그러나 이런 영화를 촬영할 무렵에 서부의 일부 지역은 이미 미국에서 도시화 과정이 가장 높은 수준에 도달해 있었다. 역사해석의 수정이 경험적 지식이 발전했기 때문에 나온 경우는 많지 않다. 그러므로 신터너학파와 반대파 사이의 논쟁은 연구방법론의 참신성만을 기준으로 하여 판정할 수는 없다. 모든 수정주의에는 정치적 배경이 있다. 터너의 정통파 관점을 무너뜨리려면 미국 '예외론'을 비판하지 않을 수 없다. 프런티어가 사라지면 최소한 미국적 방식의 특수성은 설득력을 잃게 될 것이다.

19세기 세계사의 관점에서 본다면 미국의 특수성은 분명하고도 놀라웠다. 도시화 문제에서 쉽게 드러나듯이 신세계의 도시화는 결코 유럽 방식의 간단한 복제가 아니었다는 사실은 앞에서 이미 살펴보았다. 미국에서 위성도시가 발전함에 따라 특수한 신유럽 모형이 형성되었고, 그것은 분류하자면 오스트레일리아 방식에 가까웠다. 유럽인들이 서부의 개척과 정착을 독특한 현상으로 보지 않았다면 그들은 그것을 찬탄하는 필치로 묘사하거나 평가하지 않았을 것이고 자신의 환상과 상상의 출발점으로 삼지도 않았을 것이다.

오늘날 미국인들은 자신의 역사를 더 '정상'으로 보이게 하려고 애쓰고 있지만 이런 노력은 미국 프런티어 발전의 특수성을 찬미하는 논리와는 배치된다. 그렇기 때문에 유럽인의 미국 '예외론'에 대한 비판은 일부 미국의 역사학자들만큼 날카로울 수가 없다. 남아시아인이나 동아시아인의 시각에서 보았을 때 미국의 특수성은 한눈에 알아볼 수 있다. 그들에게 끝 간 데를 알 수 없는 비옥한 토지는 선망의 대상이다. 아시아의 많은 지역에서 1800년 무렵에 생산성이 높은 지역은 개간과 정착이 끝나 있었고 사실상 사용 가능한 토지는 모두 이용되고 있었다. 그러니 미국은 풍요로우면서도 버려진 땅이 아닐 수 없었다.

인디언

북아메리카 프런티어의 특수성을 강조하다보면 유럽계 아메리카인과 인디언의 관계를 직시하지 않을 수 없다. 앞서 카리브해 지역과 중남아메리카대륙에서도 그러했지만 유럽인이 침입하자 북아메리카 원주민 인구는 급격하게 줄어들었다. 백인이 대학살극을 벌였다고 뭉뚱그려 비난하는 것은 과장일 수도 있지만 북아메리카의 일부 종족이 멸종된 것은 사실이고 일부 지역, 특히 캘리포니아에서는 원주민 인구가 급격하게 줄어든 것도 분명한 사실이다. 1769년에 스페인 이민이 캘리포니아에 도착했을 때 현지의 원주민 인구는 약 30만이었다. 스페인시대가 끝난 1821년에도 원주민 인구는 20만 정도가 남아 있었다. 그러나 골드러시가 지나간 후인 1860년에 남은 원주민은 3만 명뿐이었다. 질병, 기근, 학살─한 권위 있는 역사학자의 표현을 빌리자면 "체계적인 살육계획"─이 토착인구의 급격한 감소를 가져온 원인이었다.[28]

생존자의 입장에서는 살아남은 것도 재난이었다. 캘리포니아의 백인사회는 그들에게 어떤 통합의 기회도 제공하지 않았다.[29] 아메리카 인디언은 매우 다양했다. 그들에게는 통일된 생활방식이 없었고 통일된 언어도 없었기 때문에 군사적으로 공동보조를 취하기 어려웠다. 인디언은 많은 종족으로 나뉘어 있었다. 서부 평원지역에서 수렵생활을 하는 인디언 부족에서부터 정착하여 농사짓는(곡물과 콩이 주류였다) 푸에블로(Pueblo) 인디언, 양을 키우며 은세공을 생업으로 하는 나바호(Navajo), 서북지역에 흩어져서 고기잡이를 하는 인디언에 이르기까지 다양한 종족이 있었다.[30]

종족들 사이에는 접촉이 거의 없었다. 그들 사이에는 인디언이라는 동류의식이나 연대감, 침입에 대항하는 통일된 전선이 없었다. 심지어 혈연관계가 있는 이웃부락 사이에 잔혹한 전쟁이 흔하게 벌어졌다. 백인들이 인디언을 동맹으로서 필요로 하는 동안에는 인디언은 때때로 백인들 — 영국인, 프랑스인, 스페인인, 반란을 일으킨 정착민 — 사이의 갈등을 이용해 어부지리를 취했다. 그러나 1812년의 영·미전쟁 이후로 이런 수법은 통하지 않게 되었다. 북부지역의 인디언 부족이 대연합을 형성할 수 있는 기회가 있었지만 기회는 그냥 흘러가고 말았다.[31] 미래의 모든 인디언전쟁에서 변절한 인디언들이 유럽계 아메리카인 편에 서서 후방 보급지원을 담당했다.

대평원지역의 대다수 인디언이 가졌던 공통의 경험은 기술혁명의 충격이었다. 이동과 운반의 도구로서 말이 도입된 것만큼 중요한 변화는 없었다. 말은 1680년을 전후하여 북아메리카 남부의 스페인 식민지에서 사용되기 시작했다.[32] 말과 함께 화약무기가 들어왔다. 화약무기는 프랑스인이 인디언과 손잡고 스페인인에 대항하기 위해 처음으로 들여왔다. 말과 총기는 수많은 사람의 생활을 극단적으로 바꾸어놓았다. 그들은 이전에는 백인의 얼굴도 본 적이 없는 사람들이었다. 기록에 따르면 말의 사육, 교역, 절도와 기병전은 18세기 40년대에 등장했다. 1800년 무렵, 미시시피강 이서지역의 거의 모든 인디언이 말에 의존하는 생활에 익숙해졌다. 부족 전체가 켄타우로스*로 변

* 켄타우로스(centaur)는 그리스 신화에 나오며 상반신은 사람이고 하반신은 말인 상상의 종족이다.

신했다.

변신한 종족은 대평원에 대대로 살아온 인디언만이 아니었다. 부분적으로는 새로운 거주지를 찾기 위해서, 부분적으로는 서부를 개척하는 유럽계 아메리카인들에게 밀려서 동북부의 인디언 집단(예컨대 라코타 수족, Lakota Sioux)이 대평원지역으로 이주하기 시작했다. 이들은 이주 과정에서 농민이나 적대관계에 있던 기마 유목민과 충돌했다. 1840년에 기마 수렵전사들──수족, 코만치족(Comanche), 아파치족(Apache) 등──사이의 협상을 통해 비교적 안정적인 평화가 형성되었지만 유목생활을 하는 인디언과 정착생활을 하는 인디언 사이에는 격렬한 투쟁이 멈추지 않았다. 이것이 미국내전이 폭발하기 전 40년 동안 북아메리카지역에서 발생한 가장 격렬한 유혈충돌이었다.[33]

다른 한편에서 말 사육자와 농민 사이에는 강한 의존관계가 형성되었다. 말 사육자는 탄수화물을 공급받고 동시에 자신의 수렵생산물(주로 말린 고기와 가죽)과 동부에서 생산된 물품을 교환하기 위해 농민에게 의존했다.[34] 이 모든 것이 가능할 수 있었던 이유는 인디언의 농업이 기술로는 유치하면서도(쟁기와 비료가 없었다) 생산성이 높았기 때문이다. 초기의 유럽계 아메리카인은 인디언의 영농법에서 많은 것을 배웠다. 1830년 무렵 북아메리카 대평원의 인구밀도는 전례 없이 높아졌다. 추산에 의하면, 당시에 개발되지 않은 이 광활한 공간에 약 6만 명의 인디언이 36-90만 마리의 길들인 말과 200만 마리의 야생마, 150만 마리의 이리, 3,000만 마리에 가까운 아메리카들소와 함께 살고 있었다.[35]

말 덕분에 미시시피강과 로키산맥 사이의 동서로 300킬로미터, 남북으로 1,500킬로미터 넓이의 대평원이 전면적으로 개발될 수 있었다. 말은 에너지 변환장치의 역할을 했다. 초원에 축적된 에너지가 말을 통해 인간의 명령에 순응하는 동물의 근육에너지로 바뀌었다.

말과 길들일 수 없는 짐승의 가장 큰 차이가 이것이었다.[36] 이때부터 인간은 북아메리카대륙의 들소와 속도경쟁을 할 수 있게 되었다. 들소를 사냥할 때 부락 전체의 남녀노소가 동원되어 사냥감을 깊은 계곡으로 몰아넣는 방식은 말을 탄 민첩한 청년들의 작은 무리가 들소를 사살하는 방식으로 바뀌었다.

새로운 사냥기술은 인디언 부족에게 혁명적인 변화를 가져왔다. 여성 노동의 가치가 하락했다. 여성의 주요 활동은 음식을 만드는 것이 아니라 사냥한 짐승을 처리하고 가공하는 것으로 바뀌었다. 나아가 들소 가죽의 수요가 늘어나면서 가죽을 벗기는 일에서 여성 노동력의 수요가 늘어났다. 이리하여 남성은 할 수 있는 한 더 많은 여성(노동력)을 소유하려 했다. 여성을 말과 교환했다. 말을 중심으로 새로운 교환경제가 형성되었다. 어떤 인디언 부족(아파치)은 '막대한 동물적 부'를 거머쥐었고 거리를 따지지 않고 온갖 부류의 고객에게 말을 공급했다. 말 도둑이 심각한 문제로 대두했다.[37] 남성을 사냥집단 단위로 배치함으로써 사회는 단편화되고 탈계층화된 반면에 새로운 협동과 조정 체계가 필요해졌다. 이와 동시에 거대한 들소무리의 이동경로를 따라다니기 위해 인디언 공동체와 부족의 유동성이 강화되었다.[38]

대평원지역의 인디언을 진정한 의미의 유목민족으로 바꾸어놓은 것은 '말-들소' 문화였다. 짐 싣는 말이 생기자 장막 등 무거운 세간을 옮길 수 있게 되었다. 가산(家産)이 많을수록 더 많은 말이 필요했다. 이리하여 말 자체가 재산과 지위의 상징이 되었다. 이 밖에도 말은 전사의 전투력을 높여놓았다. 이 방면에서 인디언은 뛰어난 독창성과 적응력을 보여주었다.

인디언에게는 원래 기마전투의 전통이 없었다. 17세기에 그들이 남쪽지역에서 목격한 스페인 중기병(重騎兵)은 배울만한 표본이 되지 못했다. 말에게 기대되는 기능은 사냥과 작전이기 때문에 인디언은 이 두 가지 기능을 결합하는 방법을 찾기 위해 힘을 쏟았다. 그들은 경기병(輕騎兵) 전술을 발명했고 이 전술의 일부는 후대에 가서도 따라 잡을 수가 없었다. 인디언은 기마술이 뛰어난 용사라는 전형적인 이미지는 그들이 자유로운 삶을 살 수 있었던 마지막 시기에나 적용될 수 있다. 그들의 기마술은 사실은 3, 4세대란 짧은 시간 안에 습득된 것이었다.

인디언 가운데서 기마술이 가장 뛰어난 종족은 코만치였다. 코만치 족은 먼저 정착한 집단을 몰아내고 남로키산맥 동쪽에서부터 아칸사스(Arkansas)강 남쪽에 이르는 지역을 지배했다.[39] 그들은 그곳에서 여러 부족을 통제하며 '코만치제국'이라 부를만한 체제를 세웠고 북아메리카대륙의 제국주의 경쟁에서 중요한 역할을 했다.

새로운 말-들소 문화는 인류가 농업에 부적합한 건조한 자연환경에 잘 적응한 대표적인 사례라고 할 수 있다. 생태를 보호하고 대자연과 조화롭게 살아가는 인디언이란 이미지는 현실과는 동떨어진 억측일 뿐이다.[40] 큰 범위의 상업유통 체계에 편입된 후 인디언도 많은 압박을 받았다. 인디언과 백인 사이의 최초의 정기적인 접촉은 모피교역을 통해서 이루어졌다. 200여 년에 이르는 긴 시간동안 모피교역은 북아메리카 내륙은 물론 시베리아도 세계시장과 긴밀하게 연결시켜놓았다. 이렇게 된 배경에는 '숲속을 돌아다니는 사람' (backwoodsman)이라 불리던 유럽계 아메리카인의 뛰어난 적응력과 (이들의) 종족의 경계를 넘어 혼인으로 맺어진 현지인과의 관계망이 크게 작용했다. 그렇다고 해서 모피무역이 미화되어서는 안 된다. 바로 이 모피무역이란 경로를 통해 인디언은 처음으로 알코올과 접촉했다. 수십 년 뒤에 아편이 중국에서 그랬던 것처럼 알코올은 일종의 마약이 되어 인디언의 종족적 응집력과 저항력을 크게 약화시켰다.

말-들소 문화는 인디언과 외부세계 시장과의 연결을 강화시켰다. 인디언은 갈수록 더 많은 일상의 수요를 교환을 통해 충족했다. 인디언과 극도의 적대관계에 있던 백인이 인디언에게 칼과 취사용 솥을 팔았고 중간상을 통하면 동부의 공장과 공방에서 생산된 카펫과 직물도 살 수 있었다. 많은 인디언이 활과 화살(들소를 잡는 필수도구) 이외에 총기를 사용하기 시작했다. 총기는 인디언이 만들 수도 수리할 수도 없는 물건이었다. 이 때문에 인디언의 (들소라는) 단일 자원 위주의 경제모형은 그들이 통제할 수 없는 시장요인에 대한 의존도를 높여갈 수밖에 없었다. 예컨대, 1830년 이후로 프런티어 교역에서 들소 가죽의 중요도가 육류제품을 초과했고 이때부터 들소 무리의 고갈이 문제가 되기 시작했다. (오늘날 우리가 알고 있는 지식에 따르면) 1인당 매년 6-7마리의 들소를 '채집'한다면 자연번식이 위협을 받지 않을 수 있었다. 이 수준을 넘는다는 것은 위험한 정도의 남획을 의미했다.[41)]

대평원의 인디언이 수요의 자극에 대응한 방식은 경제적으로는 합리적이었지만 생태적으로는 비이성적이었다. 결과는 생존기반의 점진적인 붕괴였다. 이런 결과를 만들어낸 다른 요인은 들소의 질병, 빈번한 가뭄, 개척민의 상업적 가축사육이 들소의 생존공간에 가한 압박 등이었다. 이 밖에도 공업용 가죽(컨베이어 벨트) 수요의 증가가 시장에서 들소 가죽 수요를 자극했다. 백인들도 들소 사냥에 합류하여 대학살극을 펼쳤다. 백인들의 사냥규모는 인디언들이 여태껏 보지 못한 수준이었다. 백인 사냥꾼 한 사람이 하루에 평균 25마리의 들소를 사살했다. 내전이 끝난 후부터 19세기 70년대 말까지 대평원 지역의 들소 수는 1,500만 마리에서 수백 마리로 줄어들었다.[42)]

사냥꾼들은 다음과 같은 냉소적인 풍자로 이윤을 추구하는 탐욕을 은폐했다. '문명화된 소'를 사육할 공간을 창조하기 위해 '마음대로' 번식하여 끊임없이 늘어나는 '들소무리'를 소탕했으며 동시에 인디언이 '원시야만'의 생활방식을 포기하도록 압박했다. 1880년 무렵 대평원의 말-들소 문화는 완벽하게 사라졌다. 인디언은 생존의 기초를 상실했을 뿐만 아니라 자신이 생존을 의존하던 자원에 대한 통제권도 상실했다. 지난날의 초원의 주인에게 남은 유일한 선택은 그들을 위해 마련해놓은 인디언 보호구역을 찾아가는 것이었다.

개척민이 인디언의 노동력을 체계적으로 착취하지 않았던 것이 궁극적으로 인디언에게 행운이었을까 아니면 불운이었을까. 그들은 착취와 강제노역의 운명은 피해갈 수 있었지만 그 대신 사회적으로 주변화되었다. 인디언 카우보이는 여기저기 보이지만 인디언 프롤레타리아는 찾아볼 수 없다. 일찍이 17세기에 인디언을 하층 노동자로서 식민지 사회에 편입시키려던 시도가 있었으나 실패로 끝났다. 캘리포니아의 인디언은 일정 정도는 시장경제에 통합되었으나 그 때문에 안정된 생존공간을 확보하지는 못했다. 적응이 효과적인 저항책이었던 경우는 거의 없었다. 사방에서 몰려오는 압도적인 백인 세력은 그런 저항책을 시도해볼 공간조차 허용하지 않았다.

인디언의 반응은 처음부터 제각각이었다. 이웃한 부락이라도 완전히 다른 행동방식을 보였다. 일리노이의 인디언이 선택한 것은 자발적인 동화였다. 그들은 자기문화를 거의 전부 포기했다. 가까운 곳에 있던 키카푸(Kikapoo)부족은 유럽인이든 이웃 인디언 부족이든 모든 침입자에 대해 격렬하게 저항했고 이 때문에 백인의 가장 강인한 적이라는 평판을 들었다. 키카푸족의 군사적 저항은 1812년에 실패로 끝나고 결국에는 고향에서 쫓겨났지만 자기문화는 상당 정도 지켜낼 수 있었다.[43]

개척민

북아메리카 프런티어에는 두 가지 측면이 있다. 하나는 인디언에 대한 억압이고 다른 하나는 정부 또는 개인의 토지 점거와 그 결과로서 국가영토의 확장이다. 어느 쪽이든 그 결과가 인구에 반영되었다. 인디언 인구 변화의 구체적인 상황은 추측할 수 있을 뿐이다. 유럽인과 처음 접촉하기 직전의 인디언 인구가 얼마였는지에 대해서는 여러 추산이 있는데 그 편차가 크다. 115만이 비교적 신뢰할 수 있는 숫자인 것 같다. 1900년 무렵 인디언 후예의 숫자는 대략 30만 정도였다.[44] 반면에 미국의 '서부' 주민의 공식통계가 남아 있다. 이 통계에서는 뉴잉글랜드, 남쪽으로 플로리다에까지 이르는 대서양 연안의 주, 알래스카, 하와이 등을 제외한 나머지 미국영토 전체를 서부라 부르고 있다. 1800년 무렵, 이곳에 거주하는 인구는 대략 38만 6,000명이고 전체 인구의 7.3퍼센트를 차지했다. 1900년이 되자 서부 인구는 4,470만 명으로 증가했고 전체 인구의 53퍼센트를 차지했다.

19세기 50년대에 서부 인구의 비율은 이미 50퍼센트를 넘어섰다. 이후로 동·서부 인구의 증가속도는 대체로 평형을 유지했다.[45] 서부개척은 터너학파가 묘사한 것처럼 빈 공간을 꾸준히 "채워나가는" 방식으로만 진행된 것은 아니었다. 태평양 연안으로 통하는 '오리건 가도'(Oregon Trail)가 열렸을 때, 그로부터 몇 년 뒤 캘리포니아에 황금 프런티어가 등장했을 때, 폭발적인 인구증가가 있었다. 오리건 가도는 미주리강에서부터 오리건주(1859년에 미합중국의 33번째 주가 되었다)의 컬럼비아강 하구에 이르는, 이전에는 사람들이 다닌 적이 없는 곳에 생긴 오솔길이었다. 길이 3,200킬로미터에 이르는 이 길을 따라 최초의 정착민 짐마차와 가축 떼가 서부의 끝에 도착한 것은 1842년의 일이었다. 그 뒤 몇 년 사이에 사냥꾼과 보부상이 다니던 오솔길이 번잡한 대륙횡단 도로로 바뀌었다. 이 길은 19세기 90년대까지 사용되다가 철도가 등장하면서 완전히 잊혀졌다.[46]

서부로의 이동은 자기 주도적으로 결심한 수백만의 개인들이 만들어낸 운동이었지만 총체적으로 보자면 원대한 정치적 구상의 결과이기도 했다. 건국세대는 서부를 위대한 공간적 유토피아로 들어가는 대문으로 인식했다. 이런 꿈을 가졌던 사람들의 대변인이 토마스 제퍼슨이었다. 그는 시간이 아니라 공간적인 발전을 통해 지치고 부패한 유럽사회와 같은 몰락을 피할 수 있는 기회가 미국에 주어졌다고 생각했다. 이런 인식은, 공간은 당연히 그리고 반드시 전체의 이익뿐만 아니라 동시에 개인의 치부를 위해서도 사용(사실은 착취)되어야 한다는 이념으로 발전했다.[47] 제퍼슨은 농민이 소규모 경영자로서 자족적인 공동체 안에서 가족과 함께 살아가면서 국가사무의 민주적 관리에 참여하는 나라를 꿈꾸었다.

19세기 서부 개척에서도 제퍼슨의 구상이 사람들의 이상이었다. 정부는 법률이란 형식을 통해 지속적으로 이런 이상을 지원했다. 그중에서 특히 중요한 법이 1862년 링컨 대통령 때에 나온 「자영 농지법」(Homestead Act)이었다. 이 법은 남부 주의 노예제도에 반대하기 위해 나온 사회정책이었다. 이 법에 따르면 한 가족의 성인 구성원은 한 사람당 64만 7,497제곱미터의 서부의 공유지를 거의 무상으로 분배받을 수 있었고 5년 이상을 경작하면 소유할 수 있었다. 그러나 실제 상황은 법과 같지 않았다. 동부에서 온 많은 도시 가정이 분배받은 토지를 투기꾼에게 현금을 받고 팔았다. 프런티어에는 가난하고 부지런한 개척민과 토지투기꾼이 뒤엉켜 있었다.

프런티어와 관련된 신화 가운데서 개척민의 유동성은 흔히 찬미의 대상이 되는 주제였다. 그러나 많은 사람에게 그것은 어찌할 방도가 없어서 선택한 고통스러운 생활방식이었다. 그들은 감당할 만한 가격에 파는 땅이 있는 곳으로 가 기회를 찾기 위해, 혹은 충돌을 피해 이곳저곳으로 옮겨 다녔다. 프런티어와 관련된 수많은 성공담 뒤에는 잘 알려지지 않은 실패의 사례가 숨어 있었다. 동부의 도시로 부터 기초시설이라고는 거의 아무것도 없고 국가권력으로부터 실효성 있는 보호도 기대할 수 없는 세계로 옮겨온 개척민들은 고통스러운 생활에의 대비가 전혀 없는 경우가 흔했다. 많은 사람이 야만상태로 전락하거나 오래전에 떠나온 도시문명의 하층부로 되돌아가야 할지

몰라 두려워했다.[48] 형성 중이던 프런티어 신화가 이런 불안을 완전하게 제거해주지는 못했다. 유목민을 천시하는 도시인의 시각이 개척민의 유동성을 자극했다. 동시대인들이 남긴 기록을 보면 서부 이민과 세계 다른 지역의 집단 이주는 늘 한 묶음으로 거론되었고 서부 개척민을 프런티어의 타타르인이라 불렀다.

안정된 소도시 공동체가 형성되기 전에는 남성 개척민은 앞서 개발되거나 '문명화'된 내지로 가서 결혼 상대를 구했다. 사람들의 빈번한 왕래는 일상적인 현상이었다. 모피상들의 시대와는 달리 다른 종족간의 통혼은 금기시되었다. 최소한 이론적으로는 프런티어는 남녀의 역할 구분이 분명한 기독교 가정을 재생산하기 위해 백인들의 사회로 남아 있어야 했다. 기독교 가정의 이상형은 남자는 바깥 세계를 정복하고 여자는 집안에서 문화와 교양의 세계를 쌓아올리는 것이었다.

북아메리카의 서부에서처럼 가족이 핵심 단위가 되어 독립적이면서도 이웃과 긴밀하게 연계된 사회를 이상형으로 추구하는 곳은 세계 어디에서도 찾아보기 어려웠다.[49] 자급자족적인 개척민 가정은 가정이면서 동시에 작은 규모의 기업이기도 했다. 이런 방식을 배척하는 사람들도 있었다. 그들은 개인주의를 신봉하는 금 채굴자들이나 사금 채취자들이었다.

캘리포니아에서는 토지는 빠르게 대지주의 손 안에 집중되었다. 여기서는 농업은 처음부터 야만적인 자본주의 방식으로 경영되었다. 대다수 이민의 유일한 활로는 임금노동과 소작농이었다.[50] 이런 체제에 농장의 임시노동자나 소작인의 신분으로 합류한 사람들은 신분상승의 기회를 찾을 수가 없었다. 2세대 이민 또한 상대적으로 고통스러운 처지에 놓였다. 예컨대, 아일랜드인 또는 유럽 대륙출신은 토지를 확보하지 못한 경우 기생적인 신분으로 전락할 수밖에 없었다.

서남부 지역에서 농업노동자와 광업노동자로 구성된 사회 하층계급의 대다수는 차별과 착취에 시달리는 멕시코인이었다. 이런 현상이 생기게 된 주요 원인은 미국이 벌인 멕시코 침략전쟁이었다. 이 전쟁은 하룻밤 사이에 10만 명의 멕시코인을 미합중국 주민으로 바꾸어놓았다. 게다가 인종주의까지 작용했다.[51] 프런티어 사회에는 터너가 말한 '전형적인' 개척자 — 애국적인 미국시민 — 만 있는 게 아니라 각양각색의 집단이 존재했다. 그들 가운데는 동부의 도시에서 동화과정을 거치지 않고 바로 온 유럽이민(예컨대, 스칸디나비아인), 자유인이거나 노예 신분의(심지어 일부는 인디언 부족의 노예였다) 흑인, 골드러시와 철도건설을 따라 온 상당수의 중국인이 있었다. 19세기 하반기 프런티어 사회의 인종구성은 동부의 도시보다 더 복잡했다. 동부의 도시와 마찬가지로 프런티어도 자연스러운 인종의 '용광로'가 되기는 어려웠다.[52] 따라서 프런티어 사회를 백인과 인디언의 '이원대립' 사회로 단순화해서는 안 된다. 개척민 가운데서도 도시사회와 마찬가지로 피부색에 따른 등급관계가 존재했다.

유럽의 여러 지역과 비교할 때 북아메리카 프런티어에서는 비교적 쉽게 저렴한 가격으로 토지를 확보할 수 있었다. 대부분의 경우 사람들은 경매를 통하거나 국가로부터 토지를 매입했다. 토지의 단위당 최저 판매가격과 토지의 최소 경작규모는 법률로 정해져 있었다. 토지는 언제나 (자영농지법의 경우처럼) 무상으로 분배되지는 않았고 또한 토지의 투기성 남용을 막는 법적 제약도 없었으므로 많은 개척민이 자금조달 문제로 어려움을 겪었다.[53] 통나무집에서 살아가는 개척민이 결코 전체의 모습은 아니었다.

프런티어가 언제 어디서부터 어떤 방식으로 시장과 관계를 맺기 시작했는지는 아직도 결론이 나지 않은 쟁점으로 남아있다. 그러나 전체적인 경향이 상업화로 가고 있었음은 의심의 여지가 없다. 19세기 중엽 이후로 프런티어 사회에서 주류를 이루는 사람들은 자급자족형 농민이 아니라 기업가 정신을 가진 농민이었다. 토지는 결코 국가가 선전하는 것처럼 아무 때나 손쉽게 가질 수 있는 물건은 아니었다. '좋은' 땅을 가지려면 경쟁해야 했고, 그런 땅을 사들이고 개발하는 데 들어간 비용은 상응하는 경제적 효과가 있어야 의미를 가질 수 있었다. 들소와 인디언이 대평원에서 '정리된' 뒤로 목장주(cattle barons)가 경영하는 '큰 사업'(Big Business)이 텍사스에서부터 일어나기 시작했다. 그들이 동원하는 자금은 도시의 은행이나 영국자본에서 나왔다. 다른 대륙의 프런티어에서도 그랬지만 북아메리카의 목축업도 일종의 '큰 손들의 경제'(big man economy)가 되었다.[54)]

프런티어의 경험의 차이는 각 지역이 당면한 문제의 상이한 모습으로 나타났다. 이런 현상은 이미 터너의 개념 속에서 사회진화의 비동시성이란 이론으로 정립되어 있었다. 대평원에서 인디언의 위협이 사라진 후 텍사스에서부터 노스다코타에 이르는 지역의 농민들은 19세기의 전형적인 문제 — 은행 저당, 철도 운임, 현금 흐름 — 와 씨름해야 했지만 캘리포니아 쪽에서는 20세기의 특징이라고 할 물 공급문제, 과일 재배, 태평양 무역 또는 도시의 부동산시장 같은 주제를 두고 논쟁을 벌이고 있었다. 물 문제가 주요 주제로 등장하게 된 것은 결코 우연이 아니었다. 서부가 직면한 생태문제 가운데서 물만큼 심각한 것은 없었다. 프런티어의 신화가 "아무리 써도 없어지지 않는" 자연자원을 미화하고 있을 때도 부족했던 자원이 바로 물이었다.[55)]

인디언전쟁, 권총이 지배하는 사회

폭력은 거의 언제나 프런티어의 한 부분이었다. 북아메리카의 서부는 그 방면의 표본이었다. 1609-14년 버지니아에서 일어난 '제1차 앵글로-포화탄전쟁'(First Anglo-Powhatan War)에서부터 1886년 서

남부에서 일어난 마지막 아파치전쟁이 종결될 때까지 백인과 인디언 사이의 갈등은 일련의 전쟁을 통해 해결되었다.[56] 동부의 인디언 부족은 전쟁에서는 늘 동맹을 맺고 완강하게 대항했다. 1842년에 마지막 세미놀(Seminole) 부족의 전사가 플로리다 늪지대에서 쫓겨남으로써 동부 인디언은 철저하게 정복되었다. 동부지역에서 전쟁은 230년 가까이 지속되었다. 이에 반해 백인과 미시시피강 이서지역의 인디언 사이의 충돌은 대략 40년 동안 지속되었다.

19세기 40년대에 비로소 유럽계 북아메리카 개척민이 대평원지역으로 침입을 시작했다. 1845년에 인디언이 '육로여행자'(overland trailers)를 공격하여 처음으로 사상자가 발생했다는 기록이 있지만 대부분의 경우 개척민이 통행료를 내거나 공평한 조건으로 물건 교환이 이루어지면 인디언 부락은 장애가 되지 않았다. 이주민 마차대열을 상대로 한 잔혹한 습격은 모두 백인 강도 무리가 인디언으로 변장하여 저지른 것이었다.[57] 50년대 이후로 충돌 횟수가 점차로 늘어났다. 60년대가 되자 전형적인 의미의 인디언전쟁이 폭발했다. 이 전쟁은 미국인의 집단기억 속에 또렷한 낙인을 찍어놓고 할리우드 영화를 통해 영원한 화제로 자리잡았다.

1862년, 인디언(이때는 수족이었다)이 백인 개척민을 대상으로 미국 건국 이래 가장 큰 규모의 학살극을 벌여 수백 명이 죽었다. 심지어 인디언이 내전의 배후에서 대규모 습격을 벌일 것이란 유언비어까지 나돌았다.[58] 그러나 인디언전쟁에 참여한 부락은 소수였다. 아파치족, 코만치족, 샤이안족(Cheyenne), 키오와족(Kiowa)이 장기간 저항을 그치지 않았지만 포니족(Pawnee), 오사지족(Osage), 크로족(Crow), 호피족(Hopi)은 남부군 편에 서서 싸웠다.[59]

1850년, 뉴맥시코가 전리품으로서 북부군에 귀속되었고 서남부에는 '야만인들'을 통제하기 위해 곳곳에 군 기지가 설치되었다.[60] 이렇게 들어선 요새들은 처음에는 아파치족과 코만치족의 공격을 막아내기 어려웠지만 점차로 이 지역에 '치안'을 유지하는 기지가 되었다. 내전에서 북부군 편에 섰던 군대가 인디언 부족의 독립을 막기 위해 남부로 배치되었다.

근대 유럽의 전투개념이 인디언전쟁에서 여러 차례 적용되었다. 인디언 가운데서 몇몇 걸출한 전략가가 나타났다. 이들이 물질적인 조건이 대체로 대등한 조건에서는 여러 차례 백인에게 패배를 안겨주었다. 대평원의 인디언은 전 세계에서 가장 뛰어난 경기병이었다. 그들은 훈련과 장비가 부족한 적을 상대할 때 거의 모든 전투에서 승리했다. 더 나아가 요새와 황야의 힘든 생활조건 또한 적의 투지를 꺾어놓았다. 북부군에는 젊은 엘리트 기병과 함께 임시로 동원한 연령이 상당히 높은 기병부대가 있었다.

이들 가운데는 영국군에 복무했던 아일랜드인 노병, 헝가리 경기병 출신, 19세기 초 나폴레옹전쟁의 생존자가 있었다. 인디언의 중요한 군사적 약점은 전투장비의 열세였으며(인디언 군대는 곡사포의 위력에 대응하는 방법을 끝내 찾아내지 못했다) 이런 약점은 기율의 결핍, 지휘체계의 혼란, 부락과 진지의 경계 소홀로도 나타났다. 많은 아시아와 아프리카의 전쟁터에서 나타났던 (유럽인에게 유리한 방향의) 무력의 비대칭성이 이곳에서도 나타났다.[61]

전쟁과 폭력의 경계는 모호했다. 교전 쌍방의 살육행위와 방어수단이 없는 평민 거주구역에 대한 공격과 학살은 구분되지 않았다. 쌍방은 무장하고 있었고 폭력은 프런티어의 일상생활의 한 부분이었다. 이것은 18세기 말에 벌어진 식민전쟁이 남긴 유산이었다.[62] 다른 문명 사이의 폭력사용과 프런티어 사회의 유럽계 아메리카인의 일상생활 가운데 보편적으로 퍼져있던 폭력이 뒤엉켜 있었다.

생활 속의 분쟁을 권총이나 소총으로 해결하는 '거친 서부'의 개척민은 전 세계에서 최고의 무장을 갖춘 집단이었다. 내전시기에나 통하던 '총으로 해결'하는 방식이 평화시의 사회생활에도 영향을 끼쳤다. 폭력은 남성의 명예를 지키는 궁극적인 방식이었다. 미국 동부의 도시에서는 알지 못하는 이 방식은 충돌을 완화하기보다는 격화시켰다('비후퇴의 의무', No Duty to retreat)*. 서부에서는 자신의 이익을 지키기 위해 주먹을 휘두르고 때로는 목숨까지 거는 자살형 '용기'를 숭배하는 문화가 형성되었다.

서부의 중요한 특징은 자경단주의(自警團主義, vigilantism)였다. 법의 권능이 미치지 못할 때 혁명적인 무력으로서 자경단이 등장하여 국가의 역할을 대신했다. 이런 현상의 배경에는 거칠게 해석된 자위권 사상과 인민주권(Popular sovereignty)의 원칙이 자리 잡고 있었다.

리처드 브라운(Richard Maxwell Brown)의 분석에 따르면 질서를 유지하는 방법으로서 자경단은 정규적인 법체계에 비해 인력소모는 많아도 비용은 적게 드는 방식이다. 1865년에 내전이 끝난 뒤로 약 40년 동안 권총을 든 영웅들이 만들어낸 공포의 심각성과 보편성은 정점에 다다랐다. 브라운은 이런 상태를 일종의 소규모 '내전'이라고 표현했다. 200-300백 명의 악명 높은 전문살인자들(여기에 더하여 이보다 지명도가 낮은 수많은 전문살인자들)이 대지주의 지시를 받고 소규모 목장주와 자경농민을 상대로 대지주의 이익을 관철시켰다. 이들은 정의감이 강하고 보통사람을 돕는 협객이 아니라 계급투쟁에서 상층부의 대리인이었다. 이와 대비할 때 인디언에 대한 대형 학살극 — 한 예를 들자면, 1864년 동부 콜로라도에서 발생한 샌드크릭 학살극(Sand Creek Massacre) 에서 샤이안족 인디언 남, 여, 어린이 200여 명이 살해되었다 — 은 자경단이나 민병대가 아니라 주로

* 비후퇴의 의무(No Duty to retreat)는 성(城)의 원칙 또는 주거 방어권의 원칙(Castle Doctrine, Castle Law, Defence of Habitation Law)이라고도 한다. 모든 사람에게는 자신만의 성(castle), 즉 보호구역이 있고 그곳에 침입해 자신을 위협하는 자에게는 무기를 사용해 대응해도 된다는 미국 형법의 원칙이다.

정규군에 의해 조직되었다. 그런가하면 다른 여러 경우에 군대가 백인들의 폭력으로부터 인디언을 보호한 사실도 있다. 이는 상황의 복잡성을 분명하게 보여준다.[63)

축출

인디언 정책은 거의 대부분이 워싱턴에서 만들어졌지만 실제 시행되는 곳은 프런티어였다. 미합중국이 수립될 때 대부분의 인디언 공동체는 외부로부터의 도전에 대응하는 경험을 충분히 쌓은 상태였다. 그들은 질병, 군사적 타격, 생태적 위협을 거듭 겪으면서 대응책을 찾아내고 스스로를 변화시켰다. 1800년 무렵 백인과 인디언의 관계는 교활한 '문명인'과 순진무구한 '야만인'의 관계가 아니었다.[64) 때로 인디언은 백인들(특히 펜실베이니아의 퀘이커교도들)로부터 공정한 대우를 받았다. 그러나 더 많은 경우에 인디언이 받은 대우는 차별적이었고 인디언이 생각하는 정의와 배치되는 것이었다.

미국정부의 인디언에 대한 태도는 이율배반적이었다. 한편으로 미국정부는 인디언의 사실상의 '독립국가적 지위'(nationhood)를 인정하고 인디언과 평화조약을 체결했다. 따라서 조약의 내용은 결코 일방적인 강제가 아니었다. 다른 한편으로 기독교도는 이교도보다 우월하다는 청교도적 신념이 문명을 전파해야 한다는 계몽주의적 사명감으로 대체되었다. 워싱턴의 '위대한 아버지'는 엄격함과 자비로움으로 인디언 '아이들'을 가르쳐야 마땅했다.[65) 문명화의 자극은 당연히 외부로부터 와야 했다.

19세기 중반 이전에는 미국정부는 법률적인 수단으로 인디언 부족 내부의 일에 간여하지 않았으며 인디언에 대한 관리는 특수한 방식의 간접통치를 택했다. 1870년 이후로 인디언에게 국가의 각종 법률과 규정에 복종하도록 요구해야 한다는 주장이 우위를 차지했다.[66)

1831년, 35년 동안 미국의 가장 영향력 있는 인물의 한사람이었던 연로한 연방대법관 존 마셜(John Marshall)이 체로키(Cherokee) 인디언부락은 "독자적인 정치사회이며, 다른 사회와 별도로 분리되어 자신의 일을 처리하고 스스로를 통치할 수 있는 능력을 갖고 있다"고 판결했다. 그러나 '부락'은 미국영토 안의 주권국가가 아니라 (마셜의 말한 바와 같이) "내부 의존적 국가"(domestic dependent nation)였다.[67]

이 판결은 후세에 큰 영향을 미쳤다. 판결문의 문자적 취지는 인디언을 보호하는 것이었다. 그러나 오랜 세월이 흐르면서 법집행자들은 대법원의 헌법해석을 무시하고 다른 방침을 따랐다. 1829년에 취임한 미국의 제7대 대통령 앤드류 잭슨(Andrew Jackson) 장군은 영국, 스페인, 인디언과의 전쟁에서 맹활약한 전쟁영웅이었다. 잭슨 대통령은 인디언 부족과 맺은 평화조약을 파기하는 데 아무런 거리낌이 없었다. 그는 인디언 축출('인디언 제거', Indian Removal) 정책을 실시했으며 이 정책은 대중적인 지지를 받았고 그 효과는 강력했다. 어떤 학자들은 이런 정책의 동기를 대통령 개인의 심리적인 문제에서 찾으려한다. 잭슨은 불우한 어린 시절을 보냈다. 그는 인디언을 '영원한 아이'로 보고 부러워했으며 한편으로는 그런 인디언에게 강력한 가부장의 권위를 보여주려는 욕망을 품고 있었다.[68] 이런 추측은 설득력이 없을 수도 있다. 그러나 정책시행이 빚어낸 결과는 추측이 맞고 틀린 것과 관계없이 중요했다.

잭슨이 보기에 제퍼슨 세대의 인디언 문명화 사명은 실패작이었다. 잭슨은 '팩스턴 무리'(Paxton Boys)의 정신을 숭배했다. 팩스턴 무리는 1760년대에 펜실베이니아에서 인디언을 상대로 잔인한 학살극을 벌였다.[69] 그는 인디언 영토를 용인하는 것은 무의미하다고 생각했다. 그의 목표는 오늘날의 용어로 표현하자면 '인종청소'의 방식을 동원하여 인디언을 미시시피강 이서지역으로 몰아내는 것이었다.

　북아메리카 인디언에게 1830년대는 1870년대 다음으로 가혹한 재난의 10년이었다. 이 시기에 대략 7만 명의 인디언이(동남부 인디언을 위주로 하여) 쫓겨났다. 이 계획은 오대호 지역에까지 파급되었다. 뉴욕주의 이로쿼이(Iroquoi)족만 끝까지 저항하여 승리했다. 각지에 수용소가 세워졌다. 모든 인디언 공동체가 최소한의 가재도구만 지닌 채 극단적으로 열악한 기후조건 아래서 '인디언 영지'(Indian Territory)로 쫓겨났다. 어떤 부족은 스스로 문명화되기 위해 온갖 노력을 했지만 축출의 대상에서 제외되지는 못했다. 끝없이 긴 행군 과정에서 수천 명의 인디언이 질병, 굶주림, 추위로 목숨을 잃었다. 그러나 우리는 이런 참상 때문에 잭슨의 '인디언 제거정책'이 서부개발을 촉진하는 작용을 한 사실을 간과해서는 안 된다. 일찍이 1814년에 무스코지크릭 인디언(Muscogee Creek) 일부는 자발적으로 고향을 떠나 서부로 옮겨갔다. '열려 있는' 서부가 백인 개척민에게 매력적이었듯이 모험심이 강한 인디언에게도 그곳은 매력적인 곳이었다.[70]

　인디언 축출 과정에서 가장 비극적인 사건이 플로리다의 세미놀 인디언 부족에게 닥쳐왔다. 이 사건은 노예제도 문제와도 얽혀 있었다. 세미놀 인디언 공동체 안에는 다수의 아프리카계 미국인이 살고 있었고 그 가운데 도망 노예가 적지 않았다. 흑인들은 독립적인 마을을 이루거나 인디언 공동체의 한 부분이 되어 살았다. 플로리다의 백인들에게 관심의 표적은 인디언이 사는 늪지대가 아니라 흑인들이었다. 인디언은 완강하게 저항했다. 수년 동안 지속된 전쟁에서 백인 병사도 다수가 목숨을 잃었다.[71] 쫓겨난 부족 가운데 일부는 그들에게 주어진 새로운 땅에서 유럽계 미국인의 생활방식에 (별다른 보상이 없었음에도) 성공적으로 적응했다.

　1850년부터 내전이 폭발하기 전까지의 시기에 '문명화된 5부족'——체로키 크릭, 촉토(Choctaw), 치카소(Chickasaw), 세미놀——의 생활은 그리 나쁘지 않았다. 이들은 축출의 고통을 극복하고 새로운 단결을 실현했다. 그들은 자신만의 헌법을 채택하고 옛 인디언식 민주주의와 미국식 민주주의를 융합한 정치제도를 만들어냈다. 많은 사람이 가족을 단위로 하여 농업생산에 종사했고 일부는 흑인노예를 고용하여 플랜테이션을 개척했다. 이들이 키워나간 새로운 땅에 대한 귀속감은 백인농민의 자기토지에 대한 감정과 다르지 않았다. 19세기 50년대에 그들이 만든 교육제도는 인근 아칸소와 미주리의 백인들로부터도 부러움을 샀다. 선교사는 환영받았고 공동체 안에 포용되었다. 다섯 부족은 백인이 그려놓은 '문명화'의 경로를 충실히 따라갔고 동시에 다른 인디언 부족과의 단절은 갈수록 깊어졌다.[72]

인디언들이 새로운 땅에 머물 수 있다는 확고한 보장을 받았더라면 잭슨의 무자비한 정책은 인디언 프런티어 개발의 마지막 단계가 되었을 것이다. 그러나 그런 보장은 없었다.[73] 백인 개척민과 철도회사의 끝을 모르는 토지 욕심과 거친 광산노동자의 난입이 안정된 인디언공동체의 형성을 방해했다. 내전이 끝나자 전쟁 때문에 형성된 미국사회의 폭력성은 인디언에 대한 새로운 공격으로 이어졌고 인디언을 철저하게 멸종시켜야한다는 여론이 한 세기만에 다시 고개를 들었다. 1860년, '유일하게 좋은 인디언은 죽은 인디언'이라는 악명 높은 명언이 처음 등장했다. 이 말에는 그 시대의 정신이 충분하게 반영되어 있었다.[74]

인디언영지(오늘날의 오클라호마주)에 살고 있던 다섯 부족의 치명적인 약점은 내전시기에 남부 편에 섰다는 경력이었다. 내전이 끝난 뒤 연방정부는 이들의 불충을 처벌하면서 패전한 남부군과 같이 대우했다. 다섯 부족은 영지 대부분을 상실했고 여기에 더하여 자기 땅에 철도가 들어오는 것을 허락하지 않을 수 없었다. 20년이란 짧은 기간 동안에 인디언 집단은 잭슨 대통령 시대에 강압에 의해 자신들의 옛 고향과 맞바꾼 새로운 땅에서 소수민족으로 전락했다.[75] 우리가 19세기 60, 70년대의 중요한 인디언전쟁을 관찰하고 분석할 때는 이러한 배경을 잊어서는 안 된다.

동부의 전쟁에 이어 새로운 정착민의 유입과 지역성 분쟁이 늘어나면서 대평원 지역에서 인디언의 저항은 더 치열해졌다. 이때까지 군대는 인디언 부족들과 중립적인 관계를 유지해왔고 폭력행위로부터 인디언을 보호하는 역할을 해왔다. 그런 군대가 이때부터 국가가 실시하는 '인디언문제'의 영구적인 해결을 위한 도구로 변신했다. 19세기 80년대 초에 이르자 인디언의 저항운동은 실패로 끝났다. 1881년에 라코타(Lakota) 인디언 부족 연맹의 유명한 추장 앉은 황소(Sitting Bull)가 투항했고 서남부의 아파치전쟁도 끝이 났다. 이것으로 미국 인디언의 역사는 몰락의 장으로 접어들었다.[76]

인디언전쟁의 배후에서 우리는 대략적인 양식을 찾아볼 수 있다. 백인과 인디언이 무력충돌하기 전에 여러 차례의 접촉이 있었다. 시간이 흐르면서 대부분의 접촉은 불신과 의심을 수반했다. 연방정부의 민사와 군사 대표가 중간에서 중요한 역할을 하는데, 워싱턴 당국이 인디언문제의 처리가 중앙정부의 직권이라고 보았기 때문이다. 연방정부의 대표는 분규 당사자를 만날 때 자신을 최고의 자리에 놓고(다시 말해, 유럽계 미국인에 대해서도 동등한 거리를 유지하면서) 통치자의 시각으로 분규를 처리했다. 그 결과는 상황을 더욱 혼란스럽게 만들고 나아가 무력충돌의 가능성을 더 높여 놓는 경우가 대부분이었다.

최초의 적대행위는 의도적인 도전인 경우는 매우 적고 대부분이 정서적 충돌의 결과였다. 분규는 빠르게 강도를 높여갔다. 이 과정에서 유럽계 미국인은 스스로를 위대하고 역사적인 확장 흐름의 대리인으로 인식하는 경우는 별로 없었다. 그러나 많은 경우에 지역적 상황이 그들을 스스로 옳다고 믿게 만들었다. 백인은 한편으로 인디언 측의 전투원과 민간인을 구분하는 경우가 거의 없었고, 다른 한편으로는 인디언의 개척민에 대한 공격을 자신의 도덕적·법률적 우월성에 대한 증명으로 받아들였다. 인디언의 잔혹행위는 어김없이 백인이 정의의 편이라는 점을 입증하는 데만 동원되었다.

인디언전쟁이 마지막 단계에 접어들 때까지도 인디언은 전투에서 ─심지어 정규군과 맞붙었을 때에도─ 놀라운 전술적 승리를 끌어냈다. 백인은 자신의 우위를 과신하고 상대의 군사적 재능을 낮게 평가했다. 백인이 볼 때 인디언은 '원시적'이고 어리석었다. 이런 과대망상의 심리가 백인의 이성을 마비시켰고 실패에서 교훈을 얻지 못하는 완고함은 상상하기 어려운 정도였다.

전술상의 승리에도 불구하고 인디언은 최후의 패배를 피해갈 수 없었다. 적대행위는 '문명세계'의 관습대로 강화조약을 맺고 종결되지 않았다. 저항이 분쇄된 뒤 인디언은 존엄을 지키는 패자가 아니라 굶주림과 추위에 시달리며 살아남기 위해 발버둥치는 비참한 무리에 불과했다. 이들에게 남은 선택은 임시로 만든 수용시설에 갇히거나 달아나는 것뿐이었다. 용감한 전사였을 때는 두려움의 대상이었으나 패배한 인디언은 불쌍한 구경거리였다. 전쟁은 쌍방에게 깊은 상처를 남겼다. 훗날 인디언을 낭만적으로 묘사한 문학작품이나 영화처럼 전쟁을 신화화하려는 생각을 하는 사람은 없었다. 쌍방의 폭력은 피차의 기억 속에 악몽으로 자리잡았다. 어느 쪽에게든 평화로운 공존은 불가능한 얘기였다.[77]

인디언문학과 서부극에서 묘사된 신화 같은 서부는 실제로 존재했다 하더라도 그것은 시간적으로는 1840-70년에, 공간적으로는 로키산맥 자락의 대평원에 국한됐다. 1890년 무렵, 터너의 프런티어 학설이 등장했을 때 '종결'된 것은 개척형 프런티어가 아니라 ─오늘날 많은 학자의 관점에 따르면 프런티어는 20세기 20년대까지 열려 있었다 — 인디언 저항의 군사적·경제적·생태적인 영역이었다. 이와 함께 광활한 중서부지역에서 토지의 상업적 분배가 넓고 빠르게 진행되었다.

1874년에 특허를 획득한 철조망이 대규모 생산을 통해 보급되자 '열린 서부'에서 개인의 토지소유권은 분명한 선으로 표시되었다.[78] '황야'는 분할되고 식민화되었으며 '유랑하는 야만인'(이것은 당시의 표현이다)은 생존공간을 잃어버렸다. 단일한 측량방식이 미국영토 전체에 적용되었고 프런티어를 넘나드는 생존방식은 불가능해졌다.[79] 인디언보호구역(Indian Reservation)의 시대가 시작되었다. 남은 인디언조차도 "지금까지의 존재양식과 완전히 배치되는 다른 존재로 바뀌라는 끊임없는 압력에 포위당한 종족이 되었다."[80]

19세기 80년대에 마지막 전투적인 인디언 부족이 무장해제를 당하고 국가의 피보호자 신세로 전락했다. 1871년 정부는 앞으로 인디언과는 어떤 협정도 체결하지 않는다는 방침을 밝혔다. 이때부터 인디언국가는 더 이상 담판의 대상으로서 지위를 인정받지 못했다. 세기의 중반에 백인과 인디언은 몇 차례 대규모 행사를 공동으로 준비하고 진행했다. 그 정점에 1851년 라라미(Laramie) 요새에서 열린 조약회의(Treaty Council)가 있었다. 연방정부의 인디언업무 책임자 토머스 피츠패트릭(Thomas Fitzpatrick)이 주재한 이 모임에는 여러 인디언 부족 대표자 1만여 명과 연방정부 대표단과 군인 270명이 참석하여 협상하고 예물을 주고받았다.[81] 이 회담은 평화로운 분위기 속에서 진행되었지만 정부측 대표단은 자발적으로 보호구역 안에 갇히려는 인디언은 거의 없다는 사실을 알고 있었다.

19세기 80년대 이후로 이런 모임은 상상할 수 없게 되었다. 캘리포니아와 서북부 해안지역에서 인디언은 일찌감치 폭력적으로 보호구역으로 쫓겨났다. 텍사스와 뉴멕시코 대평원 지역에서도 유사한 상황이 내전 뒤로 발생했다. 인디언의 입장에서 보호구역이 조상들이 물려준 땅인 경우와 영구적인 유배지인 경우는 근본적으로 달랐다.

1850년 3월, 약 350명의 샤이안 인디언이 족장 무딘 칼(Dull Knife)과 작은 이리(Little Wolf)의 인솔 하에 2,000킬로미터가 넘는 험난한 여정에 나섰다. 이 행렬은 1770-71년 몽고의 토르구트(Torghut)인이 볼가강에서 고향으로 돌아가던 때의 모습과 같았다.[82] 샤이안 인디언이 도주를 선택한 이유는 고향에 대한 그리움만은 아니었다. 정부기구가 이들에게 제공하던 식량이 부족했던 것도 이유의 하나였다. 샤이안 인디언이 도발적인 행동을 하지 않았음에도 불구하고 정부는 군대를 보내 그들을 공격했다. 샤이안족 탈출사건을 조사한 위원회가 내린 결론은 다음과 같았다. 인디언이 자신들이 처한 상황을 감금으로 본다면 그들을 '문명화'하려는 시도는 성과 없이 끝날 것이다.[83]

소유권

프런티어 사회에서 모든 토지가 농업적으로 이용되지는 않았다. 캐나다에서는 미시시피 평원처럼 비옥한 토지와 비견할만한 토지가 없었고 초원지대는 거주하기에 적합하지 않았다. 이 때문에 황야와 그곳에 사는 원주민에 대한 공격은 개척민에 의한 농업적 식민화의 방식으로 진행되지 않았다. 캐나다의 전통적인 프런티어는 수렵민과 모피상이 활약하는 '중간지대'였다.

19세기에 프런티어에는 이런 상업적 성격이 유지되고 있었지만 새로운 자본주의적 형태를 나타내기 시작했다. 모피교역, 목재생산, 목축업이 기업화·규모화하고 자본집약적 산업으로 진화했다. 대자연을 개발하는 육체적 노동을 감당하는 사람은 독립적인 개척민이 아니라 임금노동자였다.[84] 그러나 캐나다와는 달리 미국의 프런티어는 농업용 토지를 확보하려는 항구적인 쟁탈전의 무대였다. 이곳에서 원주민과 신참자 사이의 충돌을 격화시킨 요인은 인종주의나 기독교우월주의가 아니라 토지였다. 상업적 접촉에서는 문화의 융합이 발생하지만 토지에 대한 통제권을 다투는 것은 양자택일의 문제다. 유럽의 소유권 개념으로 이념적 무장을 한 개척민에게 토지문제에서는 타협의 여지가 거의 없었다. 유럽인의 소유권 개념은 개인적이고 교환과 연결되어 있는 반면에 인디언의 소유권 개념은 집단적이고 사용과 연결되어 있다는 공식은 복잡한 문제를 지나치게 단순화한 결함이 없지는 않으나 전적으로 부적절한 것이라고 할 수는 없다. 인디언도 수렵·채취와 경작으로 생계를 유지하는 종족과 마찬가지로 사유재산에 익숙하다. 그러나 이들의 사유권은 토지에서 나온 산출물을 대상으로 한 것이며 토지 자체에는 적용되지 않았다. 원칙적으로 수확물은 그것을 생산한 사람의 소유였다.[85]

고착된 경계를 표시하여 토지를 분할한다는 것은 그들에게는 낯선 생각이었다. 또한 그들은 개인, 가족 또는 부족이 경작능력을 넘어서는 토지를 장기적으로 소유하는 방식을 상상하지 못했다. 그들에게 토지에 대한 소유권이란 실제적인 노동을 통해 반복적으로 확인되어야 하는 것이었다. 토지를 온당하게 사용하는 사람이라면 중단 없이 그 토지를 지속적으로 사용할 수 있었다. 19세기 유럽인들이 원시적이라 경멸하던 토지의 공동체적 관리 또는 '공유제'(Gemeineigentum)가 역설적이게도 백인의 침입에 대응하기 위해 더 강화되었다.[86] 예컨대, 18세기 말 체로키 인디언은 토지거래에서 늘 백인들에게 속아왔다는 것을 알게 되자 토지를 백인에게 파는 행위를 금지하고 토지 공유제도를 강화했다.[87] 토지소유권의 행사는 영국제국처럼 법전통이 복잡한 곳에서는 까다로운 문제였다.

프랑스는 북아메리카에서 인디언의 토지소유권을 인정하지 않았고 정복과 유효적 점유에 따른 권리만 인정했다. 영국도 오스트레일리아에서 같은 조치를 취했다. 이와는 달리 북아메리카에서 영국 식민당국은 모든 토지는 왕실 '주권'에 귀속된다고 선언했으며 동시에 인디언의 토지에 대한 '사유권'도 인정했다. 이 때문에 인디언은 직접적으로 토지를 양도하거나 매각할 수 있었다. 미국 법원도 이 방식을 따랐다. 1787년, 미국정부는 「북서부조례」(Northwest Ordinance)를 발표했다. 이 조례는 신생 미합중국의 기초적 문건의 하나였다(심지어 헌법보다 앞서 채택되었고, 주요 내용은 적용대상 지역에서 노예제도의 시행을 제한하는 것이었다).

이 조례를 통해 합중국은 계약에 의한 토지양도의 원칙을 확정했다. 인디언의 입장에서 이것은 좋은 해결책이 아니었지만 그렇다고 가장 나쁜 가능성도 아니었다.[88] 그러나 조례의 실제 집행과정에서 정부가 프런티어 개척민의 공격으로부터 인디언을 보호하는 경우는 거의 없었다. 이런 점에서 볼 때 잭슨 대통령의 인디언 축출정책은 현장 상황에 순응한 정부노선의 조정이었음을 알 수 있다. 1830년 무렵 동부 해안지대 인디언의 지위는 이미 흔들리고 있었다.[89]

북아메리카 프런티어의 역사는 인디언이 끊임없이, 불가역적으로 토지를 상실해간 역사로 서술될 수 있을 것이다.[90] 18세기의 말-들소 문화와 같은 위대한 발명도 장기적으로는 이런 추세를 바꾸어놓을 수 없었다. 이 과정에서 북아메리카 원주민은 점차로 자연적인 생산방식 ─칼 마르크스가 말한 "자본의 원시축적"(ursprüngliche Akkumulation des Kapitals)의 고전적인 사례─ 으로부터 단절되었다. 인디언은 토지의 소유자로서도 인정될 수 없었고 노동의 원천으로서도 받아들여지지 않았다. 뿐만 아니라 모피공급자로서 그들의 역할도 수십 년 전에 끝났다. 이민이 주류를 형성한 사회에서 그들의 존엄을 지킬 수 있는 자리는 더 이상 존재하지 않았다. 황야는 차례차례 국립공원으로 바뀌어 갔고 그들의 마을은 인적이 없거나 민속 공예품으로 장식된 자연보호구역으로 변했다.[91]

3. 남아메리카와 남아프리카

아르헨티나

북아메리카보다 앞서 유럽의 식민지가 된 남아메리카에서도 프런티어가 있었을까.[92] 아르헨티나와 브라질 두 나라에서 서부개척과 같은 상황을 찾아볼 수 있다. 남아메리카 최초의 프런티어는 금광과 은광 발굴과정에서 형성된 광업 프런티어였다. 농업개발은 그 뒤에 이어졌다. 미국과 상황이 가장 근접한 나라는 아르헨티나였다. 팜파스(pampas, 초원지대)는 북부의 그란차코(Gran Chaco)지역에서부터 남부의 콜로라도강(Rio Colorado)에 이르기까지, 대서양에서 서쪽 내륙으로 2,000킬로미터 폭으로 펼쳐져 있었다. 그러나 이 지역에는 미시시피강처럼 이민을 내륙 중심부까지 데려다 줄 수 있는 물길이 없었다. 미국 서부와 달리 이곳의 자연환경은 1860년까지도 큰 변화가 없었다. 야생 초목이 평원을 뒤덮고 있었고 토양은 비옥한 편이었다. 1820년대에 대규모 토지점유 행위가 시작되면서 팜파스 '개발'의 막이 올랐다.[93] 미국의 프런티어와는 달리 아르헨티나의 팜파스는 소규모 단위로 분할되지 않았다. 정부는 토지를 대단위로 매각하거나 정치적 선물로 기부했다. 그 결과로 대형 목장이 등장했고 때로는 비교적 작은 목장으로 나누어 임대되었다.

초기의 생산물은 가죽이었다. 밀은 중요한 산물이 아니었고 심지어 외지에서 수입되기도 했다.[94] 아르헨티나의 프런티어는 '대지주 프런티어'(big man's frontier)였고 오스트레일리아의 프런티어와 유사했으나 미국과는 완전히 달랐다. 이곳에서는 자급자족적인 개척민과 그 가정을 우대하는 법규가 등장한 적이 없었다. 소유권 제도는 완만하게 형성되었고 그나마 허점이 많았다.[95)]

19세기 말에 이탈리아인이 대규모로 아르헨티나에 쏟아져 들어왔다. 이들은 자기 토지를 소유한 자작농이 아니라 소작인의 신분으로 체제 내에 통합되었다. 이들 가운데서 소수가 아르헨티나 시민이 되었다. 이 때문에 이들은 정치적으로 대농장주와 맞서기 어려웠다.

시간이 흐르면서 토지는 갈수록 소수의 손에 집중되었다. 농업중산층이 중서부지역 전체에서 강력한 사회적 응집력을 갖고 있던 미국과는 달리 아르헨티나에서는 안정된 농업중산층이 형성될 수 있는 기반이 없었다. 서비스기능을 갖추고 점진적으로 사회기반시설을 확충해가는 농촌 소도시를—이것은 미국 서부의 특징의 하나이다—아르헨티나에서는 찾아보기 어려웠다.

따라서 아르헨티나인의 프런티어 관념 속에는 '문명화된' 도시와 '야만적인' 농촌의 선명한 대립이 자리잡았다. 소농민을 대상으로 한 신용체계의 부재, 토지 등기제도의 미비는 소형 농업기업의 발전을 더욱 어렵게 만들었다. 엄격하게 말하자면 아르헨티나에는 개척민 프런티어는 근본적으로 존재하지 않았고, 정치적으로 존재감을 드러낼 수 있거나 신화를 창조할 수 있는 잠재력을 가진 '프런티어 사회'는 없었다. 아르헨티나의 프런티어 지대에서는 미시시피강변과 미주리강변의 도시들처럼 독특한 매력을 가진 도시가 형성되지 않았다. 철도가 깔린 후 편리한 교통을 이용하여 내륙지역의 개발이 확대되지는 않고 해안 도시로 몰려나가는 사람의 물결만 거세졌다. 부에노스아이레스에서 사람들은 팜파스에서 돌아온 교양 없는 개척민들이 도시의 품위를 망치지 않을까 염려했다. 철도는 프런티어를 확장하는 데 기여한 것 못지않게 프런티어를 위축시키는 작용도 했

다.[96)]

아르헨티나의 독특한 사회집단이 가우초(Gaucho)였다. 이들은 계절노동자, 목장의 고용노동자, 팜파스의 카우보이였다.[97)] (카우보이는 라틴아메리카의 발명품이다. 멕시코의 대형 목장에서 일하던 카우보이들이 텍사스로 건너갔고 다시 그곳으로부터 서부 광야로 퍼져나갔다. 카우보이가 정치무대에 처음이자 마지막으로 모습을 드러낸 곳 역시 미국이 아닌 멕시코였다. 1910년 이후 멕시코혁명 과정에서 판초 비야Pancho Villa가 이끈 농민군이 그들이었다.[98)]) 주목받는 사회적 집단으로서 가우초는 19세기의 마지막 30, 40년 동안에 사라졌다. 강대한 지주 엘리트계층과 국가 관료체제가 손을 잡고 그들을 사회에서 배제했다. 19세기 아르헨티나 역사의 핵심은 가우초가 배제되는 과정이었다.

가우초──이 용어가 처음 사용된 때는 1774년임이 분명하다──는 18세기에 야생동물 사냥꾼들 가운데서 나왔다. 이들의 대다수는 스페인인과 인디언의 혼혈이었고, 그 때문에 식민지시대와 그 이후에 아르헨티나에서 위세를 떨치던 인종차별주의의 희생자가 되었다. 가우초는 독립전쟁(1810-16년) 과정에서 용맹스러운 활약을 통해 찬사를 받았으나 이런 명성은 오래가지 못하고 사라졌다. 1820년 무렵에는 말을 달리며 사냥하고, 사냥한 들소를 현장에서 도살하여 가죽과 고기를 얻던 시대는 이미 역사의 뒤로 사라지고 없었다. 정상적인 기업이 소금에 절이거나 말린 고기를 가공하기 시작했고 이런 제품의 대부분은 브라질과 쿠바의 노예 플랜테이션으로 팔려나갔다.

이후 20, 30년 동안 면양이 아르헨티나 경제에서 중요한 자리를 차지했다. 면양은 강인하고 사육조건이 까다롭지 않으며 이윤을 얻기 위해 도살할 필요가 없는 가축이었다. 울타리를 친 전문 목장이 등장했고 목축업은 전원형에서 혼합형으로 바뀌어갔다. 1870년 무렵 아르헨티나에서 인구가 가장 많은 주는 부에노스아이레스였고 이곳

인구의 약 1/4 정도가 가우초라고 할 수 있었다. 그 이후로 가우초의 인구비중은 급속하게 줄어들었다. 울타리가 말을 탄 목부의 수요를 하락시켰다.

1900년 무렵에는 현대 기술을 적용하여 보관과 냉동이 가능한 '냉장고'(frigorífico)가 등장했다. 육류생산이 공업화되자 가우초 노동에 수요가 급격하게 떨어졌다. 마지막까지 남아 있던 몇 안 되는 가우초의 역할이 사라졌다. 1879년에 훌리오 로카(Julio A. Roca) 장군이 아르헨티나에서 가장 숫자가 많은 인디언 부족인 마푸체 (Mapuche) ─ 스페인 쪽에서는 아라우카노(Araucanos)라 불렀다 ─ 를 공격하여 거의 멸종시켰다. 이때 가우초 가운데서 가장 비순종적인 집단도 철저하게 제압되었다.

사회 엘리트계층은 가우초를 잠재적인 범죄자로 보고 그들 가운데 많은 부분을 강제로 소작농, 고용노동자, 병사로 만들었다. 이 밖에도 엄격한 법령을 만들어 가우초의 자유로운 이동을 제한했다. 도시 지식분자가 낭만적인 필치로 가우초를 미화하기 시작했을 때 이들은 이미 사회집단으로서 사라져가고 있었다. 그래도 문학작품을 통해 가우초는 아르헨티나 국가의 화신으로 자리잡았다.[99]

브라질과는 달리 아르헨티나의 인디언은 오랫동안 굴복하지 않았다. 19세기 30년대까지도 부에노스아이레스는 끊임없이 인디언의 습격을 받았고 수백 명의 유럽계 아르헨티나 부녀자와 아동이 포로가 되었다. 내륙진출을 위해서는 국가영토의 경계를 최대한 넓게 설정하고 원주민은 열등한 야만인이기 때문에 국가공동체 안에 수용될 수 없다는 여론을 형성해야 했다. 이렇게 되면 문제의 형태는 특정 원주민 종족의 난동이 아니라 문명과 야만의 대립으로 전환될 수 있었다.

1879년, 아르헨티나 정부는 인디언을 정벌하기 위한 '사막의 전쟁'을 발동했다. 이 전쟁은 아르헨티나 정부가 후방삽탄(後方揷彈,

breechloader) 소총을 전면적으로 공급한 1885년에야 끝낼 수 있었다. 이 전쟁과 미국의 마지막 대규모 인디언전쟁은 거의 같은 시기에 끝났다. 전후에 아르헨티나 내륙의 방대한 토지는 개발되기 시작했지만 인디언에게는 겨우 목숨을 이어갈 수 있는 정도의 '보호구역' 조차도 주어지지 않았다.

브라질

브라질에서 토지자원은 미국만큼 넉넉했지만 프런티어의 발전 양상은 전혀 달랐다.[100] 콜럼버스가 첫발을 디딘 1492년 이후로 시작된 약탈과 식민 방식의 아메리카 프런티어 개발은 (세계에서 유일무이하게) 브라질에서는 오늘날까지도 여전히 진행되고 있다. 브라질에서는 초기에 채광 프런티어와 함께 노예노동에 기초한 사탕수수 플랜테이션 프런티어가 있었다. 사탕수수 플랜테이션은 미국내전 이전 앨라배마강과 미시시피강 연안의 플랜테이션과 유사한 점이 많았다.

브라질에서 농업형 프런티어는 비교적 늦게 등장했다. 오늘날에도 브라질의 사회생활은 좁은 해안지대에 집중되어 있다. 포르투갈어에서 'sertão'의 원래 의미는 내륙지역이지만 포르투갈 정복자들은 대포의 사정거리를 벗어난 모든 지역을 그렇게 불렀다. 뒤에 가서 (오늘날에도 어떤 경우에는) 이 말은 개발가치가 별로 없는 황무지를 가리킬 때 사용되었다.

인류가 20세기 마지막 수십 년 동안에 열대우림을 대규모로 벌목하기 전까지는 아마존 밀림은 '프런티어 밖의 프런티어'로 불리었다.[101] 브라질 문학에서 프런티어는 순수한 공간개념일 뿐 역사적 단계를 가리키지는 않는다. 포르투갈어에서 터너의 프런티어 개념에 가장 근접한 말은 'sertão'이며 'fronteira'는 그냥 국경선을 가리킨다.

브라질에서는 내륙 개발을 위한 몇 가지 객관적 전제조건이 충족되지 않았다. 첫째, 브라질에는 이용할 수 있는 수로망이 없었다. 미국에는 오하이오-미주리-미시시피로 이어지는 수계가 있었으나 브라질에는 그런 것이 없었다. 그 밖에도 공업화 과정에서 절대적으로 중요한 광물자원이 없었다(북아메리카의 서부에서는 석탄과 철광석이 나왔다).

브라질이 세계 커피시장의 초기 개척자가 되면서 비로소 농업형 프런티어 개발이 시작되었다. 19세기 30년대 중반에 처음으로 브라질의 커피 수출이 설탕 수출을 초과했고 브라질은 세계에서 커피 최다생산국이 되었다.[102] 당시 기술로는 토양의 이용효율은 한 세대만 유지될 수 있었다. 지력이 소진되고나면 경작자들은 서쪽으로 더 깊이 이동할 수밖에 없었다. 1888년에 노예제도가 폐지된 후 플랜테이션 노동력에 대한 수요가 급격하게 증가했다. 이런 상황에 이탈리아인이 가장 먼저 반응했다. 그러나 브라질의 노동조건은 아르헨티나만큼 열악했기 때문에 이탈리아 정부는 자국민의 브라질 이민을 금지시켰다.

브라질과 아르헨티나의 권력구조는 매우 유사했다. 브라질의 대형 커피농장주는 아르헨티나의 대농장주(latifundistas)만큼 권세를 자랑했다. 아르헨티나에서도 브라질에서도 소농을 대상으로 한 토지분배나 재분배 정책은 찾아보기 힘들었다.[103] 브라질의 프런티어는 근본적으로 커피 단일품목 경작지대였고 경작지는 대기업이 노예노동을 이용하거나 노예노동 없이 운영했다. 그곳에는 터너가 말한 독립심이 강한 개척자의 개성과 순박한 중산층의 분위기가 넘치는 마을, 민주주의의 야외실습장으로서의 프런티어는 없었다.

존 헤밍(John Hemming)의 감동적인 3부작이 묘사한 바와 같이, 브라질 인디언에게는 커피와 설탕 경제에 끼어들 틈이 주어지지 않왔고 1910년 이전에 아마존강 유역의 고무교역에 휘말려 들어간 인디언에게는 보호구역이란 보호장치조차 허용되지 않았다.[104] 열대 우림 지역은 유럽계 아메리카인들에게 포위당한 미국의 대평원과는 달리 개방된 프런티어였다. '인디오'는 갈수록 외진 곳으로 쫓겨날 수밖에 없었다. 식민자들에게 대한 그들의 저항은 세기가 바뀔 무렵에 소멸되고 말았다.

남아프리카

남아메리카와 남아프리카의 프런티어 과정 사이에는 직접적인 상호관계가 없다. 그렇기 때문에 두 지역의 동시성이 더 주목을 끈다. 북아메리카와 남아메리카의 마지막 인디언전쟁이 각기 19세기 70년대와 80년대에 발생했다. 바로 이 시기에 백인(영국) 정복자는 남아메리카 내륙에 대한 정복을 끝냈다.

남아프리카에서 1879년은 한 시대의 종결점이었다. 이해에 줄루족—아프리카에서 영국에 저항한 가장 강력한 세력—이 철저하게 패배했다. 이것은 식민종주국과 아프리카 원주민 군대 사이에 벌어진 일련의 전쟁 가운데서 마지막 전쟁이었다. 줄루 국왕 케치와요(Kechwayo)는 영국인이 제시한 무리하기 짝이 없는 요구에 분노하여 3만 명의 병력—북아메리카의 인디언이라면 상상도 할 수 없는 규모였다—을 동원하여 저항을 시작했다. 그러나 절대적으로 우세한 영국의 군사력 앞에서 줄루족의 패배는 피할 수 없는 결말이었다.[105]

수족과 줄루족은 다 같이 현지의 중요한 군사세력이었다. 그들은 주변의 여러 토착부락을 정복하거나 복종하게 만들었다. 백인과 수십 년의 교류를 통해 그들은 군사적인 면에서 백인의 절대적인 우위를 똑똑히 보아왔다. 두 부족 모두 침입자들에게 동화되지 않았으며 그들의 생활방식을 받아들이지 않았다. 두 부족은 복잡한 정치구조와 신앙체계를 갖고 있었다. 그러나 유럽인과 유럽계 아메리카인은 끝내 이를 파악하거나 이해하지 못하고 그들을 비이성적이며 문명을 적대시하는 '야만인'이라고 선전했다. 1880년 무렵에는 미국이든 식민화된 남아프리카에든 백인의 지배적 지위는 확고해졌다.[106]

수족과 줄루족은 많은 공통점을 갖고 있었으나 그들의 운명은 달랐다. 외부세계에서 가해진 경제적 압력에 대응하는 두 부족의 저항의 강도는 달랐다. 수족은 들소 사냥을 중심으로 유목생활을 하면서 사회를 수렵조직으로 구성했으나 정치적·군사적 위계구조를 형성하지 못했다. 미국의 국내시장이 지속적으로 확장하고 있을 때 수족이 할 수 있는 역할은 아무것도 없었다.

줄루족은 목축과 경작이 결합된 혼합형 경제를 기초로 생활하고 있었다. 줄루족의 정주형 경제는 수족의 유목형 경제보다 훨씬 강했다. 줄루족은 중앙집권적 왕국의 조직구조를 갖고 있었고 다양한 연령집단을 통합하는 사회제도를 갖추고 있었다. 이 때문에 줄루족은 군사적으로 패배하고 영토가 점령당하는 재난을 맞은 후에도 (수족처럼) 사기를 잃고 와해되지는 않았다. 남아프리카의 경제생활에서도 줄루족은 주변화되지 않고 값싼 노동력의 공급원으로 변신했다. 자국 경제의 노동분화 과정에서 점진적으로 프롤레타리아화 되어가던 줄루족은 여전히 중요한 역할을 했다.

남아프리카와 북아메리카 프런티어의 발전사에는 놀라울 정도로 공통점이 많았다. 두 곳에서 유럽이민과 토착민 사이의 첫 번째 접촉은 모두 17세기에 발생했고, 두 나라에서 19세기 30년대는 중요한 전환점이었다. 미국에서는 앤드류 잭슨 대통령이 등장하여 남부의 인디언을 축출하는 정책을 펼쳤고 남아프리카에서는 보어인의 대이동이 시작되었다. 남아프리카의 독특한 점은 영국인이 희망봉을 점령한 뒤 백인집단이 분열했다는 것이다. 이후 남아프리카에서는 17세기 네덜란드 이민의 후예인 보어인 이외에 비교적 적은 숫자의 영국인 공동체가 형성되었다. 영국인 공동체는 영국제국의 군사력과 경제력을 바탕으로 남아프리카에서 중요한 결정권을 독점했다.

전적으로 농업에만 의존하던 보어인은 처음에는 토지가 부족해 이주의 길에 올랐다. 19세기 30년대 초에 런던이 선언한 노예제 폐지는 보어인의 이주를 자극하는 중요한 요인이 되었다. 남아프리카에서도 노예제 폐지 정책이 실시되자 보어인 사회의 핵심구조가 흔들렸다. 런던이 내세운 모든 피부색은 법 앞에서 평등하다는 관념을 보어인은 받아들일 수 없었다. 보어 개척민들이 마차를 끌고 대이동을 시작했을 때 그들의 행진방향을 결정한 것은 양호한 장비를 갖춘 아프리카의 군사력이 발동한 저항투쟁이었고 그중에서 가장 강력한 세력이 동부의 코사족(Xhosa)이었다. 북부의 하이벨트(High Veldt) 초원지역이 아프리카인의 저항이 상대적으로 약한 곳이었다. 방금 끝난 아프리카 부족들 간의 군사적 충돌에서 대량의 아프리카 부락이 파괴되었던 점도 보어인에게 유리한 요인이었다. 이때의 부족전쟁을 아프리카인은 '음페카네'(Mfecane)*라 불렀다. 1816-28년, 급속하게 성장한 줄루족은 국왕 샤카(Shaka)의 지휘 하에 사방으로 정복전쟁을 벌였다. 거대한 초원지역에 인적이 끊겼고 백인 개척민 집단은 반줄루 진영 부족들과 손을 잡았다.[107]

남아프리카에서 토지쟁탈전을 벌이던 종족집단 가운데 한 집단의 입장에서 보자면 대이동은 군사적·논리적으로 성공적이었다. 대이동은 '사적인' 성격에서 시작된 정복운동이었다. 국가형성 과정은 그 뒤에 생긴 '부산물'(외르크 피슈Jörg Fisch의 말)이었다. 보어인은 두 개의 공화국을 세웠다(1852년에 성립된 트란스발 공화국Transvaal Republic과 1854년에 성립된 오렌지자유주Orange free State). 두 나라

---

* 줄루어로 '충돌, 이산, 강제적인 분산, 강제적인 이주'란 뜻이다.

모두 영국의 식민통치에 반대하는 투쟁과정에서 형성된 분리파가
세웠다.

　케이프식민지의 영국 식민당국은 두 나라의 존재를 공식적으로 인
정했다. 두 나라에 거주하는 영국시민이 경제에 일정 정도의 영향을
미쳤다. 그러므로 19세기의 남아프리카에는 미국정부의 연방 '인디
언정책'과 상응하는 '흑인정책'을 수립할만한 통일된 국가가 없었
다.[108] 군사적인 면에서 보어인은 자신들을 지지해줄 중앙군을 갖지
못했다. 그들은 무장 개척민으로서 스스로를 지키고 독자적인 국가
를 세울 수 있는 실력이 있음을 증명해야 했다. 오렌지 자유국주에서
그들은 그것을 어느 정도는 증명해 보였으나 트란스발에서는 그러
지 못했다(트란스발은 1877년에 일시적으로 영국에 합병되었다).

　보어인들이 세운 두 개의 공화국에서 국가기구의 기능은 온전하지
못했고 재정은 불안정했다. 교회를 제외하고는 '시민사회'를 통합할
시스템은 없었다.[109] 19세기 80년대에 남아프리카의 프런티어는 분
배할 '무상의 토지'가 남아 있지 않았다는 점에서 폐쇄되었다고 해
야 할 것이다. 보어인이 세운 두 개의 공화국은 개척 프런티어 국가
라고 하기는 어려웠다.

　어떤 프런티어든 독특한 인구 구성을 보여준다. 이런 점에서 북아
메리카와 남아프리카는 차이는 컸다. 19세기 80년대 이전에는 남아
프리카를 목적지로 하는 대규모 이민은 없었다. 금광과 다이어몬드
광이 대규모 이민을 끌어들인 이후에도 남아프리카에서는 북아메리
카로 가는 대서양 횡단 이민에 비견할만한 이민의 물결은 형성되지
않았다. 19세기 중반, 미국 인구에서 차지하는 인디언의 비율은 아주
미미했다. 그러나 남아프리카에서 아프리카인이 총인구에서 차지하
는 비율은 80퍼센트를 넘었다. 북아메리카 인디언과 비교할 때 아프
리카 흑인은 외부에서 전래된 질병에 감염되어 인구가 급감한 경우
는 거의 없었다. 마찬가지로 문화적인 박해 때문에 흑인의 인구가 분

명하게 변한 사례도 없었다. 남아프리카에서 식민지시대 이전의 원주민은 자기 땅에서 소수민족으로 전락하지 않았다.[110]

북아메리카와 마찬가지로 남아프리카에서도 프런티어의 핵심집단은 자급자족의 방식으로 자신과 가족을 부양하는 무장한 개척민이었다. 그러나 북아메리카 프런티어에서는 수출수요를 겨냥한 대기업형 생산이 일찍부터 등장했다. 18세기에 담배와 면화 플랜테이션이 ─ 대부분이 프런티어 지역에 있었다 ─ 광역 무역망의 일부를 형성했다. 19세기를 통틀어 프런티어는 점진적으로 자본주의 발전과정의 현장으로 변해갔다. 남아프리카에서 보어인은 내륙으로의 대이주 후에 이전보다 세계시장에서 더 멀어졌다. 보어인이 세운 두 공화국 영토 안에서 19세기 60년대에 다이아몬드 광산이 발견되고 그로부터 20년 후에는 금광이 발견되자 자족형 농업과 병행해 (세계시장으로 연결된) 광업 프런티어가 형성되었다.[111]

19세기 말, 남아프리카에서는 반투어(Bantu)를 사용하는 인구집단이 (북아메리카의 인디언과 비교할 때) 사회제도 안에서 여전히 상대적으로 유리한 지위를 차지하고 있었다. 식민지 초기에 케이프주 남부의 코이산족(Khoisan)은 농경지에 대한 거의 모든 권리를 박탈당했지만 반투어를 사용하는 내륙의 인구는 서서히 접근해오는 개척프런티어의 압박을 받으면서도 여전히 풍부한 토지자원을 효과적으로 이용할 수 있었다. 레소토(Lesotho)의 대부분 지역, 스와질란드(Swasiland)와 오늘날의 남아프리카공화국 동부의 일부지역에서 아프리카 소농이 자기 소유의 땅을 경작하고 있었다.

이것은 부분적으로 농민들이 저항한 성과였고 각지 정부가 아프리카인의 토지를 전면적으로 몰수하는 정책을 포기한 결과이기도 했다. 북아메리카에서는 이런 타협정책은 출현하지 않았다. 들소 사냥꾼의 유목생활은 경작지의 확장과 초원을 자본주의식 목축업으로 변형시키려는 시도와 직접적으로 충돌했다. 어느 것이든 새로운 경제형식은 인디언의 임금노동이 필요하지 않았다. 그러나 남아프리카에서 농장과 광산은 원주민 임금노동에 의존하지 않을 수 없었다. 아프리카인은 자급자족형 소농경제를 영위할 수 있었을 뿐만 아니라 인종을 기준으로 구분된 계층질서 가운데서 사회저층의 신분으로 경제의 역동적인 영역에 참여할 수 있었다.

남아프리카의 지배층은 흑인 프롤레타리아가 전국에 분산되는 것을 막기 위해 특정한 구역을 흑인의 집중주거지로 지정했다. 남아프리카의 흑인 거주구역은 북아메리카 인디언보호구역과 유사한 면이 있었다. 그러나 '고향'(homelands)이란 명칭을 붙인 흑인 보호구역은 인디언 보호구역보다 시기적으로 훨씬 뒤에 생겨났고(1951년 이후), 경제적인 기능을 상실한 인구집단을 격리시킬 목적에서 만든 야외감옥이라기보다는 흑인 노동력을 정치적으로 통제하고 경제 분야로 유도하기 위한 장치로서의 성격이 강했다. 흑인 보호구역은 두 가지 원칙 위에서 세워졌다. 하나는 보호구역 내의 모든 흑인 가정이 경작을 통해 자급자족하게 한다는 것이고, 다른 하나는 (이렇게 하여 물리적 재생산 비용이 최소 수준에 머물게 된) 남성 노동자를 신흥 경제영역으로 유입시킨다는 것이었다.

인구의 다수를 차지하는 흑인집단에 대한 백인의 태도는 가혹하며 냉소적이었다. 이런 태도의 부작용 가운데 하나가 누구도(소수의 선교사를 제외하고) 아프리카인을 '문명화'하는 일에 신경 쓰지 않았고 따라서 당연히 흑인사회의 문화적 자주성을 제한하지도 않았다는 것이다. 이에 비해 미국에서는 19세기의 마지막 수십 년 동안 선한 의도를 가진 '인디언의 친구들'이 인디언을 문명화하는 사업에 투신했다. 총체적으로 말하자면, 남아프리카의 반투어를 사용하는 아프리카인은 전면적인 패배를 경험하지 않았다. 인구 비율로 보면 그들은 여전히 다수를 차지했고, 문화적으로는 최소한의 독립성을 유지할 수 있었으며, 경제적으로는 필수불가결한 역할을 했다.

미국정부가 20세기 30년대에 처음으로 인도주의적인 인디언 정책을 내놓았지만 진정한 의미의 '인디언부활'을 논하기에는 너무 늦은 시점이었다. 같은 시기에 남아프리카에서는 흑인집단을 대상으로 한 대규모 박해는 아직 시작되지도 않았다. 20세기 말에 인종분리주의 정권이 붕괴된 후 남아프리카 민중은 진정한 자결권을 갖게 되었다. 프런티어는 남아프리카 국가건설 과정에 깊은 영향을 주었다. 남아프리카는 기나긴 망설임과 배회 끝에 결국 정상적인 민족국가로 나아가는 길에 들어섰다. 미국의 인디언 보호구역은 아직도 존재한다. 남아프리카의 '고향'은 지도 위에서 이미 사라졌고 다만 토지소유권의 분배에서는 아직도 흔적을 남기고 있다.

남아프리카의 터너학설

미국을 제외하면 남아프리카만큼 프런티어 이론이 자주, 오랫동안 논쟁적으로 언급된 곳은 없다. 많은 사람이 여러 가지 변형 이론을 제시했지만 핵심적인 주장에 있어서는 일치했다. 그것은 남아프리카의 사회적 긴장과 인종주의적 태도는 케이프식민지의 코스모폴리탄적 분위기와 멀어질수록 강화되었다는 점이다. 내륙으로 이주한 보어인은 일반적으로 거친 개척민의 전형으로 인식되었다. 그러나 어떤 사람들에게 보어인은 자유를 사랑하는 자연의 아들로 받아들여졌고 다른 사람들은 보어인을 야만적인 인종주의자로 보았다. 어느 쪽의 해석이든 공통점은 프런티어 주민의 '서방문명'(또는 도시화된 유럽문명의 아프리카 내 전시장이라고 할 케이프식민지)으로부터의 고립을 강조한다는 것이다. 이런 이미지의 한 부분에는 엄격한 청교도적 사명감이 포함되어 있다.

비판적인 역사학자들은 남아프리카의 인종주의체제 ─1947-48년에 정점에 도달했다─가 바로 이 프런티어에서 형성되기 시작했으며, 19세기의 프런티어 경험이 20세기 후반의 남아프리카 전체 사회질서를 결정했다고 주장한다. 달리 표현하자면 19세기 30년대부터 아파르트헤이트(Apartheid)*의 전성기에 이르는 인종주의의 장기적 연속성이 남아프리카 프런티어 역사의 핵심을 구성하고 있다.

1991년, 남아프리카에서 널리 읽힌 책 한 권이 계몽주의와 자유주의는 남아프리카 보어인을 철저하게 비켜갔으며 보어인은 "근대 서방문명 가운데서 가장 천박하고 가장 낙후한 요소"라는 해석을 다시 내놓았다.[112] 이 관점을 반대하는 사람들은 인종주의의 짐을 전부 보어인에게 지워서는 안 되며 18세기 말의 케이프식민지에서 인종주의 사상의 뿌리를 찾아야 한다고 주장했다. 다른 반대자들은 백인과 아프리카인의 수많은 접촉과 협력의 사례를 강조하면서 미국사의 '중간지대'와 근접한 해석을 내놓았다.

이처럼 첨예하게 대립되는 두 입장 사이에 역사학자 레오나르도 겔케(Leonard Guelke)로 대표되는 절충파가 있었다. 겔케는 정통적인 '배제의 프런티어'와 진취적인 '포용의 프런티어'를 구분했다. 그는 프런티어가 열려 있을 때와 닫혀 있을 때를 구분해야 하며 후자의 경우에만 상황이 극단적으로 경색되었다고 주장했다. 오늘날 남아프리카 역사학자 가운데서 인종주의의 장기연속적 관점을 고수하는 사람은 거의 없고, 19세기 프런티어나 케이프식민지의 노예제(영국 제국에서 노예제가 폐지된 1833-34년 이전)를 아파르트헤이트의 직접적인 근원으로 보는 사람도 없다. 그러나 노예제와 프런티어란 양대 요소는 19세기 말 백인의 문화적(부분적으로는 종교적인) 우월감과 인종주의의 등장에 영향을 미쳤음은 분명하다. 프런티어 이론이 남아프리카 역사를 해독하는 만능열쇠는 아니지만 지리와 환경의 영향이 사회적 의식과 태도의 형성에 영향을 미친다는 중요한 의미

* 남아프리카 공화국의 백인 정권에 의해 1948년에 법률로 공식화된 인종분리 정책.

를 지적하기에는 충분하다.[113]

프런티어에서 자유가 출현했다는 터너의 관점은 남아프리카에서는 부분적으로만 적용될 수 있다. 보어인의 대이동은 무엇보다도 1834년 케이프식민지의 노예해방으로 촉발된 사회혁명에 대한 반응이었다. 보어인이 대이동을 시작하기 전인 1828년에 식민지 총독이 노예신분도 법률상으로 평등한 지위를 누리며 법의 보호를 받을 권리가 있다는 법령을 발표했다.[114] 정치적 시각으로 보자면 보어인이 도시화 수준이 비교적 높고 세계를 향해 열려 있는 케이프식민지를 떠난 것은 일종의 법률적 평등주의로부터의 도피였다. 그들이 자신의 공화국을 수립했을 때 유럽에서도 공화제를 택한 국가는 흔치 않았다. 보어인의 공화국은 고대 그리스의 민주적 자치정부를 세웠다. 정치적으로 성숙하지 못하다고 판단되는 집단(노예제도 자체는 보어 공화국에서도 금지되어 있었다)을 제외한 모든 남성 시민에게 참정권이 주어졌다.

보어인의 프런티어 민주주의는 현대 입헌국가보다는 세계 각지 프런티어인(frontiermen)의 평등주의를 떠올리게 한다. 아르헨티나의 전형적인 카우디요(caudillo)* 후안 마누엘 로사스(Juan Manuel Rosas)는 프런티어에서 인디언과의 전쟁을 통해 권력기반을 마련했고, 뒷날 부에노스아이레스의 과두체제로부터 실력자로 추대되자 그의 권력기반이 되어주었던 가우초에게 한 순간에 등을 돌렸다. 남아프리카에서 영국의 식민통치는 보어인의 해방운동에 흔들리지 않을 만큼 확고한 뿌리를 내렸기 때문에 보어인은 고립된 자신만의 공화국에서 조용히 살아갈 방도를 찾을 수밖에 없었다. 그러나 1886년에 비트바테르스란트(witwatersrand)에서 불기 시작한 골드러시 광

---

* 스페인어 caudillo는 원래는 한 지역을 할거하고 있는 군사 지도자를 가리켰으나 뒤에 가서 스페인어권 라틴 아메리카의 독재자를 통칭하는 말로 확장되었다.

풍은 이런 자급자족 상태를 흔들어 놓았다. 새로운 부의 기회를 최대한 이용하려는 열망에 휩싸인 보어인은 정치적으로 자신의 지배적 지위가 침해되지 않는 한 영국 자본가의 자유로운 활동을 허용했다. 이제 흑인 하층계급뿐만 아니라 백인 '신참자'(uitlanders)도 보어인의 프런티어 민주주의를 위협하는 요소가 되었다. 1899-1902년의 남아프리카전쟁(또는 보어전쟁)은 이런 복잡한 정세하에서 폭발했다. 이 전쟁은 최종적으로 영국제국의 군사적 승리로 끝을 맺었으나 군사적으로 만만치 않은 적수인 보어인을 꺾기 위해 지불해야 했던 대가는 매우 컸다. 따라서 이처럼 값비싼 대가를 치르고 식민통치를 강화하는 것이 ― 하물며 상대가 백인인 상황에서 ― 궁극적으로 가치 있는 일인지 의심하는 사람들도 적지 않았다.

전쟁은 하이벨드 초원의 보어인 사회에 깊은 상처를 안겨주었다. 보어인 10퍼센트가 이 전쟁으로 목숨을 잃었다. 그래도 보어인은 남아프리카 백인 인구의 다수를 차지했고 농업을 장악하고 있었다. 남아프리카에서 영국인은 다른 동맹을 찾을 수가 없었다. 장기적인 점령을 기반으로 하는 정권은 애초부터 계획에 포함되어 있지 않았기 때문에 영국은 패배한 보어인과 담판을 벌이지 않을 수 없었다. 이 무렵 새로 집권한 자유주의적 경향의 보어정부도 같은 구상을 갖고 있어서 쌍방의 타협은 순조롭게 이루어졌다. 1910년에 쌍방의 희망을 반영한 남아프리카연방이 성립되었다. 이것은 보어인에게는 승리였고 아프리카 흑인의 패배였으며 영국인에게는 중요한 경제적·전략적 이익의 보장이었다. 1931년까지 남아프리카연방은 영국의 자치령이었고 지위는 캐나다와 오스트레일리아와 비슷했다.[115]

이후로 남아프리카는 철저한 인종주의 국가가 되었다. 보어인 프런티어의 정치적·문화적 가치관이 처음에는 완만하게, 1948년 국민당(National Party)이 선거에서 이긴 뒤로는 극적으로 국가 전체를 장악했다. 아르헨티나에서 가우초 프런티어 세력은 빠르게 쇠락했다.

그러나 남아프리카에서는 프런티어가 국가의 정치적 중심을 차지했으며 20세기 거의 전체를 관통하며 이 나라에 깊은 낙인을 찍어 놓았다. 미국에서조차도 이런 인종주의는 없었다. 1829년 앤드류 잭슨이 대통령에 취임한 후 프런티어의 대변자들이 처음으로 동부 해안지역의 과두집단을 몰아내고 정부의 요직을 차지했다. 이때부터 조지 부시(George Bush) 부자의 텍사스 석유왕조가 권력을 장악할 때까지 '서부'의 가치관이 미국 정치를 움직였다. 그러나 19세기에 더 큰 도전이 노예를 소유한 남부에서 나왔다. 내전이 미국의 정치발전에 미친 영향은 (단지 시간과 형태가 축약되었을 뿐) 보어전쟁이 남아프리카에 미친 영향과 같았다.

1860-61년 미국 남부의 여러 주가 연방을 이탈한 일은 보어인의 대이동과 비교될 수 있다. 남부 여러 주가 이탈하기 전 시행한 플랜테이션 민주주의는 보어 개척자들이 같은 시기에 세운 '지배민족 공화주의'(Herrenvolk-Repulikanismus)와 상당히 유사했다. 다만 보어 공화국은 미국 남부 주처럼 정교한 인종주의 이념을 동원해 자신을 변호하지는 않았고, 우월감을 공개적으로 표명한 경우가 많지 않고 은폐하고 있었다는 점만 다를 뿐이다.

미국에서는 1865년에 남부 주가 패배하면서 백인 우월주의는 국가의 이념과 제도로 자리잡지 못했고 연방의 분열은 저지되었지만 1910년 이후의 남아프리카에서 백인 우월주의는 강화되고 국가의 이념과 제도로 관철되었다. 그러나 미국에서 19세기 70년대부터 내전을 거치며 흑인에게 주어졌거나 약속된 권리들이 부분적으로 속속 철회되었다.

노예제가 종결되었다고 해서 미국 흑인들이 법률상(사실상은 아니더라도) 평등한 지위를 가진 시민으로 변하지는 않았다. 미국내전(1865년)과 남아프리카전쟁(1902년)이 끝난 후 달성된 타협을 통해 패배한 백인 측은 (두 경우 모두 흑인 이익의 희생을 대가로) 상당한 정도로 자신의 이익과 가치관을 지켜냈다.

미국에서 프런티어가 승리한 방식은 남아프리카와는 크게 달랐다. '황야의 서부'는 정치질서가 되지는 못하고 미국인의 집단의식과 '민족성'의 중요 요소로 자리잡았다. 미국에서 남북의 대립은 정치지리를 훨씬 복잡하게 변모시켰다. 그것은 세계 다른 지역의 반항적인 프런티어의 미국판 변종이었다.[116]

4. 유라시아대륙

제7장의 시작에서 우리는 프런티어를 종족적 기원과 문화적 지향이 상이한 두 집단이 충돌과 협력을 되풀이하면서 교류하는 상황의 특수한 형식이라고 정의했다. 터너의 관점을 따른다면 이 두 집단은 '상이한 발전단계'에 있는 두 개의 사회다. 그동안 연구를 통해 오늘날 터너의 관점은 보편적인 설득력을 갖지 못하게 되었다. 하나의 예만 든다면, 대이동 시기에 목축업을 위주로 하던 보어인은 사회진화 단계에서 주변의 반투어 사용집단에 비해 결코 앞서 있지 않았다. 다시 한번 터너가 강조하는 논점에 비춰 보더라도 누가 '야만인'이고 누가 '문명인'인지 분명하지가 않았다.

북아메리카에서 서로 다른 경제형태 사이의 첨예한 대립은 비교적 늦은 시기인 인디언의 들소 사냥이 시작되었을 때 나타났다. 대립한 쌍방 가운데서 일방은 농업에 종사하면서 울타리를 친 가축 사육을 부업으로 하는 개척자였고 다른 일방은 방목을 주업으로 하면서 기마수렵이 부업인 유목민이었다. 이런 선명한 대비는 갖가지 단계의 유목경제가 혼재해 있던 아프리카에서는 찾아보기 힘들었다. 그러나 래티모어가 오래전에 지적했듯이 다른 경제형태의 대립은 아시아 북부의 특징이었다.

19세기 초 이전까지 스칸디나비아 ─ 시베리아 ─ 만주 삼림지대의 남쪽 경계에서부터 히말라야 산맥에 이르기까지, 이란 고원과 아나톨리아 고원에서부터 아라비아 반도에 이르기까지, 볼가강에서부터 동쪽으로 베이징 교외에 이르는 광활한—오늘날 지도에서 '중앙아시아'로 표시되는 것보다 훨씬 넓은—지역에는 가축의 사육과 이용을 기초로 한 유동성 생활방식이 퍼져 있었다. 정착성 농업생산은 유라시아대륙 초원과 스텝세계의 변두리지역—중국 북부에서부터 펀자브(Punjab)까지, 볼가강 이서지역 유럽—에 집중되어 있었다.[117] 정착성과 유동성의 대립을 강조할 때 우리가 잊지 말아야 할 것은 19세기에 유럽과 남부 아시아에도 유동생활을 하는 집단이 있었다는 사실이다.[118]

유목민족과 초원 프런티어

매우 다양한 유동성 생활방식을 민족학자들은 다음과 같은 몇 가지 유형으로 구분한다. ① 사막지역의 낙타유목민. (이 집단은 북아프리카 전역에서 발견된다). ② 아프가니스탄, 이란, 아나톨리아의 목양민(牧羊民). ③ 유라시아 초원의 기마유목민. 가장 널리 알려진 종족이 몽고인과 카자크(Kazhakhs)인. ④ 티베트 고원의 야크(yak)사육 유목민.[119]

이들 집단에는 몇 가지 공통점이 있다. 때로는 폭력적인 거부감으로 표출되기도 하는 도시생활에 대한 거리감. 선출된 지도자가 공동체의 사무를 관리하는 친족중심의 사회조직. 동물과의 연대감을 강조하는 문화적 특성. 수많은 생태적 경계에 걸쳐 있던 아시아 유목민족은 여러 개의 언어집단과 최소한 세 가지의 주요 종교집단—이슬람, 불교, 샤머니즘(각 종교에는 다시 많은 분파와 변종으로 나뉘었다)—으로 나뉘어져 있었다. 유라시아대륙의 대부분을 차지하는 이 세계의 프런티어에서 환경은 비교적 간단했다. 바다에 직접 면하지 않은 유목민족의 활동지역(예컨대 아라비아와 페르시아만)은 예외 없이 정착농경민 생활지역과 인접했다. 이런 환경은 수천 년 동안 유럽과 동아시아의 공통점이었다. 둘은 모두 초원 프런티어를 갖고 있었다.

역사가 유목민족의 시각에서 쓰인 적은 거의 없었다. 유럽이든 중국이든 이란이든 역사 편찬자는 유목민을 '타자', 즉 외부에서 온 도전적인 위협으로 보았고 지금도 그렇다. 이 위협을 막아내기 위한 것이라면 어떤 수단도 정당화되었다. 일찍이 위대한 계몽주의 역사학자 에드워드 기번(Edward Gibbon)이 무슬림 전사와 칭기즈 칸 휘하의 몽고인이 그토록 용감했던 원인이 무엇인지 물었다. 정착사회는 유목민을 이해할 수 없었다. 반대로 유목민은 비유동성 도시문명을 마주했을 때 당혹감을 느꼈다. 이 때문에 쌍방은 접촉과정에서 다양한 책략을 준비하지 않을 수 없었다. 그렇기 때문에 중앙아시아의 야만인을 다루는 기술은 예로부터 중국의 통치술 가운데서 가장 잘 발전된 분야였다. 14세기 말, 이븐 할둔(Ibn Khaldun)은 도시 거주자와 베두인(Bedouins)의 대립관계를 (이슬람) 문명론의 초석으로 해 이슬람 역사서를 저술했다.

유목민의 생활은 농경민의 생활보다 위태로웠다. 이것이 유목민의 세계관 형성에 영향을 주었다. 가축의 숫자는 기하급수적으로 늘어나 짧은 시간 안에 사육자를 부자로 만들 수 있지만 반면에 가축은 생물학적으로는 농작물보다 취약하다. 유동적인 생활방식은 가축의 사육문제에서나 이웃 또는 낯선 사람과의 관계에서 끊임없는 선택과 결정을 요구한다. 따라서 유목민의 생존방식 자체가 독특한 고도의 합리성을 내포하고 있다. 러시아의 인류학자 아나톨리 하자노프(Anatoly M. Khazanov)가 강조했듯이 유목사회는 농경사회와 달리 자급자족을 실현한 적이 없었고, 따라서 고립되어서는 작동할 수 없었다. 유목사회는 사회분화가 진척될수록 외부세계와의 교류와 접촉을 주도적으로 확대시켜나갔다. 하자노프는 유목사회가 선택할 수 있었던 네 가지 포괄적인 전략을 다음과 같이 언급한다.

1. 자발적으로 정착생활로 전환함.

2. 유목민의 강점인 뛰어난 운송수단(예컨대 낙타)을 이용해 상호보완적인 사회와의 교환 또는 교역을 확대함.

3. 자발적으로, 혹은 저항이 효과가 없을 때는 강압에 의해 특정 정주사회에 복속하고 의존관계를 높여감.

4. 정주사회를 정복하고 (정주사회와) 장기적인 비대칭적 관계를 수립함.[120]

네 번째 전략은 중세에 찬란한 성과를 냈다. 이 시대에 스페인에서부터 중국의 농업사회에 이르기까지 모두 말을 탄 유목민 전사의 지배를 받았다. 근대 초기에 아시아 대륙을 지배했던 강대한 왕조는 모두 중앙아시아로부터 나왔고 왕조를 세운 민족은 반드시 유목민족은 아니더라도 최소한 비농경민족이었다. 대표적이며 아울러 마지막인 왕조가 1644-1911년 동안에 중국을 통치한 청 왕조였다.

청 왕조가 국가기구를 만들고 제국건설을 완성하기까지는 한 세기가 넘는 시간이 걸렸다.[121] 여하튼 유라시아대륙의 여러 지역에서 유목사회는 주변의 정주사회를 약탈하고, 나아가 정주사회를 조공국으로 만들 만큼 강대한 세력을 형성하고 있었다. 러시아도 17세기 후기에는 크리미아의 타타르인에게 천문학적인 조공을 바쳐야 했다. 아주 긴 시간 동안 매우 다양한 프런티어 과정이 유라시아대륙의 역사현실의 일부였다. 유라시아대륙에서 유목민족의 침입을 막는 것이 중앙집권형 국가――러시아형이든 중국형이든――가 성립된 중요한 계기였다.

이런 유형의 프런티어는 독특한 권력과 교류의 발전사를 거쳤다. 농경민과 유목민은 각자 상대에게 필요한 자원을 장악하고 있었기 때문에 둘 사이의 관계는 직접적인 대립보다는 협력하는 경우가 많았다. 둘 사이의 관계에서 많은 경우에 문화석 융합과 다원성이 공존하는 중간지대가 형성되지 못했으나 프런티어는 사람들을 나누는 만큼 모으는 작용도 했다. 이런 상황은 18세기까지 지속되었다.

세계사를 해석할 때, 13세기 초 몽고인의 정복행위가 전대미문의 상호작용과 교류의 공간을 열어놓았다는 것이 오랫동안 유지된 인식이었다. 심지어 어떤 사람은 몽고인이 '중세기의 세계체제'를 창조했다고 평가한다. 이런 논리의 연장선상에서 본다면 아시아 국가와 문명은 몽고인이 세운 제국이 붕괴된 후 고립된 자기영역으로 되돌아가고 ─ 장성 뒤쪽에 칩거한 명 왕조의 중국(1368-1644)이 대표적이다 ─ 유라시아대륙의 중세기적 '세계성'은 종결되었다.

그런데 최근의 연구는 교류통로의 개방성과 프런티어를 관통하는 관계의 다양성은 19세기가 시작되는 무렵까지 유지되었다고 지적한다. 그러므로 이 시기의 유라시아대륙은 역사적 연속성을 잃지 않았다고 보아야 마땅하다. 유럽과 아시아라는 거친 이분법은 고대의 헤로도토스와 18세기의 일부 유럽역사학자들의 저서에서 등장하기는 했지만 하나의 이념으로 자리 잡은 것은 19세기 초의 일이었다.

제국의 변경

유라시아대륙 프런티어의 특징은 이곳이 제국의 판도였다는 것이다. 미국이나 사하라 이남 아프리카와는 달리 유라시아대륙에서는 중앙집권적이고 계층제 구조의 제국이 주도적인 지위를 차지하는 정치체제였다. 제국은 크게 보아 두 가지 형식으로 나뉘었다. 하나는 기마 유목민이 통치하며 주변의 정주형 농업사회에 기생적인 초원 제국이다. 다른 하나는 자국 농민으로부터 직접 징세를 주요 재원으로 하는 제국이다.[122] 두 유형 사이에 전환이 일어날 수 있다. 예컨대, 오스만제국은 초기에는 구조적으로 몽고제국과 유사하게 군사지도자 사이에 맺어진 느슨한 연맹으로서 출발했으나 시간이 지나면서 두 번째 유형의 제국으로 변했다. 유라시아대륙에서 이런 유형의 제국—'화약제국'이라 불린다—의 세력이 강대해지면서 서로 국경을 맞대게 되었다. 청제국은 1760년대까지 거침없이 성장하다가 확장하는 러시아제국을 만나게 되었다. 이때 개방된 프런티어가 제국 내부의 국경지대(borderlands. 허버트 볼턴Herbert Bolton이 제시한 개념이다)로 변했다. 그러므로 근대 초기에 중앙아시아의 유목민족은 이미 제국세력에게 포위되었다. 이들 유목민족(특히 몽고인, 카자흐인, 아프간인)은 때때로 대규모 군사행동을 일으킬 수 있었으나 칭기즈 칸이나 티무르(Timur)처럼 새로운 제국을 건설하지는 못했다.

세계사적으로 중요성을 갖는 사건은 중국제국이 시도한 중앙아시아로의 마지막 확장이었다. 한족이 아닌 이민족의 정복왕조인 청제국이 1680-1760년 사이에 몽고부족들을 부분적으로는 정복하고(내몽고) 부분적으로는 종속국으로(외몽고) 만들었으며 무슬림 오아시스국가인 동투르키스탄(East Turkistan, 오늘날의 신장新疆)을 제국의 체제 안에 통합하는데 성공했다. 18세기 말, 한때는 군사적으로 강성했던 유목민이 세운 오래된 나라들이 모두 대제국들에 의해 분할되었다. 이런 상태는 1991년에 소련이 해체될 때까지 지속되다가 중앙아시아의 여러 공화국이 수립되면서 끝이 났다.

프런티어가 제국의 판도에 흡수되었다는 것은 프런티어 문제가 제국건설의 주요 문제로 대두하게 되었음을 의미하며 19세기 각 유목민족의 운명도 여기서 결정되었다.

청제국은 1680년 이후의 확장 과정에서 한족이 아닌 몇몇 민족과(남쪽 타이완과 북쪽의 몽고에서) 부딪쳤다.[123] 청제국은 이들을 통치와 교화의 대상으로 간주했다. 이들 이민족은 청제국에게 정복된 후 청 조정의 직접통치와 관리를 받았다. 이들과 청 조정의 관계는 구체적인 상황에서 미세한 차이가 있었다. 이들 이민족은 조선이나 샴(태국)처럼 반(半)자치적인 조공국이 아니라 제국 내부의 피식민 민족이었다. 18세기 중엽 이후 베이징 정부의 간접통치를 받아온 티베트족도 같은 범주에 속했다.

중국에서는 정치가 모든 것을 결정했다. 정부의 통제를 받지 않는 이민은 내륙 중심부의 산악지역과 황무지를 개발할 때나 가능했다. 한족이 아닌 이민족이 거주하는 변경지역의 중요한 기능은 전략적인 완충지였고 상정된 적은 북쪽에서는 러시아제국, 서쪽은 오스만제국, 남쪽은 방금 인도에 진입한 영국세력이었다. 따라서 중앙정부는 이 지역에서 기존 사회질서를 불안정하게 만드는 어떤 시도도 피하려했다. 가장 이상적인 해법은 간접통치 방식을 적용하면서 동시에 충분한 한족과 만주족 군대를 현지에 주둔시켜 제국에 대한 충성을 확보하는 것이었다. 19세기 후반까지 청 조정은 모든 수단을 동원해 신장, 몽고, 특히 청제국의 발상지인 만주지역으로 향하는 한족의 개척이민을 막았다.

그러나 이런 금령은 천지 사방에 발자국을 남기지 않는 곳이 없는 한족 상인의 발길을 막지는 못했고, 특히 상업적인 경험이 전혀 없는 몽고인은 이들 때문에 빚 더미에 앉았다. 규모로 보아 의미 있는 개척이민은 20세기 초가 되어서야 시작되었고 목적지는 우선 지리적 거리가 가장 가까운 만주였다. 그러나 1930년대가 되자 국가가 지닌 힘의 원천으로서 내부의 변경, 특히 몽고족 거주지역을 경시한다는 비판이 쏟아졌다. 1949년 공산당 정권이 들어선 뒤 수백만의 한족이 변경지역으로 퍼져나갔다. 이처럼 20세기에 들어와서야 개발 프런티어가 열렸고 원주민의 토지 상실은 예견된 일이었다. 그러나 인디언 보호구역 같은 격리장치는 등장하지 않았다. 신장의 무슬림 주민은 고도의 문화적·정치적 자치권을 누렸으며, 20세기 중반에 중국공산당 정권이 공고해지기 전까지는 제국세력 사이에 낀 국경지역으로서의 이점이 불이익보다 더 많았다.[124]

청제국의 국력은 갈수록 쇠약해졌지만 예상 밖으로 제국의 대륙 변경은(남만주 제외) 신해혁명(辛亥革命)이 일어날 때까지 굳게 지켜냈다.[125] 뿐만 아니라 오스만제국과는 달리 청제국은 경제와 인구 규모 면에서 중요한 의미를 지닌 지역을 지켜냈다. 오스만제국 세력이 발칸반도에서 지속적으로 후퇴하면서 기존의 국경과 변경 수비는 사라지고 그 자리에 유럽 강대국의 지원과 지시를 받는 발칸 국가가 들어섰다. 오스만제국의 판도 안에서는 청제국이나 러시아제국처럼 내부 식민화는 일어나지 않았다. 전통적인 방식은 적용될 수가 없었다.

근대 초기에 오스만제국의 군대가 진입한 발칸과 이집트 같은 안정된 농업사회에는 터키 개척민이 이용할 수 있는 토지는 남아 있지 않았다. 뿐만 아니라 아나톨리아의 농민은 중국이나 러시아농민에 비해 농업발전에 필요한 기술에 대해 익숙하지 못했다. 이 밖에 생태 환경도 장애 요인이었다. 오스만제국의 판도 안에서 새로운 노동력을 투입해 개발할 수 있는 넓은 토지가 없었다. 그럼에도 불구하고 몇 가지 프런티어 확장 시도는 있었다. 동남부 유럽의 민족운동과 러시아제국의 군사적인 확장에 더해 북아프리카의 이집트와 알제리에 대한 지배력을 상실한 오스만제국은 남아 있는 아나톨리아의 부족 영토를 지키는 데 힘을 집중했다.

19세기 초, 그 지역 인구의 주류는 쿠르드족(Kurds)이었고 몇 명의 칸이 지배하고 있었다. 오스만제국의 전성기에도 그 통치자들은 쿠르드인을 두려워해 느슨한 종주국 관계를 유지하는 것으로 만족했다. 1831년 이후 이런 전통적인 정책에 변화가 생겨난 것은 오스만 엘리트의 자기인식에 변화가 있었기 때문이다. 이들은 현대적 개혁을 주장하고 제국을 민족국가로 개조하려 했다. 그러기 위해서는 반(半)자치적인 쿠르드족 정치체제를 제거하고 이란과의 국경지대에 위치한 쿠르디스탄(Kurdistan)을 흡수해 동질적인 정치체제를 만들어야만 했다. 탄지마트(Tanzimat)*개혁 초기에 오스만제국 정부는 군사적 수단을 동원했다. 19세기 30년대에 여러 차례의 토벌을 거친 후 몇몇 중요한 칸국이 소멸되었다. 1845년부터 쿠르디스탄은 유사 이래 처음으로 오스만제국의 직접 지배 아래로 들어갔다. 그러나 군사적 승리에 이어서 오스만제국 정부는 건설적인 쿠르드 정책을 내놓지 못했다. 쿠르디스탄은 상처투성이의 땅으로 변했고 일부 지역은 인적조차 끊어진 점령지로 변했다. 이곳의 주민들은 터키에 대한 복수심으로 가득 찬 집단이었다. 중앙정부가 다량의 재정을 이곳에 투입했으나 새로운 세수를 창출할만큼 경제가 성장하지 않았다.

무력으로 쿠르드부족을 오스만 정권에 충성하는 시민으로 바꿀 수는 없었다. 발칸 국경이 끊임없이 남쪽으로 이동해오자 정부는 제국의 동부 변경을 지키기 위해 더 많은 군비를 지출해야 했다. 그러나 대규모 인구를 이동시키는 방식의 식민정책은 등장하지 않았고 쿠르디스탄을 보다 큰 시장과 연결시키려는 노력도 없었다.[126) 내부 이민을 통한 식민화는 전혀 시도되지 않았던 것은 아니다. 발칸과 카프카스에서 유입된 무슬림 난민을 이곳에 이주시킨 적이 있었고, 이들 가운데 수천 명은 개척이민으로서 시리아와 요단강 동안(東岸)으로 옮겨졌다.

19세기의 유라시아대륙에 분명한 프런티어가 존재했다고 한다면 러시아제국의 동부와 남부를 살펴보아야 한다.[127) 러시아는 몽고 킵차크 칸국에 저항하는 연합세력으로 등장한 변경국가였다. '몽고의 멍에'를 아직 벗어나지 못한 상태에서 서유럽의 강대한 경제와 문화적 위협이 러시아를 압박해왔다. 표트르(Pyotr Velikiy) 대제는 러시아

* 1839년부터 1876년까지 실시된 오스만제국의 개혁 정책이다. 영국과 러시아의 간섭 그리고 술탄 압뒬하미트 2세가 등장하면서 실패로 끝났다. 탄지마트는 터키어로 '개편'이라는 뜻이다.

를 2류 국가에서 벗어나게 한 통치자였고 러시아를 제국세력으로 성장시킨 인물은 예카테리나(Yekaterina Alekseyevna) 대제였다. 이 여황제가 통치하던 시기에 러시아는 크리미아의 강대한 타타르 칸국을 정복했고 흑해로 나가는 통로를 열었다. 러시아는 오스만제국과의 관계에서는 군사적 우위를 확보했고 이후 한 번도 진 적이 없었다.

1780년 이후로 러시아는 카프카스지역 정복에 나섰다. 정복전쟁은 긴 시간을 끌다가 1865년에야 끝났다. 카프카스 정복전의 고조기는 체첸인이 러시아의 침공에 저항해 연합전선을 형성한 19세기 30년대였다.[128] 예카테리나 황제 통치의 말기가 되자 러시아는 유라시아대륙 동부의 여러 민족, 국가와 관계를 맺게 되었다.[129] 여기에는 이전에는 모피상과 탐험가들만 접촉을 가졌던 시베리아 여러 민족에서부터 타타르와 카자흐 부족에 이르기까지, 나아가 그루지아의 황제까지 포함되어 있었다. 러시아는 오스만제국 이외에도 일찍이 1689년에 국경도시 네르친스크에서 중국과 체결한 국경조약이 오랫동안 유지되었다. 또한, 1826-28년의 러시아-이란전쟁 이전에는 확장주의에 중독되어 있던 이란과도 관계를 맺었다. 이란의 경우 1796년, 그루지아의 토지가 이란에게 유린되자 수만 명이 포로가 되었다. 당연히 영국과도 관계를 형성했다. 1798년 두 나라는 대혁명 시기의 프랑스에 대항하는 동맹을 맺었다.

위에서 서술한 여러 기반을 갖추고 있었지만 러시아가 다민족제국을 형성하고 아시아대륙의 다른 한쪽 끝까지 군사적 확장에 나선 것은 19세기에 들어온 이후의 일이었다. 시간의 폭으로 말한다면 유라시아대륙에서 유례가 없는 확장은 그루지아를 합병한 1801년에 시작해 일본과의 전쟁에서 패한 1905년에 끝났다. 터너 자신조차도 후기 저작에서는 단 하나의 개척 프런티어가 북아메리카를 가로질러 서쪽으로 중단 없이 이동해갔다는 해석은 지나치게 단순하다고 경고한 바 있다. 그러나 러시아의 영향 아래 있던 유라시아대륙의 각양각색의 프런티어와 비교할 때 신세계의 프런티어는 그지없이 간단했다.

유라시아대륙 프런티어의 다양성의 원인은 지리와 생태적 요인, 다양한 민족집단의 사회·정치조직의 형식, 차르의 정책과 러시아 지방지휘관의 현장에서의 결정 등 여러 곳에서 찾을 수 있다. 아무리 늦어도 차르와 칼뮈크인(Kalmyks)이 국경협정 ─ 이 협정은 승전의 전리품이 아니라 당사자끼리의 상당한 정도로 대등한 협상의 결과물이었다 ─ 을 맺은 1655년부터 프런티어 정책이라고 할만한 것이 등장했다.[130] 러시아는 미국이 인디언을 상대로 채택했던 정책수단을 일찍부터 사용했다고 할 수 있다. 이 국경협정에는 일부 불평등한 내용이 없지는 않았으나 궁극적으로는 쌍방이 최소한의 행동의 자유와 협상기술의 발휘가 보장되는 기반은 마련되었다. 협정은 따라서 전형적인 완성된 식민주의의 도구가 아니라 기껏해야 식민주의의 준비동작 정도였다.

1655년에 체결한 협정과 유사한 여러 조약이 지닌 애초의 목적은 프런티어의 다른 한쪽에 있는 군사적으로 강한 이웃을 안심시키는 것이었으나 시간이 흐르면서 러시아의 정책은 유화책에서부터 대학살에 이르기까지 광범위한 가능성 가운데서 자유롭게 선택되었다.[131] 이러한 정책의 배후에는 제국의 확장과 내부 식민화에 관한 일관성 있는 계획은 존재하지 않았다. 오늘날 역사연구가 대부분 그러하듯이 프런티어는 하나하나 개별적으로 고찰해야 한다.[132]

러시아제국과 북아메리카의 비교

유라시아대륙 프런티어 문제는 러시아인의 시각으로 본 다민족제국의 문제로 축소되어서는 안 된다. 북아메리카와 비교할 때 유라시아대륙 프런티어는 다음과 같은 특징이 있었다.

첫째, 아메리카합중국이 성립되기 전, 또는 1812년 미영전쟁이 일어나기 전에는 강대한 인디언 부족은 어느 정도까지는 백인 정착 식민자들의 외교정책 파트너로 남아 있었다. 둘의 관계는 모스크바공국과 타타르인, 키르기즈인(Kyrgyz), 카자흐인의 관계와 유사했다. 미국과 러시아에서 권력관계의 대변화는 다같이 1800년 무렵에 시작되었다. 북아메리카에서 인디언은 프런티어의 정착민 사회에 통합된 적이 없었다. 그러나 바로 이러한 프런티어의 배타성 때문에 (혼합 또는 과도적 접촉구역으로서) '중간지대'의 형성이 가능했다.

이와는 반대로, 안드레아스 카펠러(Andreas Kappeler)가 그의 고전적인 저작에서 지적했듯이 러시아제국은 "근원을 따지면 중세까지 거슬러 올라가는 다민족 공생의 오랜 전통"을 갖고 있었다.[133] 제국의 판도 안에 포함된 비러시아족 집단은 철저하게 무장을 해제당하지도 않았고, 그 엘리트들은 러시아인들로부터 일정 정도의 특권을 누리는 귀족으로서 인정받았다. 더 나아가 경계가 모호한 제국의 변경지대에서는 반(半)자치권을 누리는 특수한 정치체제도 등장했다. 예컨대, 오늘날의 우크라이나는 15세기부터 호전적인 코사크인(Cossack) 사회의 고향이었다. 이 사회는 북아메리카에서는 비견할 만한 대상을 찾을 수 없고 브라질의 반데이란치(bandeirantes)*와 여러 면에서 유사했다.

코사크인은 전형적인 프런티어 종족이었다. 그들의 생활방식과 군사전략은 노가이 타타르인(Nogai Tartars)과 칼뮈크인 같은 주변의

---

* 17세기에 브라질로 건너간 포르투갈 정착민들이다. 주로 상파울루와 그 주변지역이 근거지였다. 이들이 브라질 내륙지역─1494년 토르데시야스(Tordesillas) 조약에서 결정된 서경 43° 37′선 서쪽─으로 원정가는 것을 '반데이라스'(bandeiras. 포르투갈어로 '깃발')라고 했다. 대부분의 반데이란치들은 포르투갈인 2세대 또는 3세대들이었으나 원주민과의 혼혈인 마멜루쿠(mameluco, 스페인어의 메스티조 mestizo와 같은 뜻)도 많았다. 이들의 원정 목적은 노예로 삼을 원주민을 포획하거나 금은보석 광산을 찾는 것이었다.

초원 유목민족과 거의 차이가 없었다. 러시아의 차르들은 오랫동안 이들을 두려워했다. 근대 초기에 코사크인은 결코 중앙정부의 손에 놀아나는 도구가 되려 하지 않았다.

이런 특수사회는 본질적으로 일시적인 현상이었다. 이들은 언젠가 안정적인 제국 또는 국가를 건설하는 데 걸림돌이 될 수밖에 없었다. 신세계에서 영국이 스페인과 프랑스를 상대로 싸울 때 영국을 도왔던 카리브해의 해적집단에 대해 영국정부가 1720년부터 대규모 진압작전을 펼쳤던 것처럼, 초원 유목민족의 저항을 진압하는 완충지대로 코사크인의 역할이 줄어들게 되자 (러시아제국 자신의 안전을 확보하기 위해서도) 코사크인의 지위도 쇠락하기 시작했다.

코사크인을 아시아 유목민족의 침입에 저항하는 '유럽의' 전사로 상상한다면 착오다. 여러 면에서 그들의 사회구조와 문화적 이상은 러시아 쪽보다는 이웃한 비러시아 민족에 훨씬 가까웠다. 특히 카프카스지역의 상황이 전형적이었다. 이곳에서 테렉 코사크(Terek Cossacks)인과 카프카스 산악민족이 가까이 살면서 서로가 상대의 군사문화를 모방했다. 코사크인의 입장에서는 무장한 이웃보다는 러시아인 대상(隊商)이 훨씬 손쉬운 먹잇감이었다. 19세기 전반에 러시아의 차르가 카프카스인에 대항하기 위해 손을 잡자고 코사크인을 압박해왔을 때 코사크인은 충성의 대상을 누구로 할 것인지를 두고 곤혹스러운 처지에 빠졌다. 코사크인 일부는 카프카스 진영에 가담하고 이슬람교에 귀의했다. 테렉 코사크인은 1824년이 되어서야 정식으로 러시아제국의 일원이 되었고 상응하는 의무와 납세를 받아들였다.[134]

둘째, 인디언과의 적대관계에서 미국 군대의 역할은 저평가되어서는 안 된다. 내전 시기의 일시적인 휴지기를 제외하고 멕시코전쟁(1846-48년)에서부터 미국-스페인전쟁(1898년)에 이르기까지 군대의 가장 중요한 용도는 프런티어 개발에 투입된 것이었다. 미국 군대가 서부에서 활약한 전성기는 차르가 카프카스에서 중앙아시아의 칸국들(히바Khiva와 부하라Bukhara를 위시해)을 공격한 때와 시기적으로 일치했다. 양자 사이의 중요한 차이는, 미국 군대는 측면에서 개척민을 보호했다는 점이다. 달리 표현하자면 미국 군대의 작전은 궁극적으로 군사적 목적의 원정이 아니라 일종의 대규모 경찰행위였다. 러시아의 상황은 이와는 정반대였다. 차르의 군대는 19세기 내내 정복전의 도구로서 기능했고 사전이든 사후든 개척농민의 활동과는 아무런 관련이 없었다.

러시아 군대는 옛 전통대로 군사행동에서는 뛰어난 재능을 나타냈으나 새로운 개척활동을 체계적으로 조직하는 데서는 그렇지 못했다. 당연히 러시아군대의 군사적 확장행동의 배후에는 경제적 동기가 없지는 않았다. 1864년의 중앙아시아 정복은 러시아 경제에 매우 중요한 시기에 실행되었다. 당시 내전에 휩싸인 미국은 러시아 면방업이 필요로 하는 면화를 제대로 공급하지 못했다. 원료산지로서 중앙아시아가 모스크바 정책결정자들의 시야에 들어왔다.[135] 뿐만 아니라 오스만제국, 영국제국, 이란제국과의 충돌을 일으킨 동기로서 전략적 목적은 최소한 현장 지휘관의 정복욕만큼 중요한 역할을 했다. 이런 군사제국주의는 프런티어의 개발을 유발하지 못했다. 국가행위로서 군사제국주의는 공격을 당한 비러시아 사회의 기반을 붕괴시켰을 뿐 새로운 형태의 사회를 세우지는 못했다.

셋째, 북아메리카와 남아메리카의 인디언과는 달리 러시아의 침략을 받은 중앙아시아 민족에게는 외부세력과 동맹을 맺거나 망명처를 제공해줄 제3국을 찾을 최소한의 기회는 남아 있었다. 북아메리카 인디언은 가장 좋은 경우에 캐나다로 피난할 수는 있었지만 그들을 난민으로서 보호해줄 사람은 그곳에 없었다. 반면에 카프카스민족은 이슬람 연대주의의 네트워크에 기대 최소한 오스만제국 내에서 피난처는 찾을 수 있었다.

18세기 말, 러시아와 청제국의 협공을 받은 중앙아시아 여러 민족의 생존공간은 갈수록 좁아졌다. 그러나 상당히 오랜 기간 동안 그들은 두 제국 사이의 틈새에서 힘겹지만 살아남는 데 성공했다. 1864년 이전까지 그들 가운데서 일부 부족은 러시아와 중국 양국에 조공하고 있었다. 1820년 이후로 청의 신장 지역에 대한 지배가 느슨해지자 신장 지역과 국경 넘어 코칸트(Kokand)의 무슬림 민중이 반란을 일으켰다. 두 제국 사이에서 독립된 이슬람국가를 만들려는 시도는 끊어지지 않았다.[136] 시베리아의 소수 부족을 제외하고는 러시아제국 확장의 피해자는 여전히 자신의 행동공간을 유지할 수 있었으나 북아메리카 인디언에게는 그럴 가능성이 전혀 없었다.

넷째, 변경지역 개척과 유사한 침입이 두 군데 광범위한 지역(서부 시베리아와 카자흐 초원지대)에서 발생했다. 러시아의 시베리아— 우랄산맥 이동의 광활한 지대—정복은 17세기에 시작되었고 그 동력은 동물모피에 대한 수요에서 나왔다. 시베리아는 이런 방식으로 거대한 모피 교역망에 편입되었고 북반구 삼림지대와 유럽 및 중국의 판매시장이 모피 교역을 통해 연결되었다.[137] 모피자원은 주로 각지에 분산된 수렵자들에 의해 획득되었으므로 특수한 '모피 프런티어'는 출현하지 않았다. 북아메리카의 상황과 유사한 점이라면 시베리아 원주민도 처음에는 새로운 시장 기회를 통해 큰 이익을 보았다는 사실이다. 그러나 18세기 이후로 시베리아 서부에서 농업개척이 활발해지자 원주민의 처지는 갈수록 열악해졌다.

1763년, 우랄산맥에서 바이칼(Baikal) 호반의 이르쿠츠크(Irkutsk)에 이르는 도로 공사가 시작되었다. 이르쿠츠크는 중국 국경으로부터 멀지 않은 곳이었다. 이 도로의 개통으로 농업개발에 필요한 물자의 운송이 원활하게 되었다. 삼림 가운데에 수천 킬로미터에 이르는 통로가 열리고 노면을 다져 마차와 썰매의 통행이 가능해졌다. 이 공사는 기술상의 일대 걸작이었고 착공시점은 북아메리카의 오리건 가도보다 수십 년이나 앞섰고 시베리아철도보다는 한 세기 가량 앞섰다. '트락트'(trakt, 대로)로 불린 이 도로는 머나먼 남쪽으로 계속 뻗어왔기 때문에 강을 건너는 위험을 최소한으로 줄일 수 있었다. 이 도로는 새로운 도시의 건설을 자극했고 원래부터 있던 도시에는 경제발전의 기회를 가져다주었다. 그 가운데서 가장 대표적인 도시는 1824년에 시베리아 총독부 소재지가 된 옴스크(Omsk)였다. '대로'의 건설은 동시에 자연환경의 파괴를 손쉽게 만들었고 도로 인근 시베리아 각 민족의 생활에 심각한 영향을 미쳤다.

또 하나의 역사적 대전환은 농노의 해방이었다. 농노제 개혁 이후에도 인구의 자유로운 이동은 여전히 제한되었다(법률에 의하면 자유를 획득한 농노는 원래 거주하던 마을에 머물러야 했다). 그러나 수십만 명이 용감하게도 이 속박에서 탈출했다. 19세기 80년대에 매년 평균 3만 5,000명이 유럽 쪽 러시아에서 시베리아로 이민했다. 19세기 90년대 말에는 이 숫자가 9만 6,000명으로 올라갔다. 1906년 이후 시베리아로 이주하는 무리가 파도처럼 몰려갔다. 1908년, 이민의 숫자는 정점에 이르러 75만 9,000명을 넘는 사람들이 시베리아 프런티어로 들어갔다.[138]

시베리아의 초기 이민과 후기 이민 사이에 여러 가지 갈등이 등장했다.[139] 초기 이민은 대부분이 현지의 자급자족적인 생활방식에 적응했고 심지어 일부는 러시아어까지 잊어버렸다. 시베리아 원주민에게 식민화의 결과는 재난에 가까웠다. 북아메리카의 인디언이 유럽계 미국인을 만났을 때와 몽고인이 한족과 접촉했을 때와 마찬가지로 시베리아 토착민 사회는 충격을 견뎌내지 못했다. 고기잡이와 사냥은 갈수록 어려워지고 채무와 독주는 전통적인 생활방식과 문화적 취향에 치명적인 타격을 가했다. 멀리 오호츠크해까지 이르는 광활한 대지 위에서 — 동부에서는 중국 이민의 압박까지 더해져 — 시베리아인은 새로운 환경에 적응하기 위해 발버둥치거나 아예 삼림 속 깊은 곳으로 옮겨가 은거생활을 유지했다. 남아메리카 인디언과 마찬가지로 이들에게는 보호구역이란 피난처까지도 주어지지 않았다.[140]

가장 중요한 농업 개척지역은 카자흐 초원지대 — 볼가강 하류에서부터 알타이산맥 사이, 세미팔라틴스크(Smeipalatinsk, 오늘날의 세메이Semey)를 중심으로 한 지역 — 였다.[141] 카자흐 유목민 기마대와(대규모 부락단위 조직으로 움직였다) 바시키르인(Bashkirs) 같은 초원민족의 공격을 물리치기 위해 러시아 정부는 18세기 30년대 이후로 이 지역에 요새의 띠를 구축했는데 그 가운데서 가장 중요한 곳이 오렌부르크(Orenburg) 요새였다. 차르의 대표들은 이곳을 거점으로 담판, 분화, 위협을 혼합한 정책을 실행했다.

이런 정책이 일정 정도의 성과를(러시아의 시각에서 볼 때) 내기는 했지만 19세기에 이르기까지 이 초원 프런티어에는 평화가 찾아오지 않았다. 알렉산더 훔볼트(Alexander von Humboldt)가 러시아 황제의 요청으로 이 지역을 방문했을 때 러시아 정부는 그에게 큰 규모의 코사크인 호위대를 붙여주었다. 당시에 오렌부르크와 오르스크(Orsk) 사이의 변경은 사방에 위험이 도사리고 있었다. 유목민족은 수시로 러시아인 거주 지역을 습격해 사람과 가축을 붙잡아갔다. 그중 일부는 노예로 히바지역으로 팔려갔다. 러시아인 노동력은 그곳의 수로공사 현장에서 환영받았다. 러시아 병사는 목제 전망대에 올라 초원에서 벌어지고 있는 일체의 움직임을 관찰했다. 카자흐민족은 신속한 정복이 아니라 기나긴 과정의 동화정책을 통해 러시아제국에 흡수되었다. 동화정책 가운데는 고착된 목표에 대한 군사적 토벌은 물론 러시아 황제를 핵심으로 하는 봉건적 충성관념을 끊임없이 주입시키는 장기적인 문화정책도 포함되어 있었다. 그 목적은 지역의 안정을 확보함은 물론이고 유목 기마민족을 농경민으로 '문명화해' 제국의 구조 안에 복속시키는 것이었다.[142]

이와 같은 여러 정책보다도 러시아와 우크라이나의 개척농민이 더 깊은 영향을 미쳤다. 이들은 초원의 변두리에서 대규모 개간과 경작을 했다. 이들이 보여준 성과는 코사크인의 반(半)유목형 혼합경제와 비할 바가 아니었다. 앞서 시베리아에서도 그러했듯이 이곳의 농노도 해방되어 지역 발전의 초기 동력이 되었다. 여기에 더해 국가는 다시 한번 강력한 도움의 손길을 내밀었다. 1891년에 반포된 「초원 관리조례」는 카자흐인의 토지소유권을 심각하게 제한했다. 정부의 정착 유인책을 거부한 유목민족은 남쪽으로 쫓겨났다.

이때부터 그들은 물이 풍부한 북방 목초지와 단절되었다. 계절성 이동방목에서 북방 목초지의 중요성은 대체될 수가 없었다. 조금만 자세히 살펴보면 금방 알 수 있듯이 러시아 프런티어 개발은 시간적으로 미국과 남아프리카보다 늦었다. 미국의 중서부와 남아프리카의 벨트 고원지대에서 '주인 없는 땅'이 거의 사라져갈 무렵인 19세기 90년대에 러시아 남부의 초원지대는 '개방'되기 시작했다. 이곳에서도 프런티어의 개방은 원주민의 이익을 희생시켰다. 그러나 원주민은 포위된 보호구역 안으로 사라지지 않고 변방에서 유목생활 방식을 이어갈 수 있었다. 카자흐 개척 프런티어는 러시아제국 전체 판도에서 가장 전형적인 프런티어였다.

유목생활 방식은 농부의 쟁기에 밀려났다. 이때의 충돌은 상이한 '발전단계'에 처한 집단 사이의 갈등이 아니라 상이한 형태의 사회와 민족 사이의 충돌이었다. 프런티어 과정을 경험한 지역은 "유목민과 코사크인이 거주하는 변경에서 농민과 관료가 생활하는 제국의 영토"로, 터키인과 몽고인의 세계에서 슬라브인이 주류인 다민족 지역으로 변해갔다.[143] 그곳을 '내부 식민지'라고 불러야 할지, 아니면 '변경'이라고 불러야 할지는 중요한 문제가 아니다. 그러나 그곳이 국가의 특수 관리대상이 된 적이 없었고 러시아 국가체계 안에 통합되었기 때문에 식민지 개념에 부합되지 않는 면이 있다.

러시아제국의 다른 프런티어에서도 유사한 과정을 겪었다. 가장 먼저 코사크인이 등장했고 그다음으로 병영과 요새, 마지막으로 농경에 종사하는 개척민이 나타났다. 국가가 이 과정을 조종하기 위해 쏟은 노력은 미국이나 남아프리카를 훨씬 초월했다. 미국 정부의 중요한 공헌은 법을 제정해 토지를 낮은 가격에 개척민에게 제공한 것이었다. 프런티어 개척민은 완전한 자유인이었다. 누구도 그들에게 어디로 가라고 강요한 적이 없었다. 러시아는 반대였다. 내무대신 스톨리핀(Pyotr Arkadyevich Stolypin)이 토지 사유화 개혁을 실시하기 전에 제국정부는 줄곧 이민유도 정책을 시행해왔다. 이른바 국가농민에게는 이런 방식이 문제될 게 없었으나 기타 농민 — 농노이든 해방된 농민이든 — 에 대해서도 국가는 감독자로서의 역할을 하고 있었다. 많은 개척민이 자신의 운명을 스스로 만들어갔음에도 원칙적으로 러시아의 개척 프런티어는 미국처럼 개척이민자의 자유의지에 따라 형성되지는 않았다.[144]

러시아가 미국과 달랐던 또 하나의 큰 차이는 도시발전이 상대적으로 느렸다는 점이었다. 북아메리카에서 프런티어는 어디에서나 소도시의 형성과 연결되어 있었다. 어떤 소도시는 지리와 교통의 편리함에 힘입어 짧은 시간 안에 중요한 핵심도시로 발전했다. 북아메리카대륙의 서쪽 변경에서 프런티어는 인구가 조밀한 도시지역 속으로 사라졌지만 도시의 형성은 전적으로 프런티어에 의존하지는 않았다. 러시아의 캘리포니아는 끝내 등장하지 않았고 블라디보스토크는 제2의 로스앤젤레스로 번영하지 못했다. (시베리아 이외의 지역에서) 러시아의 프런티어 도시화는 큰 발전이 없었다.

다섯째, 18세기와 19세기의 러시아에서 모든 형식의 확장은 강렬한 이념적 색채를 갖고 있었다. 미국에서는 인디언에 대한 태도는, 인디언을 '문명화'시킨다는 것은 불가능하다는 주장과 그것이 인류의 중대한 사명이라는 주장 사이에서 반복적으로 왕래했다. 그러나 러시아에서 동부는 원대한 환상과 시종 긴밀하게 연결되어 있었고 그 정도는 미국인의 서부에 대한 열정에 비해 손색이 없었다. 전체 유럽의 확장사에서 어떤 국가도 러시아제국만큼 '문명화 사명'을 엄숙한 태도로 받아들이지는 않았다.[145] 당시의 수많은 러시아인은 식민을 문명화를 실현하는 주요 경로로 보았다.

따라서 러시아 사학계에서는 터너보다 훨씬 앞서 세르게이 솔로비요프(Sergey Mikhaylovich Solovyov)가 유사한 프런티어 이론을 제시했다.[146] 19세기 초에 러시아에서는 러시아가 아시아를 향해 진보적인 유럽의 대변인의 역할을 맡아야 한다는 주장이 유행했다. 이 관점에서 볼 때 북극해에서부터 카프카스에 이르는 지역은 계몽된 러시아 상층사회가 유럽문명의 전파자로서 역할을 증명할 수 있는 공간이었다. 그리하여 그들은 정복하고 식민화했으며 나아가 자랑스러운 눈길로 서방을 바라보았다. 한편으로 그들은 러시아를 식민주의와 제국주의의 악명으로부터 떼어놓으려 했다. 실제로 러시아와 소련 역사학자들의 저작을 보면 러시아의 정책이 내포하고 있는 제국주의적 성격을 인정하지 않으려는 태도가 강하게 드러난다. 사람들이 늘 사용하는 비러시아 지역과 그곳의 인구를 '동화'(osvoenie, Aneignung)시켜야 한다는 상투적 표현 속에는 은폐의 분위기가 느껴진다. 이것은 미국인이 자신의 대륙확장에는 제국주의의 일면이 자리 잡고 있다는 사실을 인정하기 싫어하는 것과 같은 심리다. 미국과 러시아의 프런티어 이론은 유럽에 대한 위치설정에서 중요한 차이를 드러낸다.

터너의 프런티어가 유럽과의 결별과 아메리카 개척자 정신의 탄생을 주장했다고 한다면 솔로비요프와 그 후계자들에게 서유럽은 모든 것의 평가척도였다. 그들의 관점에서는 러시아의 유럽화는 (러시아)제국의 판도 안에 있는 모든 민족의 러시아화를 통해 지속되어야 했다.

러시아에서 미국의 '황야'와 유사한 개념은 아무런 역할을 하지 못했다. 반면에 러시아에서는 확장이 이슬람과의 투쟁이란 외피를 걸쳤을 때 비정상적으로 높은 이념적 지위를 지니게 되었다. 역사철학을 숭배하는 선전가들은 러시아가 이슬람과의 관계에서 기독교세계의 '역사적 하락'을 반전시킬 수 있는 능력을 갖고 있다고 주장했다. 러시아의 고고학자들은 정복한 땅에서 '순수한'——이슬람교가 전파되기 전의——문화형식을 찾는데 몰두했다. 이슬람교는 외부에서 유입된 이교이므로 반드시 제거되어야 하며 기독교의 전초기지인 그루지아 같은 곳은 하느님의 구원계획에 포함되어야 했다.[147]

프런티어의 종교청소는 러시아에게도 이득이었다. 1830년 이후로 러시아정부는 부분적으로는 제국의 중심부를 이단종교로부터 보호하기 위해 이단자들(예컨대, 동방정교에서 이탈한 고의식파*)을 변경으로 추방했다. 19세기 80년대가 되자 트랜스카프카스 지역에 분포된 러시아족 인구 가운데서 비정통파 기독교도가 절대다수를 차지했다.[148]

언제나 그랬지만 제국의 화법은 모순으로 가득했다. 다게스탄(Dagestan)의 이슬람 전사들은 기독교 문명세계의 적으로 폄하되어왔지만 다른 상황에서 이들은 낭만적인 산악의 전사 또는 '고상한 야만인'으로 묘사되었다. 우리는 이런 낭만적인 오리엔탈리즘의 이면에서 러시아인의 '이민족'에 대한 인식이 다른 제국의 이념과 크게 다르지 않다는 사실을 발견하게 된다. 예컨대, 프랑스는 북아프리

---

* 고의식파(古儀式派, starovéry) 혹은 구교도(舊敎徒). 1653년 총대주교 니콘(Nikon)의 동방 정교회 개혁에 반대하여 (본래의 예식과 의식을 고수하며) 러시아 정교회로부터 분리되어 나온 종파이다. 분리파(raskol)라고도 불린다. 1666-67년의 시노드(Synod)에서 이들은 파문(anathema)에 처해졌고 이후 여러 분파로 갈라져 현재까지도 명맥을 이어오고 있다.

카 베르베르족(Berbers)을 신화화했고 영국은 인도와 동아프리카의 호전적 종족을 찬미했다.[149]

여섯째, 북아메리카 인디언과는 달리 러시아제국의 일부 프런티어 민족은 성공담을 만들어냈다. 그들은 확장의 압력에 맞서 고도의 문화적 저항력과 동시에 적응력을 보여주었다. 시베리아 부하라(Bhkharans)인은 도시에 모여 사는 생활방식, 러시아 정부에 대한 상대적인 복종성, 아랍어와 페르시아어가 널리 보급된 문화수준 때문에 18세기 중앙아시아의 뛰어난 민족이었다. 이들은 상인계층의 중추를 형성해 부하라지역과 러시아제국 무슬림 사이의 교량역할을 했다.

다른 사례는 야쿠트인(Yakuts)인과 부리야트인(Buryats)이다. 부리야트인은 러시아 국경 내에 둘밖에 없는 몽고부족 가운데 하나다(나머지 하나는 칼뮈크인). 러시아인이 보기에 '원시적'이고 샤머니즘을 신봉하는 시베리아민족과 비교할 때 부리야트인은 문화적으로 상당한 발전단계에 도달해 있었고 여기에 더해 분화된 사회조직, 식민화의 '협력자'로 이용할 수 있는 분명한 귀족계층을 갖추고 있었다. 부리야트인은 종교와 행정 등 다방면에서 압박을 받았음에도 자신의 존엄과 행동의 자유를 지켜냈다.

이런 사례는 아메리카대륙의 어떤 인디언 부족에게서도 찾아볼 수 없다. 특히 주목해야 할 것은, 부리야트인은 전통적인 정치와 종교적 계층제의 속박으로부터 성공적으로 탈피해 현대적이고 교육받은 중산층 엘리트를 형성했고, 이들이 공공영역과 관료체제 내부에서 자기민족의 이익을 대변하는 목소리를 내고 있다는 사실이다.[150] 전세계에서 최악의 상황에 빠진 종족과 사회는 장기적으로 세 가지 평가기준 가운데서 최소한 하나를 만족시키지 못했다. 그 세 가지 조건은 다음과 같다. 군사적으로 두려워할만한 상대, 경제적으로 유용한 상대, 현대정치 무대에서 자신의 이익을 대변할 수 있는 능력을 가진 상대.

5. 이민 식민주의

20세기의 국가주도 이민계획과 식민주의

프런티어는 파멸의 장소이면서 새로운 사물이 탄생하는 장소다. 파괴와 건설은 흔히 변증법적으로 서로 얽혀 있다. 다른 맥락이긴 하지만 요제프 슘페터(Joseph Alois Schumpeter)는 이를 '창조적 파괴'(schöpferische Zerstörung)라 불렀다. 19세기에 프런티어 지역의 많은 민족이 멸종되거나 심각한 상처를 입었고 한편으로 프런티어 지역에서 처음으로 민주헌정 국가가 형성되었다. 프런티어는 폭력적 무정부주의의 무대이면서 동시에 현대 정치와 사회의 요람이었다고 할 수 있다.

우선 제1차 세계대전 이후를 살펴보자. 20세기에 들어와서도 프런티어는 사라지지 않았다. 일부 지역에서는 지난 세기에 시작된 프런티어 과정이 지속되고 있었다. 그러나 프런티어의 양면성은 거의 사라졌고 건설적 발전은 찾아보기 어렵게 되었다. 제국의 철저한 통제를 받는 주변부로 바뀌면서 프런티어에서는 건설적인 발전도 거의 찾아볼 수 없게 되었고 영제국의 내부적 다원성 같은 것도 사라져버렸다.

1차 대전 이후 새로운 농업개척 과정에서 이념화와 국가의 개입이 강화되었다. 일반적으로 개척민은 거의 같은 시기에 캐나다나 케냐로 간 이민들처럼 패기만만한 개인들이 아니었다. 그들 대부분은 빈곤충 출신으로서 점령군의 뒤를 따라다니며 힘든 조건하에서 국가를 위해 '경계표지'(Grenzmarken)가 된 사람이었다. 20세기 초, 강대국이 되기 위해서는 인구과잉에 따른 자원부족의 위험을 피할 충분한 '생존공간'이 확보되어야 하며 열등한 민족이 적절치 못하게 '경작하는' 토지를 빼앗는 것은 강대국의 권리이자 의무라는 주장이 극우단체와 여론 주도층 내부에 자리 잡았다. 이런 생존공간 전략을 실행한 나라는 대부분 20세기 30년대에 일어선 신흥제국——이탈리아 파시스트정권은 리비아에서(에티오피아도 점령했지만 규모는 상대적으로 작았다), 일본은 1931년 이후 만주에서, 나치 독일은 2차 대전 때 단명으로 끝난 동부제국(Drang nach Osten)에서——이었다. 이 세 가지 사례는 프런티어전쟁을 통해 민족의 세력을 증명하고, 토지약탈을 통해 민족의 존엄을 지키려는 사상이 그대로 반영된 결과였다. 모험소설 작가 카를 마이(Karl Friedrich May, 1842–1912)*의 독자이자 충실한 추종자였던 아돌프 히틀러는 지력이 뛰어난 영웅 올드 셰터핸드(Old Shatterhand)가 활약했던 서부황야를 2차 대전을 통해 동부전선에서 재현하려 했다.[151]

프런티어는 전통의 방해를 받지 않고 '새로운 인류'(neue Menschen)와 새로운 형태의 사회를 창조할 수 있는 실험장이었다. 만주의 이상적인 군사질서와 '아리안인종'이 지배하는 동유럽 점령지가 그래서 나왔다. 독일의 '피와 대지'(Blut und Boden)란 이념은 이런 사상의 극단적인 표현이었으며 대규모 인종청소와 대학살의 이론적 근거가 되었다.

개척민은 이런 잔혹한 계획의 집행자로서 선발되지는 않았으나 그들이 개별적인 사례에서 맡은 역할은 국가정책의 도구와 같았다.

* 마이는 미국의 서부황야를 무대로 한 공상 모험소설을 써서 인기를 끌었던 독일 작가이다. 그의 작품에 등장하는 주인공이 올드 셰터핸드다.

그들은 국가에 의해 모집되고 파견되었으며 국가가 변경과 해외 식민지의 토지를 그들에게 공급해주었다. 국가는 그들을 중대한 민족적 사명을 수행하고 있다고 믿도록 세뇌했고, 일상생활에서 겪는 여러 가지 고통은 '민족 전체'의 이익과 행복을 위해 극복하라고 강요했다. 파시스트제국의 꿈을 실현하는—아프리카에서든, 만주에서든, 볼가강 유역에서든—개척민은 국가가 주도하는 '민족정책'(Volkstumspolitik)의 실험동물이었다. 그들에게는 터너가 말한 개척자의 핵심적 특징인 자유와 자립이 결핍되어 있었다.

20세기에 들어와 파시스트국가나 극단적 국수주의 체제(일본)에서 나타난 한 차원 더 높은 프런티어가 사회학자 제임스 스캇(James C. Scott)이 '사회공학'이라 이름 붙인 농업개발과 농업생산이었다. 많은 사람이 계획적인 노동 투입과 농업생산 조건의 합리적인 배치를 통해 자연을 최대한도로 이용할 수 있다고 믿어왔다.[152] 그로부터 생겨난 부작용 가운데 하나가 농업인구에 대한 갈수록 강화된 통제였다. 소련과 중화인민공화국의 농업집단화는 조방형 토지개발계획(『개간된 토지』*Neuland unterm Pflug**)와 밀접하게 연관되어 있었다. 루스벨트 대통령의 뉴딜정책의 주요 부분인 테네시계곡 수리사업(TVA: Tennessee Valley Authority)의 많은 계획도 (계획의 비자발성이란 관점에서 보자면 소련이나 중국에 훨씬 못 미치지만) 이 범주에 속한다. 공산주의 정권의 집단화 정책 가운데서 개척민의 개인적 자유는 완전히 무시되었고 새로운 토지의 실질적인 개척은 군대나 국영농장이 담당했다. 그러나 공간의 가변성은 생태적 한계 또는 '문명화'의 한계를 초월할 수 있다는 구상은 모든 20세기형 국가주도 토지개발 계획과 전통적인 이민 식민주의에 공통된 특징이었다.

'이민 식민주의'란 용어는 일반적으로 제국 그리고 제국주의와 연

* 소련 작가 미하일 숄로호프(Mikhail Sholokhov, 1905-84)의 동명소설 제목(Podnyataya tselina).

결되어 있다. 최소한 19세기와 20세기에는 '이민 식민주의'는 비정상적이고 특수한 경우로 인식되었다. 1930년 이전에 유럽 이민이 인구의 주류를 형성하고 정치과정을 주도하는 식민지는 몇 곳에 지나지 않았다. 영국의 자치령(이 지역은 일찍부터 민족국가의 정부형태를 유지해왔다)을 제외하면 알제리, 케냐, 남로디지아, 앙골라, 모잠비크가 그런 범주에 들어가는 나라였다. 아시아에는 유럽의 이민 식민지가 없었고 북아일랜드는 유럽 내부의 특수 사례였다.

식민주의의 역사를 서술할 때 따라서 이민 식민지는 크게 주목받지 못했다. 프랑스의 해외제국 가운데서 가장 중요한 구성요소인 알제리만 비교적 많은 관심을 모았다. 이민 식민주의를 프런티어란 주제에 포함시키면 시각의 전환이 따르게 되고, 이때 이민 식민주의는 더 이상 식민통치의 특수유형이 아니라 확장의 특수형태의 표현이자 결과가 된다.

이민 식민주의, 고착된 프런티어[153]

비국가행위자에 의한 프런티어 확장이 예외 없이 상이한 경제적·사회적 형태를 나누는 항구적이고도 분명한 경계선을 만들지는 않는다. 캐나다의 초기 프런티어는 인디언과 백인 수렵자와 모피상이 접촉하는 구역이었다. 이곳에는 획정된 경계가 없었기 때문에 모든 집단이 정주형 개척자의 생활방식과 전혀 다른 고도의 유동성을 유지하고 있었다. 아마존 프런티어는 약탈과 과도한 자연착취의 공간이었다. 그러므로 프런티어 '식민화'는 프런티어 '확장'의 하위범주이며[154] (대부분의 문명사회가) 농업생산 또는 광물자원 추출을 목적으로 토지를 개발하기 위해 현재의 경계를 넘어 '황야' 깊은 곳으로 들어가는 현상이다. 이런 식민화는 본질적으로 이민과 연결되며 경제적인 시각에서 보자면 유동적인 생산요소 ─ 자본과 노동력 ─

와 위치가 고정된 자연자원을 결합시키는 과정이다.[155]

이런 식민화는 많은 경우 기존 정착지역의 변경에서 발생하기 때문에 반드시 새로운 정치적 실체를 필요로 하지는 않는다. 대표적인 예가 한족의 농경지역이 중앙아시아의 목축경제를 희생시키며 점진적으로 확장하다가 19세기와 20세기에 정점에 이른 것이다. 그러나 이런 식민화는 해외의 새로운 이민 정착지에서도 발생할 수 있으며 가장 잘 알려진 사례가 동부 해안에서 시작된 북아메리카대륙 전체의 개발이다. 공업기술은 식민화(와 환경파괴)의 범위를 크게 넓혀 놓았다. 특히 철도의 등장은 프런티어 과정에서 (대부분의 경우 역사적으로 비국가 단체가 담당해왔던) 국가의 역할을 강화시켜 놓았다. 가장 규모가 큰 국가주도의 철도 식민화는 19세기 말에 시작된 아시아 쪽 러시아의 개발이었다.[156]

이민 식민지는 프런티어 식민화의 특수형태이며 고대 그리스(와 그보다 앞서 페니키아)에서 처음 등장했다. 지중해의 맞은편 해안에 군사력을 동원하기 어렵거나 군사력을 동원해 통치할 필요가 없는 지역에 '식민도시'가 세워졌다. 고대뿐만 아니라 근대 초기에도 '식민도시'와 기타 프런티어 식민화 사이의 핵심적인 차이는 여전히 지리와 교통이었다. 바다뿐만 아니라 극복하기 어려운 육지의 거리도—공업화 이전 시대의 교통조건하에서 신장의 이닝시(伊犁, Gulja)에서 베이징까지 갈 때 소요되는 시간은 필라델피아에서 런던까지 갈 때 소요되는 시간보다 길었다—사회적 연속성의 필수 조건인 정기적 접촉을 막는 장애물이었다.

바로 이런 조건 때문에 진정한 식민지가 등장할 수 있었다. 이때의 식민지는 프런티어 개척지일 뿐 아니라 독자적인 정치구조를 가진 정착민 사회였다. 고전적인 예가 북아메리카의 초기 영국인 정착민 사회였다. 이민 식민지를 세운 집단의 첫 세대는 경제적으로 자급자족하는 교두보를 만들기 위해 전력을 쏟았다. 그들은 자신의 생존을 고향으로부터의 원조에 의존할 수도 없었고 주변 환경에 의존할 수도 없었다. 이집트에서의 로마인, 인도에서의 영국인, 중남아메리카에서의 스페인인과는 달리 북아메리카, 아르헨티나, 오스트레일리아에서는 군사력을 갖춘 식민정부를 부양하기 위해 필요한 잉여를 생산할 수 있는 고효율의 현지 농경체계가 존재하지 않았다. 따라서 구조적으로 옛 통치자의 금고에서부터 새로운 지배자의 금고로 옮겨놓을 재정수입이 없었다. 이 밖에, 인디언과 오스트레일리아 토착민 또한 유럽식 농업생산에 투입할 노동력으로서는 적합하지 못했다.

이민 식민화의 첫 번째 유형('뉴잉글랜드' 유형)—가족 구성원과 유럽계 계약노동자를 동원해 농업노동력 부족문제를 해결하고 경제적 효용이 전혀 없는 소규모 토착 인구를 무자비하게 몰아냈다—이 이런 환경에서 출현했다. 이런 방식을 통해 1750년 무렵 북아메리카에서 (당시 비유럽 세계에서 유일하게) 사회적·인종적으로 고도로 동질적인 유럽화된 지역, 새로운 유럽형 민족국가의 핵심이 될 모형이 출현했다. 영국인은 범죄자들을 강제로 이주시킨 특수한 조건의 오스트레일리아뿐만 아니라 (원주민 마오리족의 강력한 저항을 물리치고) 뉴질랜드에서도 동일한 모형의 식민화를 추구했다.

이민 식민화의 두 번째 유형은 정치권력을 장악한 소수이민이 식민정부의 지원을 받아 인구의 다수를 차지하는 원주민을 그들의 비옥한 토지로부터 몰아낸 후에도 여전히 원주민의 노동력에 의존하고 부족한 토지자원을 두고 원주민과 끊임없이 경쟁을 벌이는 곳에서 출현했다. 우리는 가장 대표적인 지역(알제리, 로디지아, 케냐, 남아프리카)을 근거로 하여 이 유형을 '아프리카' 유형이라 부를 수 있을 것이다. 이 유형이 '뉴잉글랜드' 유형과 다른 점은 현지 주민에 대한 경제적인 의존성이다.[157] 이것이 이 유형의 불안정성의 주요한 원인이었다. 유럽인의 식민화는 북아메리카, 오스트레일리아, 뉴질랜드에서만 불가역적이었고 아프리카의 이민 식민지에서는 격렬한 탈식민투쟁이 지속적으로 일어났다.

이민 식민화의 세 번째 유형이 형성된 원인은 원주민을 축출하거나 소멸시킨 후 노동력문제를 해결하기 위해 강제적인 수단을 통해 수입한 노예노동자들을 중형 또는 대형 기업 형식으로 조직해 관리한 플랜테이션 경제의 운용과 관련이 있었다. 이런 형식이 대표적으로 발생한 지역의 이름을 빌려 '카리브' 유형이라 부를 수 있을 것이다. 영국령 북아메리카 식민지의 남부에서도 유사한 현상이 나타났다. 중요한 변수는 각 인종집단의 인구비례였다. 1770년 무렵 영국령 카리브지역에서 흑인 주민이 총인구의 약 90퍼센트를 차지한 반면 훗날 미합중국이 되는 북아메리카지역에서는 흑인의 인구비율이 22퍼센트에 그쳤다. 훗날 미합중국의 '남부 주'가 되는 지역에서도 그 비율은 40퍼센트를 넘지 않았다.[158]

이 세 번째 유형은 주류가 아닌 변형이었다. 내전이 발생하기 이전 반세기 동안의 미국 남부 주를 제외하면 그 밖의 어떤 지역에서도 근대 노예제를 기반으로 하여 정치적 행동력과 정치이념을 갖춘 플랜테이션 소유주의 과두 통치는 등장하지 않았다. 플랜테이션 소유주가 유럽에 상주하던 자메이카나 산토도밍고 같은 지역에서는 이런 상황이 나타날 수가 없었다. 플랜테이션 소유주는 아주 느슨한 의미에서만 이민이라고 부를 수 있을 것이다.

그렇다면 이민 식민주의의 긴 역사에서 첫 번째 유형이 전형적이었던 19세기의 특징은 무엇이었을까. 19세기의 '전형성'은 다음 다섯 가지로 나타났다.

첫째, 애덤 스미스가 1776년에 주장했듯이, 이 유형의 식민주의는 자발적인 이민의 원칙과 개인주의적인 시장논리를 따랐다. 이민자는 소기업주로서 자신이 가진 자원(노동력과 때로는 자본)이 저렴한 토지가격과 결합해 최대의 효과를 낼 수 있는 기회가 있는 지역으로 몰려갔다. 그들은 정부의 지원을 받는 식민자나 제국의 대표가 아니었다. 그들의 경제형식은 가족기업이었지만 초기 개척시기를 지나서부터는 완벽한 자급자족을 추구하지 않았다.

이민농업은 노동의 분업을 기초로 해 국내시장과 수출시장을 겨냥한 특정 주력상품을 생산했고 자신의 생필품은 교역을 통해 확보했다.[159] 이민농업은 경제논리를 벗어난 강제노동을 피하고 임금노동자를 고용했다. 19세기 동안 이들 지역의 여러 산업은—아르헨티나의 밀 생산에서 오스트레일리아의 양모생산까지—평균 수준을 넘는 생산성과 국제적인 가격경쟁력을 보여주었다. 요컨대, 19세기에 (최소한 자본주의 경제모형을 따르는) 프런티어가 세계의 식량창고 역할을 했다. 세기가 바뀔 즈음에 농업개발을 통해 초원지대가 자본주의 세계경제에 통합되는 과정은 정점에 이르렀다.

1870년 무렵 캐나다와 아르헨티나는 아직도 상대적으로 빈곤한 나라여서 이민을 끌어들이는 매력이 부족했다. 1890-1914년에 이 두 나라는 경제적 고속성장기를 맞았다. 밀 생산과 수출을 선도하던 양국은 공업화를 거치지 않고서 번영을 실현했다. 1909-14년에 아르헨티나가 생산한 밀은 전 세계 밀 수출량의 12.6퍼센트를 차지했고 캐나다의 점유율은 이보다 많은 14.2퍼센트였다.[160] 이 모든 것은 개방된 프런티어의 개발 때문에 가능했으며 개발과정은 1차 대전이 일어나면서 끝났다.

둘째, 전형적인 이민 식민주의는 값싼 토지의 과잉을 기초로 성립되었다. 이민자는 매매, 속임수, 폭력 등 다양한 수단을 사용해 이 토지를 배타적으로 소유했다.[161] 그러나 항상 토지가 이전 소유자로부터 '탈취'되었다고 말하는 것은 정확한 표현이 아니다. 많은 경우 이민자가 침입하기 이전의 토지 소유관계는 명확하지 않았다. 중요한 것은 이전의 토지 사용자들이—대부분 이동생활을 하는 부족사회—토지에 접근할 권리를 거부당했다는 사실이다. 마르크스의 말을 빌리자면 생산자가 생산수단으로부터 분리되거나 주변부로 밀려났다. 유목민은 가장 비옥한 목장을 잃어버렸고 개척자의 손에 들어간 목장은 경작지로 바뀌거나 울타리를 친 가축우리로 변했다.

이민 식민주의는 '소유권'이라고 하는 유럽의 현대적 개념을 가는 곳마다 퍼뜨렸다. 이 이론에 따르면 개인 소유자는 정확한 측량을 통해 경계가 표시된 토지 또는 경작지에 대해서만 소유권을 누릴 수 있었다. 소유권에 대한 상이한 인식에서 비롯된 충돌은 유럽의 프런티어 확장에서 보편적으로 나타난 현상이었다.[162] 유럽에서 (이전에 발생했거나 현재 진행 중인) 공유지의 사유화과정이 해외의 원주민 사회 공유재산에 대한 침탈로 이어졌다. 유럽에서도 소유권의 법적 정의는 여러 갈래였고 그 핵심은 토지의 자유로운 교역 문제였다. 영국과 그 파생국(예컨대, 미국)에서 토지는 자유롭게 매매하거나 저당할 수 있는 상품이었다. 반면에 스페인의 법률전통에서 가정과 소유권의 관계는 중요한 역할을 하고 있었다. 식민시대가 끝난 뒤에도 재산권의 분할을 금지하는 법률전통 때문에 대형 장원과 영지는 쉽게 분할되거나 팔릴 수 없었다. 이것이 스페인령 아메리카 지역에서 대토지 소유주 과두통치가 공고했던 중요한 배경이자 동시에 현지 경제 발전의 장애요인으로 작용했다.

셋째, 전형적인 이민 식민주의는 (그 변형인) 20세기 파시스트 이민 식민주의와는 달리 식민 종주국과의 관계가 이중적이었다. 근대 초기에 스페인 왕조는 개인의 항구적인 토지자산 축적이 어렵게 만드는 조치를 시행했다. 이 때문에 초기의 식민 정복자들 가운데서 국가의 통제에 저항하는 지주계급이 형성되기 어려웠다. 19세기에 영국 왕실도 언제나 이민 이익의 보호자 역할을 하지는 않았다. 예컨대, 중요한 이민 식민지인 뉴질랜드에서 이민 초기인 1840년대부터 수십 년 동안 식민정부는 마오리족이 토지소유권을 영국인에게 직접 양도하는 것을 엄격하게 금함으로써 마오리족을 토지 투기자들로부터 보호했다. 마오리족은 북아메리카 인디언과 마찬가지로 토지를 부족공동체와 추장의 권위로부터 독립된 물건으로 보지 않았다. 토지의 사용권은 양도할 수 있고 심지어 매매할 수도 있었지만 토지 자체는 양도하거나 매매할 수 없었다. 그러므로 그들에게 처음에 유럽의 재산권은 전혀 이해할 수 없는 개념이었다. 식민당국은 영국왕실이 모든 토지—원주민이 유효하게 사용하고 있는 토지도 포함해—에 대한 천부적인 특권을 갖고 있음을 강조했고 실제 상황에서는 식민정부가 우선매수권 행사와 '왕실 토지'의 수여를 통해 개인 이익의 혼란과 과열을 막았다. 물론 재산권 수여는 영구적인 양도로 가는 완충 단계이며 법정은 원칙적으로 허구의 '원주민의 권리'보다 '소유권의 보호'를 우선시했다. 그러나 토지의 이용이 '개선'되지 않았을 때에는 왕실이 수여한 토지는 회수될 수 있었다.

모든 영국 식민지에서, 또한 많은 기타 식민지에서 식민정부는 일정 시점에 이르면 '원주민 보호'를 명분으로 내세워 개척민의 극단적인 요구를 물리쳤다. 이런 상황은 당연히 개척민과 식민정부의 총체적인 이익이 일치하는 범위 안에서 일어났고, 그중에서 가장 중요한 공동의 이익은 이동 인구집단에 대한 억제였다. 그러나 그 동기는 서로 다른 경우가 많았다. 개척민의 입장에서 볼 때 '유랑하는 부족'은 토지쟁탈의 경쟁자였고 식민정부의 입장에서는 이들은 질서 파괴자이면서 동시에 잠재적인 납세자였다.[163]

넷째, 전형적인 이민 식민주의는 반(半)자치 국가로 나아가는 본질적인 경향을 내포하고 있다. 개척자들은 자치를 원하며 민주적이거나 최소한 과두적인 정치체제를 세우려한다. 1776-83년에 북아메리카의 대다수 영국 이민이 영국의 통치로부터 완전히 벗어나겠다고 선언한 일이나 1852-54년에 남아프리카 보아공화국의 독립은 예외에 속한다. 남로디지아(지금의 짐바브웨)에서 국가의 정치체제 문제를 두고 이민자의 폭동이 일어난 것은 1965년 이후의 일이었다. 대부분의 이민은 제국의 보호우산 아래 남기를 원했다. 그들은 모국이 식민지의 자유로운 발전을 허용해주기를 바라면서 한편으로는 위기의 순간에 모국이 무력으로 보호해주기를 기대했다. 그러므로 이들 이민은—특히 원주민이 인구의 다수를 차지하는 아프리카형 이민 식민지에서—실제적으로는 반자치적 상태에 머물렀다. 어떤 상황이든지 간에 그들은 간단히 제국의 조종을 받는 도구가 아니었다. 오히려 그들은 모국의 정치과정에 영향을 미치려 시도한 경우가 많았다.

알제리의 농장주들이 이 방면에서 가장 성공적인 성과를 보여주었다. 그들이 보유한 파리의회의 의석은 힘의 원천이었다. 그러나 그들의 식민정부 군사력에 대한 의존성은 그들 지위의 불안정성을 여지없이 드러냈다. 영국 자치령은 다른 길을 선택했다. 캐나다, 오스트레일리아, 뉴질랜드 그리고 특히 남아프리카의 개척민이 연속적으로 식민정부를 인수하고 모든 폭력적 수단을 장악했다. 그러나 그들은 형식상으로는 영국 정치체계의 일원이 아니었다. 파리의회에 의석을 가진 알제리와는 달리 영국 식민지는 웨스트민스터에 자신의 의석을 갖지 않았다. 게다가 자치령들은 제국 내부의 일체화를 강화하려는 정책에 거듭 반대해왔다. 민족해방운동이 폭발하기 전에 개척민은 이미 유럽 해외제국의 가장 큰 불안정 요소가 되어 있었다. 식민정부의 입장에서 보자면 이들 이민은 '이상적인 협력자'이면서 동시에 다루기 어려웠다. 근본적으로 '이민자 민주주의'는 제국의 범위를 훨씬 벗어난 목표였다.

다섯째, 전형적인 이민 식민주의는 거대한 변혁의 에너지를 품은 역사의 힘이었다. 이 힘이 가장 깊은 영향력을 미친 곳은 자연계였다. 유사 이래로 신유럽 이민지역의 개척자들처럼 소수집단이 상대적으로 짧은 시간 안에 자연환경을 급격하게 변화시켜놓은 사례가 없었다. 더 나아가 이 급격한 변화는 인류가 트랙터, 화학비료, 전기톱(1947년 이후에 등장한 기술)같은 혁명적 기술을 동원해 자연계를 대규모로 개조하기 전에 일어났다. 오랫동안 유럽계 이민과 그들의 후손은 새로운 삶을 열어가고자 했던 지역의 자연에 대해 아는 것이 매우 적었다. 그들이 생존을 위해서 첫 번째로 한 일이란 자신이 익숙하게 알고 있던 모형을 따라 농업용지를 개발한 것이었다.[164] 이 방식이 처음으로 중요한 성과를 거둔 곳은 자연조건이 유럽과 비슷한 지역이었다. 그러나 시간이 지나면서 사람들은 낯선 곳의 자연환경 속에 숨겨진 잠재력을 발견하게 되었고 아울러 어떤 개척수단을 동원해도 자연의 벽을 돌파할 수 없다는 사실을 알게 되었다. 로키산맥, 오스트레일리아의 내륙지역, 캐나다의 북부 고원지대, 시베리아의 늪지대, 알제리 남부의 사하라 사막지대의 자연환경이 개척자들에게 던져준 도전 과제는 유럽의 경험을 훨씬 초월한 것이었다. 그들은 옛 생태계를 파괴하고 새로운 생태계를 창조했다. 그들은 옛 동물을 멸종시키고 새로운 종을 들여왔다. 이 방식은 부분적으로는 의도적인 행위였고 부분적으로는 '생태제국주의'의 —미생물에서부터 고등동물에 이르기까지 생명체를 지구 전체에 확산시킨— 의도되지 않은 역효과였다.

유럽인의 감각으로는 아득한 하늘 끝에 자리 잡은 뉴질랜드란 세계에서 자연계 종의 개조는 급진적이고 혁명적인 방식으로 진행되었다. 1769년 쿡 선장의 함대가 도착했을 때 이곳에 서식하던 포유류는 개, 박쥐, 쥐뿐이었다. 쿡의 함대는 노아의 방주였다. 선원들과 함께 작게는 병균에서부터 크게는 돼지에 이르기까지 새로운 종이 뉴질랜드에 들어와 뿌리를 내리고 번식했다. 이 시점은 첫 번째 이민이 오기 수십 년 전이었다. 개척민이 뉴질랜드에 도착한 뒤에는 다시 말, 소, 양, 토끼, 참새, 송어, 개구리, 심지어 사냥용의 야생동물까지 따라왔다. 사냥은 영국 신사들이 가장 좋아하는 운동이었고 식민지에서도 예외가 아니었다. 마오리족이 볼 때 이런 생태적인 침입은 위협이면서 기회이기도 했다. 그들은 양돈업에 지대한 관심과 열정을 쏟았고 괄목할만한 성과도 냈다. 양모는 개척민 경제에서 가장 중요한 수출 상품으로 자리 잡았다. 양대 섬에서 사육하던 양의 숫자는 150만 마리에 이르렀고 이로부터 20년 후에는 1,300만 마리로 증가했다.[165] 이민 식민주의가 세계 각지의 자연환경에 가져다 준 여러 가지 변화 가운데서 뉴질랜드는 하나의 극단적인 사례에 지나지 않았다. 19세기에 동식물의 '콜럼버스 교환'*은 대서양 양안에서부터 전 지구적 현상으로 발전했고, 개척민 농업이 자연계에 미친 영향은 그 폭과 깊이에서 역사에 전례가 없는 수준에 도달했다.

* 콜럼버스 교환(Columbian Exchange) 또는 대교환(Grand Exchange)이라 부른다. 동반구와 서반구 사이의 생물, 농작물, 인종(유럽인과 아프리카 흑인을 포함하여), 문화, 전염병은 물론 사상과 관념의 급격한 교류를 말한다. 1492년 콜럼버스가 아메리카대륙에 도착한 뒤로 대규모 항해가 시작되고 구대륙과 신대륙이 연결되면서 생태상의 각종 거대한 변화가 일어났다. 미국의 역사학자 알프레드 크로스비(Alfred W. Crosby)가 1972에 출간한 저작 『콜럼버스 교환』(*The Columbian Exchange*)에서 처음으로 이 개념을 제시했다.

6. 자연의 정복
생물권에 대한 침입

프런티어는 상호작용한다. 한곳에서 일어난 특정한 경험은 유사한 환경조건을 갖춘 다른 곳으로 전파될 수 있다. 중세의 스페인 귀족이 이슬람 왕국과 맞서 싸운 프런티어 전쟁과 카나리아 군도의 원주민을 상대로 한 공격은 아메리카를 정복할 때 원초적인 표본이 되었다. 17세기에 아일랜드에서 영국 왕실을 위해 충성을 다했던 사람들은 훗날 해외에서도 쓸모가 많았다. 국제교역을 통해 연결된 프런티어는 상호 협조하고 한편으로는 세계시장의 압력을 받아 적응해나갔다. 동일한 주력 수출상품(밀, 쌀, 양모)을 생산하는 프런티어끼리는 치열한 경쟁을 벌였다. 그들은 자신의 이익을 보호하기 위해 비슷한 책략을 채택하는 경우가 많았다. 예컨대 19세기 말에 캘리포니아와 오스트레일리아는 세계 곡물시장의 가격파동으로 인한 충격을 이겨내기 위해 원예와 과실재배업을 발전시키려 온 힘을 쏟았다.[166]

생태영역에서도 프런티어는 밀접하게 연결되어 있었다. 프런티어 사이의 계획적인 교류도 점진적으로 늘어났다. 캘리포니아는 건조지대를 녹화하기 위해 오스트레일리아로부터 유칼립투스(eucalyptus)를 수입했다. 오스트레일리아는 조림수로 캘리포니아의 몬테레이 소나무(Monterey Pine)를 채택했다.[167] 단순한 생물학적 실험처럼 보이는 이런 교류의 배후에도 정치적 구상이 작용하고 있었다. 적지 않은 오스트레일리아인들이 세계의 다섯 번째 대륙을 제2의 아메리카대륙으로 만들려는 꿈을 갖고 있었다.

최소한 오언 래티모어의 저서가 나온 뒤로 프런티어에 대한 우리의 인식은 기존의 인구, 민족, 경제, 정치의 영역을 넘어 생태영역까지 확장되었다. 그리하여 환경사의 큰 부분이 프런티어 확장사로 채워지게 되었다. 조방식 개발의 가장 중요하고도 최후의 단계인 19세기가 이런 프런티어 확장사의 중심이었다. 20세기의 첫 30년 동안에 열려 있던 마지막 (심해와 열대우림을 제외한) 프런티어가 모두 '닫혔다.' 이 책이 환경사를 독립된 장절(章節)로 세우지 않은 이유는 두 가지다. 하나는, 연구조건이란 면에서 19세기에 대한 연구가 근대 초기나 20세기에 대한 연구보다 쉽지 않기 때문이다. 다른 하나는, '환경'과 '자연'은 우리가 이 책에서 다루고 있는 다양한 분야──이민, 도시, 공업화 등등──에서 빠짐없이 언급되는 요소이기 때문이다.[168]

여기에서 우리는 극적으로 확장된 인류의 자연자원에 대한 지배력을 강조하고, 그것이 지난 시대로부터 지금까지 이어지고 있는 추세라는 점을 확인하기 위해 몇 가지 생태학적 프런티어 과정을 살펴볼 것이다. 물론 공업화 발전이 환경에 전대미문의 부담을 가져다주었다는 사실은 부정할 수 없다. 공업화는 완전히 새로운 농산품 수요를 촉발했고 공업화가 만들어낸 새로운 기술은 인류의 자연개조 능력을 이전과는 비교할 수 없을 정도로 높여 놓았다. 그러나 공업화는 오래된 과정을 수정·보완한 것일 따름이었다. 아래에서 제시하는 예들은 조방식 농업개발과는 거리가 멀고 자연에 대한 인류의 인식이나 인지가 확장된 것과도 무관하다. 이 예들 가운데는 추상적인 의미의 프런티어도 있고 구체적으로 존재하는 프런티어도 있다.

가장 좋은 예가 유럽인의 산에 대한 태도변화다. 상당한 규모의 인구가 산비탈과 계곡으로 주거를 옮기고 새로운 방식으로 토지를 이용했다. 이것은 세계 여러 곳에서 관찰할 수 있는 현상이었다. 알프스 산맥, 히말라야 산맥, 중국 서남부 산악지역에서는 이미 18세기에 국가의 통제를 거의 벗어난 고도의 자치적인, 평원지대의 농업경제 관료제와는 선명하게 대비되는 '프런티어 사회'가 형성되어 있었다.[169)

등산을 운동으로서 즐기는 문화는 유럽만의 특징이었다. 등산은 최초에 제네바와 취리히의 지식인 집단에서 산을 찬미하는 취미활동으로 시작되었다가 체육운동으로 발전했다. 등산활동 안에서 두 가지 다른 문화가 결합되었다. 한쪽에는 외부세계에서 온 등산을 사랑하는 신사가 있었고 다른 한쪽에는 현지인 등산 안내인이 있었다.[170) 등산운동은 1800년 무렵 몽블랑(MontBlanc) 산과 그로스글록크너(Großglockner) 산을 올랐던 데서 시작되었다. 같은 시기에 알렉산더 훔볼트는 안데스 산맥에 올랐다. 이 독일인 과학자가 오른 산봉우리에는 그때까지 유럽인의 발길이 닿은 적이 없었다.

19세기에 세계 각 대륙의 산봉우리마다 사람의 발자국이 찍혔고, 측량이 이루어졌고, 이름이 붙여졌다. 등산의 뜨거운 열기는 또한 프런티어의 공개와 폐쇄를 의미했다. 1953년 에드먼드 힐러리(Edmund Hillary)와 텐징 노르가이(Tenzing Norgay)가 처음으로 에베레스트 등반에 성공했다. 이것은 등산의 역사에서 한 시대가 막을 내리는 상징적인 사건이었다. 에베레스트 등반 이후로 등산의 더 큰 목표는 힘든 등반코스의 선택과 산소공급 장치에 의존하지 않는 등반이었다. 남극권 정복행동이 1911년에 종결되었듯이 지금까지 오르지 못한 높은 산봉우리를 정복하는 일도 끝났다.

삼림벌채

인류가 계획적으로 삼림을 벌채하고 그것에 대해 비판한 역사는 길다. 유럽과 중국에서 삼림을 벌채한 역사는 기원전 500년에 시작되었다. 그 긴 역사에서 19세기의 위치가 어디인지를 판정하기란 쉬운 일이 아니다. 한 가지 분명한 것은 19세기는 지구상에서 원시삼림이 가장 심각하게 훼손된 시기 가운데 하나라는 점이다. 그런 19세기도 20세기에 비한다면 아무것도 아니라고 할 수 있다. 농업이 출현한 이후로 인류가 벌인 대규모 개발운동의 절반은 20세기에 일어났다.[171]

19세기에 삼림벌채의 속도는 크게 빨라졌다. 1850-1920년에 전 세계 원시삼림의 손실면적은 기간으로는 두 배가 되는 1700-1859년의 삼림감소 면적과 거의 비슷했다. 가장 많이 훼손된 지역으로서 미국이 멀찌감치 첫 번째 자리를 차지했고(36퍼센트) 러시아가 다음이며(20퍼센트) 남아시아가 그 다음이었다(11퍼센트).[172]

1920년 무렵, 전 세계 온대지역에서 대규모 삼림훼손 행위는 거의 멈췄다. 이것은 세계 환경사에서 중요한 전환점이었다. 프랑스와 독일에서는 삼림보호에 유리한 전환점이 19세기에 시작되었고 미국은 19세기의 마지막 30, 40년 동안에, 러시아는 차르시대에 끝났다. 그 뒤로 많은 지역에서 삼림자원이 점차 안정을 찾거나 다시 살아나기 시작했다.[173] 이런 상황이 출현하게 된 원인은 두 가지였다. 하나는 삼림을 희생시키는 조방식 개발이 이미 완결되었기 때문이고, 다른 하나는 북방의 목재수요를 충족시키기 위해 열대산 목재가 도입되었기 때문이었다.

오늘날까지도 사막화나 목재 고갈을 이유로 내세워 인류의 삼림훼손 행위를 합리적으로 비판하기는 어렵다. 특정 시기 또는 특정 지역을 대상으로 할 때 이런 비판은 설득력을 가질 수 있다. 그러나 또 하나의 난제는 삼림손실이 가져온 단기적 또는 장기적 후과를 판단할 기준이 명확치 않다는 것이다. 어느 지역의 삼림면적이 감소하는 시점부터 그 후과로서 재난이 나타나기까지는 기나긴 과정을 거쳐야 한다. 그 과정에서 위기의 '보편화'는 어느 시점에서 시작되는가. 지역을 초월한 영향은 또한 언제 나타나는가. 전 세계에 만연한 파괴적

이고 지속 불가능한 삼림 이용의 사례 가운데는 상이한 특수 발전경로가 허다하게 존재하고 있다.[174]

중국에서 삼림파괴는 2500년 전부터 시작되었다. 그러나 광범위한 목재부족 사태에 대한 우려가 제기된 것은 18세기에 들어온 뒤의 일이었다. 이때부터 인구가 조밀하고 농업이 발달한 일부 성뿐만 아니라 중원지역에 위치한 대부분의 성에서도 건축용과 연료용 목재의 부족이 심각한 문제로 등장했다. 변경 지역에 거주하는 비한족 민족들이 한족의 삼림자원 침탈에 저항하기 위해 처음으로 조직을 갖추기 시작했다. 한족은 대규모의 벌목대를 형성해 변경지역의 남아 있는 삼림을 파괴했다. 중원지역에서 목재 절도가 일상적인 범죄현상이 되었다. 상업적 목적에서 나무를 심어 숲을 조성할 때 사람들은 속성수를 선택했다. 그러나 속성수도 재목이 되기 전에 잘려나갔다.[175]

19세기는 중국의 삼림훼손이 위기단계에 진입한 시대였다. 국가도 개인도 이 위기를 극복하기 위한 대책을 세우고 시행했지만 오늘날까지도 큰 성과는 나오지 않고 있다. 16세기 이후로 유럽에서는 정부가 삼림보호를 위해 나서기 시작했지만 중국에서는 삼림을 보호하기 위해 정부가 나서는 전통은 없었다. 중국이 오늘날 당면한 환경위기의 뿌리는 사실 19세기에 닿아 있다. 19세기에 청 왕조가 쇠퇴하면서 통치권력이 공공재로서의 숲에 대해 무관심했다거나, 또는 숲을 장악하는 것이 (지중해지역처럼, 그러나 숲이 여러 형태로 건국신화의 무대로 등장하는 인도와는 달리)[176] 권력의 기반을 마련하는 데 도움이 된 적이 없다거나, 문화전통으로도 숲의 신성성과 아름다움에 대해 무감각했다는 점을 함께 고려하더라도 중국의 삼림파괴 현상은 충분히 설명되지 않는다. 이런 여러 요인 이외에 최소한 경제적 요인으로서 자연재해에 대한 경로의존성도 고려해야 한다. (중국에서 삼림파괴의) 위기는 그 발생 원인을 교정하기 위해 투입해야 할 비용이

사회가 감당할 수 있는 수준을 초월해 있었다.[177]

이런 발전과정에서 외부요인은 영향을 미치지 않았다. 중국은 전통적으로 목재 수출국이 아니었고, 서방이 침입한 시기에(1840년 이후) 외국상인도 중국의 삼림에 대해 흥미를 갖지 않았다. 중국은 삼림위기에 관한 한 지금까지 '스스로 닦은 길'을 걸어오면서 한번의 전기도 마련하지 못했다. 이런 상황을 '아시아' 사회의 '본질적' 결함이라고 해석할 수는 없다. 일본은 16세기 말 이후로, 특히 국가통일 시기에 방어시설을 구축하고 함선을 만들면서 심각한 삼림파괴를 경험했다. 그러나 18세기 말부터 일본은 조림사업을 시작해 삼림자원의 손실을 억제했다. 이 일은 도쿠가와 막부가 집권한 구정권 시기에 일어났으므로 유럽의 조림정책에서 영향을 받지는 않았다. 19세기 80년대에 시작된 공업화로 삼림자원은 다시 한 차례 파괴되었다. 당시의 일본 정부는 삼림보호의 중요성을 인식하지 못했다. 일본은 화석연료를 거의 갖지 못했기 때문에 오랫동안 공업화에 소요되는 에너지를 대부분 목탄에 의존했다(일부는 수력으로 충당했다). 1950년 이후에야 삼림자원의 보호에 대한 인식이 바뀌었다.[178] 일본도 중국과 마찬가지로 중요한 목재수출 국가는 아니었다. 태국은 당시 일본과 함께 독립국이기는 했지만(동남아시아에서 유일한) 풍부한 티크나무 자원이 많은 유럽기업의 흥미를 끌었다. 이들은 태국정부로부터 벌채 허가를 받았다. 당시 태국인들은 삼림보호에 대한 인식이 없었다.

인도네시아 자바에서 일어난 일들도 언급해두어야 할 것이다. 이곳은 전 세계에서 식민의 시간이 가장 길고 그 영향이 가장 깊게 남은 지역 가운데 하나다. 동남아시아에서는 삼림침탈을 기초로 한 다양한 분야의 플랜테이션 경제가 등장하기도 전에 대규모 삼림벌채가 시작되었다. 많은 삼림지역이 일찍이 1400년 무렵부터 식민자들의 몰려오지도 않은 상황에서 이미 수출용 후추를 생산하는 플랜테이선으로 변했다. 후추는 처음에는 지중해의 여러 항구를 거쳐서, 후에는 포르투갈의 독점무역을 통해서 유럽 소비자들의 손에 전해졌다. 단일품목 플랜테이션 경제가 원시삼림을 대체하는 방식은 그 뒤 수백 년 동안 점차 널리 보급되었고 가장 대표적인 곳이 수마트라(Sumatra)섬이었다.[179]

네덜란드인이 식민지배한 330년 동안 자바섬은 여러 유형의 발전 단계를 하나씩 거쳤다.[180] 18세기 40년대에 자바섬의 절대다수 티크목 숲은 네덜란드 동인도회사가 장악했다. 티크목재는 자바의 삼림자원 중에서 가장 가치가 높고 수출하기에 적합한 상품이었다. 티크목재 때문에 자바는 이용하기 어려운 열대우림과 선명한 대비를 이뤘다. 시간이 흐르면서 이런 파괴적인 자원획득 방식이 가져온 부정적인 결과가 분명하게 모습을 드러냈다. 식민정부는 1722년에 특정 삼림구역에 대해 임시적인 벌채 금지조치를 실시한 뒤를 이어 1797년에는 처음으로 이른바 '지속가능성'의 원칙을 제시했다. 삼림자원 보호라는 기본적인 구상이 이제는 대안정책으로서 받아들여졌고 티크 숲을 불태우는 원주민의 경작방식에 적용되었다(1857년에 화전경작은 완전히 금지된다). 자원보호 원칙은 한층 더 세밀해졌다. 1808년, 민간의 벌채행위를 금지하는 삼림관리제도가 자바섬에 도입되었다. 같은 시기에 독일에서 과학적인 관리를 표방하는 '삼림문화'(Forstkultur)가 등장했다. 그 후 얼마 되지 않아 유럽국가, 영국제국, 북아메리카가 독일 방식을 받아들였다.

1830년, 네덜란드 통치자는 자바섬에서 이른바 '경작제'(耕作制)란 것을 실시했다. 강제적인 경작을 통해 식민지를 착취하는 이 방식은 그때까지 네덜란드인이 자바섬에서 운용해왔던 통제방식과는 정반대였다. 삼림자원을 보호하자는 정책은 이때부터 모습을 감췄다. 목재와 토지에 대한 수요가 급속하게 증가했다(토지수요는 주로 농업부문, 특히 새로 형성된 커피 플랜테이션과 도로건설, 1860년 이후 시작된 철도건설에서 촉발되었다). 민간부분의 벌채가 중심이던 삼림의 남벌단계는 1870년까지 지속되었다. 1840-70년 사이에 자바섬의 티크 숲의 면적은 1/3가까이 줄어들었고 조림을 주장하는 목소리는 들리지 않았다. 그 후 자바는 다시 삼림자원을 보호하는 개혁단계로 진입했다(1808년의 상황이 재연됐다). 삼림관리제도가 복원되고, 개인의 벌채는 금지되었으며, 삼림자원의 재생을 실현하기 위한 바탕으로서 묘포장이 부활했다. 1897년, 결국 식민정부가 티크 숲의 관리권을 다시 갖게 되었고 숲은 조림을 통해 유지되었다. 이때 이후로는 목재 수요를 충족시키기 위해 삼림을 파괴하는 일은 더 이상 되풀이되지 않았다.

자바의 경험은 식민주의가 여러 면에서 '환경사의 분수령'임을 보여준다.[181] 프런티어의 삼림자원 개발에서 식민주의의 역할은 다중적이었다. 식민주의는 단기적인 이윤을 위해 남벌을 실행할 수도 있었고, 삼림자원을 보호하기 위해 장기적인 계획을 세울 수도 있었다. 식민정부를 일괄적으로 인도네시아의 삼림자원을 파괴한 원흉으로 비난해서는 안 되며 이것은 사실과 부합하지도 않는다. 식민주의는 (인도와 카리브지역의 식민정부가 그랬듯이) 삼림보호의 새로운 이념과 방식을 도입하기도 했다.[182]

식민통치자가 인도에서 한 역할 또한 이율배반적이었다. 영국인은 히말라야지역의 삼림, 특히 희귀수종 삼림을 대규모로 벌채해 목재로 사용했다. 목재의 긴박한 수요는 주로 조선업에서 나왔다. 나폴레옹전쟁 이후로 동인도회사뿐만 아니라 영국 해군도 인도 각지의 조선소에서 대형 선박을 건조했다. 범선시대가 끝난 후(대략 1850년부터) 인도의 삼림벌채는 한층 더 가속화되었다. 이것은 철도건설(세계의 여러 지역에서 그랬듯이 인도에서도 철도를 건설하기 위해 삼림 속으로 넓은 통로를 열어야 했다), 인구증가, 농산품의 상품화 등 여러 요인이 어우러져 영향을 미친 결과였다.[183]

식민정부는 한편으로는 국가의 '현대화'를 적극 장려하고 추진했으며 다른 한편으로는 인도 통치자들로부터(사실을 말하자면 현지 농민들로부터) 삼림보호 전통을 받아들여 조림계획을 수립하고 시행했다. 식민정부가 현지인의 요구를 어느 정도 존중했던 곳에서는(인도의 영국인처럼) 당국은 삼림사용권을 두고 현지인과 무수한 다툼을 벌여야 했고 결국 장기적인 담판을 통해 타협했다.[184] 관료들이 관료체제 내부의 경쟁을 통해 삼림보호가 장기적으로는 국가경제에 유익하다는 점을 설득할 수 있었을 때는 삼림보호 정책을 시행하기가 상대적으로 쉬웠다. 삼림보호 정책에서 파생되는—식민주의 환경에서뿐만이 아니라—부정적인 문제는 대를 이어서 삼림에서 생활하며 삼림에 의존해서 생계를 유지하는 집단이 국가의 간섭대상('삼림관리국의 조용한 노예')이 되었다는 점이다.[185] 근대초기에 유럽에서 삼림법과 수렵법이 나왔던 것처럼 환경에 대한 인식이 철저한 정부는 삼림자원을 보호하기 위해 법규를 제정해 간섭함으로써 합법과 비합법의 새로운 경계를 만들어냈다.[186] 이런 조처는 농민집단의 끊임없는 저항을 불러일으켰다.[187]

인도는 식민정부의 이율배반성을 극명하게 보여준다. 19세기 60, 70년대에 영국인은 독일 임업전문가의 도움을 받아 임업관리국을 설치하고 관련 법체계를 완비했다. 그 후 수십 년 동안 인도의 삼림관리 법체계는 세계에서 유일무이했다. 삼림관리국은 합리적이고 효율적인 삼림관리의 표본이라고 할만한 제도를 만들고 시행했다. 인도의 삼림은 자의적인 남벌상태를 벗어나 질서 있는 통제상태로 진입했다. 세계 여러 나라가 이 제도를 앞다퉈 모방한 이유는 효율적일 뿐만 아니라 경제적인 이익도 창출할 수 있었기 때문이다. 그러나 많은 인도인의 입장에서 보자면 이 제도는 식민주의의 추악한 얼굴을 드러낸 것이었다. 삼림을 보호하든 파괴하든 이 제도는 외부 침략자가 수많은 인도인의 생활에 거칠게 개입하는 행위였다. 인도인의

생활은 삼림과 촘촘하게 얽혀 있었기 때문이다.[188]

19세기에 인도와 인도네시아는 단일작물(커피, 차, 면화, 고무, 바나나 등) 플랜테이션을 만들기 위해 삼림을 파괴하는 전 세계적인 흐름에 합류했다. 삼림파괴에서 목재 수요는 부차적인 목적이었고 경지를 끊임없이 확대하려는 자본주의의 원시적인 욕구가 주요했다. 브라질에서 해안지대의 삼림훼손이 갈수록 심각해진 동기도 이런 이유였다. 커피 플랜테이션이 1770년부터 이곳에서 확산되기 시작했다. 19세기 30년대에 동쪽에서 가져온 첫 번째 커피 묘목이 브라질에 도착했다. 그때까지 상업작물의 왕좌를 차지하고 있던 사탕수수가 밀려나고 커피가 그 자리를 차지했다.

20세기 60년대 초까지도 커피의 지위는 흔들리지 않았다. 커피나무를 심기 위해 가장 먼저 구릉지대가 개간되었다. 아무런 대비책 없이 삼림을 파헤쳤기 때문에 곧바로 물과 토양이 유실되기 시작했다. 토양이 사막화하면 그 땅은 버려지고 커피농장은 다른 곳으로 옮겨갔다. 이런 유동성 경작의 극단적인 방식은 원래부터 피할 수 없는 것은 아니었다. 이런 현상이 나타나게 된 원인은 당시에 커피재배에 가장 적합한 토양은 숲을 베어낸 '개간된 적 없는 땅'이라는 믿음이 유행하고 있었기 때문이다. 따라서 19세기 하반기까지도 커피재배는 '현대' 자본주의 경제와 원시 이동문화의 독특한 혼합체가 되어 맹렬한 기세로 내륙을 향해 확장 되어가는 프런티어였다.

19세기 60년대부터 철도가 건설되면서 해안에서 멀리 떨어진 고원지대를 개발할 수 있는 조건이 갖추어졌다. 이와 동시에 남유럽에서 오는 이민이 급증했다. 이들은 흑인노예를 대체해 플랜테이션의 주요 노동력이 되었다. 1900년이 되자 브라질의 철도 총연장은 6,000킬로미터에 이르렀다. 철도의 확장과 함께 삼림은 대규모로 파괴되고 커피재배 면적은 끊임없이 확대되었다. 그러나 토지를 개간할 때 사용된 방법은 큰 변화가 없었다. 옛날 방식대로 초원을 불태우는 것이 중요한 수단이었고 통제되지 않는 불길이 숲을 불태웠다. 이 밖에도 가축은 울타리 없이 초지에 방목되었다. 숲은 한번 버려진 뒤로 다시는 나무가 자랄 수가 없었다. 브라질에서 토지와 삼림을 개발할 때 자원으로서 삼림의 미래는 전혀 고려되지 않았고 경지의 지속가능한 이용은 무시되었다. 이 때문에 가장 마지막에 남는 것은 초원과 키 낮은 관목 숲뿐인 경우가 많았다. 삼림자원의 가치에 대해 아무도 관심을 가지지 않았다. 브라질인들은 더 쉽고 값싼 방식을 찾아냈다. 배를 만들기 위해서 미국에서 목재를 수입했고 뒤에 가서는 철도 침목으로 사용하기 위해 오스트레일리아에서 목재를 수입했다.

브라질의 사례는 임업관리제도가 전혀 없는 상황에서 삼림이 극도로 낭비되었을 때 어떤 일이 벌어지는지를 보여준다. 자연보호 문제에 있어서 긴 안목을 갖고 있던 식민정부와는 달리 독립된 브라질 정부는 개인의 이익을 전혀 제한하지 않는 자유방임의 태도를 보였다. 브라질에서 대서양 연안의 열대우림은 포르투갈 식민지시대 때부터 훼손되기 시작했지만 식민지시대 이후의 제국시기(1822-89년)와 그 뒤의 공화국시기에 가서는 완전히 재난 수준에 이르렀다. 이것은 근대사에서 가장 잔혹하고 가장 철저한 삼림훼손 사례이거니와 경제 전체의 발전에 전혀 도움이 되지 않았고, 이런 파괴적인 행위를 저지하려는 정계나 학계의 노력은 전혀 없었다.[189]

유럽은 통일된 19세기 삼림의 역사를 갖고 있지 않다. 그 원인은 단 하나다. 유럽대륙의 모든 섬과 반도지역(이베리아반도, 이탈리아반도, 덴마크, 영국)은 10세기 초에 이미 삼림자원이 희소하거나 사라졌다. 네덜란드의 상황도 마찬가지였다. 그러나 스칸디나비아 국가, 특히 스웨덴과 핀란드의 상황은 전혀 달랐다. 이 지역에서는 각종 유리한 요인들—삼림을 사랑하는 문화적 정감, 희소한 인구에 비해 과잉이라고 할 삼림자원, 삼림과 농업의 점진적인 융합, 스웨덴으로 대표되는 임업을 중시하는 정부정책—이 함께 작용하여 (스칸디나비아의) 삼림은 오늘날까지도 온전하게 보존되고 있다.

이와 선명하게 대비되는 나라가 영국이다. 영국 해군의 끝 모르는 목재수요 때문에 삼림이 남벌된 후에는 다시 수입목재 의존성의 전략적 취약에 대한 불만과 비난이 쏟아졌다. 대형 군함 한 척을 건조할 때마다 최소한 품질 좋은 참나무 2,000그루가 사라졌다. 목재부족은 (하원의 압력을 받아) 영국 해군으로 하여금 일찍부터 조선 재료로서 철을 사용하는 방도를 찾게 만들었다. 1870년부터 철을 이용한 조선기술이 널리 보급되었다. 철선은 목선에 비해 전체 중량이 훨씬 가벼워졌다. 조선재료가 철에서 강철로 진화하면서 이런 효과는 더 높아졌다. 프랑스에서도 1855-70년 사이에 해군의 군함은 목선에서 강철선으로 완전히 바뀌었다. 이때 이후로 조선업과 철도건설이 유럽의 삼림에 끼친 이중의 부담이 크게 감소했다. 공교롭게도 이 시기(대략 1870년 무렵)에 영국의 농업은 지속적인 위기에 빠졌고 이 때문에 토지의 임업적 이용을 위해 새로운 공간이 열렸다. 사람들은 황폐한 경작지에 속성형 경제수종을 심기 시작했고 이와 동시에 도시 주민들도 휴식장소로서 삼림의 가치를 처음으로 발견했다. 이때부터 영국의 국토 위에 남아 있던 삼림은 관심과 보호의 대상이 되었다.[190]

위에서 살펴본 여러 사안은 서로 긴밀하게 연결되어 있다. 한 예를 들자면, 1807년의 나폴레옹의 대륙 봉쇄정책 때문에 영국은 목재 수입처를 발트해 지역과 러시아에서 캐나다로 바꿔야 했다. 19세기 40년대에는 캐나다의 뉴브런즈윅(New Brunswick) 한곳에서만 유럽으로 수출하는 목재가 매년 20만 톤에 달했다.[191] 19세기 말이 되자 진정한 의미의 전 지구적 목재시장이 등장했다. 시장의 발전을 자극한 동력은 신문업이 성장하면서 날로 늘어난 펄프용 목재의 수요였다. 이 밖에도 18세기에 시작된 전 지구적 범위의 수종 교환이 현지 기후에 적응하는 효과를 보였다. 영국에서는 1800년 이전에 약 110종의 수종이 수입되었고 그다음 백 년 동안에 수입된 수종이 200종을 넘었다. 지역사는 서로 연결될 수 있고 또 그렇게 되어야 하지만 지역사를 통합하면 온전한 전 지구적 환경파괴사가 되지는 않는다. 삼림벌채는 마지막 한 그루의 나무가 잘려나갈 때까지 계속되지는 않았다. 19세기에 많은 국가에서 환경파괴와 대립되는 에너지 이용의 개념이 등장했고 기초수준의 환경보호 의식이 싹을 틔웠는데, 그 편차는 낭만적인 자연숭배에서부터 무절제한 자연착취가 가져올 결과에 대한 이성적인 우려에 이르기까지 다양했다. 공업화가 '원시산업'으로서의 임업경제를 끊임없이 대체해왔다고 생각한다면 그것은 오해다. 증기기관과 제철소의 연료로서 목탄이 사용되면서 초기의 공업화는 목재 소비량을 빠르게 증가시켰다. 이런 현상은 일본처럼 에너지자원이 부족한 경제체제는 물론이고 펜실베이니아와 오하이오처럼 값싼 목재가 풍부한 지역에서도 발생했다. 목탄은 오랫동안 중공업의 에너지 투입 가운데서 첫 번째 자리를 지켰다.

목재를 대량으로 소비한 또 다른 곳은 가정 난방이었다. 따뜻한 집은 물질적 진보를 대표하는 당연한 상징으로서 빠르게 자리 잡았다. 1860년 무렵 목재는 여전히 미국의 가장 중요한 에너지원이었고 그 점유율은 80퍼센트였다. 19세기 80년대에 와서야 석탄이 이 비율을 뛰어넘었다.[192] 제조업의 공업화가 아직 발달하지 않은 지역에서도 교통의 공업화(철도 침목)는 대량의 목재를 필요로 했다. 예컨대 인도에서는 철도를 건설하기 위해 먼 지역에서 목재를 사와야 했다. 뿐만 아니라 초기의 철도는 목재를 연료로 사용했다. 인도에서는 대략 1860년 무렵까지도 기관차의 동력으로서 목탄을 사용했다.[193] 캐나다와 미국같이 이미 '현대화'된 경제에서도 목재업(제재소 포함)은 여전히 가장 많은 부가가치를 생산하는 산업이었다. 당시에 세계적인 거부들 중에서 목재업을 통해 부자가 된 인물이 여럿 있었다.

마지막으로 또 하나의 생태 프런티어를 살펴보자. 이 프런티어는 인류가 벌인 환경파괴의 결과물이라기보다는 장기간의 기후변화가 만들어낸 결과물이다. 사헬(Sahel)지역은 사하라사막의 남쪽 변두리를 따라 펼쳐져 있는 폭 약 300킬로미터의 사막 프런티어다. 1600년 무렵부터 이곳 사람들은 갈수록 혹독해지는 가뭄과 함께 생활해왔다. 목축업도 어쩔 수 없이 한걸음씩 남쪽으로 옮겨갔다. 사막과 인접한 지역에서는 사막기후에 잘 견디는 낙타가 중요한 가축으로 자리 잡았다. 낙타는 연속 8-10일 동안 물과 풀을 섭취하지 않아도 생존할 수 있을 뿐만 아니라 사막지형에서 쉽게 걸을 수 있는 동물이다. 그러므로 19세기 중엽에 이곳에는 이른바 '대낙타구역'(great camel zone)——마그레브(Magreb)에서 시작해 남쪽으로 오늘날의 모리타니아(Mauritania)인 아드라르 고원(Adrar Plateau)——이 등장했다. 점점 심해지는 가뭄 때문에 인접한 남부 초원지대의 주민들은 계절에 따라 이동하는 새로운 방목 방식을 개발해내고 소, 양, 낙타를 위주로 한 혼합형 경제를 발전시켰다.

이런 환경에서 여러 민족이 섞여 사는 '사막 프런티어'가 등장했다. 이곳에 함께 생활하는 아랍인, 베르베르인, 블랙 아프리카의 부족은 스스로를 남부의 흑인과는 구분되는 '백인'으로 인식했다. 이동식 방목과 농업이라는 전혀 다른 생활방식이 갈수록 선명한 대비를 이루었다. 생활방식의 차이는 이동성의 차이로도 나타났다. 낙타나 말을 탄 유목민은 아무런 방비도 없는 흑인공동체나 촌락을 쉽게 공격할 수 있었다. 이리하여 일종의 복잡한 쌍방향 의존관계가 형성되었다. '백인'이 자기 영역 내에서 농업생산에 의존하여 생존을 유지하기가 어려워질수록 남쪽의 흑인 농민이 받는 속박의 정도는 심해졌다. 그러나 궁극적으로는 사회적 계층체계의 공통성——무엇보다도 전사(戰士)와 성직자의 명확한 구분 그리고 공고한 사회적 계급——이 프런티어 지역을 하나로 묶어놓았다. 이슬람교는 평화적·군사적 방법 모두를 동원해 사헬지역에 퍼져나갔다. 북방의 노예제도도 이슬람교를 따라 사헬지역에 들어와 확고하게 뿌리를 내렸다. 모리타니아에서 노예제도가 20세기 후반까지 지속될 수 있었던 것은 이 때문이었다.[194]

대규모 수렵

프런티어의 또 다른 생태적 변형은 수렵 프런티어다. 19세기에 각종 사냥으로 생활하는 민족이 여전히 전 세계에 널리 분포되어 있었다. 미국의 중서부뿐만 아니라 북극해에서부터 시베리아, 아마존, 중부아프리카의 열대우림지역에 이르기까지 곳곳에 수렵민족이 살아가고 있었다.[195] 이와 함께 유럽인과 유럽계 아메리카인도 수렵이라고 하는 인류의 오래된 활동에서 새로운 영역을 찾아냈다. 지금까지 귀족의 특권이자 전투적 남성성의 훈련수단이었던 수렵활동이 철저한 중산층 사회인 신세계에서 부르주아지의 활동으로 변했다. 유럽에서도 귀족의 생활방식을 추종하던 부르주아지 계층 사이에서 수렵이 유행하기 시작했다. 수렵은 신분과 지위를 나타내는 일종의 상징으로 변했다. 신사라면 누구나 수렵을 좋아했지만 수렵을 좋아하는 사람이 모두 신사가 될 수는 없었다. 풍자소설가들이 이것을 즐겨 주제로 삼았다. 열대의 대형 야생동물을 목표로 한 조직적인 수렵은 역사에 유례가 없었다.

이것은 로마의 경기장에서 벌어진 피비린내 나는 제사의식 이후 가장 큰 규모의 수렵행위였다. 루이스 멈퍼드(Lewis Mumford)같은 비전통적 역사평론가는 이런 독특한 제사의식 때문에 고대 로마문명 전체에 대해 반감을 품었다.[196] 초기 여행기 작가들은 아프리카, 동남아시아, 시베리아를 대형 야생동물의 천국이라고 찬미했지만 이 야생동물들을 상대로 한 '문명화' 투쟁이 곧바로 시작되었다. 식민지의 질서를 유지한다──식민 당국의 입장에서 호랑이는 현실적이면서 동시에 상징적인 반역의 대표였다——는 명분을 내세웠다. 또한, 북방 대도시의 각종 야생동물 전시회와 곡마단 공연을 보러오는 대중의 호기심을 만족시키기 위해, 동시에 통치자의 권위를 보여주는 일종의 과시로서 야생동물에 대한 대대적인 포획과 학살이 시작됐다.

엽총의 보급은 수렵행위의 기술적인 혁신을 가져왔다. 엽총을 갖게 된 일부 아시아인과 아프리카인도 유럽인을 흉내 내어 야생동물 학살행위에 가담했다. 그러나 직업적인 수렵인이 등장한 것은 연발 엽총이 보급된 뒤의 일이었다. 연발 엽총으로 무장한 수렵인은 호랑이와 코끼리를 마주쳤을 때 완강하게 저항하다가 탄환이 떨어져 목숨을 잃는 비극을 피할 수 있는 확률이 크게 높아졌다.

여러 아시아사회에서 수렵은 한때 왕실의 특권이었다. 이제 유럽의 표본을 본받아 일부 신분이 비교적 낮은 제후와 귀족들도 수렵 활동에 뛰어들었다. 인도에서 호랑이 사냥은 영국식민자와 현지 제후가 연맹을 맺는 일종의 방식이 되었다. 양자의 결합은 영국령 인도의 안정에 필수불가결한 요소였다. 인도의 토후와 식민정부의 고관이 공통의 언어를 갖기는 매우 어려웠지만 수렵이라고 하는 생활방식은 그들이 의기투합할 수 있는 화제였다. 유럽인의 수렵 취미는 '낙수효과'(Trickle-down effect)를 통해 전파되었다. 20세기 초에 조호르(Johore)의 술탄——싱가포르 배후지역의 영국에 종속적인 토후——은 명성 높은 호랑이 사냥꾼이었다. 그의 왕궁에는 35개의 호랑이 표본이 전시되어 있었다. 이 표본은 그가 전임자로부터 상속받은 것이 아니었고 현지에는 호랑이를 잡아 표본을 만드는 전통도 없었다. 술탄은 자신의 위엄을 보여주기 위해 인도의 토후로부터 이 방법을 배워왔고 인도의 토후는 영국 식민정부의 고관을 모방했다.

부락민의 야생동물을 대하는 태도도 갈수록 거칠어졌다. 물론, 인간과 동물 사이에 화목한 관계가 형성된 적은 없었다. 호랑이는 한 지역을 공포에 떨게 만들었다. 호랑이가 나타나는 지역에서 과일과 땔감을 채취하는 일 ─ 젊은 여성과 나이든 부녀자가 주로 하는 작업 ─ 은 다시는 가능하지 않았고 아이들은 야수의 먹이가 되었다. 부락민들에게 남은 유일한 선택은 달아나는 것이었다. 사람의 가슴을 아프게 하는 수많은 사건이 있었지만 물소가 야생동물의 공격으로부터 아이를 구해낸 감동적인 얘기가 문학작품 가운데서 흔히 보인다. 어떤 지역은 큰 위험을 무릅써야만 통과할 수 있었다. 대상(隊商)이 길을 나설 때는 호랑이에게 먹이로 바칠 늙은 말 한필을 끌고 가는 경우가 흔했다. 1911년까지도 수마트라에서는 우편마차 한 대가 호랑이의 습격을 받아 마부가 호랑이에게 물려 밀림 속으로 끌려가는 사건이 발생했다.[197]

호랑이 사냥은 일종의 사치이면서 실제적인 필요행위인 경우가 많았다. 유럽 식민자들이 오기 전에 호랑이 사냥의 풍속이 존재했다. 때로는 마을 주민 모두가 모여서 연장자나 하급 식민관리의 지휘하에 정기적으로 호랑이 토벌작전을 벌였다. 특히 자바 같은 곳에서는 호랑이는 군사적인 적으로 간주되어 복수나 섬멸의 대상이 되었다. 이슬람교를 믿는 자바인에게 호랑이 사냥은 전혀 거리낄 게 없었다. 이슬람교의 유일신론에 비추어 볼 때 호랑이 속에 (좋은 것이든 나쁜 것이든) 영혼이 깃들어 있다는 생각은 타도해야 할 미신이었고 호랑이는 제거해야 할 맹수였다. 그러나 호랑이를 철저하게 제거해야 한다는 생각은 일반적인 인식은 아니었다. '사람을 해치지 않는' 호랑이에게는 살길을 열어주어야 한다고 생각하는 사람이 많았다. 총체적으로 보아 아시아의 비무슬림 ─ 민간신앙의 영향을 받은 일부 무슬림을 포함하여 ─ 인구는 호랑이를 죽일 때 심리적으로 일종의 불안감을 가졌다. 이들은 호랑이를 죽인 후 군주를 시해한 신하처럼 자신의 행위가 부득이한 것이었음을 강조하고 용서를 빌었다. 어떤 지역에서는 사람들이 호랑이의 시신을 마을 광장 가운데 제단에 올려놓고 경의를 표시하기 위해 그 앞에서 가무와 전투의 연기를 펼쳤다.[198] 유럽인이 사냥할 때 동물세계의 등급서열에 따라 정해진 수렵 '노선'을 지키고 동물의 종류에 따라 정해진 신호를 보내는 습속은 아시아인이 호랑이 사냥에서 보여준 행태와 정신적으로 상통하는 바가 있다.

20세기 초에 분명한 변화가 생겼다. 호랑이를 사고파는 행위는 현저하게 줄어들었다. 자바의 귀족들은 여전히 호랑이 고기 요리를 미식으로 여겼지만 대중들 사이에서는 호랑이 고기를 먹는 습속이 사라졌다. 최소한 동남아시아 지역에서는 호피를 얻기 위해 호랑이를 사냥했다는 것을 증명할만한 흔적은 없어졌다. 호피 자체가 실용적 가치를 갖고 있지 않았고 호피로 거실을 장식하는 귀족도 많지 않았다. 사냥한 동물을 표본으로 만들어 침대 머리맡을 장식하는 방식은 유럽인의 발명품일 뿐이었다. 20세기 초에 인도의 항구도시에서 여행자들이 호피나 완전한 호랑이 표본을 원하는 수요가 등장했다. 상인과 표본 제작자들은 일반적으로 현지의(비영국인) 사냥꾼에게 호랑이를 예약했다. 호랑이 박제품이 가장 환영받는 곳은 미국이었다.[199]

일부 사냥꾼이 유럽과 북아메리카의 동물원과 곡마단에 공급할 대형 고양이과 동물을 전문적으로 포획했다. 유럽의 첫 번째 '현대식' 동물원은 1828년에 문을 연 런던동물원이었다. 1844년에 베를린동물원이 그 뒤를 이었다(대형 육식동물관은 1865년에 문을 열었다). 미국에서는 1890년 이후에야 각지에 동물원이 생겨나기 시작했다. 소수의 동물무역상이 다국적기업의 형태로 이들 동물원에 공급할 동물을 확보했다. 요한 하겐베크(Johann Hagenbeck)는 함부르크의 동물무역상이자 곡마단 소유주 카를 하겐베크(Karl Hagenbeck)의 이복형제였다(카를 하겐베크는 1907년에 자신의 동물원을 열었다). 1885년, 요한 하겐베크는 수렵자로서 스리랑카에 정착했다. 그는 현지 상인으로부터 동물을 사들이는 한편 인도, 말레이시아, 인도네시아로 가 자신이 직접 수렵활동을 벌이기도 했다. 이런 부류의 사람들이 채택한 포획방법은 비교적 조심스럽기는 했지만 그 행위의 결과는 동물의 수를 감소시켰다는 점에서는 다른 수렵자와 다를 바가 없었다. 이 사업은 많은 동물이 운송 도중에 죽었기 때문에 원래 투기성이 강했다. 그러나 거대한 상업적 이익은 손실을 보상하기에 충분했다. 19세기 70년대 동부아프리카에서 코뿔소 한 마리의 가격은 160-400마르크* 사이였지만 유럽에서는 6,000에서 1만 2,000마르크 사이에서 팔렸다. 하겐베크회사는 1887년까지 1,000여 마리의 사자와 300-400마리의 호랑이를 판매했다.[200]

호랑이는 삼림벌채와 유럽에서 건너온 수렵열기의 최대 희생물이었다. 인도, 시베리아, 수마트라에서 직업적 사냥꾼 한 사람이 생애 동안에 사살하는 호랑이가 대략 200마리 이상이었다. 1933-40년 사이에 네팔 국왕과 그가 초대한 손님들이 이 숫자를 433마리까지 올려놓았다.[201] 식민자들은 처음부터 호랑이 사냥 문제에 있어서 조심스런 태도를 보였으나 진정한 의미에서 효과적인 호랑이 보호정책은 인도공화국 치하에서 시작되었다. 코끼리는 호랑이보다 좀더 앞서 법적인 보호를 받았다. 1873년 스리랑카에서 관련 법령이 반포되었다. 이때부터 사냥꾼 한 명이 1,300마리의 코끼리를 포획했다고 해서 자랑스러워하는 일은 완전히 역사 속으로 사라졌다. 그러나 코끼리가 일상 노동에 응용되면서 아시아에서 동물 종의 생물학적 안정성을 높이는 데는 도움이 되지 않았다. 이 밖에도 각 식민열강은 코끼리를 전쟁에 동원하는 방식을 끝냈다. 아시아에서 코끼리 숫자가 감소한 전통적인 요인 가운데 하나가 이것이었다.

19세기에 어떤 수렵활동은 세계경제에서 중요한 의미를 갖는 큰

* 마르크는 통화 단위 가운데 하나이며 1마르크는 약 700원 정도다.

사업으로 변했다. 이것은 완전히 새로운 일은 아니었다. 일찍이 17세기에도 모피무역은 대륙의 경계를 뛰어넘는 사업이었다. 모피무역은 결코 완전히 '전현대적' 사물은 아니었다. 존 애스터(John Jacob Astor)는 1801년에 아메리카모피회사(American Fur Company)를 설립했다. 이 회사는 단기간에 미국에서 가장 큰 회사로 성장했다. 상업적인 수렵 프런티어가 등장하면서 최대의 피해를 입은 동물은 아프리카 코끼리였다. 보어인이 세운 트란스발공화국에서 다이아몬드와 금광이 발견되기 전까지 상아는 필적할 상대가 없는 가장 중요한 수출상품이었다. 유럽에서 칼 손잡이, 당구공, 피아노 건반을 만드는 데 들어가는 상아를 공급하기 위해 코끼리가 대량으로 학살되었다. 19세기 70년대에 영국이 수입한 상아는 해마다 500톤에 이르렀다. 상아는 인도와 당시에는 아직 식민지가 되지 않았던 아프리카 각지에서 들어왔다. 아프리카산 상아 수출의 전성기는 1870-90년이었다. 이때는 식민열강이 아프리카 지배권을 두고 쟁탈전을 벌이던 시기와 일치했다. 이 시기에 아프리카에서 매년 6-7만 마리의 코끼리가 살해되었다. 그 후로 상아의 수출량은 점차로 줄었다(이 방면의 정확한 통계수치가 공개된 적은 없다). 그래도 1900년에 유럽이 수입한 상아의 수량은 380톤에 달했고 이것은 대략 4만 마리의 코끼리 '전리품'에서 나온 것이었다.

상아를 제거한 후의 코끼리 잔해는 상업적 가치가 전혀 없었다.[202] 일부 식민지에서 코끼리 개체수가 급격히 줄어들고 그 결과 (영국제국 판도 내에서) 원초적인 코끼리 보호정책이 시행되자 벨기에령 콩고자유국이 마지막 상아공급지로 남게 되었다. 콩고는 아프리카 흑인이 가장 잔혹하게 착취당하는 땅이자 아프리카 코끼리의 거대한 무덤이었다. 19세기 초부터 20세기 중반 사이에 아프리카 대부분 지역—북부의 나무가 적은 초원지대와 에티오피아로부터 전체 남부 지역에 이르기까지—에서 코끼리가 사라졌다. 1차 대전이 끝나고 나서도 아프리카에서 새로 태어나는 코끼리 숫자보다 살해되는 코끼리 숫자가 더 많았다. 1차 대전과 2차 대전 사이의 수십 년 동안에 비로소 코끼리 종을 보호하는 조처 비슷한 것이 시행되었다.

그 밖의 여러 동물군에도 유사한 일이 일어났다. 이들 동물군─북아메리카의 들소를 포함하여─에게 19세기는 보호조처가 없는 대량 사망의 시대였다. 코뿔소는 유럽의 대형동물 수렵자들에게 특별한 도전 대상이었다. 그러나 (얼마 전까지도) 코뿔소에게 가장 큰 재난의 출처는 유럽이 아니라 아시아였다. 이슬람교를 신봉하는 동방과 극동지역에서 코뿔소 뿔은 최음제의 약재로 사용되었기 때문에 가격이 매우 높았다. 타조의 깃털이 모자 장식으로서 유행하자 사람들은 아프리카 야생 조류를 인공적으로 사육하기 시작했다. 이 방식은 최소한 타조의 멸종을 막는 데는 도움이 되었다. 동물보호 문제에서 전 세계가 동일한 방식을 경험했다. 19세기에 사람들이 야생동물을 마음대로 살육했고, 그런 후에 (처음에는 생태학자로부터, 이어서 영국 식민관리 사이에서) 동물보호 인식이 완만하게 생겨났다.

인류역사에서 20세기는 논쟁의 여지가 없는 '폭력의 세기'다. 그러나 호랑이, 표범, 코끼리, 독수리의 입장에서 보면 20세기는 오히려 위험이 적어진 세기였다. 20세기에 들어와 인류는 (총기가 등장하기 전까지) 수천 년 동안 인류와 동등한 기회를 누리며 살아온 이런 동물들과 '타협'을 시도하기 시작했다.

인류가 수렵행위에 종사하게 된 동기는 다양하며 이윤추구가 유일한 목적은 아니었다. 수렵자는 문화적인 영웅이었다. 한 명의 사냥꾼이 퇴로가 없는 숲속에서 갈색곰과 마주쳐서 위험을 극복한 경험을 북아메리카인은 자신들의 우수한 능력을 보여주는 가장 뛰어난 사례로 평가했다. 루스벨트(Theodore Roosevelt) 대통령은 20세기 초에 세상 사람들에게 이것을 증명해보이기 위해 온갖 방법을 동원했다. 신문들이 대거 선전한 그의 수렵행위는 킬리만자로산까지 이어졌다. 신사들이 수렵을 즐겼지만 수렵은 또한 개척민의 천부적인 특권이기도 했다. 개척민의 대다수가 농민이자 사냥꾼을 겸하고 있었다. 최소한 19세기 초까지는 전 세계의 모든 개척지에 대형 포식동물이 출몰했다. 개척민은 자신의 생명과 재산을 지키기 위해 완벽한 수렵자가 되어야 했다.[203]

모비딕(Moby-Dick)

대구나 청어 낚시는 치밀한 추적작전이라기보다는 일종의 바다에서의 수확활동이다. 19세기에는 해양생물을 대상으로 한, 수렵과 경기의 특성을 모두 갖춘 공격적인 포획활동이 있었다. 그것이 포경(捕鯨)이었다. 포경은 19세기의 위대한 영웅시이자 하나의 산업이었다. 중세부터 바스크인(Basques)은 고래를 잡았고 관련된 많은 기술을 발명했다. 17세기에 들어와 네덜란드인과 영국인이 이 기술을 물려받았다. 19세기 초에 스피츠베르겐(Spitzbergen)섬 근해에 어족자원이 고갈되자 이곳에서의 포경은 수익을 내지 못하게 되었고, 포경의 무대는 그린란드(Grteenland) 근해로 옮겨갔다.[204] 1715년, 북아메리카인이 매사추세츠주의 난터켓(Nantucket) 항구를 기지로 하여 포경업의 대열에 참여했다. 이들은 처음에는 주로 대서양의 향유고래를 포획했다.

1789년, 미국의 포경선이 처음으로 태평양에 진입했다. 그 뒤 이어지는 30년 동안 전 세계의 거의 모든 고래서식처가 밝혀졌다.[205] 대략 1820-60년이 포경업의 세계적 전성기였다. 1812년의 전쟁 이후 미국은 가장 중요한 포경국으로 성장했다. 미국의 포경선은 뉴잉글랜드주의 여러 항구에 정박했다. 항구들 사이에 우월한 지위를 차지하기 위해 치열한 경쟁이 벌어졌다. 1846년, 미국의 포경선은 최소 722척이었고 그중 절반이 향유고래 포획에 뛰어들었다. 향유고래는 이빨고래의 일종인데 거대한 두개골 안에 풍부한 경랍(鯨蠟, spermaceti)을 함유하고 있었고 경랍에서 짠 기름은 지구상에서 가장 성능 좋고 값비싼 양초를 만드는 데 필수적인 원료였다.

포경업은 복잡한 지리학적 배경과 발전의 역사를 가진 전 지구적 사업이었다. 포경업의 역사를 결정한 것은 고래의 종류와 그 특징이었다. 사람들은 남태평양 칠레 연안에서 향유고래 어장을 발견했다. 1810년 무렵 이곳에서 목격된 모카 딕(Mocha Dick)이라 불리는 거대한 흰색 향유고래가 포경선원들 사이에 공포를 일으켰다. 이 흰 고래는 훗날 허먼 멜빌(Herman Melville)의 소설 속에 등장하는 신비한 악마의 원형이 되었다.[206] 당시에 포경업의 주요 어장은 칠레와 뉴질랜드 사이의 좁고 긴 해역과 하와이 인근 해역에 형성되었다. 새로 발견된 어군은 흔히 포경선과 각국 선단 사이에 '향유쟁탈전'을 불러일으켰는데, 그 열기가 캘리포니아와 오스트레일리아의 금광 채굴과 비슷했다.

1830년 무렵 오스트레일리아가 한때 포경업의 새로운 강자로 떠올랐다.[207] 1848년, 북극해 서부(알래스카와 베링해협)에서 풍부한 고래 자원이 발견되었다. 그중에서 가장 많았던 종류가 지금은 거의 멸종 상태인 그린란드 고래였다. 이것은 19세기 포경활동 가운데서 가장 중요한 발견이었다. 그린란드 고래의 수염은 모든 고래수염 가운데서 품질이 가장 좋았기 때문이다. 미국은 이때부터 북극해에서 상업적인 포경활동을 시작했고 가장 중요한 포경기지는 매사추세츠의 뉴베드포드(New Bedford)였다. 뉴베드포드는 난터켓의 경쟁자이자 샌프란시스코와 함께 중요한 보급항이었다. 이때의 발견이 없었더라면 미국은 알래스카에 대해 영토적 관심을 갖지 않았을 것이다.

1871년에 포경업은 새로운 전환점을 맞았다.[208] 이해에 미국의 북극해에서 여러 포경선단이 북극해의 빙산에 갇혀 사라졌다. 같은 시기에 대형 포경어장의 고래자원도 고갈상태에 근접했다. 19세기

70년대에 미국의 포경업은 전면적인 위기에 빠졌다. 일시적으로 이 위기를 완화시켜준 것은 여성의 패션이었다. 개미허리처럼 가는 허리를 아름답게 생각하는 여성들에게 고래 뼈로 만든 탄력성이 뛰어난 코르셋은 필수품이었다. 포경선은 한동안 더 먼 바다로 나가 고래를 잡았다.[209]

포경은 영국인과 미국인만의 전공은 아니었다. 뉴잉글랜드 사람들이 파리 여성들의 양초와 코르셋 수요를 만족시키기 위해 남태평양에서 고래를 잡았지만 19세기 말부터는 르아브르(Le Havre) 항을 출발한 프랑스인이 포경선의 대열에 합류했다. 그들의 포경 어장은 오스트레일리아, 타즈마니아, 뉴질랜드까지 확장되었다. 이 해역에서는 1840년대까지도 현지민이 정박한 포경선을 습격해 살해하는 사건이 발생했다. 여러 면에서 포경은 위험으로 가득 찬 활동이었다. 1817-68년 사이에 프랑스 포경선의 5.7퍼센트가 폭풍우를 만나 침몰했다. 같은 시기에 프랑스 포경선은 1만 2,000-1만 3,000마리의 고래를 포획했다. 2차 대전 이전에 전 세계에서 매년 포획된 고래의 숫자가 평균 5만 마리였음을 고려한다면 프랑스의 포경실적은 보잘 것 없었다.[210]

포경선에 포와 어뢰가 장착되면서 인간과 고래가 사투를 벌이는 '모비딕'의 시대는 완전히 끝났다. 동물과 인간의 싸움에서 인간이 이길 수 있는 확률은 유사 이래로 가장 높아졌다. "일엽편주(一葉片舟)에 의존하여 작살로 고래를 잡던" 시대는 역사의 뒤안길로 사라졌다. 오직 소수의 낭만주의자들이 작살로 고래를 잡는 방식을 지켰지만 영리한 향유고래는 작살수가 탄 작은 배에 가까이 오지 않았다. 노르웨이인 스벤드 포인(Svend Foyn)이 포경업의 '에이허브* 이후시대'(Post-Ahab)를 열었다. 그는 1860년 무렵에 포경선의 갑판에 장

---

* 허먼 멜빌이 쓴 소설 『모비딕』의 주인공. 포경선 페쿼드(Pequod)호의 선장.

착하는 포를 발명했다. 이 포로 발사한 길이 104밀리미터의 탄두가 고래의 몸 안에서 폭발했다. 그 위력은 수렵계의 중화기와 같았다. 미국의 포경선이 지체 없이 이 새로운 방식을 채택했다.[211]

1880년 이후로 증기선의 등장은 포경업계의 새로운 현상이었다. 그러나 이 기술은 포경선의 건조비용을 두 배로 올려놓았기 때문에 포경선원들조차 기술혁신에 대해 회의적인 태도를 보였다. 1900년 무렵이 되자 많은 어장에서 고래자원이 고갈되었고[212] 적지 않은 고래 종류가 멸종의 위기에 처했다. 이 밖에도 기술의 발전이 고래를 원료로 한 여러 가지 제품을 지난 시대의 물건으로 만들었다. 그중에서도 특히 식물원료, 화석연료, 유류가 고래 향유의 대체품으로 등장했다(뉴베드포드의 일부 부유하고 미래를 내다볼 줄 아는 고래 가공 상인은 일찍이 1858년부터 석유를 정제하는 공장을 세웠다).[213] 포경업이 어떻게 빠르게 저점을 벗어나 소생하게 되었는지는 이것과는 관련 없는 다른 차원의 이야기다.

일본은 서방의 영향을 받지 않고 포경업을 운용한 유일의 비서방 민족이었다. 일본의 포경업과 대서양 연안의 포경업은 대체로 같은 시기에 시작되었다. 16세기 말이 되자 일본에서 근해 포경은 해안지역에서 생활하는 어민이 생계를 의존하는 중요한 수단으로 자리 잡았다. 17세기 말부터 일본의 어민은 작살을 버리고 어망으로 바꾸어 사용했다(일본 근해의 고래는 대부분 몸집이 작고 헤엄치는 속도가 느린 종류였다). 고래 가공은 (고래는 몸 전체가 하나도 남김없이 이용되었다) 선상(미국 포경업자들이 그랬듯)이 아니라 육지에서 진행되었다.

1820년 무렵 하와이와 일본 사이의 해역에서 풍부한 고래자원이 영·미국인에 의해 발견된 후 일본 근해에 수백 척의 포경선이 재빨리 집결하기 시작했다. 기록에 의하면 이미 1823년에 일본 관원들이 외국 포경선에 올랐다. 나카하마 만지로(中濱萬次郎) 사건은 일본에서는 모르는 사람이 없을 정도로 유명하다. 1841년, 어선이 난파되어 표류하던 일본의 청년 어부 만지로는 미국 포경선에 의해 구조되었다. 선장은 그를 자신의 고향으로 데려갔고 좋은 학교 교육을 받도록 해주었다. 만지로는 미국에서 공부한 최초의 일본 학생이었다. 그는 대학에서 항해술을 배웠고 우수한 성적으로 졸업했다. 1848년, 만지로는 포경선의 선원으로 채용되었다. 향수병을 앓고 있던 그는 온갖 어려움을 극복하고 1851년에 일본으로 돌아왔다. 그는 귀국 후 몇 달 동안이나 심문을 받았다. 일본 당국은 이 귀한 기회를 이용해 외부세계에 관한 정보를 얻으려고 온갖 방법을 동원했다. 만지로는 석방된 후 도사 번(土佐 藩) 족벌학교의 교사가 되었다. 그에게서 배운 제자 가운데 몇 사람은 훗날 메이지유신의 지도자급 인물이 되었다. 1854년, 만지로는 막부의 통역으로서 페리 제독(Commodore Perry)과의 담판에 참여했다. 페리는 일본의 개국을 압박하기 위해 '흑선'(黑船)을 이끌고 온 인물로 세상에 알려져 있다. 나카하마 만지로는 항해학, 천문학, 조선술에 관련된 외국서적 몇 권을 번역했고 일본의 현대적 해군 건설작업에 정부 고문을 맡았다.[214]

포경업은 1853-54년에 일본이 대외 개방을 하게 된 외교적 배경의 일부였다. 미국이 일본과 교류를 원했던 부분적인 동기는 일본 해안에 정박하는 미국 포경선의 안전을 보장받는 것이었다. 200여 년 동안 일본은 철저한 쇄국정책을 유지해왔다. 페리 제독의 임무는 미국 어민이 일본 연해에서 가장 기본적인 법률적 보호를 받도록 하고 미국 선박의 연료공급을 보장받는 것이었다.[215] 포경업의 신속한 확장이 없었더라면 일본의 개방은 늦어졌을 것이다. 일본은 포경 방식에서 스벤드 포인의 윤리적으로 문제가 많은 포격 방식을 일찌감치 채택한 나라였지만 일본인에게 '노르웨이'의 기술을 가르쳐 준 사람은 미국인이나 노르웨이인 자신이 아니라 러시아인이었다. 일본과 러시아 양국의 고래를 매개로 한 교류 역시 외교적 고려에서 비롯되었다. 1905년 러시아와의 전쟁에서 승리한 일본은 포경업의 가장 강력한 경쟁 상대를 일본해로부터 몰아내고 남쪽으로는 중국의 타이완으로부터 북쪽으로는 쿠릴열도(사할린)에 이르는 포경 어장을 독점할 수 있었다.[216]

1851년에 발표된 멜빌의 『모비딕』은 19세기를 대표하는 문학작품 가운데 하나다. 이 소설에서 묘사된 포경의 세계는 동시대와 후세의 사상과 의식에 깊은 인상을 남겼다. 소설에서 저자는 많은 지면을 할애해 고래와 관련된 각종 지식을 서술했다. 멜빌 자신이 고래 전문가였다. 청년시절에 그는 4년 동안 포경선 선원으로서 그 세계를 직접 경험했다. 『모비딕』에 나오는 에이허브 선장과 포경선이 침몰하는 비극은 모두 그가 경험한 현실이 원형이었다. 멜빌이 심혈을 기울여 연구한 사건은 당시 널리 알려졌던 난터켓 선적의 포경선 에섹스(Essex)호의 침몰 사고였다. 1820년 11월 20일, 이 포경선은 모항에서 수천 킬로미터 떨어진 남태평양 해상에서 분노한 향유고래 한 마리에게 들이받혀 침몰했다. 20명의 선원이 3척의 작은 구명정에 의지해 90일 동안 표류하다가 최종적으로 8명의 선원이 구조되었다. 나머지 선원 가운데서 7명은 살아남은 8명의 선원이 먹어치웠다. 1980년에 발견된 한 생존자가 남긴 수기는 멜빌이 작품 가운데서 생존자 오언 체이스(Owen Chase)의 입을 빌려 묘사한 사고 경위와 내용이 사실이었음을 증명해주었다.[217] 에섹스호의 침몰 사건보다 4년 앞서서 프랑스의 호위함 메뒤스(Méduse)호가 서부아프리카 해역에서 침몰했다. 149명이 급조한 구명 뗏목에 올랐고 최종적으로 구조된 생존자는 15명이었다. 이 두 해난사고에서 다 같이 소름끼치는 식인 참극이 발생했다.[218]

파우스트(Faust), 간척사업

포경과 심해 어로가 인류와 해양·해양생물 사이의 공격적인 관계를 반영했고, 또한 고래와 어류를 중심으로 한 해양의 생활방식을 반영했다고 한다면, 정반대의 입장에서 해양에 대해 방어적인 태도를 반영한 것은 해안지역의 간척사업이었다. 큰 강의 수계 개조──예컨대 1818년에 시작된 라인강 상류 치수공사와[219] 그로부터 한 세기 뒤에 시작된 미시시피강 치수공사──사업은 경탄할만한 규모였지만 인류가 해양을 개조하여 영구적으로 이용할 수 있는 토지로 만든 '파우스트식' 거대 사업과 비교한다면 무색해진다. 괴테(Johann Wolfgang von Goethe)는 1786년에 베네치아의 수리(水利)기술을 깊이 연구한 적이 있었고 1826-29년에는 브레멘 항구 확장공사를 직접 경험했다. 명작『파우스트』에서 그는 노년의 파우스트를 거대한 규모의 해안 간척사업을 벌이는 자신만만한 사업가로 변신시켰다.

> 현명한 영주님들의 대담한 종복들이
> 도랑을 파고 제방을 쌓아
> 바다의 권리를 제한하며
> 주인 자리를 차지하려 했다네.[220]

시인은 또한 대형 공사에서는 노동자의 목숨을 희생시키는 것도 불가피하다고 생각했다("밤에 비명소리가 들린 것으로 보아 / 사람을 제물로 바친 게 분명해").* 제방을 쌓고, 늪지의 물을 빼고, 운하를 파는 일은 근대 초기에는 기술적으로 가장 힘든 작업에 속했고 대부분 정부 부처에서 조직하고 관리하는 일이었다. 정부 기구는 일반적으

---

* 『*Faust. Der Tragödie zweiter Teil*』, 11127 - 11128.

로 죄수와 전쟁 포로를 조직해 공사현장에 투입했다. 제방을 쌓고 늪지의 물을 빼내는 열정은 20세기의 특징이었다. 이리하여 전 세계 습지의 1/6이 간척되었다.[221] 해안지역의 간척 ── 장강 하구, 19세기 70년대에 시작된 도쿄만, 1890년에 설계를 마치고 1920년에야 시작한 자이더르제(Zuiderzee) 공사 ── 역시 20세기에 큰 진전을 보았다. 특히 자이더르제 간척공사는 수십 년이 걸렸고 최종적으로는 네덜란드의 국토면적을 1/10이상 넓혀놓았다.

19세기에도 세계의 여러 지역 사람들이 이러한 생태적 프런티어에서 활약하고 있었다. 예컨대 프랑스에서는 1860년 무렵까지 대형 습지는 거의 대부분 간척되어 목장으로 변했다. 이것은 프랑스 사회가 좀더 부유해지면서 늘어난 육류소비를 만족시킬 수 있었던 조건이었다. 네덜란드에서 홍수방지와 간척은 국가 안전보장의 중요한 수단이었다. 중세부터 배수문제는 국가의 조직적인 과제였다. 16세기 초 이후로 네덜란드 정부는 수리시설에 대한 통일적인 유지·보수 정책을 실시했고 농민은 납세로 노역을 대신했다.

이런 조처는 한편으로는 농업의 상업화를 촉진했고 다른 한편으로는 제방 축조공으로 구성된 이동 프롤레타리아 집단의 형성을 자극했다. 기술의 결정적인 진보는 19세기가 아니라 16세기에 실현되었다. 1610-1815년 사이에 바다를 매립해 농토로 만드는 공사는 후세에 가서도 추월할 수 없는 규모였다. 1500-1815년에 네덜란드가 이 방식을 통해 획득한 토지는 25만 헥타르(25억 제곱미터)였으며 이것은 전국 경지면적의 1/3에 가까웠다.[222] 풍차의 기술 개량은 배수능력을 높였다. 18세기에 네덜란드인이 라인강과 와알(Waal)강의 치수와 개조에 정력을 쏟았다면 19세기의 주요 관심사는 간척으로 토지를 획득하는 것이었다. 1833-1911년 사이에 새로 늘어난 경지면적은 합계 35만 헥타르(35억 제곱미터), 그중 10만 헥타르(10억 제곱미터)는 제방 축조와 습지 배수를 통해 생겨났다.[223] 1825년에 큰 해일이 일어나 심각한 피해가 발생하자 해안 방어와 제방보수가 처음으로 재원투입의 우선순위에서 경지간척을 앞서게 되었다. 이때부터 해안 사구(沙丘)에 대한 관리가 시작되었다.[224] 중요한 인식의 변화라고 한다면 수리(水利)사업이 정부의 핵심 직무로 공인되었고(중국에서는 일찍이 2,500년 전에 이런 인식에 도달했다) 다시는 지방이나 민간의 사무로 간주되지 않았다는 점이다.

19세기의 중요한 대규모 공사는 1836-52년에 시행된 하를레메르메이르(Haarlemmermeer) 배수공사였다. 하를레메르메이르는 네덜란드의 가장 중요한 주인 북홀란드주에 있던 호수였다. 이 호수는 1836년 가을에 연속된 폭우로 홍수가 일어나 형성되었다. 호수가 생겨나면서 발생한 심각한 문제는 교통두절이었다. 주변 지역의 도로가 모두 호수 아래 잠겨버렸고 그중에는 당시의 최첨단 기술로 건설했기에 네덜란드인이 자랑으로 여기던 고속도로(Straatwegen, 노면을 벽돌과 천연석을 섞어 포장했다)가 있었다.

배수공사를 결정하는 데 영향을 미친 요인은 두 가지가 더 있었다. 하나는 하를레메르메이르가 계속 확장되면서 암스테르담과 라이덴 등 도시의 안전을 위협하게 될 가능성이었고, 다른 하나는 고용효과라는 경제정책의 새로운 관점이었다. 배수공사는 오늘날에도 사회기반시설 공사에서 채택되는 현대적인 방식으로 조직되었다. 공사시작 전과 시공 과정에서 전문가들이 과학적인 근거를 가지고 정밀한 계획을 세웠다. 호수 주변지역 주민들의 다양한 이해관계를 조정하기 위해 법률전문가가 고용되었다. 공사는 공개입찰을 통해 민간 기업에 분배되었다. '굴착공'(polderjongens)이라 불리는 노동자는 8-12명이 한 조를 이루어 조장의 지휘를 받으며 작업했다. 노동자의 대부분은 독신이었으나 일부는 가족을 데리고 다녔다. 이들을 위해 공사 현장에 갈대나 볏짚을 덮은 숙소를 마련하여 주거문제를 해결했다.

공사가 가장 활발하게 진행되는 여름철에는 현장에서 일하는 노동자 숫자가 수천 명이었다. 이런 규모의 공사 현장에서는 으레 있기 마련인 몇 가지 문제는 피할 수 없었다. 위생문제, 안전, 범죄발생이 그런 문제였다. 1848년 이후로 영국산 증기기관 배수기가 공사에 투입되었고 그중에는 3대의 대형 펌프가 포함되어 있었다. 이것은 증기기관이 생산 공장뿐만 아니라 일상생활의 여러 분야에서 응용될 수 있음을 보여준 실증적 사례의 하나였다.[225] 1852년, 하를레메르메이르는 완벽하게 배수되었고 점진적으로 이용 가능한 토지로 바뀌어갔다. 그곳의 일부에 오늘날 암스테르담의 스히폴(Schiphol)공항이 있다.[226]

모든 프런티어는 생태적 특성을 갖고 있다. 프런티어는 사회적 공간이면서 동시에 자연적 공간이다. 그렇다고 해서 프런티어 특유의 사회적 관계가 자연화된 프런티어 형태로 바뀌어야 하는 것은 아니다. 수렵민족에 대한 배제와 해양의 공동화(空洞化)는 다른 것이며, 유목민과 초원은 '황야'의 구분하기 어려운 요소는 아니다.[227] 그러나 인류가 초원, 사막, 열대우림을 대상으로 추진한 개발은 모두 같은 결과를 가져왔다. 생태환경이 파괴되면서 그곳에 살던 원주민은 고유의 생존기반을 상실했다.

세계사에서 19세기는 자원개발을 목적으로 한 확장과 조방식 개발이 극대화하면서 프런티어의 사회적·정치적 영향력이 유례를 찾을 수 없는 수준에 도달한 시기였다. 오늘날에는 열대우림이 파괴된 지역에서나 우리의 우주공간에서 19세기의 미국, 아르헨티나, 오스트레일리아, 카자흐스탄 같은 새로운 사회가 형성되고 있지 않다. 많은 프런티어가 —미국의 프런티어만이 아니라—1830년 무렵에 이미 '종결'되었다. 프런티어의 등장은 근대 초기에 시작되었지만 19세기에 들어와서 대규모 인구이동, 개척민 농업, 자본주의, 식민지 쟁탈전의 새로운 시대가 열렸다.

일부 프런티어의 후속역사는 20세기까지 이어졌다. 1930-45년의 국가 식민주의에 의한 '생존공간' 정복, 사회주의의 깃발 아래서 벌어진 대규모 사회와 환경 개조 사업, 중국 한족의 정치적 확장 때문에 20세기 후반에 자기 땅에서 소수집단으로 전락한 티베트인 등이 그런 사례다.

19세기에 프런티어는 다중적인 의미를 가졌다. 프런티어는 토지 개간과 생산 증가의 공간, 이민을 끌어들이는 자석, 제국들 사이의 분란 많은 접촉 구역, 계급형성의 중심지, 종족분쟁과 폭력의 공간, 정착민 민주주의와 인종주의 정권의 탄생지, 환상과 이념의 발상지였다.

한동안 프런티어는 역사적 역동성의 주요 근원이었다. 공업화에만 주목하는 좁은 시대관을 가진 사람이라면 역사의 역동성을 맨체스터, 에센, 피츠버그의 공장과 용광로에서만 찾으려 할 것이다. 역사적 역동성의 결과를 논하자면 하나의 중요한 차이를 간과해서는 안된다. 유럽, 미국, 일본의 공업노동자들은 지속적으로 자신의 이익을 대변해주고 자신의 물질적 지분을 증가시켜 줄 조직을 만들어감으로써 점진적으로 사회에 통합되었다. 그러나 프런티어 확장의 피해자들은 배척당하고, 재산을 몰수당하고, 권리를 박탈당했다. 최근에 와서야 미국, 오스트레일리아, 뉴질랜드, 캐나다 그리고 소수의 국가에서 법정이 이들 피해자 집단의 합법적 요구를 인정하기 시작했고 정부도 도덕적 책임을 받아들이고 과거의 부당행위에 대해 사과했다.[228]

주註

1) Klein, Kerwin Lee: *Frontiers of Historical Imagination. Narrating the European Conquest of Native America, 1890-1990*, Berkeley, CA, 1997, p.145.

2) 북아메리카 역사연구의 진화과정에 관한 간략한 개황으로서 Walsh, Margaret: *The American West. Visions and Revisions*. Cambridge, 2005, pp.1-18을 참조할 것.

3) White, Richard: *The Middle Ground: Indians, Empires, and Republics in the Great Lakes Region, 1650-1815*. Cambridge, 1991.

4) Jordan, Teresa: *Cowgirls: Women of the American West*. Lincoln, NE, 1982.

5) Turner, Frederick Jackson: *The Frontier in American History,* (new ed.) Tucson, AZ, 1986.

6) 다음에 열거하는 것은 기본적으로 읽어야 할 저작의 목록이다. Waechter, Matthias: *Die Erfindung des amerikanischen Westens. Die Geschichte der Frontier-Debatte,* Freiburg i. Br., 1996, pp.100-120. Jacobs, Wilbur R.: *On Turner's Trail: One Hundred Years of Writing Western History,* Lawrence, KS, 1994. Wrobel, David M.: *The End of American Exceptionalism. Frontier Anxiety from the Old West to the New Deal,* Lawrence, KS, 1993.

7) 여기서 특별히 중요한 저자는 Richard Slotkin이다. 그는 다량의 관련 저작을 내놓았다.

8) Billington, Ray Allen: *Western Expansion: A History of the American Frontier,* New York, 1949, pp.3-7.

9) Webb, Walter Prescott: *The Great Frontier,* Austin, TX, 1964(초판 1952).

10) Hennessy, Alistair: *The Frontier in Latin American History,* London, 1978, pp.22, 144. 보충적 저작으로서 Toennes, Achim: *Die Frontier. Versuch einer Fundierung eines Analyse-Konzepts* (Jahrbuch für Geschichte Lateinamerikas v.35 (1998), pp.280-300에 수록)을 참조할 것. 같은 관점을 지닌 훌륭한 저작으로서 Cronon, William: *Changes in the Land: Indians, Colonists, and the Ecology of New England*, New York, 1983을 참조할 것.

11) McNeill, William H.: *Europe's Steppe Frontier* 1500-1800, Chicago, 1964.

12) 다음에 소개하는 논저들로부터 중요한 암시와 단서를 얻었다. Lamar, Howard/Thompson, Leonard: "*Comparative Frontier History*" (in idem *The Frontier in History. North America and Southern Africa Compared,* New Haven, CT, 1981, pp.3-13에 수록. 특히 pp.7f를 참조할 것). Marx, Christoph: "*Grenzfälle. Zu Geschichte und Potential des Frontierbegriffs*" (Saeculum, v.54(2003), pp.123-43 에 수록). Nugent, Walter: "*Comparing West and Frontiers*" (Milner, Clyde A.[et al. ed.]; *The Oxford History of the American West,* New York, 1994, pp.803-33에 수록). Hennessy, Alistair: *The Frontier in Latin American History*. Careless, James

Maurice Stockford: *Frontier and Metropolis. Regions, Cities and Identities in Canada before 1914,* Toronto, 1989, p.40.

13) "공유의 역사"라는 흥미 있는 개념을 제시한 Elliot, West: *The Contested Plain. Indians, Goldseekers and the Rush to Colorado,* Lawrence, KS, 1998을 참조할 것. 이 저서의 p.13에서 "The frontier never separated things. It brought things together."라고 했다. 이와는 반대로 Zygmunt Bauman: *Society under Siege,* Cambridge, 2002는 누구든 차지할 수 있는 무인지대로서의 "전 지구적 프런티어(global frontier land)"란 개념을 제시했다.

14) Maier, Charles S.: *Among Empires: American Ascendancy and its Predecessors,* Cambridge, MA, 2006, pp.78-181(특히 pp.99f의 프런티어의 유형)을 참조할 것.

15) Moreman, Tim: *The Army in India and the Development of Frontier Warfare 1847–1947,* Basingstoke, 1998, pp24-31.

16) Mehra, Parshotam: *An "agreed" frontier: Ladakh and India's northernmost borders, 1846-1947,* Dehli, 1992.

17) Adelman, Jeremy/Aron, Stephen: *"From Borderlands to Borders. Empires, Nationstates and the People in Between in North American History"* (American Historical Review, v.104[1999], pp.814-41에 수록)을 참조할 것. Baud, Michiel/Schendel, Willem van: *"Toward a Comparative history of Borderlands"* (Journal of World History, v.8[1997], pp.211-42에 수록)는 이 용어를 약간 다른 의미로 사용하고 있다(p.216참조).

18) 제국주의 이론의 마지막 판본이라고 할 수 있는 Ronald Robinson: *"The Excentric Idea of Imperialism, With or Without Empire"* (Mommsen, Wolfgang J./Osterhammel, Jürgen [ed.]: *Imperialism and After,* London, 1986, pp.2676-89에 수록)을 참조할 것.

19) Lattimore, Owen: *Inner Asian Frontiers of China.* New York, 1940.

20) Richards, John F.: *The Unending Frontier,* pp.5f.

21) Curtin, Philip D.: *"Location in History. Argentina and South Africa in the Nineteenth Century"* (Journal of World History, v.10[1999], pp.41-92에 수록. 인용된 부분은 pp.49f).

22) Adelman, Jeremy: *Frontier development : Land, Labour and Capital on the Wheatlands of Argentina and Canada, 1890-1914.* Oxford, 1994, pp.21, 96.

23) Rohrbough, Malcolm J.: *Days of Gold: The California Gold Rush and the American Nation. Berkeley,* 1998, CA, 1997, p.1. Elliot, West: *The Contested Plain,* xv. 골드러시의 사회사에 관해서는 Finzsch, Norbert: *Die Goldgräber Kaliforniens. Arbeitsbedingungen, Lebensstandard und politische System um die Mitte des 19. Jahrhunderts,* Göttingen, 1982도 참조할 것. 개괄적인 서술로서 Nugent,

Walter: *Into the West*, pp.54-65를 참조할 것.

24) Hine, Robert V./Faragher, John Mack: *The American West : A New Interpretive History,* New Haven, CT, 2000, pp.36-38, 71-73, 79. 상세한 서술로서 Weber, David J.: *The Spanish Frontier in North America.* New Haven, CT, 1992 를 참조할 것.

25) Prucha, Francis Paul: *The Great Father. The United States Government and the American Indians,* (abridged ed.), Lincoln, NE, 1986, pp.181f. Banner, Stuart Alan: *How the Indians Lost Their Land: Law and Power on the Frontier,* Cambridge, MA, 2005, pp.228-56.

26) 이것은 William Appleman Williams를 중심으로 하는 학파의 주장이다. 관련된 개괄적인 서술로서 Waechter, Matthias: *Die Erfindung des amerikanischen Westens,* pp.318-28을 참조할 것. 이 논리를 훌륭하게 설명한 프랑스 사학자의 저작이 Heffer, Jean: *The United States and the Pacific* 이다(이 책 제3장 제4절 참조).

27) 개괄적인 걸작으로서 White, Richard: "*Western History*" (Foner, Eric: *The New American History*(rev. ed.), Philadelphia, 1997, pp.203-230에 수록)를 참조할 것. 또한 거작인 Milner, Clyde/Bogue, Allan G.(ed.): *A New Significance: Re-envisioning the History of the American West,* New York, 1996을 참조할 것.

28) Jennings, Francis: *The Founders of America,* New York, 1993, p.366.

29) Hurtado, Albert: *Indian Survival on the California Frontier.* New Haven. CT, 1988, p.1.

30) 물론 그들에게도 훌륭한 지도자가 있었다. Lindig, Wolfgang/Münzel, Mark: *Die Indianer* (2vls), München, 1985(3rd ed.), v.1을 참조할 것.

31) Dowd, Gregory Evans: *A Spirited Resistance. The North American Indian Struggle for Unity, 1745-1815.* Baltimore, MD, 1992를 참조할 것.

32) Hämäläinen, Pekka: "*The Rise and Fall of Plains Indian Horse Culture*" (Journal of American History, v.90[2003], pp.833-62에 수록).

33) Elliot, West: *The Contested Plain.* p.78.

34) Hurt, R. D.: *Indian Agriculture in America. Prehistory to the Present.* Lawrence, KS, 1987, p.63.

35) Isenberg, Andrew C.: *The Destruction of the Bison: An Environmental History, 1750-1920,* New York, 2000, pp.25f.

36) 이런 에너지에 관한 토론은 Elliot, West: *The Contested Plain.* p.51을 참조할 것.

37) Utley, Robert M.: *The Indian Frontier of the American West, 1846-1890.* Albuquerque, NM, 1984, p.39.

38) 인디언의 생활방식의 유동성에 관하여는 Cronon, William: *Changes in the Land,* pp.37f를 참조할 것.

39) Kavanagh, Thomas W.: *Comanche Political History : an Ethnohistorical Perspective, 1706-1875,* Lincoln, NE, 1996, p.61.

40) Krech, Shepard: *The Ecological Indian: Myth and History,* New York, 1999. 특히 pp.123-49의 인디언과 들소 사육/남획의 모순에 관한 서술을 참조할 것.

41) Isenberg, Andrew C.: *The Destruction of the Bison,* p.83.

42) *Ibid,* pp.121, 129, 137, 139f.

43) Faragher, John Mack: *Sugar Creek: Life on the Illinois Prairie.* New Haven, CT, 1986, pp.22f.

44) Nugent, Walter: *Into the West,* p.24.

45) Walsh, Margaret: *The American West,* p.46(tab. 3.1).

46) 기본 지식으로서 이 분야의 명작 Unruh, John D.: *The Plains Across: The Overland Emigrants on the Trans-Mississippi West, 1840–60,* Urbana, IL, 1979를 참조할 것.

47) Limerick, Patricia Nelson: *The Legacy of conquest : The Unbroken Past of the American West,* New York, (1987). p.94.

48) Faragher, John Mack: *Sugar Creek,* p.51

49) Danbom, David B.: *Born in the Country: A History of Rural America,* Baltimore, MD, 1995, pp.87, 93.

50) Nugent, Walter: *Into the West,* pp.83-85(주석 85).

51) David G. Gutiérrez, *Walls and Mirrors: Mexican Americans, Mexican Immigrants, and the Politics of Ethnicity,* Berkeley, CA, 1995, p.14. Walsh, Margaret: *The American West,* p.62. 1900sus 무렵 서남부에는 최대 50만 명가량의 멕시코계 이민이 있었다.

52) Walsh, Margaret: *The American West,* pp.58f, 특히 p.68. Limerick, Patricia Nelson: *The Legacy of conquest,* p.260.

53) 상세한 묘사는 Walsh, Margaret: *The American West,* p.27을 참조할 것.

54) Paul, Rodman Wilson: *The Far West and the Great Plains In Transition, 1859-1900,* pp.189, 199f. Hennessy, Alistair: *The Frontier in Latin American History,* p.146.

55) Nugent, Walter: *Into the West,* p.99.

56) Axelrod의 도판이 있는 *Chronicle*을 참조할 것.

57) Unruh, John D.: *The Plains Across,* pp.189, 195-98.

58) Clodfelter, Michael. *The Dakota War: The United States Army versus the Sioux, 1862-1865,* Jefferson, NC, 1998, pp.2, 66f.

59) *Ibid,* p.16.

60) Lamar, Howard R./Truett, Samuel: "*The Greater Southwest and California from the Beginning of European settlement to the 1880s*" (Trigger, Bruce/Washburn,

Wilcomb E. [ed.]: *The Cambridge History of the Native Peoples of the Americas,* [vol. I: North America, ch.2], Cambridge, 1996, pp.57-115에 수록. 인용된 부분은 pp.88f).

61) 이 분야의 권위 있는 저작으로서 Vandervort, Bruce: *Indian Wars of Mexico, Canada and the United States, 1812-1900,* New York , 2006을 참조할 것. 매우 유용한 입문서로서는 Hochgeschwender, Michael: "*The Last Stand. Die Indianerkrieger im Westen der USA(1840-1890)*" (Klein,Thoralf/Schumacher, Frank:[ed.]: *Kolonialkriege. Militärische Gewalt im Zeichen des Imperialismus,* Hamburg, 2006, pp.44-79에 수록)을 참조할 것. 인디언전쟁에 참가한 인디언의 경험담을 담은 전기로서 Utley, Robert Marshall: *The Lance and the Shield: The Life of Sitting Bull*을 참조할 것.

62) Way, Peter: "*The Cutting Edge of Culture: British Soldiers Encounter Native Americans in the French and Indian War*" (Daunton, Martin/Halpern, Rick [ed.]: *Empire and Others: British Encounters with Indigenous Peoples, 1600-1850,* Philadelphia, 1999, pp.123-48에 수록).

63) Brown, Richard Maxwell: "*Violence*" (Clyde A. Milner[et al. ed.]; *The Oxford History of the American West,* pp.293-425에 수록. 인용된 부분은 pp.396, 399.). Brown, Richard Maxwell: No Duty to Retreat: Violence and Values in American History and Society, New York, 1991, pp.41, 44, 48. Brown의 우울한 견해에 반대하는 사람들은 프런티어의 일상생활이 오늘날 미국 내륙의 도시보다 훨씬 덜 폭력적이었다고 주장한다.

64) Richter, Daniel K.: *Facing East from Indian Country,* p.67.

65) 초기의 조약에 관해서는 Prucha, Francis Paul: *The Great Father,* pp.7, 19f, 140f, 165f를 참조할 것.

66) *Ibid*, p.44.

67) Hine, Robert V./Faragher, John Mack: *The American West,* p.176에서 인용.

68) Rogin, Michael Paul: *Fathers and Children: Andrew Jackson and the Subjugation of the American Indian,* New York, 1975.

69) Richter, Daniel K.: *Facing East from Indian Country,* pp.201-08, 235f.

70) Wright, James Leitch: *Creeks & Seminoles: The Destruction and Regeneration of the Muscogulge People,* Lincoln, NE, 1986, p.282.

71) Hine, Robert V./Faragher, John Mack: *The American West,* pp.179f. 오늘날 세미놀 인디언은 사업에서도 뛰어난 활약상을 보이고 있다. 그들은 2006년에 "Hard Rock Café"란 커피연쇄점을 매입했다(Süddeutsche Zeitung, 2006년 8월 12일자 기사).

72) Utley, Robert M.: *The Indian Frontier of the American West,* pp.59f. Prucha, Francis Paul: *The Great Father,* p.97.

73) *Ibid*, p.83. 인디언의 이주 행렬에 대한 묘사는 pp.64f를 참조할 것.

74) Hine, Robert V./Faragher, John Mack: *The American West*, p.231.

75) Ggreen, Michael D.: "*The Expansion of European Colonization to the Mississippi Valley, 1780-1880*" (Trigger, Bruce/Washburn, Wilcomb E. [ed.]: *The Cambridge History of the Native Peoples of the Americas*, [vol. I] pp.461-538에 수록. 인용된 부분은 pp.533).

76) 아파치 인디언의 완강한 저항에 관해서는 Vandervort, Bruce: *Indian Wars of Mexico, Canada and the United States, 1812-1900,* pp.192-210을 참조할 것.

77) Patricia Nelson Limerick: *Something in the Soil : Legacies and Reckonings in the New West.* New York, 2000, pp.36-64.

78) 철조망의 역사에 관해서는 Krell, Alan: *The Devil's Rope: A Cultural History of Barbed Wire*, London, 2002를 참조할 것. 인용된 부분은 p.12이다.

79) Nugent, Walter: *Into the West,* p.100. Hine, Robert V./Faragher, John Mack: *The American West,* pp.324f.

80) Donald W. Meinig: *The Shaping of America: A Geographical Perspective on 500 Years of History, Volume 4/4 : Global America, 1915-2000*, New Haven, CT, 2000.

81) Utley, Robert M.: *The Indian Frontier of the American West,* p.60.

82) Perdue, Peter C.: *China Marches West: The Qing Conquest of Central Eurasia,* Cambridge, 2005, pp.292-99.

83) Prucha, Francis Paul: *The Great Father,* p.186. 뛰어난 사례연구로서 Monnett, John H.: *Tell Them We Are Going Home. The Odyssey of the Northern Cheyennes,* Norman, OH, 2001을 참조할 것.

84) Careless, James Maurice Stockford: *Frontier and Metropolis,* p.41. 캐나다의 인디언과 백인의 관계에 관해서는 Miller, James R.: *Skyscrapers Hide the Heavens: A History of Indian-White Relations in Canada,* Toronto, 1989를 참조할 것.

85) Cronon, William: *Changes in the Land,* pp.65f, 69

86) 이 시기에 토지공유제에 관한 가장 포괄적인 논쟁은 러시아에서 일어났다. Kingston-Mann, Esther: *In Search of the True West: Culture, Economics, and Problems of Russian Development,* Princeton, NJ, 1999를 참조할 것.

87) Hurt, R. D.: *Indian Agriculture in America,* p.68.

88) Jennings, Francis: *The Founders of America,* pp.304f.

89) Hurt, R. D.: *Indian Agriculture in America,* pp.78f, 84f, 90-92.

90) Parker, Linda S.: *Native American Estate: The Struggle Over Indian and Hawaiian Lands,* Honolulu, 1989는 인상 깊은 연구 성과물이다.

91) Spence, Mark David: *Dispossessing the Wilderness: Indian Removal and the Making of the National Parks,* New York, 1999.

92) 프런티어의 숫자가 많다는 것을 명백하게 보여주는 사례연구로서 Sheridan, T.E./Guy, D.[ed.]: *Contested Ground: Comparative Frontiers on the Northern and Southern Edges of the Spanish Empire*, Tucson, AZ, 1998을 참조할 것. 아르헨티나에서는 F. J. Turner보다 훨씬 앞서서 Domingo Fausto Sarmiento가 프런티어에 관한 독특한 이론을 제시했다. Navarro Floria, Pedro: "*Sarmiento y la frontera sur argentina y chilena. De tema antropológico a cuestión social(1837-1856)*" (Jahrbuch für Geschichte Lateinamericas, v.37[2000], pp.125-47에 수록)을 참조할 것.

93) Hennessy, Alistair: *The Frontier in Latin American History*, p.84.

94) Garavaglia, Juan Carlos: *Les homme de la pampa. Une histoire agrairede la campagne de Buenos Aires (1700-1830)*, Paris, 2000, p.396.

95) Samuel, Amaral: *The Rise of Capitalism on the Pampas: The Estancias of Buenos Aires, 1785-1870*. New York, 1998, pp.286f.

96) Hennessy, Alistair: *The Frontier in Latin American History*, pp.19, 92. Hoerder, Dirk: *Cultures in Contact*, p.359.

97) (아르헨티나가 아니긴 하지만 브라질 남부의) 가우초를 대상으로 한 날카로운 사회사적 연구로서 Ribeiro, Darcy/Rabassa, Gregory: *The Brazilian People. The Formation and Meaning of Brazil*, Gainsville, FL, 2000, pp.293-303을 참조할 것.

98) 카우보이 계보의 시발점을 북아메리카의 "사냥꾼(pathfinder)"으로 보는 견해도 있다. 이들의 황금기는 1820-40년이었다. Bartlett, Richard A.: *The New Country*, p.88을 참조할 것.

99) Slatta, Richard W.: *Gauchos and the Vanishing Frontier*, Lincoln, NE, 1983, pp.2, 5, 9, 22, 35, 180f. 미국 카우보이의 역사와 비교한 연구로서 Slatta, Richard W.: *Cowboys of the Americas*, New Haven, CT, 1990을 참조할 것.

100) Lombardi, Mary: "*The Frontier in Brazilian History. A Historiographical Essay*" (Pacific Historical Review, v.44[1975], pp.437-57에 수록)은 유익한 안내서이다.

101) Amado, Janaina(et al.): *Frontier in Comparative Perspective. The United States and Brazil*, Washington, DC, 1990, p.18.

102) Bernecker, Walther L.(et al.): *Kleine Geschichte Brasiliens*, p.181.

103) Nugent, Walter: "*Comparing Wests and Frontiers*" (Milner, Clyde A.[et al. ed.]: *The Oxford History of the American West*, pp.828f에 수록).

104) 3부작 가운데서 제2부인 Hemming, John Henry: *Amazon Frontier: The Defeat of the Brazillian Indian*, London, 1987을 먼저 참조할 것. 1830년 이전 시기에 대한 선구적인 저작으로서 Langfur, Hal: "*The Forbidden Lands: Colonial Identity, Frontier Violence, and the Persistence of Brazil's Eastern Indians, 1750-1830*," Stanford, CA, 2006을 참조할 것.

105) Fisch, Jörg: *Geschichte Südafrikas*, p.179.

106) Gump, James O.: *The Dust Rose like Smoke: The Subjugation of the Zulu and the Sioux*, Lincoln, NE, 1994를 참조할 것.

107) 19세기 2,30년대 남아프리카에 관한 기초적인 저작으로서 Etherington, Norman: *The Great Treks: The Transformation of Southern Africa, 1815–1854*, Harlow, 2001, 특히 5-9장을 참조할 것.

108) Fisch, Jörg: *Geschichte Südafrikas*, pp.138f.

109) Hermann Giliomee: *The Afrikaners: Biography of a People*, London, 2003, pp.186-190.

110) Thompson, Leonard/Lamar, Howard: "The North American and Southern African Frontiers" (in idem *Frontier in History*, pp.14-40에 수록. 인용된 부분은 p.29).

111) Feinstein, Charles H.: *An Economic History of South Africa. Conquest, Discrimination and Development*, Cambridge, 2005의 핵심 주제가 이것이다.

112) Sparks, Allister: *The Mind of South Africa*, London, 1991 (Maylam, Paul: *South Africa's Racial Past: The History and Historiography of Racism, Segregation and Apartheid*, Aldershot, 2001, p.55에서 인용).

113) *Ibid*, pp.51-66.

114) Curtin, Philip D.: "*Location in History. Argentina and South Africa in the Nineteenth Century*" (Journal of World History, v.10[1999], pp.41-92에 수록. 인용된 부분은 p.67).

115) *Ibid*, pp.74-76, 87-90. 보어인의 가치관과 목표에 대한 좀더 깊은 연구 분석으로서 Nasson, Bill: *South Africa at War, 1899-1902*, London, 1999, pp.47-9를 참조할 것.

116) Fredrickson, George M.: *White Supremacy: a Comparative Study of American and South African History*, New York, 1981, pp.178-98.

117) "유라시아대륙"의 개념에 관해서는 이 책의 제3장과 Hagen, Mark von: "*Empires, Borderlands and Diaspora. Eurasia as Anti-Paradigm for the Post-Soviet Era*" (American Historical Review v.109[2004], pp.445-68에 수록)의 p.454f를 참조할 것.

118) Markovits, Claude(et al, ed.): *Society and Circulation: Mobile People and Itinerant Cultures in South Asia, 1750-1950*, Dehli, 2003.

119) Barfield, Thomas J.: *The Nomadic Alternative*, pp.7-9.

120) Khazanov, Anatoly Mikhailovich: *Nomads and the Outside World*, pp198-227.

121) 종합적인 토론으로서 Perdue, Peter C.: *China Marches West*, pp.524-32를 참조할 것.

122) Findley, Carter V.: *The Turks in World History*, p.93.

123) 개괄적인 설명으로서 Osterhammel, Jürgen: *China und die Weltgesellschaft,* pp.86-105를 참조할 것.

124) Millward, James A.: *Eurasian Crossroads. A History of Xinjiang,* New York, 2007. 특히 제4-5장을 참조할 것.

125) Paine, Sarah C. M.: *Imperial Rivals*의 제4-6장을 특별히 참조할 것.

126) Rogan, Eugene L.: *Frontiers of the State in the Late Ottoman Empire: Transjordan, 1850-1921,* Cambridge, 1999, pp.9-12. Kieser, Hans-Lukas: *Der verpasste Friede. Mission, Ethnie und Staat in den Ostprovinzen der Türkei, 1839–1938,* Zürich 2000, pp.24, 43-44.

127) 뛰어난 개설서로서 Brower, Daniel R./Lazzerini, Edward J. (ed.): *Russia's Orient. Imperial Borderlands and Peoples, 1700–1917,* Bloomington, IN 1997을 참조할 것. 간결한 설명으로서 Gammer, Moshe: *"Russia and Eurasian Steppe Nomads: An Overview"* (Amitai, Reuven/Michal Biran [ed.]: *Mongols, Turks, and Others. Eurasian Nomads and the Sedentary World,* Leiden, 2005, pp.483-502에 수록) 을 참조할 것.

128) Seely, Robert: *The Russian-Chechen Conflict, 1800–2000. A Deadly Embrace,* London, 2001, p.32. 카프카스 지역에 관한 권위 있는 저작으로서 Gammer, Moshe: *Muslim Resistance to the Tsar. Shamil and the Conquest of Chechnia and Daghestan,* London, 1994를 참조할 것.

129) LeDonne, John P.: *The Russian Empire and the World 1700–1917. The Geopolitics of Expansion and Containment,* New York, 1997은 러시아제국에 관한 가장 뛰어난 지정학적 연구서이다. 그러나 서부, 남부, 동부 프런티어로 나눈 설정은 다소간 도식적이다.

130) Khodarkovsky, Michael: *Russia's Steppe Frontier. The Making of a Colonial Empire, 1500–1800,* Bloomington, IN, 2002, PP.137-8.

131) 1819년부터 체첸인을 상대로 한 전쟁은 "학살과 같은 대규모 테러리즘"이 라 묘사되어 왔다. Seely, Robert: *The Russian-Chechen Conflict,* P.34.

132) 개론서로서 LeDonne, John P.: *The Russian Empire and the World 1700–1917* 와 Lieven, Dominic: *Empire. The Russian Empire and Its Rivals,* London, 2000, pp.208-213과 Kappeler, Andreas: *Rußland als Vielvölkerreich. Entstehung, Geschichte, Zerfall,* München, 1992, pp.99f를 참조할 것.

133) Kappeler, Andreas: *Rußland als Vielvölkerreich. Entstehung,* p.136.

134) Barrett, Thomas M.: *At the Edge of Empire. The Terek Cossacks and the North Caucasus Frontier, 1700–1860,* Boulder, CO, 1999. O'Rourke, Shane: *Warriors and Peasants: The Don Cossacks in Late Imperial Russia,* Oxford, 2007, chs.2-3. Rieber, Alfred: *"The Comparative Ecology of Complex Frontiers"* (Miller, Aleksej I./Alfred J.Rieber [ed.]: *Imperial Rule,* Budapest, 2004, pp.177-207에 수

록. 인용된 부분은 pp.188f.).

135) Kappeler, Andreas: *Rußland als Vielvölkerreich,* p.162.

136) Forsyth, James: *A History of the Peoples of Siberia,* p.130. Rossabi, Morris: *China and Inner Asia. From 1368 to the Present Day,* London 1975, 167-79. Jersild, Austin: *Orientalism and Empire,* p.36.

137) 표본적인 묘사로서 Richards, John F.: *The Unending Frontier,* pp.463-546.을 참조할 것.

138) Forsyth, James: *A History of the Peoples of Siberia,* pp.123. 190f.

139) Slezkine, Yuri: *Arctic Mirrors. Russia and the Small Peoples of the North,* Ithaca, NY, 1994, pp.97-99.

140) Forsyth, James: *A History of the Peoples of Siberia,* pp.159f, 163, 177-79, 181, 216-18.

141) 결과에 관해서는 Kappeler, Andreas: *Rußland als Vielvölkerreich,* pp.154-59 를 참조할 것.

142) Martin, Virginia: *Law and Custom in the Steppe. The Kazakhs of the Middle Horde and Russian Colonialism in the Nineteenth Century,* Richmond, 2001, pp.34f. 이 저서의 pp. 17-24는 카자흐인의 유목생활과 정치조직에 관해 정확하게 묘사하고 있다.

143) Sunderland, Willard: *Taming the Wild Field. Colonization and Empire on the Russian Steppe,* Ithaca, NY, 2004, p.223.

144) 또한 크리미아반도 동북부 몰로키나(Molochna) 평원에 대한 개별 사례연구인 Staples, John R.: *Cross-Cultural Encounters on the Ukrainian Steppe. Settling the Molochna Basin, 1783-1861,* Toronto, 2003 을 참조할 수도 있다.

145) 문명화의 사명감에 관해서는 이 책 제17장을 참조할 것.

146) 솔로비요프와 터너의 이론을 비교분석한 Frank, Susi K.: *"Innere Kolonisation" und Frontier-Mythos,* Konstanz, 2004, pp.3-6 (= SFB 485, Diskussionsbeiträge, H.43)을 참조할 것.

147) Jersild, *Orientalism,* pp.56, 87, 97.

148) Breyfogle, Nicholas B.: *Heretics and Colonizers. Forging Russia's Empire in the South Caucasus,* Ithaca, NY, 2005, p.2.

149) 러시아에 관해서는 Layton, Susan: *Russian Literature and Empire. Conquest of the Caucasus from Pushkin to Tolstoy,* Cambridge, 1994를 참조할 것. 시베리아인의 관점에 관해서는 Slezkine, Yuri: *Arctic Mirrors,* pp.113-29를 참조할 것.

150) Forsyth, James: *A History of the Peoples of Siberia,* pp.118, 120, 164-66, 176. 부리야트인에 관한 종합적인 저작으로서 Schorkowitz, Dittmar: *Staat und Nationalitäten in Rußland. Der Integrationsprozess der Burjaten und Kalmücken, 1822-1925,* Stuttgart, 2001을 참조할 것.

151) 훌륭한 관련 저작인 Blackbourn, David: *History of Germany 1780–1918. The Long Nineteenth Century*, Malden, MA, 2003, pp.280f를 참조할 것.

152) Scott, James C.: *Seeing Like a State*, pp.181f.

153) "고착" 또는 "응고"란 표현은 Weaver, John C.: *The Great Land Rush and the Making of the Modern World, 1650–1900*, Montreal, 2006의 p.69("프런티어는 정착민 사회로 고착되었다, frontiers congealed into settler society.")에 나온다.

154) 다음에 이어지는 문장은 부분적으로 Osterhammel, Jürgen: *Kolonialismus. Geschichte – Formen – Folgen*, München, 2006, pp.10-13에서 인용했다.

155) 이론적인 정의에 관해서는 McCusker, John J./Menard, Russell R.: *The Economy of British America, 1607–1789*, Chapel Hill, NC, 1985, p.21을 참조할 것.

156) Marks, Steven G.: *Road to Power. The Trans-Siberian Railroad and the Colonization of Asian Russia, 1850–1917*, Ithaca, NY, 1991, pp.196f를 참조할 것.

157) Mosley, Paul: *The Settler Economies. Studies in the Economic History of Kenya and Southern Rhodesia 1900–1963*, Cambridge, 1983, pp.5-8, 237(주1)을 참조할 것.

158) Fogel, Robert W.: *Without Consent or Contract. The Rise and Fall of American Slavery*, New York, 1989, pp.30f을 참조할 것.

159) Thomas, Mark: *"Frontier Societies and the Diffusion of Growth"* (James, John A./ Thomas, Mark[ed.]: *Capitalism in Context*, Chicago, 1994, pp.29-49에 수록. 인용된 부분은 p.31).

160) Adelman, Jeremy: *Frontier development*, p.1.

161) Kaufmann, Stefan: *"Der Siedler"* (Horn, Eva[et al.]: *Grenzverletzer. Von Schmugglern, Spionen und anderen subversiven Gestalten*, Berlin, 2002, pp.176 – 201에 수록)을 참조할 것.특히 pp.180 – 86).

162) 모든 대륙의 역사적 사례연구가 다수 있다. 특별히 체계적인 연구 저작으로서 Janssen, Helmut: *Die Übertragung von Rechtsvorstellungen auf fremde Kulturen am Beispiel des englischen Kolonialrechts. Ein Beitrag zur Rechtsvergleichung*, Tübingen, 2000이 있다. 아프리카에 관해서는 Martin Chancock의 여러 저작을 참고하라.

163) 식민지 토지정책의 기본 원칙에 관해서는 Weaver, John C.: *The Great Land Rush and the Making of the Modern World*를 참조할 것.

164) Dunlap, Thomas R.: *Nature and the English Diaspora*, p.19.

165) Crosby, Alfred W.: *Ecological Imperialism. The Biological Expansion of Europe*, Cambridge, 1986, pp.217-69. King, Michael: *The Penguin History of New Zealand*, Auckland, 2003, pp.196f.

166) Tyrrell, Ian: *"Peripheral Visions. Californian-Australian Environmental Contacts,*

c.1850s–1910 " (Journal of World History, v.8 [1997], pp.275 – 302dp 수록. 인용된 부분은 pp.280f.).

167) *Ibid.*, pp.286f. 자세하지만 정확성은 떨어지는 저작으로서 Tyrrell, Ian: *True Gardens of the Gods. Californian-Australian Environmental Reform, 1860–1930*, Berkeley, CA, 1999의 chs. 2-4를 참조할 것.

168) 개괄적인 서술로서는 Richards, John F.: *The Unending Frontier*와 McNeill, John R.: *Something New Under the Sun*을 능가할만한 저작이 없다. 이 밖에 Krech, Shepard(et al.): *Encyclopedia of World Environmental History*, 3vs., New York, 2004는 가장 중요한 사전식 저작이다.

169) Naquin, Susan/Rawski, Evelyn S.: *Chinese Society in the Eighteenth Century*, pp.130-33.

170) 이러한 새로운 평가에 관한 간략한 분석으로서 Coates, Peter: *Nature. Western Attitudes since Ancient Times*, Berkeley, CA, 1998, pp.129-134를 참조할 것. 또한 등산의 열풍이 불고난 뒤에도 산에 대한 외경과 존경심은 여전히 존재했다.

171) McNeill, John R.: *Something New Under the Sun,* p.229.

172) Chew, Sing C.: *Ecological Degradation: Accumulation, Urbanization, and Deforestation, 3000 B.C.–A.D. 2000*, Walnut Creek, CA. 2001, p.133. 비례 수치는 Richards, John F.: *"Land Transformation"* (Turner, B. L.[et al. ed]: *The Earth as Transformed by Human Action. Global and Regional Changes in the Biosphere over the Past 300 Years*, Cambridge, 1990, pp.163-78에 수록. 인용된 부분은 p.173의 tab.10-2).

173) McNeill, John R.: *Something New Under the Sun,* p.232. Delort, Robert/Walter, François: *Histoire de l'environnement européen*, Paris, 2001, p.267.

174) 이 주제의 권위 있는 저작으로서(풍부한 사례를 제시하고 있는) Williams, Michael: *Deforesting the Earth. From Prehistory to Global Crisis*, Chicago, 2003이 있다.

175) Elvin, Mark: *The Retreat of the Elephants*, p.85.

176) Guha, Sumit: *Environment and Ethnicity in India, 1200–1991*, Cambridge, 1999, pp.62f.

177) Elvin, Mark: *The Retreat of the Elephants*, p.470. Elvin의 분석을 따르면 중국인의 목재, 수목, 삼림에 대한 문화적 태도는 지역에 따라 큰 편차를 보인다고 한다.

178) Totman, Conrad: *Early Modern Japan*, pp.226f, 268f.

179) Reid, Anthony: *"Humans and Forests in Pre-Colonial Southeast Asia"* (Environment and History v.1 [1995], pp.93 – 110에 수록. 인용된 부분은 p.102.)

180) 이하는 Boomgaard, Peter: "Forest Management and Exploitation in Colonial Java, 1677–
1897" (Forest and Conservation History, v.36 [1992], pp.4 – 21에 수록)을 참조할 것.

181) Radkau, Joachim: *Natur und Macht*, p.183.

182) 권위 있는 저작으로서 Grove, Richard H.: *Green Imperialism. Colonial Scientists, Ecological Crises and the History of Environmental Concern, 1600–1800,* Cambridge, 1995(특히 chs.6-8)와 Rangarajan, Mahesh: *Fencing the Forest. Conservation and Ecological Change in India's Central Provinces 1860–1914,* Delhi, 1996과 Beinart, William/Hughes, Lotte: *Environment and Empire*를 참조할 것.

183) 관련 문제에 대한 깊이 있는 연구로서 Williams, Michael: *Deforesting the Earth.* pp.354-69를 참조할 것.

184) 히말라야 산의 사례연구로서 Singh, Chetan: *Natural Premises. Ecology and Peasant Life in the Western Himalaya, 1800–1950,* Delhi, 1998pp.147f, 153.

185) Guha, Sumit: *Environment and Ethnicity in India,* p.167.

186) 미국의 사례에 관해서는 Jacoby, Karl: *Crimes against Nature. Squatters, Poachers, Thieves, and the Hidden History of American Conservation,* Berkeley, CA, 2001을 참조할 것. 프랑스의 사례에 관해서는 Whited, Tamara L.: *Forests and Peasant Politics in Modern France,* New Haven, CT, 2000(특히 ch.3)을 참조할 것.

187) 전 세계의 개괄적인 상황에 관해서는 Grove, Richard H.: Ecology, *Climate and Empire. Colonialism and Global Environmental History, 1400–1940,* Cambridge, 1995, pp.179-223을 참조할 것.

188) Williams, Michael: *Deforesting the Earth.* pp.368f.

189) *Ibid,* pp.371-79. 상세한 서술은 Dean, Warren: *With Broadax and Firebrand. The Destruction of the Brazilian Atlantic Forest,* Berkeley, CA, 1995의 ch.9를 참조할 것.

190) Simmons, I. G.: *An Environmental History of Great Britain. From 10000 Years Ago to the Present,* Edinburgh, 2001, p.153.

191) Richards, John F.: *"Land Transformation"* (Turner, B. L.[et al., ed.]: The Earth as Transformed by Human Action. Global and Regional Changes in the Biosphere over the Past 300 Years, Cambridge, 1990, pp.163-78에 수록. 인용된 부분은 p.169).

192) Williams, Michael: *Americans and Their Forests. A Historical Geography,* Cambridge, 1989, pp.332f.

193) Williams, Michael: *Deforesting the Earth.* p.360.

194) Webb, James L. A.: *Desert Frontier. Ecological and Economic Change along the Western Sahel, 1600–1850,* Madison, WI, 1995, pp.5, 11, 15f, 22.

195) 21세기의 역사학자는 이 세계에 대해 여전히 아는 바가 매우 적다. 개설서

로서 Brody, Hugh: *The Other Side of Eden. Hunter-Gatherers, Farmers and the Shaping of the World*, London, 2001을 참조할 것.

196) Mumford, Lewis: *Die Stadt. Geschichte und Ausblick*, pp.268-74.

197) Boomgaard, Peter: *Frontiers of Fear. Tigers and People in the Malay World, 1600–1950*, New Haven, CT, 2001, pp.56, 111.

198) *Ibid*, pp.121, 125, 127.

199) MacKenzie, John M.: *The Empire of Nature. Hunting, Conservation and British Imperialism*, Manchester, 1988, p.182.

200) Rothfels, Nigel: *Savages and Beasts. The Birth of the Modern Zoo*, Baltimore, MD, 2002, pp.44-80, 특히 pp.51f, 57f, 76-80f를 참조할 것.

201) Planhol, Xavier de: *Le paysage animal. L'Homme et la grande faune. Une zoo-géographie historique*, Paris, 2004, p.689.

202) *Ibid*, pp.705f.

203) Beinart, William/Coates, Peter: *Environment and History. The Taming of Nature in the USA and South Africa*, London, 1995, pp.20-27.

204) 1800년 무렵 이전의 포경의 역사에 관해서는 Richards, John F.: *The Unending Frontier*, pp.574-607을 참조할 것.

205) Hilborn, Ray: "*Marine Biota*" (Turner, B. L.[et al. ed]: *The Earth as Transformed by Human Action*, pp.371-85에 수록. 인용된 부분은 p.377의 tab.21.7).

206) Mawer, Granville Allen: *Ahab's Trade. The Saga of South Seas Whaling*, New York, 1999, pp.23, 179, 213.

207) Ellis, Richard: *Mensch und Wal. Die Geschichte eines ungleichen Kampfes*, Gütersloh, 1993, pp.99-110.

208) *Ibid*, p.22. Bockstoce, John R.: *Whales, Ice, and Men. The History of Whaling in the Western Arctic*, Seattle, 1986, pp.24, 159.

209) *Ibid*, p.208.

210) Pasquier, Thierry du: *Les baleiniers français au XIX e siècle (1814–1868)*, Grenoble, 1982, pp.28f, 32f, 194.

211) Mawer, Granville Allen: *Ahab's Trade, pp.319-21*.

212) Bockstoce, John R.: *Whales, Ice, and Men*, p.324

213) Ellis, Richard: *Mensch und Wal*, p.151.

214) Kalland, Arne/Moeran, Brian: *Japanese Whaling. End of an Era?* London, 1992, p.74.

215) Millard Fillmore 대통령이 일본 천황에게 보낸 1852년 11월 13일자의 서신 (Beasley, William G. [ed.]: *Select Documents on Japanese Foreign Policy 1853–1868*, London, 1955, pp.99-101dp 수록. 인용된 부분은 p.100).

216) Kalland, Arne/Moeran, Brian: *Japanese Whaling*, p.78.

217) Nickerson, Thomas/Chase, Owen: *The Loss of the Ship "Essex", Sunk by a Whale*, ed. by Nathaniel Philbrick, New York, 2000.

218) 이 사건 발생 3년 뒤인 1819년에 화가 Théodore Géricault가 이 사건을 소재로 한 유화작품을 남겼다.

219) Blackbourn, David: *The Conquest of Nature. Water, Landscape and the Making of Modern Germany*, London, 2006, pp.71–111.

220) *Faust. Der Tragödie zweiter Teil*, 11091 – 11094. 관련 평론으로서 *Johann Wolfgang von Goethe, Sämtliche Werke, Briefe, Tagebücher und Gespräche*, vl.7/2, ed. by Albrecht Schöne, Frankfurt a. M., 1994, p.716f를 참조할 것.

221) McNeill, John R.: *Something New Under the Sun*, p.188f.

222) Vries, Jan de/Woude, Ad van der: *The First Modern Economy. Success, Failure, and Perseverance of the Dutch Economy, 1500–1815*, Cambridge, 1997, pp.188f(인용된 부분은 p.189).

223) Ven, G. P. van de(et al.): *Leefbar laagland. Geschiedenis van de waterbehersing en landaanwinning in Nederland*, Utrecht, 1993, pp.152f.

224) Woud, Auke van der: *Het lege land*, pp.83f.

225) Jeurgens, Charles: *De Haarlemmermeer. Een studie in planning en beleid 1836–1858*, Amsterdam, 1991, pp.97, 99, 167.

226) Ven, G. P. van de(et al.): *Leefbar laagland*, p.192.

227) 이 문제에 관한 고전적 저작으로서 Nash, Roderick: *Wilderness and the American Mind*, New Haven, CT, 1982가 있다.

228) 오스트레일리아 정부와 캐나다 정부가 각기 2008년 2월과 6월에 사과의 뜻을 밝혔다.

제 8 장

제국과 민족국가

제국의 지구력

1. 추세
강대국 정치와 제국의 확장

제국과 민족국가는 19세기에 인류가 모여 살았던 양대 정치단위다. 1900년 전후로 전 지구적 영향력을 가진 오직 두 개의 정치실체였다. 거의 모든 사람이 제국이나 민족국가 가운데 어느 하나의 권위 아래서 살았고 이른바 세계정부 또는 초국가기구는 아직 출현하지 않았다. 열대우림, 대초원 혹은 극지방 같은 격리된 곳에 사는 소수의 인종집단만이 더 높은 권력기구에 공물을 바쳐야 하는 의무에서 벗어날 수 있었다.

세계 모든 지역에서 자치도시는 완전히 세력을 잃었다. 수백 년 동안 도시 자치의 표본이라 인식되던 베네치아는 1797년에 독립성을 상실했다. 제네바공화국은 짧은 기간(1789-1813년)의 프랑스 통치를 거친 후 1815년에 하나의 주로서 스위스연방에 가입했다. 베네치아와 제네바의 운명은 기나긴 도시국가 시대의 종결을 상징했다.[1] 이때부터 제국과 민족국가가 사회생활의 중심 구조가 되었다. 소수의 종교공동체 — 기독교의 소시에타스 크리스티아나(Societas Christiana)와 이슬람교의 '움마'(ummah) — 는 비교적 강한 세력을 형성했으나 도시국가처럼 넓은 지역에 영향을 미치는 정치적 조직은 갖추지 못했다. 제국과 민족국가는 또 다른 일면을 갖고 있었다. 제국과 민족국가는 특수한 무대 위의 행위자였고 그 무대가 바로 '국제관계'였다.

국제정치의 추동력

국제정치의 핵심적인 문제는 전쟁과 평화다. 20세기에 국가가 주도한 조직적 대학살이 출현하기 전까지는 전쟁은 인류가 저지를 수 있는 최대의 악행이었다. 따라서 전쟁을 피하는 것이 지고의 선이었다. 정복자는 일시적인 영광을 누릴 수 있을지 모르나 모든 문명에서 (최소한 후세의 평가에서) 더 존중받는 인물은 평화를 만들고 지켜낸 통치자였다. 진정한 의미에서 영광스러운 이름을 길이 후세에 남긴 인물은 제국을 정복하고 제국에 평화를 가져오는 두 가지 일을 다 해 낸 인물이었다. 전쟁을 제외하면 사회전체에 충격을 줄 수 있는 것은 전염병과 기아뿐이다. 평화──명백하지 않은 전쟁의 부재상태──는 인류가 사회를 형성하고 물질적 창조를 가능하게 하는 조건이다. 따라서 국제정치는 고립된 영역이었던 적이 없으며 현실의 모든 면이 국제정치와 긴밀하게 연결되어 있다. 마찬가지로 전쟁이 경제, 문화, 환경에 영향을 미치지 않은 적은 없으며 역사에서 극적인 순간은 대부분 전쟁과 연결되어 있다.

혁명은 흔히 전쟁 때문에 시작되거나(예컨대 17세기 영국혁명, 1871년의 파리 코뮌, 1905년과 1917년의 러시아혁명) 전쟁으로 발전한다(1789년 프랑스대혁명). 소수의 혁명만이(예컨대 1989-91년 소련의 영향권 내부에서 발생한 사건들) 군사적 충돌을 불러오지 않았다.[2] 그러나 1989-91년의 사건들에도 간접적인 군사적 동기('냉전' 때문에 시작된 군비경쟁)가 작용했다. 당시에 냉전이 열전으로 발전하지 않을 것이라고 확신한 사람은 없었다.

국제정치와 사회생활의 모든 면은 밀접하게 연관되어 있다. 이런 인식에 도달함과 동시에 우리가 잊지 말아야 할 것은 유럽 근대사에서 국제관계는 특수한 영역이었으며 부분적으로는 자신의 논리에 따라 발전해왔다는 점이다. (유럽) 외교가 문예부흥 시기의 이탈리아에서 탄생한 이후로 국가 간 관계의 사무를 처리하는 수많은 전문가들이 출현했다. 이들 전문가가 사유하는 방식과 받드는 가치관 — 예컨대 국가, 왕조, 민족의 이익 또는 통치자와 국가의 권위와 명예가 어떤 이념보다도 우선한다는 원칙 — 은 보통의 신민이나 시민의 입장에서는 낯선 것이었다. 그들은 특유의 암호, 어휘, 규칙체계를 만들어냈다. 국제정치는 사회와 복잡다단한 관계를 맺고 있는 데다가 그 영역에서만 적용되는 규칙의 자주성 때문에 역사학자에게는 매우 흥미 있는 연구대상이 되었다.

19세기는 오늘날 우리가 알고 있는 국제관계가 탄생한 시기라고 할 수 있다. 최근 미국과 소련 사이의 '양극' 핵 대치상황이 종결되면서 냉전과 양차 세계대전 이전 시대를 떠올리게 하는 여러 가지 전쟁방식과 국제관계의 행태가 생겨났기 때문에 이런 분석은 더욱 설득력을 갖는다. 그러나 국제관계의 어제와 오늘 사이에는 커다란 차이가 존재한다. 1945년 이후로 국가가 정치적 목적을 달성하는 수단으로서 발동하는 전쟁은 더 이상 자연스러운 일이 아니게 되었다. 정치적 수단으로서의 침략전쟁은 더는 합법성을 가질 수 없다는 점에 대해서 국제사회는 이미 공통된 인식을 갖고 있다. 19세기와는 달리, 침략전쟁을 수행할 수 있는 능력은 더 이상 '현대성의 증명' — 디터 랑게비쉐(Dieter Langewiesche)의 말이다 — 으로 평가되지 않는다. 물론 일부 아시아 국가의 핵무기 보유의 상징적 의미는 다른 범주의 얘기다.[3] 19세기의 중요한 발전과 변화는 다음 다섯 가지로 귀납될 수 있다.

첫째, 미국독립전쟁(1775-81) — 장교들이 이끄는 결투방식의 구식전쟁과 애국적 민병이 벌이는 신식전쟁 사이의 과도기적 방식 — 과 일련의 다른 전쟁(프랑스대혁명 시기에 등장한 바 있었다)을 통해 국민개병(國民皆兵, Levée en masse) 원칙이 확립되었다. 이 원칙이 적용된 시발점은 1793년 8월 23일 프랑스 국민의회가 반포한 「전국

총동원법」이었다. 4년의 준비 기간을 거쳐 제정된 이 법은 "모든 프랑스 인민은 언제든지 징집될 수 있는 상태에 있어야"한다고 규정했다.[4]

19세기는 역사상 처음으로 전국민 전쟁동원체제가 출현한 시대였다. 이때부터 대규모 부대의 편성이 가능해졌고 군대의 조직도 갈수록 완벽해졌다. 이 모든 것이 국민개병제의 기반 위에서 이루어졌다. 유럽 각국이 이 제도를 실행한 시점에는 시간적 차이가 있었고(영국은 1916년에야 실시했다) 실시효과와 민중의 호응도도 달랐다.

1815년 나폴레옹제국이 붕괴된 이후 온전히 한 세기 동안 국가 간의 전쟁에서 전국민 전쟁동원체제가 적용된 사례는 많지 않았다. 그 원인의 하나는 견제, 세력균형, 이성적인 신중함 등 반대역량이었고 다른 하나의 원인은 완전무장한 인민이 통제하기 어려운 맹수로 변하는 것을 경계하는 통치자의 두려움이었다.

어쨌든 하나의 도구로서 전국민 전쟁동원체제는 이미 만들어졌다. 특히 중요한 것은, 국민개병제를 실시한 국가에서 군대는 더 이상 순전히 통치자의 도구가 아니라 민족 전체의 정치적 의지의 화신으로 인식되었다는 점이다. 새로운 방식의 전쟁이 언제든지 일어날 수 있게 되었다.

둘째, 19세기에 들어와서야 처음으로 '국제'정치를 말할 수 있게 되었다. 민중이 왕실에 대한 두려움보다 국가이익 지상주의라는 추상적 관념을 우선시했기 때문이었다. 국제정치는 정치와 군사행동의 통상적인 단위가 국가라는 전제에서 출발한다. 국제정치에서 말하는 국가란 통치자의 가족이 마음대로 다룰 수 있는 세습영지가 아니다. 국경을 스스로 설정하고 지켜낼 수 있어야 하며, 특정한 지도자에게 종속적이지 않은 조직과 제도를 갖춘 존재다. 이러한 국가가—비록 이론에 치우쳐 있기는 하지만—민족국가다.

민족국가는 국가조직의 전혀 새로운 특수형식이며 19세기에 등장해 빠르게 전 세계로 퍼져나갔다. 19세기의 국제정치는 일부는 민족국가로 구성되고 일부는 제국들로 구성된 '열강' 사이에서 전개되었다. 기타 행위자들 ─ 해적, 파르티잔, 반(半) 사적 군벌, 초국가적 교회조직, 다국적기업, 국제적 로비집단 등 통칭해 '중간집단'(communauté intermédiaire)이라 불리는 각종 세력[5] ─ 이 국제정치의 무대에서 퇴장한 후에 국제정치의 실제행위는 그 개념 자체의 내용에 가장 근접할 수 있었다. 의회와 민주적 여론은 새로운 방식으로 국제정치의 복잡성과 예측 불가능성을 높여놓았고 '외교정책 전문가들'은 이들의 영향력을 제한하기 위해 많은 노력을 쏟았다.

이런 의미에서 1815년부터 1880년대까지를 국제관계의 고전적인 시대라고 할 수 있다. 이 시기의 국제정치는 '일목요연'했다. 과거 또는 후대와 비교할 때 간섭요인의 영향을 상대적으로 적게 받았으며, 대체로 외교관과 군인 등 (반드시 유능하지는 않았지만) 전문가들 손에서 처리되었다.[6] 그렇다고 해서 민중을 선동하는 대중주의자의 활동이 완전히 차단될 수는 없었다. 러시아제국 같은 전통적인 권위주의 체제에서도 대중주의자가 활동했다.[7] 여론은 공식적인 외교정책의 녹음기 역할에 머물지 않고 외교정책을 좌우할 수 있는 결정적 세력으로서 작용했다. 여론이란 새로운 사물의 등장은 19세기 사람들의 정치에 대한 이해를 크게 뛰어넘는 일이었다. 연관된 초기의 극적인 사례가 1898년에 발생한 미국-스페인전쟁이었다. 호전적인 민족주의(Jingoism) 성향의 대중매체가 스페인에 무력으로 맞서기를 주저하던 윌리엄 매킨리(William McKinley) 대통령을 압박해 정책을 바꾸게 했다(스페인 자신도 전쟁의 책임으로부터 완전히 자유로운 처지는 아니었다).[8]

셋째, 기술발전 덕분에 민족국가는 역사상 전례가 없는 전혀 새로운 파괴능력을 갖게 되었다. 그런 기술에는 자동소총의 성능 개선, 기관총, 살상력이 더 높아진 중포와 신형의 화학적 화약, 목제 전함을 대체하고 갈수록 규모가 커지는 철갑군함(1차 대전 직전에 잠수함의 기본 기술이 완성되었다), 군수물자 수송에 새로운 지평을 열어준 철도, 전령과 신호병을 대체한 전보·전화·무선전신 등 통신기술의 혁신이 포함되었다.[9] 과학기술 자체는 반드시 폭력적이지 않았으나 폭력의 잠재력이 과학기술을 통해 증폭되었다. 핵무기, 세균무기, 화학무기(이른바 ABC무기)의 위협이 꾸준히 높아지고 있는 20세기 후반에 들어와서도 상술한 기술은 여전히 활용되고 있다.

넷째, 아무리 늦어도 19세기의 마지막 30년에 와서 앞에서 소개한 새로운 권력의 수단들은 국가의 공업생산력과 직접적인 관계를 갖게 되었다. 경제력 격차가 확대되면 각국의 군사기술상의 격차도 확대되었다. 한때 해상의 강자였던 네덜란드는 다시는 세계 일류강국의 대열에 들어갈 수 없었다. 이제는 인구규모, 해상 장악능력, 세수 규모가 아니라 공업의 수준, 군비경쟁에서 조직적으로 대응할 수 있는 능력과 재정을 투입할 수 있는 능력을 중심으로 평가되는 새로운 유형의 강국이 등장했다.

해외 군사행동을 시작하기 전인 1890년 무렵 미국의 군대 병력규모는 3만 9,000명이었다. 그러나 당시에 이미 세계적인 공업 강국으로서 선두에 올라와 있던 미국이 국제정치 무대에서 받는 존경은 병력규모가 17배가 넘는 러시아에 비해 손색이 없었다.[10] 군대의 병력규모는 여전히 (1945년 이후의 '핵시대'보다 훨씬 더) 중요한 요소이기는 했지만 더는 승부를 결정하는 핵심적 요소가 아니었다.

유럽 밖에서는 일본의 정치엘리트들이 이를 재빨리 인식했다. 그들은 1868년부터 '부국강병'을 국가목표로 설정했는데, 구체적인 내용은 일본을 강대한 군사력을 가진 공업국으로 만들겠다는 것이었다. 이들의 꿈은 1930년대의 공업화된 군사국가 일본으로 실현되었다. 한 세기가 조금 넘는 시간 동안—대략 19세기 70년대에서부터 소련이 군비경쟁에서 경제적 실력이 더 강한 미국에게 추월당할 때까지 — 공업 실력은 국제정치에서 결정적인 작용을 하는 중요 요소였다. 그 후로 테러리즘과 (약자의 오랜 무기인) 유격전이 다시 공업 실력의 중요성을 낮춰놓았다. 지금은 파키스탄과 이스라엘 같은 소국조차도 핵무기를 갖고 있지만 오히려 일본, 독일, 캐나다 같은 공업 강국은 그렇지 못하다.

다섯째, 17세기에 이미 기본구조가 형성된 유럽의 국가체계는 19세기에 들어와 세계적 국가체계로 확장되었다. 이것은 두 가지 경로를 거쳐 완성되었다. 하나는 미국과 일본이라는 비유럽 강국의 부상이고 다른 하나는 지구상의 광대한 토지가 강제적으로 유럽제국의 영토로 편입된 과정이다. 이 두 과정은 서로 밀접하게 연결되어 있었다.

식민제국은 성숙한 국제적 국가공동체로 나아가는 과도기 형식이었다. 식민제국이 과도기 과정을 가속시켰는지 아니며 지체시켰는지는 논쟁의 여지가 있는 문제다. 그러나 한 가지 분명한 것은 1차 세계대전 이전에는 국제체제의 다원성은 아직은 식민제국주의에 묻혀 잠복하고 있었다는 점이다.

20세기에 들어와서야 오늘날의 국제체제가 두 단계를 거쳐 형성되었다. 하나는 1차 대전 직후 진행된 국제연맹(League of Nations)의 성립이다. 중국, 남아프리카, 이란, 태국, 라틴아메리카의 여러 공화국 같은 나라들이 비로소 국제연맹이란 틀 안에서 강대국과 장기적이고 제도화된 접촉을 할 수 있게 되었다. 다른 하나는 2차 대전 종결 후 20년 동안의 탈식민화다. 오늘날 우리가 목격하고 있듯이, 제국주의는 그 지지자들이 희망했던 것과는 반대 방향으로 나아갔다. 제국주의는 세계 정치관계를 재정립했을 뿐만 아니라 제국주의 이후 시대의 국제질서를 탄생시키는 산파 역할을 했다. 물론, 새로운 국제질서는 제국주의가 남겨준 수많은 짐을 져야 했다.

서사(Narrative) 1, 유럽 국제질서의 흥망

19세기의 역사교과서에서 우리는 (거의 언제나 분리되어 독립적으로 서술되는) 두 가지 거대서사(master narratives)를 발견할 수 있다. 그 두 가지는 유럽의 강대국 외교사와 제국확장사다. 몇 세대에 걸쳐 역사학자들이 이 두 가지 역사 연구에 투신했다. 지나치게 간략하고 초보적이기는 하지만 개괄적으로 요약하면 아래와 같다.

첫 번째 역사는 유럽 국제질서의 부침에 관한 이야기를 들려준다.[11] 이 역사는 1648년에 체결된 뮌스터(Münster)와 오스나브뤼크(Osnabrück) 평화조약에서 시작될 수 있고, 1713년의 위트레흐트(Utrecht) 평화조약에서 시작될 수도 있다. 그러나 1760년에 시작된다고 해도 그렇게 늦은 건 아니다. 이때는 유럽국가 가운데서 누가 '강대국'이며 누가 그렇지 못한지에 관한 논쟁은 이미 끝나 있었다. 스페인과 네덜란드 같은 오래전의 강자, 국토는 광활하지만 조직은 느슨한 폴란드-리투아니아 왕국, 한때 군사적으로 두각을 나타냈던 국가들(예컨대 스웨덴)은 강대국의 대열에 낄 수가 없었다. 이제 러시아와 프로이센이 흥기하면서 5대 강국 — 프랑스, 영국, 오스트리아, 러시아, 프로이센 — 으로 구성된 '5두체제'(pentarchy)가 형성되었다.[12] 오랫동안 대적할 수 없는 강적이라고 여겨왔던 오스만제국은 카를로비츠 평화조약(Friede von Karlowitz, 1699년)이 체결된 후로는 더 이상 외부 압력이 되지 못했다.*

* 카를로비츠 평화조약은 1699년 1월 26일 합스부르크 군주국의 카를로비츠(현재는 세르비아의 스렘스키카를로브치)에서 체결되었다. 1697년 9월 11일 젠타(Zenta) 전투에서 패배한 오스만제국은 잉글랜드 왕국, 네덜란드 공화국의 중재로 신성로마제국, 폴란드-리투아니아 연방, 베네치아 공화국, 교황령, 러시아와 평화 조약을 체결했다. 이후 오스만제국은 중부유럽에서 지배권을 상실했으며 합스부르크 군

5두체제에서 취약한 균형상태가 유지되었다. 이 균형상태는 국가 이기주의의 바탕 위에 성립됐다. 국가 차원을 초월하는 어떤 평화구상도 균형상태를 안정시키는 데 도움이 되지 못했다. 분규가 발생했을 때는 언제나 '소국'의 희생을 대가로 균형을 유지했다. 여러 차례 이웃 강대국에 의해 분할된 폴란드가 바로 그런 사례였다. 대혁명 이후 군사지도자 나폴레옹의 영도하에 패권적 지위를 이용해 대륙성 제국을 세워 유럽의 '세력균형체제'를 대체하려던 프랑스의 시도는 1813년 10월 라이프치히 전투에서 패배함으로써 물거품이 되었다. 이때부터 1939년까지는 어떤 나라도 (1차 대전 중 독일의 일부 극단주의자를 별도로 논한다면) 유럽의 패권을 목표로 한 침략행위를 시도하지 않았다. 1814-15년의 빈회의(Wiener Kongress, Congress of Vienna)를 통해 프랑스는 두 차례 패배(첫 번째는 1814년, 또 한 차례는 1815년 나폴레옹이 엘바섬에서 탈출한 후)했지만 이전의 지위를 인정받았고 따라서 5두체제는 회복되었다.

이때 빈회의에서 결정적인 작용을 한 것은 정치엘리트들 사이에 형성된 평화를 유지하고 혁명을 피하자는 공동 인식과 희망이었다. 18세기와는 달리 새로운 세력균형 체제는 몇 가지 요인 — 명확한 규칙, 기본적인 협상 메커니즘, 전국민 동원방식이란 새로운 전술을 회피하려는 사회의 보수적인 분위기 — 때문에 안정되고 강화될 수 있었다. 이 체제는 평화정책 면에서 18세기를 뛰어넘는 중요한 발걸음이었으며 수십 년 동안 유럽의 평화를 성공적으로 지켜주었다. 세력균형 체제는 1848-49년의 혁명에서 타격을 받았으나 완전히 붕괴되지는 않았다. 그러나 빈체제는 많은 사람이 희망했고 이마누엘 칸트가 1795년에 주장했던 '영구평화'를 보장하지 못했다. 19세기 후반에 들어와 이 체제는 서서히 붕괴의 길로 접어들었다.

주국이 중부유럽, 동남유럽에서 지배적 위치를 점하게 되었다.

빈체제의 진정한 창시자이자 솜씨 좋은 조종사는 오스트리아의 정치가 클레멘스 메테르니히(Klemens von Metternich) 공이었다. 빈체제가 추구했던 목표는 유럽의 정세를 1815년 상태로(더 정확히 말하자면 1815년. 이해에 프랑스가 강대국의 대열에 복귀했다) '동결'시키는 것이었다. 달리 말하자면, 5대국 정부가 자유주의, 입헌주의, 시민의 권리를 강화하려는 모든 사회변혁운동에 반대하는 자세를 유지하는 한 빈체제는 역사의 새로운 흐름(무엇보다도 민족주의)과 정치운동을 막는 방파제가 될 수밖에 없었다. 민족주의는 일종의 관념이자 정치운동을 유발할 수 있는 선동적 이념이었다.

민족주의는 전혀 다른 두 가지 운동방향을 보여주었다. 다민족 제국인 로마노프 왕조, 합스부르크 왕조, (1856년 이후 '유럽협조' Concert of Europe*의 형식상 구성원이 된) 오스만제국에서는 압박받고 있다고 생각하는 약소민족이 더 많은 자결권—어떤 지역에서는 철저한 정치적 독립—을 쟁취하기 위한 투쟁에 나섰다. 다른 하나의 형식은 주로 중산층 시민계급에서 나타난 운동이었다. 그들은 더 넓은 경제적 활동 공간과 국가기구의 합리적 운용을 요구했다. 이런 민족주의 운동은 이탈리아와 독일의 북부와 중부지역에서 집중적으로 나타났다. 이 밖에, 1815년부터 1880년대 초기까지 프랑스의 잦은 정권교체도 보다 효율적인 국가정책을 요구하는 동기가 되었다.

또 하나의 새로운 요소는 여러 지역에서 다양한 경로를 따라 발전

---

* 유럽협조는 두 단계로 이루어진 유럽의 세력균형 체제를 말한다. 첫 단계는 빈체제 또는 회의체제(Congress System)라고 하며 빈회의를 통해 성립되어 1815년부터 1860년대 초까지 유지되었다. 빈체제는 1848년의 자유주의혁명과 1871년의 이탈리아와 독일의 통일로 인해 붕괴되었다. 두 차례의 베를린회의(1878, 1884년)를 통해 복원되었고 이를 첫 단계와 구분하기 위해 유럽협조라고 부른다. 유럽협조는 1차 세계대전 전까지 유지된다.

한 공업화였다. 공업화는 강대국 정치가 이용할 수 있는 새로운 힘을 만들어냈다. 그러나 1860년 이전에 강대국 정치에서 발휘한 영향력은 과대평가되어서는 안 된다. 지금까지의 학설에 따르면 빈체제는 각종 독립변수와 민족주의와 공업화라고 하는 거스를 수 없는 요소 때문에 붕괴되었다고 한다. 그러나 이런 간단한 인식으로는 단면만 보고 전체를 평가하는 오류를 피할 수 없다. 그 좋은 예가 1853-56년 러시아가 프랑스, 영제국, 피에드몬트-사르디니아(Piedmont-Sardinia) 왕국(훗날 이탈리아 왕국의 핵심이 된다)을 상대로 벌인 크리미아전쟁 (Crimean War)이다. 이 전쟁은 40여 년 만에 유럽 강대국 사이에서 벌어진 전쟁이었지만 전투가 벌어진 곳은 서유럽의 정서적 지도의 외곽 변경이었다. 이 전쟁을 통해 오스만제국과 기독교 유럽 사이의 분쟁을 조정하는 데는 아무런 역할을 할 수 없는 빈체제의 결함이 드러났다.

유럽정치의 여러 문제가 그러했듯이 '동방문제'——다민족 오스만제국의 미래——는 크리미아전쟁을 통해서는 해결될 수 없었다.[13] 더 중요한 것은 크리미아전쟁은 공업화된 전쟁기기들 사이의 충돌도 아니었고 적대적인 관계에 있는 민족주의 사이의 이념적 경쟁도 아니었다는 점이다. 크리미아전쟁은 따라서 그 시대의 '현대적' 추세의 표현이라 할 수 없었다.

크리미아전쟁이 끝난 뒤 유럽은 시대의 흐름에 맞게 빈체제를 조정할 수 있는 기회를 놓쳤다. 크리미아전쟁 이후로 '유럽협조'는 의미를 잃었다. 제도의 진공 시기는 각종 마키아벨리식 '현실정치가들'('현실정치'Realpolitik란 개념이 독일어에 처음 등장한 때는 1853년이었다)이 재능을 펼칠 수 있는 좋은 시기였다. 이들은 국제적 분쟁 또는 전쟁을 일으킬지도 모를 위험을 무릅쓰고 강대한 민족국가를 세우려는 거대한 계획을 거리낌 없이 추진했다. 이탈리아의 카밀로 벤소 카부르(Camillo Benso di Cavour)와 독일의 오토 폰 비스마르크

(Otto von Bismarck)가 대표적인 인물이었다.[14] 이들은 빈체제의 폐허 위에서 각자의 목표를 실현했다.

프로이센이 이끄는 독일은 어떤 의미에서는 평화의 교란자였다. 1866년과 1871년에 잇달아 합스부르크 왕조와 나폴레옹 3세 치하의 프랑스제국을 격파한 독일은 옛 프로이센 왕국을 능가하는 강대국이 되었다. 1871-90년 사이에 독일제국의 수상 비스마르크는 치밀하게 설계한 일련의 조약과 동맹관계를 이용해 최소한 유럽대륙의 범위 내에서는 자신의 정책을 관철시켰다. 그 정책의 최고 목표는 1871년에 수립된 '독일제국'의 국제적 지위를 지켜내고, 특히 프랑스의 보복행동을 억지하는 것이었다.

비스마르크체제는 여러 단계를 거쳤지만 빈체제처럼 전체 유럽을 포괄하는 평화체제는 아니었다.[15] 이 체제의 핵심은 방어적 목적이었고 단기간에 기존의 세력균형을 유지하는 역할을 했으나 유럽정치를 구동하는 건설적인 동력은 되지 못했다. 비스마르크가 하차할 무렵 그가 구상했던 다양한 적대세력 속에서 균형을 찾겠다던 체제는 거의 작동하지 않았다.[16]

비스마르크의 후계자들은 '제국의 창건자'가 추구하던 자제심 강한 정책을 버렸다. 독일은 부분적으로는 자신의 경제력을 믿었다. 부분적으로는 극단적 민족주의 이념에 도취되었고, 부분적으로는 다른 강대국의 야심에 맞서기 위해 '세계정치'(Weltpolitik)란 이름을 내세워 유럽의 평화질서를 구축하려는 어떤 노력에도 참여하지 않았다.

독일의 외교정책에 자극받은 다른 강대국들은 (비스마르크가 노련하게 부추겼던) 상호 적대감을 덮어두고 독일을 견제하는 쪽으로 동맹을 재구성했다. 황제 빌헬름 2세(Wilhelm II)가 비스마르크를 해임한 다음 해인 1891년에 비스마르크가 걱정하던 최악의 악몽—프랑스와 러시아의 화해—이 현실이 되기 시작했다.[17] 이와 함께, 유럽

대륙의 정치인들이 거의 알아차리지 못한 사이에 대서양을 건너 영국과 미국이 손을 잡았다.

아무리 늦어도 1907년 무렵에는, 아직 구체적인 동맹 수준으로 나아가지는 않았지만 국제정치의 새로운 세력관계가 모습을 드러내기 시작했다. 프랑스는 비스마르크가 추진했던 (프랑스) 고립화 정책의 굴레를 벗어나 첫째로는 러시아와 손을 잡았고, 1904년에는 다시 영국과 (식민지 분쟁을 해결한 뒤) 우호관계를 수립했다. 1907년에는 영국과 러시아가 아시아 여러 지역에서 수십 년 동안 지속해왔던 충돌이 완화되었다.[18)]

독일이 도전적인 해군 확장계획을 추진하자 런던과 베를린 사이에 이미 존재하던 대립관계가 더욱 악화되었다. 동시에 독일의 가장 큰 약점도 드러나기 시작했다. 경제력은 강했으나 '세계정책'을 추진할 수단이 부족했던 독일은 결국 유일한 동맹인 오스트리아-헝가리제국에 의존할 수밖에 없었다. 오스트리아-헝가리제국의 발칸반도 정책은 공격성과 졸속성 사이를 무책임하게 오가고 있었다. 1914년 8월 폭발한 1차 대전은 결코 피할 수 없는 재난이 아니었다. 그러나 최소한 몇몇 유럽 강대국 사이의 공개적인 충돌을 막으려면 모든 당사국이 고도의 정치 감각과 군사적 자제력을 발휘하고 민족주의 정서를 제어했어야만 했다.[19)] 1차 대전은 이전 반세기 동안에 형성된 유럽의 세력관계를 철저하게 무너뜨렸다. 1919년이 되었을 때 1814-15년의 체제를 재건한다는 것은 불가능한 일이었다.

지금까지 살펴본 역사적 장면에서 신흥 강대국 미국과 일본은 부차적인 역할만 해왔다. 주로 중국의 영토 안에서 벌어진 전쟁(1904-1905년의 러일전쟁)에서 러시아는 예상을 깨고 일본에게 졌다. 이 때문에 러시아에서는 정치적인 위기가 발생했다. 이 위기는 유럽과 '동방문제'에 영향을 미쳤다. 1905년, 미국이 나서서 양국 사이의 강화를 성립시켰다(그때까지 호전적이란 평가를 받던 미국 대통령 루스벨트는 이 일로 노벨 평화상을 받았다).

이것은 미국이 뜻밖에 1898년 미국-스페인전쟁을 도발하고 1900년에는 의화단운동을 진압하는 8국 연합군에 가담한 이후 세 번째로 밝힌 강대국으로서의 역할을 하겠다는 분명한 의사표시였다. 일본의 지위는 이미 1902년에 국제적인 승인을 받았다. 이해에 이 섬나라 왕국은 세계의 최강국 영국과 동맹을 맺었다.[20] 1905년, 유럽 국제체제로부터 세계 국제체제로 나아가는 막을 수 없는 첫 걸음이 시작되었다. 그러나 미국과 일본은 1차 대전의 발생에서 직접적인 역할을 하지 않았다. 근원으로 따지자면 1차 대전은 유럽의 전쟁이었다. 유럽 국제체제의 와해의 궁극적인 원인은 내부 요인이었다.

서사 2, 제국의 변신

지금까지 살펴본 유럽 국제체제의 재건·쇠퇴·재난 수준의 붕괴와 관련된 거시서사 이외에 또 하나의 역사가 있다. 그것은 '해외확장과 제국주의'라는 두 번째 서사다. 근래에 들어와서 이 시기의 역사에 대한 초기 관점은 유럽 국제체제의 표준서사보다 더 의심받고 있기는 하지만 그래도 다음과 같은 대체적인 맥락을 재구성할 수 있다.

유럽의 확장과 식민주의의 초기단계는 미국독립전쟁에서 영국이 패배하고 새로운 형식의 아메리카합중국이 성립된 1783년에 끝났다. 마찬가지로 프랑스도 심각한 좌절을 경험했다. 1804년, 프랑스에게 경제적으로 가장 중요한 식민지이자 카리브지역의 사탕수수 생산 중심지 산토도밍고(Santo Domingo, 이스파뇰라섬Hispaniola의 서반부)가 기나긴 투쟁을 거친 후 '아이티'(Haiti)란 이름으로 독립을 선언했다. 이보다 앞서 1763년에 프랑스는 북아메리카의 영토를 상실했다. 역설적이게도 프랑스가 유럽의 상대국이 될 수 있었던 요

인 ― 대혁명과 나폴레옹제국 ― 은 프랑스가 해외에서 철수한 것과
도 긴밀하게 연결되어 있었다.

나폴레옹은 어떠한 새로운 식민지도 정복하지 않았다. 1798년에
이집트를 침입한 나폴레옹 군대는 3년 만에 철수했다. 아시아에서
영국에 도전하려던 프랑스의 거대한 계획 또한 실패로 끝났다. 식민
지에서 프랑스가 겪은 패배와 비교했을 때 영국의 아메리카 상실은
상대적으로 쉽게 보상받았다. 영국은 1799-1818년 사이에 대규모
원정을 통해 인도에 대한 종주권을 장악했다. 이미 17세기부터 영국
인은 상인으로서 인도 아대륙(亞大陸)에 모습을 나타냈고 1760년대
부터는 벵골(Bengal) 지역의 지배자가 되었지만, 프랑스와의 식민지
경쟁 과정에서 (인도의 지역 토후들과 동맹을 맺고) 비로소 인도 현지
의 나머지 군사세력을 굴복시키거나 최소한 중립을 지키도록 만들
었다. 스페인의 중앙아메리카대륙과 남부아메리카대륙 지배는 19세
기 20년대가 되자 완전히 끝났다. 스페인 식민지로는 필리핀과 쿠바
만 남았다.

19세기 중반의 수십 년 동안 유럽인은 식민지에 대해 큰 흥미를 보
이지 않았다. 소수의 정치가들만 ― 예컨대 프랑스의 나폴레옹 3세
와 영국의 벤저민 디즈레일리(Benjamin Disraeli) ― 내정에 대한 고
려 때문에 식민지에 대한 관심을 조장했다. 이미 점령된 식민지(인
도, 네덜란드령 동인도, 필리핀, 쿠바 등)의 경제적인 활용도를 높이려
는 여러 조처가 강화되기 시작했다. 이와 동시에 일부 새로운 식민
지가 정복되었다. 프랑스는 1830년부터 알제리를 침입하기 시작했
으나 1850년대가 되어서도 정복행동은 여전히 끝나지 않았다. 신드
(Sind, 1843년)와 펀자브(Panjab, 1845-49년) 등 두 개의 인도 서부 토
후국이 잇달아 영국령 인도의 통치구역에 편입되었다. 뉴질랜드에
서 마오리인(Maoris)의 무력저항은 1872년까지 지속되었다. 희망봉
과 세네갈의 원래부터 있던 해안식민지가 내륙으로 확장되었다. 이

밖에도 카프카스와 중앙아시아의 몇몇 칸국이 식민지가 되었다.

19세기 중엽에는 강대국 가운데서 영국과 프랑스만이 전 세계에서 침략행위에 몰두하고 있었다. 두 나라가 각자 아시아와 아프리카에서 확보한 몇 개의 거점(예컨대 라고스Lagos와 사이공Saigon, 오늘날의 호치민)은 훗날 영토 확장을 위한 도약대이자 아시아 국가들로부터 유럽과의 통상에 동의하도록 압박하는 교두보가 되었다. 이 시기에 제국주의의 가장 전형적인 도구는 원정군이 아니라 상대적으로 저렴하지만 매우 위협적인 포함(砲艦)이었다. 먼 길을 바로 달려와 곧장 항구로 들이닥치는 포함은 공포였다. 그러나 전쟁은 흔히 육상 행동과 함께 진행되었기 때문에 승리란 결코 쉬운 일이 아니었다. 최소한 영국이 중국을 상대로 발동한 두 차례의 전쟁(1839-42년의 1차 아편전쟁. 1856-60년의 2차 아편전쟁, '애로우호사건'Arrow Wars이라고도 부른다)을 놓고 보면 상황은 그랬다. 일부 제국주의 침략행동은 실패했다(영국이 1839년부터 1842년까지 치른 1차 아프가니스탄 침입, 프랑스가 멕시코를 상대로 시작했으며 양국에서 5만에 가까운 전사자가 발생할만큼 피해가 막중했던 식민전쟁).

나폴레옹 3세는 외채를 상환할 능력이 없는 국가를 침입하여 합스부르크 왕가의 일원을 왕좌에 앉혀 프랑스의 위성국으로 만들려했다. 이 우스꽝스러운 단막극은 1867년에 막을 내렸고 자칭 '멕시코 황제'였던 막시밀리안 대공(Erzherzog Maximilian)은 군사법정에 세워진 후 총살형에 처해졌다. 중부아메리카에서 프랑스의 모험행위는 사전에 영국과 스페인의 지지를 받은 것이었지만 후세 사람들은 이 사실을 무시하고 있다.[21]

19세기 70년대에 유럽 열강의 행동방식과 침략 욕망에 변화가 일어났다. 오스만제국과 이집트는 서방 국가에게 거액의 채무를 지고 재정적인 압박을 받았다. 이를 빌미로 열강은 두 나라에 대해 정치적인 요구를 제시했다. 이와 동시에 널리 알려진 과학 고고학 탐험대

관련 보도 때문에 아프리카는 다시 한번 유럽에서 대중의 관심사가 되었다. 1881년에 튀니스의 베이(Bey, 오스만제국 지방장관의 칭호)는 프랑스 '총독'의 수렴청정을 받아들이도록 강요받았다.

이것은 열강이 '아프리카를 분할'하는 시발점이었다. 1860년 수에즈운하가 개통되자 영국의 전략적 구상에서 이집트의 지위는 크게 높아졌다. 1882년, 영국은 민족운동을 진압하는 기회를 이용해 무력으로 이집트를 점령했다. 이것은 아프리카 식민지 쟁탈전의 시작을 알리는 첫 번째 총성이었다. 그로부터 단지 몇 년 안에 식민세력에 의한 아프리카대륙의 분할 구상이 완성되었고 구상은 지체 없이 군사적 점령을 통해 현실이 되었다.

1881년부터 1898년까지(영국이 수단의 마디Mahdi운동을 성공적으로 진압한 시기) 아프리카 전체가 식민열강에 의해 분할되었다. 식민지 분할에 참여한 열강은 프랑스, 영국, 벨기에(정부가 아니라 식민지의 '소유자' 국왕 레오폴트 2세Leopold II가 개인자격으로 참여했다), 독일, 포르투갈(앙골라와 모잠비크 해안의 몇 군데 포르투갈인 정착지를 차지했다)이었다. 마지막 단계에서 모로코가 프랑스의 손에 떨어졌고 이탈리아도 리비아 사막지대에 대한 지배권을 확보했다(1911–12년). 리비아 사막지대는 사실상 지배할 수 없는 곳이었지만 이스탄불 측이 새로운 관심을 보였다.[22] 오직 에티오피아와 미국의 해방노예들이 세운 라이베리아만 독립국으로 남았다.

이른바 아프리카 쟁탈전(Wettlauf um Afrika)은 개별적인 실행 단계에서는 혼란스럽고, 기회주의적이며, 무계획적인 행위로 알려져 있지만 사실은 하나의 통일적인 과정으로 보아야 한다. 이처럼 짧은 기간 안에 이처럼 광활한 지역이 분할되고 점령된 적은 역사에 유례가 없었다.[23]

1895년에서부터 1904년까지 중국에서도 쟁탈전이 벌어졌다. 그러나 중국에서는 제국주의 열강 모두가 영토 점령에 대해 큰 관심을 보이지는 않았다. 일부 국가, 특히 영국, 프랑스, 벨기에는 철도건설과 광산채굴권 그리고 독점적 통상권을 갖는 세력권 분할에 더 많은 관심을 가졌다. 미국은 중국 시장에서 모든 국가의 경제적 이익을 보장하는 기회균등(문호개방의 원칙)을 제시했다. 일본, 러시아, 독일만 중국의 변경지대에서 일정한 영향력이 있고 식민지와 유사한 성격의 영토를 점령했다(타이완[포모사Formosa, 포르투갈인이 붙인 이름으로 '아름다운 섬'이란 뜻], 남만주, 칭다오青島와 산동반도의 일부 내륙지역). 그러나 중국은 여전히 국가의 형식을 갖춘 채 존속했고 대부분의 중국인은 식민지 백성이 되지 않았다. 중국의 '소형 분할전'이 미친 영향은 아프리카의 '대형 쟁탈전'에 비할 바가 못 되었다.

　서유럽 열강이 찾던 식민지의 목표는 동북아시아가 아니라 동남아시아였다. 이 지역에서 영국은 버마와 말레이시아를 점령했고 프랑스는 인도차이나(베트남, 라오스, 캄보디아)를 장악했다. 미국은 1898-1902년에 스페인과의 전쟁에서 승리하여 필리핀을 전리품으로 획득했고 필리핀인의 독립운동을 성공적으로 진압했다. 1900년 무렵이 되자 정치·문화적으로 매우 다양한 동남아시아 지역에서 명목상으로나마 독립을 유지하고 있는 유일한 국가는 샴(태국) —— 약소국이므로 신중했다 —— 하나뿐이었다. 1881-1912년 사이에 유럽(과 미국)이 아시아와 아프리카에서 정복과 권력을 탈취한 전체 과정은 일종의 이념적인 논리를 바탕으로 하고 있었다. 그들이 내세운 인종주의적 색채가 짙은 '강자의 정의론'(Recht des Stärkeren)은 아시아인과 아프리카인은 자치의 능력이 없을 뿐만 아니라 유럽과의 경쟁에서 자신의 이익을 지켜낼 능력도 없다는 주장을 담고 있었다.

　두 번째 거시서사는 첫 번째 거시서사와는 달리 시간적으로 1914-18년의 1차 대전과 직접 연결되지 않았다. 1차 대전이 폭발하기 몇 년 전부터 식민지 세계는 안정되어 있었고 식민열강 사이의 긴장관계는 조약을 통해 상당한 정도로 통제되고 있었다. 유럽 이외의 지역에서 가끔씩 일어나는 충돌은 유럽의 대중을 상대로 상징적으로 실력을 과시하려는 목적에서 비롯되었다. 1905~1906년과 1911년의 모로코 위기가 그랬다. 독일제국은 북아프리카를 무대로 자신의 군사적 실력을 과시하려 했고 언론의 힘을 빌려 충돌을 선동했다. 이 두 차례 위기의 배후에는 진정한 의미의 식민지 쟁탈의 의도는 없었다. 1차 대전이 발생한 주요한 원인은 아시아와 아프리카에서 제국주의의 충돌이 아니었다. 두 번째 역사는 흔히 (1914년 여름으로 직결되는) 첫 번째 역사의 곁가지로 인식되며 그 중요성도 첫 번째 역사에 훨씬 못 미친다. 19세기 유럽사에 관한 적지 않은 통사적 저작에서 식민주의와 제국주의는 각주 정도로 간단하게 언급되고 있을 뿐이다.[24] 이 때문에 유럽의 확장은 유럽사의 핵심이 아니라 유럽이 발전하는 과정에서 몇몇 나라에서 발생한 부산물이란 인상을 준다.

결론적으로 외교사와 식민사 이 두 맥락은 연결된 적이 거의 없었다. 따라서 우리는 외교사와 식민사에 의존해 세계사를 관찰 할 수 없다. 세계사를 관찰하는 시각을 찾으려면 유럽 중심론과 아시아 또는 아프리카 중심론 사이에 교량을 놓아야 하며, 그 밖에도 두 가지 매우 도전적인 난제를 해결해야만 한다. 무엇보다도 먼저 우리는 19세기 말에 전 세계로 확장된 유럽 국제체제의 발전사를 식민과 제국주의 확장사와 연결해야 한다. 다음으로 우리는 목적론에서 출발하여 19세기 세계사를 1914년에 발발한 전쟁과 자동적으로 연결시켜서는 안 된다. 우리는 지금은 전쟁이 1914년 8월 4일에 발발했다는 사실을 알고 있지만 전쟁이 일어나기 불과 몇 년 전까지도 전쟁이 그토록 빨리 일어나리라고 생각한 사람은 거의 없었다. 진정한 세계대전은 당시의 정책결정자와 대중의 입장에서는 사실상 생각할 수도 없는 일이었다. 만약 19세기사를 1차 대전이라고 하는 거대한 재난의 긴 사전사(史前史)로 본다면 그것은 우리의 19세기에 대한 이해를 과도하게 제약하게 될 것이다.

그 밖에도 우리가 당면한 세 번째의 도전적 과제가 있다. 우리는 제국주의 현상의 다양성을 염두에 두어야 한다. '제국'이란 접두어가 붙은 모든 사물을 아무런 구분 없이 동등하게 취급하는 것은 피상적인 평가다. 여러 국가와 문명에서 제국이란 어휘는 전혀 다른 의미를 갖고 있다. 우리는 '맥락'을 파악한 뒤에 제국의 의미를 판단해야하며 (제국을) 절대로 구체적 역사현상의 명확한 정의로 받아들여서는 안 된다. 프런티어를 다양한 맥락으로 살펴본 경험을 통해 아무런 관련이 없다고 생각했던 사건들 사이에 거대한 유사성이 존재하는 경우가 흔히 있음을 알게 되었다. 제국 또한 마찬가지다. 따라서 우리는 서유럽 강대국의 해양제국과 빈, 상트페테르부르크, 이스탄불, 베이징이 지배한 대륙 제국 사이의 통상적인 구분에 대해 의문을 제기해야 한다. 그러자면 무엇보다도 민족국가를 살펴보아야 한다.

2. 민족국가로 가는 길

제국의 의미론

특히 프랑스와 독일 양국의 역사학자들은 19세기를 민족주의와 민족국가의 시대로 파악한다.[25] 프로이센-프랑스전쟁은 유럽에서 가장 오래된 민족국가의 한 나라와 혁명의 발상지를 제압하려는 이웃나라 사이에 벌어진 힘겨루기였다. 독일과 프랑스의 역사는 '서로 얽힌 역사'(entangled histories)였다. 유럽에서 이런 역사는 지위가 현저하게 차이 나는 파트너 사이에는 존재한 적이 없었고, 두 나라 사이의 관계는 오랜 시간을 거친 후 1945년 이후에야 마침내 균형 상태에 도달했다.

그런데 독일과 프랑스의 시각이 19세기 유럽사, 더 나아가 세계사에 대한 해석이 될 수 있을까. 이 문제에 대해 영국 역사학계는 시종 신중한 자세를 보였다. 오랫동안 민족주의를 연구해온 독일의 역사학자들과 비교할 때 영국의 역사학자들은 민족국가의 형성과정에 대해 큰 관심을 보이지 않았다. 독일의 역사학자들은 독일의 '제국건설'을 중시하지만 영국의 역사학자들은 그것을 유럽에 영향을 미친 독일의 사건으로 인식했다. 독일제국과는 달리 영국제국은 특별한 사건을 계기로 한 순간에 성립되지 않았다(엘리자베스 1세 여왕시대의 해적행위 한두 건을 제국건설의 결정적 계기로 신화화하려는 사람이 없지는 않지만).

영국제국은 중앙에서 내려온 총체적인 지시 없이 세계 각지의 다양한 무대에서 길고도 복잡한 과정을 거쳐 형성되었다. 따라서 영국제국의 역사에서 시간이 기록된 대폭발은 없으며 그런 사건을 조종하는 핵심 기구도 없었다. 19세기에 영국은 제국을 건설할 필요가 없었다. 언제 어디서 시작되었는지 정확히 밝힐 수는 없지만 그들의 제국은 오래전부터 존재해왔기 때문이다. 실제로, 19세기 중반까지도 왕실의 분산된 영지와 이민과 식민을 통해 점거한 영토를 하나로 묶어 온전한 '제국'을 구성하자는 구상을 한 사람은 거의 없었다. 19세기 70년대 이전에는 (영국이 '모국'을 자처한) 이민 식민지는 다른 식민지와는 다르게 영국과 '모자관계'가 아니라 엄격한 '부자관계'를 형성했다.[26] 훗날에 가서도 영국제국의 성격을 두고 치열한 논쟁은 그치지 않았다.

다른 사례에서도 제국의 의미는 다층적이거나 때로는 모순적이었다. 1900년 무렵 독일어로 표현된 '독일제국'(Deutsches Reich)은 시각과 관점에 따라 최소한 세 가지 의미로 해석되고 있었다. ① 유럽 중부에 있는, 벼락부자 같은 황제——1721년에 스스로 황제의 칭호를 사용한 표트르 대제와 유사하다——를 국가의 원수로 받드는, 스스로 독일제국이라 부르는 신생 민족국가. ② 소규모 식민과 교역의 패권을 장악한 '제국', 비스마르크 집권 아래에서 1884년 이후로 아프리카에서 몇 군데 식민지를 획득해 '점차로'(peu à peu) 진정한 의미의 제국으로 발전한 독일제국. ③ 대륙 제국의 낭만적 환상(그 때문에 비스마르크가 추진한 '소독일' 통일정책은 사람들을 실망시켰다), 부활한 신성로마제국, 모든 독일인 또는 '게르만인종'의 집합처, 독일인의 '생존공간', 독일인이 주류가 된 '중부유럽'이다. 이 상상 속의 제국은 1918년 초——러시아가 가혹한 조건에도 불구하고 독일과 브레스트-리토프스크(Brest-Litov나) 조약* 체결한 후——와 1939년 나치 치하에서 잠시 현실이 되었다.[27]

여기서 우리는 다음과 같이 추론할 수 있다. 어느 시대 어떤 문화에서건 '제국'이란 개념은 존재했고, '제국'이란 어휘의 의미는 근대 후기 유럽에서는 물론이고 단일 민족국가 내부에서도 커다란 차이를 보였다. 따라서 제국이 스스로를 묘사하는 대로 제국을 정의해서는 안 된다. 제국이란 수식어를 붙인 나라를 모두 제국으로 인정한다면 설득력이 없다. 제국은 반드시 구조라고 하는 관찰 가능한 특징을 기준으로 서술되어야 한다.

* 브레스트-리토프스크 조약은 1918년 3월 소비에트 러시아 볼셰비키 정권과 동맹국(독일제국, 오스트리아-헝가리제국, 불가리아 왕국, 오스만제국) 사이에 맺어진 평화조약이다. 이 조약의 결과 러시아는(그 전해에 내란이 일어나 왕조정권이 붕괴되고 볼셰비키가 집권했다) 제1차 세계대전에서 이탈하고 동부전선이 마무리되었다. 볼셰비키 정권은 독일군과 오스트리아군의 진격을 더 이상 막아낼 능력이 없었기에 절대적으로 불리한 이 조약을 받아들일 수밖에 없었다. 독일과 정전하게 된 볼셰비키는 러시아 내전에 집중할 수 있게 되어 결과적으로 내전에 승리했다. 조약의 내용에는 다음과 같은 것들이 포함된다. 소비에트 러시아는 독일에게 발트 3국을, 오스만제국에게 남카프카스의 카르스주를 양도한다. 우크라이나 인민공화국의 독립을 인정한다. 또한 금화 60억 마르크를 전쟁 배상금으로 지급한다. 독일군 참모본부가 제시한 이러한 요구사항은 너무나 혹독해서 독일 측 협상 담당자들조차 놀랄 지경이었다. 1918년 11월 독일이 연합국에게 항복하자 브레스트-리토프스크 조약은 파기되었다. 그러나 소비에트 러시아는 에스토니아, 라트비아, 벨라루스, 우크라이나, 리투아니아 등 브레스트-리토프스크 조약으로 상실한 구 러시아제국 영토를 2차 대전 이후에 되찾았다. 1년 뒤인 1919년 6월 1차 대전 전후처리를 위한 베르사유 조약이 체결될 때 독일은 베르사유 조약이 자국에 부과한 전쟁 배상책임은 지나치게 가혹하다고 성토했으나 연합국 측은 베르사유는 브레스트-리토프스크에 비하면 아무것도 아니라고 응수했다.

민족국가와 민족주의

　제국은 오랜 전통을 가진 범유럽적 역사현상이며 근원을 거슬러 올라가면 기원전 3,000년에 닿는다. 따라서 제국은 상이한 문화적 배경에서 형성된 다양한 의미구조를 포함하고 있다. 이와는 달리 민족국가는 상대적으로 최근의 서유럽의 발명품이며 19세기에 민족국가가 형성된 과정은 실험실 환경에서 관찰할 수 있는 현상이다. 그러나 우리가 경험을 통해서 알고 있듯이 '민족국가'의 정의도 간단치가 않다. 어떤 정의는 "현대 민족국가는 시민 전체가 주권자인 국가이며 시민이 정권을 수립하고 정권의 행위를 감독한다. 모든 시민이 평등하게 국가의 기구, 직무, 사업에 참여할 수 있는 권리가 민족국가의 기본원칙"이라고 한다.[28] 이 정의는 언뜻 보기에는 설득력이 있지만 정치적 참여에 대한 요구가 지나치게 높기 때문에 많은 나라가 배제되고 있다.

　공산주의 통치 아래의 폴란드, 프랑코 시대의 스페인, 아파르트헤이트가 폐지되기 전의 남아프리카는 이 기준에 따르면 민족국가가 될 수 없다. 또한 성별 중립적인 시각에서 '모든 시민'을 해석한다면 1928년에야 여성에게 선거권을 허용한 ('민주주의의 모국'이라 불리는) 영국과 그보다 더 늦게 1944년에야 같은 정책을 채택한 프랑스 제3공화국은 어떻게 분류해야 할까. 19세기 지구상에서 이런 기준에 부합하는 민족국가는 거의 없었다. 오직 오스트레일리아 — 그것도 1906년 이후의 — 와 뉴질랜드가 그런 범주에 속한다고 할 수 있었다. 뉴질랜드는 1893년에 세계에서 처음으로 여성에게 선거권을 (피선거권은 1919년 이후에) 부여했을 뿐만 아니라 원주민 마오리족에게도 선거권을 부여했다.[29]

　민족국가에 접근하는 하나의 대안적 경로는 민족주의를 '통해' 가는 길이다.[30] 민족주의는 스스로를 언어와 운명을 공유한 정치행위자로 인식하는 대규모 집단에 소속된다는 감정이라고 이해할 수 있다. 유럽에서 이런 관념은 18세기 90년대 이후에 유행하기 시작했다. 민족주의는, 세계는 '자연적' 기본 단위인 민족으로 구성되어 있다는 간단하고도 보편적인 기본이념을 바탕으로 한다. 이와는 달리 제국은 인위적이며 강제성을 띤 구조다. 민족——지역적인 의미의 고향, 또는 초민족적인 종교공동체가 아닌——은 개인의 우선적인 충성의 대상이며 연대감의 기본 구조다. 따라서 민족은 방대한 집단에게 구성원이 될 수 있는 명확한 자격요건을 제시해야 하며 누가 소수자인지를 규정해야 한다. 그러나 차별은 있을 수 있지만 필연적인 결과는 아니다. 민족은 일정 영토 내에서 정치적인 자치를 추구하며 자신의 국가를 세워 자치를 지키려 한다.

민족과 국가의 관계를 파악하기란 쉽지 않다. 하겐 슐체(Hagen Schulze)는 유럽에서 첫 단계에서는 '현대국가'가 어떻게 구상되었는지, 두 번째 단계에서 어떻게 '국가민족'(Staatsnationen)과 그 뒤에 오는 '인민민족'(Volksnationen)이 형성되었는지, 프랑스대혁명 후에 어떻게 처음으로 사회적으로 광범위한 기반을 갖춘 민족주의——슐체는 '대중민족주의'(Massennationalismus)라 불렀다——가 국가의 외피를 갖추게 되었는지 기술했다. 슐체는 '민족국가'에 대한 명확한 정의를 회피했지만 자신의 관점은 분명하게 밝혔다. 그는 '대서사'(grand récit)의 형식으로 '민족국가'의 발전과정을 이어지는 3단계——'혁명적인' 민족국가(1815~1871), '제국적인' 민족국가(1871~1914), '전체주의적인' 민족국가(1914-1945)——로 구분했다.[31] 이 가운데 어느 단계에서든지 민족국가는 모두 국가와 민족의 혼합물 또는 종합체였고, 이때의 민족은 허구의 민족이 아니라 '동원된' 민족이었다.

볼프강 라인하르트(Wolfgang Leinhard)는 민족국가의 역사적 위상에 관한 토론에서 다른 방향을 제시했다. 그는 존 브루일리(John

Breuilly)와 에릭 홉스봄(Eric J. Hobsbawm)에 가까운 이론을 제시했다. "민족은 역사발전 과정의 종속변수였으나 국가권력은 역사발전 과정의 독립변수였다."[32] 즉 이 이론에 따르면 민족국가—라인하르트도 민족국가는 19세기에 들어와서 형성되었다고 본다[33]—는 대중의 의식을 바탕으로 '아래로부터' 시작된 불가피한 결과가 아니라 정치권력을 집중하려는 의지에서 나온 '위로부터'의 산물이었다.[34] 따라서 민족국가는 한 민족의 국가적 외피가 아니라 국가기구와 권력엘리트—혁명적 엘리트일 수도 있고 반식민지적 '대항' 엘리트일 수도 있다—가 만들어낸 계획사업(project)이었던 것이다.

민족국가는 흔히 현존하는 민족의식을 기반으로 하면서 동시에 민족의식을 민족건설 정책의 도구로 활용한다. 이러한 정책의 목적은 다중적이다. 자급자족적인 경제공간을 만들어내고, 영향력 있는 행위자로서 국제정치에 참여하며, 또한 때로는 독자적인 상징과 가치체계를 가진 동질적인 문화를 형성한다.[35] 그러므로 어떤 민족은 자신의 민족국가를 만들려고 할 뿐만 아니라 자신의 명예를 높이기 위해 순수한 민족이 되고자 한다.

라인하르트의 치밀한 관찰에 따르면 오늘날 민족국가를 자처하는 나라 가운데서 대다수가 실제로는 다민족 국가이며 상당한 규모의 소수민족이 아직도 정치조직이 갖추어지기 전의 사회공간에서 생활하고 있다.[36] 소수민족들 사이의 차이는 그 정치지도자가 분열주의의 입장을 주장하면서 국가 전체의 존재에 대해 의문을 제기하는지(바스크인이나 타밀인의 경우) 아니면 이미 확보한 부분적인 자치권에 만족하는지(스코틀랜드인, 카탈류냐인, 프랑스어를 모어로 하는 캐나다인의 경우)에 따라 결정된다. 이들 '소수민족'은 제국의 통치를 받은 경험이 있는 '부족'(Völkerschaften)과 (현대 이전의 의미에서) '민족'(Nationen)이었다. 모든 제국의 다민족성은 19세기의 등장한 신흥 민족국가에서도 (신흥 민족국가들이 꾸준히 동질적 사회를 가장

해 감추려 했음에도) 유지되었다.

19세기의 표지라고 불리던 민족국가는 지금은 다 어디로 갔는가. 세계지도를 살펴보면 제국이 더 많고 민족국가는 잘 보이지 않는다.[37] 1900년 무렵에 제국의 시대가 머지않아 끝나리라고 예상한 사람은 거의 없었다. 1차 대전이 끝난 후 3대 제국 ─ 오스만, 호엔촐레른(Hohenzollern), 합스부르크의 세 다민족국가 ─ 은 사분오열되었지만 그래도 제국의 시대는 계속되었다. 서유럽의 모든 식민제국은 물론이고 필리핀 한곳만 식민지로 갖고 있던 소형 식민제국 미국은 흔들림이 없었다. 종주국 자신의 발전상을 보자면 20세기 20, 30년대에 이들 제국은 경제와 정신면에서 최고점에 도달했다. 신생 소비에트정권은 불과 몇 년 사이에 러시아제국 말기에 정복했던 카프카스지역과 중앙아시아 방어선을 성공적으로 회수했다. 일본, 이탈리아, (단명했던) 나치독일은 옛 제국을 모방해 새로운 제국을 세웠다. 탈식민화의 물결이 일어난 뒤에야 (1956년의 수에즈운하 위기에서부터 1962년의 알제리전쟁 종결까지) 제국의 시대는 종말을 향해 다가갔다.

19세기가 '민족국가의 시대'가 아니라고 하더라도 두 가지는 분명하다. 하나는 19세기에 하나의 새로운 사유체계와 정치적 신화로서 민족주의의가 등장했다는 사실이다. 민족주의는 강령과 정책으로서 받들어졌고 민중의 정서를 자극해 동원하는 도구로서 작용했다. 민족주의는 시발점에서부터 강력한 반제국주의의 색채를 드러냈다. 나폴레옹시대에 프랑스의 '이민족통치'를 받은 경험이 독일의 민족주의를 자극했고 여러 곳에서 ─ 러시아제국, 합스부르크 왕조, 오스만제국, 아일랜드를 가릴 것 없이 ─ 새로운 민족주의의 이름으로 저항운동이 일어났다. 저항운동은 예외 없이 민족국가의 수립을 목표로 하지는 않았다. 처음에는 민족에 대한 물리적인 공격과 차별에 반대하고 제국 내부에서 민족의 이익을 지키거나 더 넓은 언어와 그 밖의 문화적 표현의 공간을 쟁취하기 위해 일어났다. 마찬가지로 아시아와 아프리카에서도 서방 침략세력에 대한 직접적인 대응으로서 일어난 반식민침략운동(원초적 저항, primary resistance)도 독립된 민족국가 수립이 목표인 경우는 거의 없었다. 20세기에 진입한 후 서방세계를 잘 아는 교육받은 엘리트들이 민족국가라는 형식에 관심을 갖게 되고 민족해방이란 명분의 동원능력을 인식했을 때 새로운 '이차적 저항'(secondary resistance) 일어났다.

민족국가에 대한 구상이 모호해도 독립된 민족국가의 건설은 갈수록 흡인력이 풍부한 목표가 되었다. 다시는 외부세력의 위협에 굴복하기를 원치 않던 정치 지도자들에게 민족국가는 포부를 펼치고 미래를 구상할 수 있는 터전이었다. 폴란드, 헝가리, 세르비아와 유럽의 많은 기타 지역 그리고 극소수이긴 하지만 심지어 유럽 이외의 지역에서도―예컨대 1881-12년의 이집트독립운동, 대략 1907년에 시작된 베트남의 초기 반식민운동―민족국가 건설운동이 일어났다. 이집트의 독립운동은 주요 지도자의 이름을 따서 '우라비'(Urabi)운동이라고도 불린다. 운동의 조직자들이 내건 '이집트는 이집트인에게'라는 구호에 호응한 무수한 지지자들이 외세에 굴종적인 정부에 맞서 투쟁했다.[38]

다른 하나는 19세기는 민족국가 '형성'의 시대였다는 사실이다. 일부 건국운동에서 극적인 사례가 없었던 것은 아니지만 대부분의 민족국가 건립은 기나긴 과정을 거쳤다. 그러므로 한 국가가 언제 진정한 의미의 민족국가 상태에 진입했는지, 언제 '외재적' '내재적' 민족국가 건설이 성숙한 수준에 이르렀는지를 판정하기란 쉽지 않다. 고정된 영토를 가진 정치적 실체가 점진적인 진화과정을 거쳐 어느 시점에서부터 제도의 일체화와 의식의 동질화 면에서 과거의 정치형태(공국公國, 제국, 고대의 도시국가 공화국, 식민지)와 질적으로 다른 수준에 도달했는지를 분명히 밝혀내기는 쉽지 않다. 민족국가 건설의 표본이라고 하는 프랑스도 언제부터 진정한 의미의 민족국가가 되었는지는 답을 찾기 어렵다. 1789년 대혁명과 그때 나온 애국적 웅변과 법령이 표지인가? 또는 나폴레옹의 중앙집권적 개혁 때부터인가? 아니면 수십 년이 걸린 '농민에서 프랑스시민으로' 전환된 과정 — 이 주제를 연구한 권위 있는 역사학자는 그 과정이 1870년 이후에야 시작되었다고 주장한다[39] — 을 따라 점진적으로 형성되었는가? 프랑스의 경우에 답을 찾기가 이토록 어렵다면 상황이 더 복잡한 사례는 어떻게 정리할 수 있을까?

하나의 정치적 실체가 언제부터 국제적인 행위자가 될 수 있었는지, 다시 말해 민족국가의 외면적 '형태'를 갖추었는지를 판단하기란 상대적으로 쉬운 문제다. 19세기와 20세기의 국제질서에서 하나의 국가는 대다수 국제공동체로부터 독립된 행위자로 인정받았을 때 민족국가가 될 수 있었다. 서방의 주권개념은 민족국가를 판정하는 필요조건일 뿐 충분조건은 아니다. 외교 역량을 갖췄다고 해서 모두가 민족국가는 아니다. 그렇지 않으면 외부의 시각이 절대적인 역할을 하게 된다. 외부의 인정은 필요조건이며 참고의 의미를 가진다. 자신의 군대와 외교역량을 갖추지 않은 민족국가는 없으며 국제적 협의에서 서명자로 받아들여지지 않고는 민족국가가 될 수 없다. 19세기에 국제적 행위자의 숫자는 사회적·문화적으로 민족건설에 상당한 성과를 낸 정치적 실체의 숫자보다 적었다. 1900년 무렵 러시아 지배의 폴란드, 합스부르크 왕조에 소속된 헝가리, 영국 통치의 아일랜드는 민족건설의 여러 특징을 보여주었으나 민족국가라고 부를 수는 없다. 이들은 1차 대전 이후에 민족해방운동의 물결이 일어나면서 — 19세기가 민족국가의 시대라는 말이 무색하게도 — 비로소 민족국가의 지위를 갖게 되었다. 그런데 20세기 후반에는 상황이 반전된다. 외부로부터 인정받은 많은 독립국가가 제도와 문화면에서 통일성이 결여된 유사국가에 머물렀다.

19세기에 민족국가는 다음 세 가지 경로 가운데 하나를 통해 등장 했다.[40] ① 식민지와 혁명적인 결별. ② 패권형 통합. ③ 점진적 자치. 이 세 가지 경로 각각에 대응하는 민족주의의 형태가 반식민 민족주의, 통합 민족주의, 분리 민족주의였다.[41]

혁명적인 독립

역법적인 의미의 19세기에 등장한 신흥국가 가운데 대다수는 이 세기의 첫 사반세기에 태어났다. 이 나라들은 말안장형 시기의 산물이자 대서양혁명 주기의 마지막에 태어났다.[42] 첫 번째 탈식민화 물결은 런던과 마드리드가 거의 동시에 (동기는 전혀 달랐지만) 아메리카 식민지에 간섭한 1760년대에 시작된 연쇄반응의 한 부분이었다.[43] 북아메리카인의 반응은 신속했지만 스페인령 아메리카인의 반응은 좀더 느렸다. 스페인령 아메리카인이 1810년에 멕시코와 라플라타(Rio de la Plata)강 유역에서 반란을 일으켰을 때 정세는 이미 크게 바뀌어 있었다. 미국의 사례가 있었을 뿐만 아니라 1808년에 나폴레옹의 이베리아반도 침공으로 스페인 왕조가 해체되었다(스페인 침공은 프랑스대혁명이 초기에서부터 보여주었던 군사적 확장주의의 한 부분이었다). 1789년의 영향은 일찌감치 이스파뇰라섬에서 보다 직접적으로 드러났다. 산토도밍고 식민지에서 1792년에 중산층 혼혈인(gens de couleur)과 흑인 노예가 혁명을 일으켰다. 이 반(反)식민지 사회혁명으로부터 자극을 받아 1804년에 아메리카대륙 두 번째의 공화국 아이티(Haiti)가 탄생했다.[44] 1825년, 프랑스가 아이티의 독립을 승인했고 그 뒤로 대부분의 국가가 점차 아이티를 승인했다. 대륙을 휩쓴 혁명의 물결 가운데서 잇달아 등장한 스페인계 아메리카 공화국이 오늘날의 아르헨티나, 칠레, 우루과이, 파라과이, 페루, 볼리비아, 콜롬비아, 베네수엘라, 멕시코다. 그러나 시몬 볼리바르(Simon Bolivar)가 꿈꾸었던 보다 큰 규모의 정치체제는 실패로 끝났다.[45] 훗날의 분열을 거치면서 에콰도르(1830), 온두라스(1838), 과테말라(1839) 등이 추가로 생겨났다. 멕시코 제1제국(1822-24)이란 간주곡이 끝난 후 아메리카 대륙에는 전부 공화정 체제를 채택한 새로운 국가군이 출현했다. 이들 국가가 천명한 주권은 잇달아 인정을 받았지만 내부의 민족건설은 오랜 시간을 기다려야 했다.

브라질에서 사태의 발전은 그리 혁명적이지 않았다. 이곳의 크리올(Creole)* 엘리트는 인기 없는 제국의 중심부와 결별하지 않았다. 1807년, 포르투갈 왕실은 나폴레옹의 침입을 피해 포르투갈의 가장 중요한 식민지인 브라질로 도주했다. 나폴레옹이 몰락한 후 섭정왕 후앙(Regent Dom João, 훗날의 후앙 6세)은 브라질에 남기로 결정했다. 그는 브라질을 왕국으로 승격시키고 1816년부터는 포르투갈-브라질-알가르브(Algarve) 연합왕국의 국왕이 되었다. 국왕은 포르투갈로 돌아가면서 왕자 페트로(Petro)를 섭정왕으로 브라질에 남겨두었다. 1822년, 페트로는 왕위에 올랐고 역사는 그를 페트로 1세라고 불렀다. 라틴아메리카에서 인구가 가장 많은 이 나라는 1889년에 가서야 공화국이 되었다.

유럽에서 유일하게 제국에서 분리되어 나온 신생국이 그리스였다. 토착세력(부분적으로는 해외 망명세력을 포함하여)이 영국과 독일의 지원을 얻어냈고, 영국·러시아·프랑스 3국의 함대가 해상에서 간여해 1827년에 그리스는 마침내 오스만제국의 통치로부터 벗어났다. 독립했을 당시의 그리스는 오늘날의 그리스 남부와 에게해 여러 섬 가운데 변경의 일부 섬을 포함했다. 15세기까지 거슬러 올라가는 오스만제국의 통치를 (개념의 엄격성을 따지지 않고) 식민제국이라고 한다면 독립된 그리스는 라틴아메리카의 신생국 집단과 함께 식

* 식민지에서 태어난 유럽인의 자손을 뜻하는 말. 오늘날에는 유럽계와 현지인의 혼혈을 부르는 말로 쓰인다.

민시대 이후 체제라고 할 수 있을 것이다. 그러나 그리스는 광범위한 대중적 기반이 부족한 상태에서 열강의 지원을 받은 비자주적 독립 혁명 운동이 만들어낸 결과물이었다. 라틴아메리카 신생국에 비해 그리스의 열강에 대한 의존도는 더 높았다. 1830년 2월에 체결된 「런던 의정서」(London Protocal)를 근거로 그리스는 비로소 독립국가로 인정받았고 국제법상의 지위도 확보했다. 그러나 "그리스라는 국가는 생겼어도 그리스란 민족은 아직 만들어지지 않았다."[46] 독립국가라는 외피 안쪽에 진정한 의미의 사회적·문화적 내용은 들어있지 않았던 것이다.

1830-31년, 그리스와 같은 시기에 전통적으로 남네덜란드라 불리던 지역이 독립해 벨기에 왕국이 되었다. 그리스와는 달리 브뤼셀 주변지역의 주민은 수백 년에 이르는 이민족의 통치에 대해 큰 반감을 갖지 않았다. 그들이 저항한 주요 대상은 나폴레옹이 몰락하자 네덜란드가 연합왕국을 만든 후 네덜란드 국왕 빌럼 1세(Wilhelm I)가 실시한 독재적인 정책이었다. 그러나 이런 갈등은 그리스 독립운동의 지도자들이 자유로운 유럽인이 동방의 폭정에 맞서 투쟁한다고 선전하여 여러 방면으로부터 관심과 지지를 끌어냈던 것처럼 이념적인 선전재료로 활용할 수준이 되지 못했다. 혁명의 산물이라고 표현하자면 그리스보다 벨기에가 더 적절한 대상이었다. 1830년 프랑스에서 7월 혁명이 일어나 대부분의 유럽이 혼돈에 빠졌고 브뤼셀에서도 8월에 소란이 발생했다. 소란은 오페라극장에서 시작됐다. 당시 브뤼셀에서는 다니엘 오베르(Daniel François Esprit Auber)의 오페라 「포르티치의 벙어리 처녀」(La Muette de Portici)가 공연 중이었다. 뒤이어 다른 도시에서도 폭동이 일어났다. 네덜란드는 즉각 군대를 파견해 진압했다. 불과 수 주 안에 급진화된 혁명운동은 네덜란드부터 완전한 분리를 요구하기에 이르렀고 외국 군대의 개입이 없는 상황에서 ─러시아 황제와 프로이센 국왕이 빌럼 1세를 지원하겠다고

위협했고 이 때문에 국제적 위기가 한때 위험수준에 이르기는 했지만—요구는 실현되었다. 그리스와 마찬가지로 벨기에도 강대국 사이의 조약에 의해 독립을 보장받았고[47] 조약체결 과정에서 영국이 다시 한번 중요한 산파의 역할을 맡았다.

국제여론의 관심을 비교적 덜 받은 사건이 베오그라드 파샬릭(pashalik)*—인구 약 37만의 국경지역 주—에서 일어났다. 1804년, 기독교도인 세르비아 주민이 봉기하여 현지의 터키 근위군(예니체리, yeniçeri)을 상대로 저항을 시작했다. 근위군은 주둔지역에서 공포정치를 시행했고 이스탄불조차 이들을 통제할 수 없었다.[48] 오랜 혼전을 거쳐 1830년에 술탄은 명목상으로는 오스만제국의 일부로 남는다는 조건으로 세르비아 공국(公國)의 자치권을 인정했다. 1867년—같은 시기에 캐나다에서 유사한 상황이 벌어지고 있었다—에 마침내 터키 군대가 철수했다. 멀리 떨어진 종주국의 내정간섭을 걱정할 필요가 없어졌다.[49] 1878년, 세르비아는 베를린회의에서 열강의 승인을 받았고 국제법상의 독립국가가 되었다. 같은 시점에서 몬테네그로(Montegero)와 루마니아도—루마니아에 대한 후견권을 두고 러시아와 오스만제국이 오랫동안 다투었다—같은 지위를 획득했다. 1877년의 러시아-오스만제국전쟁에서 오스만제국이 패배한 후 최대의 수혜자는 불가리아였다. 그러나 불가리아는 지위는 여전히 조공의 의무를 진 공국이었다. 1908-1909년 청년터키당이 혁명을 일으켰을 때 불가리아는 국제사회로부터 황제를 정점에 둔 독립국으로 승인받았다.[50]

새로 성립된 정치적 실체는 모두 '내재적' 의미에서 민족국가라고 할 수 있을까? 의문을 가질 근거는 충분하다. 아이티는 국가수립 백 년 뒤에도 여전히 '꺼림칙한 과거와 비참한 현재'(eine bedenkliche

---

* 오스만제국 지방 행정장관(pasha)의 관할 구역.

Vergangenheit und klägliche Gegenwart)에 얽매어 있었다. 정치제도의 건설이나 사회경제적 발전에서 아이티는 별다른 진전을 이루지 못했다.[51] 남아메리카와 중앙아메리카에서 각국은 독립을 선포 한 후 첫 반세기 동안 안정된 사회발전 궤도에 진입하지 못했다. 대다수 국가는 19세기 70년대에 들어와서야 정치적 안정을 실현했다. 이 10년 은 전 세계적으로 국가권력을 집중하고 재조직하는 시기였다. 그리스는 처음에는 바바리아의 보호국과 유사했다. 열강은 바바리아 국왕 루트비히 1세(Ludwig I)의 아들, 당시 겨우 17세였던 오토(Prince Otto)를 그리스의 군주로 지명했다. 그 뒤로 그리스는 여러 차례의 정변을 겪었고(1843, 1862, 1909년) 1910년 이후에야 진보적인 수상 엘레프테리오 베니젤로스(Eleftherios Venizelos) 집권기에 좀더 안정된 정치제도를 갖출 수 있었다.[52] 벨기에도 통일민족국가의 표본이라고 할 수는 없었다. 정치적으로 지배적인 지위를 차지하고 네덜란드와는 분명한 거리를 두려했던 민족주의 세력은 헌법에 프랑스어를 유일한 공용어로 규정했다. 19세기 40년대에 플라망인(Flamen)이 주도하는 민족과 민족의 언어를 보존하자는 운동이 일어났다. '플라망운동'(Flemish movement)은 국가 내부의 민족적 평등과 국경을 넘어 네덜란드와 언어와 문화의 통합을 주장했다.[53]

패권형 통합

동맹관계에 있는 민족의 자발적인 통합을 통한 국가건설은 오랜 역사를 가진 방식이다. 동맹 중에서 압도적인 우위를 차지하는 세력이 없을 때 도시국가나 자치주의 연합형태로 '다두형'(多頭形, Polycephaly) 영토국가가 실현된다. 네덜란드와 스위스가 이러한 세력균등형 연합의 대표적인 사례다.[54] 이 두 나라는 19세기 이전에 이미 기본조건을 갖추고 있었다. 1800년 이후에도 두 나라는 주변 강대국의 포위 속에서 사회적·종교적 긴장을 흡수할 수 있을 만큼 충분히 탄력적인 연맹의 특징을 유지하고 있었다. 네덜란드가 근대 초기에 '별종' 국가로 취급되다가 1900년 무렵이 되자 '정상'에 가까운 민족국가로 인식되었다고 한다면 스위스는 느슨한 연방헌법과 각 주의 자치권을 군건하게 지킴으로서 자신의 특수성을 강조했고 아울러 보편적이지 않은 직접 민주주의의 실증적 사례를 보여주었다.[55)]

아메리카합중국은 유형을 분류할 때 복잡한 경우다. 이 나라는 혁명적인 독립운동과 다두(多頭)형 연합이 결합된 형태다. 스페인령 라틴아메리카 독립운동의 지도자들은 이런 기회를 갖지 못했다. 신생 미국은 건국초기부터 추가적인 영토를 연방에 통합시키려는 목표를 갖고 있었고 이 목표를 법령으로 명시한 것이 1787년 제정된 「북서부 조례」(North West Ordinance)였다(이 조례는 건국시기의 기본법 역할을 했다). 미국처럼 건국 때부터 영토의 확장을 국가목표로 설정해둔 사례를 유럽에서는 찾을 수 없다.

같은 시기의 유럽에서 민족국가 건설은 주로 다두형 연합이 아니라 하나의 지역세력이 주도권을 잡는 패권형 연합을 통해 완성되었다. 유럽의 민족국가는 지역적 기반을 가진 강력한 세력이 결정을 내린 후 군사적인 수단으로 이를 관철시키고 최종적으로는 신생국에 자신의 '휘장'을 찍었다. [56)] 이처럼 '위로부터 아래로' 내려오는 방식의 패권형 통일이 현대 유럽의 발명품은 아니다. 중화문명의 변경에 있던 군사왕국 진(秦)은 기원전 221년에 바로 이런 방식을 통해 중국 역사상 첫 번째 통일왕조를 세웠다. 진 왕조는 18세기와 19세기의 프로이센과 상당한 정도의 유사성을 갖고 있었다. 진 왕조와 프로이센은 다 같이 강대한 군사제도를 갖추고 있었고(1815년 이후로 프로이센의 군사력은 전보다 약해졌다) 동시에 이웃한 중요 문명 — 동부 중국과 서부 유럽 — 의 문화와 기술을 받아들여 자기 것으로 만들었다. 프로이센이 독일 통일을 추진한 패권이었다면 피에드몬트-사르디니아 왕국은 이보다 앞서 이탈리아에서 같은 역할을 했다. 변경의 소국이 패권을 장악할 수 있었던 이유는 이탈리아의 다른 지역이 모두 오스트리아, 스페인, 바티칸의 지배에 있을 때 피에드몬트-사르디니아만 이탈리아인이 지배하고 있었기 때문이다. 프로이센도 피에드몬트-사르디니아도 다 같이 강인한 의지와 현실적인 실천력을 갖춘 정치지도자가—비스마르크 수상과 카부르 수상—국제사회와의 충돌을 마다하지 않고 민족통일의 기회를 만들어냈다. 이탈리아가 먼저 성공했다. 1861년 2월 새로운 전(全)이탈리아 의회가 성립되었다. 1866년에는 오스트리아가 점령하고 있던 베네토(Veneto)를 수복하고 이어서 1871년에는 수도를 로마로 옮겼다. 이로서 민족국가로서 이탈리아의 외관이 완성되었다. 로마는 이탈리아가 상징적으로 점령하는 방식을 통해 교황 피우스 9세(Pius IV)로부터 탈환했다. 로마 합병은 나폴레옹 3세의 군대가 스당(Sedan)전투에서 패배하고 로마를 수비하고 있던 프랑스 군대가 철수하자 교황을 위한 보호막이 사라졌기 때문에 가능했다. 분노한 교황은 바티칸에 칩거하면서 가톨릭 교인이 정치에 간여하면 파문하겠다고 위협했다.[57]

독일과 이탈리아의 통일과정에는 많은 유사점이 있지만 몇 가지 중요한 차이도 있다.[58]

첫째, 이탈리아의 통일과정에서 지식분자 집단이 오랫동안 사상적인 기반을 다져왔으나 조직적인 준비는 독일에 비해 허술했다. 이탈리아에는 관세동맹(Zollverein)이나 북독일연맹(Norddeutscher Bund)같은 예비 단계가 없었고 내부 민족건설 면에서도 '경제, 사회, 문화적 통합을 위한 소통 공간'[59]의 필요성에 대한 이해가 독일에 미치지 못했다. 정신적인 면에서도 가톨릭 신앙을 제외하면 롬바르디아(Lombardia)에서 시칠리아(Sicilia)에 이르기까지 전체 이딸리아인을 하나로 응집시킬 수 있는 요소가 없었다. 게다가 1848년 이후 교회는 이탈리아 민족주의에 대해 줄곧 적대적인 태도를 보여왔다.

둘째, 이탈리아에서 민족통합을 위한 구조적 전제가 갖추어지지 못한 주된 원인은 수 세기 동안 외세가 이탈리아 사회의 각 방면에 침투해 있었기 때문이다. 이탈리아는 이국 점령자의 통치로부터 해방되어야 했지만 독일의 경우는 내란이란 대가를 감수하고서라도 합스부르크 황제의 영향력만 제거하면 됐다(내란의 위험성은 과장된 면이 있지만).[60] 군사적 해결책은 빠르게 결론이 났다. 1866년 7월 3일의 쾨니히그레츠(Königgrätz) 전투가* '소독일' 민족국가 건설에서 결정적인 사건이었다. 프로이센은 피에드몬트-사르디니아와는 차원이 다른 독립적인 군사력을 갖고 있어서 국제사회가 지켜보는 가운데서도 무력으로 독일 통일을 실현할 수 있었지만, 피에드몬트-사르디니아는 동맹을 맺은 강대국의 지원에 의존해야 했고 동맹관계에서도 시종 약자의 지위를 벗어날 수 없었다.

셋째, 이탈리아의 '하향식' 통일은 ─나폴레옹 3세의 지원을 받던 카부르는 (전쟁을 벌인 적도 있지만) 통일문제를 주로 협상테이블에서 해결하려 했다─독일에 비해 대규모 공개토론을 수반한 강력한 대중운동의 지지를 받았다. 물론 이탈리아에서도 국가조직의 전면적인 '상향식' 재구성은 일어나지 않았다. 지도자로서의 매력이 풍부한 주세페 가리발디(Giuseppe Maria Garibaldi)가 이끄는 민족혁명운동이 광대한 대중을 완벽하게 조종했다. 이탈리아에서는 헌법제정을 위한 국민대회도 열린 적이 없었고 나폴레옹 점령시기의 주(州)제도를 기반으로 한 피에드몬트-사르디니아 왕국의 헌법, 법률,

---

* 쾨니히그레츠는 지금은 체코의 흐라데츠 크랄로베(Hradec Králové)다. 실제의 전장은 이곳에서 북서쪽으로 15킬로미터 떨어진 사도바(Sadová)였다. 그래서 사도바 전투라고도 불린다.

관료체계 대부분이 그대로 새로운 국가에 이전되었다. 이런 피에드몬트화 방식은 여러 방면의 저항에 부딪쳤다. 독일에서 헌법문제는 (넓은 의미에서) 수 세기 동안 줄곧 정치적 사건의 핵심문제였다. 근대 초기의 신성로마제국도——이탈리아는 물론 세계적으로도 유사한 사례가 없었다——강제적인 연합체가 아니라 끊임없는 조정과 균형의 타협체제였다. 빈회의에서 만들어진 독일연방(Deutscher Bund)에 이러한 특징이 분명하게 반영되었다. 독일연방은 여러 나라 간의 보장을 통해 형성 중인 민족을 위한 국가구조를 만들었다. 독일의 헌법전통은 줄곧 분권과 연방화의 추세를 보였다. 프로이센은 지배적 지위에 있으면서(1866년 이후 북독일연방, 1871년 이후 독일제국)도 이 점을 고려하지 않을 수 없었고 오랫동안 남부지역의 반프로이센 정서에 주의를 기울여야 했다. 새로운 제국에게 연방제는 '존재의 핵심'이었다.[61] 이탈리아에는 프로이센-독일제국과 유사한 장기적이고 연속적인 이원체제는 등장한 적이 없었다. 카부르가 세운 피에드몬트-사르디니아 왕국은 결국에는 이탈리아라고 하는 중앙집권적인 국가로 발전했다. 그러나 국가내부의 사회경제적 발전의 차이는 늘 이탈리아가 당면한 중요한 문제였다. 부유한 북부와 빈곤한 남부 사이에 진정한 통일은 실현된 적이 없었다.

넷째, 이탈리아에서 내부의 저항은 더 격렬하고 더 오랫동안 지속되었다. 독일 각지의 제후들은 온갖 수단을 동원해 민중을 착취했고 민중은 이를 운명으로 받아들였다. 그러나 시칠리아와 이탈리아 본토 남부의 상황은 전혀 달랐다. 이곳의 농촌 하층민이 소수의 지방 호족과 손잡고 일으킨 내전은 19세기 60년대 내내 지속되었다. 이런 게릴라식 투쟁은 관부의 화법을 따른다면 '노략질'(brigantaggio), 즉 산적무리가 저지른 소란행위였다. 반란의 형식은 분명한 유격전의 특징을 드러냈고(가장 전형적인 수법이 기습공격이었다) 공격의 주요 목표는 북쪽과 새로운 제도와 공모했다고 판단되는 악당들이었다.

반란자의 잔혹행위건 다른 쪽의 무자비한 진압이건 그 시대의 '정상적인' 통일전쟁의 양상과는 거리가 멀었고 오히려 1808-13년의 피비린내 나는 스페인전쟁에 가까웠다. 추정에 의하면 이때의 '노략질' 과정에서 목숨을 잃은 사람의 숫자는 1848-61년 사이에 이탈리아의 영토 안에서 발생한 여러 차례 전쟁의 전사자 합계보다 많다고 한다.[62]

지구상 다른 곳에서 유사한 사건이 있었을까? 아시아의 '제국창건자', 아프리카의 '비스마르크'가 출현한 적이 있었을까? 머나먼 아시아에서 유사한 사례가 1802년에 발생했다. 이해에 지아롱(嘉隆) 황제가 베트남을 통일했다. 이때 오늘날 베트남의 영토적 기초가 확립되었다. 지아롱 황제는 베트남 중부도시 후에(順化)를 수도로 정하고 그곳에 머물면서 북방(하노이河內)과 남방(호치민西貢)의 강력한 제후들과 권력을 나누어가지는 정책을 추구했다. 이런 정책 자체는 나쁜 것이 아니었으나 중앙집권 제도의 건설(또는 재건)을 포기한 결과는 후대에 심각한 영향을 미쳤다(이 나라에는 중국의 영향이 강하게 남아 있었다). 새로운 왕조가 수립된 후 군대의 힘이 크게 약화되었다. 지아롱 황제의 후계자들은 이런 결함을 개선할 어떤 조치도 취하지 않았다. 수십 년 뒤에 베트남이 프랑스의 침입을 받았을 때 보여준 나약한 태도는 이런 역사적 배경과 밀접한 관계가 있었다.[63] 1859년 프랑스가 호치민을 점령하면서 시작된 식민침략은 베트남 민족국가의 발전을 최소한 한 세기 이상 지연시켰다.

점진적 자치

혁명을 통해 제국으로부터 이탈하고, 나아가 독립을 실현한다. 19세기 유럽에서(발칸지역 제외) 이 방식으로 성공한 국가는 하나도 없었다. 20세기 평화의 시기에도 이 방식으로 성공한 나라는 1921년에 독립한 아일랜드자유국(Irish Free State)뿐이었다. 남은 경로는 지속되는 제국의 구조 안에서 자치를 향한 단계적인 접근(또는 평화적인 분리)이다. 1905년 노르웨이와 스웨덴이 전쟁이 아닌 방식으로 국내의 불안과 국제적인 갈등을 일으키지 않으면서, 30여 년 동안의 완만한 정치적 분리와 민족의식의 형성을 통해 상호 간의 왕실연맹을 종결했다. 이 우호적인 이별은 노르웨이 — 왕실연맹에서 노르웨이는 종속적인 지위에 있었다 — 가 독립 문제를 두고 실시한 국민투표에서 결정되었다. 스웨덴 국왕은 공동 국왕의 자격으로 보유하고 있던 노르웨이 왕위를 덴마크 왕실의 왕자에게 물려주었다.[64]

점진적 자치의 가장 전형적인 사례는 영국제국 내부에서 등장했다. 캐나다를 제외한 영국의 모든 이민식민지는 미국의 혁명적 독립(1783년) 이후에 등장했다. 오스트레일리아는 1788년부터 점진적으로 식민지의 모습을 갖추기 시작했고 남아프리카와 뉴질랜드는 각기 1806년과 1840년 이후에 식민지가 되었다. 영국 개척민이든 런던의 제국 통치자든 북아메리카의 독립투쟁의 경험을 소화하고 가공할 시간은 충분했다. 그러므로 1965년에 남로디지아(훗날의 짐바브웨)가 영국의 통치를 벗어나기 전에 영국 이민의 후손들이 폭동을 일으키는 일은 다시 일어나지 않았다. 19세기 30년대 후반 캐나다 — 엄격하게 말하자면 1867년 이전까지는 영국령 북아메리카로 불러야 한다 — 에서 심각한 상황이 벌어졌다. 그때까지 여러 지역에서 현지 호족의 지배가 견고하게 뿌리내려 있었다. 선출된 의회가 있었지만 의회는 재정권조차도 장악하지 못했다. 각지의 갈등은 지역 호족과 식민행정의 책임자인 총독과의 관계에 집중되어 있었다. 19세기 20년대부터 의회는 호족 통치에 반대하는 정치가들이 정치활동의 점진적인 민주화를 도모하는 토론장으로 바뀌어갔다. 이들은 '독립적인 대지의 개척자들'(independent cultivators of the soil)의 대변인을 자처하며 같은 시기(1829년부터 미국에서 출현한)의 '잭슨식 민주주의'(Jacksonian Democracy)와 매우 유사한 정치적 주장을 내놓았다. 1837년, 몇몇 지역에서 동시에 폭력적인 저항운동이 일어났다. 저항자들의 목표는 영국제국과의 결별이 아니라 개별 식민지에서 지배적인 지위를 차지하고 있던 정치세력의 타도였다. 자발적인 폭력행동은 연합하여 조직적인 봉기로 진화하지는 못하고 잔혹한 진압의 희생물이 되어 사라졌다.

런던정부는 원래 방관할 수도 있었다.[65] 런던정부가 그렇게 하지 않았던 이유는 캐나다에서 발생한 사건은 표면적인 이유가 누적된 결과가 아니라고 파악했기 때문이었다. 런던 정부는 더램 경(Lord Durham)이 이끄는 조사단을 캐나다로 파견했다. 더램이 캐나다에 머문 시간은 길지 않았지만 1839년 1월에 제출한 『영국령 북아메리카 사건에 관한 보고서』(Report on the Affairs in British North America)에서 그는 캐나다 문제에 대한 깊이 있고도 냉철한 분석을 내놓았다.[66] 그가 제시한 여러 가지 건의 때문에 이 보고서는 영국 헌정사에서 하나의 이정표가 되었다. 스페인령 아메리카 독립운동의 성공과 미국의 먼로주의 선언 이후 20년이 되지 않은 시점에서 더램의 보고서는 아메리카대륙의 기민하고 유효한 관리를 위해 적절한 대응조치를 취하지 않으면 영국제국의 아메리카대륙 통치는 머지않아 막을 내리게 될 것이라는 분석을 내놓았다. 이와 함께 더램은 영국이 인도에서 얻은 최근의 경험을 아메리카에 적용하자고 주장했다(영국은 1820년대 말부터 인도에서 야심찬 개혁을 시작했다). 물론 인도와 캐나다가 가는 길은 완전히 달랐지만 제국이 생명력을 유지하려면 끊임없이 개혁해야 한다는 사상은 이때부터 영국 역사에서 확고하게 자리 잡았다. 더램의 보고서는 영국의 정치제도는 원칙적으로는 해외 이민식민지에 적용될 수 있으며 식민지 신민의 자결권을 확대하기 위해 적용되어야 한다는 제안을 내놓았다. 종주국 영국에서 정치체제의 개방과 민주화를 목표로 하는 「개혁법령」이 통과되고 불과

7년 뒤에 (때로는 의문이 제기되기는 했지만) 급진적인 개혁조치가 제국 전체에서 시동을 걸기 시작했다. 더램이 제시한 '책임정부제'라는 구체적인 실행 방안의 주요 내용은 웨스트민스트 모형을 따라 하원을 설치하고 하원이 정부 각료를 선거하고 해임하는 권한을 갖도록 한다는 것이었다.[67] 더램의 보고서는 전 세계 헌정사에서 가장 중요한 문건 가운데 하나다. 이 보고서는 변화를 향해 열려 있는 민주적 제도의 틀 안에서 정착 이민자와 제국의 중심부 사이에 이익의 균형을 이루는 방식을 찾아내야 하며, 영국 정부가 임명한 총독과 식민지 현지의 대의기관 사이에 책임과 권한의 분배가 지속적으로 재조정되어야 한다고 주장했다. 또한 이 보고서는 일부 영역, 특히 외교와 군사부문에서 런던이 여전히 주도권을 장악해야 하며 캐나다와 오스트레일리아의 법률은 런던의 의회가 비준해야 효력을 갖도록 해야 한다고 주장했다. 그러나 더 중요한 것은 새로운 헌정질서의 틀 안에서 영국제국은 이때부터 각 자치령('책임정부'를 가진 식민지를 가리키는 새로운 명칭)이 원형 민족국가(Proto-Nationalstaaten)로 발전할 수 있도록 허용했다는 사실이다.

상술한 과정은 캐나다, 오스트레일리아, 뉴질랜드에서 현지의 특성에 맞추어 진행되었다. 1901년, 오스트레일리아 식민지의 각 주가 통일을 선포하고 연방을 구성했다. 오스트레일리아는 이때부터 완전한 국가가 되었다. 물론 오스트레일리아에게도 이 시점은 중대한 의미를 가졌다. 1931년 「웨스트민스터법령」이 통과되면서 각 자치령은(남아프리카는 예외) 명목상으로는 독립국가가 되었다. 이때부터 자치령과 식민 종주국과의 관계는 영국의 군주를 명목상의 국가 원수로 받아들이는 상징적인 종속관계로 변했다. 19세기 후반기 내내 이들 자치령은 정치적 민주화와 사회적 일체화를 경험했다. 우리는 이 시기를 내부적인 민족국가 건설과 상대적으로 지체된 외부적인 민족국가 건설이 결합된 역사라고 묘사할 수 있을 것이다. 이처럼 자유로운 제국의 틀 안에서 점진적인 자치를 실현하는 경로를 통해 전 세계에서 가장 안정되고 사회적·정치적으로 가장 발달된 국가가 형성되었다(원주민을 배척하고 그들의 권리를 박탈한 부정적인 영향을 잊어서는 안 되지만).[68] 1차 대전이 일어나기 전까지 이 과정은 대체적으로 완결되었다.[69]

특수한 경로, 일본과 미국

19세기에 민족국가를 건설한 사례가 모두 지금까지 설명한 세 가지 경로 가운데 어느 하나에 속하지는 않는다. 일부 흥미 있는 과정은 유일하며, 선례도 없고, 복제할 수도 없다. 아시아에서 두 개의 나라가 역사적으로 어떤 제국에 종속된 적이 없고 따라서 유럽국가와 마찬가지로 제국주의에 저항할 필요가 없이 자주적으로 국가적 변신을 실현했다. 두 나라는 일본과 태국(당시 샴)이다. 두 나라는 언제나 (더 정확하게 말하자면, 태국의 경우 18세기 중엽 이후로) 외교적으로 독립적이었고 식민지배를 받은 적이 없다. 그러므로 주권 획득의 외재적 의미에서 보았을 때 두 나라를 '신흥 민족국가'로 분류해야 할지는 의문이다. 두 나라는 외국의 통치에 저항할 필요는 없었지만 개혁 과정에서 그들 역시 서방 열강, 특히 영국, 프랑스, 미국으로부터 강력한 무형의 압력을 받았다. 두 나라가 개혁을 추진한 동력은 각자의 민족공동체와 왕조통치의 미래에 대한 우려에서 나왔다. 당시 세계에서 서방국가의 비서방 국가 내부사정에 대한 간섭은 거의 당연한 일인 것처럼 받아들여졌다. 1900년 무렵 일본은 이미 세계화 수준이 가장 높은 민족국가 가운데 하나가 되어 있었다. 이 나라는 프랑스 수준의 중앙집권적 정부체계, 중앙의 지시를 충실히 따르는 것 이상을 하지 않는 지방 관료기구, 원활하게 작동하는 국내 시장, 예외적으로 동질적인 문화──일본에는 북쪽 변경의 원주민 아이

누 족을 제외하면 인종적·언어적 소수집단이 없었다──를 갖추고
있었다. 19세기 유럽의 많은 나라에서 흔히 보이던 종교 때문에 일어
난 충돌은 일본에서는 찾아볼 수 없었다. 일본의 이러한 고도의 통일
성은 1868년에 시작된 '메이지유신'(明治維新)이라 부르는 전면적인
개혁의 결과였다. 메이지유신은 19세기 민족국가 건설 과정에서 가
장 특색 있는 사례 가운데 하나이며 여러 면에서는 독일의 발전 변화
과정보다 더 극적이었다.

그러나 이 과정은 영토 확장과 연결되지 않았다. 1874년 타이완에
대한 실패한 해상원정*을 제외하고는 1894년 이전까지 일본의 세력
은 일본열도를 넘어간 적이 없었다. 17세기 '쇄국정책'의 영향으로
1854년 이전에 일본은 통상적인 의미의 '외교'를 해본 적이 없었다.
일본은 조선과는 외교관계를 유지했으나 중국과는 그렇지 않았다.
유럽 국가 가운데서 일본과 외교관계를 가진 나라는 네덜란드가 유
일했다(네덜란드는 17세기에 동아시아에서 활약이 가장 많았던 유럽의
강국이었다). 이렇게 된 원인은 실제적인 주권이 존재하지 않았기 때
문이 아니다. 만약 일본이 근대 초기에 능동적으로 국제관계에 참여
하고자 했더라면 중국과 마찬가지로 유럽을 포함한 세계 각국으로
부터 주권적 행위자로서 인정을 받았을 것이다. 일본의 경우 외재적
민족국가 건설의 표지는 19세기 50년대의 '개국' 이후로 이 나라가

* 일본 쪽에서는 타이완출병(臺灣出兵), 중국 쪽에서는 모란
  사사건(牡丹社事件)이라 부른다. 1874년 청과 일본 양국에
  조공을 바치고 있던 류큐국(琉球國)의 표류민을 타이완 토
  착민들이 살해한 것을 계기로 일어난 사건이다. 일본 해군
  이 타이완을 점령하였으나 청이 살해된 류큐 사람들에 대한
  보상금과 타이완 점령지에 일본군이 설치한 시설물 대가를
  지불함으로써 사건은 종결되었다. 그러나 강화조약의 모호
  한 내용은 일본이 류큐에 대한 청나라의 기존 종주권을 부
  인하는 근거가 되었고 결국 류큐는 1879년에 일본에 병합
  된다.

점진적으로 국제무대에서 일정한 역할을 추구하기 시작했다는 데서 찾을 수 있다. 국내적으로 메이지유신 이전의 일본에서는 기본적으로 1600년 무렵에 도요토미 히데요시(豊臣秀吉)와 도쿠가와 이에야스(德川家康) 같은 지방의 무사-제후가 수립한 질서가 그대로 유지되고 있었다. 이 질서는 현명한 정치를 통해 17세기 말에는 일본 역사상 전례 없이 응집력이 강한 정치체제로 발전했다. 이 체제 속에서 영토관념은 유럽의 개념으로는 해석하기 어렵다. 전국은 약 250개의 '번'(藩, 영지)으로 나뉘었고 그곳의 수령은 '다이묘'(大名, 제후)였다. 다이묘는 완전히 독립적인 통치자가 아니었다. 그들은 원칙적으로는 자치의 방식으로 영지를 관리했지만 실제로는 모든 봉건 영주 가운데서 가장 강한 도쿠가와 가족과 그 가족이 지배하는 '바쿠후'(幕府)로부터 지명되었다. 합법적인 통치자는 교토에 거주하는 실권 없는 천황(天皇)이었다. 에도(江戶, 지금의 도쿄)에 있는 '쇼군'(將軍)은 종교 지도자도 아니고 왕족으로서의 후광도 없는 세속적 지배자였다. 그에게는 왕권신수설 같은 이론적 명분도 없었고 '천자'(天子)를 자칭할 수도 없었다. 다이묘는 하나의 계급을 형성하지는 못했고 그들이 서로 연합해 최고 통치자를 견제할 수 있는 의회도 없었다. 신성로마제국과 훗날 독일연방 시기 유럽 중부의 파편화된 형세를 연상케 하는 이처럼 고도로 분산된 체제는 다이묘들이 차례대로 에도에 머물면서 쇼군 궁정에서 참모로서 근무하게 하는 순환제도*

* 참근교대(參勤交代, 산킨코타이)는 각 번의 다이묘를 정기적으로 에도를 오고 가게 함으로써 각 번에 재정적 부담을 가하고 또 볼모로 잡아두기 위한 제도. 이 제도에 따라 각 번은 도쿠가와 가에 반기를 들기가 매우 힘들어졌고, 도쿠가와 가가 15대에 걸쳐 번영을 누리는 요인이 되었다. 여러 다이묘들은 1년 주기로 에도와 자신의 영지를 오가야 했고 에도를 떠나는 경우에도 정실부인과 후계자인 아들을 에도에 상주시켜야 했다. 영지에서 에도까지 가는 데 드는 여행경비는 물론 에도에서 머무르는 동안의 비용 또한 다이묘 자신

에 의해 융합과 통일을 유지했다. 이 밖에도 순환제도는 도시의 번영과 도시 상인계층의 (특히 에도의) 성장을 촉진했다. 18세기에 일본의 국내시장은 충분히 발달했다. 이미 근대 초기에 일본에서는 기능적으로 독일의 관세동맹(Zollverein)과 유사한 기구가 설립되었다.

북부 독일과의 또 하나의 유사점은 일본의 정치적으로 영향력 있는 지식인 집단이 급격히 변화하는 세계에서 국가의 분열과 할거는 지속될 수 없다는 점을 인식했다는 것이다. 독일에서도 그랬지만 일본에서도 이런 인식 때문에 제후들이 연방을 형성하기 위해 자발적으로 통치권을 포기하고 자신의 영지를 내놓지는 않았다. 이런 상황에서는 패자(霸者)가 주도하는 방식만이 유효했다. 일본열도는 도쿠가와 정부(막부체제)의 통치하에서 이미 정치적으로 통일되었다. 문제는 누가 나서서 중앙집권화의 동기를 부여하느냐는 것이었다. 일본의 변혁을 주도한 세력은 막부가 아니라 남부 변방의 조슈(長州)번과 사츠마(薩摩) 번의 무사들이었다. 그들은 지리적으로나 정치적으로 변방지역에서 출발하여 황실 막료(천황은 오랫동안 명목상의 최고 통치자였다)들의 지지를 받아 수도에서 권력을 탈취했다. 1868년의 권력탈취가 메이지유신이란 이름을 얻게 된 것은(유신이란 새롭게 시작함이란 의미다) 수백 년 동안 바닥에 떨어졌던 황실의 권위가 다시 회복되었기 때문이며, 젊은 천황은 정성을 기울여 '명치'(밝은 통치란 뜻)를 연호로 정하고 정치체제의 핵심적인 위치로 복귀했다. 반란을 일으킨 무사들은 전통적인 정치사상을 내세우지도 않았고 민주적인 절차를 통해 자신들의 행위에 합법성을 부여하지도 않았다. 천황의 이름으로 행해지는 모든 억측과 허구의 배후에는 적나

이 모두 부담해야 했기 때문에 각 번에 막대한 재정적 부담을 안겨주었을 뿐 아니라 다이묘 혹은 다이묘 자신의 가족을 인질로 잡아둠으로써 번의 군사력을 저하시키는 효과도 있었다.

라한 권력탈취의 욕망이 숨겨져 있었다. 메이지유신은 사실상 몇 년 사이에 일본의 정치와 사회를 전면적으로 바꾸어놓은 급진적 변혁이었다. 메이지유신은 사회에 보수적인 충격을 주고 민중의 혁명운동을 차단했다는 의미에서 '하향성' 혁명이기는 하지만 역사적 의미는 그것으로 그치지 않는다. 무사를 주력으로 하는 개혁파는 짧은 시간 안에 바로 그 무사계급의 신분과 특권을 폐지했다. 그러므로 메이지유신은 19세기 중엽 전 세계적인 범위에서 가장 의미 깊은 혁명이었다고 할 수 있다. 이 혁명에서는 테러도 내전도 없었다. 소수의 번에서 저항이 일어났고 무력으로 진압되었으나 그 폭력성과 격렬함의 정도는 1866년의 오스트리아-프로이센전쟁, 1871년의 프랑스-프로이센전쟁, 이탈리아 북부에서 벌어진 전쟁(교전 당사자는 피에트몬트/프랑스와 오스트리아)에 비할 바는 못 된다.[70] 다이묘들은 일부는 설득을 받아들였고, 일부는 협박에 굴복했으며, 일부는 돈으로 매수되었다. 요컨대, 일본은 폭력을 비교적 적게 사용하면서 의미 깊은 변혁 — 내재적 민족건설과 외재적 민족건설의 조화로운 동시 추진 —을 실현했다. 그것은 유럽 중심의 국제체제 밖에서 국제적인 보호를 받으면서, 중대한 외국 군사력의 개입이나 식민지 정복이 없이 일어났다.[71]

유럽의 강대국 정치와 단절되어 있었다는 것이 일본과 미국의 공통점이었다. 그러나 두 나라의 정치발전 궤적은 차이가 컸다. 북아메리카에는 타파되어야 할 '봉건'제도가 존재하지 않았다. 반란을 일으킨 식민지는 1778년에는 프랑스로부터, 1783년에는 식민 종주국이었던 영국으로부터 외교적 승인을 받았다. 그러므로 미국은 처음부터 주권국가였다. 국내사회를 보더라도 미국은 여러 면에서 양호한 통합을 실현했고 통일된 시민의식을 가진 정치 엘리트를 형성했다. 어떤 시각에서 보든 미국은 현대 세계의 표준에 부합했다. 그러나 가득찬 희망으로 출발한 19세기는 지속적이고 조화로운 민족발전으로 진화하지 않았다. 이것은 19세기의 가장 큰 역설 가운데 하나다. 구세계의 군국주의와 마키아벨리즘적인 독재정치와 결별했다고 자부하던 이 나라에서 1815년 나폴레옹전쟁이 끝난 후부터 1차 대전이 폭발하기 전까지의 시기에 역사상 두 번째로 큰 규모의 폭력 충돌이 발생했다(이 기간 동안에 가장 큰 규모의 폭력충돌은 1850-64년의 중국의 태평천국太平天國운동이었다). 왜 이런 일이 벌여졌는지에 대한 토론은 잠시 미루어두기로 하자. 그러나 한 가지 분명한 것은 정치적으로나 법률적으로 이미 통제할 수 없게 된 서쪽으로의 확장운동, 노예제에 기초한 남부사회와 북부의 자유노동-자본주의 사회 사이의 갈수록 심화되는 분열이란 두 가지 문제가 끊임없이 누적되어 결국 어느 한 순간에 폭발했다는 사실이다. 남부 11개 주의 이탈은 결코 우발적인 사건이 아니라 구조적으로 '예정된' 사건이었다.[72] 폭발의 순간이 찾아온 1861년은 이탈리아 통일이 실현된 지 얼마 안 되는 시점이자 독일에서는 1871년에 독일제국의 성립으로 귀결되는 정치적·군사적 대결이 시작되기(1862년) 직전이었다. 비스마르크와 카부르 같은 인물의 교묘한 책략과 도박 운에 의존했던 독일과 이탈리아의 통일과정과 비교할 때 미국내전의 사전사(史前史)는 더 많은 숙명론적 논리를 내포하고 있었다. 19세기 50년대에 진입한 뒤로 남부의 이탈 가능성은 갈수록 높아갔다.

　남부 주의 이탈로 통일 민족국가 미국은 한 순간에 분열되었다. 역사발전의 불가측성은 중대한 충돌이 종결된 뒤 그 결과에서 모습을 드러낸다. 1866년의 쾨니히그레츠 전투 전야에 (대부분은 아니지만) 많은 사람이 오스트리아의 승리를 예측했다. 되돌아보면 프로이센의 승리가 논리에 맞는 일이었다. 몰트케의 공세적 기동전략, 우수한 장비, 병사들의 높은 교육수준이 프로이센이 승리한 결정적 요인이었다. 그렇다고 하더라도 승리는 간발의 차이로 결정된다. 그렇다면 우리는 하나의 가설을 세워 볼 수 있을 것이다. 만약 미국내전이 마지막 단계에서 군사적 대치상태로 끝났더라면 어떤 일이 발생했을까? 그랬더라면 북부는 어쩔 수 없이 남부의 연방 탈퇴를 현실로 받아들였을 것이고, 그 후 남부 연맹이 평화로운 환경 속에서 계속 발전했더라면 이 노예제 국가는 북아메리카 대륙에서 또 하나의 부유하고 발달한, 국제적 영향력이 있는 강국이 되었을 것이다. 1862년에 영국의 자유당 정부는 이런 판단을 인정하기 시작했고 전쟁의 결과가 그것이 환상이었음을 보여줄 때까지 생각을 바꾸지 않았다.[73] 실패로 끝난 미국 남부 주의 연방이탈 시도는 19세기에 좌절된 국가독립의 사례 가운데서 가장 격렬하고 극적인 내용이 풍부한 사례이며, 그 정도는 같이 실패로 끝난 폴란드(1839년, 1867년)와 헝가리(1848-49년)의 민족 대봉기를 능가했다.

1865년 내전이 끝난 후 아메리카합중국은 어떤 의미에서는 재건되어야 했다. 국가의 통일은 유지되었지만 내부 상황은 통일과는 거리가 멀었다. 미국은 이때부터 '민족건설'의 새로운 단계에 진입했다. 그 무렵, 1861년에 이탈리아는 자유주의파의 주도 아래 (험난한) 민족건설을 시작했고, 1868년 이후로 일본의 메이지유신이 진행 중이었고 독일의 '제국 내부건설'이 거의 같은 해에 시작되었다. 미국의 '재건시기'(1867-77)에 남부 주는 연방에 재통합되었고 서부로의 확장은 새로운 물결을 일으켰다. 미국의 독특함은 다른 데서도 나타났다. 내부 민족건설의 핵심 단계에서 통합은 세 분야에서 동시에 전개되었다. ① 내전 이전 노예제 시행 주의 병합. ② 머지않아 개발이 완성될 프런티어를 뒤이어 중서부 지역의 통합. ③ 수백만에 이르는 유럽 이민의 사회적 흡수. 1865년 이후 미국의 민족국가 재건은 패권형 통합 모형에 가까웠다. 순수한 권력정치의 관점에서 보자면 비스마르크는 (누구도 해방시키지 않았다는 점만 빼면) 독일의 링컨이라 할 수 있다. 내전 중의 적은 군사적으로 투항한 후 다시 미국사회에 통합되었다. 이 과정은 기존의 헌정 구조 안에서 완성되었으며 정치체제에 어떤 변화도 가져오지 않았다. 이것이 미국의 입헌주의 정치문화의 절대적인 상징이었다. 세계에서 가장 오래된 위대한 성문헌법은 동시에 가장 안정적이고 가장 포용적인 헌법이었다.

버려진 중심

마지막으로, 19세기에 출현한 일종의 새로운 현상 — 버려진 제국의 중심 — 을 살펴보자. 1945년 이후의 탈식민화시기에 많은 유럽국가는(프랑스, 네덜란드, 벨기에, 영국, 포르투갈) 어느 날 그들이 이제는 더 이상 제국이 아닌 현실과 어쩔 수 없이 마주해야 했다. 영국이 인도에 대한 확장과 아울러 인도양에서 새로운 식민지와 거점 확보를 실현함으로써 지정학적으로 아메리카에서 입은 손실을 보완할수 없었더라면 영국은 미국독립전쟁에서 패배했을 때 이미 이런 처지에 빠졌을 것이다. 스페인은 그런 기회를 갖지 못했다. 아메리카공화국들이 잇달아 독립한 후 남은 것은 쿠바와 필리핀 두 곳의 식민지뿐이었다. 쿠바는 이익이 되는 식민지로 발전했지만 19세기 20년대부터 스페인은 세계적인 제국에서 유럽에 위치한 하나의 민족국가로 변신해야 하는 과제와 마주해야 했다. 이것은 민족국가 발전의특수한 형식 — 확장이 아니라 수축이 특징인 — 이었다. 반세기에이르는 긴 시간 동안 다른 나라와 비교할 때 스페인은 변신하는 과제에 있어서 큰 성과를 내지 못했다. 1874년에 되어서야 정국이 안정되었다. 그러나 1898년에 미국-스페인전쟁에서 패배하자 스페인은 다시 필리핀과 쿠바마저 잃어버렸다. 이 심각한 타격은 겨우 안정되기시작한 정국을 다시 혼란 속에 빠트렸다. 스페인은 — 보스포러스해협과 황해의 '병자'가 아니라* — 19세기의 진정한 몰락 제국이었다. 쿠바, 푸에르토리코, 필리핀과 태평양의 괌도는 미국의 풍성한 전리품이 되었다. 참전하지 않은 독일조차도 한몫 챙기려 했다.[74] 스페인은 미국-스페인전쟁에서 자신을 지지해주지 않은 영국에 대해 크게 실망했다. 영국 수상 솔즈베리(Lord Salisbury)가 1898년 5월의 한 연설에서 살아 있는 나라와 죽어가는 나라를 언급했을 때 스페인은 그것이 자신을 지목하는 표현임을 알았다. 수십 년 동안 1898년의 악몽이 스페인 국내정치에 어두운 그림자를 드리웠다.[75]

스페인과 유사하면서도 약간의 차이가 있는 나라가 포르투갈이었다. 브라질이 독립한 뒤로 포르투갈제국의 판도는 앙골라, 모잠비크, 고아, 마카오, 동티모르로 줄어들었다. 세계에서 스페인의 지위가 축소된 것과 비교하면 포르투갈의 상황은 그렇게 나쁜 편은 아니었다. 그러나 제국의 인구는 1820년의 7억 3,000만에서 1850년의 1억 6,500백만으로 줄었다.[76] 포르투갈의 세력은 아프리카에서만 여전히 일정 분량을 차지했다. 1890년 영국은 포르투갈에게 앙골라와 모잠비크 사이의 지역을 할양해달라고 요구했다. 이것은 포르투갈에게 심각한 타격이었다. 그러나 아프리카에서 '제3의' 제국을 건설하려던 포르투갈의 계획은 전혀 수확이 없지는 않았다. 앙골라와 모잠비크에서 포르투갈 이민은 초기에는 대다수가 해안지역에 집중되었지만 이제는 포르투갈은 앙골라와 모잠비크에 대해 (당시의 국제법에 따르면) '유효한 점령'(effective occupation)을 실현했다.[77] 이와 대비할 때 스페인의 손실은 훨씬 컸다. 포르투갈이 아니라 스페인이 유럽에서 첫 번째 식민주의 이후 시대의 국가가 되었다. '제국주의 시대'의 황혼이 찾아오자 코르테스(Cortés)와 피사로(Pizarro)의 후예들은 제국이 더 이상 존재하지 않는 상황에서 살아남는 방법을 고통스럽게 배워야 했다.

세계의 현존하는 민족국가 가운데서 어느 국가가 1800-1914년 동안에 수립되었을까? 답안은 이렇다. 1804-32년의 첫 번째 물결가운

---

* 보스포루스해협의 병자는 오스만제국, 황해의 병자는 중국을 의미한다.

데서 출현한 국가는 아이티, 브라질제국, 라틴아메리카 공화국들, 그리스, 벨기에다. 19세기 60, 70년대의 두 번째 물결 가운데서 패권형 통일 방식을 통해 독일제국과 이탈리아 왕국이 태어났다. 1878년, 베를린회의에서 열강은 원래 오스만제국이 통치하던 발칸반도에 몇 개의 새로운 나라를 세우기로 결정했다. 1910년에 성립된 남아프리카연방은 '사실상의'(de facto) 독립 국가였다. 다른 자치령과 비교할 때 남아프리카연방과 영국의 관계는 상대적으로 느슨했다. 사실과 국제법적 가정 사이에 자리 잡은 자치령의 지위는 규정하기 어려웠다. 1870년 무렵 남아프리카연방은 대의민주기구를 통해 내정문제를 처리했으나 국가로서 국제법상의 주권은 갖추지 못했다. 수십 년이 걸린 남아프리카연방의 평화로운 독립 과정은 1차 대전 기간 중에 끝이 났다. 캐나다, 오스트레일리아, 뉴질랜드는 병력과 경제적인 지원을 통해 협상국이 승리하는 데 크게 기여했고(지원은 대부분 강압에 의한 것이 아니라 자발적이었다) 이 때문에 영국은 1918년 이후로는 더 이상 이들 국가를 준 식민지로 대우할 수 없었다. 1차 대전 이전에 태어난 신생 민족국가는 모두가 '철혈정책'을 통해 수립되지는 않았다. 독일, 이탈리아, 미국은 이 경로를 통해 태어난 것이 분명하지만 일본, 캐나다, 오스트레일리아 등은 그렇지 않았다.

3. 제국
응집력의 유래

제국의 세기

19세기 유럽에서 제국의 세계로부터 파생되어 나온 새로운 민족 국가의 수는 손가락으로 헤아릴 수 있을 정도였지만 우리의 시선을 아시아와 아프리카로 돌려보면 장면은 극적으로 달라진다. 이곳에서는 제국이 석권하고 있었다. 1757-64년에 (플라시Plassey와 박사르 Baksar 전투를 통해) 동인도회사는 강력한 군사력을 바탕으로 인도에 처음 모습을 드러냈다. 두 개의 중요한 중간규모의 국가 조선과 모로코가 1910년과 1912년에 잇달아 식민제국에 병탄되었다.

아시아와 아프리카 대륙에서 독립된 정치적 실체의 숫자는 역사에 전례가 없는 속도로 급속하게 줄어들었다. 18세기 중엽, 아프리카, 무굴제국이 해체된 뒤의 인도, 자바섬, 말레이반도에서 각종 형태의 정치체제 — 왕국, 토후국, 술탄국, 부족연맹, 도시국가 등 — 는 그 정확한 숫자를 말하기가 불가능했다. 이처럼 다중심적이고 내부 계층에 따라 구분된 정치체제를 묘사하기에는 서방의 현대 국가개념은 지나치게 경직되고 교조적이었다. 그러나 분명한 것은 1800년 무렵 여전히 수천 개를 헤아리던 정치적 실체가 존재했다는 사실이다. 그러던 것이 한 세기가 지난 뒤에는 프랑스, 영국, 포르투갈, 독일, 벨기에 등이 통치하는 40개 가까운 식민지로 정리되었다.

식민지 열강의 이른바 아프리카 '분할'은 아프리카의 시각으로 보자면 정반대였다. 그것은 분할이 아니라 통치지역의 강제적인 합병과 집중, 떠들썩한 정치 기반의 대청소였다. 1879년 무렵, 아프리카 대륙 전체 면적의 90퍼센트는 여전히 아프리카인에 의해 통치되고 있었다. 그런데 1912년이 되자 그 비율은 너무나 적어 언급할 가치가 없어 졌다.[78] 당시 아프리카 전체에서 민족국가의 기준을 만족시킬 수 있는 나라는 하나도 없었다. 오직 이집트만 독립적인 외교행위자라고 할 수 있었다. 이집트는 유럽의 여러 열강과 조약을 체결했고 열강의 묵인하에 "독립적인 아프리카식 제국주의"를 시행하고 있었다.[79] 민족의 시각에서 보자면 에티오피아는 통일되어 있었지만 국가행정 면에서 국가는 모래알처럼 흩어져 있었다. 이 나라가 보여주었던 국가로서의 응집력은 순전히 황제 메넬리크 2세의 비범한 개인적 매력에서 나왔다. 그나마 이런 상황도 1909년 황제의 와병으로 끝이 났다.

아시아에서 권력이 집중되는 정도는 아프리카만큼 심각하지 않았다. 아시아는 궁극적으로 고대 제국이 서로 겨루는 대륙이었다. 그러나 이곳에서도 대국이 소국을 병탄하는 현상이 나타났다. 19세기에 역사상 처음으로 인도는 중앙권력이 인도 아대륙 전체를 지배하는 나라가 되었다. 무굴왕조는 1700년 무렵 전성기를 맞았지만 그 세력이 인도의 최남단까지 미치지는 못했다. 따라서 그 지역은 계속 영국의 통치 하에 남아 있었다. 인도네시아 제도에서는 1825-30에 봉건 귀족이 이끄는 자바 대봉기가 발생한 후 네덜란드의 간접지배는— 현지 제후에게 일정 부분의 협력할 수 있는 공간을 주었다—점차로 중앙집권적 직접통치로 바뀌어갔다.[80] 러시아는 1855년 이후 지속적으로 카스피해 이동지역(투르키스탄Tukestan), 아무르강 이동과 이북의 광대한 영토를 합병했고, 추가로 두 개의 이슬람 토후국(부하라Bukhara와 치바Cjiva)의 독립을 종식시켰다. 1897년, 프랑스는 베트남(코친차이나, 안남安南, 통킨東京 등 고대로부터 내려오는 역사적 지역을 포괄했다), 캄보디아, 라오스를 하나로 합병해 인도차이나연 방(L'Indochine)을 구성했다. 이 세 나라는 하나로 합쳐질 역사적 기반이 없었다. 1900년 무렵, 아시아는 철저하게 제국의 손아귀에 떨어졌다.

중국은 그 자신이 과거에도 그랬고 이때도 여전히 그런 제국 가운데 하나였다. 신생 민족국가 일본은 1895년에 중국의 이익을 훼손하며 타이완을 합병한 후 식민 강국 가운데 하나가 되었다. 이 나라는 서방을 모방하여 아시아 전체의 지도자가 되겠다는 원대한 지정학적 구상을 키워가고 있었다. 이제 태국과 아프가니스탄만 취약한 독립을 유지하고 있었다. 그러나 아프가니스탄은 민족국가와는 완전히 대칭되는 느슨한 부족연맹체였다(이런 상황은 지금까지도 변함이 없다). 19세기 중엽 이래로 태국은 몇 명의 현명한 군주들의 지도를 통해 대대적인 개혁을 추진한 결과 내정에서는 물론이고 외교 면에서도 민족국가로서의 많은 특징을 갖추게 되었다. 그러나 이때의 태국은 민족주의 의식이 없는 민족이었다. 관부나 민중의 의식 속에서 민족이란 전제군주에게 충성하는 사람들의 집단이었다. 20세기 20년대에 들어와서야 비로소 타이족 민중의 민족적 동질감이나 민족을 시민공동체로 보는 의식이 보급되기 시작했다.[81]

유럽에 비해 아시아와 아프리카의 19세기는 민족국가의 세기라고 하기에는 충분하지 않았다. 이전에는 더 높은 권위에 부속되지 않았던 독립된 정치적 실체들이 잇달아 제국에 병탄되었다. 1차 대전 이전에 아시아와 아프리카의 어떤 나라도 제국의 족쇄를 벗어날 수 없었다. 1882년 이후 영국의 통치를 받아온 이집트는 1922년에 유럽식 입헌주의를 기초로 광범위한 자치를 실현했다(그 정도는 당시의 아일랜드에 미치지 못했지만). 그러나 이집트는 수십 년 동안 예외였다. 아프리카의 탈식민화는 1951년의 리비아와 1956년의 수단에서 시작되었다. 오스만제국이 해체되면서 중동지역에 이른바 '신탁통치 지역'이 출현했다. 이 지역은 국제연맹의 감독하에서 영국과 프랑스 양국이 보호국과 유사한 방식으로 지배했다. 뒤에서 이 신탁관리 지역으로부터 첫 번째의 아시아 신생국이 태어났다. 1932년에 처음으로 이라크가 성립되었다. 그러나 전체적인 실력으로 볼 때 장기간 외부의 보호국으로 있었던 이라크는 국가로서는 아직 약소했다.

1945년 일본이 패전한 뒤 순식간에 식민통치를 벗어난 조선은 아시아에서 첫 번째로 문화적·사회적인 면에서 고도로 통합된 (이런 특징은 오랜 역사적인 요인의 결과였다) 신흥 민족국가가 될 수 있는 기반을 갖추고 있었다. 그러나 냉전이 가져온 분열은 조선의 '정상적인' 발전을 가로막았다. 1947년 인도공화국이 독립을 선포하자(필리핀이 미국의 통치를 벗어난 1년 뒤) 진정한 의미에서 유럽제국의 아시아로부터의 철수가 시작되었다. 아시아와 아프리카에게는 2차 대전이 끝난 뒤의 20여 년이 민족국가 성립의 시대라고 할 수 있다.

식민시대 말기에 독립을 위한 사전 준비는 나라마다 크게 차이가 났다. 필리핀과 인도는 집중적인 준비를 거쳤지만 버마, 베트남, 벨기에령 콩고는 아무런 준비가 없었다. 인도에서만 민족국가 독립의 준비과정을 19세기까지 소급하여 찾을 수 있었다. 1885년에 인도는 온건파 민족주의 세력의 집결체인 국민의회당을 결성했다.

지금까지의 내용을 종합하면 다음과 같은 간단한 결론을 얻게 된다. '20세기'는 위대한 민족국가의 시대다. 19세기에는 민족국가가 아니라 제국이 전 세계적인 범위에서 지배적 지위를 차지하는 영토 기반의 권력구조 형태였다.[82]

결론이 이렇다면 우리는 보편적으로 퍼져 있는 '안정된 민족국가 대 불안정한 제국'이란 관점에 대해 의문을 갖지 않을 수 없다. 이런 관념의 뿌리는 민족은 자연스러우며 본원적이지만 제국은 인위적인 권력관계로서 민족이 이탈해야 할 대상이라고 하는 민족주의 사상이다. 고대의 중국과 서방 양쪽에서 제국의 흥망성쇠는 주기성을 갖고 있다는 관념이 형성되었다. 이것은 일종의 표면현상의 착각이었다. 사람들은 제국은 어느 날엔가 쇠락의 길로 접어들 것이고 그전에 반드시 쇠락의 징조를 찾아낼 수 있다고 믿었다.[83] 제국의 문제라면 인류는 이미 수천 년의 경험을 쌓았다(민족국가는 훨씬 새로운 사물이었다). 이런 관점은 유통될 수 있는 꽤 넓은 시장이 있었다.

19세기 유럽인은 승리자의 자세로, 멸시와 애석함의 감성으로 아시아 대륙 제국의 쇠락에 대해 예언을 쏟아냈다. 그들은 국제적인 경쟁이 치열해지고 있는 현대사회에서 아시아제국은 자신의 생존을 유지할 능력이 전혀 없다고 주장했다. 이런 예언은 완전히 빗나갔다. 오스만제국의 해제는 최종적으로 1차 대전 이후에야 발생했다. 러시아의 마지막 차르*가 제위와 목숨을 한꺼번에 잃었을 때, 그의 호엔촐레른(Hohenzollern) 왕가 사촌**이 망명지에서 직접 장작을 패고 있을 때, 오스만제국의 술탄은 아직도 권좌에 머물고 있었다.

오스만학의 모든 분야에서 가치지향적인 '쇠락'이란 단어는 사전에서 지워져야 한다는 합의가 이루어져 있다. 중국에서는 1911년에 왕조제도가 붕괴했다. 그러나 40년 가까운 혼란을 경험한 뒤 중국공산당은 1949년에 제국의 재건을 성공적으로 실현했으며 그 영토의 판도는 1760년 무렵 건륭(乾隆)황제가 재위하던 시절의 규모에 도달했다.

합스부르크 왕조는 1848-49년의 혁명과(특히 헝가리에서 혁명이 불러온 파괴는 거의 치명적이었다) 1866년 프로이센-오스트리아 전쟁의 패배를 겪은 후에도 붕괴되지 않았다. 19세기에 기타 제국도 합스부르크 왕조와 마찬가지로 여러 가지의 심각한 시련을 견뎌내고

---

* 니콜라이 2세(Nikolai II, 1868-1918).
** 독일제국의 황제 빌헬름 2세(Wilhelm II, 1859-1941). 1차 대전 패배 후 퇴위하여 네덜란드에 망명하였다가 그곳에서 죽었다. 그의 취미생활이 사냥과 장작패기였다.

살아남았다. 중국은 태평천국운동(1850-64년)과 제국의 통일을 크게 위협했던 회족(回族)의 봉기(1855-73년)를 경험했다. 러시아는 크리미아전쟁에서 패배했다(1856년). 그 밖에 오스만제국도 1877-78년에 러시아제국과 벌인 전쟁에서 유사 이래 가장 심각한 타격을 입었다. 이 전쟁에서 오스만제국은 발칸의 대부분 영토를 잃었다. 발칸의 지정학적 중요성은 터키 중부 아나톨리아보다 훨씬 높았다.

이것은 라틴아메리카가 독립한 이후 어떤 제국도 19세기에 경험하지 못한 큰 상처였다. 그래도 오스만제국은 '남은 팔다리로' 수십 년을 더 유지하면서 일련의 내부적 발전과 변화를 이루어냈다. 이 시기에 오스만제국은 상대적으로 안정되고 큰 혼란이 없는 민족국가를 형성하기 위한 구조적 준비를 마쳤다. 그리하여 1923년에 터키 공화국이 국가수립을 선언했다. 두 차례의 세계대전을 견뎌낸 유럽의 식민제국을 되돌아보면서 우리는 이들 제국의 가장 분명한 특징은 취약성이 아니라 강인성과 재생능력임을 분명하게 알게 된다. 제국 형성기에서부터 관찰해보면 15세기(오스만제국), 16세기(포르투갈과 러시아), 17세기(영국, 프랑스, 네덜란드, 청 왕조를 종점으로 하는 기원전 3세기까지 올라가는 최초의 중화제국)가 남겨놓은 역사의 '잔해'(殘骸)는 무수한 풍운을 거친 뒤 현대세계로 곧바로 뛰어들었다. 20세기 초에 이들 제국은 가톨릭과 일본 황실을 제외하고는 세계에서 가장 오래된 정치체제였다.

제국이 강력한 응집력과 변화에 적응하는 능력이 없었더라면 이토록 오래 유지될 수는 없었을 것이다. 제국 가운데서 가장 성공적인 생존자—19세기 영국제국—는 자신의 광활한 판도 안에서 상황을 통제했고 다른 사람들이 반응하고 적응하지 않으면 안 되는 조건을 만들어냈다.

유형, 제국과 민족국가

형태적으로 제국과 민족국가의 차이는 무엇인가. 그 차이 가운데 하나는 엘리트 계층 — 제국의 운영자로서 또는 제국을 옹호하는 사상의 대변자로서 — 의 시각이다. 이를 달리 말하자면 두 정치체도의 형식을 받쳐주는 기초적 구조일 것이다. [84]

1. 민족국가는 체제가 유사한 주변의 민족국가와 명확하고 고정적인 경계로 분리된다. 제국과 '황야' 또는 '야만인의 땅'이 만나는 곳이나 제국과 제국이 만나는 곳에는 획정된 외부적 경계가 상대적으로 분명치 않다. 관습적으로 제국은 이웃한 제국과의 사이에 완충지대를 두거나 완충지대가 없을 때는 많은 병력을 주둔시켜 지킨다(예컨대 합스부르크와 오스만제국의 발칸반도 지역의 경계, 미국과 소련의 동서독과 남북한 사이의 경계).[85]

2. 민족국가(이상적인 경우 하나의 민족이 하나의 민족국가를 구성한다)는 자신의 동질성과 불가분성을 강조한다. 이에 반해서 제국은 각종 형태의 이질성과 차이를 강조하며 나아가 제국의 엘리트로 구성된 사회 상층부에서 문화적인 통합을 추구한다. 대륙 제국뿐만 아니라 해양 제국에서도 중심과 주변부는 명확하게 구분된다. 주변부 간의 차이는 주로 사회경제적 발전 수준과 중앙으로부터 받는 통제의 정도(직접 또는 간접통치, 종주권 등)로 나타난다. 국가가 위기에 처했을 때 핵심지역을 중시하는 정책이 강조된다. 그래야만 최악의 상황이 오더라도 제국은 변경을 상실한 상황에서도 생존을 이어갈 수 있기 때문이다. 이런 관점은 현대사에서 여러 차례 검증된 바 있다.

3. 어떤 헌법제도든 (민주제도와 전제주의를 옹호하는 제도를 불문코) 민족국가는 정치권력의 합법성은 '아래로부터' 나온다는 관념을 신봉한다. 다시 말해, 민족 또는 인민의 이익을 위해 봉사할 때만 그

권력행사는 합법적이다. 그러나 제국은 20세기에 진입한 뒤에도 여전히 통치의 합법성을 '위로부터' 찾았다. 그 방식은 충성을 표시하는 상징물을 통해 내정의 '평화'(라틴어로 Pax)와 관리의 효율을 앞세우며 추종집단에게 특수한 이익을 배분하는 것이었다. 제국의 통합은 자발성이 아니라 강제성을 통해 형성되었으며, "그 본질은 비민주적이며"[86] "공통의 기초가 없는 주권연맹"이었다.[87] 식민열강이 식민지에게 선거와 정치적 경쟁의 공간을 허용했을 때 이런 조처는 거의 예외 없이 해당지역에서 돌이킬 수 없는 독립의 열풍을 불러일으켰다.

4. 민족국가에서 모든 사람은 시민으로서 국가의 구성원이 된다. '시민신분'은 평등한 권리로 국가에 직접 소속되는 보편적인 신분이다. 민족국가에서 민족은 신민(臣民)의 집합체가 아니라 시민사회다.[88] 제국에서는 권리의 높낮이에 따라 구분된 계층적 신민이 평등한 시민을 대체한다. 도시의 공공사무에 신민의 직접 참여를 허락한 '제국시민사회'(imperiale Bürgerschaft)는 실제로 존재하지만 주변지역에서 생활하는 소수집단에게만 한정된다. 민족국가에서 소수민족은 흔히 투쟁을 통해서만 민족국가에서 누릴 수 있는 권리를 특권으로서 누릴 수 있다. 그러나 제국은 처음부터 무책임한 중앙에 의해 분배된 특수한 권리와 의무를 기반으로 성립된다.

5. 민족국가에서 문화의 친근성(언어, 종교, 일상 생활풍습 등)은 그 구성원 전체가 공유하는 경향을 보인다. 그러나 제국에서 문화적 친근성은 제국의 핵심 엘리트계층과 식민지 대리인에게만 제한된다. 제국에서는 보편적인 '대전통'(great tradition)과 지역적 '소전통'(little tradition) 사이의 차이가 존재한다. 그러나 민족국가에서는 대중매체가 주도하는 동질화 작용의 영향을 받아 이런 차이는 대부분 흐려진다. 제국은 민족국가에 비해 종교와 언어의 다원성을 추구하는 경향, 달리 말하자면 의도적으로 다원화를 용인하는 경향이 있다.

6. 다원화와 동시에 제국의 핵심 엘리트들은 문명의 우월성에 대한 자부심에서 출발해 '문명화 사명'(mission civilisatrice)을 자신의 임무로 받아들이는데, 그 목표는 주변부에 교육받은 지식계층을 만드는 것이다. 이 과정에서 극단적인 상황은 ─ 현지 지식계층의 철저한 동화(최소한 이론상으로는 프랑스의 방식) 또는 철저한 소멸(동유럽에서 나치의 방식) ─ 흔하게 일어나지는 않는다. 문명화의 사명은 일반적으로 관대한 시혜로 인식된다. 반면에 민족국가에서 유사한 과정은 ─ 의무교육 제도의 실시, 유효한 치안질서의 수립, 기본적인 생존의 보장 등 ─ 국가의 주요 책무이자 동시에 시민의 권리로 인식된다.

7. 민족국가는 역사의 계보를 서술함에 있어서 보편적으로 자기 민족의 상고시대 발생사까지, 심한 경우 공동의 생물학적 기원에까지 거슬러 올라간다(허구인 경우가 대부분이지만 궁극적으로는 진실로 믿게 만든다). 그중에서 가장 전형적인 것이 고대 부족(Stammesnation)의 설화다.[89] 이에 반해 제국은 자신의 기원을 서술할 때 정복전쟁의 군사지도자와 입법자의 건국 위업을 제시하며 또한 흔히 제국의 '전승'(*translatio*)이란 개념을 활용하기도 한다(동인도회사와 훗날 빅토리아 여왕이 무굴 왕조의 계승자가 되면서 합법성을 주장한 사례). 따라서 제국은 최고 통치자의 계보를 제외하고는 자신의 역사를 재구성하기가 어렵다(특히 민족역사학의 조직구조의 연속성에 관한 관점이 보편적 규범으로 자리 잡은 뒤로는).

8. 민족국가는 특정 지역 ─ 흔히 신성한 자격이 부여되는 기억의 장소 ─ 사이의 특수 관계를 강조한다. 민족지리체(民族地理體, nationale Geo-Körper)의 '불가침성'은 "현대 민족주의 신앙의 핵심"이다.[90] 제국과 제국이 통치권을 행사하는 토지 사이의 관계는 오히려 확장적이며 심층적이지 않다. 그러나 '원시 민족주의적'(protonationalistisch)인 색채를 지닌 정착민 식민주의는 개척과 토지

사이의 심층적 관계를 중시하는데, 이것이 식민지와 제국 관리기구가 충돌하는 원인 가운데 하나이며 동시에 식민지 민족주의가 발전하는 중요한 기반이기도 하다.

보충이론, 제국 응집력의 차원

민족국가와 제국의 상이한 내재적 논리와 인위적으로 부여된 외재적 의미에서 생기는 두 정치체제의 차이를 이해한다면 유리한 점이 많다. 그런 다음에 보조적 접근방법으로서 각 정치체제가 지닌 응집력의 특징적 방식을 살펴보기로 한다. 전형적인 민족국가와 전형적인 제국의 응집력은 궁극적으로 어디서 나오는가.

제국은 넓은 지리적 공간 안에서 통치해야 한다. 우리는 제국을 주어진 기술적·지리적 조건에서 통치지역의 최대화를 실현한 정치단위라고 정의할 수 있다. 민족적 다양성, 문화적 다원성, 정치적 중앙집권화가 제국의 특징이다. 제국의 통합은 수평적·수직적 차원을 포괄한다. 수평적 방향에서 제국은 반드시 영토의 각 지역과 핵심부를 연결해야 한다. 수직적 방향에서 제국은 반드시 식민지 사회에 대한 통치와 영향력을 확보해야 한다. 수평 방향의 통합은 강제와 무력을 벗어날 수 없다.

모든 제국은 유효한 법질서를 수립하는 것 이외에 반드시 지속적인 폭력의 위협에 의존해야 한다. 제국이 장기적인 공포통치의 특징을 갖지 않았다 하더라도, 19세기와 20세기 영국제국이 봉기를 진압하는 특수 상황을 제외하고는 법에 의한 지배의 원칙을 지켰다하더라도 제국은 항상 비상상황의 어두운 그늘 아래 놓여 있다. 민족국가는 최악의 상황에서만 (그럴 경우는 흔치 않지만) 혁명 또는 분열을 마주하지만 제국은 신민이나 내부 음모가들이 불만 때문에 일으키는 반란에 언제나 대비해야 한다.

반란을 진압하는 능력이 제국의 생존을 유지하는 기본 전제다. 식민 종주국이라면 이 능력을 마지막 순간까지 유지해야 한다. 영국은 인도에서 2차 대전 때까지, 말레이시아에서는 20세기 50년대까지 이 능력을 유지했다. 2차 대전 후 프랑스는 베트남에서 전력을 다했으나 끝내 이 능력을 다시 확보하지 못했고, 1954년 알제리에서도 마찬가지였다.

제국은 순전히 지역의 폭력자원에 의존할 수는 없으며 반드시 중앙이 언제든지 지방에 개입할 수 있는 능력을 가져야 한다. 토벌을 목적으로 한 원정군이 이러한 개입주의의 표지이며 상징이다. 개입 행동의 원칙 가운데 하나는 파견되는 원정군은 반드시 비현지인으로 구성된 특수부대여야 한다는 것이다. 합스부르크제국과 이탈리아가 교전할 때 파견된 코사크인, 시크인, 구르카인(Gurkha), 세네갈 보병(Tirailleurs Sénégalais), 폴란드인으로 구성된 연합 부대는 어떤 의미에서는 폭력의 세계화라고 부를 수 있었다. 이 때문에 이상한 현상이 벌어졌다.

프랑스가 멕시코를 상대로 무장간섭을 발동했을 때 프랑스를 대신해 전투에 나선 병력은 450명의 이집트인으로 구성된 정예부대였다. 이 부대는 카이로의 지배자 사이드 파샤(Said Pascha)가 돈을 받고 외교적 보호자인 나폴레옹 3세에게 '빌려준' 것이었다. 이집트 병사들은 전쟁이 끝난 뒤에도 남아서 프랑스인의 철수를 엄호했고 이 때문에 프랑스 최고훈장을 받은 부대가 되었다.[91]

원거리의 운송과 정보전달은 제국의 상시적인 필수업무였다.[92] 대략 1870년 이후로 전보기술이 보급되기 전까지 정보전달의 속도는 우편선과 우편배달부보다 빠를 수가 없었다. 최상의 정보전달 조직을 갖추었다 하더라도 (16세기의 스페인제국, 동인도회사 등) 제국 내부의 연결은 오늘날의 기준으로 보면 매우 느슨했다는 사실이 증명된다. 그러나 현대 통신기술이 제국을 좀더 안정되게 했는지는 의

문이다. 식민열강이 정보전달을 독점할 수는 없었다. 그들의 적도 같은 방법을 사용하여 (북소리에서부터 인터넷에 이르기까지) 제국에 맞서는 정보전달 체계를 구축했다.

통합의 도구로서 정교한 관료체제의 수립 여부는 한편으로는 정치체제와 제국 중심부의 통치행태에 의해, 또 한편으로는 지방의 기능적인 필요에 의해 결정되었다. 중국의 한(漢)제국과 같은 시기의 초기 로마제국을 비교해보면 관리체계의 치밀함에서는 한제국이 몇 배나 앞서 있었지만 제국의 통합에 있어서는 분명한 차이는 없었다. 근대에 들어와서도 대제국들의 관료화 정도 또한 차이가 많았고, 중심부와 주변부 정부기구의 관료 수와 조직구조 상의 연결 ─ 형식면에서나 긴밀도 면에서나 ─ 도 서로 차이가 심했다.

중국을 제외하고는 단일 행정이 제국 전체에 미친 경우는 거의 없었거나 전혀 없었다. 몇 세기 동안 식민지를 성공적으로 결합시켜 온 영국제국은 혼란스러울 정도로 여러 단계를 거쳐야 하는 관리방식을 채택했고 결국 모든 기구를 통합 관리하는 곳은 명의상 국가의 최고권력을 장악하고 있는 런던의 내각이었다. 프랑스 해외제국의 상황도 대체로 이와 비슷했으며 제도의 구조적 복잡성은 데카르트 사상의 명쾌함이 국가 차원에서는 통용되지 않는다는 점을 보여주었다.

민족사회와 상당 부분 일치하는 민족국가와는 달리 제국은 정치적 연합체였지 사회적 연합체는 아니었다. 제국 성격의 '전체사회'란 존재하지 않는다. 제국의 통합방식은 사회적 통합과 함께 하지 않는 정치적 통합이라고 할 수 있다. 사회관계의 긴밀도는 정해진 임기동안 파견된 관료들 ─ 총독 아래의 고급 관원들 ─ 사이에서 가장 강하게 나타난다. 시험을 통해 자격 있는 인재를 선발하는 제도가 시행되기 전에는 가족관계와 후원자가 각 식민지 관료의 선발과 임명에 있어서 핵심적인 작용을 했다. 식민지 관료의 선발이 체계화된 뒤로 관료체제는 더 이상 족벌관계를 기반으로 한 단체정신이 아니라 승진과 좌천에 의해 작동했다. 식민지관료와 비교할 때 식민지 이민과 유럽사회의 관계는 미약했다. 식민지에서 '크레올화'(Creolization) ― 이민의 자기인식의 형성 ― 의 물결은 끊임없이 솟아올랐고 다양화의 특징을 보였다.

이민의 저항의 창끝이 모국에서 특권을 누리던 새로운 이민자를 향했을 때(스페인령 아메리카의 경우), 또는 이민이 식민지 대도시와 커다란 사회적 거리감을 느꼈을 때(범죄인 유배지였던 초기의 오스트레일리아의 경우) 이민의 독립을 향한 욕구는 예외적으로 강렬해졌다. 이런 지역에서는 인구가 적어 재생력을 갖춘 이민사회가 형성될 수 없었다. 이렇게 하여 식민지의 외국인 집단은 ― 수많은 통상항과 식민행정 기관의 소재지 그리고 광대한 지역에 흩어져 있는 소규모 이민인구(1890년대의 케냐)처럼 ― 시종 외딴 섬과 같은 파편화된 사회의 특징을 유지했다.

위에서 서술한 관계보다 더 느슨한 것은 인종과 피부색의 경계를 뛰어넘은 사람과 사람 사이의 관계였다. 시간이 흐르면서 일부 제국은 식민지 신민이 제국의 행정, 군사, 종교 등 계층체계 안에서 부상하는 것을 허용하거나 장려했다. 그러나 일부 제국은 민족 혹은 종족 문제에서는 끝까지 배척적인 입장을 유지했다. 19세기를 통틀어 이처럼 이민족을 배척하는 추세는 날이 갈수록 강해졌고 일부 국가에서는 ― 독일과 벨기에의 아프리카 식민지 ― 극단적인 정도에 이르렀다. 근대 초기의 독특한 예외는 오스만제국과 이집트의 맘릭(Mamlik) 왕조가 체계적으로 외국인을 군사 엘리트로 발탁한 일이었다. 19세기에는 이런 현상은 다시는 일어나지 않았다. 전체적으로 보아 정치적 '합작'을 혼인관계가 전형인 사회통합과 동일시하는 것은 일종의 오류다. 수평방향의 사회적 관계는 제국 통일의 '접합제'였던 적이 없었다.

상징적 통합은 별개의 문제였다. 모든 수단을 동원해 동질성을 형성하는 일은 민족국가에게 매우 중요했다. 민족국가에게 여러 가지 상징을 통해 동질감을 형성한다는 것은 결정적인 요소였지만 이것은 제국에게도 민족국가 못지않게 중요했다. 제국은 동질감을 이용해 상대적으로 취약한 통합 능력을 보완했다. 군주와 군주제를 제국의 농축적인 상징으로 내세우는 것은 이중의 장점이 있었다.

하나는 식민지의 유럽 이민을 단결시킬 수 있었고 또 하나는 현지 원주민의 마음속에 제국의 인상을 강화할 수 있었다. 최소한 표면적으로는 그렇게 보였다. 그러나 1876년 빅토리아 여왕이 인도의 황제로 즉위했을 때 수많은 인도인이 이를 환영했는지는 알 수가 없다. 그래도 확실한 것은 그의 조부 조지 3세는 재위 중일 때 북아메리카의 반란자들에게 쓸모 있는 부정적 상징으로서 적지 않은 역할을 했다는 점이다. 군주제가 시행되는 모든 지역에서 군주제는 통합을 촉진하는 중심으로서 이용되고 있었다. 1898년 합스부르크 왕조는 황제의 즉위 50주년을 맞아 프란츠 요제프(Franz Joseph) 황제를 핵심으로 하는 제국 애국주의를 크게 선전함으로써 당시 흥기하고 있던 민족주의를 견제하고자 했다.

빌헬름 제국과 차르 제국도 마찬가지였다. 청제국에서 조정은 이런 수법을 교묘하게 활용하여 불교나 이슬람을 신봉하는 소수민족을 회유했다. 그러나 일본은 이 방면에서 졸렬한 수법을 동원했다. 일본은 중국(정확하게는 타이완)인과 조선인에게도 천황숭배를 강요했다. 중국인과 조선인에게 이것은 문화적으로 완전히 생소하고 반감을 갖게 하는 수법이었다.

흔히 이용되던 또 하나의 상징은 군대였다(영국의 경우 주로 세계를 누비던 해군). 군대와 그 밖에 이익으로 유인하지 않고 감성에 호소하는 수단이 두 차례의 세계대전 중에 강력한 응집력을 충분히 보여주었다. 전쟁 중에 영국의 자치령은—캐나다, 오스트레일리아,

뉴질랜드, 특수한 조건하에서는 남아프리카까지 포함하여 —— 모두 영국과 같은 진영에 가담했다. 이런 현상은 영국제국의 헌법과 사실상의 권력관계로는 해석이 되지 않는다.

수평방향의 통합은 이 밖에도 4개의 요소를 포괄한다. ① 공통의 종교 또는 종파. ② 제국의 통일 작용을 하는 공통의 법률제도(예컨대 로마법과 영국법). ③ 국경을 넘어 연결된 시장. ④ 제국의 대외관계의 구조. 네 가지 요소 가운데서 네 번째 요소의 중요성을 낮게 평가해서는 안 된다. 제국은 군사적 수단을 통해 이웃나라, 해적, 비적, 끊임없이 소란을 일으킬 기회를 찾는 '야만인들'로부터 자신의 변경을 확보하고 지켜왔다. 그러나 외국의 상업 활동에 대해서 각국이 취하는 대응책은 천차만별이었다. 영국은 19세기 중엽 이후로 제국 내부에서 자유무역을 시행해왔고 타국에도 자유무역을 수용하라고 요구해왔다. 이것은 유일하며 극단적인 사례였다.

대부분의 충분히 조직적인 힘을 가진 제국은 대외 경제관계를 통제하는 몇 가지 '중상주의' 정책을 시행했다. 어떤 제국은 —— 명 초에서 아편전쟁 시기까지의 중국제국, 오랫동안 스페인제국 —— 제3국의 활동 공간을 엄격한 감독을 받는 조차지 내로 제한했다. 그 밖의 어떤 제국(오스만제국)은 외국인(그리스인, 아르메니아인, 조로아스터교도 등)이 자국 내에 교역기지를 설치하는 것을 관용하거나 장려했고 과세도 했다. 프랑스는 식민지 독점교역을 허가하고 장려하는 정책을 펼쳤다.

19세기에 영국의 자유무역 정책은 보호무역 정책을 시행하던 제국을 약화시키는 데 크게 기여했다. 그러나 20세기에 들어와 이 정책은 신중상주의로의 복귀를 막아내지 못했다. 20세기 30, 40년대에 보편적으로 시행된 특혜관세, 무역권, 통화권 등 일련의 정책은 영국제국과 프랑스제국의 결합을 촉진시켰으나 한편으로는 새롭게 흥기하는 파시즘과 군국주의의 성장을 가속화하는 작용도 했다.

수평방향과 수직방향을 구분하는 것이 중요한 이유 가운데 하나는 제국의 조직구조가 패권형 연합 또는 연방과는 크게 다른 방사형(放射形)이기 때문이다.[93] 각 주변부 사이의 접촉은 느슨하게만 연결되어 있어서 중심부는 제국의 '관로'(管路)를 통해 정보와 결정의 흐름을 원활하게 하는 방식을 택하지 않으면 안 된다. 각지의 해방운동 또한 고립되어 있었다. 이런 구조적 원인에서 비롯된 중앙집권적 경향은 광범위한 기초를 가진 수평적 연합 — 전 제국적인 상층사회의 형성 — 을 저해한다.

신민에게 제국에 대한 충성심을 심어주기 위해서는 지역 차원의 수단을 찾아내야 하며, 이것이 수직방향 통합의 주요 목적이다. 사실상 수평방향 통합 과정 안에도 수직적 차원이 포함되어 있다. 지방 '고용병'과 경찰의 모집을 통해 국가권력의 '재생순환'을 실현함으로써 현지인의 정치적 정통성에 대한 욕구를 상징적으로 충족시킬 수 있으며 식민정부도 정복한 사회를 관찰하고 감시할 수 있다. 세습귀족과 새로운 '협력 엘리트'와의 합작을 통해 통제 가능한 권력 연맹을 만드는 것이 제국의 정권의 강화를 위해서는 없어서는 안 될 수단이다. 느끼거나 추측하는 문화적·인종적 차이가 클수록 정치적 통합의 필요성과 사회·문화적 배제 경향 사이의 긴장관계는 더욱 분명해진다. 만약 '백인클럽'이 끝내 정치적으로 유용한 지역 유력자들을 배척한다면 후자는 불만을 가질 것이다. 반대로, 이민자들이 정치적인 독립을 실현할 수 있다면 그들은 제국이 이용할 수 있는 상업적 파트너가 될 것이다. 이것이 쌍방에게 유익한 자치령 모델(Dominion Model)이 형성된 기초였다. 이와 유사하게, 영국과 미국 양국은 1812년에 전쟁을 벌였지만 이때부터 양국은 경제적으로 긴밀한 관계를 유지했을 뿐만 아니라 19세기 마지막 30, 40년 동안의 시기에는 — 이 시기에 약간의 풍파가 있기는 했지만 — 전 방위적 '특수 관계'를 형성하기 시작했다. 모든 유형의 계보의 다른 한쪽 끝에는 수직방향 통합을 전혀 이루지 못한 식민체제가 있다. 그 대표적인 예가 노예제 사회인 18세기 영국령과 프랑스령 카리브지역이었다.

와해에 이르는 원인은 제국 내부의 통합관계에 대한 재평가라고 보는 것이 합리적인 가설이다. 그러나 고대로부터 알려져 있듯이 대부분의 경우 제국의 해체는 내부분열만이 아니라 내부적 침식과 외부의 침입이 함께 작용한 결과였다. 과장하자면 제국의 영원한 최대의 적은 다른 제국이다. 우리의 눈길을 끄는 것은 해체 이후의 제국은 대다수가 개별적인 소규모 정치단위(왕국 또는 민족국가)로 분화했다는 사실이다. 바로 패권형 체제나 연방체제로 바뀐 경우는 거의 없었다. 대양을 건너 민족을 건설하겠다는 계획 — 예컨대, 1760년 이후 스페인령 아메리카의 부르봉개혁*, 1900년 무렵 영국의 식민성 대신 조지프 체임벌린(Joseph Chamberlain)이 제시한 구상 — 은 예외 없이 실패로 끝났다. 오직 소수만(결코 전부가 아닌) 강력한 제국의 우산 아래서 연방제를 수립하려는 시도를 성공시켰다(1867년의 캐나다와 1901년의 오스트레일리아). 탈식민화 시대에 말레이시아와 영국령 중앙아프리카의 연방제 구상은 모두 성공하지 못했다.

지금까지 관찰한 내용을 '이상적인 모형'으로 요약하면 다음과 같

* 부르봉 개혁(Bourbon Reforms, 스페인어로는 Reformas Borbónicas)은 18세기에 스페인의 부르봉 왕조의 왕들이 추진한 일련의 정치적·경제적 개혁정책을 말한다. 합스부르크왕조에 시대에 비해 상대적으로 복잡한 정부체계를 개선하고 왕권의 권위를 강화했다. 개혁의 원래 목적은 수공업과 기술발전을 자극하여 스페인의 현대화를 가속화하고, 스페인령 아메리카에서도 행정체계의 효율을 높이고 경제, 무역, 재정을 발전시켜 종주국 스페인의 발전에 도움을 주도록 하는 것이었다. 그래서 식민지에서의 개혁정책은 의도적으로 크레올인의 권력을 제한함으로써 스페인의 식민지에서의 지위를 높이려했다.

다. 제국은 광활한 공간에서 다민족으로 구성된 통치연맹이며, 일종의 비대칭적이며 사실상 전제적인 중심-주변부 구조를 가진 실체다. 제국은 강제적인 기구와 정치적 상징주의, 제국정부와 그 엘리트가 찬양하는 보편주의 이념을 이용하여 국가의 통일을 유지한다. 제국의 엘리트 계층 이하에서는 어떤 형태의 사회적·문화적 통합도 형성되어 있지 않다. 또한 동질적인 제국사회와 통일적인 제국문화도 존재하지 않는다. 국제관계에서는 제국의 중심부는 절대로 주변부가 독립적인 외교관계를 발전시키도록 허용하지 않는다.[94]

제국은 내부 문제를 처리하는 데 있어서는 끊임없이 거래하고 타협해야 한다. 제국은 거대한 병영이 아니다. 곳곳의 작은 틈이 반항자들에게 서식처를 제공하고 완고한 세력이 성장할 수 있는 자유로운 공간을 제공한다. 상황이 좋다면 모든 사회계층의 사람들이 제국 안에서 평안하게 살 수 있다. 그렇다고 하더라도 우리는 제국은 본질적으로 강제적 성격을 갖고 있다는 사실을 잊어서는 안 된다. 제국은 다수 또는 전부가 자유로운 의지로 참여한 정치체제가 아니라 자치를 누리는 파트너들이 제1인자를 중심으로(primus inter pares) 뭉친 패권적 연합이다. 1990년 이전의 북대서양조약기구(NATO)가 그랬던 것 처럼.

4. 제국
유형과 비교

    제국 사이의 차이는 지도 위에서 차지하는 지역의 면적, 인구의 규모, 주변부의 숫자, 경제적 실력으로 드러난다. 한 세기에 이르는 시간 동안 네덜란드는 모든 식민지 가운데 인도 다음으로 가장 경제적으로 성공적이었던 인도네시아를 소유했다. 네덜란드는 수리남(Surinam)과 안틸레스(Antilles) 제도의 작은 섬 몇 개를 제외하고는 다른 식민지가 없었기 때문에 '제국'으로서는 전 세계에 걸쳐 식민지를 보유한 영국제국과는 전혀 다른 유형에 속했다. 형식에 있어서 약간의 차이만 있을 뿐 1884년에 등장한 신생 독일 식민제국도 같은 유형에 속한다. 독일제국에 소속된 식민지는 아프리카, 중국, 남태평양에 흩어져 있었는데 인구는 상대적으로 적고 제국 중심부의 시각에서 보자면 경제적인 중요성 또한 없어서는 안 될 정도도 아니었다.

    네덜란드는 작은 나라였지만 면적은 넓고 경제적 가치는 큰 식민지를 갖고 있었다. 독일의 상황은 전혀 반대였다. 네덜란드와 독일은 우리가 상상하는 전 세계에 식민지를 보유한 제국의 모습과는 거리가 멀었다. 19세기에 '세계제국'은 영국과 (유형은 다르지만) 프랑스뿐이었다. 차르 치하 러시아제국의 영토는 너무 넓었고 민족구성 또한 지나치게 복잡했다. 러시아는 그 자신이 하나의 독립된 '세계'였다. 중세기에 몽고가 세운 '세계제국'도 영토 면적으로는 러시아보다 약간 컸다.

레비아탄과 베헤모스

위에서 서술한 제국의 이상적·전형적 유형을 하나의 완전한 이론으로 정확하게 바꾸어 표현하기는 불가능하다. 한 세기라는 짧은 시간 안에 출현한 여러 가지 제국의 현상은 시간적으로나 공간적으로도 매우 다양하기 때문이다. 그렇다고 하더라도 우리는 몇 가지 측면에서 접근하여 상이한 유형들 사이의 중요한 차이를 찾아낼 수 있다. 대륙형제국과 해양형제국의 차이는 학문적으로나 세계정치의 대립관계라는 면에서나 가장 중요한 차이 가운데 하나로 인식된다. 지정학자와 지리철학자— 핼포드 매킨더(Halford Mackinder)에서 카를 슈미트(Karl Schmidt)에 이르기까지 —가 이른바 육지강국과 해양강국 사이의 피할 수 없는 충돌에서 근대 세계사 발전의 기본맥락을 찾으려 시도했다. 그러나 오랫동안 두 유형의 제국은 비교대상이 될 수 없다는 (증명되지 않는) 평가를 받아왔다.

'해외사'라는 편협한 개념이 러시아와 중국 또는 오스만과 합스부르크제국—나폴레옹-제국과 히틀러제국은 더 말할 것도 없었다—의 역사적 경험을 제국의 비교분석의 재료로 사용되는 것을 막아왔다. 대륙제국과 해양제국의 구분은 명확하지 않았기 때문에 연구자들에게 도움이 된 적이 없었다. 영국과 일본에게는 어떤 의미에서는 모든 지역이 '해외'였다. 로마제국은 두 가지 성격을 다 지니고 있었다. 로마는 지중해를 지배했지만 통치하는 땅은 브리튼 제도에서부터 아라비아 사막에까지 널려 있었다.

순수한 의미의 해양제국은 하나의 요새화된 항구를 연결점으로 하는 대륙의 네트워크여야 한다. 근대 초기에 이와 유사한 방식으로 건설되기 시작한 해양제국이 포르투갈, 네덜란드, 영국이었다. 18세기 말기 이전까지 이들 국가가 지배하고 있던 지역은 몇 곳의 교두보와 그 배후의 내륙지역을 넘지 못했다. 16세기의 스페인 '세계제국'은 이미 대륙제국의 성격을 띠고 있었다. 아메리카 지역에 대한 지배를 강화하기 위해 스페인은 영토 관리기술을 갖추지 않을 수 없었기 때문이다.

동인도회사는 18세기 60년대에 벵골을 지배한 뒤로 유사한 기술을 발전시켜야 했다. 해외 거점이 식민지로 확대되면서, 또는 해외 거점과 식민지가 하나로 합쳐지면서 이 지역을 어떻게 지배할지가 난제로 떠올랐다. 이 문제를 해결하는 데 있어서 유럽의 제국 중심부와의 지리적 거리가 (유일하지는 않아도) 중요한 요소였다. 전보기술이 발명되기 전 정보전달은 큰 문제였다. 따라서 권력의 분산은 어쩔 수 없는 선택이었다(이 점에 있어서 영국은 다른 제국보다 뛰어났다).

인도를 정복한 뒤 영국은 『성서』에 나오는 바다괴물(레비아탄, Levianthan)과 육지괴물(베헤모스, Behemoth)의 특징을 한 몸에 갖춘 양서류(兩棲類) 제국이 되었다. 인도와 캐나다는 종속적인 대륙제국이었다. 러시아만큼 영토가 광활한 이 두 대국은 19세기에 철도를 통해 ─ 지정학자들은 철도를 근대 대륙제국의 힘이라고 불렀다 ─ 개발되었다.[95] 증기기관 시대에 이 신기술은 육지와 해양의 교통운수에 응용되면서 대륙제국은 물론이고 해양제국에도 똑같이 이점을 가져다주었다. 두 유형의 제국은 교통의 속도와 적재능력의 향상으로 본질적인 변화를 맞았다. 공업화 시대 이전에는 같은 거리를 이동한다고 했을 때 흔히 수로가 육로보다 더 빨리, 더 많이 나를 수 있었다.

19세기 말, 두 대륙의 자원을 투입한 세계대전이 폭발했다. 연합국이 승리할 수 있었던 이유는 해군력이 대륙의 군사력을 압도했기 때문이 아니라 민간 해운능력을 이용하여 오스트레일리아와 대륙에 기반을 둔 인도 및 미국의 공업과 농업 자원에 접근할 수 있는 통로를 확보할 수 있었기 때문이다.[96] 이 전쟁 중에 독일과 영국이 국력을 기울여 여러 해 동안 준비했던 해상에서의 군사대결은 일어나지 않왔다.

그렇다고 하더라도 '순수한' 대륙제국과 해양제국 사이의 차이는 무시되어서는 안 된다. '이민족통치'란 말은 오랜 이웃나라 사이의 관계와 돌발적인 침입의 결과를 지칭할 때는 각기 의미가 달라진다. 지리적인 요인이 결정적인 이웃 관계에서는 그것은 장기적인 밀고 당김의 한 부분일 수 있다(폴란드와 러시아 사이의 몇 세기에 걸친 관계처럼). 대륙제국은 주권에 대한 주장을 정당화하기 위해 거대한 노력을 기울여야 한다. 그런 노력에는 왕실합병(Personal union)이 포함된다(오스트리아의 황제가 헝가리의 국왕을 겸하고, 러시아의 차르가 폴란드의 국왕이 되고, 중국의 만주족 황제가 몽고의 대 칸이 된 사례가 그런 것이다). 또는 동일한 지방 행정단위 제도를 수립해 행정적 통합을 추구한 오스만제국의 사례도 있고, 공산당이란 메시아주의 정당을 통해 권력을 장악한 소련제국의 경우도 있다.

통일제국의 국부적인 분열은 중앙정부의 입장에서는 바다 건너 크레올인의 자치 움직임보다 더 위험했다. 그것은 제국의 영토면적이 축소될 뿐만 아니라 나아가 제국에서 이탈하려는 지역에 새로운 적대적 이웃 나라 또는 경쟁관계에 있는 다른 제국의 위성국이 들어설 가능성이 높기 때문이다. 따라서 대륙제국의 지정학은 해양제국의 지정학과 다르다. 그러나 우리가 잊지 말아야 할 것은 영국과 스페인 모두 대서양혁명 시기에 아메리카 식민지의 이탈을 막기 위해 엄청난 군사적 노력을 했다는 사실이다.

식민주의와 제국주의

앞에서 반복적으로 언급된 '주변부'란 인위적인 개념은 우리가 흔히 사용하는 '식민지'보다는 넓은 의미를 갖고 있다. 19세기에 대륙제국(러시아, 합스부르크제국, 중국, 오스만제국)의 권력 엘리트들이라면 그들이 통치하고 있던 일부 지역이 '식민지'에 속한다고 평가하면 극구 부인했을 테지만 다른 제국(예컨대 독일)이라면 식민지 점유를 영광으로 받아들였을 것이다. 영국인은 인도는 통상적인 의미의 식민지가 아니라 독특한 경우(sui generis)라고 주장했을 것이고 프랑스인은 알제리를 진정한 식민지와는 명확하게 구분되는 프랑스 공화국의 한 부분이라고 생각했을 것이다. '식민지'는 다른 유형인 주변부와 혼동되지 않게 좁은 의미에서 구조적인 정의를 내려야 한다.[97]

19세기 후기의 '식민지' 개념에는 이 지역이 제국의 중심부와 비교할 때 사회경제적으로 발전이 지체된 지역이라는 일종의 상상이 포함되어 있었다. 그러나 러시아 통치하의 폴란드 지역, 합스부르크 제국의 보헤미아, 오스만제국의 마케도니아는 낙후와는 거리가 먼 곳이었다. 물론, 그곳이 제국에 종속된 주변부였으며 그곳의 정치적 운명은 상트페테르부르크, 빈, 이스탄불에서 결정되었던 것은 부인할 수 없는 사실이다.

1900년을 전후해 영국제국에서 캐나다와 자메이카를 예로 들면 영국과의 관계에서 두 지역은 모두 제국의 주변부였지만 둘 사이에는 어떤 공통점도 찾기 어려웠다. 캐나다가 민주적 자치를 실행하는 원시 민족국가인 반면에 자메이카는 런던 식민성의 대표인 총독이 무제한에 가까운 전권을 행사하는 왕실식민지(Kronkolonie)였다. 캐나다 자치령은 카리브해나 아프리카의 식민지와 비교할 때 여러 면에서 유럽의 민족국가에 더 가까웠다. 같은 현상은 핀란드와 투르키스탄 같은 러시아제국의 주변부에서도 찾을 수 있었다. 대체로 19세기의 핀란드는 러시아 군대가 주둔하는 반(半)자치적 대공국(大公國)이었으며 소수집단인 독일어를 사용하는 스웨덴 지주와 상인이 사회적 발언권을 장악하고 있었다.

19세기 50년대에 정복된 투르키스탄은 (타쉬켄트Tashkent가 점령된 1865년 이후로) 러시아로부터 받은 대우를 보면 영국과 프랑스의 아시아와 아프리카 식민지에 가까웠다. 캐나다와 자메이카와 마찬가지로 핀란드와 투르키스탄의 러시아에 대한 종속관계는 같은 유형으로 분류하기는 어려웠다.[98] 제국의 주변부가 모두 식민지는 아니었고 모든 제국이 활력으로 넘치는 식민 프런티어를 가지고 있지는 않았다. 식민주의는 단지 19세기 제국사가 지니고 있는 하나의 양상에 지나지 않았다.

아프리카 대륙의 빠른 정복과 분할, 국제정치에 새롭게 등장한 무모한 허세, 유럽 은행과 자원개발회사의 해외진출에 대한 정치적 지원은 19세기 말에 많은 관찰자에게 세계의 발전은 이미 하나의 새로운 단계 ― 제국주의 단계 ― 에 진입했다는 인상을 주었다. 이 현상을 분석하기 위해 많은 연구자가 통찰력이 풍부한 저서를 내놓았다. 그중에서 특히 영국의 경제학자이자 시사평론가 존 홉슨(John A. Hobson)이 쓴 『제국주의 연구』(*Imperialism: A Study*)는 지금 읽어도 여전히 깊이 있고 부분적으로는 시대에 대한 예언적인 분석을 보여주는 저작이다.[99] 몇몇 마르크스주의자 ― (로자 룩셈부르크Rosa Luxemburg, 루돌프 힐퍼딩Rudolf Hilferding, 니콜라이 부하린Nikolai Bukharin) ― 도 이 분야의 연구에 크게 기여했다. 모든 연구자가 유럽(또는 전체 서방)의 새로운 확장의 근원적인 동인을 찾고자 했다.[100] 학자들의 분석이 세밀한 부분에서는 여러 가지 차이를 보이기는 했으나 제국주의는 새로운 시대조류의 반영이란 점에 있어서는 일치했다.

사회과학의 여러 분야에서 다양한 재능을 보여주었던 오스트리아의 요제프 슘페터(Joseph A. Schumpeter)만 이런 분석에 동의하지 않았다. 그는 1919년에 제국주의는 시민시대 이전의 반자유주의파 엘리트 또는 국제시장에 대해 두려움을 느끼는 자본주의 세력이 선택한 일종의 정치적 책략이라고 주장했다.[101] 이 주장도 상당한 설득력이 있다. 여러 관점에 대해 우리는 어느 것이 옳고 그른지를 판정해야 할 필요는 없다. 제국주의라는 새로운 사물에 대해 두려움을 느끼며 체험했던 그 시대 사람들과 비교할 때 오늘을 살아가는 우리는 유럽의 확장 또는 다른 확장 과정의 장기적 연속성을 보다 분명하게 관찰할 수 있다.[102] 이런 확장 과정의 배후에는 전혀 다른 동력과 동기가 존재했다. 따라서 서술적인 방식으로 제국주의에 대한 정의를 내릴 때 특정한 정치적·경제적·문화적 해석에 얽매이지 않게 되는 장점이 있다.

이런 방식의 정의를 근거로 할 때 제국주의는 제국의 정복과 유지를 목표로 한 모든 행위의 집합으로 이해될 수 있다. 따라서 우리는 제국주의를 로마형, 몽고형, 나폴레옹형으로 나눌 수 있다. 이런 제국주의에는 특징적인 정치적 성격이 있다. 그 성격은 경계와 현상의 타파, 개입주의, 전쟁의 위험을 감수하는 신속한 무력행사, 평화를 강제하려는 강력한 의지 등이다. 제국주의 정치는 상이한 종족집단의 계층질서를 기반으로 하며 계층의 높고 낮음은 전적으로 (종족적·문화적) 강함과 약함에 의해 결정된다. 제국주의자는 스스로를 문명의 강자이기 때문에 타인을 통치할 권리가 있다고 인식한다.

1900년 무렵에 성행한 제국주의 이론에서 주장했던 제국주의와 현대 자본주의의 밀접한 관계는 그 시기의 (중요한 의미를 지니는) 특수한 상황이었다. 제국과 제국주의의 기나긴 발전 과정에서 1760년 무렵은 7년 전쟁이 폭발하면서 "전 지구적 제국주의의 첫 번째 시대"가 막을 연 시기였다.[103] 전 지구적 제국주의의 두 번째 시대는 1880년을 전후하여 시작되어 1918년에 막을 내렸다. 세 번째이자 마지막 시대는 1931년 일본의 중국 동북지역 침입에서 시작해 2차 대전이 끝날 때까지 지속되었다. 전 지구적 제국주의의 두 번째 시기는 흔히 '신제국주의(Hochimperialismus)시기'라고도 불리는데, 본질적으로 상호 연관성이 없는 4개의 과정이 서로 얽혀 형성되었다. ① 세계경제 일체화의 비약적인 발전(초기 '지구화'). ② 개입과 정복의 새로운 기술. ③ 유럽 국제체제의 평화유지 기능의 붕괴. ④ 국제정치에 대한 사회적 다원주의 해석의 대두. 첫 번째 시대와 비교할 때 새로 나타난 변화는 이제 제국주의 정치가 더 이상 열강의 전유물이 아니라는 점이었다. 달리 표현하자면, 강대국이 상대적으로 약한 일부 유럽 국가에게 제국의 '떡' 가운데서 일부를 떼어주었다. 아프리카 분할 문제를 두고 1884년에 열린 베를린회담(Berlin Conference)에서 벨기에 국왕 레오폴트 2세(Leopold II)는 본국의 정부기구를 제쳐두고 개인 자격으로 '콩고자유국'을 자신의 영지로 만들었다.[104]

지금까지 흔히 신제국주의는 공업화의 직접적 결과라는 주장이 있었다. 이런 주장은 단편성의 약점을 면할 수 없다. 아프리카 이외의 지역에서 강대국의 영토 확장 행동은 공업화 시기 이전부터 이미 활발하게 전개되었다(러시아의 시베리아, 흑해, 대초원지대, 카프카스지역으로의 진출. 1720-60년 청제국의 중앙아시아로의 확장. 1818년 영국의 인도점령 완성). 영국이 인도를 정복한 뒤에 인도는 영국 공업의 시장이 되었다. 마찬가지로, 영국은 고무자원을 얻기 위해 말레이시아를 식민지로 만들지는 않았다. 말레이시아는 영국의 식민지가 된 후 중요한 고무 공급원이 되었다. 이는 독립적인 역사적 과정이었다. 그러나 이런 사건들 사이에 간접적인 관계는 분명히 존재했다. 랭커셔(Lancashire)의 면포가 아메리카로 팔려나가자 멕시코의 은이 영국의 국고로 들어왔고 이 은은 웰즐리 후작(Lord Wellesley)*이 인도를 정복하는 재원이 되었다.[105]

공업화가 예외 없이 제국주의 정책의 직접적인 동기는 아니었다. 공업적 능력이 직접적으로 국제관계에서의 실력으로 전환되었더라면 벨기에, 작센(Sachsen) 왕국, 스위스는 1860년 무렵에 이미 호전적

* 1798-1805년 인도총독

인 강대국이 되었을 것이다. 물론 원재료 공급지와 국가가 '보장하는' 판매시장을 확보하려는 욕구가—흔히 실망으로 끝난 기대이기는 했지만—개별적인 상황에서 제국주의의 동기로서 작동하지 않았다고 할 수는 없다.

프랑스의 경우 이 요소가 상당한 작용을 한 시기가 있었다. 그러나 20세기에 들어와서야 각국 정부는 해외 자연자원에 대한 지배를 정부의 중요한 직무로 받아들이기 시작했다. 광물자원의 전략적 지위는 1차 대전 폭발 직전에 상승하기 시작했는데 가장 중요한 동인은 석유였다. 그전까지는 천연자원의 채굴이든 자본의 직접투자든 모두 민간의 몫이었고 정부의 지원은 가외(加外)의 보장일 뿐이었다. 제국주의의 두 번째 시대에 제국주의 정책의 큰 부분은 유럽 국가가 정치적 압력을 통해 플랜테이션, 삼림과 광산 개발, 철도와 운하 건설에서 유리한 조건으로 허가권을 받아내 이것을 자국의 민간 이익집단에게 넘겨주는 데 집중되었다.[106] 19세기의 마지막 30, 40년 동안 세계경제의 전환은 보편적 현상이 되었다. 경제의 지구화는 국가정책의 직접적인 결과물이 아니었으며 양자의 관계는 상호영향과 상호작용의 관계였다. 약탈적 수단을 통한 원재료 획득은 사라졌으나 그 대신 착취체계(Extraktionssystemen, 예컨대 플랜테이션 경제)와 상업적 동기가 결합된 방식이 등장했다. '온갖 종류의 종속구조'가 변화했고 그 정도는 식민지 자신의 유형에 의해 결정되었다.[107]

공업화가 제국의 정복전쟁 방식에 어떤 직접적인 영향을 주었을까. 1800년 무렵 영국의 인도 정복은 공업화 이전 시대의 군사기술을 사용하여 완성되었다. 심지어 웰즐리의 주요한 적수였던 마라타인(Marathas)은 영국군보다 뛰어난 포를 보유하고 있었지만(독일인 용병이 유지·보수했다) 이 기술을 정교하게 운용할 줄 몰랐다.[108] 증기기관을 동력으로 하는 포함이 등장한 이후에야 공업기술이 전쟁의 승부를 결정하는 중요한 요소가 되었다. 증기 포함이 처음으로 실전에 투입된 것은 1823-24년의 제1차 영국-버마전쟁이었고 두 번째는 1841년의 중국-영국 아편전쟁이었다.[109] 식민정복의 제2단계는 (유럽인의 기준으로 보자면) 상대적으로 간단한 기술혁신의 도움을 받았다.

1884년에 발명된 맥심기관총(Maxim gun)이 1890년대에 벌어진 유럽 군대와 원주민 군대의 충돌을 대형 학살극으로 바꾸어놓았다.[110] 중요한 것은 제국 중심지의 공업과 기술 발전의 절대적인 수준이 아니라 토착정권의 장악력이었다. 공업적 기술력이 전투력의 우위로 전환되려면 '현지'의 사정에 적응해야만 했다. 그러지 못했을 때 영국은 제2차 아프가니스탄전쟁(1878-80)에서, 미국은 20세기에 벌인 일련의 군사개입 행동에서(베트남, 이란, 레바논, 소말리아, 아프가니스탄 등) 참패하고 말았다.

19세기에 모든 제국이 적극적으로 활약하지는 않았다. 그 차이는 대륙제국과 해양제국의 구분과는 무관했다. 19세기 유럽 국제체제에서 줄곧 능동적이었던 3대 제국은 영국, 러시아, 프랑스였다. 독일은 1884년 이후로 식민제국의 대열에 참여했으나 비스마르크 집권 기간 동안에는 의도적으로 '세계정치'의 추진을 피했다. 세기가 교차할 무렵 '세계정치'는 빌헬름 황제의 정책구호가 되었다.

빌헬름 황제가 보기에 독일의 식민판도는 너무 좁았다. 오스트리아는 여전히 제국이었지만 1866-71년의 프로이센-오스트리아전쟁에서 패한 뒤로는 2급 강대국으로 전락하여 어떠한 확장성 제국주의 정책도 추진하지 않았다. 강대국이 아닌 네덜란드, 포르투갈, 스페인은 기존의 식민지를 지키는 것 이외에 새로운 식민지를 수확하지 못했다.

항상 호전적이며 활력에 넘치던 중국제국과 오스만제국은 점차로 줄어드는 제국을 지키기 위해 노력하고 있었지만 유럽의 확장 앞에서 방어적 지위로 떨어졌다(중국의 처지는 오스만제국보다는 조금 나았다). 1895년부터 일본은 매우 적극적인 제국주의 '참여자'가 되었다. 19세기의 제국은 제국주의의 강도에 차이가 있었다. 표면적으로 볼 때, 또는 추상적인 이론의 시각으로 볼 때 한 가지만 드러나는 제국주의 체제는 좀더 깊이 관찰했을 때 다양한 제국주의로 분화한다.

5. 제국
중심유형과 변형

합스부르크 왕조

전형적인 제국은 현실 역사에 존재하지 않는다. 나아가 다양한 기준 때문에 초보적인 유형화도 불가능하다. 그러나 제국의 특징을 비교해 보면서 일부 개별적인 사례에 대한 분석은 시도해 볼 수 있다.

극단적으로 비전형적인 유형이 합스부르크제국이었다.[111] 이 제국은 유럽의 중앙에 자리 잡고 있어서 영토 면에서는 포화상태에 처해 있었고 해양으로 진출할 수 있는 통로에 문제를 가진 유일한 제국이었다(군항은 트리에스트Triest와 폴라Pola 두 곳뿐이었고 함대의 규모도 작았다).[112] 빈회의에서 메테르니히는 오스트리아의 확장은 이미 이상적인 상태에 도달했으므로 어떤 방식의 영토확장 시도에도 반대한다고 밝혔다.[113] 그러나 뒤에 가서 오스트리아-헝가리제국은 메테르니히의 지휘하에 세력을 롬바르디(Lombardia)와 베네토(Veneto)까지 확대하고 이탈리아의 지배자가 되려했다. 이런 상황은 1866년까지 지속되었다. 오스트리아-헝가리제국은 1878년 보스니아-헤르체고비나(Bosnia-Herzegovina)를 점령한 뒤 1908년에는 이 지역을 정식으로 합병했다.

이것이 1차 대전 폭발의 도화선이 되었다. 오스트리아-헝가리제국의 이런 행동은 심사숙고한 제국 건설의 구상에서 나왔다기보다는 빈 궁정의 무책임한 호전파가 선동한 반세르비아, 반러시아 소란

극의 한 장면이었다.[114] 누구도 200만에 가까운 보스니아의 남슬라브인을 오스트리아-헝가리제국의 구성원으로 받아들이려 하지 않았고 이 때문에 민족 간의 미묘한 균형이 깨졌다. 보스니아-헤르체고비나는 진퇴양난의 상황에서 '제국의 영토'란 자격으로 오스트리아-헝가리제국에 합병되었다.

다른 제국과 대비할 때 오스트리아-헝가리제국에는 식민지란 개념이 적용되기 어려웠다. 이 제국에는 심지어 (아일랜드와 영국의 관계처럼) 차별받는 '내부' 식민지도 없었다. 그런데도 오스트리아-헝가리제국은 제국이 갖추고 있는 전형적인 특징을 많이 보여주었다.[115]

이 제국은 통일성이 결여된 다민족 제국, 역사적 연원이 다른 많은 지역으로 구성된 연합체였다. 그 가운데서 가장 독자성이 강한 지역과 민족은 헝가리였다. 1867년, 헝가리는 반(半)자치왕국의 지위를 인정하는 헌법체제 ─ 합스부르크 왕실의 가족 가운데 한 사람이 부다페스트에 머물며 합스부르크 대공이란 명칭으로 프란츠 요제프 황제를 대표했다 ─ 를 받아들이고 새로운 '이중군주제' 제국에 합병되었다. 헝가리는 자신의 양원제 의회와 정부를 가졌다. 오스트리아-헝가리제국에서 헝가리인은 독일어를 사용하는 오스트리아인 다음으로 지위가 높은 종족집단이었다. 이중제국에서 헝가리의 지위는 영국제국 내에서 캐나다 자치령의 지위와 대체로 동일했다(캐나다 자치령도 1867년에 수립되었다). 헝가리와 캐나다의 각자 소속된 제국과의 관계는 비강제적 관계였다. 헝가리인과 캐나다인은 다 같이 제국의 통치하에서 자신의 재능을 마음껏 펼칠 수 있었다.

경제발전 면에서 두 자치령은 중앙에서 제약을 받지 않았고 정부의 재정지출 일부는 제국이 분담했다.[116] 영국제국과 마찬가지로 도나우 군주국도 연방제국가로 발전하지 않았다. 1867년 이후 제국 전체가 구심력을 잃어갔다. 슬라브 민족이 가진 피해의식은 정당한 것이었다. 그들은 제국의 황제가 중립적인 중재자로서 자신들의 이익을 지켜줄 것이란 희망을 버렸고 제국에 대한 소속감도 버렸다. 붕괴되는 그 순간까지도 오스트리아-헝가리제국의 내부통일은 형식에 지나지 않았다. 제국은 문화를 통일시키고 동질감을 강화하기 위해 강제적인 수단을 사용한 적이 없었고 수평방향의 사회통합도 매우 제한적이었다. 제국의 단결은 군주란 상징과 다민족 장교단을 통해 최고 계층에서만 유지되었다. 장교단의 종족 구성의 다양성은 근대 초기의 스페인 군대나 영국령 인도의 군대와 비교할 만했다. 그러나 대다수의 신민이 보기에 오스트리아-헝가리제국은 군사화된 국가가 아니었다. 롬바르디아-베네토 지역의 이탈리아인만 독재적인 이민족 통치를 받고 있다고 느꼈다.

갈리치아(Galizien) 같은 분열된 지역에서 오스트리아 정부는 오스트리아인 거주지역에 대해 러시아인, 프로이센인, 유대인 거주지역보다 정치적·문화적으로 우대하는 정책을 폈다. 몇 세기 동안 오스트리아-헝가리제국의 일부였던 민족집단은 상호 간의 관계를 의심했다. 널리 알려진 오스트리아-헝가리제국의 '민족문제'는 (러시아제국이 그랬듯) 주변부와 중심부의 문제가 아니라 민족집단 상호 간의 충돌과 갈등이었다. 헝가리 자신도 내부에 복잡하고 예민한 소수민족 문제를 안고 있었다.[117]

합스부르크제국은 개방된 '야만의 프런티어'가 없는 유일한 제국이었다. 뿐만 아니라 이 제국에는 이민형 식민지도 없었다. 여러 형태의 민족과 문화의 차이가 존재했지만 오스트리아-헝가리제국은 그래도 서유럽 강대국의 해외 식민제국, 오스만제국, 러시아제국보다 민족구성이나 문화적 동질성 면에서 통일되어 있었다. 민족의식이 점차 대두하면서 언어, 풍습, 역사전승 방면의 차이는 더 분명해졌다. 그러나 빈에 있는 황제의 모든 신민은 모두가 피부색이 희고 대부분이 가톨릭 교도였다. 동방정교를 믿는 세르비아인은 이교

집단으로서는 규모가 가장 컸지만 전체 인구에서 차지하는 비중은 3.8퍼센트였고 무슬림은 1.3퍼센트였다.[118]

이 수치를 다른 제국과 비교해보는 것도 의미 있는 일이다. 이슬람이 국교인 오스만제국이 1878년 발칸반도의 영토를 상실하기 전에 대략 40퍼센트의 신민이 비무슬림이었다. 동방정교를 믿는 러시아제국에서 비동방정교도의 비율은 29퍼센트(1897년)에 이르렀다. 거의 모든 피부색과 대부분의 중요 종교를 포용했던 영국제국에서 신도 수가 가장 많은 종교는 사실 힌두교였다.[119] 빈, 부다페스트, 프라하에서 볼 때 남슬라브인이나 루마니아인 소수민족은 '야만인'이었을지는 모르나 서유럽인, 러시아인, 중국인이 고귀함이나 미천함을 논할 때 묘사하는 '야만인'과는 부합하지 않았다.

합스부르크제국은 지리와 문화적 의미에서 유럽/서방형 다민족 정치실체였다. 법 앞에 만인이 평등하다는 원칙은 전국 각지에서 지켜졌다. 이런 점에서 볼 때 합스부르크제국은 모든 제국 가운데서 '가장 현대적'이고 '최고로 문명화된' 제국이었지만[120] 모든 면에서 그렇지는 않았다. 민족건설이란 면에서는 일부 민족 — 최소한 헝가리인과 체코인 — 이 이룬 성과가 독일어를 사용하는 오스트리아인보다 훨씬 앞섰다.

1900년 무렵까지도 오스트리아인은 제국 전체에서 지배적인 지위에 있는 민족이라고 말하기는 어려운 형편이었다. 또한, 더 나아가 아직 하나의 민족을 형성하지도 못한 상태였다. 세계의 다른 지역에서는 명목상의 민족으로 구성된 민족국가가 제국의 핵심이란 외피 속에 숨어 있다가 제국의 주변부가 떨어져 나간 뒤 일어나 독립국가가 되었다. 1차 대전 후 오스만제국의 폐허 속에서 놀라울 정도의 빠른 속도로 일어선 터키공화국이 바로 그런 사례였다. 그러나 도나우 군주국에서는 이런 상황은 일어나지 않았다. 이런 의미에서 합스부르크제국은 모든 제국 가운데서 가장 보수적인 제국, 그래서 세계지도에서 가장 먼저 사라진 제국 가운데 하나였다.

오스트리아-헝가리제국의 몰락은 국가의 전면적인 와해에서 시작되었다. 유사한 사례를 찾는다면 1990-91년의 소련 해체를 들 수 있을 것이다. 오스트리아-헝가리제국의 붕괴는 1차 대전에서의 패배가 원인이었지만 같은 전쟁을 거치면서 영국제국의 응집력은 한층 더 강화되었다. 두 제국의 결말은 달랐지만 비교 대상으로서 가장 합당한 사례는 그래도 영국제국이다. 도나우 군주국의 지붕 아래서 롬바르디아, 헝가리, 체코로 대표되는 각 민족은 민족의 내부건설 방면에서 뛰어난 성과를 거두었다. 이들은 오스트레일리아, 뉴질랜드, 캐나다처럼 대규모의 폭력적 저항 없이 성공적으로 제국의 역사와 결별했다. 정치와 경제면에서는 생존능력을 지닌, 즉 국제정치에서 자기 자리를 가진 민족국가가 되었다. 오스만제국에 소속되었던 중동과 발칸지역 국가는 이런 결단력을 보여주지 못했다.

제국 계보의 다른 한쪽 끝에는 중국제국이 있다. 근대사에서 유일하게 중국제국으로부터 분리되어 나오는 데 성공한 나라가 외몽골이었다(1911년). 초기단계의 불안정한 자치시기를 거친 후 외몽골은 장장 70년 동안 소련의 가장 오랜 위성국이 되었다. 1991년에 몽골은 마침내 1600년 무렵에 상실한 독립국의 지위를 회복했다.[121]

네 개의 프랑스제국

수백 년 동안 합스부르크 왕실과 프랑스 왕실은 유럽 대륙에서의 지배적 지위를 차지하기 위해 경쟁했다. 1809년, 나폴레옹은 오스트리아 왕국을 붕괴직전까지 몰아갔고 군대를 보내 빈을 점령했다. 두 개의 순순한 대륙제국이 이렇게 부딪혔다. 나폴레옹제국은 단명으로 끝나버렸기 때문에 나폴레옹제국를 다룬 문학작품은 별로 없다. 그런데 사실은 나폴레옹제국이야말로 진정한 의미의 제국이었다.

나폴레옹이 집권한 16년 동안 군사(軍事)가 모든 것에 우선하는 지위를 차지했고 정치는 그것의 하부 수단이었다. 군사적인 필요를 만족시키기 위해 국가는 끊임없이 세금을 걷고 새로운 병사를 모집했다. 그러는 와중에도 제국으로서 체계적인 윤곽은 여전히 유지되었다.[122]

제국의 가장 전형적인 두 가지 특징도 뚜렷하게 드러났다. 무엇보다도 먼저, 나폴레옹은 짧은 시간 안에 제국의 우수한 엘리트집단을 만들어냈다. 그는 이들을 각지로 파견했고 순환근무제를 통해 이들을 관리했다. 엘리트집단의 핵심은 보나파르트가와 보아르네 가문(Beauharnais)*의 구성원, 나폴레옹이 가장 아끼고 신임하는 장군들, 어디든 갈 준비가 되어 있는 직업 행정관료였다.[123] 역사상 최후의 위대한 계몽 전제주의자인 나폴레옹이 세운 제국은 극도로 국가통제주의적인 정치체제였으며, 공공의 이익을 우선시 하는 현대적 직능을 갖추었으나 신민에게는 제도화된 발언이나 정치참여의 기회를 허용하지 않았다. 다른 제국과 마찬가지로 나폴레옹제국도 피정복 사회의 자원을 동원하기 위해서는 토착 지배자와 토착 엘리트와의 협력에 의존하지 않을 수 없었다. 그러나 이들에게는 (영국 모델에서는 허용된) 최저한도의 형식적인 대표권도 주어지지 않았다.[124] 18-19세기의 어떤 제국도 중앙집권화의 정도에 있어서 나폴레옹제국과

* 보아르네가는 프랑스의 귀족 가문이다. 나폴레옹의 집권 이후로 유럽의 각 왕가와 혼인 관계를 맺으며 유명해졌다. 1779년, 알렉상드르 드 보아르네(Alexandre François Marie de Beauharnais)자작은 조제핀 드 보아르네(Joséphine de Beauharnais)와 결혼해 외젠(Eugène)과 오르탕스(Hortens) 남매를 낳았다. 외젠과 오르탕스는 조제핀이 나폴레옹과 재혼하면서 나폴레옹의 양자녀가 되었고 외젠은 바이에른 공주 아우구스테의 남편이, 오르탕스는 네덜란드의 왕비가 되었다. 오르탕스의 남편은 나폴레옹의 남동생 루이 보나파르트였는데 두 사람 사이에서 나폴레옹 3세가 태어났다.

비교될만한 상대는 없었다. 파리에서 반포하는 지시와 법령은 즉시 제국 전체에서 효력을 발생했다.

다음으로, 나폴레옹의 확장계획 전체가 강렬한 문화적 우월감을 내포하고 있었다. 인종주의가 성행하기 전의 시대에 심지어 유럽인과 비유럽인 사이에도 이런 우월감은 찾아보기 어려웠다. 우월감의 바탕에는 혁명시대 이후 세속화된 프랑스 사회가 계몽사상과 문명의 정점을 대변한다는 자신감이 자리 잡고 있었다. 마이클 브로우어스(Michael Broers)가 지적했듯이 이런 문화적 우월감은 제국의 핵심 지역에서는 ─ 프랑스 동부, 네덜란드, 북부 이탈리아, 독일의 라인 연맹(Rheinbundstaaten) ─ 거의 찾아볼 수 없었으나 폴란드, 스페인, 제노아 이남의 이탈리아 같은 '제국의 외곽'에서는 강렬하게 나타났다.[125] 그곳의 프랑스인은 점령군처럼 행동하면서 '미신에 빠진' 비효율적인 현지인을 멸시하고 심지어 직설적인 식민지 약탈 행위에 참여하기도 했다.

나폴레옹제국이 펼쳤던 문화적 통일에 대한 의지는 다른 어떤 제국에서도 유례를 찾아볼 수 없을 정도로 강력했다. 계몽주의가 내세운 유럽의 영구평화라는 청사진에서 영향을 받았던 나폴레옹은 회고록에서 통일된 유럽, "어디서나 동일한 원칙과 동일한 제도가 통용되는" 유럽을 꿈꾼 적이 있다고 밝혔다.[126] 그러자면 우선 비프랑스 엘리트가 프랑스화되어야 하고 그런 다음에는 광대한 민중이 '문명화 사명'(mission civilisatrice)을 받아들여 종교와 지역주의의 족쇄에서 해방되어야 했다. 그러나 이런 구상은 이미 1808년부터 스페인에서 문제를 일으키기 시작했다.[127]

1813년 10월, 나폴레옹제국은 라이프치히 대회전에서 종말을 알렸다. 19세기 프랑스 해외제국은 완전히 새로운 출발점에서 태어났다. 이 제국의 형성은 1830년의 알제리 점령에서 ─ 순전히 내정의 곤경을 모면하기 위한 기회주의적인 국면전환 ─ 시작되었다.[128] 일반적으로 1783년 미국 독립을 표지로 하여 제1영국제국과 제2영국제국을 구분하듯이 우리도 이것을 모방하여 프랑스제국을 넷으로 나눌 수 있다(아직까지 이 방식을 시도한 프랑스 역사학자는 없지만).

① 구정권 통치하의 제1제국: 카리브지역을 중심으로 하며 아무리 늦어도 1804년의 아이티 독립과 함께 끝난다. 중상주의 정책을 엄격하게 시행했으며 이민을 통해 통치를 강화하려는 시도는 거의 없었다. 경제는 노예노동에 의존하는 정도가 매우 높았다.

② 제2제국: 나폴레옹이 전격전을 통해 점령한 '프랑스 유럽' (France-Europe).

③ 제3제국: 1814-15년에 프랑스로 반환된 몇 곳의 식민지(예컨대 세네갈)를 기초로 하여 1830년 이후로 세워지기 시작한 취약한 식민제국. 19세기 70년대까지 알제리가 제국 전체의 핵심적인 지위를 차지했다.

④ 제4제국: 제3제국의 영토를 확장하여 형성된 처음으로 전 세계에 걸친 제국. 19세기 70년대부터 20세기 60년대까지 북아프리카, 서아프리카, 인도차이나가 지리적 중심이었다.

이런 4단계 프랑스제국사가 오늘날까지 남겨놓은 것은 모두 제1제국의 유산이다. 그중에서 대표적인 것이 프랑스의 해외 레지옹*이며 구체적으로는 유럽연합 회원국의 해외영토의 자격을 갖고 있는 과들루프(Guadeloupe)와 마르티니크(Martinique)다. 나폴레옹 시대 이후의 프랑스의 몇 개 제국은 모두가 철저하게 영국제국에 대응하기 위해서 생겨났으며 따라서 영국제국의 그늘을 벗어날 수 없었다. 알제리에 대한 침입은——무슬림 해적이 지배하는 불량국가 징벌작전이라는 명분을 내세워 국제사회로부터 지지를 받았다——실제로는 영국인이 아직 발견하지 못한 권력 진공지역에 개입하려는 시도였

---

* 레지옹(région)은 프랑스의 지방 행정 구역 단위의 하나. 한국의 광역자치단체 단위인 도(道)와 비슷하다.

다. 영국인은 1713년부터 지브롤터(Gibraltar) 해협을 장악하여 나폴레옹의 함대를 지중해에 묶어두고 나아가 1814년에는 몰타(Malta)섬을 점령(1802년부터 사실상 지배)하여 식민지이자 해군기지로 만들었지만 이곳을 제외하고는 (1882년 이집트를 점령하기 전까지) 지중해지역 식민지 건설에 관심이 없었다. 프랑스의 정치가와 대중은 제국주의 경쟁에서 이등국가로 떨어졌다는 열등감에 오랫동안 시달려왔다.

영국과의 경쟁을 제외하고 다른 기준에서 본다면 프랑스의 식민지 확장은 매우 성공적이었다. 영국에 비해 많이 뒤처지기는 했지만 19세기 해외제국 가운데서 안정된 두 번째 자리를 차지했다. 그러나 영토 면적은 일정부분 허수가 포함되어 있었다(1913년, 영국제국의 면적은 3,230만 제곱킬로미터, 프랑스는 970만 제곱킬로미터).[129] 영국의 영토 면적에는 자치령이 포함되어 있었고 프랑스의 영토 면적에는 알제리가 귀속을 요구하는 황무지(사하라사막)가 포함되어 있었다.

1913년 무렵 영국제국은 지구상 '모든' 대륙의 중요한 지점에 식민지를 두고 있었지만 프랑스 식민지는 북아프리카(알제리, 튀니지, 모로코), 서아프리카, 중부아프리카, 마다가스카르섬과 동남아시아(인도차이나, 즉 베트남과 캄보디아. 1896년 이후로는 라오스가 추가되었다), 카리브해 지역(과들루프, 마르티니크), 남태평양(타이티와 비키니제도), 남아메리카(프랑스령 기아나)에만 있었다.

프랑스의 식민이익은 인도차이나 지역을 크게 벗어나지 않았다. 프랑스는 북아메리카와 오스트레일리아에 식민지가 없듯이 동아프리카와 남아프리카의 식민지도 거의 없는 것이나 다름없었다. 아프리카에서 프랑스 식민지가 가장 많이 모여 있는 곳에서도 영국은 여전히 우월한 지위에 있었다. 북쪽의 이집트에서 남쪽 끝의 희망봉에 이르기까지, 서부와 동부해안 그리고 인도양에서 가장 중요한 섬인 모리셔스에 이르기까지 곳곳에 영국인이 세운 식민정권이 자리 잡고 있었다.

훗날의 일련의 정복행위도 프랑스 식민지 가운데서 알제리가 차지하고 있던 첫 번째 자리를 바꾸어놓지는 못했다. 시간적으로 볼 때 프랑스의 아프리카 정복은 긴 단계를 거쳤다. 최초의 침략행동은 '아미르'* 압달콰디르(Abd al-Qadir, 1808-83)가 이끄는 조직적인 저항에 부딪쳤다. 이 저항세력은 한동안(1837-1839) 프랑스에 맞서 독자적인 사법과 징세체계를 갖춘 정부를 성공적으로 운영했다.[130]

유럽 식민주의(와 북아메리카 프런티어) 역사에서 흔히 볼 수 있듯이 침략자의 성공은 대부분 현지 세력의 분열과 반목 때문에 가능했다. 1847년, 압달-콰디르가 투항을 선언했다. 그는 프랑스의 감옥에 4년 동안 갇혀 있었고 남은 생애 동안 '존귀한 적'으로서 프랑스인으로부터 상당한 정도의 예우를 받았다. 그의 생애는 카프카스 지역의 무슬림 저항운동의 지도자 이맘 샤밀(Shamil)과 매우 유사했다.

두 사람은 여러 방면에서 비교되었다. 식민정복 단계에서 프랑스와 기타 국가(주로 스페인과 이탈리아)에서 온 이민의 숫자는 빠른 상승세(1841년의 3만 7,000명에서 10년 뒤 13만 1,000명으로)를 보였다.[131] 이들은 대부분이 도시에 거주했고 개척농민이 된 사람은 소수였다. 알제리에 대한 정복과 식민은 유럽인이 아프리카 최남단에 발을 내딛던 바로 그 시점에 시작되었지만(시간적으로 보어인의 대이주와 완전히 일치했다) 1880년대는 알제리는 물론이고 전체 아프리카에게 심각한 재난의 시기였다.

나폴레옹 3세는 아시아와 멕시코에서는 제국주의 모험가의 역할을 하면서도 알제리에서는 이민 집단의 권력 요구를 충분히 수용

---

* 아미르(âmir 혹은 emir)는 아랍어로 '사령관' '총독'이란 의미를 갖고 있으며 이슬람 세계에서 왕족과 귀족의 칭호이다.

해준 적이 없었고 알제리 부락의 토지소유권을 최소한 서류상으로는 인정해주었다. 그러나 1870년에 제2제국이 종결된 후 이런 장애는 해소되었다. 프랑스공화국은 케이프 식민지의 영국 식민정부와는 달리 식민자들에게 자신의 국가를 만드는 자유를 허락했고 그래서 1870년대와 1880년대 ─ 1871-72년에 알제리인의 마지막 대봉기가 진압되었는데 그 잔혹함의 정도는 1857년 영국인의 인도 민족대봉기 진압을 연상케 했다 ─ 는 각종 수단(토벌에 가까운 침탈, 징벌적 수용, 법의 이름을 빌린 사취)을 통해 알제리인이 토지소유권을 대규모로 상실한 시대였다. 알제리에 거주하는 유럽 이민자 수는 20년이란 짧은 기간에 28만 명(1872년)에서 53만 1,000명으로 증가했다. 제2제국이 민간 기업을 내세워 토지를 개발했다고 한다면 제3공화국은 자기 소유의 토지를 개척하는 농민을 선전하고 장려했다. 제3공화국의 목표는 식민지 공간에 프랑스 농업사회를 복제하는 것이었다.

'전형적인' 유럽 식민지는 존재하지 않았다. 알제리도 전형적인 유럽 식민지는 아니었지만 프랑스인의 민족정서에 주요한 작용을 했고 이 때문에 유럽과 이슬람세계 사이에 새롭고 격렬한 충돌을 불러왔다. 모든 식민지가 현지인의 이익을 경시했지만 그 정도에 있어서 알제리와 비교될 만한 식민지는 없었다. 지리적으로나 역사적으로도 북아프리카는 유럽의 입장에서 진정한 '해외'는 아니었다. 북아프리카는 로마제국의 지리적 공간의 일부였고 후세의 식민자들도 자신을 변호하기 위해 이 점을 강조했다.

알제리에 등장한 유럽인과 무슬림 사이의 첨예한 문화적 충돌은 하나의 역설이었다. 근대역사에서(오늘날을 포함하여) 프랑스만큼 이슬람세계와 긴밀하고 활발하게 접촉해온 나라는 없었다.[132] 이웃나라 모로코에서도 유럽인과 무슬림 사이에 이런 충돌은 발생한 적이 없었다. 모로코 주재 총독 위베르 리요테(Hubert Lyautey)는

1912년부터 원주민 사회에 대한 개입을 최소한으로 줄이고 의도적으로 (상대적으로 소규모인) 이민자들의 영향력을 억제하는 보수적인 정책을 시행했다.[133]

또 하나의 역설은 알제리의 외래 이민자의 지위에서도 드러났다. 이민자는 현지에서의 세력이 강대하면서도 정치적 독립을 추구한 적이 없었다. 이것은 '정상적인' 이민의 발전 과정과도 부합하지 않는다. 북아메리카, 오스트레일리아, 뉴질랜드의 영국 이민과는 달리 알제리의 프랑스 이민은 자치령 형태의 국가를 세우려 한 적이 없었다. 무엇 때문이었을까.

첫째, 이곳의 이민은 숫자가 상대적으로 적었기 때문에 줄곧 프랑스 군대의 보호를 받아왔다. 이와는 반대로 캐나다, 오스트레일리아 뉴질랜드의 이민은 1870년 무렵부터 안전문제를 해결하기 위해 독립적인 치안력을 스스로 구성했다.

둘째, 알제리는 1848년 이후 법률적으로는 식민지가 아니라 프랑스 영토의 한 부분이었다. 프랑스의 강력한 중앙집권체제는 어떤 형태의 정치적 자치나 중간단계의 존재도 허용하지 않았다. 그 결과 알제리의 프랑스 이민 집단 내부에서는 민족의식보다는 부락의식이 형성되었다. 이런 점에서 알제리의 프랑스 이민 집단은 북아일랜드의 신교도 영국인 집단과 유사했다. 여기에 더해 알제리인의 민족의식은 다른 어떤 유럽 식민지보다도 강했다. 1870-71년의 프로이센-프랑스전쟁에서 치욕적인 패배를 당한 후 프랑스에서는 알제리를 식민주의를 통해 민족부흥을 시도하는 시험장으로 보는 인식이 팽배했다.[134]

셋째, 알제리의 식민경제는 시종 불안정하고 의존성이 강했다. 알제리 경제는 1870년 이후 소기업 위주로 구성되어 있어서 포도주를 제외하고는 안정적인 수출상품이 없었다. 그러나 영국의 자치령은 식량, 양모, 육류제품을 생산하고 수출하는 대기업을 갖고 있었다.

알제리를 제외하면 프랑스 식민제국은 상대적으로 젊은 제국이었다. 서아프리카에서 광대한 땅을 정복하고 이어서 동쪽으로 나아가 오늘날 말리, 니제르, 차드가 있는 지역을 점거함으로써 비로소 제국의 영토적 기초가 안정되었고, 이때부터 프랑스는 영국과 자웅을 겨룰 생각을 갖게 되었다. 그러나 두 나라의 식민군대가 1898년에 나일강 상류 파쇼다(Fashoda)에서 조우전을 벌인 후 프랑스는 수세적 자세로 돌아섰다. 이 전투에서 양국의 실력이 남김없이 드러났기 때문이다.

아프리카의 사반나 벨트가 경제적으로 별 가치가 없는 지역이라고 한다면 베트남은 처음부터 생산능력이 발달하고 약탈할 자원이 풍부한 식민지임이 증명되었다. 베트남을 구성하는 세 지역(코친차이나, 안남安南, 통킨東京)이 차츰 독립을 상실해가는 과정에서 1884년은 결정적인 의미를 갖는 해였다. 그러나 그 후로도 격렬한 저항운동은 끊이지 않고 이어졌다. 세기가 교차할 무렵 베트남과 인도차이나의 다른 두 지역은 마침내 '평정'되었다. 그 후로 40년 동안 인도차이나는 전체 프랑스 제국에서 가장 중요한 은행업, 광산업, 농업의 투자처였다.[135] 그러나 이곳에서도 식민경제의 영향력은 제한적이었다. 인도차이나를 아시아의 화폐체계로부터 분리시킬 방법이 없었다. 유통화폐로서 프랑으로 은과 기타 소액 화폐를 대체하기란 불가능했다. 인도차이나는 중국과 마찬가지로 은본위제였고 따라서 경제는 은 가격의 파동에 그대로 노출되었다.[136]

프랑스 은행이 각지에 분점을 설치했던 이유는 금융제국주의의 행태이기도 했지만 한편으로는 은본위제의 취약점에다 현지 신용제도의 낙후성이 더해진 상황에 대응하기 위한 부득이한 조처이기도 했다. 프랑스의 전체 식민지 가운데서 인도차이나는 민간기업의 수익성이 가장 높은 곳이었다. 이런 수익성은 수출부문은 물론이고 방대한 인구를 가진 국내시장에서 나왔다. 베트남은 마르세이유와 바로 연결될 수 있었을 뿐 아니라 프랑스가 홍콩, 중국내지, 싱가포르, 태국, 영국령 말레이시아, 네덜란드령 동인도와 교역할 때 중요한 거점이었다. 인도차이나는 프랑스 기업에게 풍성한 이익을 가져다주었을 뿐 아니라 프랑스 자본주의의 번영에도 크게 공헌했다.[137]

모든 것을 고려할 때 프랑스 식민지는 영국 식민지에 비해 당시의 국제체제 속에 통합된 정도가 낮았다. 알제리를 제외하면 프랑스에서 시작된 주목할만한 이민운동은 없었다. 파리는 국제 자본이동의 중심지로서 런던의 비교 대상이 되지 못했다. 가장 큰 규모의 자본흐름은 식민제국으로 향한 게 아니라 러시아로 흘러들어갔고 그다음이 스페인과 이탈리아였다. 프랑스도 오스만제국, 이집트, 중국에 차관을 제공하는 데 적극적이었고, 이렇게 흘러들어간 돈은 독자적인 금융 제국주의를 형성하여 프랑스 공업(특히 무기제조)의 첨병역할을 했다. 프랑스 금융이익의 판도는 (영국만큼) 제국의 지리적 판도와 일치하지는 않았다. 프랑스는 영국이나 네덜란드에 비교될 만큼 해외 식민지의 역사가 길지 않았다. 근대 초기의 프랑스 동인도회사는 네덜란드와 영국의 동인도회사의 경쟁상대가 되어본 적이 없었다. 1차 대전 후에도 프랑스 대중은 식민지 문제에 대해 여전히 별다른 관심을 갖지 않았다. 따라서 프랑스의 식민정책은 소규모 이익집단(특히 식민지 군대, 해군, 지리학자들)의 강력한 영향을 받았다. 반면에 프랑스에서는 영국이나 기타 국가만큼 식민주의와 제국주의에 대한 비판이 강하지 않았다. 19세기 90년대에 프랑스 사회에서는 식민지를 '문명화 사명'을 내세워 전 세계에 프랑스의 우월한 문화를 전파할 수 있는 기회로 보는 사회적 공동인식이 형성되어 있었다.[138]

프랑스의 제국주의는 정치 방면에서 놀라울 정도로 보잘것없는 번식능력을 보여주었다. '시민'의 나라가 민주주의를 수출한 적이 없었다. 프랑스의 식민정권은 대부분 극단적으로 독재적인 정권이었다. 훗날 탈식민화 과정에서 서아프리카만 상대적으로 평온을 유지하며 많은 폭력사태가 일어나지 않았다. 초기 프랑스 확장사에서 프랑스가 겪은 실책의 사례는 영국보다 훨씬 더 많았다. 1882년, 영국은 프랑스인의 코앞에서 이집트를 빼앗아감으로써 프랑스에게 치욕의 일격을 날렸다.

프랑스의 확장이 낳은 최대의 문화적 효과는 프랑스어의 전파였다(특히 서아프리카에서 그 효과는 오래 지속되었다). 이 밖에도 식민지에서 새롭게 등장한 교육받은 소수 계층에게는 '동화'의 문이 열려 있었다. 종주국 프랑스는 이들 식민지 지식인을 통해 식민지의 급진적인 문화적 변혁을 기대했다. 그러나 이런 방식으로는 진정한 의미에서 응집력이 있는 제국문화를 만들어 낼 수 없었다. 프랑스제국은 붕괴된 뒤 영국연방 같이 느슨하게 단결된 공동체로 전환되지 못했다.

제국에 속하지 않은 식민지

제국에 소속되지 않은 식민지도 있었다. 이 유형의 극단적인 사례가 벨기에령 콩고였다(프랑스도 콩고에 식민지 콩고-브라자빌 Congo-Brzzaville을 갖고 있었다. 탐험가 피에르 사보르냥 드 브라자 Pierre Savorgnan de Brazza 개인이 1880년에 프랑스 보호령으로 선포했다).[139] 1908년에 벨기에 국왕 레오폴트 2세의 여러 가지 악행이 폭로되고 나서야 콩고는 벨기에 정부가 관할하는 식민지가 되었다(국제법 용어로 표현하자면 '합병'되었다). 레오폴트 2세는 당대에 가장 야심차고 거리낌 없는 제국주의자였으나 콩고를 점유한 것 말고는 그가 세운 각종 계획은 실현되지 못했다. 레오폴트 치하의 콩고는 식민지란 이름조차도 어울리지 않을 정도로 순수한 착취의 대상에 지나지 않았다. 현지 민중은 폭정과 전제의 모든 고통을 겪었고 어떤 형식의 보호도 받지 못했다. 그들은 가장 힘든 노동을 강요당했고 수확(고무, 상아 등)의 절대 부분을 정부에 수출상품으로 바쳤다. 모든 수입은 국왕의 개인 주머니로 들어갔고 간혹 공공건축에 쓰였다. 오늘날까지도 이때 지은 벨기에 도시풍의 건축물이 남아 있다.

1877년, 웨일스 출신의 미국 신문기자이자 탐험가 헨리 모턴 스텐리(Henry Morton Stanley)는 백인으로서는 최초로 콩고를 거쳐 아프리카를 횡단했다. 그 후 그는 레오폴트 국왕의 부탁으로 완전무장한 탐험대를 이끌고 콩고에 들어가 탐험과 조사를 진행했다. 탐험대는 시작 단계에서는 현지인의 저항을 거의 만나지 않았다. 1886년부터 잔인하기로 이름난 아프리카인 용병으로 구성된 —— 뒤에 가서는 대량의 현지 병사를 모집하여 병력을 보충했다 —— '공공군'(Force Publique)이 콩고의 평화를 유지했다. 이 군대는 콩고 동부에서 스와이힐리(Swaihili) 노예상(현지에서는 '아랍인'이라 불렀다)과 혈전을 벌였다. 이 충돌로 수만 명이 목숨을 잃었다.

'콩고자유국'이란 멋진 이름을 가진 나라에서 국가기구의 기능은 극도로 원시적이었다. 벨기에에서 온 이민은 없는 것이나 마찬가지였다. 1908년 이후로 특허권을 가진 대기업(이들 기업이 콩고의 전체 부를 사적으로 분할했다)도 콩고에서 벨기에인을 위한 의미 있는 규모의 취업기회를 만들지 못했다. 벨기에 민중의 시야에 아프리카인은 거의 들어오지 않았다. 프랑스제국이나 영국제국에서와는 달리 콩고인에게는 '모국'으로 가서 더 높은 수준의 교육을 받을 수 있는 기회가 주어지지 않았다. 양방향 문화교류는 '0'에 가까웠다.[140] 벨기에의 해외 이익은 극히 미미했기 때문에 제국주의의 상층부 외교에서 벨기에의 역할은 (중국에 철도건설 차관을 제공할 때 한 역할 말고는) 눈에 띌게 없었다.

네덜란드도 식민제국이라고 할 수는 없었지만 최소한 깊은 관심을 기울여 경영한 한곳의 식민지는 있었다. 1590년 무렵부터 1740년까지 네덜란드는 세계무역에서 가장 강대한 세력이었으며 카리브해에서 일본까지 여러 곳에 거점을 가진 '해상제국'이었다. 19세기에 들어와 네덜란드령 동인도를 제외하고는 이 거점들이 모두 사라졌다. 19세기 80년대가 되자 네덜란드는 아프리카 분할에 참여하지 않은 유일한 나라였다. 1872년에는 황금해안(지금의 가나)에 남아 있던 얼마 안 되는 마지막 영지를 영국에 매각했다. 네덜란드는 더 이상 확장을 추구하지 않았고 심지어 수축하는 식민강국의 역할을 하는데 익숙해져 있었다. 네덜란드인이 마음속에 설정한 자기 나라의 모습은 평화, 중립, 진보를 사랑하는 소국이었다. 침략과 탐욕에 빠져 부끄러움을 모르는 강대국과는 다르게 온화한 식민주의를 통한 발전을 지지하는 민족이었다.[141]

네덜란드가 확장행동을 한다고 해도 그것은 인도네시아 군도에 대한 지배권을 확보하는 수준을 넘지 않았다. 네덜란드는 17세기 초에 인도네시아에 발을 디뎠지만(1619년 바타비아Batavia 건설) 온전히 한 세기가 지나서야 몇 곳의 보다 큰 섬에 대해 유효한 지배력을 장악할 수 있었다. 이처럼 완만한 정복과정은 아체전쟁(인도네시아어, Perang Aceh, 네덜란드어, Atjehoorlog)에서 정점에 이르고 마침표를 찍었다. 1873년부터 1903년까지 지속된 이 전쟁에서 네덜란드는 아체인의 격렬한 저항을 누르고 수마트라섬 북단을 네덜란드 통치하에 편입시키는데 성공했다.

10만 명 가까운 인명 손실을 낸 이 전쟁은 네덜란드에서 큰 논쟁을 불러일으켰다. 네덜란드가 전쟁을 발동한 주원인은 국제적인 요인에 대한 고려였다. 네덜란드는 처음에는 미국과 영국, 다음으로는 독일과 일본의 간섭을 염려했다.[142] 식민 확장사에서 흔히 볼 수 있듯이 이것은 공격적 방어였지 '막차'를 놓칠지 모른다는 서두름은 아니었다. 어쩌면 아체전쟁은 네덜란드가 원래의 자기인식을 잃어버리고 날로 격렬해지는 제국주의 경쟁 속으로 뛰어들었다는 인상을 주었다. 이 인상이 사실을 반영한다고 하더라도 네덜란드는 다른 식민국가와는 달리 절대로 새로운 충동 때문에 그 경쟁에 뛰어들지는 않았다.[143] 인도네시아라는 광활하고 풍요로운 식민지는 어떤 시각에서 보든 유럽의 아시아와 아프리카 식민지 가운데서 영국령 인도에 다음가는 중요한 영지였다. 네덜란드는 "식민의 거인이었으나 정치적인 난쟁이였다."[144]

1900년 무렵, 식민행동의 방식에 변화가 발생했다. 이때는 네덜란드도 식민행위에서 유일한 예외라는 지위에서 벗어났다. 세기가 교체될 무렵 아프리카에 대한 식민정복은 기본적으로 완결되었다. 평화의 시기에 식민열강은 식민통치의 체계화, 비교적 폭력을 적게 사용하는 식민정책의 단계를 열어갔다. 목표는 하나, 프랑스의 식민 이론가가 말한 '가치안정화'(mise en valeur, Inwertsetzung)였다. 독일의 아프리카 식민제국에서, 특히 동아프리카에서 1905년 이후의 시기를 당시의 식민상 베른하르트 데른부르크(Bernhard Dernburg)의 이름을 따서 '데른부르크시대'라고 부른다.[145]

같은 시기에 영국령 말레이시아에서도 유사한 현상이 관찰된다. '가치안정화'가 가장 철저하게 시행되어서 다른 식민열강의 모방의 대상이 된 곳이 인도네시아였다. 1891-1904년에 프랑스 한 나라만 해도 25개의 연구조사단을 네덜란드령 동인도로 파견하여 현지 노동력을 이용해 돈을 버는 비결을 알아보려 했다.[146]

두 차례 세계대전 사이에 식민주의가 세계 각지에서 성숙기로 진입하는 데는 네덜란드령 동인도가 보여준 사례가 좋은 방향이든 나쁜 방향이든 영향을 미쳤다. 인도가 19세기에 같은 역할을 했지만 여러 면에서 모범이라고 할 수는 없었다. 해방운동이 흥기함에 따라 이때의 인도는 이미 전혀 새로운 미래로 가는 길을 걷고 있었고 그 발걸음은 기타 절대 다수의 식민지가 미칠 수 없는 먼 곳까지 가 있었다. 그러나 네덜란드령 동인도가 보여준 것은 식민주의의 진화 과정에서 지켜낸 변하지 않는 지구력이었다.

1830-70년에 네덜란드가 '경작제도'란 이름으로 시행한 변형된 노역제도 — 일종의 계획경제 — 는 인도네시아에 대한 잔혹한 착취 도구였다. 이 시기에 네덜란드 국고의 1/5에 가까운 순수입이 식민지에서 직접 나왔다. 1870년 이후 30년 동안 네덜란드는 인도네시아 농민에 대한 "웅덩이 물을 퍼내 물고기를 잡는" 형태의 수탈방식을 점차 바꾸어가기 시작했다. 1901년, 식민 종주국에게 거대한 재정 부담을 안겨준 아체전쟁이 마무리 단계에 접어들었을 때 네덜란드는 심지어 '도덕적 정책'으로의 전환을 선언했다.

이 정책의 핵심 내용은 식민정부가 처음으로 인도네시아에 대한 투자, 특히 사회 기초시설에 대한 투자를 시행한다는 것이었다. 철도, 전력공급, 수리관개(이런 기술은 현지 전통으로 보면 매우 발달된 기술이었다)에 대한 투자는 물론이고 일부 복지국가식 식민주의의 싹도 등장했다. 이와 비교할 때 인도에서는 유사한 정책이 시행된 적이 없었고 (서)아프리카에서도 1945년 이후에야 이런 정책이 시행되었다.[147]

19세기를 통틀어 세기 교체기의 네덜란드가 인도네시아에서 (오늘날이라면) '개발'(이라고 할 수 있는) 정책에 투입한 만큼의 많은 자금을 투입한 다른 식민지는 거의 없었다. 이런 투자는 당연히 수확이 없지 않았다. 만약 인도네시아 경제가 1900-20년처럼 지속적으로 발전했다면 오늘날 이 나라는 아시아에서 가장 부유한 국가 가운데 하나가 되어 있었을 것이다.[148] 그러나 당시의 인도네시아 발전의 공로는 식민정부가 시행한 정책이 아니라 무엇보다도 먼저 근면하고 창의적인 이 섬나라 민중에게 돌아가야 한다. 모든 식민세계가 그랬듯이 인도네시아에서도 식민정부는 현지 민중의 교육과 훈련을 중시하지 않았고 1901년 이후의 개혁기에도 예외는 아니었다. '인력자본'의 중요성에 대한 인식 부족은 — '부족'이란 유럽과 비교했을 때의 표현이다 ─ 어쩌면 유럽 식민주의의 최대의 죄악인지 모른다.

사적인 제국

독립 주권국이 최종적으로 지배권을 장악하고, 주로 중심부에서 주변부로 권력이 방사됨으로써 작동하는 제국 형성의 모형을 '초보적' 제국건설이라 할 수 있다. 이런 유형의 제국건설은 장기적인 전략의 배경을 가진 경우가 거의 없었다. 역사학자 존 실리(John Robert Seeley, Sir)는 1883년 ─ 영국이 치밀한 계획 끝에 이집트를 점령한 지 얼마 되지 않은 시점 ─ 에 "영국의 정복은 '얼빠진 상태'에서 이루어졌다"는 유명한 논평을 내놓았다. 장기적인 계획이란 관점에서 본다면 실리의 평가는 결코 설득력이 없다고는 할 수 없으며 다른 유럽제국에도 같은 평가가 적용될 수 있다.

많은 경우에 현실상황은 이런 모형에서 벗어났다. 제국은 반드시 군사적인 경로를 통해서만 확장을 실현하지는 않았다. 1803년, 미국은 프랑스로부터 루이지애나주를 사들여 단번에 국가의 판도를 두 배로 넓혀놓음으로써 더 많은 새로운 주를 개척할 수 있는 공간을 열어놓았다. 미국은 1867년에는 러시아로부터 알래스카를 사들였다. 1878년에 스웨덴은 자신이 제시한 가격이 미국과 이탈리아로부터 잇달아 거절당한 뒤에 카리브해의 식민지 생바르텔레미(St. Barthelemy)를 프랑스에 매각했다.[149]

이런 행위는 왕실 간의 혼인을 통해 영토의 소유권을 평화롭게 교환하던 행위의 현대판이라고 할 수 있다. 각종 평화로운 방식을 통한 영토 확장의 모형에는 또 하나의 사례가 포함된다. 일부 지역은 나쁜 이웃의 침범으로부터 보호받기 위해 자발적으로 더 강대한 정권에 의존했다. 베추아나랜드(Bechuanaland, 오늘날의 보츠와나Botswana)가 이런 길을 선택했다. 세실 로즈(Cecil Rhodes)의 개인회사 ─ 브리티시 남아프리카회사(British South Africa Company) — 의 위협에 직면한 베추아나랜드는 영국에 합병을 요청했다(물론 영국은 동의했다).[150]

'자발적인' 복속은 — 삼각관계의 압박이든 종속관계의 직접적인 인정이든 — 제국의 확장 방식 가운데서 가장 오래되고 가장 보편적인 방식이었다. 심지어 2차 대전 뒤의 미국 패권체계 가운데서도 그 흔적을 찾아볼 수 있다. 현대 노르웨이의 역사학자 게이르 룬데스타트(Geir Lundestad)의 말을 빌리자면 이것은 일종의 "초청받은 제국"(empire by invitation)이다.

제국주의 강대국의 격렬한 다툼 이외에 일종의 사적인 제국이 출현했다. 레오폴트 2세의 콩고가 유일한 사례는 아니었다. 브루나이(Brunei)와 사라왁(Sarawak, 북보르네오)에서 영국인 브룩(Brooke) 집안이 왕조를 세워 12만 제곱킬로미터의 광대한 지역을 지배했다. 1839년, 영국의 탐험가 제임스 브룩(James Brooke)이 이 섬에 올랐다. 1841년, 네덜란드의 지배를 받지 않는 브루나이의 술탄이 그에게 '라자'(Rajah)*의 직함을 내렸다. 그 후 몇 년 동안에 브룩은 대규모의 영토를 자신의 지배하에 두는 데 성공한다. 1868년 브룩이 죽은 후 2대 라자인 그의 조카 찰스 브룩(Charles Anthoni Johnson Brooke)은 집권 기간(1917년까지) 동안에 영토를 더 확장했다. 1941년, 3대 라자가 일본에 투항했다.

브룩 가족은 전형적인 강도 집단은 아니었지만 조직적으로 사라왁의 부를 외부세계로 대량 유출시켰고 그중 일부는 영국으로 흘러들어 갔다. 현지 경제의 지속적인 발전이란 면에서 보자면 브룩 가족의 공적은 평가받을 만한 게 없었다. 그들은 사회의 변화는 원주민에게 불리하다는 인식을 갖고 있으면서도 외국 기업에게 개발권을 주어

---

* 라자(산스크리트어)는 힌두계 나라의 군주를 뜻한다.

브루나의 자연자원을 약탈하게 했다. 사라왁과 레오폴트 국왕 통치 하의 콩고의 차이점이라고 한다면 사라왁은 최소한 독립국가로서의 표면적 형태는 유지했다는 것이었다.[151]

이 밖에도 다른 지역에서는 국가의 관할을 벗어나 준자치적 영지를 건설하려는 시도가 있었다. 남부 아프리카에서 다이아몬드 광산으로 축적한 거대한 부를 바탕으로 세실 로즈가 개인이 통치하는 경제제국을 건설했다. 1889년, 영국 정부는 허가권(왕실 특허장Royal Charter)을 주는 방식으로 베추아나랜드와 잠베지(Zambezi)강 사이의 지역을 로즈와 기타 남아프리카 광산주들이 투자하여 세운 브리티시 남아프리카회사에 주었다. 영국정부의 입장에서 이것은 돈도 노력도 절약할 수 있는 방식이었다. 이 회사는 소요경비를 전부 자기 부담으로 하여 지역발전 사업을 추진하겠다고 약속했다. 1891년에 회사는 사업의 범위를 잠베지강 이북지역까지(북로디지아, 오늘날의 잠비아) 확대하는 허가를 받았다.

로즈와 그의 회사가 지녔던 목표는 영토에 대한 통치권이 아니라 지금까지 확인되었거나 앞으로 탐사할 귀금속 자원에 대한 독점적 채굴권이었다. 그의 꿈은 광산 개발지역과 남아프리카 경제공간을 하나로 통합하는 것이었다. 1889년, 세실 로즈는 지극히 간단한 논리로 '아프리카 분할'의 배경을 설명했다. "우리가 차지하지 않으면 다른 사람이 그렇게 할 것이다."[152] 로즈가 런던이 자신의 계획을 받아들이도록 설득하는 데 성공한 또 하나의 매혹적인 이유는 '로디지아'(Rhodesia, 이 명칭은 1895년 무렵부터 유행하기 시작했다) 지역을 영국 이민에게 개방하겠다는 것이었다. 이른바 이런 기업 논리는— 독일령 서남부 아프리카에서 실패한 경험이 있는 방식이었다—선교사들로부터 격렬한 비판을 받았다. 선교사들의 입장에서 보자면 이런 방식은 아프리카인을 잘 대우하자는 식민 가부장적 태도와는 배치되기 때문이었다. 그러나 이런 방식은 현지 백인의 지지를 받았다. 이들은 대자본가와 이민이 준(準) 사적 보호관계의 틀 안에서 일종의 공생관계를 유지하기를 바랐다.[153]

대형 플랜테이션과 특허 회사의 활동 지역은 통상적으로 국가의 통제를 받지 않는 공간이었다. 이 지역에서는 엘베강 동쪽의 융커 (Junker)의 장원이 그랬던 것처럼 국가의 법률은 간접적으로만 작용했다.[154] 선교사들의 영향력은 매우 커서 심지어 법률로 보호받는 영지를 세울 수 있는 권력을 갖고 있었다. 특허회사가 아시아에서 철저하게 몰락한 뒤로(1858년에 영국의 동인도회사가 마지막으로 해체되었다) 아시아에는 새로운 반관영 식민 대리기구가 생겨났다. 그중에서 가장 대표적인 것이 남만주철도주식회사(남만철, South Manchurian Railway Company, SMR)였다. 남만철은 1905년 러일전쟁 이후에 만주의 남단(요동반도)과 러시아가 부설한 현지 철도의 남단을 부분 소유했다. 이 회사는 일본정부의 지원을 받는 식민권력이 되었다. 이 회사가 세운 유사 이래 경제적으로 가장 수익성이 높은 철도 식민지가 중국 동북의 경제 핵심지역이었으며 이곳은 또한 동아시아 대륙에서 가장 규모가 큰 중공업 기지이기도 했다.[155]

이차적 제국건설

비유럽 제국건설 가운데서 놀라울 정도의 성공을 보여준 유일한 사례는 1895년 이후 1945년 이전의 일본제국이다. 그러나 우리는 일정 시기에 소재 지역에서 중요한 영향력을 발휘했던 몇몇 제국도 무시해서는 안 된다. 우리는 이런 유형을 2차적 제국건설이라 부르고, 유럽 국가의 통제하에 있지 않으면서 유럽 군사기술의 도움을 받아 완성한 군사적 침략과 영토 확장이라고 정의해도 무방할 것이다. 19세기 전반에 그 어느 곳보다도 (훗날 유럽 제국건설의 주 희생물이 된) 아프리카가 이러한 2차적 제국건설이 특별히 활발하게 벌어진

무대였다. 크리스토프 마르크스(Christoph Marx)는 아프리카에서 유럽의 확장을 세 가지 형식으로 나눈다. ① 프런티어 개척을 식민정복으로 발전시킨 급진적 방식. ② 군사적 개입 방식(알제리 사례). ③ 교역 프런티어를 군사 프런티어로 전환시킨 방식(세네갈 사례).[156]

유럽이 아프리카에 대한 확장을 시작했던 때와 같은 시기에 사하라 이남의 사바나 지역에서는 광활한 지역에 걸쳐 상호 독립적이며 확장적인, 중앙집권적이며 고도로 군사화된 조직을 갖춘, 여러 면에서 우리가 정의한 제국에 부합하는 국가건설이 진행되고 있었다. 이들 제국은 모두가 '이슬람 성전'(Jihad)을 동기로 하고, 동일한 문자와 기병전술을 교류 수단으로 하여 연결되어 있었다. 사바나 이남 지역 아프리카에서는 이 양대 요소가 존재하지 않았다.[157]

그 밖에 일부 발생기의 제국은 이슬람 종교와 기병전술이 없는 상황에서 등장했다. (부간다Buganda 지역의) 간다(Ganda)는 19세기 40년대부터 전투형 카누 함대를 조성해 빅토리아호수 주변지역에 대한 일종의 제국주의적 지배권을 장악하고 약소민족의 노동력을 착취했다.[158] 이 작전에서는 가장 선진적인 기술만 사용된 게 아니라 때로는 원시적이고 전통적인 기술도 사용됐다. 19세기 초, 보어인의 강력한 군사력의 기초는 소총으로 무장한 기병이었다. 대략 1804-45년 동안에 세워진 소코토(Sokoto) 칼리파 정권 또한 기병과 소총의 도움을 받았다.[159] 지금까지 제시한 사례는 모두 유럽의 공업혁명과 직접적인 관련이 없다. 19세기 50, 60년대에 셰이크* 우마르 탈(Umar Tal)이 상부 세네갈 지역에 이슬람 왕국을 건설할 무렵에는 군사기술면에서 유럽과의 격차는 크게 줄어 있었다.

이집트의 확장은 이차적 제국건설의 아주 좋은 사례다. 대략

* 셰이크(sheikh)는 부족의 원로, 수장, 숭배하는 현인, 이슬람 지식인을 의미하는 아랍어다. 아랍 국가의 왕 이름 앞에 주로 쓰인다.

1813-82년 사이에 이집트는 독립국가로서 단순한 영향권이 아니라 군사적 수단을 통해 지배하는 제국을 건설했다. 이것은 19세기 제국사에서 가장 흥미로운 사건 가운데 하나였다. 약 50년 동안(1895-1945년) 제국을 유지한 일본에 비하면 이집트는 특별히 주목해야 할 사례다.[160] 파샤 무함마드 알리(Mohammad Ali)——일설에 의하면 아르메니아 이민의 후예라고 한다——는 1805년부터 '사실상의' 이집트 독재자가 되었다. 처음부터 그는 나일강 일대의 영토를 통치하는 것만으로는 만족하지 못했다. 분명한 증거는 없지만 그는 술탄을 몰아내고 스스로 전체 이슬람 세계의 통치자가 되려는 계획을 세웠던 것 같다. 어쨌든 그가 자신의 제국을 세우려는 행동을 시작한 것은 분명하다.

이 행동은 오스만제국과 이집트의 관계에 비추어보면 모순이었다. 무함마드 알리는 이집트의 종주국으로서 오스만제국의 지위에 대해 의문을 제기한 적이 없었다. 한편으로는 그가 반역적인 태도로 술탄에게 도전했고 다른 한편에서는 아라비아의 와하비파 교도들이 이슬람의 현대화에 반대하는 근본주의 운동을 일으켜 술탄에게 도전했다. 이 교파는 무함마드 이븐 압둘 와하브(Mohammad ibn Abd al-Wahhab)가 창설했다. 와하비파는 선지자와 7세기의 네 사람 정통 칼리파의 순결한 신앙과 완벽한 수행방식으로 돌아가자고 주장했다. 그들은 모든 반대파를 이교도로 배척했고 오스만 술탄을 포함한 나머지 모든 무슬림을 상대로 '성전'을 전개했다. 셰이크 와하브는 모든 무슬림에게 술탄은 만악의 근원이니 타도하라고 호소했다. 그가 1792년 죽기 전에 이 운동은 종교적 열정과 군사적 책략을 바탕으로 오스만인을 아라비아반도 대부분의 지역으로부터 몰아내는 데 성공했다. 1803년과 1805년에 와하비파는 심지어 메카와 메디나도 잇달아 점령했으며 1807년에는 오스만인의 성지순례 통로까지 끊어놓았다.

와하비파와의 투쟁에서 무함마드 알리가 술탄을 지원하자 술탄을 이를 기꺼이 받아들였다. 무함마드 알리는 한편으로는 이집트 현대화의 원대한 청사진을 갖고 있었고 다른 한편으로는 이슬람 근본주의에 대해 호감을 갖고 있지 않았다. 무함마드 알리는 술탄의 명을 받고 군대를 보내 와하비파 교도를 진압했는데, 이것은 이집트 제국건설을 알리는 첫 총성이었다. 1813년, 이집트 군대가 성지 지다(Djidda) 항을 되찾았다. 1년 뒤 와하비파 세력은 붕괴되었으나 근본주의 운동은 멈추지 않았다.

이때의 승리가 가져온 지정학적 결과로 이집트 통치자가 홍해의 동쪽 해안을 점령하게 되었다. 이때부터 무함마드 알리는 자신의 와하비파 교도 진압에 지지를 표시했던 국가와 대항하는 길로 들어섰다. 그 국가는 바로 영국이었다. 1839년, 영국은 예멘의 아덴 항을 점령하고 파샤에게 아라비아반도에서 철수하라고 압력을 가했다. 이 시기를 외교사에서는 '제2차 무함마드 알리 위기'라고 부른다.

1840년이 되자 파샤는 타협하지 않을 수 없었다. 1831-32년에 무함마드 알리가 시리아에서 오스만제국을 상대로 직접 공격에 나섰다. 그는 이때 강대한 군사적 실력을 분명히 보여주기는 했지만 (1832년 12월, 터키군대는 코냐Konya에서 심각한 상처를 입었다) 동시에 정치적으로는 취약한 입지가 폭로되었다.

위기의 시기에 영국, 오스트리아, 러시아가 각자의 이해관계에 따라 오스만제국을 존속시키기 위해 행동을 개시했다. 오직 프랑스만 무함마드 알리 편에 섰다. 1840년 9월, 영국 함대가 이집트 군이 주둔하고 있던 시리아와 레바논 해안을 습격했다. 얼마 후 오스트리아와 영국의 군대가 시리아를 공격했다. 이와 동시에 터키 군대가 접근해 왔다. 겹겹의 압력을 받은 무함마드 알리는 타협적인 해결방안을 수락해야만 했다. 그는 이집트의 세습 통치자로서 지위를 인정받는 대신 오스만제국에서 점령했던 지역과 그 밖의 모든 요구를 포기해야

했다.[161]

　이런 결말이 이집트의 아프리카에 대한 정책과 지위에 영향을 주지는 않았다. 무함마드 알리와 그 후계자들의 통치하에서 카이로의 '터키-이집트' 정권의 세력은 전체 수단에까지 확장되었다. 이 정복전쟁은 특수한 군대 ― 유럽식으로 훈련된 부대와 아프리카 노예시장에서 사들여 훈련된 병사로 구성된 부대의 연합 ―에 의해 완성되었다. 그런데 얼마 지나지 않아 파샤는 징집된 이집트 농민병이 노예병사보다 전투력이 뛰어나다는 사실을 알게 되었다. 이집트의 통치하에서 수단의 광산자원(특히 황금)이 약탈되었고 수단의 민중이 감당한 조세부담은 그 항목이나 금액에 있어서 유례가 없는 것이었다. 수단 민중의 저항은 잔혹하게 진압되었고 프런티어의 폭력시장에는 또 하나의 새로운 군벌이 나타나 민중의 머리를 짓눌렀다.

　이스마일 총독은 노예제를 소멸시킨다는 명분을 내세워 이집트의 수단에 대한 침략을 정당화했다. 유럽인의 입장에서는 이것은 '정치적으로 정확한 목표'였다. 이를 위해 이스마일은 19세기 60년대에 중국에서 태평천국운동을 진압하면서 이름을 날린 찰스 고던(Charles Gordon) 장군을 초청하여 수단 남부로의 확장 임무를 맡겼다. 이집트의 지속적인 확장과 노예금지령에 저항하기 위해 메시아주의 혁명운동이 수단에서 폭발했다. 이 운동의 지도자 무함마드 아메드(Mohammed Ahmed)를 민중은 '마디'(Mahdi, 구세주)로 받들었다. 짧은 시간 안에 반란자들은 수단의 대부분을 장악했고 1883년에는 영국인이 지휘하는 한 부대를 궤멸시켰다. 1885년, 고집스럽고 적을 저평가하여 고립상태에 빠진 고던이 마디 추종자에게 살해된 후 이집트제국의 아프리카 통치도 막을 내렸다. 1885년 마디가 죽은 후 반란정권은 흔들리기 시작했고 여기에 심각한 가뭄까지 겹쳤다. 이리하여 1898년 키치너(Lord Kitchner)가 별다른 저항이 없는 가운데 다시 수단을 점령했다. 이집트에 대한 반발과 유럽인의 침략에 대한 저항에서 태어난 마디운동은 전형적인 반제국주의 운동의 특징을 골고루 갖추고 있었다. 반란자들은 침략자를 외계인이자 종교적 규범의 파괴자 — 한마디로 표현하여 '터키인' — 라 불렀다.[162]

마찬가지로 복잡하고 혼란한 18세기 말 인도에서는 다른 상황이 벌어졌다. 1707년에 아우랑제브(Auranzeb) 황제가 숨을 거두자 무굴제국은 신속하게 해체되었다. 제국이 분열된 뒤 등장한 몇 개의 국가는 제국이라 불릴 수 없는 규모였다. 그러나 일부 국가는 영토 확장, 농민에 대한 과세를 통해 통치를 공고히 하고 동시에 국가건설의 기반을 다져나갔다. 이런 방식은 여러 면에서 무함마드 알리 시기의 이집트를 연상케 한다. 하이다르 알리(Hyder Ali)와 그의 아들 티푸(Tipu)가 이끄는 마이소르(Mysore) 술탄 왕국은 동인도회사의 강대한 군사력에 끊임없이 맞서 싸우다가 결국 1799년에 멸망했다. 만약 알리 부자가 다른 선택을 했다면 마이소르 왕국은 이집트와 같은 길을 걸었을지 모른다.

펀자브(Punjab)의 마하라자(Maharaja)* 란지트 싱(Ranjit Singh)은 상대적으로 신중한 전략을 선택했다. 그는 티푸 술탄과 마찬가지로 유럽의 장교를 초빙하여 자신의 군대를 훈련시켰다. 그는 이 군대를 권력의 바탕으로 삼아 한때 강대했던 시크왕국을 건설하고 주변 약소국에게 조공을 강요했다(이 방식은 제국과 다름없었다). 아프리카 사반나의 성전(聖戰) 왕국과 다른 점은 시크제국의 확장 과정 — 그 세력이 힌두쿠시 산자락의 페샤와르(Peshawar)에까지 미쳤다 — 에서는 종교적 동기가 중요한 역할을 하지 않았다는 것이다.

란지트 싱은 전형적으로 제국주의 성격의 (또는 '세계주의 성격'의) 엘리트 집단을 만들었다. 그 구성원 가운데는 시크교도, 무슬림, 힌두교도가 섞여 있었다. 그러나 란지트 싱이 집권하던 시기에 영국

* 산스크리트어로 대왕이나 상왕을 뜻하는 말이다.

인의 세력은 이미 너무나 강대해져 있었다. 영국인이 아직 실력을 짐작할 수 없는 아프가니스탄과의 사이에 완충지대를 두는 것이 유리하다고 판단하는 동안에만 이 신흥왕국의 존재는 유지될 수 있었다. 이집트의 무함마드 알리와는 달리 독재자 마하라자는 자신의 사후에도 국가가 지속될 수 있는 제도를 만들지 못했다. 1839년에는 그가 세상을 떠났고 1849년에는 시크왕국이 영국령 인도의 한 주로 합병되었다.[163]

미국의 내부 식민주의

미국의 북아메리카대륙 확장 과정도 매우 특수한 형식의 이차적 제국건설이자 이런 유형의 제국건설 가운데서 가장 성공적인 사례라고 할 수 있다.[164] 1783년에 독립한 아메리카합중국은 지구상에서 영토가 가장 광활한 국가 가운데 하나가 되었다. 독립 후 70년 동안에 그 국토 면적은 세배로 확대되었다. 18세기 90년대에 토마스 제퍼슨을 중심으로 깊은 지정학적 인식을 갖고 있던 사람들에게 국토의 경계선을 미시시피강까지 확장하는 것이 중요한 목표였다. 북쪽의 오대호에서 발원하여 남쪽의 멕시코 만으로 흘러드는 이 강 건너에는 루이지애나의 광활한 토지가 있었고, 루이지애나의 수도는 강의 최남단에 자리 잡은 뉴올리언스였다. 1682년, 프랑스가 이 지역의 통치권을 장악했다.

프랑스는 이 지역에 대한 이민을 깊이 있게 고려한 적이 없었기 때문에 그 통치권이란 것도 명목상의 것일 뿐 현실적인 의미는 없었다. 프랑스의 이 지역에 대한 관심이 얼마나 희박했는지를 보여주는 특이한 역사적 사건이 있었다. 프랑스 국왕은 1763년의 「파리조약」을 통해 갖게 된 루이지애나의 일부를 스페인 국왕에게 양도했다. 카를로스 3세(Carlos III)는 이 선물에 흥미를 느끼지 못했다. 오랜 시간이 지난 후 스페인은 이 지역을 정식으로 접수했다.[165] 미국 상인들이 일찍부터 미시시피강 유역에 들어와 활동하면서 중요한 교역망을 구축했다. 1801년, 스페인은 (비밀리에!) 루이지애나를 프랑스에 돌려주었다.

나폴레옹은 루이지애나를 제국의 황관 위에 빛나는 보석처럼 생각하고 미시시피강 유역에 대한 대대적인 군사적 탐험을 구상한 적이 있었다. 그러나 1803년 4월, 나폴레옹은 갑자기 생각을 바꾸었다. 제퍼슨 대통령이 파견한 파리주재 미국 대사가 프랑스 측에 미시시피강 하구지역을 미국에 할양하는 문제를 협의하자는 제안을 하자 임박한 영국과의 전쟁을 앞두고 미국과의 우호관계 수립을 희망했던 '제1집정관'은 놀랍게도 루이지애나 지역 전체(북아메리카의 프랑스 식민지 전체를 포함하여)를 특가로 미국에 팔겠다는 역제안을 내놓았다. 미국 협상대표는 즉각 동의했다. 12월 20일, 뉴올리언스(La Nouvelle-Orléans, New Orleans)가 정식으로 미국 연방정부에 넘어갔다.

법률적으로 말하자면 이것은 합병이었다. 뉴올리언스에 살던 5만 명 가까운 백인은 처음에는 프랑스인이었다가 스페인인으로 바뀌었고 얼마 후 다시 프랑스인으로 돌아갔다. 이제 이 사람들은 어느 순간에 미국 시민이 되었다. 이 과정에서 그들의 —인디언은 말할 것도 없고— 의견을 물어본 사람은 아무도 없었다. 펜 끝에서, 아주 싼 값에 지구상에서 가장 큰 공화국의 면적이 두 배로 확대되었다. 이와 동시에 당시 지구상에서 첫손가락에 꼽히던 군사대국인 북아메리카 대륙에 대한 잠재적인 위협도 마침표를 찍었다.

아메리카합중국은 식민지 역사에서 벗어난 지 꼭 20년 만에 처음으로 자신의 식민지를 갖게 되었다. 또한 이것은 군사적 폭력을 동원하지 않고 완성된 이차적 제국건설의 획기적인 사례였다. 아울러 이 변화는 식민지를 이관할 때 발생하는 진형적인 문제 —문화적으로 전혀 낯선 집단과의 모순과 충돌——를 보여주었다. 새로운 식민지의 주민들은 권력의 이전에 대해 배척적인 태도를 보였고 나아가 (스페인과 프랑스의 법체계와는 근본적으로 다른 영국의「보통법」Common Law을 기반으로 한) 미국 법률의 적용을 적대행위로 인식했다. 예컨대, 1803년 이전의 루이지애나에서는 피부색이 달라도 자유민은 모두 평등한 시민으로서의 권리를 가졌지만 새로 시행되는 미국 법에서는 이 권리가 거의 완전히 부정되었다. 혈통적으로 조금이라도 '유색'의 혐의가 있으면 이 권리를 누릴 수 없었다.[166)

1812년, 미국 의회는 루이지애나에 미국연방의 주로서의 지위를 부여했다. 프랑스령 루이지애나 영지를 13개로 나눈 주 가운데서 첫 번째로 정식으로 미국연방에 가입한 주였다. 그러나 루이지애나의 미국화에는 오랜 시간이 필요했다. 프랑스로부터 새로운 이민이 지속적으로 유입되었고 그 밖에도 쿠바로부터 수천 명의 이민이 들어왔다. 이 무렵 아이티에서 혁명이 일어나 수많은 플랜테이션 소유주들이 쿠바로 피난했으나 스페인이 프랑스에 대해 저항전쟁을 발동한 시기라 이들의 생존 환경은 갈수록 나빠졌고, 이들이 쿠바를 떠나 루이지애나를 찾았다. 전형적인 프랑스 식민도시로 계획된 뉴올리언스는 19세기 30년대의 경제적 번영기에도 영어를 사용하는 미국인 지역과 프랑스어를 사용하는 크레올 지역으로 나뉘어 있었다. 미국이 인종법을 엄격하게 시행하고 있었지만 루이지애나에서 '피부색의 경계'는 미국 남부의 주만큼 분명하지는 않았다.

도날드 메이니그(Donald Meinig)가 미국 역사에 관한 역사지리학 걸작에서 지적하고 있듯이 루이지애나는 미국인이 받아들일 수 없는 자신의 모습, 즉 '제국주의 식민지' 바로 그것이었다. 당시의 루이지애나가 노예상태에서 해방되었다고 한다면 루이지애나는 미국의 주류 이념에 통합되었을지 모른다. 그러나 루이지애나 사람들은 "낯선 문화로부터 온 사람, 미국인으로 바뀌려 하지 않는 사람"이었다.[167] 이런 점에서 그들은 아메리카 대륙의 원주민 인디언과 다르지 않았다.

1898년 이후 미국의 필리핀 점령, 중앙아메리카와 카리브해 지역에서의 잦은 군사개입 행위를 미국식 '제국주의'라고 부를 수 있을까. 이것은 오래전부터 뜨거운 논쟁거리였다. 미국은 개념적으로(per definitionem) 반제국주의 국가라는 주장도 있고 미국은 자본주의식 제국주의의 완벽한 화신이라는 평가도 있다.[168] 메이니그는 미국과 기타 제국체제의 구조적 유사성을 설득력 있게 지적하면서 이런 논쟁을 이념적 갈등으로 해석한다. 메이니그의 관점에 따르면 19세기 중엽의 미국은 네 가지 형태—지역사회의 집합체, 연방, 민족, 제국—를 한 몸에 갖춘 국가였다.[169]

왜 제국인가? 미국은 원주민 인디언을 제어하기 위해 요새와 가두검문소를 완벽하게 갖춘 거대한 군사기구를 유지했다. 최소한의 자치를 누리는 특수한 지역도 용납되지 않았다. 인디언 소유의 토지를 보호하는 법령도 없었고 인도의 토후국과 같은 것도 없었다. 인디언 전쟁 기간 동안에 백인의 인디언에 대한 태도는 러시아의 카자흐 초원지대 부족에 대한 태도와 유사했다. 미국에서도 제국의 핵심은 보편적인 주권을 주장했고, 비용이 많이 드는 군사시설을 만들었으며, 프런티어의 무장한 개척민을 고무하는 태도를 보였다. 카자흐인은 숫자는 더 많았고, 내부적으로 덜 분열되어 있었으며, 지나치게 자의적인 지배에는 복종하지 않았다. 카자흐인은 오랫동안 문화적·군사적 자주성을 유지하고 있었다. 이것은 다민족 국가 러시아의 특징 가운데 하나였다. 오늘날 카자흐인은 자신의 민족국가를 갖고 있다.

메이니그는 미국의 군사적 점령과 토지 약탈정책을 볼 때 미국은 제국의 특성을 갖추고 있다는 주장은 설득력이 있다고 평가한다. 그렇다고 해서 미국을 철저한 제국으로 보는 것은 지나치게 단순한 주장이다(메이니그는 더 나아가 오해라고 말한다). 미국은 연방제를 조직형식으로 하여 끊임없이 확장하는 민족이지만 그 응집력의 원천은 혈연관계에 의한 통일된 민족은 아니었다.

미국의 백인과 흑인은 어떤 의미에서는 모두가 '외래인'이자 '신참자'였다. 문화의 '용광로'란 신화는 현실과는 거리가 멀었고 민족 전체의 기본인식도 아니었다. 그러나 유럽 민족주의의 '우리'와 '그들'이란 이분법적 인식도 미국에서는 주류가 될 수 없었다. '우리'를 어떻게 정의할 것인지에 대해서는 지금까지 통일된 목소리가 없었다. 19세기 미국인은 사회적 차이는 정밀한 계급제도에 의해 결정되면, 인종은 질서의 표준으로서 불가결하나 동시에 불안정하다는 확신을 갖고 있었다.[170] 이것은 전형적인 제국주의적 세계관의 장벽이었으며 현실세계에서 각종 격리제도로 구체화되었다.

6. 팍스 브리타니카

제국적 민족주의와 전 지구적 이상

19세기에 영국제국은 영토의 면적이나 인구의 규모에 있어서 압도적으로 가장 큰 제국이었다.[171] 영국제국은 본질적으로 다른 제국과 달랐다. 영국은 제국형 민족국가라 할 수 있었다. 내부 상황을 보더라도 제국시대 이전부터 영국은 정치적으로 통일되고 확정된 영토를 가진 민족국가였다. 영국의 정치가들은 오랜 시간을 두고 점진적으로 민족의 이익을 제국의 이익으로, 또는 제국의 이익을 민족의 이익으로 정의하는 데 익숙해져 있었다. 최근 역사학계의 연구 성과는 연합왕국(United Kingdom)의 민족적 동질성을 과장해서는 안 된다고 지적한다. 오늘날까지도 대브리튼(Great Britain)은 네 개의 다른 민족 — 잉글랜드, 스코틀랜드, 웨일즈, 북아일랜드 — 으로 구성된 연합체다. 제국의 역사가 이런 시각을 증명해준다.

영국제국 내부에서 스코틀랜드인은 인구비중에 비해 비대칭적으로 활발한 민족이었다. 그들은 상인, 선교사, 병사로서 뛰어난 활동을 보여주었다. 그래서 스코틀랜드는 영국제국 속에 숨어 있는 잉글랜드 제국이란 말도 있다. 아일랜드인은 자기모순적이다. 아일랜드인 가톨릭신도에게는 자신이 (1801년 연합왕국에 병합된 뒤로) 받은 대우가 식민지에 버금간다고 주장할만한 충분한 이유가 있다. 그러면서도 많은 아일랜드인이 — 가톨릭교도를 포함하여 — 영국제국

의 활동에 적극적이며 열정적으로 참여해왔다.[172] 이런 차이가 존재
함에도 불구하고 외부세계에서 볼 때 영국은 완전한 제국형 민족국
가였다는 사실은 바뀔 수 없다.

오랫동안 영국의 상층 계급과 지식분자들은 이 나라가 민족주의라
고 하는 병균의 침입을 받은 적이 없다고 확신해왔다. 그들의 시각으
로는 민족주의란 식견이 좁은 대륙 유럽인의 사고방식이며 영국인
은 언제나 세계주의적 관점에서 사고해왔다. 오늘날에는 물론 그렇
게 말하는 사람은 없다. 따라서 영국은 어느 정도는 민족주의가 없는
민족국가였다. 영국은 제국적 민족주의라는 역설로 가득하다.

영국의 민족의식은 18세기 90년대에 처음으로 모습을 드러냈다.
민족의식의 동력은 주로 당시 영국제국이 이룩한 빛나는 성취에서
나왔다.[173] 영국인(남성)의 눈으로 볼 때 영국의 지고의 지위는 (영
국이) 정복한 예술과 무역 방면의 성취 그리고 영국 통치자들이 그
신민에게 베푼 여러 가지 선행에서 비롯된 당연한 결과물이었다. 영
국인의 자의식 속에는 유색인종 ― 반드시 문명과 규칙으로 교화시
켜야 할 대상 ― 에 대한 우월감뿐만 아니라 다른 유럽 국가에 대한
상대적 우월감도 자리 잡고 있었다(영국처럼 거침없이 해외각지에 세
력을 확장한 나라는 없었다).

이런 독특한 제국주의는 19세기 내내 지속되었고, 어떤 때는 '호전
적 민족주의'(Jingoism)로 진화한 적도 있었지만 영국 제국주의의 본
질적 연속성을 능가하지는 못했다. 영국의 제국적 민족주의와 개신
교를 전파해야 한다는 종교적 사명감은 긴밀하게 연결되어 있었다.
개신교의 교리 가운데서 지도력과 강인한 의지는 중요한 의미를 갖
는 가치관이었다. 영국인은 세계 개조를 실현하기 위해 조물주가 만
든 도구라는 관념은 자신이 살고 있는 지역을 넘어 더 넓은 세계를
향하는 시각을 가진 민중에게 영국인으로서의 정체성을 형성하는
기초였다. 대혁명 후의 프랑스인이 그랬듯이 영국인은 스스로를 '표

준적인' 민족이며 따라서 영국인이 이룬 문화적 성취도 보편적인 의미를 갖는다고 인식했다. 이런 문화를 전 세계에 전파할 수 있는 자격을 갖춘 민족은 당연히 영국인이었다.

19세기를 통틀어 영국과 나머지 세계의 관계는 문명의 전파자라는 강렬한 사명감을 바탕으로 하고 있었다. 전제적인 권력의 압박을 받으면서 미신에 휘둘리고 있는 비기독교 민중을 해방시켜야 한다. 이 같은 관용적인 수사(修辭)는 언제나 수많은 지지자를 불러 모을 수 있었다.

영국은 인도주의적 개입이란 이념의 출생지였다. 영국인 ─특히 존 스튜어트 밀(John Stuart Mill) ─ 이 만들어낸 인권문제에 관한 이론은 오늘날까지도 여전히 논제로서 시의성을 잃지 않고 있다.[174] 1799년 티푸 술탄의 패배로 끝난 인도 마이소르 왕국과의 네 번째 전쟁이 좋은 사례다. 앞선 세 차례의 영국-마이소르전쟁은 순전히 권력정치의 관점에서 해석되었지만 네 번째 전쟁에서 영국은 이 전쟁을 이슬람 폭군으로부터의 해방전쟁으로 선전했다. 그러나 영국인의 자의식 속에서 더 중요한 의미를 갖는 것은 노예무역에 대한 공개적인 반대투쟁이었다.

1807년, 노예제 폐지파는 영국 의회에서 마침내 승리했다. 그 뒤 30년 동안 제3국의 노예운반선을 나포하여 실려 가는 노예를 석방하는 일이 영국 해군의 주요 임무 가운데 하나가 되었다. 이런 포괄적 개입주의는 영국의 전략적 이익에도 긍정적으로 작용했다. 그러나 이것은 사람의 마음을 즐겁게 해주는 일종의 부대효과에 지나지 않았다. 슘페터는 영국의 목적은 해상 패권의 쟁취가 아니라 "해상의 교통경찰"이 되는 것이라고 표현했다.[175] 영국이 세계를 향해 지니고 있던 태도의 이념적 핵심은 '문명화의 사명'(civilizing mission)이었다. '문명화의 사명'은 유아독존적 광기가 아니라 실질적인 수단을 통해 행동으로 옮겨졌다. 영국제국이 걸어온 길을 간략하게만 되돌아봐도 이 방면의 모범으로서 영국의 위상을 초월할 수 있는 국가는 많지 않음을 쉽게 알 수 있을 것이다.

물론 영국제국의 현실적 성취는 집단적 자기암시로만 해석될 수는 없다. 북해의 거친 바다 위에 떠 있는 작은 섬들로 이루어진 이 나라가 제국으로 흥기하던 초기에 세 가지 유리한 요인이 작용했다. ① 네덜란드 무역패권의 쇠락과 동인도회사의 상업적 성공. ② 7년전쟁을 통해 세계에 확장된 (1763년의「파리조약」을 통해 국제사회의 인정받게 된) 영국의 세력. ③ 부분적으로 아시아의 부유한 지역에 대한 (영국의) 통치권 장악 그리고 이 지역으로부터 들어오는 상당한 재정수입. 이러한 배경 이외에도 영국의 국내 재정은 다른 어떤 나라에 비해서도 안정된 상태였고 영국의 정치 엘리트들은 해군을 확충하기 위해 지속적으로 대규모 자금을 투입하겠다는 확고한 계획을 갖고 있었기 때문에 영국은 해상에서 나폴레옹과 자웅을 겨룰 수 있는 실력을 갖추었다.

18세기 60년대에 영국의 엘리트는 전 지구적 관점에서 사고하는 법을 배웠고 이 방면에서는 그들은 의문의 여지 없이 유럽의 선구자였다. 지금까지는 세계 이곳저곳에 흩어져 있는 많지 않은 식민지 관리문제가 논의되었다고 한다면 이제는 내부적으로 통일된 전 지구적 제국의 청사진이 마련되었다. 런던에서 각종 실행방안이 정해지면 전 지구적 범위에서 실시에 들어갔다.[176] 이런 구상은 해양을 중심으로 이루어졌지만 대륙에 대한 통치 가능성도 동시에 ─ 이것이 합스부르크 왕조 판 보편제국 구상과 크게 다른 점이었다 ─ 고려했다.

7년전쟁이 끝난 뒤 영국의 전 세계적 확장은 영토 확장이란 의미에서뿐 아니라 그 영향력에 있어서도 저지할 수 없는 흐름을 형성했다. 북아메리카 13개 식민지의 상실은 영국이 맞은 심각한 좌절이었다. 그럼에도 영국제국의 연속성이 유지될 수 있었던 이유는 동인도

회사가 1783년 이전에 이미 활발한 개혁을 통해 인도에서의 지배적 지위를 구축하는 데 (동인도회사는 당시에 인도에 대한 통치권을 확고히 장악하지 못한 상태였다) 필요한 새롭고 튼튼한 기반을 마련했었기 때문이다.[177]

해군, 자유무역, 영국형 제국체계

나폴레옹전쟁 시기에 정세는 영국의 구상대로 발전하지는 않았다. 1806년에는 부에노스아이레스에서*, 1812년에는 미국과의 전쟁에서 영국은 잇달아 실패의 쓴맛을 보았다. 나폴레옹이 세인트헬레나섬에 유폐되고 유럽 대륙으로부터의 위협이 사라진 뒤 (아시아에서 러시아와 수십 년째 벌이고 있던 냉전 ─ 이른바 '대도박'Great Game ─ 은 예외로 하고) 영국은 비로소 진정한 성숙기에 진입했다. 영국이 의존했던 기반은 무엇이었을까.

첫째, 평균 이상인 잉글랜드 제도의 인구증가율과 아울러 대다수 민중이 보여준 이민에 대한 비상한 관심은(오스트레일리아 등에 대한 징벌적 강제이주는 제외하고) 유럽의 다른 국가에서는 찾아볼 수 없는 인구확장의 거대한 동력이 되었다. 미국을 제외하고 영국 이민이 주류를 형성하고 영국문화의 영향을 가장 깊이 받은 식민지는 첫째는 캐나다였고 그다음으로는 기타 자치령이었다. 1900년 무렵이 되자 인도, 실론(오늘날의 스리랑카), 말레이시아,[178] 케냐, 로디지아와 식민 항구 홍콩, 싱가포르, 상하이에도 규모가 비교적 작은 영국 '교민' 사회가 등장했다. 이리하여 언어, 종교, 생활방식을 통해 고도로

---

* 나폴레옹전쟁 시기에 영국은 적국 프랑스의 동맹국인 스페인의 식민지 우루과이와 아르헨티나(정확하게 말하자면 라플라타강 유역)를 1806-1807년에 여러 차례 침입했으나 모두 패배했다.

긴밀하게 연결된 영국세계가 형성되었다. 전 세계 곳곳에 분포된 앵글로색슨 집단은 모국과의 관계를 단절한 적이 없었다.[179]

둘째, 영국은 7년전쟁 시기에 이미 해상의 패자로서의 기초적 지위를 확고히 했다. 나폴레옹 치하의 프랑스와 대결전을 거친 뒤 영국 해군은 지구상 어디에서나 작전할 수 있는 유일한 함대가 되었다. 여기서 우리가 반복하여 강조해야 할 것은 영국의 이런 성취는 온갖 대가를 치르면서 재정자원을 투입한 결과였다는 점이다. 1688-1815년 사이에 영국의 국민총생산은 3배로 증가했고 세수는 15배로 증가했다. 영국 정부가 장악한 재력은 프랑스 정부의 2배였다. 영국의 증세는 주로 소비세 같은 간접세를 통해 이루어졌기 때문에 영국인의 조세부담에 관한 감각은 프랑스인만큼 예민하지 않았다. 1799년, 영국 정부는 전시 비상조치로서 추가적인 소득세를 징수하기 시작했다가 전쟁이 끝난 뒤에도 계속 유지했다. 이 세목도 민중으로부터 널리 지지받았고 영국 정부의 중요한 재정적 기둥으로 자리 잡았다. 공공지출의 가장 큰 수혜자는 해군이었다.[180] 해군이 강대한 행동력을 갖추게 된 원인은 순전히 영국 정부가 계획적으로 건설한 해상 거점으로 구성된 전 세계에 펼쳐진 기지 체계 때문이었다. 19세기 말이 되자 지구상의 모든 주요 항로와 해협 가운데서 영국 해군의 영향력이 미치지 않는 곳이 없었다.[181]

해군은 전략적인 이유에서 해상 운송을 차단하거나(지브롤터 해협, 수에즈운하, 싱가포르, 케이프타운에서 그렇게 하기는 너무나 쉬운 일이 아니었을까!) 비영국인의 무역에 불리한 영향을 미치기 위해 자신의 우월한 지위를 사용한 적이 거의 없었다. 영국 해군의 총체적인 목표는 오히려 주요 교통로의 원활한 통행을 보장하고 나아가 다른 나라의 항로 봉쇄를 저지하는 것이었다. 19세기 내내 영국은 해양자유론(mare liberum)의 실천자였다.

영국의 해양에서의 절대적인 우위는 오직 물질적 조건 때문에 가능했던 게 아니라 정치적 원인도 있었다. 영국 해군의 행동은 유럽 각국의 정부가 볼 때 위협적이지 않았다. 이 때문에 많은 나라가 쓸모없는 군비경쟁에 휘말리려 하지 않았다. 19세기 후반에 이르러 프랑스, 러시아, 미국, 독일, 일본 등이 다투어 해군력 강화에 대규모 재정을 투입한 뒤에도——어떤 나라는 증기선으로 함대를 건설할 경제적인 능력이 있었음에도 그렇게 하지 않았다. 네덜란드가 그런 경우였다——영국은 이미 강대한 실력을 갖추고 있어서 해양에서의 압도적인 패자의 지위를 지킬 수 있었다. 영국 해군의 우위를 결정지은 핵심적인 요인 가운데서 훌륭한 후방 지원능력도 빼놓아서는 안 된다.

대규모의 효율 높은 상선 선단은 영국이 세계의 해양과 해역에서 군사적 패권을 차지하는 데 유력한 후원세력이었다. 1890년 무렵 영국이 보유한 민간 선박의 용적 톤수의 합계는 영국을 제외한 기타 국가의 합계보다 많았다.[182] 해상 화물과 여객 운송은 영국의 국제 수지에 중요한 공헌을 했다. 국가와 부를 겨룰만한 부호들이 이 분야에서 나왔다.

해양의 패권을 장악한 영국으로서는 방대한 육군을 동시에 보유할 필요가 없었다. '상비군 비보유'(No standing armies!) 원칙은 지속적으로 지켜졌다. 1차 대전 폭발 전야까지 영국 육군 가운데서 가장 강력한 부대는 인도 용병이었다. 모순이 아닐 수 없지만 19세기에 전 세계에서 가장 규모가 큰 상비군은 인도 용병이었다. 인도 용병부대는 1770년 이후 끊임없이 확대되는 인도의 용병시장을 기반으로 조직되기 시작했고 여러 목적에 동원되었다. 영국 수상 데이비드 로이드 조지(David Lloyd George)가 1922년에 언급했듯이 이 군대는 관료체제 밖에서 인도라고 하는 거대한 국가의 통일을 지키는 또 하나의 '강철구조'였다. 인도 용병부대는 동시에 식민지 기동부대로서 아시아와 아프리카 각지의 식민지 충돌을 종식시키는 데 중요한 작용을 했고 심지어 상하이 국제조계(Shanghai International Settlement)에 파견되어 경찰임무까지 수행했다. 1925년에 상하이에서 시크인 용병이 저지른 가혹 행위는 중국 전체에서 대중적 항의활동을 불러 일으켰다.[183]

셋째, 19세기 마지막 30, 40년까지도 영국의 경제는 세계에서 가장 효율적이었다. 1830년 무렵 영국은 '세계의 공장'(workshop of the world)이 되었다. 영국의 경공업제품은 각 대륙으로 팔려나갔고 세계가 사용하는 철제 선박, 철도궤도, 방직기계의 대다수는 영국산이었다. 영국에 공급하는 많은 제품은 어떤 지역에서도 생산하지 못하는 것들이었다. 수출 상품만이 아니라 영국은 문화에 깊은 영향을 미치는 소비방식을 세계 각지로 전파했다. 이렇게 전파된 소비방식은 다시 영국 상품에 대한 수요를 확대시켰다. 이 밖에도 영국은 고도로 발달한 생산력을 기반으로 수출상품의 가격경쟁에서 각지의 경쟁상대를 제압할 수 있었다.

수출상은 저렴한 가격의 상품을 수출하는 한편 필요한 경우 유리한 조건의 대출도 받을 수 있었다. 제국이 창조한 이런 기회는 민간 기업의 활동에 좋은 환경을 제공했다. 자유의 신조를 굳게 지키는 정부는 민간의 경제활동에 대한 개입을 최대한 자제했다. 프랑스나 (1871년 이후의) 독일의 동업자와 비교했을 때 영국의 상인이 식민지에서 활동할 때도 영국 정부가 나서서 압력을 행사할 필요가 거의 없었다. 그러나 세계 각지의 영국 외교관과 영사관원은 현지의 정보를 수집할 때 영국 상인의 도움을 받지 않을 수 없었다. 영국 상인의 초기 활동은 다른 방식으로 제국을 위해 기여했다. 상인은 자신들의 행위를 통해 '사건'을 일으켜 '정치'가 개입할 수 있는 구실을 만들어 주었다.[184] 이익과 기회는 일종의 연쇄반응을 일으키며 끊임없이 누적되었다. 새로운 형태의 투자 위험이 늘어가자 이용할 수 있는 기회도 생겨났다. 제국의 조직 구조는 때때로 (공식적인 영국 주권의 경계에 대해 전혀 개의치 않는) 민간 경제제국을 등장시켰다.

18세기의 여러 제국과는 달리 전성기 빅토리아시대의 영국제국은 자본주의의 기회를 전 세계에 확산시킨 체제였다. 또한 이것은 중상주의를 추구하던 제국형 정치체제와 본질적으로 다른 점이었다. 중상주의 제국은 흔히 대외무역 통제와 독점을 통해서 다른 제국과의 관계를 단절하고 스스로를 이웃을 적으로 하는 경제전쟁의 기계로 만들었다. 영국 정부가 자신이 공식적으로 지배하고 있는 식민지를 훨씬 뛰어넘는 제국체제의 창설을 위해 기여한 가장 큰 공로는 경제정책상의 '자기해체', 또는 좀더 긍정적으로 표현하자면 경제정책의 '자유화'였다.

자유화는 두 경로를 거쳐 실현되었다. 하나는 1849년에 폐지된 「항해법」(Navigation Acts)이다. 이 법에 따르면 영국으로 향하는 모든 수입화물을 운송할 때는 반드시 영국 시민 또는 화물 원산지 국가의 시민이 소유한 선박을 사용해야 했다. 이 법의 최초 입법목적은 네덜란드 중간상인을 견제하는 것이었다. 19세기 중엽에 이르러 해상의 경제자유가 확립되었다.

또 하나의 경로는 식량에 대한 관세(즉, 식량에 대한 관세를 규정한 「곡물법」Corn Law)의 폐지였다. 식량관세 폐지는 19세기 40년대 영국 내정의 중대한 화두였다. 더군다나 식량관세는 시행한 지 얼마 되지도 않았다. 1815년에 제정된 「곡물법」의 목적은 생산과잉 또는 수입 때문에 일어나는 식량시장의 붕괴를 막자는 것이었다. 이 법에 따라 국내시장의 가격이 일정 수준에 이르지 않았을 때는 밀의 수입이 금지되었다. 이런 농업보호 관세는 농민의 이익에 영합하려는 것이었지만 공장주들로부터는 갈수록 비난의 대상이 되어갔다. 공장주의 입장에서는 인위적인 식품가격의 상승은 공산품 수요부족의 원인 가운데 하나였다. 이 밖에도 이 제도는 귀족특권의 표지로 인식되어 공격을 받았다.

보호관세파가 주축이 된 보수당의 당수 로버트 필(Sir Robert Peel)
은 국가의 이익을 지키기 위해 당내의 강력한 반대세력과 맞서는 것
도 주저하지 않았다. 1846년, 수상으로서 그는 곡물관세의 폐지를
선언했다(실제 효력은 3년 뒤부터 발생했다). 18세기 50년대에 영국
은 그 밖에도 무역의 자유화를 지지하는 일련의 조처를 실행했다. 이
10년은 자유무역의 돌파기가 되었다. 「곡물법」의 폐지는 짧은 시간
내에 당파의 경계를 넘어 전국의 상하가 함께 인정한 경제 발전의 상
징이 되었다.[185]

전례가 없고 또한 혁명적이라고 할 수 있는 것은 영국이 이런 조처
를 일방적으로 선포했다는 사실이다. 다시 말해 영국은 무역의 상대
로부터 대등한 대우를 기대하지 않았다. 영국의 조처는 연쇄반응을
일으켰다. 이런 반응은 예상된 것이었다. 영국이 대규모 국제회의를
소집하지 않고 일종의 새로운 '세계경제 질서'를 선포했기 때문이
다. 자유무역이 빠르게 확장함에 따라 19세기 60년대 중반에 유럽의
대부분 국가가 관세를 폐지했다. 피레네산맥으로부터 러시아 국경
까지 유럽은 자유무역 지대로 바뀌었다.

영국제국 내부에서도 자유무역이 자리를 잡았다. 각 자치령의 실
력은 꾸준히 강화되었고, 그 명확한 표지는 19세기 말이 되자 자치
령이 자국의 관세정책을 독립적으로 결정할 수 있는 능력을 갖추게
된 것이었다. 자유로운 세계시장에서 영국은 우월한 생산능력을 바
탕으로 여전히 주도적인 지위를 지켰다. 무역의 장벽을 만나면 영국
은 자국의 모든 엘리트의 일치된 지지를 업고 강력한 간섭조치로 대
항했다.[186] 보호를 목적으로 자국시장을 봉쇄하는 모든 행위는 낙후
된 문명의 표현이며 용납될 수 없다는 것이 영국의 국가적 신조였다
(영국 상품의 수입 물결을 막기 위해 미국의 재무장관 해밀턴Alexander
Hamilton과 독일의 경제학자 리스트Friedrich List가 각기 1791년과
1831년에 자국시장 보호를 주장했다). 1820년대에는 라틴아메리카

의 여러 공화국이, 1838년에는 오스만제국이, 1842년에는 중국이, 1855년에는 태국이, 1858년에는 일본이 위협이나 무력사용 앞에 무릎을 꿇고 자유무역 협정에 서명함으로써 자국시장의 보호 장치를 거의 완벽하게 포기했다. 영국의 관점에서 이것은 각국의 인민에게 행복을 가져다주는 일이었다. 이 역설적인 현상은 "자유무역의 제국주의"라고 불렸다.[187]

자유무역 체제는 영국의 국익에는 엄청난 기회와 공간을 열어주었다. 그러나 이 체계의 기반은 모든 국가의 일률적인 평등과 엄격한 반독점주의였기 때문에 원칙적으로 말하자면 기회는 다른 국가에도 똑같이 개방되어 있었다. 유럽과 아메리카의 경제가 강해질수록 영국 경제의 ― 최소한 제조업에서(금융업은 상대적으로 견고했다) ― 우위는 점차로 쇠퇴했고 영국이 자유무역 체제를 통해 거두어들인 이익도 감소했다.

1878년 이후로 대부분의 유럽 국가에서 관세가 되살아났다. 더 나아가 다른 나라에게는 시장개방을 호소해왔던 미국은 모순되게도 보호무역주의의 기조를 완전히 벗어난 적이 없었다. 이런 상황에서도 영국은 여전히 자유무역 정책을 굳게 지켰다.

자유무역은 경제계 로비스트부터 노동자 집단에 이르기까지 전체 영국사회가 공유하는 공통인식이었고 19세기 말에는 영국 정치문화를 떠받치는 기둥이자 국가 정체성의 정서적 기반 가운데 하나였다.[188] 자유무역주의에 대한 일방적인 집착은 19세기 중반에 자유무역주의가 처음 등장했을 때와 마찬가지로 놀라움을 금할 수 없었다.

영국이 전 지구적 제국체제를 이용해 추구했던 것은 이기적인 강도형 패권과는 다른 '선량한' 패권이었다. 영국이 무상으로 제공한 '공공재'(公共財) ― 지구상의 모든 해역을 지키는 법과 질서(남은 해적무리의 소탕을 포함하여), 민족과 문화의 경계를 뛰어넘는 사유재산권, 주거 이전의 자유, 평등주의의 원칙에 바탕을 둔 보편적 관세

제도─덕분에 다른 나라들은 최혜국 조항을 통해 자동적으로 자유무역 체제에 참여했다. 최혜국 조항은 전 지구적 자유화에서 가장 중요한 법률제도였다. 최혜국 조항은 한 구성원이 협정에 따라 다른 구성원을 우대할 경우 나머지 구성원에게도 동일한 대우를 하도록 규정했다.[189]

영국제국의 비용과 수익

20세기 80년대 후반에 하나의 문제를 두고 역사학자들 사이에 논쟁이 벌어졌다. 영국제국이 제국을 유지하기 위해 투입한 비용은 그만한 가치가 있었을까. 미국의 한 연구집단은 대량의 실증분석을 통해 다음과 같은 결론을 얻었다. 영국제국의 모든 행동은 막대한 금전 낭비였다.[190] 이 결론은 영국의 제국주의는 객관적 수요를 좇아 확장했으며 영국제국의 판도 안에서 제국주의자들은 대규모 약탈을 자행했다는 마르크스의 주장과 정면으로 배치된다. 이 논쟁을 통해 우리는 다음과 같은, 상대적으로, 보다 정확한 판단을 내릴 수 있다.

장기적인 관점에서 볼 때 영국제국은 비용의 사회화와 이윤의 사유화를 통해 많은 민간기업, 더 나아가 영국경제 전체에 많은 이익을 가져다주었음은 의심의 여지가 없다. 개별 기업 차원에서는 많은 돈을 벌 수 있었다. 기업 내부의 기록을 살펴보면 이 점은 어렵지 않게 증명된다. 당시 영국의 국가경제는 세계에서 유일하게 해외무역을 중심으로 한 경제였다. 다른 유럽 국가와 비교했을 때 세계경제에서 영국의 지위는 전 세계에 구축해놓은 무역과 금융관계망에 의존하고 있었다. 그러나 인도를 제외하면 이른바 종속제국(dependent empire)과의 관계는 중요도에 있어서 유럽대륙, 미국, 자치령과의 긴밀한 경제적 관계에 미치지 못했다. 결론적으로 영국은 제국을 활용하여 풍성한 이득을 보았지만 제국에 의존하지는 않았다. 이런 **추론**

을 증명할 수 있는 반면(反面)의 사례가 있다. 1947년 인도의 독립과 함께 탈식민화 시대가 시작된 후 의외로 영국 경제는 이 때문에 심각한 부정적 영향을 받지 않았다.

문제를 영국이 최대의 식민지 인도로부터 얻어낸 수익에 국한시켜 본다면 결론은 명쾌하게 드러난다. 치밀하게 조직된 식민지 조세체계를 통해 인도는 오랫동안 이민족 통치의 비용 전부를 부담했다. 달리 표현하자면, 영국의 식민지 행정과 군사 기구는 인도의 재정수입에 의존하여 유지되었다. 인도 시장은 정치적 조작을 통해 일부 영국 수출상품에 대해 개방되어 있었고 여기에 더하여 인도는 영국과의 무역수지에서 오랫동안 적자를 봐왔기 때문에 영국이 국제수지의 균형을 유지하는 데 인도가 공헌한 바는 거대했다. 1914년 이전의 반세기 동안 제국의 '왕관 위의 보석'은 결코 밑지는 사업이 아니었다.[191]

경제학의 비용 효율성을 검증하기 위해 장부상의 계산에 몰두하는 일을 잠시 미루어 두고 우리는 다음 세 가지에 주목해야 할 것이다. ① 대다수 영국 민중은 제국으로부터 얻은 게 거의 없으면서도 수백만 명이 제국을 "자랑스럽게 생각했고" 제국을 신분상품(Prestigeobjekt)으로 소비했다. 제국의 영화 때문에 '원주민'이 그들을 우러러보지는 않았지만 최소한 제국의 영화에 도취되어 스스로 기뻐할 수는 있었다.[192] ② 제국은 무수한 취업기회를 창출해냈는데, 특히 군사부분에서 그랬다. 그러나 더 중요한 것은 경제적인 관점에서 볼 때 제국이 만들어낸 이민의 기회가 노동력의 효율적인 재배치를 확실하게 실현했다는 점이다. 이것은 영국 국내에서는 불가능한 일이었다. 사회·정치학적 관점에서 볼 때 이민은 사회 내부의 압력을 외부로 분출시키는 안전밸브로서 작동했다. 그러나 이런 효과는 인위적으로 조작하기는 어려웠다. 대부분의 경우 이민은 개인적인 선택이었고 제국은 선택항목을 제시했을 뿐이다. ③ 제국은 (영국인의 시각으로 볼 때) 최대한도로 이성적인 외교의 가능성을 보여주었다. 이 때문에 섬나라로서 영국의 이점이 ─ 지리적 요인 때문에 이웃나라의 도발로부터 자유로울 수 있는 것은 아니다(이웃나라는 스스로 선택할 수는 없으므로) ─ 한층 더 강화되었다.

영국의 정치는 다른 강대국보다 넓은 행동공간을 갖고 있었다. 영국은 주도적으로 다른 나라와 우호관계를 맺을 수 있었고 원할 때에는 관계를 멀리할 수도 있었다. 국제정치 무대에서 영국의 '친구'는 많지 않았지만 영국은 그렇다고 번거로운 의무와 책임 속으로 끌려들어가려고도 하지 않았다.

19세기의 역대 영국 정권은 (당파를 가릴 것 없이) 친소관계에 한계를 둔 외교정책을 전개했다. 19세기 말에 영국 정부는 여러 나라와 일련의 외교적 협정을 체결하면서 ─ 1902년 일본과 체결한 동맹조약, 1904년 프랑스와 체결한 영불협상(Entente Cordiale), 1907년 러시아와 체결한 영러협상 ─ 전쟁이 폭발했을 때 반드시 동맹국을 지원하겠다는 약속은 하지 않았다. 1차 대전 때에 영국은 참전을 결정했지만(1914년 8월 4일 전체 영국제국의 이름으로 참전을 선포했다) 동맹에 대한 불가피한 의무 때문이 아니라 자신의 의지에 따라 내린 결정이었다.

영국제국이 고집해오던 '영광스러운 고립'(splendid isolation) ─ 이 정책은 대륙에서 세력균형이 유지되고 있을 때만 작동될 수 있었다 ─ 은 편의적인 정책 대안으로 변했다. 제국의 자원은 언제나 동원할 수 있었고 영국의 정책은 언제나 새로운 대안을 향해 열려 있을 만큼 실용적이었다. 그러므로 1차 대전이 시작되었을 때 영국은 고립되어 있지 않았다. 제국은 1914년과 1918년 사이에 역사에 전례가 없는 방식으로 진정한 가치를 보여주었다.[193]

19세기와 20세기의 제국사의 기준에 비추어볼 때 영국제국은 하나의 성공 사례였다. 이 점을 인정한다고 해서 우리가 제국주의의 옹호자가 될 필요는 없다. 영국제국은 근대 초기와 근대(코젤렉이 말한 안정시기) 시기의 전 지구적 위기를 이겨냈고 많은 제국이 소멸한 20세기의 양차 대전을 살아남았다. 그러나 영국도 몇 차례 심각한 타격을 경험했다. 2차 대전 이전에 영국은 자신의 통치하에 있는 중요한 영지를 상실한 경험이 없었다(그렇기 때문에 1942년 일본의 싱가포르 점령은 영국인에게 깊은 상처를 주었다). 끊임없는 전진의 자세를 바꾸어 후퇴를 선택하게 되자 제국의 통합을 살펴보는 좋은 기회가 되었다.

인도에서 출발한 원정군이 영허스밴드(Sir Francis Younghusband)의 지휘하에 라사로 진격한 뒤(그곳에서 예상했던 '러시아 무기'는 찾아내지 못했다) 현지에서 티베트를 영국의 보호국으로 하는 내용의 조약을 체결했다.* 그게 1904년이었다. 당시 중국은 티베트에 대해 모호한 종주권을 주장했으나 자신의 주장을 권력정치의 수준에서 뒷받침할 능력이 없었다. 영국의 모험의 배후에는 위세를 떨치기 좋아하는 인도총독 커즌(Sir George Nathaniel Curzon)이 있었다. 그러나 런던 정부는 경제적으로나 전략상으로 큰 의미가 없는 땅을 차지하기 위해 수고할 생각이 없었다. 결국 '현장책임자'의 지휘하에 획득한 국지적인 승리는 런던의 승인을 얻지 못했다.[194]

19세기의 마지막 30, 40년 동안 몇몇 신흥 강국이 국제무대에서 점차로 두각을 나타냈고 영국의 경제적 지위는 기타 국가에 비해 하락하는 추세를 보였다. 이러한 외부 정세의 변화에 직면한 영국 정치가들은 시국의 변화에 순응할 줄 아는 뛰어난 능력을 과시했다. 영국의 패권적 지위가 경쟁을 이겨내고 유지되기는 어려웠지만, 달리 말해 영국은 이미 모든 사태의 발전을 자신의 생각대로 조종할 수 없게 되었지만, 영국의 정책결정자들은 지금까지의 성과를 방어적으로 지

* 그게 1904년이었다.

켜내면서 새로운 경제적·영토적 기회를 교묘하게 이용하는 중간노선을 성공적으로(곡절이 없지는 않았지만) 찾아냈다.[195] 1차 대전이 끝난 뒤 영국제국은 심지어 국제연맹의 비호 아래 '위임통치'의 형식으로(이란, 요르단, 팔레스타인 등) 자신의 세력범위를 다시 확대했다.

안정적 요인

앞에서 언급한 각종 요인 이외에 영국제국이 상대적으로 성공할 수 있었던 데는 몇 가지 다른 원인도 있었다.

첫째, 앤서니 홉킨스(Anthony G. Hopkins)와 피터 케인(Peter Cain)이 지적했듯이 영국의 확장 배후의 가장 중요한 동력은 공업계의 이익이 아니라, 현대화를 추구하던 농업계의 이익과 긴밀한 관계를 맺고 있던 (런던을 기반으로 한) 금융업계의 이익이었다. 런던에는 전 세계에서 영향력이 가장 큰 은행과 보험회사가 몰려 있었다. 모든 국가의 해상운송과 무역 자금을 런던이 공급했다. 런던은 국제적인 민간 투자의 중심지였다. 중국, 아르헨티나 또는 오스만제국에 투자하고자 한다면 런던의 금융시장을 비켜갈 수는 없었다. 영국의 파운드화는 전 세계에서 가장 중요한 화폐였고 금본위제 또한 근본적으로 런던을 중심으로 작동했다. 공업과 비교했을 때 금융업의 가장 큰 우위는 지역에 얽매이지 않고 국제화되어 있다는 점이다. 돈이 세계 각지로부터 영국의 수도로 흘러들어왔다. 런던은 영국 식민제국의 경제적 중심만이 아니었고 그 영향력은 영국제국의 정치적 영향력이 미치는 범위를 넘어서까지 미쳤다. 런던은 전 세계의 자금 흐름과 상품 흐름을 통제하는 중심이었다. 뉴욕이 흥기하기 전까지는 어떤 경쟁자도 런던을 상대할 수 없었다.[196]

둘째, 영국제국을 관리하는 사람들은 1770년대에 미국에서 저지른 재난에 가까운 정치적 질책으로부터 얻은 교훈을 바탕으로 하여 시간의 흐름과 함께 정교한 개입 수단을 고안해내고 이를 여러 차례 실전에 적용하여 가다듬었다. '개입'이라는 말이 오늘날처럼 부정적인 색채가 강하지 않았던 시대에[197] 개입주의의 기본원칙은 자신이 가진 자원을 최적화된 방식으로 투입하는 것이었다.

제국의 경험 가운데서 이 원칙이 언제나 지켜지지는 않았다. 20세기의 미국이 그런 사례다. 미국은 비교적 일찍부터 대규모 군사력을 동원해 자신의 영향력을 높이려했다. 반면에 영국제국은 폭력은 뒤에 숨겨두고 단계적으로 위협의 수위를 높여가며 압박하는 고도의 기술을 발명했다. 영국의 외교관과 군인은 '설득'과 '압박'을 구사하는 데 대가들이었으며 그것이 효력을 낼 때는 더 많은 비용이 들어가는 다른 수단을 동원할 필요가 없었다.

제3의 협력자와 함께 압력을 가할 경우 효과는 더 좋았다. 첫 손에 꼽히는 협력자는 당연히 프랑스였다. 1857년에 튀니지를 상대할 때, 1858-60년 중국과 겨룰 때 영국은 이 수법을 이용했다. 반면에 태국에서는 (태국이) 유럽 국가들을 서로 싸움을 붙여 어부지리를 얻었다.[198] 영국의 정책은 가능한 한 최대의 압력을 가하고 이런 비정식적 기회와 수단이 소진된 다음에 그래도 안 되면 정식 식민지배로 들어가는 것이었다.

영국 제국주의자들이 즐겨 사용한 방식은 눈에 크게 띄지 않는 '주재관' 또는 '고문' 등을 두어서 고분고분한 현지 통치자를 비밀리에 조종하는 것이었다. 이런 상황은 때로는 아예 직설적인 허상의 관계로 변한 때도 있었다. 1882년 이후로 이집트는 사실상 영국의 식민지가 되었지만 1914년까지는 오스만제국의 술탄이 이집트에 대한 명목상의 종주권을 행사했다. 이 시기에 이집트는 현지의 군주가 왕위에 앉아 있었고 현지 출신의 대신이 국사를 처리했다. 그러나 사실상의 권력을 장악하고 막후에서 이집트 정부를 조종하는 막강한 영국 대표는 '총영사'라는 평범하기 짝이 없는 직함을 가졌을 뿐 공식적으로는 어떤 고위의 직책도 갖지 않았다. 실제 상황에서는, 위장된 보호국 관계에서 직접적 개입의 가능성은 전제적 통치하의 식민지에 비해 전혀 손색이 없었다.[199]

셋째, 19세기 영국 정치는 전체적으로 분명한 귀족정치의 특징을 지니고 있었다. 영국의 정치문화는 기타 국가, 특히 프랑스의 시민정치 풍토와는 전혀 달랐고 이런 특징 때문에 문화의 경계를 뛰어넘어 엘리트 사이에 연대감이 형성되기 쉬웠다. 프랑스제국과 비교할 때 영국제국의 기구는 하위 지방엘리트를 (상징적인 경우가 대부분이었지만) 수용함으로써 제국의 통합을 실현했다.[200]

넷째, 영국 제국주의 계층의 (특히 19세기 말 무렵에는) 인종주의에 대한 태도는 다른 유럽 국가와 북아메리카의 식민지배 계층 못지않게 완강했다. 그들은 피부색이 다른 인종집단과의 사회적 차이를 중시했다. 그러나 총체적으로 보아 영국 엘리트의 인종주의는 인종의 제거를 요구하는 극단적인 수준으로 나아가지는 않았다. 그런 행위는 한때 오스트레일리아에서만 발생한 이민 식민주의의 특수한 현상이었다. 각지의 봉기 — 예컨대 1857-58년의 인도 폭동 — 는 잔혹하게 진압되었고 그 뒤로 인종주의는 여러 가지 금기를 낳았다. 그러나 레오폴트왕 치하의 콩고나 1904-1908년의 독일령 서남부 아프리카와는 달리 영국은 대량학살이나 인종청소를 통치수단으로 활용하지 않았다.

결정적인 전기는 '에어 총독 논쟁'(Governor Eyre Controversy)이었다. 1865년 10월, 자메이카의 작은 도시 모란트베이(Morant Bay)에서 한 소송 사건 때문에 민중이 식민지 경찰을 상대로 항의활동을 벌였고 이 과정에서 농민이 주축이 된 소규모 폭동이 일어났다. 혼란 속에서 백인 몇 명이 살해되었다. 오랫동안 흑인 대봉기의 망상에 젖어 있던 총독 에드워드 에어(Edward Eyre)는 이 사건에서 '제2의 아이티’ 냄새를 맡았다. 그는 즉시 대규모 경찰병력을 동원해 진압에 나섰다. 폭동 ‘평정’ 기간 동안 자메이카섬의 백성들은 몇 주에 걸쳐 공포통치를 경험했다. 500여 명의 자메이카인이 목숨을 잃었고, 수많은 사람이 공개적으로 태형(笞刑)을 받거나 고문당했으며, 수천 채의 가옥이 불탔다.

봉기를 진압하는 문제를 둘러싸고 영국 국내에서 공개적인 대논쟁이 벌어졌다. 3년 가까이 지속된 논쟁의 핵심은 에어 총독을 영웅으로 받들어도 되느냐는 것이었다. 그는 왕실을 구원하고 자메이카섬의 백인들을 학살로부터 보호한 영웅으로 찬양받아 마땅한가. 아니면 그는 무능하고 책임감이 부족한 살인자로 지탄받아야 하는가. 이 논쟁처럼 빅토리아시대에 민중의 정서를 격앙시키고 또한 의견이 극명하게 갈린 논쟁은 없었다. 전국의 명망가와 대표적 지식인들이 다투어 의견을 표명했다. 토마스 칼라일(Thomas Carlyle)은 인종주의 색채가 짙은 격문을 발표하여 총독을 변호했고 밀(John Stuart Mill)은 자유주의 반대파의 대변인이 되어 현장의 결정권자를 중벌에 처하라고 요구했다.

이 사건은 최종적으로 자유주의파가 여론전에서 승리하며 막을 내렸지만 에어 본인은 총독직위에서만 해임되었을 뿐 아무런 처벌도 받지 않았다. 결국 그는 의회 결의를 통해 퇴직금을 보장받게 되었다(에어 자신은 원치 않았지만).[201] 그럼에도 불구하고 반인종주의 투쟁 과정에서 1865년은 1807년의 노예무역 폐지와 비견될만한 중요한 의미를 갖는 해였다. 이때 이후로 공공 여론의 경각심은 수그러들지 않았고 어두운 식민주의 역사의 가장 추악한 페이지에 영국인의 이름은 더 이상 등장하지 않았다.[202]

1차 대전 후 독일과 이탈리아에서 인종주의가 극단으로 치닫고 있을 때 영국에서 인종주의는 더 이상 품위 있는 대화의 화두가 되지 못했다. 인종주의가 무시되지는 않았지만(지금까지도 인종주의는 여전이 존재한다) 식민지에서나 영국본토에서도 인종주의적 편견이 국가범죄로 귀결된 적은 없었다.

오늘날의 시각으로 분석하고 당대의 정치적 언어를 벗어나 표현한다면 '팍스 브리타니카'(Pax Britanica)를 어떻게 정의할 수 있을까 203) 가장 쉬운 방법은 먼저 그것이 '무엇이 아니었는지'를 판단하는 것이다. 로마제국과 18세기 청제국과의 다른 점은 영국제국은 문명세계 전체(orbis terrarum)를 통합하지 않았다는 것이다. 오스트레일리아와 뉴질랜드를 제외하면 영국은 어떤 대륙에도 대적할 자가 없는 독점적 제국을 형성하지 못했다. 언제 어디서든 영국은 기타 강대국의 도전과 경쟁을 마주해야 했다. 영국제국은 동질적인 영토적 집합이 아니라 중추형밀집점(中樞形密集点)과 통제하기 어려운 중간지대가 함께 어우러져 구성된 체제였다.

2차 대전 이후 '팍스 아메리카나'(Pax Americana) 시대의 미국과 다른 점은 미국은 기술적으로 지구상의 어느 곳이든 폐허로 만들 수 있는 능력을 가졌지만 19세기의 영국제국은 지구의 어느 곳이든 운명을 좌우할 수 있는 군사적 개입능력을 갖지 못했다는 것이다. 1849년, 영국의 일부 민중이 헝가리혁명을 돕기 위해 개입하라고 호소했으나 당시로서는 개입은 거의 불가능했다. 그렇기 때문에 당시의 영국은 어느 정도는 해상의 헌병 역할을 할 수 있었지만 진정한 의미의 '세계경찰'이 될 수 없었다.

1815-1914년의 시기에, 1870년 이후로 국제무대에서 영국의 영향력이 약간 약화된 (그러나 대폭 하락하지는 않은) 사실을 제외한다면, 팍스 브리타니카는 주로 다음과 같은 의미를 갖는다. ① 세계에서 가장 큰 식민제국을 지켜낼 수 있는 능력, 나아가 그 식민제국을 다른 강대국과 전쟁을 벌이지 않고 신중하게 확장할 수 있는 능력. ② 경제발전의 차이를 이용하고 협약에 의한 특권('불평등조약')과 '다모클레스의 칼'을 동원한 지속적인 개입('포함외교')을 통해 식민제국

의 공식적인 판도를 넘어서 유럽 국가체계 밖에 있는 많은 국가(중국, 오스만제국, 라틴아메리카 등)에 대해 강력하고도 비공식적인 영향력을 행사할 수 있는 능력.[204] ③ 국제사회에 영국 시민이 아니라도 사용할 수 있는 서비스(자유무역체제, 통화체제, 국제법 조항 등)를 제공할 수 있는 능력. 영국제국의 독특한 점은 영토적 핵심('공식적인 제국')이 두 개의 동심원에 둘러싸여 있었다는 점이다. 하나는 명확한 경계선이 없이 영국이 그중심에서 '비공식적' 수단을 통해 결정적인 작용을 하는 공간이며, 다른 하나는 영국이 만들기는 했지만 통제할 수는 없는 세계경제와 권력질서의 전 지구적 공간이었다. 영국제국이라는 전 지구적 세력은 이처럼 방대했음에도 불구하고 세계의 유일한 강대국이었던 19세기 중엽의 수십 년 동안에도 영국의 모든 경제활동을 장악할 수는 없었다. 그렇지 않았더라면 제국의 경계를 초월하는 전 지구적 자유무역 정책이 오랫동안 유지될 수 없었을 것이다. 이것은 제국의 또 하나의 역설이었다. 공업화 시대와 고전적인 '팍스 브리타니카' 시기의 제국의 중요성은 미국을 상실하기 이전이나 1929년의 대공황 이후의 시기보다 훨씬 덜 중요했다.

7. 제국
생활상황

제국이 탄생한 그 순간부터 제국에 대한 평가는 줄곧 두 극단 사이를 오갔다. 하나의 극단은 제국주의자들의 논조였다. 그들은 강자가 지배자가 되는 군국주의나 세계에 은혜를 베푸는 부권주의를 내세웠다. 다른 한 극단은 반제국주의 투사들(19세기에는 이들을 민족주의자라 불렀다)의 억압과 해방의 논리였다. 오늘날의 논쟁에서도 이런 근본적인 입장이 재현되고 있다.

제국을 신체적 억압과 문화적 배척을 지향하는 폭력적 기구로 보는 관점이 있고, 이 관점의 기초는 탈식민화 시대에 형성되었다.[205] 이 관점에 반대하는 사람들은 현재의 혼란스러운 세계정세에서 결론을 끌어낸다. 이들은 제국이 세계의 국부적인 지역에서 — 예컨대 아프리카, 중앙아시아 또는 발칸지역 — 평화와 어느 정도의 번영을 실현하는 데 기여한 공로는 혼란에 빠진 미성숙 민족국가가 실현한 성과보다 훨씬 크다고 주장한다. 양쪽의 주장이 팽팽하게 맞서 있는 상황에서 제국 내부 '사람들'의 생활이 어떠했느냐는 문제에 대한 답을 찾기는 정말 쉬운 일이 아니다.

제국주의자의 선전이 사실을 베일로 가려왔던 것은 사실이다. 그렇다고 해서 제국은 '민족의 감옥'이라는 비난이 현실에서 감당하기 어려운 고난이 있었다는 증거는 아니다. 그러므로 앞의 문제와 관련된 또 하나의 복잡한 문제가 등장한다. 하나의 제국 또는 식민지에서 모든 생활은 제국의 구조 또는 식민상태(situation coloniale)에 의해 결정되지 않는다. 따라서 제국의 세계를 보다 보편적인 세계사의 관점에서 (이 책의 접근방식과 같이) 이해하려 하지 않고 하나의 폐쇄된 독립공간으로 다룬다면 의미가 없다.

이 문제에 있어서 중간의 길은 찾기 어렵다. 탈식민화 시대의 전통적인 식민주의 비판자들이 식민관계를 보편적인 왜곡 상태로 본 주장은 옳았다. 가상의 정상적인 상황에 비추어 볼 때 이상적인 식민자나 피식민자 양쪽 모두 인격상의 상처를 입었다. 그러나 식민 공간의 모든 생활을 타율과 강압의 관계로 이해한다면 식민자는 전지전능하다는 환상을 재차 확인해주는 것에 불과할 뿐이다.

방법론적으로 여기서도 구조와 경험의 관계에 주목할 필요가 있다. 제국을 분석하는 데 전혀 다른 여러 가지 방향이 등장했다. 마르크스주의적 해석에서 흔히 보이는 구조이론은 제국의 문제를 분석할 때 제국 내부의 구체적인 생존환경과 심리상태를 전혀 고려하지 않았다. 마르크스주의의 비판적 역량이 발전하여 후기 식민주의로 진화하자 전혀 다른 효과가 나타났다. 미세한 수준의 개인 또는 아무리 많아도 소집단에 집중된 미시적 시각은 더 큰 범위의 인과관계를 경시하거나 나아가 경험, 귀속의식, 담론을 형성하는 데 결정적인 의미를 지닌 요인들을 완전히 무시했다.

그럼에도 불구하고 우리는 19세기 제국의 전형적이며 보편적인 경험으로부터 다음과 같은 몇 가지 법칙을 도출해낼 수 있다.

첫째, 대부분의 경우 한 지역이 제국의 판도 안에 편입되는 초기에는 폭력적인 행동이 따른다. 이 행동은 장기적인 정복전쟁일 수도 있고 지역적인 대학살일 수도 있다. 학살이 '자연발생'적인 경우는 거의 없다. 대부분의 경우 학살은 무력을 과시하는 수단이며 두려움을 심어주기 위한 목적에서 실시된다.[206] 정복자는 이 방식을 통해 일종의 공포로 인한 마비상태를 조성하고, (정복이 성공한 뒤에는) 자신의 우월한 무력을 과시할 뿐만 아니라 장악한 권력에 상징적 표지를 부착하며, 다음 단계로 현지인의 모든 무장을 해제한다(이것은 폭력을 독점하는 과정의 필수적 조처다).

무역협정이나 종교적 침투의 방식으로 '조용히' 잠입한 경우가 아니라면 제국은 언제나 악몽 같은 폭력으로 시작한다. 폭력적인 사건은 백성이 안온하게 살아가는 평화로운 지역이 아니라 대부분 폭력이 이미 널리 퍼져 있고 민중의 생활이 힘든 곳에서 발생한다. 18세기의 인도가 그런 사례다. 무굴제국이 붕괴된 뒤 크고 작은 여러 개의 제후국과 소국이 출현하여 혼전이 끊이지 않았다. 또한 아프리카에서는 대부분의 지역이 유럽인과 아랍인의 노예무역 때문에 일찍부터 큰 혼란에 빠져 있었다. 정복단계의 폭력행위가 종결된 뒤 이지역은 비로소 식민통치하의 평화기로 접어들었다.

둘째, 제국의 권력탈취 과정은 예외 없이 토착사회의 모든 정치세력을 질풍처럼 한 순간에 소멸시키고 이민족 통치가 원주민 통치를 철저하게 대처하는 방식은 아니었다. 사실상 이런 경우는 극히 드물었다. 가장 극적인 사례가 16세기 스페인의 아메리카 정복과 1830년 이후의 알제리 정복이었다. 일반적으로 식민열강은 (비용을 절감하기 위해서) 원주민 엘리트 가운데서 자발적인 협력자를 찾아내어 통치 직능의 일부 또는 새로 생긴 직능을 그들에게 배분해 주었다. 여러 형태를 취하는 이런 책략을 '간접통치'(indirect rule)라 부른다. 원주민 정권의 구조가 새로운 지배자 아래서도 큰 변화가 생기지 않는 극단적인 상황일지라도 원주민 집권자의 지위는 손상을 입을 수밖에 없다.

제국주의의 도래는 언제나 원주민 정치권력의 권위를 약화시킨다. 외부 압력에 직면하여 부득이하게 미미한 정도의 영토적 양보를 한 정부라도 (예컨대 1842년 아편전쟁 이후의 중국정부처럼) 자국의 정치공동체 내부에서는 정통성에 큰 타격을 입는다. 그 때문에 정부는 취약해질 뿐만 아니라 불만 때문에 일어나는 민중의 저항을 막아내야 한다. 중국의 태평천국운동에서 보았듯이 봉기는 반드시 '반제국주의적' 동기 때문에 일어나지는 않는다.

제국주의 침입자도 마찬가지로 합법성 문제를 겪는다. 식민통치의 시작단계는 모두 비합법적 통치, 다시 말해 권력의 탈취다. 식민 통치자는 이것을 이해한 뒤 빠르게 최소한도의 합법성을 확보하려고 노력한다. 그 방식은 통치의 효율을 높이거나 현지의 상징적인 자원을 개발하여 원주민의 존중을 받는 것이다. 그러나 극소수이긴 하지만 문화의 차이가 그렇게 크지 않을 경우 (예컨대 합스부르크제국에서처럼) 식민통치의 권력 탈취적 성격은 시간이 지남에 따라 옅어진다. 군주제라는 상징적 자원을 충분히 활용하지 않고서는 이런 결과는 상상할 수 없다. 제국에 합병된 사회가 아케팔로스* 상태─시베리아와 중부 아프리카처럼─에 있지 않아서 그 사회를 통치하는 왕이나 추장이 있을 때는 식민자는 제국의 종주권자라는 외투를 걸치거나 직접 원주민의 군주 역할을 맡으려 시도했다. 1870년 이후의 공화국 프랑스가 이렇게 할 수 없었던 이유는 상징정치에서 상시적인 약점이 있었기 때문이었다.

셋째, 어떤 제국에 병합된다는 것은 더 넓은 교류 공간으로의 진입을 의미한다. 제국 내부에서 교류의 궤적은 통상적으로 중심부와 주변부 사이의 방사형 분포로 나타난다. 각 식민지와 제국의 변경지대 사이에 교류가 없지는 않지만(역사학의 발전과 함께 그중에서 많은 부분이 발견되었다) 주류가 된 경우는 거의 없었다. 제국의 핵심부는 각 식민지 백성들 사이의 직접적인 접촉과 왕래에 의심의 눈길을 보내며 교류의 수단을 통제했다. 그러나 기술적인 조건이 갖추어지고 국

---

* 아케팔로스(acephalous)는 그리스어로 '머리가 없다'는 뜻이다. 인류학에서 아케팔로스 사회라고 하면 정치적 지도자가 없거나 계층분화가 되지 않은 사회를 일컫는다. 이런 사회는 집단 또는 부족단위의 소규모 사회이며 항구적인 추장이나 왕을 두지 않고 합의제로 의사결정을 한다.

가의 관리 감독 기구도 명백하게 금지하지 않았을 때 변경의 엘리트들은 각종 새로운 기회를 활용하여 피차 간의 교류를 강화했다.

하나의 시사적(示唆的)인 사례가 제국의 언어정책이다.[207] 역사적으로 다중언어의 공존은 보편적인 상황이었다. 근대에 들어온 뒤, 특히 19세기에 사람들의 관념이 크게 바뀌어 민족과 단일 언어의 문화를 동일시하면서부터 다중언어의 공존은 갈수록 예외적인 현상이 되었다. 예를 들자면, 이슬람 세계의 개별 국가와 지역에서 아랍어, 페르시아어, 터키어 세 가지 언어가 동시에 사용되는 현상은 보편적이었다. 이런 현상은 언어의 기능적 차이와 관련이 있었다. 아랍어는 번역해서는 안 되는 『코란』을 기록하는 데 사용된 언어였고, 페르시아어는 문학 영역에서 권위를 누리는 동시에 오스만제국의 동부로부터 갠지스강에 이르는 광대한 지역에서 공통어로 사용되는 제3의 언어(lingua franca)였다.

제국의 언어 보급과 응용 정책을 '문화제국주의'의 강압으로만 본다면 그것은 현실의 복잡성을 이해하지 못하는 단순한 평가가 될 것이다. 현지 교육을 어느 정도까지 유럽식으로 개혁할 것인지는 항상 식민국가를 괴롭히는 난제였다. 19세기 초 인도와 스리랑카에서 이 문제를 두고 광범위하고도 깊이 있는 토론이 벌어졌지만 결국은 의견이 하나로 모이지 않았다.[208] 때로는 외국어를 교육언어로 도입하는 방식이 강요에 의해서가 아니라 자발적으로 받아들여졌다. 예컨대 이집트는 1798-1802년의 짧은 프랑스 점령시기에 대해 좋은 인상을 갖고 있지 않았음에도 불구하고 19세기에 점진적으로 프랑스어가 교육받은 계층의 제2교육언어로 자리 잡았다.

이것은 이집트인의 자주적인 선택이었다. 이집트인은 프랑스어가 유럽에서 가장 문화적인 민족이 사용하는 언어하고 생각했다. 심지어 영국이 이집트를 점령한 1882년 이후로도 이집트에서 프랑스어의 지위는 흔들리지 않았다. 레프 톨스토이의 애독자라면 쉽게 이해할 수 있듯이 러시아에서도 프랑스어는 오랫동안 왕족과 귀족의 신분표지였다. 한 지역을 놓고 본다면 어떤 제국에 병합되었다고 해서 통치자의 언어가 곧바로 그곳에서 통용되지는 않았다.

넷째, 넓은 범위의 경제권의 교류와 통합은 일반적으로 제국에 병합되기 전에 이미 시작되었다. (언제나 그랬던 것은 아니지만) 제국은 흔히 이런 연결을 단절시키기 위해 중상주의적 관세장벽을 쌓고 새로운 통화를 도입하거나 대상(隊商)의 루트와 항로를 폐쇄했다. 그러나 제국은 동시에 이런 지역이 새로운 경제권과 연결될 수 있는 기회도 제공했다. 19세기에 새로운 경제권은 바로 오랫동안 규모와 밀도를 꾸준히 확대해온 '세계경제'였다. 1차 대전의 발발 직전에 지구상에는 '세계시장'과 어떤 관계도 맺지 않은 지역은 극소수였다. 세계시장으로의 진입, 또는 좀더 적절하게 표현하자면 특정한 세계시장으로의 진입은 다양한 형태로 실현되었다. 이런 통합은 흔히 새로운 의존관계로 발전했고 동시에 새로운 기회도 만들어냈다. 모든 제국은 그 자체로 독자적인 경제공간이었다. 어떤 지역이 제국의 일부가 될 때 그 지역의 원래 환경에는 필연적으로 변화가 발생했다.

다섯째, 가해자와 피해자, 식민자와 피식민자라는 이분법은 최상의 경우라도 허술한 분류작용밖에 하지 못한다. 이런 분류는 식민지 사회의 근본적인 모순을 드러냈다. 그렇지만 극단적인 경우 — 예컨대 18세기 카리브지역의 노예제 사회 — 에서만 이런 모순이 첨예해질 수 있고 상술한 이분법이 사회의 현실과 대체로 부합했다. 그런데 당시의 카리브 지역에서도 '유색자유민'(free persons of colour) 또는 '혼혈인'(gens de couleur)으로 구성된 중간계층이 존재했다. 제국에 병합된 사회는 일반적으로 계층구조를 갖고 있었고 이 계층질서는 제국과의 접촉을 통해 흔들렸다. 제국은 적과 친구를 나누었다. 제국은 원주민 엘리트를 분열시키고 여러 파벌 사이의 모순을 자극함으로써 어부지리를 노렸다. 제국은 결국 공모자를 찾아내고 그들에게 상응하는 보수를 주었다.

식민 통치기구는 모든 영역에서 현지 인력에 의존해야 했고 특히 19세기 말에는 전보, 철도, 세관 등의 부문에서 의존도가 높았다. 세계시장으로의 진입은 현지인이 상업과 자본주의적 생산 분야에서 일확천금을 획득할 수 있는 기회를 제공했다. 이런 기회는 흔히 일부 소수집단에 의해 이용되었고 동남아시아의 화교가 그 기회를 이용한 대표적인 집단이었다. 만약 유럽의 토지법이 도입되었더라면 농촌의 사유권과 계층질서의 급진적인 변혁이 일어났을 것이다. 요컨대, 일부 상대적으로 보수적이며 예외적인 '간접통치'—북부 나이지리아, 영국과 이집트 공동 관리하의 수단—를 제외하면 제국으로의 흡수는 심각한 사회변천으로 귀결되었고 어떤 경우에는 단지 몇 년 안에 사회적 혁명이 일어났다.

여섯째, 확장하는 제국의 문화적 프런티어에서는 개인과 집단의 자기정체성의 변화가 일어난다. 만약 이것을 안정적이고 단일한 자기인식에서 '다원적인' 개성과 사회화로 이행하는 과정이라고 해석한다면 지나치게 단편적인 해석이라고 할 수 있다. 이 밖에도 일부에서 제시하는 자기인식의 '교잡성'(交雜性)은 식민지와 제국의 관계에서 반드시 나타나는 독특한 현상은 아니다. 여기서 비교적 오래된 '역할'이란 사회학 용어가 우리의 연구에 도움을 줄 수 있을 것이다. 새로운 요소가 나타나면 사회상황은 더 복잡하게 변화하기 마련이고 역할의 종류도 더 풍부해질 것이다. 이럴 때 사람들은 몇 가지 역할을 동시에 수행하는 방법을 배워야 한다. 예를 들자면, 식민지에서 나타나는 전형적인 역할이 매판(買辦)과 통역이다. 이 밖에도 여성의 행동과 여성 노동에 대한 새로운 인식이 (주로 선교사들을 통해서) 전파되면서 여성의 사회적 지위에도 변화가 일어났다. '자기인식'은 동태적 현상이며 이민족을 배척하는 모습으로 나타날 때 가장 쉽게 식별된다.

이것은 식민지만의 특징은 아니지만 총체적으로 보아 제국의 통치자는 제국의 판도 내에 있는 다양한 피부색의 인종집단을 몇 개의 분명한 '민족'으로 분류하는 것을 중요하게 생각했다. 민족국가는 문화적·인종적 단일성을 추구하는 경향이 있고 이 목표를 달성하기 위해 정치적 수단에 의존하기를 마다하지 않는다.

제국이 강조하는 것은 차이다. 식민시대 이후의 비판자들은 대체적으로 이것이 인류 평등의 원칙에 대한 중대한 침범이라고 공격한다. 이 문제에 대해 우리는 단순히 도덕적 관점에서 판단해서는 안 된다. 19세기 후반에 인종주의의 영향을 받아 민족의 유형화가 강화되고 그것이 인종차별로 흐른 것은 부인할 수 없는 사실이다.

식민지 통치체계는 인위적으로 '족'(族)과 그 밖의 분류계통을 만들어 피지배 민족을 복잡하게 분류했다. 19세기 후반에 등장한 인류학과 민족학이란 야심찬 학문이 이를 위해 많은 도움을 주었고 인구통계라는 도구가 분류의 분량을 늘려놓았다. 어떤 사회집단은 이론적인 정의가 먼저 내려진 뒤에 인구통계를 통해 현실 존재로 전환되었다.[209] 식민국가는 차이가 먼저 만들어진 뒤에 그것에 맞추는 고통이 뒤따랐다. 차이화의 정도도 달랐다. 프랑스는 알제리에서 민중을 간단하게 두 종류로 ── '선량'한 베르베르인과 '타락한' 아랍인 ──나누는 방식을 사용했다.[210] 반면에 영국령 인도에서는 정교하고 현학적인 분류기준이 만들어졌다.

식민지 민중의 분류와 유형화는 식민 관료기구 단독으로 해낼 수 있는 일이 아니었다. 제국을 구성하는 민족들은 부분적으로는 만들어진 유형을 자발적으로 받아들였지만 다른 한편으로는 민족적 정체성을 세우기 위해 많은 노력과 정성을 들이며 저항했다. 유럽인이 발명했고 유럽으로부터 수입된 민족주의가 식민지의 민족주의 형성과정에 중요한 본보기가 되었고 형세의 발전에 따라 식민지에서 끊임없이 조정되고 변화했다. 그리하여 식민 당국은 곤경에 빠졌다.

식민당국은 한편으로는 '분할통치'(Divide-et-impera)의 원칙을 좇아 민족 집단 사이의 차이를 조장하면서도 다른 한편으로는 이런 차이가 통제하기 어려운 정도의 폭력으로 발전하지 않도록 관리해야 했다.

집단의 자기인식은 정부의 조종 범위를 넘어서는 것이었고 민족의 기준과 항상 일치하는 것도 아니었다. 19세기가 막 시작될 무렵 유럽 이외의 지역에서는 집단의 자기인식은 흔히 볼 수 있는 현상은 아니었다. 1차 대전 이후 반제국주의 연대가 형성될 수 있는 여러 조건이 단시간 안에 나타났다. 인도의 해방운동은 1919년 간디(Gandhi)가 첫 번째 '비협력' 주장을 내놓은 후에도 민족주의 또는 종교적 기반을 형성하지 못했다. 인도 땅에 독립된 무슬림 국가를 세운다는 구상도 오랜 과정을 거치며 점진적으로 성숙한 것이 아니라 1940년 이후에 훗날 파키스탄의 건국자가 되는 소집단에서 나온 구상이었다.

19세기 중반 이후로 제국은 집단의 자기인식 형성의 중요한 무대였다. 이 과정은 여러 제국의 말기에 '민족문제'로서 논쟁의 화두가 되기는 했지만 누구도 통제할 수 없었다. 상당한 정도로 성숙된 상태에서 제국에 정복된 몇몇 중요 민족—1882년의 이집트, 1884년의 베트남, 1910년의 조선—은 식민시기가 종결된 후 옛 전통을 회복하고 중단된 민족사를 다시 이어갔다. 그러나 이런 상황은 예외에 속했다. 통상적인 경우 제국은 훗날 자신과 맞서게 될 세력을 무의식적으로라도 태어나게 한 적이 없었다.

일곱째, 제국에서 배운 가장 보편적이면서 가장 중요한 정치적 교훈은 저항이 있어야 정치가 있다는 것이었다.[211] 제국의 주변부에서 필요한 것은 신민(臣民)이지 시민(市民)이 아니다. 극히 찾아보기 힘든 특별한 사례인 영국 자치령을 제외하면 이 보편적인 법칙이 깨어진 적은 몇 번밖에 안 된다. 1867년 합스부르크제국의 헝가리인과 1910년 성립된 남아프리카연맹의 보어인이 시민의 자격을 획득한 사례다. 프랑스제국에서만 1848년 이후에 인구가 아주 적은 비백인 주민 ─ 과달루페(Guadalupe), 마르티니크(Martinique), 기아나(Guyane), 레위니옹(Réunion)* 등 '오래된 식민지'(vieilles colonies)와 세네갈의 해안도시 네 곳 ─ 에게 시민권을 허락했다.[212]

식민 통치기구에서 일하는 엘리트 협력자라도 고위 정책결정 집단에는 들어갈 수 없었다. 그들이 맡은 역할이란 식민권력 핵심과 종속적인 식민사회를 연결해주는 것이었다. 현지인의 이익을 전달하는 기관은 없었다. 세부적으로는 차이가 있지만 간단하게 요약하자면 제국은 단방향 명령전달 체계였다. 이 명령전달 체계는 강한 의지를 가진 '현장 결정권자'의 뜻에 따라 가끔은 느슨해지기도 했다. 제국의 영리한 정치가들은 그들이 내리는 명령을 실행 가능한 범위 내로 제한하고 어떠한 가혹한 요구도 최저선을 넘지 않게 했다. 활시위를 지나치게 당겨서는 안 되며, 피지배 민중의 눈에 제국이 단순히 공포기구로 비쳐서는 안 된다는 원칙을 그들은 잘 알고 있었다.

제국의 통치술의 핵심은 비용과 수익을 최적화하고 피지배 민중에게 제국을 떠나는 것보다 제국 안에 남아 있는 것이 더 유리하다는 인식을 심어주는 것이었다.[213] 이 모든 것에도 불구하고, 현지인의 정치참여의 권리는 법률을 통해서는 원칙적으로 보장되지 않는다는 사실은 변함이 없었다. 극소수의 엘리트가 영국 식민지의 '입법원'에 참여할 수 있었던 것은 사람들의 눈과 귀를 가리기 위해 만들어낸 위장 대표제의 허상이었을 뿐이었다. 19세기에 모든 제국은 철두철미 전제체제였다. 근대 초기의 '계몽' 전제주의가 그랬듯이 제국의 전제도 어느 정도의 사법적 보장을 배제하지 않았다.

이 방면에서 가장 앞서나간 제국이 영국제국이었다. 이 때문에 영국제국을 발전된 법치국가라고 평가한다면 그것은 지나친 과장이

---

* 마다가스카르 섬 동쪽의 인도양에 있는 섬. 지금은 프랑스의 해외영토(région)이다.

다. 그럼에도 불구하고 우리는 영국제국이 분명히 일종의 '법치성', 규칙을 바탕으로 한 명령체제(rule-bound command)를 갖추고 있었다는 점은 인정해야 할 것이다.[214] 또한 우리는 영국 식민지에서 원주민은 백인과 동등한 권리를 절대로 누릴 수 없었고 사법체계의 실제 운용에 있어서 원주민이 승소할 수 있는 확률은 매우 낮았다는 사실을 부인 할 수 없다. 그러나 1900년 무렵 한 아프리카인이 레오폴트 국왕 통치하의 콩고에 사는 경우와 영국 통치하 우간다의 경우 사이에는 (보잘 것 없는 정도이긴 했지만) 일정한 차이가 있었다.

19세기는 제국의 시대였다. 19세기의 정점은 제국이 맞서 싸운 세계대전이었다. 각 참전 당사자들은 자신의 주변부 종속지역의 보조적 자원을 최대한 동원했다. 그럴 자원이 없는 국가, 예컨대 독일은—1914년 이후로는 식민지 자원을 더 이상 동원할 수 없었다—준식민지 성격의 추가적 공간 확보를 주요한 전쟁목표로 삼았다. 전쟁이 끝난 뒤 해체된 제국은 소수였을 뿐이고 가장 크고 가장 중요한 제국은 유지되었다. 독일은 면적도 넓지 않고 경제적 가치도 그리 크지 않은 식민지를 상실했고 이 식민지를 승전 강대국들이 마음대로 나누어 가졌다. 유럽 내부의 다민족 연합체인 합스부르크제국—어떤 의미에서는 '외로운 종주국'—은 원래의 구성요소대로 분열했다. 오스만제국이 해체된 자리에는 터키와 (이제는 영국과 프랑스 위탁관리하의 준식민지로 변신하는) 아라비아의 여러 주가 남았다. 러시아는 폴란드와 발트 3국을 포기해야 했지만 볼셰비키의 영도 아래 러시아제국 판도 안의 비러시아 민족의 대부분을 다시 통합하여 제국과 유사한 '연맹'을 세우는 데 성공했다. 제국의 시대는 1919년에도 끝나지 않았다.

여러 세대를 내려오며 역사학자들이 민족주의의 흥기와 민족국가의 형성을 19세기의 핵심적인 특징으로 보아온 것은 분명히 설득력이 있다. 그러나 그들의 평가는 검증되어야 할 부분이 많다. 1830년대 이전까지 라틴아메리카에서 여러 신생 공화국이 등장한 뒤로 민족국가 건설의 보폭은 완만해졌다. 전 세계적 범위에서 보자면 면적으로는 보잘것없는 발칸지역이 유일하게 이런 추세의 영향을 받지 않았다.

발칸반도를 제외한 다른 지역에서는 정반대의 상황이 벌어졌다. 아시아와 아프리카에서 독립적인 정치단위 — 이들을 일률적으로 '국가'라고 부르기는 어려웠다 — 의 대부분이 끊임없이 확장하는 제국주의 속으로 사라졌다. 달리 말하자면, 어떤 약소민족도 강압적인 제국주의적 관계에서 벗어나지 못했다. 19세기 유럽의 크고 작은 여러 민족주의 운동 가운데서 어느 하나도 제국의 바깥에 독립적인 국가를 세우지 못했다. 그러므로 이탈리아는 어떤 의미에서는 예외라고 할 수 있을지 모른다. 폴란드는 여전히 분할 상태를 벗어나지 못했고, 아일랜드도 영국의 일부로 남아 있었으며, 보헤미아는 합스부르크 왕국의 일부로서 변함이 없었다. 그러니 제국을 무너뜨리는 데 성공한 민족운동이 하나도 없었음은 말할 필요도 없다.

민족주의는 유럽에서 이렇다 할 정치적 성취를 보여주지 못했다. 아시아와 아프리카에서도 민족주의의 성취는 초기 단계에서는 유럽에도 미치지 못했다. '민족'의 이름으로 단결하는 것은 19세기의 새로운 현상이었고 두 가지 상반된 의미를 지녔다. 민족주의를 신봉하는 지식분자와 그 추종자들은 제국이란 외피 아래서 독립된 민족국가를 세우기 위한 구상을 적극적으로 추구했다. 많은 나라에서 이런 구상은 1919년에서부터 1980년 사이의 어느 한 시점에 현실로 바뀌었다.

1919년에 이집트, 인도, 중국, 조선 그리고 일부 아시아 아프리카 국가에서 잇달아 등장한 대규모 항의 활동은 바로 민족주의가 낳은 산물이었다.[215] 한편으로 민족주의는 독립되고 안정적인 일부 국가에서도 정체성을 표현하는 주류 담론으로 자리 잡았다.[216] 사람들은 스스로를 프랑스, 잉글랜드/브리튼, 독일, 일본 '민족'이라 불렀고 그 것과 어울리는 상징체계도 발명했다. 민족마다 다른 민족과의 차이를 찾아내려 노력했고 다른 민족을 경쟁상대로 생각했다. '이민족' 집단과 외래사상에 대한 관용도는 크게 떨어졌다.

이 모든 일은 공교롭게도 다양한 민족 사이의 교류가 몇 배나 늘어나던 시대에 일어났다. 각종 형식의 민족주의는 제국에서뿐만 아니라 민족국가에서도 끊임없이 일어났다. 자신이 소속된 제국에 대한 '자부심'—그중 적지 않은 부분이 선전과 선동에 물든 것이었지만—은 세기가 바뀔 무렵에는 제국 핵심부 사람들의 보편적인 정서가 되었고 동시에 민족적 자의식의 중요한 부분으로 자리 잡았다. 제국 내부의 민족주의는 창끝을 단순히 제국주의적 통치 제도와 구조에만 겨누지 않았다. 달리 말하자면, 반식민주의가 민족주의의 유일한 목표는 아니었다. 민족주의는—특히 종교적 정체성이란 요소가 스며들어 강화되었을 때—제국의 부속집단끼리의 투쟁에서도 도구로 이용되었다. 1918-19년의 합스부르크제국과 1947년의 영국령 인도 정권은 바로 이 때문에 해체되었다.

오늘날 '제국'(Imperium, empire)이란 단어는 무제한의 권력과 연결되어 있다. 1900년 무렵 제국확장의 정점기—홉스봄이 말한 '제국의 시대'—에도 이런 표현은 적용되기 어렵다. 근대 초기의 제국(중국을 제외하고)은 내부적으로 고도로 통일된 국가 또는 대외적으로 엄격하게 봉쇄된 경제적 실체라기보다는 느슨한 정치경제적 네트워크에 가까웠다. 초기의 대양을 초월한 영토지배의 표본이란 평가를 받는 스페인제국조차도 고도의 지방자치 기반 위에 세워졌다. 모든 제국은 널리 퍼져 있던 밀수 행위를 제어하기 위해 중상주의적 수단으로 무역을 통제하지 않을 수 없었다. 제국은 민족의 창조물이 아니었다. 제국의 엘리트와 선박이나 플랜테이션에서 일하는 프롤레타리아는 다 같이 여러 국가의 여러 민족으로 구성되었다.

1900년을 전후로 대다수의 제국에서 분명한 '민족화'의 추세가 나타났다. 현대적인 권력 기술과 매체 덕분에 제국의 내부 통합은 강화되었고 따라서 쉽게 통제할 수 있게 되었다. 수출상품을 생산하는 지역은 세계경제와 긴밀한 관계를 수립하기 시작했고 그중에서 많은 지역이 소규모의 고립된 지역으로 발전했다. 이와 함께 고립된 지역의 배후 내륙지역은 갈수록 관심에서 벗어나 문제가 생겨야 제국정부의 주목을 받았다. 그러나 모든 제국은 이런저런 방식으로 여전히 현지 엘리트와 불안정한 균형 위에서 타협을 이어갔다. 균형은 폭력이나 폭력적 위협에만 의존해서는 유지될 수 없었다. 폭력은 비용도 많이 들고 합리적 설득력도 부족했으며 그 결과 또한 예측하기 어려웠다. '제국주의 클럽'에서 '현대적인' 제국이란 합리적이고 중앙집권적인 행정체계를 갖춘 제국, 경제적 자원을 보다 효율적이며 저렴하게 약탈하는 제국, 각종 수단을 동원해 '문명'의 전파에 힘쓰는 제국을 가리켰다.

그러나 이런 행동은 한편으로는 높은 위험을 의미했다. 개혁은 반드시 균형의 파괴를 가져왔고 그 결과는 저항이었으며, 저항의 강도는 예측하기 어려웠다.[217] 18세기 60년대의 북아메리카가 바로 경고적 의미가 풍부한 사례였다. 북아메리카의 사례는 또한 개혁과 함께 특정 집단에게 물질적·문화적·정치적으로 새로운 기회를 가져다주었다. 이 집단은 결국 경쟁력을 갖춘 현대화의 대변인이자 반대파 엘리트로 성장하여 그 세력이 마침내 제국의 경계를 넘어서까지 뻗어나갔다. 오스만제국과 중국제국에서 중앙집권을 강화한 결과는 지역 주요 도시 세력집단의 지속적인 성장이었고, 중국에서는 이것이 1911년 제국을 붕괴시킨 동력으로 작용했다.[218]

법률, 재정, 교육, 종교 등 민감한 영역에서 개입의 자제는 언제나 제국 중심부의 중요한 선택 가운데 하나였다. 예컨대 영국은 1857년부터 인도에서, 그 뒤로는 '간접통치'를 실시한 지역에서 이런 보수적 태도를 유지했다. 그리하여 '제국의 빛'(Empire light)은 역사적 가능성의 레퍼토리에서 사라지지 않았다. 어떤 경우에는 민족국가가 그 시민에게 가하는 압박이 제국이 그 신민에게 지우는 부담보다 더 무거웠다.

주註

1) Mogens Herman Hansen(ed.)의 기념비적 저작 *A Comparative Study of Thirty City-State Cultures,* Kopenhagen 2000의 세계사 개관을 참조할 것.

2) 예외적인 상황은 러시아가 카프카스 지역에서 벌인 전쟁이다. 이 전쟁은 오래 된 제국의 충돌선을 따라 발생했다.

3) Langewiesche, Dieter: *"Fortschrittsmotor Krieg. Krieg im politischen Handlungsarsenal Europas im 19.Jahrhundert und die Rückkehr der Idee des bellum iustum in der Gegenwart"* (Benninghaus, Christina[et al. ed.]: *Unterwegs in Europa. Beiträge zu einer vergleichenden Sozial- und Kulturgeschichte,* Frankfurt a. M. 2008, pp.23 - 40에 수록).

4) Blanning, Timothy C. W.: *The French Revolutionary Wars 1787–1802,* London 1996, pp.100f. 전문은 Grab, Walter (ed.): *Die Französische Revolution. Eine Dokumentation,* München 1973, pp.171-73에 수록되어 있다.

5) Duroselle, Jean-Baptiste: *Tout empire périra. Une vision théorique des relations internationales,* Paris 1992, pp.67f(이 저서는 특별히 역사학에 근접한 국제관계 이론을 제시하고 있다).

6) 훌륭한 개설서로서 Girault, René: *Diplomatie européenne et impérialismes. Histoire des relations internationales contemporaines,* vl.1: 1871 - 1914, Paris 1979, pp.13-19 를 참조할 것.

7) Geyer, Dietrich: *Der russische Imperialismus. Studien über den Zusammenhang zwischen innerer und auswärtiger Politik 1860–1914,* Göttingen 1977, pp.47f.

8) Smith, Joseph: *The Spanish-American War. Conflict in the Caribbean and the Pacific, 1895–1902,* Harlow 1994, pp.32f, 198.

9) 전쟁에서 정보전달 체계의 변천과정에 관해서는 Kaufmann, Stefan: *Kommunikationstechnik und Kriegführung 1815–1945. Stufen telemedialer Rüstung,* München, 1996을 참조할 것. 일반적인 의미의(기술부문에 한정되지 않는) 전쟁의 변천사에 관해서는 Strachan, Hew: *"Military Modernization, 1789–1918"* (Blanning, Timothy C. W.[ed.]: *The Oxford Illustrated History of Modern Europe,* Oxford 1996, pp.69 - 93에 수록)을 참조할 것.

10) 수치의 출처는 Kennedy, Paul M.: *Aufstieg und Fall der großen Mächte. Ökonomischer Wandel und militärischer Konflikt von 1500 bis 2000,* Frankfurt a. M. 1989, p.313(tab.19)이다.

11) 뛰어난 개괄적 논문으로서 Schroeder, Paul W.: *"International Politics, Peace, and War, 1815–1914"* (Blanning, Timothy C. W. [ed.]: *The Nineteenth Century.* pp.158 - 209에 수록)를 참조할 것. 본질적으로 유사한 저작으로서 Doering-Manteuffel, Anselm: *"Internationale Geschichte als Systemgeschichte. Strukturen und Handungsmuster im europäischen Staatensystem des 19. und 20. Jahrhunderts"*

(Loth, Wilfried/Osterhammel, Jürgen[ed.]: *Internationale Geschichte,* München 2000, pp.93–115에 수록)가 있다. Schroeder와 Doering-Manteuffel은 주목할만한 이론을 제시했다. 가장 좋은 "중립적" 교과서는 Rich, Norman: *Great Power Diplomacy 1814–1914,* New York 1992이다. 상당히 간결한 저작으로서 Bridge, Francis R./Bullen, Roger: *The Great Powers and the European States System, 1815–1914,* Harlow 1980이 있다. 1815년 이전을 다룬 뛰어난 저작으로서 Scott, Hamish M.: *The Birth of a Great Power System, 1740–1815,* Harlow 2006이 있다.

12) 흥망에 관한 상세한 연구로서 Duchhardt, Heinz: *Balance of Power und Pentarchie. Internationale Beziehungen 1700–1785,* Paderborn 1997, pp.95-234를 참조할 것.

13) 19세기의 국제관계사에 관한 저작 가운데서 Anderson, Matthew S.: *The Eastern Question 1774–1923,* Basingstoke 1966은 지금도 설득력을 지닌 저작이다.

14) Stadler, Peter: Cavour. *Italiens liberaler Reichsgründer,* München 2001. Gall, Lothar: *Bismarck. Der weiße Revolutionär,* Berlin 1980.

15) 유럽에서의 독일의 외교정책에 관해서는 Mommsen, Wolfgang J.: *Großmachtstellung und Weltpolitik. Die Außenpolitik des Deutschen Reiches 1870–1914,* Berlin 1993 과 Hildebrand, Klaus: *Das vergangene Reich. Deutsche Außenpolitik von Bismarck bis Hitler,* Stuttgart 1995 를 참조할 것.

16) Mommsen, Wolfgang J.: *Großmachtstellung und Weltpolitik,* p.107.

17) Girault, René: *Diplomatie européenne et impérialismes. Histoire des relations internationales contemporaines, v.1: 1871–1914,* Paris 1979, pp.151-69.

18) 장기적인 시각에서 접근한 저작으로서 Gillard, David: *The Struggle for Asia, 1828–1914. A Study in British and Russian Imperialism,* London 1977을 참조할 것. 그러나 1907년 이후에도 러시아와 영국의 충돌은 다른 방식으로 지속되었다.

19) 수많은 문헌이 있지만 지금까지도 가장 뛰어난 입문서로 꼽히는 저작은 Joll, James: *Die Ursprünge des Ersten Weltkriegs,* München 1988이다.

20) 대략 1895-1907년 사이의 동아시아의 발전이 국제체제에 미친 영향은 절대로 낮게 평가될 수 없다. Nish, Ian H.: *The Origins of the Russo-Japanese War,* London 1985를 참조할 것.

21) Yapp, Malcolm E.: *Strategies,* pp.419–60. Meyer, Michael C./Sherman, William L.: The Course of Mexican History, pp.385-401(식민전쟁의 내용은 주로 제9장을 참조할 것..

22) Labanca, Nicola: *Oltremare. Storia dell'espansione coloniale italiana,* Bologna 2002, pp.108-22.

23) Wesseling, H.L.: *Teile und Herrsche. Die Aufteilung Afrikas, 1880–1914,* Stuttgart 1999는 표준적인 저작이다. 최근의 연구 성과로서는 Pétré-Grenouilleau, Olivier (ed.): *From Slave Trade to Empire. Europe and the Colonisation of Black Africa 1780s-1880s,* London 2004를 참조할 것.

24) 모든 저작 가운데서 감히 최고의 저작이라고 할 수 있는 Gildea, Robert: *Barricades and Borders. Europe 1800–1914,* Oxford 1996, pp.326f를 참조할 것.

25) 이런 관점의 가장 대표적인 저작은 Caron, Jean-Claude/Vernus, Michel: *L'Europe au XIX e siècle. Des nations aux nationalismes 1815–1914,* Paris 1996이다.

26) Koebner, Richard/Schmidt, Helmut Dan: Imperialism. *The Story and Significance of a Political Word, 1840–1960,* Cambridge 1964, p.50.

27) 중요한 동기에 관해서는 Winkler, Heinrich-August: *Der lange Weg nach Westen,* 1/2vls., München 2000, p.5를 참조할 것.

28) Dann, Otto: *"Zur Theorie des Nationalstaates"* (*Deutsch-Norwegisches Stipendienprogramm für Geschichtswissenschaften, Bericht über das 8. deutschnorwegische Historikertreffen,* München, Mai 1995, Oslo 1996, pp.59-70에 수록. 인용된 부분은 p.69). Dann, Otto: *Nation und Nationalismus in Deutschland 1770–1990,* München 1994, pp.11-21에 제시된 "기본개념"에도 이것에 관한 명확한 정의는 없다.

29) Voigt, Johannes: *Geschichte Australiens,* Stuttgart 1988, p.114. King, Michael: *The Penguin History of New Zealand,* pp.266f.

30) 민족주의를 논한 저작은 매우 많다. 연구의 초점이 유럽인 대표적 저작이 Hirschhausen, Ulrike von/Leonhard, Jörn(ed.): *Nationalismen in Europa. West- und Osteuropa im Vergleich,* Göttingen 2001이며 특히 편저자의 서문(pp.11-45)이 주제를 훌륭하게 개괄하고 있다. 또한 Leerssen, Joep: *National Thought in Europe. A Cultural History,* Amsterdam 2006과 Baycroft, Timothy/Hewitson, Mark (ed.): *What is a Nation? Europe 1789–1914,* Oxford 2006도 참조할 것. 개괄적인 연구로서 Weichlein, Siegfried: *"Nationalismus und Nationalstaat in Deutschland und Europa. Ein Forschungsüberblick"* (Neue Politische Literatur, v.51[2006], pp.265-352에 수록)을 참조할 것.

31) Schulze, Hagen: *Staat und Nation in der europäischen Geschichte,* München 1994.

32) Reinhard, Wolfgang: *Geschichte der Staatsgewalt. Eine vergleichende Verfassungsgeschichte Europas von den Anfängen bis zur Gegenwart,* München 1999.

33) 민족건설의 "현대성"과 1800을 전후한 시점에서 시대변화에 문제에 관해서는 Langewiesche, Dieter: *Nation, Nationalismus, Nationalstaat in Deutschland und Europa,* München 2000, pp.14-34의 결론과 비연속 이론에 대한 토론을 참조할 것.

34) 이 이상적인 모형을 영속주의(민족의 기원에 대한 낭만적인 관념)와 현대주의 (구조로서의 민족)의 대립으로 파악하려는 시도에 관해서는 Smith, Anthony D.: *Nationalism and Modernism,* London 1998, pp.22f를 참조할 것.

35) Guibernau, Montserrat: *Nationalisms. The Nation-State and Nationalism in the Twentieth Century,* Cambridge 1996, p.48을 참조할 것. 저자는 Connor, Walker: *Ethnonationalism. The Quest for Understanding,* Princeton, NJ 1994의 논지에 동의하는 바가 많지만 Connor가 내부적 민족건설을 강조한 부분, 보다 일반적으로 말하자면 객관적이고 비선천적 요인을 강조한 부분에 대해서는 동의하지 않는다. 이 점을 제외하면 Connor의 이론은 시사하는 바가 적지 않다.

36) Reinhard, Wolfgang: *Geschichte der Staatsgewalt,* p.443.

37) Buzan, Barry/Little, Richard: *International Systems in World History. Remaking the Study of International Relations,* Oxford 2000, p.261의 지도를 참조할 것.

38) Schölch, Alexander: *Ägypten den Ägyptern! Die politische und gesellschaftliche Krise in den Jahren 1878–1882 in Ägypten,* Zürich 1972. Cole, Juan R.: *Colonialism and Revolution in the Middle East. Social and Cultural Origins of Egypt's Urabi Movement,* Princeton, NJ 1993. Marr, David G.: *Vietnamese Anticolonialism 1885–1925.*

39) Weber, Eugen: *Peasants into Frenchmen. The Modernization of Rural France, 1870–1914,* London 1977.

40) 유사하지만 약간의 차이가 있는 분류법으로서 Schieder, Theodor: *Nationalismus und Nationalstaat. Studien zum nationalen Problem im modernen Europa,* Göttingen 1991, pp.110f.를 참조할 것.이 저작은 지금까지도 민족주의에 관한 걸출한 성과이다). Hroch, Miroslav: *Das Europa der Nationen. Die moderne Nationsbildung im europäischen Vergleich,* Göttingen 2005도 참조할 것.

41) Breuilly, John: *Nationalism and the State,* (new ed.), Manchester 1993, chs. 4-7.

42) 혁명주기라는 개념은 라이프치히대학의 역사교수 Manfred Kossok이 제시했다. 또한 이 책 제10장도 참조할 것.

43) 다음 저작들을 참조할 것. Wood, Gordon S.: *The American Revolution. A History,* New York 2002, pp.17-30. Rodríguez O., Jaime E.: *The Independence of Spanish America,* Cambridge 1998, pp.19-35. König, Hans-Joachim: *Kleine Geschichte Lateinamerikas,* Stuttgart 2006, pp.102-203. 거시적인 비교로는 Elliott, John H.: *Empires of the Atlantic World. Britain and Spain in America 1492–1830,* New Haven, CT 2006을 참조하라

44) Dubois, Laurent: *Avengers of the New World. The Story of the Haitian Revolution,* Cambridge, MA 2004.

45) 고전적인 서술로서 Lynch, John: *The Spanish American Revolutions 1808–1826,* New York 1986을 참조할 것. 역사학계의 권위 있는 저작 가운데 하나이다.

46) Seton-Watson, Hugh: *Nations and States. An Inquiry into the Origins of Nations*

and the Politics of Nationalism, London 1977, p.114.

47) Bitsch, Marie-Thérèse: *Histoire de la Belgique. De l'Antiquité à nos jours,* Brüssel 2004, pp.79-86. Rich, Norman: *Great Power Diplomacy 1814-1914,* pp.59-61.

48) Jelavich, Barbara: *History of the Balkans,* v.2, Cambridge 1983, pp.196f.

49) Sundhaussen, Holm: *Geschichte Serbiens. 19.-21.Jahrhundert,* Wien 2007, p.130.

50) Jelavich, Charles/Barbara Jelavich: *The Establishment of the Balkan National States, 1804-1920,* Seattle 1977, p.195.

51) Bernecker, Walther L.: *Kleine Geschichte Haitis,* Frankfurt a.M. 1996, p.106.

52) Clogg, Richard: *A Concise History of Greece,* Cambridge 1992, p.73. 또한 이 책의 제17장을 참조할 것.

53) Bitsch, Marie-Thérèse: *Histoire de la Belgique.* pp.119f.

54) "다두형 연합"이란 개념의 출처는 Rokkan, Stein: *Staat, Nation und Demokratie in Europa,* ed. by Peter Flora, Frankfurt a. M. 2000, p.210이다.

55) Blom, J.C.H./Lamberts, E.(ed.): *History of the Low Countries,* New York 1999, p.404. Fisch, Jörg: *Europa zwischen Wachstum und Gleichheit 1850-1914,* p.171.

56) 패권이란 개념을 사용하지 않은 다른 분석으로서 Speirs, Ronald/Breuilly, John: *"The Concept of National Unification"* (같은 저자의 편저 *Germany's Two Unifications. Anticipations, Experiences, Responses,* Basingstoke 2005, pp.1-25에 수록)을 참조할 것.

57) Seibt, *Rom* (2001).

58) 이탈리아에 관한 종합적 저작으로서 Gall, Lothar: *Europa auf dem Weg in die Moderne 1850-90,* München 1997, pp.46-56과 Beales, Derek/Biagini, Eugenio F.: *The Risorgimento and the Unification of Italy,* London 2002, pp.133-155를 참조할 것. 최신의(문화사에 편중된) 종합적 저작으로서 Banti, Alberto M./Ginsborg, Paul: *Il Risorgimento,* Turin 2007를 참조할 것. 독일에 관한 저작은 많지만 그중에서 우선 Lenger, Friedrich: I*ndustrielle Revolution und Nationalstaatsgründung (1849-1870er Jahre),* Stuttgart 2003을 추천한다.

59) *Ibid,* p.348.

60) Blackbourn, *History of Germany,* p.184.

61) Nipperdey, Thomas: *Deutsche Geschichte 1866-1918,* v.2, München 1992, p.85.

62) Leoni, Francesco: *"Il brigantaccio postunitario"* (Viglione, Massimo[ed.]: *La Rivoluzione Italiana. Storia critica del Risorgimento,* Rom 2001, pp.365-85에 수록).

63) Owen, Norman G.(et al.): *The Emergence of Modern Southeast Asia. A New History,* Honolulu 2005, p.115.

64) Kirby, David: *The Baltic World 1772-1993. Europe's Northern Periphery in an Age of Change,* London 1995, pp.185-89.

65) Bumsted, J. M.: *A History of Canadian Peoples,* Toronto 1998, pp.132-42.

66) 인용문의 출처는 Keith, Arthur Berriedale(ed.): *Selected Speeches and Documents on British Colonial Policy, 1763–1917,* v.2, Oxford 1961, pp.113-72.

67) Mansergh, Nicholas: *Commonwealth Experience,* London 1982, pp.34‒46.

68) 이 책의 제7장과 17장을 참조할 것.

69) 이 문제에 관한 뛰어난 분석으로서 Voigt, Johannes: *Geschichte Australiens,* (특히) pp.170-84를 참조할 것.

70) 가장 극적인 저항에 관해서는 Ravina, Mark: *The Last Samurai. The Life and Battles of Saigo Takamori,* Hoboken, NJ 2004 (특히 chs.5,6)를 참조할 것.

71) Jansen, Marius B.: *The Making of Modern Japan,* Cambridge, MA 2000, pp.343-47.

72) 필자가 보기에 가장 설득력 있는 분석으로서 Potter, David M.: *The Impending Crisis, 1848–1861,* New York 1976을 참조할 것.

73) Jones, Howard: *Union in Peril. The Crisis over British Intervention in the Civil War,* Chapel Hill, NC 1992. 남부의 승리 가능성에 대한 예측은 Fogel, Robert W.: *Without Consent or Contract,* pp.411-17을 참조할 것.

74) Dülffer, Jost(et al.): *Vermiedene Kriege. Deeskalation von Konflikten der Großmächte zwischen Krimkrieg und Erstem Weltkrieg,* München 1997, pp.513-25.

75) Carr, Raymond: *Spain 1808–1975,* pp.347f. Balfour, Sebastian: *The End of the Spanish Empire, 1898–1923,* Oxford 1997, p.44-46. Roberts, Andrew: *Salisbury. Victorian Titan,* London 1999, p.692.

76) Engerman, Stanley L./Neves, João César das: *"The Bricks of an Empire 1415–1999. 585 Years of Portuguese Emigration"* (Journal of European Economic History v.26[1997], pp.471‒509에 수록. 인용된 부분은 p.479).

77) Clarence-Smith, William Gervase: *The Third Portuguese Empire, 1825–1975. A Study in Economic Imperialism,* Manchester 1985.

78) Oliver, Roland/Atmore, Anthony: *Africa Since 1800,* Cambridge 2005, p.118.

79) Marx, Christoph: *Geschichte Afrikas,* p.70.

80) Ricklefs, M.C.: *A History of Modern Indonesia since c.1300,* pp.150-70.

81) Baker, Christopher J./Phongpaichit, Pasuk: *A History of Thailand,* p.105.

82) 보다 상세한 논증으로서 Osterhammel, Jürgen: *Geschichtswissenschaft jenseits des Nationalstaats. Studien zu Beziehungsgeschichte und Zivilisationsvergleich,* Göttingen 2001, pp.322-41을 참조할 것.

83) 제국의 쇠락에 관한 개별적인 사례연구로서 Lorenz, Richard(ed.): *Das Verdämmern der Macht. Vom Untergang großer Reiche,* Frankfurt a.M. 2000을 참조할 것.

84) 이하의 토론은 고전적 민족주의 이론가들인 Benedict Anderson과 Ernest Gellner와 Calhoun, Craig: *Nationalism,* Minneapolis, MN 1997, pp.4f에서 많

은 도움을 받았다. 또한 보다 확장된 토론 자료로서 Osterhammel, Jürgen: *"Expansion und Imperium"* (Peter Burschel [et al. ed.]: *Historische Anstöße. Festschrift für Wolfgang Reinhard*, Berlin 2002, pp.371 – 92에 수록)을 참조할 것.

85) 국경에 관해서는 Münkler, Herfried: *Imperien. Die Logik der Weltherrschaft. Vom Alten Rom bis zu den Vereinigten Staaten*, Berlin 2005, pp.16–18과 특히 이 책의 제3장을 참조할 것.

86) Tilly, Charles: *"How Empires End"* (Barkey/von Hagen: *After Empire* 1997, p.7에 수록).

87) Doyle, Michael W.: *Empires*, Ithaca, NY 1986, p.36.

88) Langewiesche, Dieter: *Nation, Nationalismus, Nationalstaat in Deutschland und Europa*, pp.32f.

89) Thom, Martin: *Republics, Nations and Tribes*, London 1995.

90) Langewiesche, Dieter: *Nation, Nationalismus, Nationalstaat in Deutschland und Europa*, pp.23.

91) Dunn, John: *"Africa Invades the New World. Egypt's Mexican Adventure, 1863– 1867"* (War in History, v.4 (1997), pp.27 – 34에 수록).

92) 민간 회사의 중요한 역할을 강조하는 새로운 관점으로서 Winseck, Dwayne R./Robert M.Pike: *Communication and Empire*를 참조할 것.

93) 자주 언급되는 현상이다. 특히 Motyl, Alexander J.: *Revolutions, Nations, Empires. Conceptual Limits and Theoretical Possibilities*, New York 1999, pp.120– 22를 참조할 것. 유사한 현상은 스페인과 프랑스 같은 민족국가에서도 발견 된다.

94) 일부에서는 이런 구조적 경계에 대해 수정된 견해를 제시한다. Motyl, Alexander J.: *Imperial Ends. The Decay, Collapse, and Revival of Empires*, New York 2001, pp.4, 15–27 과 Doyle, Michael W.: *Empires*, pp.19, 36, 45, 81을 참조할 것. 또한 분량이 많지 않는 걸작으로서 Howe, Stephen: *Empire. A Very Short Introduction*, Oxford 2002, (특히) pp.13–22를 참조할 것.

95) 1900년을 전후하여 이 세 나라는 확장 범위 면에서 동급이었다. Woodruff, William: *Impact of Western Man*, p.253(Tab.VI-1)을 참조할 것.

96) Offer, Avner: *The First World War*를 참조할 것.

97) Osterhammel, Jürgen: *Kolonialismus*, pp.16–22와 특별히 Trotha, Trutz v.: *"Was war der Kolonialismus? Einige zusammenfassende Befunde zur Soziologie und Geschichte des Kolonialismus und der Kolonialherrschaft"* (Saeculum, v.55 [2004], pp.49 – 95에 수록)을 참조할 것.

98) Kirby, David: *The Baltic World 1772–1993*, pp.52, 79f. Brower, Daniel R.: *Turkestan and the Fate of the Russian Empire*, London 2003, pp.26f.

99) Cain, Peter J.: *Hobson and Imperialism. Radicalism, New Liberalism, and Finance*

1887–1938, Oxford 2002.

100) Mommsen, Wolfgang J.: *Imperialismustheorien. Ein Überblick über die neueren Imperialismusinterpretationen,* Göttingen 1987은 여전히 참고 가치가 가장 높은 저작이다. 1919년 이전의 고전적인 이론으로서 Semmel, Bernard: *The Liberal Ideal and the Demons of Empire. Theories of Imperialism from Adam Smith to Lenin,* Baltimore, MD 1993을 참조할 것. 가장 최근의 뛰어난 역사학적 해석의 개설서로서 Porter, Andrew: *European Imperialism 1860–1914,* Basingstoke 1994, chs.1-5를 참조할 것.

101) Schumpeter, Joseph A.: *Aufsätze zur Soziologie,* Tübingen 1953, pp.123-39. 이 저작의 핵심개념은 "수출독점주의(Exportmonopolismus)"이다.

102) Reinhard, Wolfgang: *Geschichte der europäischen Expansion,* 4vls., Stuttgart 1983 - 1990과 Adas, Michael (ed.): *Islamic and European Expansion. The Forging of a Global Order,* Philadelphia 1993을 참조할 것.

103) Bayly, C.A.: "*The First Age of Global Imperialism, c.1760–1830*"과 이 책의 제2장을 참조할 것.

104) Wesseling, H.L.: *Teile und Herrsche,* pp.113-18.

105) Ward, J.R.: "*The Industrial Revolution and British Imperialism 1750–1850*" (Economic History Revies v.47 [1994], pp..44 - 65에 수록).

106) 정확하게 묘사된 수많은 예증으로서 Brötel, Dieter: *Frankreich im Fernen Osten. Imperialistische Expansion und Aspiration in Siam und Malaya, Laos und China, 1880–1904,* Stuttgart 1996을 참조할 것.

107) Abernethy, David B.: *The Dynamics of Global Dominance. European Overseas Empires, 1415–1980,* New Haven, CT 2000, p.101.

108) Black, Jeremy: *War and the World. Military Power and the Fate of Continents 1450–2000,* New Haven, CT 1998, p.152.

109) Headrick, Daniel R.: *The Tools of Empire,* pp.20f, 43-54.

110) *Ibid,* p.117.

111) 이 주제에 관해 지금까지 나온 저작 가운데서 가장 훌륭한 종합적 저작으로서 Okey, Robin: *The Habsburg Monarchy c.1765–1918. From Enlightenment to Eclipse,* Basingstoke 2001을 꼽을 수 있다.

112) 합스부르크 왕조의 유럽 제국 가운데서의 위상에 관한 간략한 개요로서 Kennedy, Paul M.: *Aufstieg und Fall der großen Mächte,* pp.256-61을 참조할 것.

113) Bérenger, Jean: *Geschichte des Habsburgerreiches 1273 bis 1918,* p.565.

114) dl 사건의 비극적 결과에 관해서는 Bridge, Francis R.: *The Habsburg Monarchy among the Great Powers, 1815–1918,* New York 1990, pp.288f를 참조할 것.

115) 최근 학계의 연구동향을 보면 1867년 이전의 "제국"이 1867년 이후의 "왕조"연맹에 비해 느슨했다고 평가하는 경향이 있다. Ingrao, Charles W.:

The Habsburg Monarchy 1618–1815, Cambridge 2000과 Okey, Robin: *The Habsburg Monarchy c.1765–1918*을 참조할 것.

116) Hoensch, Jörg K.: *Geschichte Ungarns 1867–1983*, Stuttgart 1984, pp.26-8도 참조할 것.

117) 합스부르크 제국 내부의 민족문제에 관한 이견에 관해서는 Okey, Robin: *The Habsburg Monarchy c.1765–1918*, pp.283-309를 참조할 것.

118) Bérenger, Jean: *Geschichte des Habsburgerreiches 1273 bis 1918*, p.665.

119) Inalcik, Halil/Quataert, Donald (ed.): *Economic and Social History of the Ottoman Empire*, v.2, Cambridge 1994, p.782. Kappeler, Andreas: *Rußland als Vielvölkerreich*, p.234.

120) Lieven, Dominic: *Empire*, pp.184f도 참조할 것.

121) Bawden, C.R.: *The Modern History of Mongolia*, revised ed., New York 1989, pp.187f.

122) 나폴레옹제국에 관한 간략한 개설서로서 Boudon, Jacques-Olivier: *Histoire du consulat et de l'Empire 1799–1815*, Paris 2000, pp.283-303을 참조할 것. Wunder, Bernd: *Europäische Geschichte im Zeitalter der Französischen Revolution, 1789–1815*, Stuttgart 2001, pp.148-84.

123) 새로운 통치계층에 관한 훌륭한 서술로서 Woloch, Isser: *Napoleon and His Collaborators. The Making of a Dictatorship*, New York 2001. p.156을 참조할 것.

124) Broers, Michael: *Europe under Napoleon 1799–1815*, London 1996, pp.125-38, 202-30.

125) *Ibid*, p.181(지도).

126) Jourdan, Annie: *L'Empire de Napoléon*, Paris 2000, p.120.

127) 경제통합에 관해서는 저자는 여기서 건너뛰고자 한다. 이 문제에 관해서는 Woolf, Stuart J.: *Napoleon's Integration of Europe*, London 1991, pp.133-56을 참조할 것.

128) 프랑스 식민제국의 전체적인 상황에 관해서는 Bouche, Denise: *Histoire de la colonisation française*, v.2와 Liauzu, Claude(et al.): *Colonisation. Droit d'inventaire*, Paris 2004를 참조할 것. 1880년 이후의 시대에 관해서는 Albertini, Rudolf von: *Europäische Kolonialherrschaft 1880–1940*, Zürich 1987의 프랑스 관련 장과 프랑스 전문 연구자 Wesseling, H.L.: *Europa's koloniale eeuw. De koloniale rijken in de negentiende eeuw, 1815–1919*, Amsterdam 2003의 뛰어난 서술을 참조할 것.

129) Etemad, Bouda: *La possession du monde. Poids et mesures de la colonisation (XVIII e –XX e siècles)*, Brüssel 2000, pp.231, 236(tab.21, 22). 또한 이 책의 제4장을 참조할 것.

130) Ruedy, John: *Modern Algeria*, pp.60, 62, 66. Danziger, Raphael: *Abd al-Qadir*

and the Algerians. Resistance to the French and Internal Consolidation, New York 1977, pp.180-205(Abd al-Qadirsms 결코 서방화론자가 아니다: p.200).

131) Ruedy, John: *Modern Algeria*, p.69(tab.3.1).

132) 알제리 무슬림정책에 관한 권위 있는 저작으로서 Ageron, Charles-Robert: *Histoire de l'Algérie contemporaine, v.2: De l'insurrection de 1871 au déclenchement de la guerre de libération (1954)*, Paris 1979, pp.137-223 을 참조할 것.

133) Rivet, Daniel: *Le Maroc de Lyautey à Mohammed V. Le double visage du protectorat*, Paris 1999.

134) 흥미로운 비교로서 Lustick, Ian: *State-Building Failure in British Ireland and French Algeria*, Berkeley, CA 1985를 참조할 것.

135) Brötel, Dieter: "*Frankreichs indochinesisches Empire in der neuen Forschung*" (Jahrbuch für Europäische Überseegeschichte v.1 [2001], pp.87-129에 수록).

136) Brocheux, Pierre/Hémery, Daniel: *Indochine*, pp.135f.(이 책은 인도차이나에 관한 권위 있는 저작이다)

137) *Ibid*, pp.164-75.

138) Wesseling, H.L.: *Europa's koloniale eeuw*, p.190. 프랑스의 식민주의에 관한 우수한 저작으로서 Aldrich, Robert: *Greater France. A History of French Overseas Expansion*, Basingstoke 1996, pp.89-111를 참조할 것.

139) Wesseling, H.L.: *Teile und herrsche*, pp.90-4.

140) 콩고에 관한 지금까지 가장 권위 있는 역사저작은 Vanthemsche, Guy: *La Belgique et le Congodlek*이다. 이 밖에도 (벨기에의) 콩고에서 저지른 죄악에 관해서는 Ewans, Martin: *European Atrocity, African Catastrophe. Leopold II, the Congo Free State and Its Aftermath*, London 2002를 참조할 것.

141) Wesseling, H.L.: "*The Strange Case of Dutch Imperialism*"(같은 저자의 *Imperialism and Colonialism. Essays on the History of European Expansion*, Westport, CT 1997, pp.73-86에 수록. 인용된 부분은 p.77).

142) Ricklefs, M.C.: *A History of Modern Indonesia since c.1300*, pp.186-88.

143) 네덜란드의 모든 제국주의적 행위에 관한 총체적 분석으로서 Kuitenbrouwer, Marten: *The Netherlands and the Rise of Modern Imperialism. Colonies and Foreign Policy, 1870–1902*, New York 1991를 참조할 것.

144) Wesseling, H.L.: *Europa's koloniale eeuw*, p.198.

145) Gründer, Horst: *Geschichte der deutschen Kolonien*, Paderborn 2004, pp.163-66.

146) Gouda, Frances: *Dutch Culture Overseas. Colonial Practice in the Netherlands Indies, 1900–1942*, Amsterdam 1995, p.45.

147) Booth, Anne: *The Indonesian Economy in the Nineteenth and Twentieth Centuries. A History of Missed Opportunities*, London 1998, pp.149-54, 160. Doel, H.W. van den: *Het Rijk van Insulinde. Opkomst en ondergang van een Nederlandse kolonie*,

Amsterdam 1996, pp.157-66.

148) Booth, Anne: *The Indonesian Economy in the Nineteenth and Twentieth Centuries*, p.328.

149) Kent, Neil: *The Soul of the North*, pp.368f.

150) Parsons, Neil: *King Khama, Emperor Joe and the Great White Queen. Victorian Britain through African Eyes*, Chicago 1998, pp.201f. Rotberg, Robert I.: *The Founder. Cecil Rhodes and the Pursuit of Power*, New York 1988, pp.486f.

151) Tarling, Nicholas: *Imperialism in Southeast. "A Fleeting, Passing Phase"*, London 2001, pp.55-62. Kaur, Amarjit: *Economic Change in East Malaysia. Sabah and Sarawak since 1850*, Basingstoke 1998.

152) Rotberg, Robert I.: *The Founder*, p.290에서 인용함.

153) Marks, Shula: "Southern and Central Africa, 1886-1910" (Fage/Oliver, Cambridge History of Africa, V.6 [1985], pp.422-92에 수록. 인용된 부분은 pp.444-54). Rotberg, Robert I.: *The Founder*, Chs.12-13.

154) Breman, Jan: *Taming the Coolie Beast. Plantation Society and the Colonial Order in Southeast Asia*, Delhi 1989을 참조할 것.

155) Matsusaka, Yoshihisa Tak: *The Making of Japanese Manchuria, 1904-1932*, Cambridge, MA 2001, pp.126-39.

156) Marx, Christoph: *Geschichte Afrikas*, p.70.

157) *Ibid*, p.72f.

158) Reid, Richard: *"The Ganda on the Lake Victoria. A Nineteenth-Century East African Imperialism"* (Journal of African History, V.39 [1998], pp.349-363에 수록).

159) Last, M.: "The Sokoto Caliphate and Borno" (Ajayi, J. F. Ade (ed.): *General History of Africa, V.6: Africa in the Nineteenth Century until the 1880s*, Paris 1989, pp.555-99p 수록 인용된 부분은 pp.568f).

160) Hassan Amed Ibrahim: "The Egyptian Empire, 1805-1885" (Daly, Martin/Petry, Carl(ed.): The Cambridge History of Egypt, Cambridge 1998. v.2 [1998], pp.198-216dp 수록). Fahmy, Khaled: *All the Pasha's Men. Mehmed Ali, His Army and the Making of Modern Egypt*, Cambridge 1997, pp.38-75.

161) Rich, Norman: *Great Power Diplomacy 1814-1914*, pp.69-74.

162) Robinson, David: *Muslim Societies in African History*, Cambridge 2004, p.170. 또한 마디 국가에 대한 간략하지만 훌륭한 서술은 pp.169-81에서 볼 수 있다.

163) Grewal, J. S.: *The Sikhs of the Punjab*, Cambridge 1990, pp.99-128. 이 저서는 "시크제국(Sikh Empire)"이라 부르고 있다.

164) 이하의 서술은 Meinig, Donald W.: *The Shaping of America*, v.2(1993), pp.4-

23에 근거하고 있다.

165) Meyer, Jean(et. al): *Histoire de la France coloniale. Des origines à 1914,* Paris 1991, pp.209-13.

166) Meinig, Donald W.: *The Shaping of America,* v.2(1993), p.17.

167) *Ibid,* p.23

168) Klaus Schwabe와 Tony Smith의 대응되는 관점에 관해서는 Mommsen, Wolfgang J./Osterhammel, Jürgen (ed.): *Imperialism and After*를 참조할 것.

169) Meinig, Donald W.: *The Shaping of America,* v.2(1993), p.170.

170) Jacobson, Matthew Frye: *Whiteness of a Different Color*를 참조할 것.

171) 권위 있는 저작으로서 Louis, W. Roger (Hg.): T*he Oxford History of the British Empire,* v.3, v.5를 참조할 것. 가장 좋은 입문서로서 Hyam, Ronald: *Britain's Imperial Century 1815–1914. A Study of Empire and Expansion,* Basingstoke 1993을 참조할 것. 수치와 지도는 Porter, Andrew: *Atlas of British Overseas Expansion,* London 1991을 참조할 것. 이 밖에도 Mommsen, Wolfgang J.: *"Das Britische Empire. Strukturanalyse eines imperialistischen Herrschaftsverbandes"* (Historische Zeitschrift v. 233 [1981], pp.317-61에 수록)를 참조할 것. 최근의 저작은 Wende, Peter: *Das britische Empire. Geschichte eines Weltreichs,* München 2008이 있다.

172) 이 문제 관해서는 Fry, Michael: *The Scottish Empire,* Phantassie 2001을 참조할 것. Howe, Stephen: *Ireland and Empire. Colonial Legacies in Irish History and Culture,* Oxford 2000은 지금까지 남아 있는 부정적인 면을 서술하고 있다.

173) 이 이론에 관해서는 우선 Colley, Linda: *Britons: Forging the Nation 1707–1837,* New Haven, CT 1992를 참조할 것.

174) Mill, John Stuart: "*A Few Words on Non-Intervention* [1859]" (Mill, John Stuart: *Collected Works,* v.21, ed. by John M. Robson, Toronto 1965-1991, pp.109-24에 수록).

175) Schumpeter, Joseph A.: *Aufsätze zur Soziologie,* 특히 p.128.

176) Bowen, H.V.: "*British Conceptions of Global Empire, 1756–83*" (Journal of Imperial and Commonwealth Hisory, v. 26 [1998], pp.1-27에 수록).

177) Marshall, Peter J.: *The Making and Unmaking of Empires. Britain, India, and America c.1750–1783,* Oxford 2005, p.228. 또한 Bowen, H.V.: *The Business of Empire. The East India Company and Imperial Britain, 1756–1833,* Cambridge 2006도 참조할 것.

178) 소규모 "교민단체"—1911년에 대략 3,500명의 회원이 있었다—에 관한 훌륭한 개별적 사례연구로서 Butcher, John G.: *The British in Malaya 1880–1941. The Social History of a European Community in Colonial South-East Asia,* Kuala Lumpur 1979를 참조할 것. 수치는 p.30에 나온다. 케냐의 상황에 관

해서는 Kennedy, Dane: *Islands of White. Settler Society and Culture in Kenya and Southern Rhodesia,* Durham, NC 1987을 참조할 것.

179) 뉴질랜드의 시각에서 본 대 시아에 관해서는 Pocock, J.G.A.: *The Discovery of Islands,* 특히 pp.181-98을 참조할 것.

180) Rodger, Nicholas A.M.: *The Command of the Sea. A Naval History of Britain 1649–1815,* London 2004, p.579. Daunton, Martin J.: *Progress and Poverty,* pp.528-20.

181) 지도는 Kennedy, Paul M.: *The Rise and Fall of British Naval Mastery,* London 1983, p.207을 참조할 것. 또한 Porter, Andrew: *Atlas of British Overseas Expansion,* p.146f(상단에 석탄기지의 위치가 표시되어 있다)를 참조할 것.

182) Kennedy, Paul M.: *The Rise and Fall of British Naval Mastery,* p.151.

183) Kolff, Dirk H.A.: *Naukar, Rajput and Sepoy. The Ethnohistory of the Military Labour Market in Hindustan, 1450–1850,* Cambridge 1990는 인도 군대의 생성을 논하고 있다. Metcalf, Thomas R.: *Imperial Connections. India in the Indian Ocean Arena, 1860-1920,* Berkeley, CA 2007, 68-101은 이 군대의 인도 이외 지역에서의 행태를 서술하고 있다.

184) 동남아에서의 가능성 전반에 관해서는 Webster, Anthony: *Gentlemen Capitalists. British Imperialism in Southeast Asia 1770–1890,* London 1998을 참조할 것.

185) 내정 상의 심층적인 원인에 관해서는 Hilton, Boyd: *A Mad, Bad, and Dangerous People? England 1783–1846,* Oxford 2006, pp.543-58을 참조할 것. 자유무역에 관한 최신의 중요 저작으로서 Howe, Anthony: *Free Trade and Liberal England,* Oxford 1997이 있다.

186) Darwin, John: "*Imperialism and the Victorians. The Dynamics of Territorial Expansion*" (English Historical Review, v.112 [1997], pp.614-42에 수록. 인용된 부분은 pp.627f).

187) Gallagher/Robinson(1953) (Louis, W. Roger [ed.]: *Imperialism. The Robinson and Gallagher Controversy,* New York 1976 pp.53-72에 수록).

188) Trentmann, Frank: "*Civil Society, Commerce, and the 'Citizen-Consumer': Popular Meanings of Free Trade in Modern Britain*" (in idem, [ed.]: *Paradoxes of Civil Society. New Perspectives in Modern German and British History,* New York 2000, pp.306-31에 수록). 매우 뛰어난 저작으로서 같은 저자의 *Free Trade Nation. Commerce, Consumption, and Civil Society in Modern Britain,* Oxford 2008이 있다.

189) O'Brien, Patrick K.: "*The Pax Britannica and American Hegemony: Precedent, Antecedent or Just Another History?*" (O'Brien, Patrick K./Clesse, Armand[ed.]: *Two Hegemonies. Britain 1846–1914 and the United States 1941–2001,* Aldershot 2002, pp.3-64에 수록. 특히 pp.13f., 16f., 21을 참조할 것..

190) Davis, Lance E./Huttenback, Robert A.: *Mammon and the Pursuit of Empire. The Economics of British Imperialism,* Cambridge 1986.

191) Offer, Avner: *"The British Empire, 1870–1914. A Waste of Money"* (Economic History Review, v.46 [1993], pp.215–238에 수록. 인용된 부분은 p.228). 또한 Kennedy, Paul M.: *"The Costs and Benefits of British Imperialism, 1846–1914"* (Past & Present v.125 [1989], pp.186–99에 수록)도 참조할 것.

192) Cannadine, David: *Ornamentalism. How the British Saw Their Empire,* London 2001.

193) Offer, Avner: *The First World War,* pp.368f.

194) Gilmour, David: *Curzon,* London 1995, pp.274-76, 287-90. Verrier, Anthony: *Francis Younghusband and the Great Game,* London 1991, pp179f.

195) Friedberg, Aaron L.: *The Weary Titan. Britain and the Experience of Relative Decline, 1895–1905,* Princeton, NJ 1988.

196) Cain, Peter J./Hopkins, A.G.: *British Imperialism,* v.2, chs. 3-4. 도시와 취업 인구에 관해서는 Kynaston, David: *The City of London,* v.1: *A World of Its Own, 1815–1890,* London 1994를 참조할 것.

197) Neff, Stephen C.: *War and the Law of Nations. A General History,* Cambridge 2005, p.217을 참조할 것. 여기서는 19세기 국제적 간섭의 모든 유형을 제시하고 있다.

198) Perkins, Kenneth J.: *A History of Modern Tunisia,* p.19. Hsü, Immanuel C.Y.: *The Rise of Modern China,* New York 2000, pp.205-12. Wyatt, David K.: *Thailand. A Short History,* New Haven, CT 1984, pp.184f.

199) 기초적인 저작으로서 Fisher, Michael H.: *Indirect Rule in India. Residents and the Residency System, 1764–1858,* Delhi 1991을 참조할 것. 이집트에 관해서는 Owen, Roger: *Lord Cromer. Victorian Imperialist, Edwardian Proconsul,* Oxford 2004, pp.10-16을 참조할 것.

200) 이 이론에 관해서는 Cannadine, David: *Ornamentalism*을 참조할 것.

201) Semmel, Bernard: *Jamaican Blood and Victorian Conscience. The Governor Eyre Controversy,* Westport, CT 1962는 여전히 권위 있는 저작이다. 또한 Hall, Catherine: *Civilising Subjects. Metropole and Colony in the English Imagination, 1830–1867,* Cambridge 2002도 참조할 것.

202) 자료집으로서 (지역별로 수준의 차이가 심하지만) Ferro, Marc(ed.): *Le livre noir du colonialisme, XVI e –XXI e siècle*을 참조할 것.

203) Hildebrand, Klaus: *No Intervention – die Pax Britannica und Preußen 1865/66–1869/70. Eine Untersuchung zur englischen Weltpolitik im 19. Jahrhundert,* München 1997, pp.27f도 참조할 만하다.

204) Ronald Robinson과 John Gallagher 이후로 "비공식 제국(informal empire"

라 불러왔다. 이 개념의 정의에 관해서는 Osterhammel, Jürgen: *"Britain and China 1842–1914"* (Louis: *Oxford History of the British Empire*, v.3, pp.146–69에 수록. 특히 pp.148f를 참조할 것..

205) Georges Balandier, Albert Memmi 등. 이런 고전적 해석에 관해서는 Young, Robert J.C.: *Postcolonialism. An Historical Introduction*, Oxford 2001을 참조할 것.

206) Trotha, Trutz v.: *Koloniale Herrschaft. Zur soziologischen Theorie der Staatsentstehung am Beispiel des "Schutzgebietes Togo"*, Tübingen 1994, pp.37f.

207) 이 책의 제16장을 참조할 것.

208) Zastoupil, Lynn/Moir, Martin (ed.): *The Great Indian Education Debate. Documents Relating to the Orientalist-Anglicist Controversy, 1781–1843*, Richmond 1999.

209) Metcalf, Thomas R.: *Ideologies of the Raj*, Cambridge 1994, pp.66f. Forsyth, *Peoples of Siberia*, pp.156f.

210) Lorcin, Patricia: *Imperial Identities. Stereotyping, Prejudice and Race in Colonial Algeria*, London 1995.

211) Abernethy, *Global Dominance*, pp.254f.

212) Aldrich, *Greater France*, p.212.

213) Duverger, Maurice: *"Le concept d'empire"*, (같은 저자의 *Le concept d'empire*, Paris 1980, pp.5–24에 수록. 인용된 부분은 p.11).

214) 관련 법률사 논저로서 Chanock, Martin: *"A Peculiar Sharpness. An Essay on Property in the History of Customary Law in Colonial Africa"* (Journal of African History, v.32 [1991], pp.65–88에 수록)를 참조할 것.

215) Manela, *Wilsonian Moment*를 참조할 것.

216) 상세한 저술로서 Bayly, C. A.: *Geburt der modernen Welt*, ch.6를 참조할 것.

217) 이것이 Lieven, D.: *Empire*에서 제시된 각종 "제국의 곤경" 이외의 또 하나의 "제국의 곤경"이다.

218) 오스만제국에 관한 훌륭한 사례연구로서 Hanssen, Jens(et al. ed.): *The Empire in the City. Arab Provincial Capitals in the Late Ottoman Empire*, Würzburg 2002를 참조할 것.

제 9 장

강대국체제, 전쟁, 국제주의

두 차례의 세계대전 사이

◀ 미니에 소총으로 무장한 프랑스 병사

▲▼ 레벨(Lebel) 소총과 탄환

19세기의 가장 보편적인 추세는 지식을 체계적으로 운용하여
군사적 효율 문제를 조직적·기술적으로 해결하는 것이었다.
19세기의 가장 중요한 군사방면의 창작품 가운데 하나는 총참모부였고
프로이센의 군대가 가장 뛰어난 모범이었다.
19세기 중반부터 무기기술의 혁신이 주목받기 시작했다. 1850년대 유럽의
모든 군대는 프랑스군 장교 클로드 에티엔 미니에(Claude-Étienne Minié, 1804-79)가
발명한 소총을 사용하고 있었고 1880년대에는 최초의 탄창 착탈식 레벨
소총이 보급되었다. 해군의 전함은 범선에서 증기 장갑선으로 진화했고
전함에는 회전식 포탑이 설치되었다.
유럽 강대국은 상호 간의 전쟁에서는 국제법을 지키려했으나 식민전쟁에서는
무자비했다. 발전한 공업생산력을 바탕으로 무기상이 세계를 누비고 다녔다.
국민개병제(國民皆兵制) 대표되는 군사적 총동원은 새로운 민족주의가 쏟아낸
에너지를 사회변화의 추동력으로 전환시키는 제도였다.

전함 프린스 앨버트호(Prince Albert)

1864년에 취역한 영국 해군 최초의 회전포탑 탑재 철갑 증기선 전함.

루이 레오폴드 부알리(Louis-Léopold Boilly), 「1807년 징집병의 출발」, 1808
1793년, 프랑스대혁명은 애국주의의 열정을 자극해 모든 시민(남성)을
군인으로 징집하는 국민개병제를 발명했다. 혁명시대의 전쟁은
민중을 대량으로 동원하는 수법에 관한 풍부한 경험을 들려주고 있다.
군사이론가 클라우제비츠(Carl von Clausewitz)의 저작에는 이 시기에
습득하고 연구한 새로운 군사지식이 신중하게 표현되어 있다.

독일 크루프(Krupp)사의 무기전시회, 1893년 시카고 세계박람회
발전된 공업기술을 보유한 소수의 국가만이 첨단 군사 장비를 생산할 수 있었다.
한편에서는 세계 각지의 정부들이 첨단무기를 사들이기 위해
거금을 아까워하지 않을 때 국제 무기상이 그들의 욕구를 채워주었다.

▲ 1880년에 열린 뒤셀도르프 전시회에서 선보인 크루프의 대포

▼ 크루프 회사의 무기생산 공장

▲ 일본의 전함 하츠세(初瀨)
암스트롱사가 건조해 1899년 6월에 취역한 일본 전함으로
1904년 러일전쟁 때 여순항 포위작전에 참여했다가 기뢰 폭발로 침몰했다.

▼ 영국 암스트롱(Armstrong)회사의 광고
20세기 전반에 활동했던 영국의 기업으로
무기, 선박, 기관차, 항공기 등 다양한 분야의 제조 사업을 벌였다

강화도조약

당시 대부분의 강대국은 네 가지 조건(공업생산력, 과학기술의 혁신능력,
식민지 보유, 민족적 투쟁의지)을 갖춘 국가라야 제국이 될 수 있다고 믿었다.
19세기가 끝나갈 무렵, 국제관계는 밀림의 법칙이 지배하고 있었다.
1876년 일본과 조선이 체결한 '강화도조약'은 일본이 강요당해 체결한
불평등조약의 복사판이었다. 자유무역 제국주의의 마지막 대규모 행동이
조선의 문호를 개방한 것이었고 조선을 핍박하여 문호를 개방하게
만든 나라는 강압에 의해 나라의 문을 연 일본이었다.

황화론(黃禍論, Yellow Peril) 만화
샌프란시스코에서 발행되던 잡지에 1885년에 실린
황인종의 성장을 경계하는 만화다.
애완용으로 키우던 고양이가 호랑이로 성장하여
백인을 공격하고 있고, 호랑이는 중국인의 모자를 쓰고 있다.
황화론은 청일전쟁(淸日戰爭) 말기인 1895년경, 독일 황제
빌헬름 2세가 황색 인종을 억압하기 위해서 내세운 모략이다.
앞으로 황색 인종이 서구의 백인(白人) 사회를 위협하는
시대가 올 것이라는 주장을 한 것이 그 내용이다.

앙리 뒤낭(Henry Dunant, 1828-1910)

19세기에는 보편적 국제규범이 등장했다. 19세기 후반에
민간 또는 비정부 성격의 국가 간 교류가 급속하게 증가했다.
대략 19세기 중반부터 민간 성격의 국제조직이 늘어나기 시작했고
영향의 범위도 확대되었다. 뒤낭이 창설한 적십자회는 가장 성공적인
비정부 조직이었다. 제네바에 자리 잡은 적십자 국제위원회는
1864년에 체결된 '전시무장부대 병상자의 처우개선에 관한
협약'과 그 후속 협약의 이행상황을 감독한다.

울스턴크래프트(Mary Wollstonecraft, 1759-97)의 동상
1888년은 국제적으로 연대한 여성운동이 시작된 해였다. 이해에
워싱턴에서 열린 국제여성대회에서 국제여성평의회(International Council of Women)가
탄생했다. 국제적인 여성운동은 메리 울스턴크래프트 같은 작가가 활약했던
1830년대에 이미 시작되었다. 조르주 상드는 여성해방과 여성의 공개적인
활동을 대표했고, 플로라 트리스탕은 비판적 시각으로 신흥 공업사회를 비평했고,
루이제 오토 페터스는 저널리즘분야에서 다양한 활동을 펼쳤고,
해리엇 테일러는 여성인권의 핵심사상을 구상했다.

왼쪽 위부터 시계방향으로 조르쥬 상드(George Sand, 1804-76),
플로라 스리스탄(Flora Tristan, 1803-44), 오토 페터스(Louise Otto-Peters, 1819-95),
해리엇 테일러(Harriet Taylor Mill, 1807-58)의 초상
특히, 테일러의 사상은 사후에 남편 존 스튜어트 밀(J.S. Mill)의 저작
『여성의 종속』(On the Subjjection of Women)으로 출간되어
가장 열정적인 자유주의 철학저작으로 남게 된다.

세계의 평화주의자들. 1867년 제1회 '평화와 자유 대회'가 제네바에서 열렸다. 이 대회는 1913년까지 23차례 열렸다. 평화운동은 북대서양 지역을 기반으로 한 유럽의 운동이었다. 한편 스스로 전쟁을 주도할 수 없는 식민지국가에서 평화주의는 뿌리를 내리기 어려웠다.

◀ 베르타 폰 주트너(Bertha von Suttner, 1843–1914) 풍부한 설득력을 갖춘 소설을 통해 평화주의를 설파했다. 1905년 노벨 평화상을 수상했다.

▶ 키타무라 도코쿠(北村透谷, 1868–94). 다른 모든 평화주의자와 마찬가지로 그도 당시 일본에서 배척받던 기독교로부터 가르침과 자극을 받아 반역자로 비난 받는 위험을 감수했다

▼ 스웨덴의 화약발명가 알프레드 노벨(Alfred Nobel, 1833–96) 노벨상에 평화상을 증설했고 이 상은 1901년부터 수여되기 시작했다. 노벨 평화상의 첫 번째 수상자는 앙리 뒤낭과 프랑스 정치인 프레데리크 파시였다.

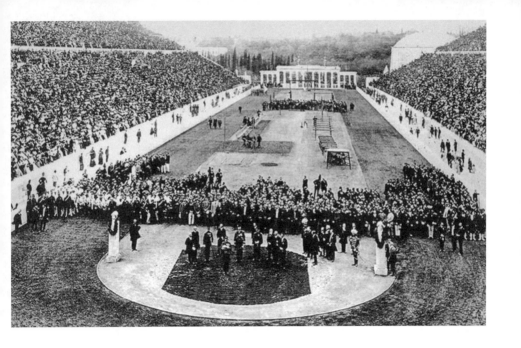

1896년 4월 6일 아테네에서 열린 최초의 현대 올림픽 개막식

◀ 피에르 드 쿠베르탱(Pierre de Coubertin, 1863-1937)
쿠베르탕은 근대 올림픽 경기의 창시자다. 다만,
올림픽의 부활을 구상한 동기는 평화에 대한 철학적 고민이 아니었다.
그는 프로이센-프랑스전쟁에서 독일이 승리한 요인은 독일의 학교 체육교육이
우수했기 때문이라고 확신했다. 그러나 그는 이런 체육 민족주의를 말하지 않고
여러 국가 운동선수들 사이의 경쟁을 찬양했다.

▶ 루도비코 자멘호프(L. Zamenhof, 1859-1917)
폴란드의 안과의사 자멘호프는 세계어(에스페란토)를 고안해
1887년에 내놓았다. 언어 세계주의자들은 지구공동체의 진정한 소통을
꿈꾸었지만 세계어는 생명력 있는 매체가 되지 못했다.

1. 국제체제로 가는 험난한 길

　국제정치의 행위주체는 지구적 차원 또는 넓은 지역 단위에서——
여기서는 '세력과 패권의 공간'이라 부른다——(행위주체들 사이의)
관계의 형태와 친밀도에 관계없이 '국제사회'를 구성한다. 이런 관
계가 구조와 규칙성을 갖출 때 '국제체제'(Staatenwelt, international
system)라 부르게 된다. 역사에 등장했던 몇 개의 이런 체제 가운데
서 (정확한 기간을 밝히자면) 1763-1914년 동안에 존속했던 '근대유
럽' 국제체제가 가장 널리 알려져 있다. 이 기간은 하나의 세계적 범
위의 전쟁이 끝나고(1763년에 끝난 7년전쟁*) 다른 하나의 세계적 범

---

* 7년전쟁(Seven Years' War, 1756-63년)은 오스트리아 왕위
계승전쟁에서 프로이센에게 패배해 독일 동부의 비옥한 슐
레지엔을 빼앗긴 합스부르크 왕가가 그곳을 되찾기 위해 프
로이센과 벌인 전쟁을 말한다. 이 전쟁에는 유럽의 거의 모
든 열강이 참여하였을 뿐 아니라 그들의 식민지가 있던 아
메리카와 인도에까지 번진 세계대전이었다. 인도의 무굴제
국이 프랑스의 지지를 받으며, 영국의 벵골지방의 침공을
저지하려고 했다. 오스트리아-프랑스-작센-스웨덴-러시
아가 동맹을 맺어 프로이센-하노버-영국의 연합에 맞섰다.
유럽에서는 영국의 지원을 받은 프로이센이 최종적으로 승
리를 거두어 슐레지엔의 영유권을 확보했으며, 식민지 전
쟁에서는 영국이 주요 승리를 거두고 뉴프랑스(현재의 퀘벡
주와 온타리오주)를 차지함으로써 북아메리카에서 프랑스
세력을 몰아냈고, 인도에서도 프랑스 세력을 몰아내어 대
영제국의 기초를 닦았다.

위의 전쟁이 시작된(1914년에 시작된 1차 세계대전) 사이의 시기다.[1] 하나의 국제체제가, 고도로 통합된 국가연맹이나 더 나아가 연방국가 수준은 아니지만 평화를 촉진하는 제도와 구속력 있는 규정을 통해 연결되었을 때는 '국제공동체'(Staatengemeinschaft)라고 불러야 타당하다.[2] 아래에서 이런 명칭의 사용 사례를 살펴보자.

1907년 7월에 열린 제2차 헤이그평화회의에는 수십 년 동안 자신이 주도하는 국제체제를 유지해온 유럽의 강국들을 포함하여 44개국의 대표가 참석했다. 전 세계의 독립주권국가 거의 전부가 처음으로 한 자리에 모였으니 국제사회라고 할만했다.[3] 그러나 이 회의에서 실질적으로 평화를 촉진할 수 있는 국제기구나 회의체를 설립하자는 국제사회의 합의가 이루어지지는 못했다. 헤이그회의에서는 따라서 국제공동체가 형성되지 않았다.

유럽 평화의 두 단계

유럽의 국제체제는 각국의 외교정책을 만드는 엘리트들이 행동지침으로 삼아야 할 상상이자 관찰해야 할 현실이었다. 최소한 빈회의 이후로 유럽의 국제체제는 더 이상 자동적인 세력균형 상태가 아니라 선언과 불문율을 통해 정치적으로 관리해 나가야 할 관계였다. 외교란 최소한 이론상으로는 국제체제의 작동을 위협하지 않으면서 자국의 이익을 지켜나가는 기술이다. 19세기에는 이런 기술이 40년 동안 효력을 나타냈는데, 국제정치에서 40년이라면 상당히 긴 시간이다.

그 40년이 끝난 1853년부터 1871년 사이에 강대국이 참여한 전쟁이 5차례나 일어났다. 크리미아전쟁(1853-56), 이탈리아전쟁(1859년, 프랑스와 피에드몬테-사르디니아 왕국; 오스트리아), 프로이센-덴마크전쟁(1864), 프로이센-오스트리아전쟁(1866), 프로이

센-프랑스전쟁(1870-71). 이 5차례의 전쟁에서 오스트리아는 4차
례, 프로이센은 3차례, 프랑스는 2차례, 영국과 러시아는 크리미아
전쟁에 참여했다. 크리미아전쟁은 유럽의 단결을 크게 흔들어놓
았다. 나폴레옹시대 이후 평화를 공개적으로 부인하는 '현실정치'
(Realpolitik)의 조류를 타고 이탈리아 통일전쟁과 독일 통일전쟁이
일어났다.

일련의 전쟁 가운데서 가장 먼저 일어난 크리미아전쟁은 두 가지
면에서 다른 전쟁들과 달랐다. 첫째, 크리미아전쟁은 목표가 명확하
지 않았다. 이 전쟁을 연구한 어느 대가의 평가에 따르면 전쟁은 "냉
철한 계산이나 적대감에서 시작된 것이 아니라 연속적인 실수, 오
판, 오해, 근거 없는 의심, 적에 대한 비이성적인 이미지 때문에 벌어
졌다."[4] 여기서 우리가 주목해야 할 바는, 어떤 정치체제든 모두가
전쟁의 폭발을 유도하는 요소를 내부에 안고 있었다는 사실이다. 러
시아에서는 오도된 정보에 쉽게 휘둘리고 또한 잔혹한 황제 니콜라
이 1세가 재위 말기에 졸렬한 외교정책을 펴고 있었다. 프랑스에서
는 정치도박꾼인 황제 나폴레옹 3세가 국제사회에서 자신의 위신을
높이고 국내에서는 인기를 높이기 위해 모험적인 외교정책을 추진
했다. 영국에서는 러시아 공포증을 가진 언론이 극도로 자부심이 강
한 — 19세기 50년대 이후로는 모두가 그렇지는 않았지만 — 정치 엘
리트들에게 압력을 가하고 있었다.

둘째, 크리미아전쟁은 단견과 우연한 사건 때문에 일어났지만 배
후에는 유럽 국제체제의 틀을 뛰어넘는 지정학적·경제적 이익의 논
리가 작용하고 있었다. 전쟁의 진정한 원인은 러시아와 영국의 정치
적·경제적 이해관계의 충돌이었다. 전쟁은 유럽의 변방에서 일어났
다. 전쟁의 핵심 원인은 오스만제국의 판도를 자신의 지배 아래로 편
입시키려는 러시아의 확장욕구와, 인도로 가는 통로를 확보하고 경
제적 침투가 쉽도록 (당시에는 수에즈운하가 존재하지 않았다) 오스

만제국의 판도가 전략적 완충지대로 남아 있기를 원하는 영국의 구상이 충돌한 것이었다.

크리미아전쟁은 본질적으로 아시아에 중대한 이해관계를 가진 두 강대국의 싸움이었다. 전쟁의 과정과 결과를 통해 러시아와 영국의 군사적 실력이 확연히 드러났다. 러시아의 낙후성이 그대로 폭로되었고, 세계 유일의 강대국이라 불리던 영국의 군사적 우위도 크게 의심받게 되었으며, 알제리 식민전쟁으로 경험을 쌓은 프랑스 군대가 영국군대보다 전투력이 뛰어나다는 사실도 밝혀졌다.[5] 1854년 봄, 프랑스와 영국이 그전 해에 시작된 러시아-오스만제국의 전쟁에 참여하자 이 전쟁은 19세기 역사의 분수령이 되었다. 1815년 이후 처음으로 전쟁이 어쩔 수 없는 선택이 되는 상황이 벌어졌다.

유럽 역사에서 간헐적인 전쟁의 시기는 1871년에 끝났다. 19세기에 일어난 대규모 내전까지 —미국내전(1861-65), 중국의 태평천국혁명(1850-64)과 무슬림반란(1855-73) —포함시킨다면 19세기의 세 번째 사반세기는 폭력의 물결이 휩쓸었다(그 밑바닥에 공통된 요인은 없었다).[6] 그 결과로 남은 것은 하나의 중대한 역설이었다. 1871년의 시점에서 평화를 유지할 수 있는 가장 기본적인 가치나 가장 간단한 기구조차도 존재하지 않았는데도 그 후 43년 동안 (역사학자들의 습관대로 1877-78년에 지금의 불가리아에서 벌어진 러시아-터키전쟁을 무시한다면) 유럽에서는 평화가 유지되었다.

1차 세계대전이 놀라운 것은 그 전쟁이 일어났기 때문이 아니라 그렇게 늦게야 전쟁이 일어났기 때문이다. 미국의 역사학자 폴 슈뢰더(Paul W. Schroeder)가 발전시킨 유럽사의 '시스템 분석'은 1815-48년 동안에 평화가 지배한 이유에 대해 설득력 있는 해석을 내놓고 있다. 간단히 말해, 이 기간 동안에 유럽의 국제체제가 국제공동체로 진화했다는 것이다.[7] 그러나 이것만으로는 공업화의 시대, 군비경쟁의 시대, 전투적 민족주의의 시대에 유럽의 안정이 유지된 이유를 설명하기는 어렵다. 이 시기의 모든 국제분쟁은 (전쟁으로 발전한 것은 하나도 없지만) 하나하나 따로 살펴보아야 하겠지만8) 그래도 다음과 같은 몇 가지 보편적인 원인을 추론해 볼 수는 있다.

첫째, 오랫동안 유럽 강대국 가운데서 유럽 내부의 전쟁을 목표로 하여 공격적인 군비를 갖춘 나라가 없었다. 19세기 50, 60년대 영국과 프랑스 사이의 해군력 경쟁은 부분적인 예외다. 이것은 역사상 최초로 무기의 양적 축적이 아니라 최신 기술의 획득에 초점을 맞춘 질적 군비경쟁이었다.9) 강력한 게르만 민족국가가 유럽의 중심부에 등장했지만 즉각적으로 새로운 군비경쟁이 시작되지는 않았다. 육군원수이자 독일제국의 최고 군사전략가 폰 몰트케는 1870~71년의 전쟁을 통해 독일의 국가이익을 지키기 위한 가장 좋은 수단은 억지적(抑止的) 군비정책이란 결론을 내렸다.

이런 전략은 1897년부터 바뀌기 시작했다. 해군제독 알프레드 티르피츠(Alfred Tirpitz)와 카이저 빌헬름 2세(Kaiser Wilhelm II)가 독일의 대중 가운데서 '친해군' 세력과 손을 잡고 해군함대를 만들자는 여론을 일으켰다. 이 구상의 목표는 새로운 세력균형을 통해 영국의 해상패권을 견제하자는 것이었으나 "애초부터 영국에 대한 명확한 공격적 의도를 품고 있었다."10) 영국은 도전을 받아들였다. 두 나라는―독일은 해양문화의 전통이 강하지 않았음에도 불구하고―해군을 민족단결, 국가의 영광, 과학 기술력의 상징으로 내세웠다. 미국의 역사학자이자 군사이론가이며 해군 장교인 알프레드 머핸(Alfred T. Mahan)이 제시한 분석과 이론이 전 세계적인(독일을 포함한) 해군력 확장 열기의 역사적·논리적 근거를 마련해주었다.11) 이때부터 유럽의 정치무대에서는 강대국 전체가 참가하여 국가적 공업력을 동원한 군비경쟁이 벌어졌다.12) 지금까지의 방어적·억지적 정책에 공격적 의도가 계획적으로 도입되었다. 1945년의 히로시마와 나가사키가 첨단 기술을 동원한 전쟁이 가져올 결과를 암시했다고 한다면, 세기의 전환기에 벌어진 이때의 군비경쟁이 가져올 (1945년과 쌍벽을 이룰만한) 결과를 상상할 수 있었던 동시대인은 극소수에 지나지 않았다. 누구도 이프르(Ypres)와 베르됭(Verdun)의 공포를 예견하지 못했다.*

둘째, '시스템적으로' 설명될 수 없는 이유 때문에 유럽에서는 침략적 외교정책을 유도했을지 모를 세력의 진공상태가 등장하지 않았다. 이것은 독일, 이탈리아 또는 프랑스에서 — 프랑스는 1871년의 재난에 가까운 군사적 패배로부터 빠르게 회복했다 — 민족국가가 성공적으로 수립된 데서 비롯된 역설적인 결과였다. 어떤 국가도 붕괴되지 않았다. 오스만제국은 1913년까지 발칸반도에서 서서히 밀려났지만 주변국가가 이 제국을 분할하겠다는 야심을 품을 만큼 쇠약해지지는 않았다. 1920년의 「세브르조약」(Frieden von Sèvres, Treaty of Sèvres)으로 터키를 아나톨리아에 갇힌 변방국으로 만들려는 몽상이 극치에 이르렀다(미국도 이런 구상에 참여했다). 무스타파 케말 아타튀르크(Mustafa Kemal Atatürk)가 이끈 개혁정책이 이런 시도를 막아냈다. 「로잔느조약」(Treaty of Lausanne, 1923)을 통해 열강은 지중해 동쪽의 최대 정치세력으로서 터키 민족국가의 지위를 인정했다. 이렇게 되자 유럽 국제사회에서 오스트리아-헝가리제국의 지위가 더 중요해졌다.

이 제국의 내부발전은 모순적이었다. 몇몇 지역에서는 인상적인 경제발전이 나타난 반면에 민족 갈등은 갈수록 심해졌다. 그래도 오스트리아-헝가리제국의 국제적 지위는 영향을 받지 않았다. 상상할 수 있는 어떤 기준에 비추어보더라도 19세기를 통틀어 합스부르크 왕국은 유럽 열강의 서열 가운데서 시종 끝에서 두 번째의 자리를 유

* 이프르(Ypres)는 벨기에 플랑드르의 소도시, 베르됭 (Verdun)은 프랑스 동북부의 지방도시. 둘 다 1차 대전의 격전지다.

지했다. 1차 세계대전이 일어나기 전 40여 년 동안 오스트리아-헝가리제국의 국력은 유럽의 열강체제에서 불변의 위치를 지킬 수 있을 만큼 강했지만 두 주요 적대국인 독일과 러시아에 대해 공격적인 태도를 보일 수 있을 만큼 강하지는 못했다. 오스트리아가 의도하지 않았던 세력의 최적화 상태는 중동부 유럽의 안정을 가져왔고 한편으로는 베를린과 빈의 일부 집단이 꿈꾸던 '중앙유럽' 제국이 실현될 수 있는 여지를 남겨놓지 않았다. 결론적으로 말하자면 합스부르크제국의 붕괴 때문에 1차 세계대전이 일어난 것이 아니라 1차 세계대전 때문에 합스부르크제국이 붕괴되었다.

셋째, 비스마르크의 정책 덕분에 1871년 이후 유럽에서는 두 나라 사이의 직접적인 세력다툼이 의미가 없게 되었다. 어떤 전쟁이든 국가 간의 동맹을 맺지 않고는 불가능해졌다. 그러나 동맹들 사이의 전쟁을 준비하는 과정은 정치적으로나 군사적으로 시간과 비용의 소모가 많았다. 유럽 중부에서 또 한번 전쟁이 일어난다면 어떤 강대국도 혼자만 살아남을 수 없다는 사실을 모든 정치가들이 깨달았다.[13] 1871년 이후의 "경쟁적인 동맹의 세력균형"이[14] 신뢰와 조정의 기반이 부족했음에도 유지될 수 있었던 이유는 모든 동맹이 방어 목적에서 출발했기 때문이었다. 달리 말하자면 동맹의 정신적 기반은 1945년 이후와 같은 '공포의 균형'이 아니라 '불신의 균형'이었다. 20세기에 들어선 이후로 민족적 대결의식('슬라브족 대 게르만족' 등)이 위력을 떨치고 발칸의 정세가 변하면서 소국이 유럽의 가장 위험한 단층분열 ― 오스트리아와 러시아의 갈등 ― 을 교묘하게 이용할 수 있게 되었고, 이것이 유럽 국제체제의 안정을 흔드는 결정적인 요인이었다.[15]

넷째, 유럽과 해외의 특수 관계도 충돌을 방지하는 역할을 한다는 사실이 증명되었다. 주변부는 유럽의 국제체제를 위해 '안전판'의 역할도 했고, 반대로 충돌의 '촉매' 역할도 했으며 새로운 무기의 시험장 역할도 했다. 제국주의 강대국은 자신들의 활동 범위가 지나치게 확장되었다는 인식을 갖게 되었고—1907년의 「영국-러시아협정」(Anglo-Russian Convention)*의 배경이 이것이었다—확장의 속도를 조절하기로 결정했다. 언제 어디서 확장이 과열되었는지는 중요한 문제가 아니었다.

안보정책 면에서는 주변부와 유럽의 관계가 단절되어가는데 경제적으로는 통합되어 가는 모순이 결정적인 요인이었다. 단절과정은 19세기 내내 지속되었다. 유럽 국제체제의 불문율을 식민지 쟁탈전에 적용하려던 시도는—예컨대, 비스마르크가 아프리카를 분할하기 위해 1884-85년에 소집한 베를린 회의—장기적인 관점에서 보자면 성공적이지 못했다.[16] 행위주체(특히 영국과 러시아)의 행동범위는 유럽과 유럽 이외의 지역이 엄격하게 구분되지 않았다. 예컨대, 영국이 오스만제국을 지속적으로 지지했던 중요한 이유 가운데 하나는 (종교적으로는 칼리프의 칭호를 주장할 수 있는) 술탄에 대해 적대적인 행동을 취하면 인도의 수백만 무슬림을 자극할 수 있기 때문이었다.

이원적 세계

근대 초기에 체결된 여러 가지 평화조약에는 모두 식민지 이익과 관련된 조항이 포함되어 있었다. 이와는 달리 빈회의는 유럽 국제사회 질서의 조정에만 합의했다. 기타 국가는 모두 배제되었을 뿐만 아니라 노예무역이라는 부차적인 의제를 제외한다면 이 회의에서 유

---

* 영국-러시아협정(Anglo-Russian Convention)으로 중앙아시아에서의 영국과 러시아의 대립이 끝나고 두 나라가 독일을 협공하는 협력관계가 형성되었다. 독일은 이 무렵 베를린과 바그다드를 연결하는(독일과 오스만제국의 동맹관계를 추구하는) 철도노선을 계획하고 있었다.

럽 이외의 지역은 관심의 대상이 아니었다. 회의 참가국 가운데 오스만제국이 포함되지 않았다는 사실 하나만 보더라도 회의는 의도적으로 좁은 의미의 유럽 국가만 초청했음을 쉽게 간파할 수 있다. 그러므로 '동방문제'는 하나의 특수 문제, 빈회의의 결의를 벗어나 다른 방식으로 처리되어야 할 문제가 되었다. 회의에서 합의된 모든 절차—혁명운동을 탄압하기 위한 개입, 분쟁을 해결하기 위한 외교적 회동 등—는 유럽에만 적용되는 것이었다.

유럽 주변부 배제는 불과 몇 년 뒤에 현실에서 중요한 작용을 했다. 열강은 (가장 반동적인 러시아도 포함하여) 영국의 주도하에 모든 협정을 위배해가며—유럽 자신에게 적용되는 협정도 포함하여—동부 지중해에서 이 광대한 지역의 가장 오래된 왕조이며 14세기 이후로 이 지역을 지배해온 오스만제국에 저항하는 혁명운동을 지원했다. 그리스 문제에 대한 개입도 유럽 열강 상호 간의 관계에는 아무런 영향을 주지 않았다.

빈회의가 충돌이 빈번하게 일어나는 유럽 주변부를 배제하기로 한 결의는 여러 면에서 평화를 촉진하는 절묘한 주장이었다.[17] 1823년에 이 주장에 호응하는 행동이 나왔다. 미국 대통령 제임스 먼로(James Monroe)가 유명한 '먼로원칙'을 발표했다. 이 원칙에 따르면 북아메리카와 남아메리카에서 "이제부터 유럽 열강은 식민지를 개척"할 수 없었다.[18] 1814-23년은 대서양 양안에서 국제정치가 의도적으로 탈세계화된 시기였다. 안장형 시기의 대규모 세계적 위기—북아메리카, 프랑스, 카리브 지역의 혁명적 사건들의 영향은 멀리 남아프리카, 중국, 동남아시아까지 미쳤다—가 지나간 뒤 이 시기의 국제정치 관계는 지역별로 분산된 형세였다(경제 분야의 연결은 강화되고 있었지만). 그러나 자세히 살펴보면 이 또한 다른 의미를 지녔다.

근대 초기에 아시아와 유럽 국가는 공통의 법률제도를 수립하지 못했다. 그들은 상대방이 원칙적으로 자신과 평등한 법률적 주체라고 생각했다. 협의나 서약은 문화의 경계를 넘어 유효했다. 새로운 질서가 수립된 1814-15년에도 유럽인은 세계적 법률제도를 수립하는 일에 주도적으로 나서지 않았다. 따라서 세계적 범위의 평화보장 제도는 선결조건을 충족시키지 못했다. 유럽의 국제법은 문명세계의 중요한 성취이기는 했지만 해외에서도 유럽인을 구속하는 좀더 넓은 서방세계의 법제 관념의 한 부분이 되지 못했다. 전쟁의 법률적 근거를 제공하는 '전쟁권'(ius ad bellum)이든 참전 당사자의 행위와 파괴의 정도를 제한하는 '교전규칙'(ius in bellum)이든 유럽 이외의 지역에서는 엄격하게 집행되지 않았다. 유럽의 법관념은 언제나 유럽인에게 유리한 방향으로 해석되었기 때문에 세계의 여러 지역 간의 발전 불균형이 확대되고 문화적·민족적 차이에 대한 감수성이 갈수록 강해지는 시대에 법의 세계화는 유럽의 법관념을 점진적으로 관철시킬 때에만 가능했다.[19]

유럽과 유럽 이외의 지역을 관념적으로 구분하면 유럽의 해외 점령과 개입행위는 유럽에서 벌어지는 전쟁으로부터 제약을 받지 않을 수 있었다. 어떤 국제체제의 규칙도 서방의 거리낌 없는 해외 정복과 식민을 유효하게 저지하거나 감소시키지 못했다. 예컨대, 러시아가 1860년 중국의 아무르강 이북 광대한 영토를 강점했을 때 열강은 아프리카 중부에서 쟁탈전을 벌이고 있었고, 이탈리아는 트리폴리타니아(Tripolitania)로 진격했고, 미국은 필리핀을 정복했다. 제국주의 침략의 전성기에 유럽과 유럽 이외 지역의 개념적인 구분은 유지되고 있었고 이런 구분은 지속적으로 유럽에게 보호막 구실을 했다.

19세기 70년대 이후로 열강은 유럽내부에서뿐만 아니라 세계무대에서도 세력균형론을 관철시키는 데 익숙해져 있었다. 그러나 세력균형론이 진정으로 위세를 떨치기 시작한 때는 1945-47년 이후의 냉전시기였다. 19세기 말에 상호 대립적인 두 가지 경향이 나타났다. 하나는 모든 국제관계는 단일한 세계체제의 한 요소로 보아야 한다는 확신이었고 다른 하나는 '진정한' 유럽 정치와 주변부를 개념적으로 분리해야 한다는 (전부터 내려오는) 주장이었다.[20] 제국주의 열강은 세계 여러 장소 — 아프리카의 모든 지역, 중국, 동남아시아, 남태평양, 심지어 1902-1903년 겨울에는 베네수엘라 — 에서 부딪쳐 쟁탈전을 벌였다. 그러나 제국의 충돌은 모두 해결될 수 있었거나 그 영향이 충분히 억제될 수 있었다. 그럴 수 있었던 원인 가운데 하나는 제국주의 열강이 불문율인 '놀이규칙'을 존중했기 때문이다. 이 '놀이규칙'이란 어떤 제국주의 국가의 야심이 좌절되었을 때 그 국가가 다른 지역에서 '보상'받을 수 있도록 보장하거나 용인하는 것이었다. 제국의 충돌과 대립은 유럽 각국 사이에 항구적인 불신감을 낳았지만 어떤 충돌도 유럽에 주는 영향이 직접적으로 전쟁을 촉발할 정도에 이르지는 않았다.[21]

1차 대전이 폭발하기 전 수십 년 동안 유럽의 국제체제가 흔들린 것은 외부 영향 때문이 아니었다. 유럽 각국 정부의 정치적 계산에서 아시아, 아프리카, 아메리카의 역할은 갈수록 커졌지만 이런 계산이 제국 사이의 큰 전쟁이 불가피한 방향으로 발전하지는 않았다. 테오도르 쉬더(Theodor Schieder)는 1914년 이전 반세기 동안 다섯 강대국으로 구성된 유럽의 국제체제가 하나의 집합체로서 '세계의 패권'이 되어 있었다고 말했다.[22]

이런 평가가 설득력이 있을까. 두 가지 측면에서 분명히 설득력이 있다. 첫째, 영국, 러시아, 프랑스는 유럽의 지리적 영역 밖에서 거대한 이해관계를 갖고 있었다. 달리 표현하자면 이들은 다른 대륙의 광활한 지역을 지배하고 있거나 영향을 미치고 있었다. 1884년부터 독일제국도 이해관계와 영토의 규모는 비교적 작았지만 이 행렬에 합류했다. 둘째, 공업과 경제적 실력, 투입 가능한 병력의 규모 면에서 유럽 5대 강국의 총체적 잠재력은 전 세계에서 첫 손가락을 꼽았을 뿐만 아니라 이들은 그 잠재력을 해외에서의 개입에 사용할 준비가 되어 있었다(오스트리아-헝가리제국은 예외였지만).

그러나 이것이 오직 유럽만 '국제관계'에서 특출한 문화적 성취를 달성했고 세계의 기타 지역은 여전히 극단적인 혼란 속에 머물러 있었다는 의미는 아니다.[23] 유럽의 국제체제는 하나의 조직으로서, 더 나아가 단합된 집단으로서 국제무대에서 행동한 적이 없었다. 이런 의미에서 유럽의 국제체제는 하나의 '패권'이었던 적이 없다. 국제무대에서 국제체제 자체는 '행위주체'가 아니다. '강대국음악회'는 강대국의 음악당에서 열린 음악회다. 이 시대의 주요한 외교적 회합은 국제체제가 소집한 것이 아니라 '중개인' 역할을 하는 강대국이 자기이익을 고려해 소집한 것이었다.

중요한 해외 이익의 균형은 모두가 예외 없이 쌍방의 협조하에 실현되었다. 유럽 이외의 지역에서 집단행동은 오직 한 차례뿐이었다. 1900년 여름, 8국 연합군이 의화단에게 포위된 공사관 구역을 포위망을 뚫고 구조했다. 연합군 군대 가운데서 일본과 미국 군대가 주도 작용을 했고 오스트리아-헝가리제국의 참여는 이 제국의 역사에서 최초의 가장 야심찬 외교행동이었다.[24] 정치적 관점에서 보자면 유럽의 제국주의는 개별 제국주의의 집합에 지나지 않았다. 5대 강국이 대륙을 초월한 강국이 아니라 유럽의 강국으로서 등장했을 때 유럽의 국제체제는 5대 강국 사이에서 작동했다. 이 체제는 '국제정치'의 기능을 갖고 있지 않았다.

2. 질서의 공간

유럽과 북아메리카의 제국주의 확장은 정치질서가 혼란한 지역에서는 일어나지 않았다. 어떤 방식으로든 간단하게 유럽과 '기타지역'으로 대립시키는 것은 합당하지 못하다. 무엇보다도 유럽 내부에도 준(準)식민지 형태의 종속관계가 존재했다. 전통 외교사는 유럽의 약소국이라 불리던 나라에 대해서는 간략하게만 언급하고 있고 강대국이 주도하는 세계에서 약소국의 행동공간에 대해서는 거의 관심을 기울이지 않았다. 예컨대 포르투갈은 경제적으로 영국에 대한 의존성이 극심했다. 1870년 무렵 포르투갈의 수출상품 가운데서 80퍼센트가 브리튼제도로 팔려나갔다. 포르투갈이 영국 소비자에게 셰리주와 코르크를 공급했다. 포르투갈의 일부 지역에서는 영국에서는 불가능한 야만적인 착취와 피착취관계가 여전히 존재하고 있었다. 예컨대 영국회사가 포르투갈 아동을 고용하여 면도칼로 코르크나무 껍질을 벗기게 하고 채취량에 따라 임금을 지급했다.[25] 이러한 '고위험 저임금' 노동의 이전은 세계체제가 지녔던 불균형의 중요한 표지였다.

아메리카주

독특한 질서의 원칙이 있던 지역이 아메리카였다. 19세기 20년대에 스페인 식민지가 잇달아 모국을 벗어났고 먼로주의는 서서히 영향력을 형성하기 시작했다. 신세계가 구세계를 떠나고 있었다. 과거 몇 세기 동안 신세계와 구세계의 거리가 이처럼 멀었던 적은 없었다. 한때 (1806-1807년에) 영국은 스페인 식민자로부터 (남아메리카의 삼각강인) 라플라타강 유역과 기타 지역을 물려받고 싶은 유혹에 빠진 적이 있었다. 그러나 실제로 영국은 다시는 북아메리카 식민지 이외의 지역에 개입하지 않았다. 스페인과 반란을 일으킨 아메리카 식민지 사이의 투쟁에서 영국은 중립을 지켰다. 미국독립전쟁 기간에 영국의 대 아메리카 무역은 증가하기 시작했다. 1824년, 영국의 전체 수출상품 가운데서 라틴아메리카로 팔려나가는 상품의 비중이 15퍼센트에 이르렀다. 영국은 미국이 영향력을 확대하려 시도하기 전에 서둘러 신생 공화국들을 승인했다. 하나의 국제법 체계가 빠르게 수립되었다. 이 체계에 따라 라틴아메리카에 있는 영국 시민은 영국법률의 보호를 받게 되었고, 라틴아메리카 국가는 영국상품에 대해 최혜국 대우를 받는 제3국 상품에 부과하는 관세보다 높은 관세를 부과할 수 없게 되었다. 이것은 상대적으로 간단한 '비공식 제국주의'였다. 이 제도를 기반으로 영국은 몇몇 라틴아메리카 국가의 가장 중요한 교역 파트너가 되었다. 영국의 이러한 지위는 미국이 그 역할을 대체한 19세기 말까지 오랫동안 유지되었다.[26]

19세기 30년대 이전의 20여 년 동안 라틴아메리카는 유럽과 함께 지구상에서 가장 혼란스러운 대륙이었다. 바로 이러한 시기에 라틴아메리카는 알렉산더 폰 훔볼트와 그 밖의 여행자들을 통해 큰 관심을 받았다. 그 뒤로 라틴아메리카는 국제외교의 시야에서 사라졌다.[27] 라틴아메리카 국가 가운데서 유럽의 권력정치에 말려든 나라는 하나도 없었다. 19세기 동안 남아메리카에서도 영국과 미국 사이의 심각한 대립은 발생하지 않았다. 영국은 자신의 경제적인 실력을 정치적 영향력으로 전환시키는 데 언제나 성공적이지는 못했다. 예컨대, 영국은 브라질과는 줄곧 좋은 관계를 유지했지만 브라질의 노예제도를 종식시키려는 영국의 고압적인 외교수단은 효력을 내지 못했다. 라틴아메리카 국가들 내부의 분명한 국제체제는 형성되지 못했다. 오히려 스페인제국에서 분리되어 나온 국가들 사이의 관계는 혼란스럽고 무질서했으며 이들 국가는 대부분 전제통치 아래에 있었다. (남아메리카의) '해방자' 시몬 볼리바르(Simon Bolivar)는 동지들의 개별 국가 분리주의에 절망한 채 눈을 감았다. 미국의 도구가 아닌 진정한 의미의 범아메리카주의는 주목받은 적이 없었다. 많은 국가의 국경이 분쟁 대상이 되었다. 남아메리카 대륙의 방어문제에 있어서는 이루어진 것이 아무것도 없었다. 거의 모든 국가가 작전 능력을 가진 해군함대를 갖추지 못했다.[28]

186-70년의 '삼국동맹전쟁'(Triple Alliance War)처럼 잔혹한 사건은 전형적이진 않지만 결국엔 동맹을 생성시켰다. 이 전쟁은 파라과이 대 브라질·아르헨티나·우루과이의 전쟁이었으며 남아메리카 역사상 국가 간의 전쟁으로서는 손실이 가장 컸던 전쟁이었다. 1814년 이후 파라과이는 연속된 세 독재자의 통치를 겪으며, 데이비드 랜더스(David Landes)의 표현을 빌리자면 (평등, 질서, 뛰어난 무장, 비교적 낮은 문맹률의 특징을 갖춘) '개명된 스파르타'로 발전했다.[29] 브라질이 파라과이의 국경을 침범하자 독재자 로페스(Francisco Solano López)는 이를 구실로 잘 훈련된 군대를 파견해 브라질과 아르헨티나의 이류 군대와 싸우게 했다. 최초의 몇 차례 전투는 우루과이를 포함한 동맹군의 참패로 끝났다. 그러나 1867년부터 인구가 파라과이보다 20배나 많은 브라질의 전쟁기구가 전면적인 작동을 시작했다. 파라과이의 완강한 저항 때문에 전황은 교착상태에 빠졌고 전쟁이 끝날 때까지 파라과이는 인구의 절반 이상을 잃었다.

이는 근대의 모든 전쟁에서 한 국가의 병사와 민간인 사망률을 측정했을 때 가장 높았다.[30] 이 전쟁은 파라과이 역사에서 핵심적인 사건이자 남아메리카의 집단기억 속의 중요한 시각이며 역사적 전환점이었다. 아르헨티나도 군사적·경제적으로 큰 상처를 입었고 이전까지 흔들림 없던 라플라타 평원 선두주자의 자리를 잃어버렸다.

브라질은 지역의 강자로 부상했다.[31] 칠레와 페루·볼리비아 사이에 벌어진 태평양전쟁은 '초석(硝石)전쟁'이라고도 불리는데 최종적으로는 칠레가 승리하여 풍부한 초석자원을 차지하게 되었다. 이전쟁이 참전국에 미친 영향은 삼국동맹전쟁과 비슷했다. 전례 없는 규모의 병력을 동원한 칠레에게 이 전쟁은 독립 이래 가장 의미 있는 집단 경험이었다. 침입자에게 유격전으로 맞선 페루는 이 전쟁으로 국가가 붕괴과정에 들어갔다.[32] 장기적 불안정에 빠진 라틴아메리카 각국은 내정 면에서나 국가 간의 관계에서나 모두 "사분오열할 위기이자 평화를 유지할 역량의 부족"이라고 표현할 수 있는 상태였지만 라틴아메리카는 놀랍게도 상대적인 평화를 유지했다.[33]

남아메리카 국가들은 공동으로 국가의 안전을 보장하는 체제를 형성하지 못했고 중부아메리카 국가들은 갈수록 미국의 영향을 받았다. 중부아메리카에서 영국과 미국 양국의 적대관계는 최소한 간접적인 작용을 했다. 멕시코의 주채권국인 영국은 일정 정도의 정치적 영향력을 행사할 수 있었다. 워싱턴은 런던이 이런 방식을 통해 캘리포니아에 손을 뻗칠까 염려했다. 그러나 정확한 증거가 보여주듯이 미국은 일찍부터 캘리포니아를 점령할 주도면밀한 계획을 세워두고 있었다.

유럽인이 아직 제국주의 게임을 알지 못했을 때 제임스 포크(James K. Polk)는 이미 그 게임에 익숙했다. 그는 군사적 수단을 동원하여 멕시코를 압박했고 마침내 멕시코의 반격을 유도해냈다. 이리하여 그는 의회에 멕시코가 침입했다는 증거를 제시하고 멕시코에 대한 선전포고에 동의하라고 요구했다.[34]

1847년 늦은 여름, 미국 원정군이 멕시코시티에 도착했다. 포크 대통령 자신을 포함한 미국의 강경파들은 멕시코 자체를 합병하자고 주장했다. 현장 책임자는 통상적으로 최고사령관의 목표를 달성하기 위해 모험을 마다하지 않는 경향이 있기 마련인데 이때의 원정군 사령관은 온건론자였다. 그럼에도 불구하고 1848년 2월에 체결된 '과달루페 히달고 조약'(Treaty of Guadalupe Hidalgo)은 패전국에 가혹한 조건을 강요했다. 멕시코는 지금의 애리조나, 네바다, 캘리포니아, 유타주의 전부와 뉴멕시코, 콜로라도, 와이오밍주의 일부를 미국에 내주었다. 미국은 그 보상으로 인구가 적고 기후도 건조한 바하칼리포르니아(Baja California)는 멕시코에게 남겨주었다.

영국과 미국 두 나라가 충돌의 길로 들어선 근원은 멕시코가 아니라 더 남쪽으로 내려간 중부아메리카 지역이었다. 처음에는 영국이 이 지역의 미약한 국제사회를 주도했다. 미국의 아시아지역 무역이 증가하면서 (미국의) 관심은 캘리포니아와 오레곤 합병(1848년)과 캘리포니아의 골드러시에서 국경 밖의 중부아메리카로 옮겨갔다. 1850년, 영국의 주미대사와 미국 국무장관이 조약에 서명했다(「클레이턴-불워조약」Clayton-Bulwer Treaty). 중부아메리카 국가는 하나도 참여하지 않은 이 조약을 통해 두 나라는 이 지역에서 이익의 균형을 실현했다. 조약은 두 나라는 이 지역에서 새로운 식민지를 개척하지 않으며 어느 나라든 상대방의 동의가 없이는 지협(地峽)에 운하를 건설하지 못한다고 규정했다. 이 조약을 통해 영국은 상징적으로 중부아메리카에서 미국의 동등한 지위를 인정했다. 이 조약을 바탕으로 하여 미국은 이후 수십 년 동안 지속적으로 영향력을 확대했다.

19세기 70, 80년대에 '질서회복'과 '미국시민 보호'를 위해 미국 군대가 여러 차례 파나마—당시에는 콜롬비아의 한 주였다—에 상륙했다.[35] 시간이 흐르면서 양국의 세력균형은 이 지역에서는 더이상 존재하지 않았다. 1902년, 미국 의회가 일방적으로 파나마를 가로지르는 운하 건설을 결정했다. 콜롬비아는 미국이 제시한 운하지역 매입 가격에 동의하지 않았다. 미국의 지원을 받는 민간 이익단체들이 파나마를 콜롬비아로부터 분리해 새로운 '독립' 국가로 만들려는 책동을 시작했다. 운하지역은 곧바로 미국에게 조차(租借)되었다. 1906년, 미국은 스페인에서 노동자들을 모집해 운하건설 공사를 시작했다(그 후 스페인, 이탈리아, 그리스에서 모집한 노동자 1만 2,000명이 도착했다). 1914년 8월, 첫 선박이 운하를 통과했다.[36]

남아메리카에서 각국이 독립한 뒤에도 정치지도는 큰 변화가 없었다. 지역 전체에 별다른 특징이 없는 국가들이 분포되어 있었고 그들은 모두 정도의 차이는 있지만 국가로서의 위상을 찾고 있었다. 어느 국가도 (포르투갈 배경을 갖고 있어서 다른 나라와는 구분되는 브라질을 포함하여) 남아메리카 대륙의 패권국가로 올라설 능력이 없었다. 영국 — 19세기 90년대 이전의 — 이나 미국도 그 공백을 채울 수 없었다. 열강과 이들 국가 중의 개별국가는 후견관계를 맺고 있었지만 그것이 좀더 넓은 범위의 질서로 발전하여 패권적 지위를 형성하지는 못했다. 지나간 독립전쟁 시기에 지녔던, 미국의 모형을 본받아 남아메리카에서 스페인어를 사용하는 연방을 만들겠다던 꿈을 기억하고 다시 제시하는 사람은 없었다. 이제는 따르고 싶은 모형이 상호 비밀조약에 의존하는 유럽식 외교수단으로 바뀌었고 라틴아메리카의 '협력'을 구현하는 초국가적 조직을 구성하려는 노력은 없었다. 유럽국가들 사이의 빈번하고 격렬한 군사적 분쟁과 비교할 때 라틴아메리카 국가들 사이의 관계는 상대적으로 화목했다.

이런 관점에서 볼 때 라틴아메리카 세계에 진정한 강대국이 없었다는 것은 약점이라기보다는 행운이라고 할 수 있다. 그러나 다른 시각에서 본다면 라틴아메리카 세계에는 (세기말에) 점차 강대해지고 있던 미국에 맞설 군사적 능력을 가진 나라가 없었다.

먼로 대통령의 "아메리카는 아메리카인에게!"란 선언은 하나의 '주의'(主義)가 되었고 1867년 프랑스가 멕시코에서 패배한 이후 수십 년 동안에 그 영향이 정점에 이르렀다. 1895-96년의 베네수엘라

위기에서 미국은 전쟁의 위협을 통해 처음으로 파나마 지협 이남 지역에서 영국을 대체하고 패권적 지위를 확립했다. 1904년, 시어도어 루스벨트(Theodore Roosevelt) 대통령이 먼로주의를 한층 더 강화한 새로운 원칙을 선포했다. 그는 미국이 전체 남아메리카에서 "문명화를 위한" 개입의 권리를 보유한다고 주장했다. 먼로의 원래 입장이 여기서 뒤바뀌었다. 먼로는 라틴아메리카의 혁명을 지지하는 입장이었지만 루스벨트는 라틴아메리카의 혁명을 억압하려 했다. 먼로주의는 남아메리카 각국에 대한 군사적 개입을 반대했으나 루스벨트는 북아메리카의 군사적 우위에 의존했다.

루스벨트의 원칙은 미국의 일관된 방식을 명확하게 확인한 것에 불과했다. 1898-1902년, 미국 군대가 라틴아메리카 지역에 개입한 사례는 20회를 넘었다.[37] 19세기 90년대에 아메리카 자신의 성숙한 국제관계는 형성되지 못하고 경제와 군사적 우위를 바탕으로 한 미국의 일방적 개입만 있었다. 뿐만 아니라 미국의 패권 행사는 대부분 '선의'에서 나온 것이 아니었다. 그러나 이 패권적 지위조차도 허구였다. 미국은 자신의 의지를 전부 관철시킬 수는 없었다. 예컨대, 브라질을 통치한 역대 정권은 모두 미국과 관계가 좋았으나 미국이 요구한 경제적 특권은 끝내 허용하지 않았다. 19세기에 범아메리카 자유무역지대를 건설하려던 구상은 성과 없이 끝났다.[38]

라틴아메리카는 아시아나 아프리카와 달랐고 부분적으로는 미국의 우산 아래 있었던 탓에 두 차례의 세계대전을 피해갈 수 있었다. 19세기에 북아메리카의 두 나라도 유럽식의 '체제'를 형성하지 못했다. 가장 중대한 의미를 갖는 사건이라고 한다면 1817년에 양국이 합의에 성공한 오대호 유역의 비군사화였다. 이것은 비교적 이른 시기의 쌍방 군비축소 조치였다. 1842년, 모든 국경문제가 최종적으로 해결된 뒤 미국과 영국령 캐나다의 관계가 정상화되었고 양국 사이에는 평화롭지만 냉담한 이웃관계가 형성되었다. 19세기의 혼란과 소용돌이의 국제관계에서 이것은 예외적인 평온이었다.

아시아

세계의 다른 한편에서 유럽인은 훨씬 오래된 국가형태를 만났다. 유럽인은 이런 국가형태를 철저하게 개조할 능력도 없었고 그럴 생각도 없었다. 18세기 남아시아에서 프랑스인과 영국인은(마지막에는 영국인만 남았다) 무굴 왕조를 계승한 나라들의 권력싸움에 개입했다. 영국이 인도 점령에 성공한 원인은 두 가지였다. 지역 정권이 난립한 인도사회 내부로부터 분화를 촉진하여 정권을 탈취한 뒤 영국인이 가져왔거나 현지에서 시험을 통해 확립한 군사와 행정 조직을 이용하여 정권을 유지했다. 이것 말고는 달리 영국의 성공을 설명할 방법이 없다.

1849년 펀자브를 병합한 뒤로 영국은 인도 전역을 통치했고 다양한 형태의 현지 정권은 외형만 남았다. 잔류한 500여 개의 현지 정권은 동인도회사의 통치를 받지 않았고 1858년 이후로 인도를 통치한 영국왕실의 직접 통치도 받지 않았지만 독자적인 외교 군사권을 갖지 못했다. 예컨대, 어떤 마하라자가 러시아인과 관계를 맺으면 즉시 왕위를 빼앗겼다. 왕위계승은 식민정부의 승낙을 받아야 했다.[39] 영국인도 토후국 상호 간의 교류를 막기 위해 고도의 경계태세를 유지했다. 1877년부터 정기적으로 전 인도의 왕공귀족은 한 장소에 모여 호화로운 잔치를 벌였다. 이것은 현장에 오지 않은 영국 여왕에게 충성을 서약하는 준봉건적 의식이었을 뿐 정치적 의미는 없었다.

무굴왕조의 통치를 받은 인도와는 달리 말라야의 현지 토후 정권은 자신보다 강한 제국의 통치를 받은 적이 없었다. 영국인은 이 다원적인 국제사회의 내부에서부터 행동을 취했다. 1896년, 말레이반도 동해안의 4개 정권이 말레이연방국(FMS: Federated Malay States)

을 결성하고 수도를 쿠알라룸푸르에 두었다. 여기에 더하여 비연방 말레이국(Unfederated Malay States)과 해협식민지(Strait Settlements)가 있었다.

1941년 일본이 침입하기 전까지 영국령 말라야는 통일된 행정조직을 구성한 적이 없었다. 아프리카에서와는 달리 이곳에서 영국인은 합병이란 수단을 거의 사용하지 않았다. 상당한 기간 동안 널리 사용된 수단은 '총독'과 술탄 왕실 사이의 외교적 교섭이었다. 이런 방식을 택한 원인 가운데 하나는 영국 왕실이 파견한 총독들이 현지 정세를 잘 파악하고 통제했으며, 동인도회사와 세실 로즈가 인도와 남아프리카에서 활용했던 반(牛)제국주의적 방식이 동남아시아에서는 중요한 역할을 하지 못했기 때문이었다. 다양한 현지 정권들이 명목상으로만 독립을 유지했을 뿐이지만 식민시대 이전의 다양한 통치방식은 완전히 사라지지 않았다. 그러나 독립한 뒤로는 이런 다원성은 다시는 회복되지 못했다.

20세기 60년대 이후로 이 지역에서는 더 이상 소규모 지방정권이 난립하지 않고 두 개의 주권국가 — 말레이시아와 싱가포르 — 가 성립되었다. 이와는 달리 프랑스령 인도차이나는 해방전쟁 과정에서 다시 분열하여 3개의 국가 — 베트남, 라오스, 캄보디아 — 를 형성했다. 여기에 버마와 태국 — 두 나라는 18세기 후반에 심각한 내부 위기를 경험한 뒤[40] 다시 강국으로 일어섰다 — 을 더하면 우리는 식민주의 시대가 식민주의 이전 시대의 동남아시아 내륙 국가의 국제사회 지형을 근본적으로 변화시키지 못했다는 놀라운 사실을 발견하게 된다. 유럽의 5대 강대국과 거의 같은 시기에 성립된 동남아시아 다섯 나라는 지금도 여전히 존재하고 있다.

중국과 일본에서 유럽인과 북아메리카인이 마주친 극히 복잡한 정치체제는 식민주의의 방식으로는 정복할 수가 없었다. 그러나 중국과 일본의 지정학적 배경은 전혀 달랐다. 일본은 그때까지 '국제' 질서에 안정적으로 소속된 적이 없었다. 또한 일본은 자신보다 강대한 제국의 통제를 받아본 적이 없었고, 상당한 국력을 가진 단일 국가를 구성해본 적이 없었으며, 근대 초기의 유럽이나 18세기 인도와 말라야에 존재했던 수많은 지방정권처럼 분열되어 있었다. 그러나 17세기 30년대에 '쇄국정책'을 실시한 후에도 일본은 여전히 중국과 상업, 예술, 학술 분야에서 긴밀한 교류를 이어왔다. 문화적인 면에서 일본은 중국이 중심이 된 세계질서의 중요한 구성원이었다고 할 수 있다.[41] 중국과의 교류가 빈번했음에도 일본의 "문이 열리기까지는" 격렬한 '문화적 충돌'을 경험해야 했다. 해군 제독 페리(Matthew Calbraith Perry)가 찾아오기 전에 일본인은 유럽의 국제정치에 대해 한두 가지는 알고 있었지만 그것도 이론상의 지식일 뿐이었다. 다른 나라와의 교류라고 한다면 일본의 경험은 거의 없는 것이나 마찬가지였다. 나라의 문을 연 방식은 상대적으로 온건했다. 일본은 군사적 정복을 경험하지 않았고 점령국통치를 받지도 않았다(물론 1945년에 이런 경험을 하게 되지만). 미국과 (미국을 바짝 뒤따라왔다가 뒤에 가서는 미국을 추월한) 영국은 일본을 압박하여 자국민이 일본에 출입할 수 있는 권리를 확보했고 19세기 50년대 초에는 세계 각지에서 획득한 자유무역의 특권을 일본에서도 얻어냈다(1858년 체결한 「미일수호통상조약」Harris Treaty).[42]

일본인은 유사 이래 처음으로 이런 문제와 마주쳤다. 비슷한 경험조차도 해본 적이 없다는 점을 감안했을 때 일본 대표단은 놀라울 정도로 잘 대응했다. 담판 과정에서 여러 가지 열세를 제외하더라도 내부적인 원인 때문에 이미 크게 쇠약해진 막부는 담판에 불리한 요인이었다. 일본은 전통적인 '중국 중심의 세계질서'로부터 이탈해 새로운 국제사회에 참여하지 않았을 뿐만 아니라 어느 정도 선결조건을 충족시키지도 않은 상태에서 비교적 유리한 조건으로 현대 국제사회에 통합되었다. 이 과정은 사실상 19세기 70년대에 이미 완성되었으며 법률적으로 승인받은 때는 1895년이었다. 이해에 열강은 1858-71년 사이에 체결한 '불평등조약'을 종료하기로 동의했다(중국은 1942년에 가서야 불평등조약에서 벗어난다는 목표를 달성했다).[43] 메이지정부는 이리하여 일본을 온전한 주권국가로서 국제법상의 주체로 만든다는 외교정책의 중요한 목표를 실현했다.

중국의 상황은 일본에 비해 훨씬 어려웠다.[44] 중국제국은 수백 년의 시간을 거치면서 자신을 중심으로 하는 세계질서를 만들고 이 질서를 정치적으로 효율적으로 운용해왔다. 이 세계질서는 근대 유럽의 다중심 국제체제와는 달리 고도로 발달한 단일중심체제였다. 어떤 의미에서는 중국의 세계질서가 더 '현대적'일 수 있다. 이 체제에서는 영토 귀속의 경계가 추상적이어서 왕실재산이나 '왕실세습영지'──19세기 유럽에는 이런 상황이 여전히 남아 있었다. 예컨대, 룩셈부르크는 네덜란드 오렌지 왕가의 영지였다── 같은 개념이 존재하지 않았고 주권이 겹치는 봉건적 사회형태도 없었다. 17세기에 동아시아와 중앙아시아 지역(두 지역을 하나의 지정학적 단위로 보아야 한다)은 다중심의 특징을 유지하고 있었다.

1620년 무렵의 역사를 잘라내어 그 단면을 들여다보면 명 왕조는 복종하지 않는 강한 이웃에 둘러 쌓여 있었다. 북쪽에는 만주족, 서북쪽에는 몽고족, 남쪽에는 티베트족이 있었다. 1760년 무렵 만주족과 한족이 공동으로 통치하는 광활한 대제국이 수립된 후 베이징의 통치자는 빠르게 강대해져가는 독립국 이웃나라 러시아에 대처할 필요가 있었다. 러시아를 제외하면 주변국은 모두 조공을 바치는 약소국이었고 베이징은 이들과 상징적인 종주국-속국 관계를 유지하고 있었다.

이 세계질서는 명확하게 구분되는 구성원과 구성원 상호 간에 지켜야 할 명확한 규칙으로 이루어져 있었다. 다시 말하자면 이 질서는 광의의 국제체제였다. 그러나 이 체제는 전체 배치가 완전히 중국 조정을 중심으로 하고 있었다는 점에서 유럽의 국제체제와 근본적으로 달랐다. 개별 구성원은 주권과 평등한 관계를 제약 없이 누린다는 사상은 근본적으로 없는 것이나 마찬가지였다. 등급의식은 중국인의 국가인식 속에 깊이 자리 잡아서 종주국-속국 관계를 관리하는 일에서 뿐만 아니라 각종 행동양식에도 영향을 미쳤다. 일본인, 인도인, 말라야인과 비교했을 때 중국인은 19세기에 등장한 새로운 형태의 국제질서에 적응하기가 어려웠다.

1842-95년은 주목할만한 특수시기였다. 서방에서는 이 시기를 듣기 좋은 표현으로 '중국이 국제가족으로 가입한 시기'라고 습관적으로 불러왔다. 일본에 대한 태도와 다른 점은 이 시기에 서방은 여러 차례 중국과 전쟁을 벌였다는 것이다(1839-42, 1858-60, 1884-85년). 일본인은 그중에서 첫 번째 전쟁——아편전쟁——에 대해 깊은 관심과 이해를 갖고 있었다. 이것은 훗날 그들이 담판의 전략을 세울 때 유익하게 활용될 수 있었다.

일본인은 과도한 저항에 따르는 위험을 명확하게 이해하고 있었다. 1871년 중국과 일본이 체결한 「청일수호조약」은 두 이웃국가가 국제법의 형식을 빌려 체결한 첫 번째 조약 가운데 하나였으며, 이를 통해 중국의 제도적 개방이 확립되었다. 외국인에게 '불평등한' 자유통상을 허락하는 조약으로 중국의 문호가 개방되었고 외국 교민은 중국법의 적용을 받지 않으면서 몇 곳의 통상항에 거주할 수 있는 권리를 보장받았다. 청제국 주변의 오래된 속국들이 하나씩 "식민국에게 잠식당했다." 1910년 일본의 조선 병합, 1912년 몽고 독립으로 이 과정의 한 단락이 마무리되었다. 중국이 국제질서에 통합되는 과정은 일본에 비해 힘들고 오래 걸렸으며 부닥친 장애는 더 많았다. 일본의 상황과 다른 점은 중국에서는 진정한 의미의 제국의 충돌이 발생했다는 것이었다.

유럽인과 미국인이 볼 때 중국의 '문명화 수준'은 일본보다 낮았고 중국은 그에 상응하는 모멸적인 대우를 받았다. 이것이 중국의 상황을 더욱 악화시켰다. 일본이나 인도와는 달리 중국은 열강의 식민 거점과 경제적 특권 쟁탈전의 무대가 되었다. 그럼에도 불구하고 중국은 최소한 ― 의화단운동이 실패한 1900-1901년과 제국에서 군주국으로 전환된 1911-12년의 혼란기를 제외하면 ― 국제무대에서 주권국가로서 행동을 멈춘 적이 없었다. 어떤 상황에서도 중국은 (비록 약소국과 같은 처지였지만) 적극적으로 외교활동을 벌였다. '불평등조약'은 서방의 독점적 강요수단만은 아니었다. 중국인도 '야만인'과 교류하는 과정에서 (야만인에게) 일정한 거주 지역을 정해주고 우두머리하고만 협상하는 것이 가장 좋은 방법이란 깨달음을 얻었다. 통상항과 외국 영사관이 바로 그런 기능을 하는 곳이었다. 19세기 90년대 초에 중국은 상당히 안정적인 방식으로 국제관계의 등급질서 가운데서 자신의 (부수적이지만 극단적으로 낮지는 않은) 지위에 적응했다.

1894-95년의 청일전쟁*은 '중앙'제국의 군사적 열세를 단번에 폭로했다. 그전까지는 모든 사람이(일본인을 포함하여) 중국 군사력의 약점이 어느 정도인지를 알지 못했다.[45] 이 전쟁을 통해 전통적으로 종주국-속국 관계를 유지해오던 조선에 대한 영향력을 거의 완전히 상실했다. "중국을 중심으로 하는"전통적인 동아시아 국제질서의 잔존부분이 이 전쟁과 함께 사라졌다(최소한 일본 역사학자들이 전쟁과 각종 조약의 표면 아래에 존재하는 역사적 연속성을 알아내기 전까지는 그렇게 보였다). 이때부터 중국 중심의 전통적 동아시아 질서는 알지 못하는 사이에 점차 서방과 일본이 적대적 협력을 통해 주도하는 새로운 형세로 바뀌었다.

가장 중요한 것은 중국의 아시아 내부 무역에서 ―중국은 유럽이

---

* 중국 쪽에서는 그해의 간지를 따라 '갑오(甲午)전쟁'이라 부른다.

나 미국과의 교역보다 아시아 무역을 중시했다──'조공'과 '교역'을 겸한 혼합형식이 형성되었다는 점이다. 아시아인의 시각으로 볼 때 통상항은 서방 자본주의의 정체된 중국 경제에 대한 '침투'의 교두보가 아니라 다르지만 서로 양립할 수 있는 경제체제의 중계지였다.[46] 수백 년에 걸쳐 형성된 뿌리 깊은 '중화세계질서'(Chinese world order)의 사유방식은 이른바 '서방의 충격'으로 하룻밤 사이에 사라질 수는 없었다. 예를 들자면, 근대 초기에 외적이 침입했을 때 조선은 청나라와의 전통적인 틀 안에서 대응했다. 생사존망이 걸린 최후의 순간에도 조선의 실권파는 청나라 조정의 뜻을 거스르려 하지 않았다. 1905년 일본이 조선을 보호국으로 만들겠다고 선포하기 직전까지도──1895년부터 조선은 중국에 대한 조공을 중단했고, 현대 사조는 중국을 '문명세계의 변두리'에 있는 '야만국'으로 취급하기 시작했는데도──조선은 중국의 종주권 이외에 다른 대안을 상상할 수 없었다.[47]

러일전쟁은 "국제정세의 근본적 변화"를 불러왔고 그 영향이 유럽의 중심지역에까지 미쳤다.[48] 이 전쟁은 중화세계질서를 완벽하게 종결시켰다. 중화세계질서가 종결된 뒤 40여 년 동안 일본은 동아시아에서 자신이 주도하는 국제질서의 공간을 만들려 시도했다. 일본은 2차 대전 시기에 이런 구상에다 '대동아공영권'(大東亞共榮圈)이란 이름을 붙였다. 이러한 연속성을 고려할 때 1차 대전은 중요한 의미를 갖지 못한다. 동아시아 국제관계사에서 역사의 중요 분기점은 1905년과 1945년이었다.

3. 전쟁
평화로운 유럽, 전쟁에 찢긴 아시아와 아프리카

'강대국'은 어떻게 만들어지는가. 이 문제를 두고 동시대의 관찰자와 최근의 정치학자들이 많은 생각을 했다. 그들의 분석과 주장은 하나의 핵심 개념으로 귀결된다. 다른 강대국이 원칙적으로 대등하다고 인정하거나 (결투 용어로) '만족을 줄 수 있는 상대'라고 인정하는 나라가 강대국이다. 한 국가가 필요할 때 군사적 수단을 사용하여 자국의 이익을 지킬 준비가 되어 있거나 또는 이웃 국가가 보기에 그렇게 할 의지와 능력이 있다고 믿을 수 있는 국가가 강대국이다. 경제적 실력과 영토의 면적도 한 국가의 강대국 지위를 판정하는 중요한 기준이기는 하지만 19세기에는 전쟁이 국제관계의 등급을 나누는 기준이었다.

20세기 후반과 비교할 때 19세기에 강대국의 지위와 군사적 성취는 긴밀하게 연동되어 있었다. 오늘날의 일본처럼 경제적 거인이 사실상 군사적 비중을 갖지 못하는 경우는 1900년 무렵이라면 상상할 수 없는 일이었다. 미국은 내전이 끝나고 경제가 빠르게 발전할 때에 외교적 위신이 크게 올라갔지만 1898년 스페인과의 전쟁에서 승리하고 나서야 강대국의 자격을 인정받을 수 있었다. 1895년의 전쟁에서 중국을 이기자 일본은 동아시아의 지역적 강국으로서 존중받았지만 1905년 러시아를 꺾은 뒤에야 강대국의 대열에 합류할 수 있었다. 문화 분야에서 인정받고 있던 독일은 1871년에 들어와 갑자기 강대국으로서 주목을 받기 시작했다.

지금까지 열거한 사례와는 반대로, 군사적 재난을 통해 허약한 실력이 거듭 폭로된 표면상의 강대국이 있었다. 중국, 오스만제국, 스페인은 세계로부터 존경받던 강대국의 자격을 상실했다. 1866년 쾨니히그레츠(Königgrätz)전투의 참패를 겪은 후 오스트리아는 강대국의 위신을 회복하지 못했다. 러시아는 1856년과 1905년의 패전 때문에 심각한 내정 위기에 빠졌다. 1870-71에 프랑스의 국제적 지위와 자신감은 심각한 좌절을 겪었다. 세당(Sedan)전투의 악몽은 수십 년 동안 줄곧 프랑스의 대외정책에 그림자를 드리웠고 프랑스인의 마음속에 복수심의 씨앗을 뿌려놓았다. 심지어 영국까지도 제국주의 열강으로서 전성기를 벗어나 깊은 자기반성의 시기로 빠져들었다. 1815-1914년을 개괄해보면 오직 세 나라만이 중단 없이 정치적·군사적 강대국으로 성장했음을 알 수 있다. 프로이센/독일, 미국, 일본이 그 세 나라다.

세계를 선도하던 국가의 명단에 변화가 생긴 배후에는 조직된 폭력의 역사의 보편적 추세가 자리 잡고 있었다. 프랑스대혁명에서부터 1차 세계대전에 이르는 긴 시기의 역사가 이것을 가장 선명하게 보여준다.

조직과 무기기술

첫째, 19세기의 가장 보편적인 추세는 지식을 체계적으로 운용하여 군사적 효율 문제를 조직적·기술적으로 해결하는 것이었다. 전쟁은 밖으로 드러나는 전투 과정에 국한되지 않으며 치밀한 계획을 세워 유한한 자원을 이용할 수 있어야 한다. 유럽과 유럽 이외의 지역에서도 오래전부터 군대의 조직자와 전투 현장 지휘자는 이 사실을 잘 알고 있었다. 중국 고대의 위대한 군사전략가 손자(孫子, 기원전 5세기)가 지은 병법서는 20세기까지도 여전히 칭송을 받고 있다.

19세기에 나타난 새로운 요소는 지휘구조의 집중화·기민화·체계화였다.

프로이센이 다시 일어서서 강대국이 될 수 있었던 가장 중요한 비결은 여기에 있었다. 1806년의 참패로부터 프로이센은 빠르게 교훈을 얻었다. 1807-13년에 실시한 전면적인 군사개혁이 프로이센이 다시 일어설 수 있는 기반이 되었다. 프로이센은 지휘관과 병사 사이의 전통적인 지시-복종 관계를 보다 이성적인 수준으로 끌어올린 최초의 국가였다. 국왕이 프로이센 군대의 최고 사령관이 되었고 그 아래에 군사기술과 지식·전시 동원을 담당하는 모든 참모부서가 집중 배치되었다. 이들 부서는 훗날 전술계획과 평화시에도 지속적인 전쟁준비 상태를 책임지는 상설기구(즉, 총참모부)로 발전했다.

19세기의 가장 중요한 군사 방면의 창작품 가운데 하나인 총참모부는 식민전쟁 중에 출현한 나폴레옹 시대의 낭만적 영웅주의를 근본적으로 뛰어넘었다. 프로이센 군대의 장교는 더 이상 전사이자 동시에 지휘자로만 머물지 않고 그 시대의 최고의 종합적인 재능을 갖춘 직업군인이 되었다. 그들에게 전쟁은 군사과학 지식을 총동원한 예술이었다. 특히 19세기 60년대부터 프로이센 군대는 직업장교에게 완전히 새로운 직업적 특징을 부여했다. 장교는 각 계급에서 요구되는 지휘를 위해 진지하고 엄격하게 준비하고 있다가 전장에서 이성적인 결정을 내리는 능력을 보여주어야 했다.

군대는 긴밀한 소통을 실현해야 했다. 하급 지휘관은 마땅히 전체 작전계획을 이해하고 있어야 했고 응급상황에서도 지혜를 짜내어 유연하면서도 기민하게 대응할 줄 알아야 했다. 프로이센은 중요한 공업적 수단을 갖추기 전에 군대 조직구조의 합리적 개혁을 통해 군사적 잠재력을 크게 높였다. 귀족신분이라고 해서 자동적으로 장교가 될 수는 없었다. 장교의 진급제도 개혁은 모든 장교의 소질과 능력을 높이도록 요구했고 예외는 왕실 가족에게만 허용되었다. 그러나 때로는 왕실 가족이라 해도 보편적인 자격요건을 피해갈 수 없었다. 이렇게 하여, 특히 1864년, 1866년, 1870~71년에 거둔 일련의 승리 후 프로이센 군대는 전 세계에서 가장 본받을 만한 현대적 군대의 모범이 되었다.[49] 그중에서도 학습능력이 뛰어난 일본, 영국, 미국은 세기가 바뀔 무렵 각자의 필요에 따라 프로이센 모형을 도입하기 시작했다.

둘째, 세계의 모든 문명이 군사장비 분야에서 뛰어난 기술지식을 보여주었다. 군사사(軍事史)는 군사적인 '소프트파워'와 '하드파워'를 하나의 통합된 전체로 파악해왔다. 19세기의 중대한 혁신이 일어나기 전 나폴레옹 군대와 수보로프(Alexander Suvorov)의 군대가 전장에서 사용한 무기는 기본적으로 근대 초기의 무기기술을 적용한 것이었다. 나폴레옹 시대의 군대는 18세기와 일종의 연속성을 보여주었다.[50] 군사사의 관점에서 볼 때 이 시대는 진정한 의미의 '안장형' 시기라고 할 수 있다. 특히 프랑스 군대의 우월성은 상대와 비교했을 때 기술적인 우위가 아니라 전장에서 중포를 사용한 새로운 방식이었다. 총검이 여전히 중요한 역할을 하고 있었다는 것은 보통의 보병 화기는 유효거리가 짧았고 기후 적응력이 좋지 않았다는 사실을 설명해준다.

19세기 중반부터 중대한 무기기술의 혁신이 주목받기 시작했다. 19세기 50년대에 유럽의 모든 군대는 프랑스군 장교 클로드에티안 미니에(Claude-Étienne Minié)가 1848년에 발명한 소총을 사용하고 있었다. 이 소총은 구식 소총을 대체하여 보병의 표준화기가 되었다.[51] 무기기술이 개량되면서 보병화기의 정확도와 발사속도는 향상되고, 조작은 간편해지고 화약연기도 줄어들었다. 중포는 구경의 종류가 다양해지고 위력과 기동성은 높아졌으며 후방 반동도 줄어들었다.

강대국들의 해군 함대는 함포의 성능향상 효과를 누렸다. 전함은 대구경의 함포를 적재할 수 있게 되었는데 이것은 육상에서는 실현되지 못한 기술이었다. 강철 제조기술이 발전하면서 전함의 선체는 더 커졌지만 중량은 줄어들어 조종이 쉬워졌다. 19세기의 발전과정에서 과거에는 반(半)국영이었던 화기 제조업이 발전하여 종합적인 군비산업으로 자리 잡았다.[52] 군사적 타격능력과 전쟁의지 면에서 서로 경쟁하던 몇몇 민족국가에서 이와 같은 국면이 나타났다. 19세기 중반부터 각국이 갖춘 무기의 수적인 차이가 전쟁 과정에 결정적인 영향을 미쳤다. 군비경쟁은 이제 국제관계의 영속적인 표지가 되었다.[53]

셋째, 발달된 공업기술을 보유한 소수의 국가만이 첨단군사장비를 생산할 수 있다. 그래도 신무기, 특히 보병무기는 전 세계로 확산되었다. 공업적 잠재력이 직접 군사적 우위로 전환된 사례가 있다. 내전시기의 미국 남부 각 주는 전술적으로는 언제나 북부보다 우위에 있었으나 공업생산력으로는 북부와 비교될 수가 없었다. 한편에서는 세계 각지의 정부들이 첨단 무기를 사들이려 거금을 아까워 하지 않을 때 국제무기상이 그들의 욕구를 채워주었다. 독일의 크루프(Krupp), 영국의 암스트롱(Armstrong) 같은 회사들의 활동망은 전 세계에 퍼져 있었다. 근대 초기부터 유럽의 군비기술의 확산은 새로운 일이 아니었다. 포르투갈, 독일 그리고 기타 국가의 무기생산자들이 인도, 중국, 일본과 그 밖의 구매자에게 소총과 대포를 팔았다. 오스만제국은 유럽식 무기와 관련기술 도입을 계획적으로 추진했다.[54]

무기 확산의 추세는 19세기에도 계속되었다. 서방과 '기타 지역'의 군사기술상의 격차는 서서히 벌어졌다. 1842년 아편전쟁에서 패배한 뒤로 유럽인의 눈에 무능한 존재로 비치던 중국군대가 항구의 요새를 건설하는 능력을 갖고 있음을 증명해보였다. 그런 항구는 1854년 영국인과 프랑스인의 오랜 공격에도 함락되지 않았다. 프랑스가 1885년에 탄환 장전의 속도가 획기적으로 빨라진 최초의 탄창 착탈식 레벨(Lebel) 소총을 내놓았다(독일도 같은 해에 모제르Mauser 소총을 내놓았다). 이탈리아 국왕 움베르토(Umberto)가 '아프리카의 원숭이'라고 멸시하던 에티오피아 황제 메네릭 2세는 19세기 90년대 초에 이미 10만 자루의 레벨 소총과 200만 발의 탄약을 사들였다. 오랫동안 측근 고문으로서 일해왔던 스위스의 기술자 알프레드 일크(Alfred Ilg)의 도움을 받아 메네릭은 자신의 병기공장을 건설했다. 이탈리아가 동아프리카에서 식민지를 건설하겠다는 야망을 행동으로 옮기려 하자 메네릭은 1896년 3월 1일 아두아(Adua 또는 Adwa) 전투에서 이탈리아에게 고통스러운 일격을 안겨주었다. 메네릭의 포병 부대가 하루 사이에 소멸시킨 이탈리아 병사의 수는 1859-61년의 이탈리아 통일전쟁 기간 동안에 목숨을 잃은 이탈리아 병사의 수보다 많았다.[55]

1900년에 모제르 소총과 기관총으로 무장한 잘 훈련된 보어인 보병은 영국 군대에 막대한 손실을 입혔다. 1877-78년의 러시아-터키 전쟁에서 오스만인의 군사기술은 결코 러시아보다 낮지 않았다. 오스만 군대의 참호구축 기술은 매우 뛰어났다.[56] 1904-1905년에 만주에서 발생한 러일전쟁은 최신의 무기를 갖추고 유럽식으로 훈련된 '다윗' 일본이 '골리앗' 러시아를 희생양으로 삼은 전쟁이었다. 당시 일본은 러시아보다 더 '서방화되고 문명화된' 국가였고 국제여론 또한 그렇게 평가하고 있었다. 러일전쟁은 단순히 '유럽'과 '아시아'의 충돌로만 보아서는 안 된다.[57] 일본과 비교할 때 서방세계 대중의 우상이었던 중국은 군비현대화를 소홀히 했던 탓에 1894-95년에 톡톡히 대가를 치렀다.

중국의 대형 전함에 탑재되어 있던 크루프 함포는 포탄이 준비되어 있지 않았고 병사들이 들고 있던 암스트롱 소총에는 탄환이 없었다. 중국은 군대의 의료보건 체계를 전혀 중시하지 않았지만 이 부분에서 일본은 모범이었다. 중국 장교의 능력은 일반적으로 낮았고,

군대는 통일된 지휘체계를 갖추지 못했고, 병사의 처우는 열악했으므로 사기라고 할만한 게 없었다.[58] 중국의 정치 지도자들은 일찍이 19세기 60년대부터 군대의 개혁과 현대화의 필요성을 인식하고 있었고 심지어 자신의 군비제조업을 건설하기 시작했다. 그런데 문제의 핵심은 신식무기의 보유 못지않게 신식무기의 조작능력이었다.

식민전쟁, 유격투쟁

넷째, 유럽인의 세계정복이 정점에 이르렀을 때에도 제국주의는 무장하지 않았고 저항할 줄도 모르는 '야만인'에 대한 유럽인의 약탈과 학살을 의미하지는 않았다. 정확하게 말하자면 제국주의는 (근대 초기에 그랬던 것처럼) 현지에서 군사적 우위를 확보하고 이 우위를 잘 활용하는 것을 의미했다. 그러나 전체적으로 말해 비교적 오랜 역사시기 동안 일본과 에티오피아를 상대로 한 전쟁을 제외하면 유럽인이 세계 각지에서 줄곧 군사적인 승리를 거두었다. 19세기 식민전쟁─북아메리카의 인디언을 포함하여 세계 도처의 원주민을 상대로 펼친 전쟁─은 비유럽인의 머리 위에 재난의 비를 내렸다. 식민전쟁은 많은 유럽의 병사들에게도 재난이었다. 병사들은 열악한 기후조건 속에서 다수가 목숨을 잃었다. 운 나쁘게 캐나다, 오스트레일리아, 희망봉으로 파견되지 못한 병사들을 기다리는 것은 열대의 질병, 조악한 급식, 기나긴 복무기간, 아득히 먼 귀향길이었다.

'식민전쟁'이란 전쟁의 유형은 경계를 정하기가 어렵다.[59] 그 시대의 전쟁을 기록한 문헌을 보면 식민전쟁과 기타의 폭력형식(예컨대 경찰행동) 사이에는 명확한 경계가 없었다. 1차 대전 이후로 경찰기관이 확대되면서 경계는 더욱 모호해졌다. 겉으로는 식민전쟁의 목적은 '이국'영토의 점령인 것처럼 보인다. 그러나 나폴레옹전쟁이나 독일이 알자스와 로렌 지역을 손에 넣게 된 프로이센-프랑스전쟁

도 그런 전쟁이 아니었던가. 결과만 놓고 본다면 어떤 식민전쟁은 새
로운 점령지역을 세계경제와 접합시켰지만 이것이 정복행동의 주도
적인 동기였던 경우는 거의 없었다.

군사적 폭력행동의 목적은 결코 거침없는 판매시장 개척이 아
니었다. 고객을 죽여 없애버리는 방식으로는 고객을 만들 수 없다.
1914년 이전에는 공업원료를 쟁탈하기 위한 전쟁은 드물었다. 그
런 전쟁이 있었다고 하더라도 대부분이 앞에서 언급한 칠레 대 페
루·볼리비아의 '초석전쟁'(1879-83년)처럼 주권 민족국가 사이의
전쟁이었다.

(경제적인 면에서 보자면 별로 중요하지 않은) 면적이 광대한 지역
을 차지하기 위해서, 또는 면적이 광대한 지역 —아프가니스탄과 수
단—에서 발생한 전쟁도 있었다. 따라서 여기에 유럽 국제체제 밖
에서 발생한 '체제외' 식민전쟁이란 또 하나의 기준이 추가되어야
한다. '체제외' 전쟁이기 때문에 식민전쟁은 '세력균형'을 고려할 필
요가 없었고 당시에 이미 존재하던 많지 않은 국제적 인도주의 법규
를 지킬 필요도 없었거나 거의 지키지 않았다. 다시 말해 식민전쟁
은 "포로를 남기지 않았고" 포로를 남겼다 해도 그들을 기다리는 것
은 좋지 않은 결과 뿐이었다. 근대 초기(또는 그보다 더 이른 시기)의
'야만적인 전쟁'(guerres sauvages)이 그런 상황이었다. 예를 들자면,
18세기 북아메리카 인디언전쟁에서 전투원과 비전투원은 일률적으
로 살해되었다. 19세기에 들어와 종족 구분의 방식이 다양해지면서
식민전쟁도 열등한 종족을 상대로 유럽인이 반드시 이겨야 하는 전
쟁으로 더 쉽게 이념화되었다. 유럽인은 (자신이 멸시하는 '야만인'보
다) 더 잔혹하고 폭력적인 방식으로 언제든지 이런 전쟁을 수행할 준
비를 갖추고 있어야 했다.[60)]

승리의 희망이 사라졌을 때 심리적인 상처는 더 심각해졌다. 예를
들자면 1879년 줄루랜드(Zululand)의 이산들와나(Isandlwana)전투에

서 전사한 영국군 장교의 숫자는 워털루전투에서 희생된 영국군 장교의 숫자보다 많았고, 1890년 커스터(George Armstrong Custer) 장군의 기병대는 리틀빅혼 전투에서 수족에게 몰살당했다. 1896년 이탈리아군은 아드와(Adwa)에서 이티오피아 군대의 기총소사를 만나 반수 이상의 장교와 사병이 목숨을 잃었다. 상대가 백인이었을 때는 식민전쟁의 목적은 정복이 아니라 어떤 지역의 이탈을 막거나 이미 이탈한 지역을 탈환하는 것이었으며 인종주의적 이념은 적용되지 않았다. 보어전쟁과 그 직전 쿠바에서 발생한 사건은 모두 이런 유형에 속한다. 쿠바에서는 크레올(쿠바에서 출생한 스페인 후예)이 혁명적인 자치운동을 시작했는데, 그들의 목적은 스페인제국의 자치령과 같은 지위를 확보하는 것이었다. 영국제국과는 달리 스페인 헌법에는 이런 상황을 수용할 수 있는 근거가 없었다. 마드리드의 태도는 완강했고 결국 1895년에 대규모 전쟁이 폭발했다. 전쟁의 고조기인 1897년에 스페인이 규모로는 보잘 것없는 반란군을 진압하기 위해 파견한 병력은 20만 명을 넘었고, 이것은 스페인정부의 재정에도 치명적인 부담이었다.

남아프리카와 쿠바에서 발생한 전쟁은 여러 가지 유사한 점이 있었다. 두 전쟁에서 식민자가 적 — 대부분 백인이었다 — 에게 보여준 잔혹함은 두 전쟁이 모두 식민주의 전쟁이었음을 증명했다. 악명 높은 쿠바 총독 발레리아노 웨일러(Valeriano Weyler y Nicolau)는 1864년 조지아주에서 초토화정책을 실행한 셔먼(William Tecumseh Sherman) 장군의 숭배자이자 필리핀 유격대를 처음으로 진압했던 필리핀 총독을 지낸 인물이었다. 그의 구상에 따라 1896-97년 스페인 군대는 복종하지 않는 쿠바 주민(모든 종족)을 수용소(campos de concentración)에 '집중'시키고 그들에게 기본적인 생필품조차 지급하지 않았다. 10여만 명이 영양실조와 질병으로 목숨을 잃었다.[61]

호레이쇼 키치너(Horatio Kitchener)와 알프레드 밀너(Alfred

Milner)의 명령을 받은 영국군은 남아프리카 적수의 사기를 꺾으려고 11만 6,000명의 보어인과 소수의 흑인 동조자를 유사한 수용소에 가두었다(영국군은 전쟁포로와 인질을 총살했다).[62] 이때 윈스턴 처칠(Winston Spencer Churchill)이라는 젊은 기자가 남아프리카 여행을 마치고 귀국했다. 그는 미국인에게 필리핀에서와 같은 수단을 채택하라고 건의했다. 얼마 후 미국인은 그의 말대로 실행했다(물론 처칠의 말만 들은 것은 아니었지만).[63]

독일도 1904년 이후로 헤레로인(Herero)과 나마인(Nama)과의 전쟁 과정에서 수용소를 설치했다. 수용소 설치는 이전에는 생각지 못한 구상이었지만 이런 행위방식의 본질적인 야만성과 잔인함은 새로운 것이 아니었다.

1879년의 줄루전쟁이 한 사례였다. 전쟁개시 결정은 런던에서 나온 것이 아니라 '현장책임자'인 영국의 남아프리카 주재 고등판무관 바틀 프레르(Bartle Frere)가 줄루랜드를 '독재자' 케치와요(Ketchwayo)로부터 해방시키고 줄루족의 무장을 해제하여 영국 총독에게 순종적인 추장들을 통해 줄루족을 (인도 통치방식을 따라) 간접통치하려는 목적에서 내린 결정이었다.[64] 1879년의 영국인과 줄루족의 전쟁 과정에서 쌍방의 승부 기회는 균등했다. 그런데 이 전쟁은 전사들끼리의 공평한 대결이 아니었다. 패배가 눈앞에 다가오자 영국군은 전쟁포로들을 학살하고, 마을을 불태우며, 줄루인의 생계의 터전인 가축을 몰수했다.[65]

'종족'이란 요인 하나만으로는 식민전쟁의 잔혹함을 설명할 수 없다. 1812-13년의 발칸전쟁 과정에서 백인들 사이에서 발생한 사건의 잔혹한 정도는 같은 시기의 식민전쟁에 뒤지지 않았다. 전쟁포로는 전혀 보호받지 못했고 종족의 동질화를 위해 체계적인 테러가 자행되었다. 세기가 바뀔 무렵 쿠바, 남아프리카, 아체(Aceh), 필리핀에서 전쟁이 일어났고 그 직전에는 알제리, 줄루랜드, 카프카스에서 전쟁이 일어났다. 이런 전쟁은 모두 소규모 전쟁이 아니었다. 그럼에도 모든 식민전쟁은 본질적으로 토벌전쟁에 불과하다는 인식이 여전히 널리 퍼져 있었다. 1869-1902년 사이 영국 한 나라만 40차례의 식민전쟁과 토벌전쟁을 일으켰고 그중 대다수가 증거도 없이 일으킨 침략전쟁이었으며 소수만 유럽인 인질을 구하기 위한 행동이었다(1868년 에티오피아).[66] 특히 아프리카에서 식민침략자들은 현저한 기술적 우위를 보였다. 1898년 9월 2일, 옴두르만(Omdurman) 전투 중에 키치너가 지휘한 영국·이집트 연합군은 49명의 전사자와 382명의 부상자를 냈지만 맞서 싸운 마흐디 군대는 8문의 크루프 대포와 기관총 여러 자루를 보유하고 있었음에도 이를 제대로 조작할 줄 몰라 결국 1만 1,000-1만 6,000명의 전사자를 냈다. 쌍방의 기술 격차가 이런 결과를 낳았다. 영국군은 수단군 사상자를 버려둔 채 전장을 떠났다.[67]

최신 기술이 언제나 승리를 보장하는 여의주는 아니었다. 프랑스가 서아프리카 대부분 지역을 정복하는 과정에서 결정적인 작용을 한 것은 기병대의 빠른 기습과 총검이었다. 흔히 언급되는 것처럼 영국이 아프리카를 침략할 때나 1904년에 티베트에 침입할 때('영허스밴드원정대') 중요한 작용을 했던 기관총은 여기서는 거의 사용되지 않았다.[68] 증기선 운수, 철도, 전보통신, 열대병 의료기술 같은 원거리 후방보급 체계의 확보가 식민전쟁을 원활하게 수행할 수 있는 중요한 조건이었다. 어떤 철도는 군용 수송만을 목적으로 건설되었다(수단 또는 인도 서북부 변방지역의 철도). 유럽인과 미국인이 대부분의 식민전쟁에서 갖추었던 우위는 크게 나누어 두 가지였다. 하나는 상대적으로 원활한 후방보급이었고, 다른 하나는 인도의 용병(sepoy) 모형을 따라 모집한 현지인으로 구성된 예비부대였다.

다섯째, 많은 경우에 약세인 쪽의 무기는 유격전이었다. 이 분야에서 유럽과 기타 지역의 차이는 크지 않았다. 1592년, 조선은 유격전으로 도요토미 히데요시(豊臣秀吉) 군대를 반격했다.[69] 유격전에 의존해서 사회질서를 안정시킬 수 있었던 경우는 거의 없었고 폭력의 나선형은 스스로 멈춘 경우가 거의 없었다. 1808-13년의 스페인 유격전 과정에서 ─ 이 전투는 비정규 세력과 정규군이 전투를 벌인 원형이었다 ─ 전설에서는 선량한 평민을 보호했다고 알려진 유격대가 완전히 산적무리로 바뀌었다.[70]

정규군은 유격대와 함께 작전하기를 좋아하지 않았다. 직업군인은 공동의 목표를 갖고 있더라도 ─ 스페인 유격대와 영국군의 관계처럼 ─ 강도집단(산적이든 해적이든)을 신뢰하지 않았다. 민중의 입장에서 정규군과 유격대의 구분은 분명하지 않았다. 어떤 군대든 폭력을 통해 약탈하기는 마찬가지였다. 그러나 유격대와 에릭 홉스봄이 '사회적 반란자'라고 명명한 집단을 구분하기는 쉽지 않다.[71] 로빈 후드 유형의 사회적 반란자에 대한 정의는 그들의 목표와 지지자에 의해 결정된다. '소규모 매복전', 신출귀몰한 기습이 이들의 행동 방식의 특징 가운데 하나다.

거의 모든 사회적 반란자가 이런 방식을 채용하지만 모든 유격대원이 사회적 반란자는 아니다. 1851-68년 중국의 북방 여러 성에서 청 조정의 통제를 벗어난 염군(捻軍)의 난은 두 가지 특징을 다 갖추고 있었다. 염군 가운데서 긴 창을 든 보병과 춤추듯 칼을 휘두르는 기병은 19세기의 가장 뛰어난 유격대였다. 1864년 태평천국운동이 종결되었을 때 청 조정은 다시 전심전력을 다해 태평군과 거의 관련이 없었던 염군을 토벌했다. 청군은 도랑을 파서 염군 기병의 공세를 막으려 했다(1895-98년에 스페인도 쿠바에서 대규모로 같은 전술을 사용했다). 이와 함께 청군은 염군을 지지하는 농민에 대한 대우를 높여 그들의 지지를 확보하려 했다.

유럽인이 아프리카에서 벌인 몇몇 전쟁에서 그랬던 것처럼 최종적으로 결정적인 작용을 한 것은 기술격차였다. 청 조정은 결국 이홍장

(李鴻章)에게 염군 소탕에 관한 일체의 권한을 부여했고 이것이 그가 중국의 중요한 정치가로 성장할 수 있었던 기반이 되었다. 그는 북방의 수로에서 서방에서 도입한 포함을 사용했고, 두터운 보수를 지급하여 정부군보다 전투력과 충성심이 뛰어난 부대를 양성했다.[72] 그로부터 몇 년 뒤 유럽의 역사무대에 등장한 유격대는 사회적 반란자가 아니라 국가를 지키기 위해 일어선 (프랑스-프로이센전쟁 중의) '자유의 사수'(射手, franc-tireur)였다. 이들은 군사적으로는 중요한 작용을 하지 못했다.[73]

여섯째, 1793년의 프랑스대혁명은 애국주의의 열정을 자극하여 모든 시민(남성)을 군인으로 징집하는 국민개병제(國民皆兵, levée en masse)를 발명했다. 여기서부터 '전면전'의 개념이 탄생했다는 주장은 틀린 것은 아니나 과장된 면이 있다.[74] 군사적 총동원은 새로운 민족주의가 쏟아내는 에너지를 사회변화를 추동하는 동력으로 전환시키려는 제도였다. 대혁명 이전에는 이런 추동력은 대규모 사회운동이나 종교운동에서 나왔다. '국민개병' 또는 더 정확히 말해 '국민개병의 신화'는 여러 방향으로 해석될 수 있다. 그것은 자발적이며 열광적인 지원 의사의 표현방식일 수도 있고, 모든 남성 시민이 이행해야 할 의무로 해석될 수도 있고, 군인이 아닌 사람을 포함해 모든 사람이 일률적으로 전쟁수행을 위해 징발된 상태로 해석할 수도 있다.

19세기에 1815년 이후로 '국민개병'의 시기가 출현한 적이 있다고 한다면 그것은 당연히 1870-71년 프로이센-프랑스전쟁 기간 중의 짧은 시기라고 해야 할 것이다(이후로 프랑스는 전국민징병제를 실시했다). 그 후 프랑스의 '자유의 사수'가 없는 곳이 없다는 신화는 독일군대 안에까지 퍼져서 신비감을 더해갔고, 마침내 1914년에는 독일군이 예방조처를 한다는 핑계로 벨기에와 프랑스 북부 지역의 민중을 상대로 잔혹한 폭력을 행사하는 사태가 벌어졌다.

진정한 의미의 국민개병제는 미국의 내전과 중국의 태평천국운동 시기와 같은 내전시기에 시행되었다. 태평천국운동 과정에서 지도 자 홍수전(洪秀全)은─그는 1850년에 신의 계시를 받았다고 주장 했다─몇 년도 채 안 되는 짧은 기간 안에 무기를 휴대한 대규모의 추종집단을 모았다. 유럽의 통치자들은 일찍부터 대규모 군사적 동 원이 위험한 열기를 불러올 수 있다는 사실을 간파하고 군사적 동원 은 통제가 가능한 제도적 통로를 통해 시행했다. 나폴레옹도 민중의 애국주의 열정에 의존하지 않으려고 상당히 신중한 자세를 취했다. 나폴레옹의 군대가 유럽 천지를 휩쓸 수 있었던 동력은 애국주의 열 정이 아니었다. 용감무쌍하게 싸운 핵심 병력은 수많은 전투를 경험 한 노병들, 정확하게 말하자면 특수한 유형의 직업적 폭력집단이었 지 군복 입은 시민이 아니었다.

전쟁이 확대되면서 더 많은 인력이 필요했다. 거대한 징집기관이 나폴레옹제국 전체를 장악했다. 프랑스의 속국도 예외는 아니어서 황제의 신민이라면 민족에 관계없이 청년을 강제로 프랑스의 전쟁 기관에 실어날라야 하는 일에 깊은 반감을 품었다. 장정을 징발하는 기구는 1811년에 가장 풍성한 인력을 수확했다. 그 무렵 나폴레옹은 러시아를 침공할 계획을 세우고 있었고 징집된 자는 모두 총알받이 로 충당되었다.[75]

혁명시대의 전쟁은 민중을 대량으로 동원하는 수법에 관한 풍부한 경험을 들려주고 있다. 군사이론가 카를 폰 클라우제비츠(Carl von Clausewitz)의 저작에는 이 시기에 습득하고 연구한 새로운 군사지식 이 신중하게 표현되어 있다. 그러나 모든 정치와 사회제도에 예비부 대, 민병대, 유격대, 기타 여러 형태의 비정규 병력은 잠재적인 위협 이었다. 따라서 각국의 정부는 엄격한 예방조치를 취했다.

'전면전'이란 표현은 '인민전쟁'에 적용되는 것이 아니라 폭력의 국가독점 틀 안에서 인민전쟁을 수행하기 위해 설치된 관료조직에 적용되는 말이다. 19세기 60년대 이후에 기술선진국에서 새로운 통신기술이 출현하자 선전, 협조, 생산자원을 계획적으로 이용하는 길이 열림으로써 장기간 전면전을 유지할 수 있는 가능성이 열렸다.[76) 역사상 첫 번째의 전면전은 미국내전이라 할 수 있고, 또한 이 전쟁은 19세기의 유일한 전면전이라 할 수 있다. 19세기는 전면전 요소가 형성된 시기였으며, 1914년 이전에는 전면전의 영향이 아직 뚜렷하게 나타나지 않았다.

　일곱째, 이 때문에 19세기의 전쟁이 다른 시기의 전쟁만큼 참혹하지 않았다고 오해해서는 안 된다. 사상자의 숫자, 특히 민간인 사상자의 숫자를 근거로 하여 일반적인 결론을 내려서는 안 된다. 그러나 한 가지는 분명하다. 나폴레옹 군대의 규모는 근대 초기의 어떤 군대보다도 컸다. 19세기에 나폴레옹전쟁의 규모에 다다른 대형 전쟁은 많지 않았다. 1812년, 나폴레옹은 61만 1,000명의 대군을 이끌고 러시아 정벌에 나섰다. 차르 알렉산더 1세는 45만 명의 군대를 출동시켜 대응했다. 1853년 3월, 태평천국은 75만의 대군을 난징성 아래 집결시켰다. 1866년 쾨니히그레츠에서는 교전 쌍방이 각기 25만의 병력을 투입했다. 1870년 7월 16일 프랑스가 프로이센을 향해 전쟁을 선포하고 나서 2주 뒤에 몰트케는 31만 명의 완전무장한 병력을 프랑스 국경에 배치했고 별도로 100만 명의 예비부대는 후방에서 출동명령을 기다리고 있었다. 1899년 1월, 영국도 남아프리카를 항해 32만의 병력을 파견했다. 1904년과 1905년 사이의 겨울에 만주 남부지역(여순)에서 일본이 37만 5,000명의 병력으로 러시아와 맞붙었다.[77) 이런 사례들에서 보듯 1차 세계대전 전에 나폴레옹전쟁의 규모를 뛰어넘는 전쟁은 없었다.

　1914년 가을이 되어서야 더 큰 규모의 전투가 출현했다. 1861년 7월 1-3일, 게티즈버그(Gettyburg, 펜실베이니아주) 부근에서 미국내전 중 최대 규모의 전투가 벌어졌다. 이 전투의 사상자 수는 5만

1,000명이었다(1962-75년의 베트남전쟁에서 미군의 사상자 수와 완전히 같다). 1815-1900년 사이에 유럽 내부에서 벌어진 가장 피비린내 나는 전쟁인 1870-1871년 프로이센-프랑스전쟁에서 사상자 수는 5만 7,000명이었다. 1853-56년 크리미아전쟁의 사상자 수는 약 5만 3,000명이었다. 1904년 8월부터 1905년 1월 사이에 만주 남단의 러시아 요새 여순(旅順)항을 뺏기 위한 전투에서 10만 명 가까운 전사자가 나왔다.[78] 당시에 이런 규모의 전쟁은 상상을 할 수 없었다. 그로부터 몇 년 뒤 플랑드르(Flandre)에서 벌어진 전투의 사상자 수는 이 숫자를 크게 초과했다. 그러나 1815-1913년에 있었던 전쟁 가운데서 1차 세계대전의 발생을 예고한 전쟁이 있었다고 한다면 그것은 러일전쟁이라고 해야 할 것이다.[79]

전쟁의 공포는 계량화 할 수도 없고 그 발전사를 간명하게 표현할 수도 없다. 프랑스-러시아의 아일라우(Eylau) 전투(1807년 2월)의 장열함과 1808년 이후 스페인 유격전 진압의 비장함—고야(Goya)가 무거운 붓끝으로 묘사해낸 그림처럼—에서부터, 무수한 식민전쟁 중의 학살과 1904-1905년 펑톈(奉天)과 뤼순(旅順)을 정확히 조준하여 쏟아진 포격과 기총소사—이때에 이미 베르됭은 예고되었다—에 이르기까지, 전쟁의 공포와 폭력은 셀 수 없이 많다.

19세기의 충격적인 모습 가운데 하나는 전쟁의 살상 규모가 증가할 때 의료기술이 그것을 따라잡지 못했다는 것이다. 주사기의 발명으로 비교적 대용량의 아편을 진통제로 사용하는 것이 가능해졌다. 이것은 중요한 발전이었다. 앙리 뒤낭(Henri Dunant)이라는 제네바의 젊은 상인이 1859년 6월 24일에 가르다(Garda) 호수 남쪽의 솔페리노(Solferino)를 지나다가 우연히 전쟁의 참상을 목격하고 충격을 받았다. 그는 후에 국제적십자사를 만들자는 제안을 내놓았다.[80] 1871년 이후로 "부상병으로 가득 찬 부대"가 나타나지 않은 이유는 부상자가 적어서가 아니라 부상자가 살아남을 확률이 매우 낮았기

때문이었다.[81)

전쟁의 참상을 묘사한 문학작품들 ─예컨대 에르크망-샤트리앙(Erckman-Chatrian)의 『1813년 신병 이야기』(*Histoire d'un conscrit de 1813*, 1864년 발표작), 톨스토이의 작품, 스티븐 크레인(Stephen Crane)이 미국내전을 그린 소설 『붉은색 영웅훈장』(*The Red Badge of Courage*, 1895년 발표작) 등 ─에도 불구하고 유럽에서 1815-1914년의 백 년은 국가 간의 폭력이 비교적 적었던, 근대 초기와 20세기 사이의 평화로운 막간 휴지기였다. 많지 않은 몇 차례 전쟁은 지구전도 아니었고 '전면전'도 아니었다. 그 이전이나 그 후에 유럽에서 일어난 전쟁과 비교할 때 19세기의 유럽 전쟁은 전투원과 민간인이 엄격하게 구분되었다. 이것은 "아직까지도 제대로 평가받지 못하고 있는 19세기 문명의 위대한 업적이다"(디터 랑게비셰Dieter Langewiesche)[82)

해양 강대국과 해전

여덟째, 해전에서 요구되는 기기와 그것을 조작할 수 있는 능력은 보병의 기술과 휴대 무기와는 달리 확산과 전파가 쉽지 않다. 이 시기에 두 가지 기술혁신이 동시에 일어났다. 우선 주목할 것은 증기선이 서서히 풍력구동 선박을 대체한 점이다. 1848년, 영국 해군의 마지막 대형 범선전함이 진수했다. 1860년대까지도 환아프리카 해역과 태평양에서 활동하는 영국 해군의 기함은 여전히 범선이었다. 다음으로, 1858년 이후 아주 짧은 시간 안에 선체의 금속화, 즉 '장갑(裝甲)혁명'이 이루어졌고 뒤이어 회전식 포탑(砲塔)이 장착되었다. 이것은 무거운 목재 전함의 한계를 뛰어넘는 중대한 진전이었다.

1866년, 아드리아해의 리사(Lissa)해전에서 오스트리아와 이탈리아의 장갑함이 서로 들이받는 일이 벌어졌다(18세기 중반 이후로는 잘 사용되지 않던 해전 방식이었다). 이것은 신기술을 희극적으로 오독한 사례였다. 이제 넬슨 시대의 웅장한 대형 목선은 거의 모습을 감추었다. 신사장교가 사라지고 그 자리를 군사전문가가 채웠다. 선원은 더 이상 해군징병대(press gangs)에 납치되어 '아홉꼬리 고양이'*로 맞아가며 복무하는 병사가 아니었다.[83]

1870년 이전에는 비서방국가 가운데서 오직 오스만제국과 일본만 신식함선을 보유하고 있었다. 1866년, 중국은 해외로부터 함선을 사들이기 시작하는 한편 국영 조선소를 세워 현대적인 함대를 보유하려 시도했다. 1891년까지 중국은 95척의 현대화된 함선을 취역시켰고 많은 해군장교가 외국 교관으로부터 훈련받았다.[84] 이렇게 하여 중국은 지역의 강자로서 권리를 주장할 수 있게 되었다. 서방의 관찰자들은 함대 건설에 역점을 둔 중국의 군사 현대화로부터 깊은 인상을 받았다.[85] 그러나 중국 해군함대는 온갖 유형의 함선을 끌어 모아 구성된 데다 4개의 독립함대로 나뉘어서 연해지역 성의 총독 관할 아래 예속되었다. 함대를 움직여야 할 필요가 있을 때는 관할 성의 경계를 뛰어넘는 지휘 협조체계가 없는 상태에서 함대가 출동했다.[86] 1896년 중국 함대는 일본에 패했고 그 뒤로 반세기 동안 중국은 해군을 갖지 못했다.

이와 함께 우리는 하나의 놀라운 현상에 주목해야 한다. 일찍부터 지중해 항해문화에 통합된 오스만제국과는 달리 중국은 해상패권을 장악한 전통이 없었다. 15세기 초 정화(鄭和)의 널리 알려진 항해는 19세기의 발전을 위해서는 아무런 표본이 되지 못했다. 따라서 아무런 준비 없이 아편전쟁에서 패한 중국은 완전히 새로운 해양 국방계획을 세우지 않을 수 없었다('불평등조약'도 중국의 행동을 저지할 수 없었다). 중국은 필요한 무기와 관련 지식을 획득했다. 이것은 거대

* 아홉꼬리 고양이(Cat o'nine tails)는 체벌 도구의 일종으로 아홉 가닥의 가지가 뻗어 있는 채찍이었다.

한 도전이었고 중국은 성공하기 직전에 좌절했다.

일본의 상황은 중국과 유사하면서도 달랐다. 일본은 1592년 조선 침입에 실패했다. 이때의 침입은 해상전투에서 패배한 것이 아니라 (1588년 스페인 무적함대처럼) 치열한 육상전투에서 패배했다. 그 후 일본은 해군건설에 관심을 기울이지 않았다. 아편전쟁 이후로 적지 않은 서방 선박이 일본 주위의 해역에 출몰했지만 일본이 위협을 느낄 정도는 아니었다.

1853년 7월 2일 미국 해군준장 페리가 지휘하는 4척의 무장 증기선이 태평양을 건너 도쿄만에 진입했다. 페리함대의 선체는 일본이 출동시킬 수 있었거나 본 적이 있는 어떤 선박보다도 6-7배나 컸다.[87] 원대한 안목을 갖추었던 중국의 일부 총독들처럼 일본 정치 엘리트 계층의 지도적 인물들은 메이지유신 이전에 이미 강대한 해군을 건설해야 할 필요성을 인식하고 있었다. 1868년 이후로, 특히 1880년대 중반부터 해군 건설계획은 국가의 첫 번째 중요 목표가 되었고 여기에 더하여 군비확장 경쟁의 자극도 받아 일본은 해군 증강에 힘을 쏟았다. 해군 확장──늘 언급되는 공업화만이 아니라──은 일본이 강국으로 변신하는 데 성공한 비결이었다.

해군함대와 함께 (국가재정이 투입되고 민간이 경영하는) 상선함대도 동시에 건설되었다. 1910년 이후 일본 해군은 이미 영국과 독일 다음가는 세계 3대 해군이 되어 있었다.[88] 1895년 중국이 일본에 지불한 거액의 전쟁배상금은(배상금을 차관해준 서방 채권국은 그 가운데서 단단히 한몫을 챙겼다) 1871년 프랑스가 독일에 지불한 전쟁배상금처럼 일본 해군을 확충하는 데 크게 기여했다.[89] 1860년 무렵 일본은 매우 짧은 시간 안에 해상 강국이 되었다. 1905년 5월 27-28일에 쓰시마섬 인근에서 일본은 1805년 트라팔가 해전 이후로 세계사에서 가장 규모가 큰 해전을 벌여 승리했다. 일본 해군은 최상급의 전함을 사용했고, 수병은 잘 훈련되어 있었으며, 게다가 운도 나쁘지

않았다. 세계 2위의 해군 강국 러시아의 참패는 '전군궤멸' 수준이었다.[90]

장갑전함 함대를 동원하고 해안을 봉쇄하여 궤멸적인 승리를 거두던 시대는 놀라울만큼 짧았다. 그 시대는 19세기 60년대에 시작하여 2차 대전 중에 끝났다. 그 뒤로는 항공모함과 (핵)잠수함이 해전에서 주력 장비가 되었다. 전함시대에 유럽 열강은 끊임없이 해군을 확충하고 해전을 준비해왔지만 그들 사이에 결정적인 해상 대결은 일어나지 않았다. 1차 세계대전 중에 한 차례 해전이 발생했지만(1916년 5월 31일-6월 1일의 스카게라크Skagerrak 해전) 결정적인 영향을 미치는 해전은 아니었다. 2차 세계대전 기간에 대서양에서는 근본적으로 전통적인 해전은 일어나지 않았다. 1942년 10월, 독일은 수면 함정을 공해로부터 철수시켰다.

역사상 마지막 해전은 태평양에서 일어났다. 1944년 10월, 레이테(Leyte)만에서 미군과 일본군이 대규모 해전을 벌였다. 그러나 앞서 1942년 6월에 항공모함만으로 대결한 미드웨이(Midway) 해전에서 드러났듯이 함대끼리 맞붙는 넬슨시대는 이미 역사 속으로 사라졌다. 살라미스(Salamis) 해전 이후로 해상전투는 유럽의 특색이 되었으나 세기가 교차하는 시기에 일어선 유럽 밖의 두 강국의 해상 충돌을 통해 그 시대는 막을 내렸다. 이것은 역사가 보내는 풍자였다. 해군의 전통이 없던 일본이 공업생산력이 상대적으로 제한적인 조건 하에서 해군의 기술과 전략을 습득하고 20세기 상반기에 미국 다음 가는 2대 해군강국으로 부상하여 그 지위를 1942년까지는 지켜냈다.

4. 외교
정치적 도구, 문화의 경계를 넘는 예술

이상·체계·규범

19세기 유럽의 국제관계는 두 개의 대립되는 이론이 지배하고 있었다. 하나는 일정한 규칙과 질서하의 세계평화란 관념에 뿌리를 둔 좀더 오랜 이론이었고, 다른 하나는 국가의 이기적 이성의 원칙에 뿌리를 둔 이론이었다. 우리가 앞에서 보았듯이 1814-15년의 빈체제는 이 두 가지 논리를 교묘하게 결합하여, 국제체제 안에서 상호 합의된 충돌 억제절차를 통해 개별 국가의 안전을 보장하는 방식을 추구했다. 19세기 중반에 권력정치사상이 다시 힘을 얻으면서 두 번째 사조가 새롭게 주목을 받았다.

자유주의적 국제관계 이론은 ──영국인 리처드 콥던(Richard Cobden)이 그 대변인이었다 ──사람, 상품, 자본의 자유로운 이동이 더 큰 번영을 가져다주고 국가 간의 장기적 평화를 실현한다고 주장했다. 자유무역, 군비제한, 여기에 어느 정도의 윤리적 원칙이 더해지면 ──콥던은 영국의 1856년 대 중국 간섭을 반대했다 ──세계는 현대 이전의 극단적으로 혼란한 상태를 벗어날 수 있다고 말한 것이다.[91] 자유무역의 선두주자인 영국의 현실 정치에서 콥던의 이런 주장을 둘러싸고 논쟁이 벌어졌다. 파머스턴(Palmerston) 같은 진보적 정치가는 자유무역 정책을 거침없이 강력하게 추진했다. 그의 정책은 1860년 이전에 이미 성과를 거두었다.

이러한 '자유무역 제국주의'의 마지막 대규모 행동은 조선의 문호를 개방한 것이었다. 조선을 핍박하여 문호를 개방하게 만든 나라는 자신이 강압에 의해 나라의 문을 열었다가 20년 뒤에는 '문명세계'로 가는 길의 인도자가 된 일본이었다. 1876년 일본과 조선이 체결한 강화도조약은 일본이 강요당해 체결한 '불평등조약'의 복사판이었다.[92] 미래에 자유주의는 국제관계 이론 가운데서 사라지지 않을 것이며 오늘날에도 국제관계를 논하는 자리에서 주류이론이거나 최소한 중요 논제의 자리를 지키고 있다. 그러나 19세기 마지막 사반세기에 제국주의 사상이 유럽대륙의 '현실정치'와 (1878년 이후로) 보호관세 정책을 부활시키자 자유주의의 영향은 바닥으로 떨어졌다.

자유주의 국제관계 이론은 미국을 포함한 강대국 대부분의 정치가가 갖고 있는 관점이지만 통일된 표현이 있었던 적은 없다.[93] 총체적으로 말하자면 그것은 일종의 어두운 숙명론적 세계관이며 아래와 같은 몇 가지 관점으로 구성되어 있다.

1. 생존경쟁은 사회와 자연계의 본질일 뿐만 아니라 (대중적 인기를 누리고 있는 '사회적 다윈주의'가 설교하고 있듯이) 국제무대에서도 통용된다. 정체는 멸망을 의미한다. 끊임없는 성장과 확장만이 경쟁에서 도태를 막아준다. 정치체제를 건설할 때 반드시 강대국 사이의 투쟁에 대비해야 한다(바꾸어 말하자면, 국제관계 문제의 해법을 찾을 때 '자연선택' 과정에서 충돌의 요인을 강조한 다윈의 학설을 따라야 한다).[94]
2. 네 가지 조건—공업생산능력, 과학기술의 혁신능력, 식민지 보유, 민족적 투쟁의지—을 갖춘 국가라야 경쟁의 우승자가 될 수 있다.
3. 지구는 갈수록 '폐쇄적'으로 되어간다. 새로운 발전동력이 선택할 수 있는 개방된 확장공간은 갈수록 줄어든다. 따라서 세계정치

에서 충돌은 분할로 귀결될 것이며 이미 분할된 지역은 다시 분할될 것이다.

4. 국제적인 투쟁의 무대 위에서 약소국가와 그 국가형식은 반드시 사라지지는 않겠지만(흔히 말하는 '죽어가는 국가'를 문자 그대로 받아들여서는 안 된다) 그들의 줄어든 행동반경은 국가적 운명을 스스로 결정할 능력이 없음을 증명한다. 그들은 정치와 문화면에서 자주적 결정을 내릴 능력이 없다. 그렇다면 식민지 국가가 되어 보호받는 것을 다행으로 받아들여야 할 일이다.

5. 국제적인 경쟁은 '백인'의 우월성을 (어느 정도는 반복적으로) 증명한다. 특히 걸출한 업적을 낸 앵글로색슨인은 인류의 다른 인종을 지도하고 지배할 운명을 타고났다. 남부 유럽인 또는 슬라브인은 자신의 제도적 공헌 능력을 과신해서는 안 된다(최소한 영국인과 미국인의 시각에서 볼 때 그렇다). 비백인이 교화를 받아들이고 학습할 수 있는 능력은 종족에 따라 차이가 있다. 그들은 여러 등급의 종족으로 나뉘지만 종족 등급은 한번 정해지면 불변은 아니다. '황인종'을 특별히 조심해야 한다. 그들은 다른 인종보다 인구도 많고, 고통을 잘 견디고 열심히 일하며, 공격적인 상업적 감각을 갖고 있으며, 일본인의 경우 봉건적 무사도 정신을 갖고 있다. 서방이 주의하지 않으면 '황화'(黃禍, gelb Gefahr)의 공격을 받게 될 것이다.[95]

6. 세계무대에서 날로 첨예해지는 인종 간의 투쟁을 통해 다음과 같은 결론을 얻을 수 있다. 군사화된 민족국가가 충돌을 해결할 유일하고도 전능한 실체일 수는 없다. 전 세계의 앵글로색슨 민족은 단결을 강화해야 하며, 슬라브인은 러시아를 중심으로 하는 범슬라브주의의 깃발 아래 뭉쳐야 하며, 독일인은 비스마르크가 건설한 제국의 경계를 초월하여 '대독일주의'의 관점에서 사고하는 방법을 배워야 한다.

이런 사고방식이 1차 세계대전 발생의 필연적인 원인은 아닐지라도 그것을 가능케 한 원인이었음은 분명하다. 전쟁에 관한 온갖 추측과 소문이 불행히도 맞아떨어져 결과적으로 전쟁은 일어났다. 사회적 다윈주의는 '서방' — 유럽이 점차로 애용하게 된 자칭 — 에만 국한되지는 않았다. 그것은 국경을 초월한 현상이자 갖가지 이론적 변형을 낳았고, 그 변형들이 다시 결합하여 새로운 형태로 나타났다.[96] 이런 사상은 제국주의 침략에 희생당한 국가에서도 (당시는 서방사회의 다윈주의 사상체계 전체를 접촉하지 못한 상태에서) 공명을 일으켰다. 스스로는 아무리 늦어도 1863년부터 서방 강대국과 아주 좋은 관계를 유지해왔다고 생각하던 일본은 자신이 1895년에 청을 상대로 거둔 군사적 승리를 프랑스, 러시아, 독일이 인정하지 않자 큰 충격을 받았다. 세 나라는 연합하여 일본이 획득한 전리품의 일부를 중국에 반환하라고 압박했고, 외교사에서는 이 사건을 '삼국간섭'이라 부른다. 이 사건은 일본의 대중 속에 국제적 조화라는 이상에 대한 불신의 씨앗을 뿌려놓았고 일본 사회에는 설욕을 위한 전쟁을 준비하자는 분위기가 넘쳐났다.[97]

방식은 일본과는 전혀 달랐지만 중국도 같은 시기에 제국주의의 (일본을 포함하여) 압박을 받고 있었다. 이때 중국에서는 민족주의가 비극적인 모습을 한 채 태어났다. 세기가 바뀔 무렵 포식자들이 늙은 제국의 생존 자체를 위협했다. 늙고 쇠약한 청 왕조가 시도한 체제개혁의 첫 번째 목표는 국가 간의 생존투쟁에 대응하기 위해 국력을 증강하는 것이었다. 이것은 당시 영향력이 큰 학자이자 언론인인 량치차오(梁啓超)의 주장이기도 했지만 그는 다른 분야에서는 철저한 현대파여서 유럽 기준의 '우익'이라고 할 수는 없었다.[98] 이슬람 세계에서 복잡하고도 모순적인 지식인 사이드 자말 압딘 알 아프가니(Sayyid Jamal al-Din al-Afghani)도 량치차오와 매우 유사했다. 그도 냉담한 국민성을 개조하여 이슬람 민중의 새로운 정치적 에너지

를 구국행동으로 집결시키려 했다. 그의 목표 가운데는 범이슬람세계의 단결도 포함되어 있었다.[99]

19세기가 끝나갈 무렵, 국제관계는 밀림의 법칙이 지배하고 있었다. 전 세계는 외교적인 수단을 통해 이해관계가 일치하는 상대와 연합을 모색했다. 오늘날에는 아무리 작고 가난한 나라라도 전 세계에 외교기관을 주재시키고 있고, 외교 수장의 회담이 끊이지 않으며, 국가 원수가 만나는 정상회담도 정기적으로 열리고 있다. 이런 방식의 외교는 1차 대전 이후 시대의 산물이다.

19세기는 유럽식의 외교 이론과 실천을 전 세계에 전파함으로써 이런 방식의 외교로 나아가는 길을 닦았다. 외교가 르네상스 시대의 이탈리아에서 '발명'되었는지 아니면 고대 인도의 제후국 사이에서 발명되었는지는 중요한 문제가 아니다. 유럽 내부에서 외교사절 제도는 16세기부터 유행하기 시작했다. 상당히 긴 시간이 지난 뒤 오스만제국은 유일한 비기독교 국가로서 이 제도에 수용되었다. 베네치아, 프랑스, 영국, 오스트리아가 이스탄불에 상주 대표기구를 설치했다. 문화의 경계를 넘는 교류 방식에는 세계적으로 통일된 형태는 존재하지 않았다. 아프리카에서 프랑스 외교관은 기민하고도 현지 상황에 적응한 외교정책을 구사했다.[100] 근대 초기를 통틀어 일본은 네덜란드에게만 외교사절의 파견을 허락했다. 중국은 복잡한 조공제도를 통해 일부 국가와 외교관계를 유지했고 포르투갈, 네덜란드, 러시아가 중국에 사절단을 파견한 적이 있었다. 이 밖에 상시적인 접촉을 유지하면서 비용이 적게 드는, 그러면서도 외교와 유사한 장기적인 관계가 상선의 화물관리인(supergargoes)*——동인도회사의 광

* 어원은 스페인어 'sobrecargo'이다. 선주 또는 화주에게 고용되어 상선에 승선하여 화물을 관리하며, 도착항에서 화물을 팔고 귀항 때에 싣고 갈 화물을 사들이는 일을 담당했다.

동(廣東)주재 대리인 —— 과 현지의 반(半)관리 신분의 중국 '홍정상인'(紅頂商人)* 사이에 형성되었다. 이런 유형의 외교활동은 아편전쟁이 일어날 때까지 지속되었다.

이러한 근대 초기의 문화적 접촉 과정에서 어느 쪽도 쌍방의 상징적 평등을 주장하지 않았다. 혁명의 시대에 번거로운 내용과 복잡한 절차를 제거하고 평등한 기초 위에 수립된 '신외교'가 등장했다. '신외교'의 등장과 함께 상황도 변했다. 매우 상징적인 의미를 지닌 역사적 순간은 1793년 영국 사절단을 이끌고 중국을 방문한 매카트니(Sir George Macartney)가 건륭(乾隆) 황제를 알현하는 의식(삼궤구고, 三跪九叩)**을 거부한 때였다. 그는 영국의 자유로운 신민으로서 동방의 독재자에게 무릎을 꿇는 것은 모욕을 자초하는 일이라고 생각했다. 그런데 뜻밖에도 건륭황제가 영국 사절단이 예를 갖추었다고 인정해줌으로써 복잡한 국면이 해결되었다.[101] 최종적으로 매카트니는 유럽 궁정의 예법대로 황제 앞에서 한 쪽 무릎만 꿇는 것으로 예를 행했다.

프랑스대혁명이 발생한 뒤로 이런 예법은 폐기되었다.[102] 프랑스대혁명 이후로 마그레브(Maghreb)에서 프랑스 총영사들은 군주의 손에 입을 맞추는 혐오스러운 이슬람식 복종의 예절을 거부했다. 이전에는 유럽 외교관들이 원칙적으로 파견 목적국의 외교관습을 받아들였다고 한다면 18세기 90년대 이후로 그들은 유럽의 외교 규칙을 보편적 구속력을 갖는 원칙으로 보았다. 유럽의 외교규칙이 모든 지역에서 실시되지는 않았다. 그러나 조공국의 예물은 최소한 실용적인 답례품으로 보상받았다(매카트니가 가져온 예물은 평범한 영국

---

* 영어로는 'Hong Merchants'라고 불렸다. 관리와 상인의 두 가지 신분을 동시에 가지고 있으나 관직을 갖지 않은 인물이며, 고위 관리와 관계가 좋아 정책에 영향을 미칠 수 있는 상인이다.

** 세 번 무릎을 꿇고 무릎을 꿇을 때마다 세 번 절하는 의식.

의 강철제품이어서 중국인들을 크게 실망시켰다).

외교의 세부 절차에서는 상호성(예컨대 상호 예물보내기)이 중시되었다. 보편적 규범이 확산되면서 국제적 승인이 옛날보다 훨씬 중요한 의미를 갖게 되었다. 그 결과 지금까지 묵시적으로 주권을 인정받아왔던 정권의 정통성에 의문을 제기할 수 있게 되었다. 그 대표적인 사례가 튀니스의 베이* 왕국이었다.

얼마간의 시간이 흐른 후 1860년 무렵이 되자 현대 외교의 규칙이 (일부는 성문 규칙으로, 일부는 비성문 규칙으로)형성되었다. 사람들은 중국과 오스만제국 같은 동방의 대국도 다른 나라가 그들의 수도에 상주 외교공관을 설치하는 것을 받아들이고 그들도 서방 국가의 수도에 공사관을 설치하리라 기대했다. 새로운 외교 규칙에 따르면 공사는 주재국의 국가원수와 정부의 최고지도층을 접견할 수 있는 권리를 가졌다.

평민은 황제의 용안을 볼 '권리'가 없는 중국에서 이것은 들어보지도 못한 일이었다. 유럽에만 있는 외교부를 설치한 지 얼마 안 되는 중국에게는 외교부를 통해 외교적인 왕래를 하는 것조차도 당연한 일은 아니었다. 고도로 중앙집권적인 중국에서 1860년에 관료행정 기구 안에서 등급이 가장 낮은 외교기관인 총리아문(總理衙門)을 설치했지만(진정한 의미의 외교부는 1901년에 설치했다) 연해지역 각 성의 총독이 외교 사무에 빈번하게 간섭했고 이런 상황은 1911년 제국이 붕괴되기까지 변함이 없었다. 공사관에는 무관도 설치했지만 대부분 간첩이란 혐의를 피할 수가 없었다. 외교관 면책권은 세계 여러 곳에서 이미 뿌리를 내리고 있었지만 이 시기에 와서 외교관 면책

---

* Bey 또는 Beg. 총독 또는 통치자란 의미다. 오스만제국의 속지와 중앙아시아, 남아시아 지역에서 이슬람교 인사들의 존칭으로 사용되었다. 튀니스 후사인 왕조(Husainid)에서는 왕에 대한 존칭으로 사용되었다.

권이 명확하게 확인되었다. 이때부터 어떤 직급이든 외교관에 대한 공격은 '선전'(宣戰)과 동일시되었다.

1867년, 영국은 에티오피아에 원정군을 파견하여 그곳에 억류되어 있던 영사와 약간의 인질을 구출했다. 시에라레오네(Sierra Leone) 총독이 아샨티족(Ashanti) 전사에게 패하여 그의 두개골이 아프리카인의 승전 의식에 제물로 쓰인 1824년의 사건은 다시는 일어나서는 안 될 일이었다.[103]

외교관이 직접 충돌에 휘말린 사건 가운데서 가장 극적인 것은 1900년 의화단운동 기간에 베이징의 외국 공사관 구역이 포위공격을 당한 사건이었다. 독일외교관 한 명과 일본외교관 한 명이 살해되자 이 사건은 국제전으로 확대되었다. 당시에 공사관 구역의 방어시설이 구원군이 도착한 8월 14일 이전에 파괴되었더라면 중국 조정이 허가하고 더욱이 중국 정규군 부대가 증원된 농민봉기군은 서방과 일본 외교관들을 상대로 대규모 학살극을 벌였을 것이다.

이 사건 이후 수십 년 동안 베이징과 그 주변지역에 외국군이 주둔하며 외교관들을 보호했다. '유색인종' 세계의 '야만인'만 외교관례를 위반하는 범죄를 저지른 것은 아니었다. 프랑스대혁명 시기에 폭도가 프랑스에 주재하는 외교관을 때때로 공격했고 심지어 포르투갈과 교황청 공사까지 구금하는 사건도 벌어졌다. 반대로 로마와 라스타트(Rastaat)에서는 프랑스 외교관이 목숨을 잃었다.[104] 혁명정부의 새로운 외교는 옛 규칙을 파괴했다. 프랑스의 외국 주재기구의 대표는 공개적으로 주재국의 내정에 간섭했다.

1815년 이후부터 효력을 발휘한 새로운 외교규범과 국제행위 준칙은 문명진보의 당연한 결과물이라는 평가를 받았다. 문호를 개방 당한 비유럽국가는 조약을 체결할 때 문명세계의 규칙을 지키겠다는 조항을 포함시켜 이행을 보증해야 했다.[105] 새로운 규범과 준칙의 일부 조항은 타국 내정 불간섭 원칙을 피해갈 수 있는 근거를 제공함으로써 충돌의 씨앗이 되기도 했다. 예컨대, 종교적 분쟁이 발생했을 때 유럽 외교관이 기독교 집단의 입장에서 출발하여 간섭함으로써 사태를 복잡하게 만들 수 있었다. 1860년 이후로 유럽과 북아메리카 선교사를 보호하기 위해 서방 열강은 도처에서 개입했다. 어떤 경우에 이런 개입은 원치 않는 결과를 낳기도 했다. 선교사들이 이런 보호에 기대어 경솔하게 현지인을 도발하여 충돌에 휘말리는 경우가 많았기 때문이다. 유럽국가가 소수 기독교 집단의 보호자를 자처했을 때 강대국 정치가 작동했다. 프랑스 제2공화국은 오스만제국이 통치하는 레바논과 시리아를 자신의 보호구역으로 선언했다. 러시아 황제는 레반트(Levant) 지역의 종교분쟁에 개입하여 결과적으로 크리미아전쟁의 직접적인 원인을 제공했다.[106]

개입의 두 번째 원인은 외국재산의 보호였다. 17세기부터 유럽에 있는 외국 상인의 권리는 갈수록 명확하게 규정되었다. 국가 간 발전의 격차가 커지면서 외국인의 투자 규모는 커졌고 따라서 문제도 첨예해졌다. 외국인이 소유한 항구, 공장, 광산(훗날의 정유공장을 포함하여)과 부동산이 새로운 법규의 보호를 받았다. 1842년 이후 중국 최초의 (불평등) 조약체계는 중국 민족주의자의 입장에서 볼 때 제국주의 침략의 창끝이었을 뿐만 아니라 외국의 요구를 제한할 수 있는 상대적으로 성공적인 시도이기도 했다. 1895년 이후로 외국 상인들이 조약에 규정된 통상항 이외의 지역에 투자를 늘려가자 중국 정부는 이런 투자를 보호하기 어려워졌고 결국 조약체계는 작동을 멈췄다. 열강은 스스로 나서서 투자자본의 안전을 확보해야 한다는 유혹에 빠졌다. 외국인이 직접 철도건설 허가를 받은 지역이나 외국 차관을 이용해 철도를 건설한 지역에서 이런 현상이 두드러졌다.

채무국이 재정적인 의무를 아예 이행하지 못하거나 기한을 지키지 못할 때 위에서 열거한 상황과 유사한 문제가 발생했다. 고의로 이런 도발적인 행위를 하는 — 베네수엘라는 예외였다 — 국가는 없었다.

그러나 일단 이런 상황이 발생하면 새로운 국제적 재정감독 수단을 동원하여 대응했다. 국제감독기구(민간 채권은행도 포함되었다)가 채무국 정부의 재정정책을 사전에 승인하거나 중요한 국가수입(예컨대 관세와 전매 수입)을 직접 채권국 국고에 납입하도록 강제했다. 예를 들자면, 1876-81년 사이에 구체적인 양상은 조금씩 달랐지만 이런 상황이 오스만제국, 이집트, 튀니지에서 발생했다.

1907년까지 중국, 세르비아, 그리스에 국가채무 관리를 책임진 국제기구가 설치되었다.[107] 과거에는 왕조의 파산이 있었다면 19세기에는 채무국의 채무불이행 상태가 등장했다. 금융제국주의가 간섭을 시도하는 상황에서 국가의 파산은 국가 운명으로서 불쾌한 일이기도 하지만 국가 전략으로서 위험이 매우 컸다. 당시로서는 (초기 소비에트연방, 20세기 30년대의 멕시코, 1949년 직후의 중국처럼) 외국인의 재산몰수 같은 혁명적인 행동을 취하려는 국가는 없었다. 현지에서 발생한 소규모 재산권 침해나 개인 간의 채무 불이행사건——라틴아메리카와 중국에서는 전형적인 충돌의 발화점 역할을 했다——에 대해 당시 세계에서 주도적인 투자국이던 영국은 (20세기에) 미국이 취했던 조처에 비한다면 상당히 자제하는 태도를 보였다. 영국은 초기에는 (오늘날의 다국적기업이 자신의 외교수완을 이용해 해결하듯이) 민간 채권자가 자신의 돈을 회수하는 방법을 스스로 찾아내도록 내버려두었다. 해군이라고 하는 위협적인 도구를 갖고 있으면서도 영국정부는 지나친 개입이 폭력의 소용돌이를 불러오는 상황을 피하려 노력했다.[108]

중국, 일본, 샴(태국)같은 나라에게 겉으로는 늘 대등한 외교를 주장하면서 흔히 무력을 과시하는 강대국 외교관과 교섭하는 일은 전혀 새로운 경험이었다. 이 시기에도 유럽에서 외교는 계속 변하고 있었지만 그 속도는 완만했다. 외교기구는 느리게 성장했다. 예컨대, 1차 세계대전 직전 영국의 외교와 영사기구에서 일하는 직원은 모두

414명이었고 그중에서 직업 외교관은 150명을 넘지 않았다. 신임 영사는 대부분 남북 아메리카와 비식민지 아시아 국가에 파견되었다. 그들은 그곳에서 정부의 대표라기보다는 제국의 영사로서 준외교관의 직무를 수행했다. 그들은 '현장지휘관'이 되어 몇 가지 분야에서는 외교의 전권을 행사했다. 그들의 행동공간은 매우 넓었다. 한 가지 예를 든다면, 중국 주재 영국영사는 자신의 판단으로 언제든지 포함을 불러올 권한을 갖고 있었다.

외교인원

오늘날과 비교할 때 당시에는 국가의 숫자가 적어 외교기구도 간편하여 관리하기 쉬웠다. 19세기 20년대에 라틴아메리카에서 한 무리의 공화국이 독립하자 영국 외교부의 업무량이 두 배로 늘어났다. 독립국가의 숫자는 완만하게 증가했기 때문에 이런 상황은 오랫동안 다시 출현하지 않았다. 외국 수도에서 일하는 외교 관리의 수는 많지 않았다. 1870년 무렵 프랑스 재무부 직원 수는 외교부 직원 수의 15배였다. 유럽에서 외교정책은 귀족들의 전담 영역이었다. 민주정부 체제하에서도 심각한 위기상황이 아니면 외교정책의 집행은 의회의 감독을 받지 않았다.

외교활동 내부의 등급질서는 국제체제 가운데서 각국의 위상 변화를 반영했다. 네덜란드, 덴마크, 스웨덴, 스위스연방 같은 나라는 1815년 이후 점차 중립적 입장을 형성했다. 일반적으로 말하자면 중립국의 외교정책은 어느 정도는 불필요했다. 상당히 오랜 기간 동안 강대국의 외교관에게 가장 권위 있는 임지는 5대 강대국의 수도였다. 19세기 중반 프랑스 정부가 워싱턴 주재 외교기구의 대표(공사급)에게 지급하는 급료는 런던 주재 대사 급료의 1/7 수준이었다.

1892년이 되어서야 유럽 국가의 주미 공사관이 대사관으로 승격

되었다. 테헤란 같은 외교의 사막에 파견되기를 원하는 외교관은 거의 없었다. 1809년에 영국 공사관이 이곳에 설치되었고 프랑스 공사관은 1855년이 되어서야 설치되었다. 오스만제국은 초기의 외교적 실패 이후로 19세기 30년대에 들어와서야 상설 공사관 망을 갖추었다. 1859년에 이스탄불과 테헤란이 공사를 교환했다. 이것은 이슬람 세계 내부에서 '현대적' 외교관계가 수립된 첫 번째 외교적 사건이었다. 1860년, 중국은 압력을 받고 유럽에 외교 대표를 파견했는데 의도적으로 직급이 낮은 관리를 배치했다. 오직 일본만 실효성 면에서나 상징성 면에서도 유럽과 대등한 외교관계를 맺고 열정적으로 새로운 외교적 게임에 참여했다. 1873년까지 일본은 몇몇 유럽국가와 워싱턴을 포함하여 9개 나라에 공사관을 설치했다. 1905-1906년에 일부 강대국이 도쿄주재 외교기구를 대사관으로 승격시켰다. 이것은 일본이 국제무대에서 인정받고 있다는 명확한 표지였다.[109]

전보의 발명은 외교정책을 실시하기 위한 새로운 통신조건을 만들어냈다(물론 통신환경이 하루아침에 바뀐 것은 아니었다). 1854년 3월, 프랑스와 영국이 러시아를 상대로 전쟁을 선언했다. 오스만제국의 수도에서는 두 주가 지나서야 이 소식을 들었다. 소식은 마르세유까지는 전보를 통해 전해졌지만 마르세유에서 이스탄불까지는 우편선을 통해 전해졌기 때문이다.[110] 그로부터 20년이 지나자 전 세계의 거의 모든 곳이 전신선으로 연결되기 시작했다. 그러나 초기에는 전보란 통신방식이 등장함으로써 보고와 긴급공문이 간소화되는 효과가 나타났다. 전보를 이용해 전 세계의 소식을 우아하고 유장한 문장으로 전하자면 비용이 너무 많이 들었다.

19세기에 비유럽세계와 관련하여 외교관의 주요한 기능은 다양한 종류의 조약―통상조약, 보호조약, 국경조약 등―을 체결하는 것이었다. 유럽 이외의 지역에서 국제법에 근거한 조약의 개념이 전혀 알려지지 않은 것은 아니었지만(중국은 1689년에 러시아와 조약을 체결한 적이 있었다) 여러 차례 구체적인 상황에서 문화적 차이 때문에 오해를 불러일으켰다. 번역 문제만 해도 미묘한 차이가 생기기 때문에 조약의 실행단계에서 심각한 분란이 일어날 수 있었다. 「와이탕기조약」(Treaty of Waitangi)이 전형적인 사례다.

1840년 2월 6일(지금은 뉴질랜드의 건국기념일이다) 영국 왕실 대표와 몇 명—최종적으로는 500명이 되었다—의 뉴질랜드 마오리족 추장들이 조약에 서명했다. 이 조약은 영국이 뉴질랜드의 주권자임을 주장하는 근거가 되었다. 실제로 이 조약은 제국주의의 강압에 의한 야만적인 조약은 아니었고 그 시대의 영국 인도주의 정신을 담고 있었다. 그럼에도 불구하고 이 조약은 뉴질랜드 정치에서 가장 논란이 많은 내용을 담고 있었다.

이 조약의 영어본과 마오리어본 사이에 현저한 차이가 있었다. 당시의 군사력을 고려하면 마오리족이 동의하지 않으면 영국은 뉴질랜드를 "점유할 수 없었다." 2년 뒤에 중국에서 벌어진 상황과는 달리 영국은 전쟁에서 승리했기 때문에 뉴질랜드에 진입한 게 아니었다. 영국 측 서명 대표인 윌리엄 홉슨 선장의 수하의 병력이라고는 몇 명의 경찰이 전부였다. 그러나 조약의 해석은 상당한 정도로 마오리인의 놀라움과 불쾌감을 유발했다.[111]*

아프리카나 남태평양처럼 문자를 갖지 못한 사회와 그렇지 않은 지역 사이에 개념의 차이가 특히 큰 것은 당연한 일이었다. 조약의

* 조약은 뉴질랜드의 주권을 영국에 이양하고, 마오리인의 토지 소유를 계속 인정하지만 이후 토지 매각은 영국 정부에게만 하며, 마오리인은 앞으로 영국 국민으로서의 권리를 인정받는다는 3가지 조항으로 이루어진 간단한 내용이었다. 조약 체결 당시 마오리인은 단지 토지거래에 대한 내용으로만 이해했으나 이후 내용의 부당함을 깨닫고 땅을 팔지 않거나 영국 정부의 통치를 거부했다. 그러나 1860년대 2차례에 걸친 내전 발생 이후 1890년대에는 마오리인 소유의 토지가 뉴질랜드 전체 토지의 1/6 이하로 줄어들었다.

이행과 유효기간, 조약 파기시의 제재와 같은 유럽식의 개념은 어느 지역에서나 곧 바로 이해되는 개념이 아니었다. 외교문서의 왕래가 낯설지 않은 아시아문화권에서도 오해는 피할 수 없었다. 개별적인 조약 하나하나가 모여서 결국에는 여러 당사자에게 영향을 주는 조약의 집합이 되었다.

여러 나라가 중국제국과 맺은 '불평등조약'의 체계는 20세기 초가 되자 매우 방대하고 복잡해져서 누구도 상세한 내용을 알 수 없는 지경에 이르렀다. 서방의 요구를 반박하기 위해 고용된 중국의 법률전문가들만 조약의 내용을 이해하고 있었다. 일본의 경우에는 일찍이 1868년에 정권 교체기의 혼란 가운데서 새로 성립된 천황정부가 방금 습득한 국제법 지식을 이용해 미국과 유럽 국가의 간섭에 저항했다.[112] 어떤 조약은 비밀리에 체결되었고 이것이 산처럼 쌓인 조약을 더욱 불투명하게 만들었다. 유럽에서 1차 대전이 일어나기 전 수십 년 동안에 비밀외교는 정점에 이르렀다가 역사의 무대에서 사라졌다. 공개적이고 합법적인 외교를 하자는 명분을 내걸고 우드로 윌슨 같은 인물이 나서서 비밀외교를 견제했다. 러시아 볼셰비키 신정부는 차르의 비밀외교 문서 일부를 공개했고 1919년 국제연맹 헌장은 비밀조약을 금지했다.

19세기 후반에 국제관계에서 새롭게 등장한 외교방식, 더 정확하게 말하자면 부활한 방식은 군주들의 개인적인 만남이었다. 이런 만남은 성대한 진용과 의식을 갖추었다. 나폴레옹 3세, 빌헬름 2세, 니콜라이 2세는 이런 만남을 즐겼고 정성들여 계획하고 준비하여 새로운 시대 대중의 관심을 끌었다.[113]

군대와 대중을 동원한 황제들의 성대한 방문 행차는 그러나 세계에 미치는 영향이 크지 않았다. 군주들은 심지어 자국의 식민지조차도 방문한 적이 없었다. 그러면서도 빌헬름 2세는 1898년에 오스만제국의 속지인 팔레스타인을 방문했다. 1911-12년 조지 5세는 영국

왕위에 오른 다음 해에 인도의 황제로 즉위하기 위해 (영국 국왕으로 서는 처음으로) 인도를 방문했다. 유럽 군주와 비유럽 군주의 만남은 매우 드물었다. 서태후(慈禧太后)와 메이지천황을 직접 만난 유럽의 군주는 없었다. 그러나 1906년에 메이지천황은 성대한 의식을 치르 면서 영국의 가터훈장(Order of the Garter)을 받았다. 이것은 1902년 체결된 「영일동맹조약」의 필연적인 결과였다.[114]

동방 통치자의 유럽 방문은 피할 수 없는 추세가 되었다. 1867년, 파리에서 세계박람회가 열렸을 때 압둘아지즈(Abdulaziz, 1861-76년 재위)가 오스만제국의 술탄으로서는 처음으로 기독교 세계 유럽을 6주 동안 방문했다. 이 유럽 방문의 중요한 의의는 술탄이 조카이자 훗날 술탄의 자리에 오르는 압뒬하미트(Abdulhamid) 2세를 대동했 다는 것이었다. 압뒬하미트는 이 여행에서 깊은 인상을 받았다. 대 표단은 파리 리옹역(Gard de Lyon)에서 나폴레옹 3세의 영접을 직 접 받았다. 그들은 그 후 원저 궁에서 빅토리아 여왕을 만나고 이어 서 브뤼셀, 베를린, 빈의 궁정을 방문했다.[115] 1873년, 나시르 앗딘 샤(Nasier al-Din, 1848-96년 재위)는 이란 국왕으로서는 처음으로 이교도들의 땅 유럽에 발을 디뎠다.[116] 1897년, 샴 국왕 출라롱코른 (Chulalongkorn)이 유럽을 방문하여 빅토리아 여왕과 그 밖의 몇몇 유럽 국왕을 만났다. 샴 국왕의 정치적 목적은 분명했다. 그는 유럽 의 훈장을 받음으로써 국가의 지위를 높이고 싶었다. 영국은 그에게 가터훈장을 수여하지 않았고 이것이 그를 몹시 화나게 했다.

그 밖의 황실과 왕실 구성원 사이의 문화를 뛰어넘는 교류는 긴밀 했다. 빅토리아 여왕은 인도를 방문한 적이 없었지만 에드워드 왕 세자(훗날의 에드워드 7세)는 인도를 방문한 적이 있었다. 외제니 (Eugénie) 황후*는 호화 유람선을 타고 수에즈운하 개통식이 참석했

* 나폴레옹 3세의 황후.

다. 출라롱코른의 많은 자식 가운데 아들 둘은 프로이센의 사관학교에서 교육받았다. 청 왕조는 의화단운동에 대한 사과의 표시로서 유럽 각국의 수도에 '왕자' 1명씩을 인질로 파견하라는 요구를 받았다.

1905년, 일본 황태자 부부는 빌헬름 2세에게 매료되었다. 군주의 국제적인 활동은 유럽에 한정되었고 신세계는 (특히 1889년 브라질이 페드로 2세Pedro II를 몰아내고 공화국이 된 뒤로는) 완전히 그 궤도 밖에 머물렀다. 그러나 루스벨트는 미국 대통령이 지구상의 어떤 군주와도 대등한 존재라는 신호를 행동으로 표현했다. 소수의 측근과 의전에 둘러싸여 신비로운 존재로 비쳤던 메이지 천황은 44년의 재위기간 동안에 만난 인물들 가운데서 겸손하고 평민적인 미국내전의 영웅이자 전임 대통령인 율리시스 그랜트(Ulysses S.Grant)로부터 가장 깊은 인상을 받았다고 전해진다.[117] 이런 종류의 문화의 경계를 뛰어넘는 만남은 기대치가 조금 더 낮았더라면 더 자주 있었을 것이다.

19세기 유럽인은 '동방의 통치자'는 우매하며 부패하고 무기력하다는, 오페레타의 소재로나 쓰일만한 편견을 형성했다. 길버트(W. S. Gilbert)가 대본을 쓰고 설리반(Arthur Sullivan)이 작곡한 코믹오페라 「미카도」(The Mikado, 1885년 발표작)는 일본에 관한 상상의 집합이었으며 활동적이고 재능이 풍부했던 메이지 천황의 실제 모습과는 하나도 닮지 않은 천황을 그려놓았다. 그런데 이 정도는 약과라고 할 수 있다. 유럽인의 진부한 관념 속에서 오스만제국의 술탄은 '보스포루스 해협의 환자'의 대명사였다. 저속한 표현이 태국의 몽쿠트(Mongkut)와 출라롱코른, 버마의 민돈(Mindon)왕 같은 개명군주의 업적을 가리고 폄훼했다. 민돈왕에 관해 대중에게 알려져 있는 것이라고는 수십 년 동안 영국의 사절이 국왕을 알현할 때 버마의 예법에 따라 신발을 벗었다는 그림 같은 얘기뿐이다. 1875년, 콜카타의 영국 식민당국은 영국 사절의 이런 행동을 금지시켰다. 이것은 버마에 대한 외교적 승인을 취소한다는 것과 같은 의미였다. 신발을 벗는 문제는 영국이 버마의 미점령 지역을 병탄하는 핑계가 되었다.[118]

통치자에 대한 결례는 그가 대표하는 국가에 대한 존경의 결핍을 반영했다. 1815년 이후 중시되기 시작했고 1840년대부터 영국의 법률가들이 개발하고 영국의 정치가들이 현실 정치에 적용했던 국제법은 유럽 바깥의 영토에 대해서는 보호장치를 마련하지 않았다. 또한 이 국제법은 공백으로 남겨둔 영역이 많았는데 특히 해양관리 분야가 그랬다. 예컨대, 같은 해역에서 작업하는 포경선 선장들은 포획물의 발견과 최종적인 소유권을 둘러싼 분쟁을 피하기 위해 사전에 구체적인 규칙을 합의해두어야 했다.[119] 영국이 해상의 패권을 장악하고 있는 상황에서 공정한 해양법은 존재하지 않았다.

19세기 유럽의 확장 과정에는 영국의 '보호국' 법제를 추종하는 경향이 있었다. 원래 보호국 제도란 한 국가가 종주국에게 외교관계의 후견인 역할을 요청하는 것을 의미했다. 실제 식민과정에서 보호국의 설치는 "일종의 은폐된 형식의 병합"이었다.[120] 이런 법률형식이 환영받은 이유는 종주국으로서는 각종 경로를 통해 보호국을 경제적으로 착취하면서도 피점령국을 관리해야 하는 책임은 질 필요가 없었기 때문이다. 제3국(즉, 다른 하나의 종주국)이 보호국 관계의 수립에 대해 항의하지 않는다면 국제법상 장애는 아무것도 없었다.

법의 원칙에 반해 아무리 선의에서 보더라도 국가로 분류되기 어려운 공동체가 보호국으로 선포되는 경우가 흔히 있었다. 그런가하면 목록의 다른 한쪽 끝에는 세워진 지 이미 수백 년이 넘고 최소한 대다수 유럽 국가와 마찬가지로 안정된 정통성을 누려온 합법적인 국가였지만 지도에서 지워진 나라가 존재한다. 14세기부터 국가로서 역사적 연속성을 유지해온 조선은 1905년에 일본의 보호국으로 선포되었다. 1907년, 조선은 제2차 헤이그평화회의에 대표를 파견하여 국가적 위상의 강등에 대해 항의하려 했다. 회의 의장단은 근본적으로 조선의 회의 참여를 허락하지 않았다. 이것은 조선이 합법적인 국가가 아니거나 현존하는 국가가 아니라는 입장의 명확한 표현이었다. 강대국들의 타협을 통해 의장단의 이런 입장이 관철되었다. 1910년, 조선은 일본에 병합되었고, 식민지로 전락했다가 1945년에야 그 통치에서 벗어났다. 그러나 국제회의에 참석한 강대국의 장관들이나 극소수의 참석 대표들이 이런 결정을 내렸고, 이런 화두가 점차로 국제사회의 공개적인 토론 주제가 되었다.

1815-70년이란 시기는 외교문제에 있어서는 좁은 범위의 귀족 엘리트 전문가 집단이 독점한 고전적인 권력 게임의 시기였다는 주장과 평가는 보편적으로 인정되고 있다. 그전에는 왕조의 이익이 '현실주의' 외교정책의 길목을 막고 있었고 외교의 전문직업화는 아직 걸음마 단계였다. 그 후에는 신문매체와 유권자의 정서가 장애요인으로 작용했다. 나폴레옹 1세는 물론이고 그의 적수이던 소 피트(William Pitt the Younger)와 메티르니히도 전쟁과 평화를 결정할 때는 대중을 배제했다.

나폴레옹 3세는 대중의 정서를 조작하는 위기를 조성하고 식민지(베트남)를 점령함으로써 국내의 사기를 높였다. 외교정책에 있어서 누구의 간섭과 비평도 허락하지 않았던 비스마르크도 때로는 대중동원이란 카드를 사용했다. 예컨대, 1870년 나폴레옹 3세의 프로이센을 상대로 한 선전포고는 비스마르크에게 애국주의의 이름을 빌려 독일인을 단결시킬 수 있는 좋은 기회를 제공했다.

비스마르크의 오랜 영국의 적수이며 그와는 달리 도덕적 이상주의 외교의 경향을 갖고 있던 글래드스톤(William Ewart Gladstone)은 이탈리아와 불가리아에서 벌어진 폭력과 대학살을 비난하는 대규모 대중운동을 일으켰다. 1877년, 광적인 범슬라브주의자들이 러시아 황제 알렉산드르 2세에게 오스만제국을 상대로 선전포고를 하라고 압박했을 때—차르 자신은 전쟁이 국가이익에 부합하지 않는다는 판단을 하고 있었다[121] ─ 러시아에는 제국주의의 정서가 들끓고 있었다. 1895년의 일본과 1898년의 미국에서도 같은 상황이 벌어졌다. 이때 미국에서는 유럽 제국주의의 전성기에 나타났던 것보다 더 광적인 '편협한 애국주의' 정서가 널리 퍼져 있었다.[122] 어디서나 민족주의와 언론매체라는 두 가지 요소가 개입하고 있었다.

이런 상황에서 (비스마르크가 했던 것처럼) 대중의 정서적 반응을 마음대로 조작하고 대중을 동원한다는 것은 갈수록 어려운 일이었다. 정치가들이 부추겨놓은 대중의 민족주의적 기대감이 제어할 수 없는 상태로 발전할 가능성이 높아졌다. 1911년의 두 번째 모로코 위기가 바로 그런 경우였다. 당시 독일 외무장관 알프레드 폰 키더렌베히터(Alfred von Kiderlen-Wächter)와 그의 언론계 동조자들이 경솔하게 전쟁을 부추겼고 그 결과 전쟁 일보직전의 상황이 찾아왔다.[123] 세기가 교차할 무렵 전통적인 비밀정치와 비밀외교의 전성기는 이미 지나갔다. 1904-1905년의 전쟁이 끝난 뒤 루스벨트 대통령이 추진했던 일본과 러시아의 강화는 새롭게 형성되고 있던 국제적인 여론의 각광을 받았다. 협상에 참여한 모든 당사자는 언론을 정교하게 다루어야 한다는 인식을 갖게 되었다.

저항

이런 상황은 이른바 외곽지역에도 적용되었다. 당시 인도, 이란, 중국은 제국주의에 저항하는 투쟁과정에서 가망 없는 군사 행동에만 의존하지 않고 현대적인 선전 선동 수단도 사용했다. 1873년, 이란의 샤 정부는 줄리우스 드 로이터(Julius de Reuter) ─ 자신의 이름을 딴 통신사의 설립자이자 소유자 ─에게 철도 건설과 운용, 그 밖의 몇 가지 투자에 대한 특허를 내주었다. 이 일을 두고 사회 저명인사와 코란 학자들이 항의했다. 1891-92년에 유사한 항의행동이 다시 일어났다. 샤가 담배의 생산, 국내 판매, 수출의 독점권을 영국 상인에게 주자 전국적인 항의운동이 일어났다. 이 운동에는 샤의 후궁과 비무슬림 소수민족까지 참여했다. 1892년 초, 담배 특허권은 회수되었지만 거액의 배상금을 지불하기 위해 이란 정부는 처음으로 외국 차관을 들여와야 했다. 이때의 항의운동이 이란 근대사에서 첫 번째 성공적인 대규모 대중 항의운동이었다. 무슬림 성직자, 상인, 대부분의 도시 주민이 함께 일어나 정부의 정책에 항의했다. 이 운동에서 전보의 힘을 빌려 원거리 전술적 협조가 실현될 수 있었다.[124]

아시아 각국에서 일어난 반제국주의적 민족주의 운동이 처음으로 주목을 받은 때가 1905년이었다. 저항은 가장 중요한 수단이었다. 1905년, 인도인은 영국에 맞서 대규모 저항운동을 조직했다. 중국에서는 의화단운동이 끝난 지 불과 몇 년 뒤에 미국이 중국인의 이민을 제한하자 전국적으로 미국선박과 상품에 대한 파업과 불매운동이 벌어졌다. 이 운동은 중국 역사상 첫 번째 현대적 대중운동이었다. 1906년, 영국 공사는 "전례가 없는 민족적 단결의식의 출현"을 관찰했다.[125]

오스트리아가 1878년부터 사실상 지배하고 있던 (오스만제국의 두 개의 주) 보스니아와 헤르체고비나를 병합하자 1908년 10월 오스만 제국에서 대규모 항의 행동이 일어났다. 대중은 이미 청년터키당의 혁명운동으로 동요하고 있었다. 이런 상황에서 병합 소식이 전해지자 분노한 대규모 집단이 빠르게 모여들어 오스트리아인의 상점을 봉쇄했다. 저항은 제국 전체로 퍼져나갔다. 1909년, 터키 정부가 병합 사실을 인정하고 오스트리아-헝가리 정부 역시 배상금을 지불하겠다는 의사를 밝힌 후에 저항은 수그러들었다.[126]

상호 분명한 연관성이 없는 이런 저항에 '민족주의'라는 표지를 붙이는 것은 피상적인 관찰에 지나지 않는다. 국가별로 보자면 저항운동은 각자의 특수한 원인과 동력을 갖고 있었다. 그러나 한 가지 분명한 것은 새로운 형태의 운동 배후에는 분노에 찬 애국정서와 직접적인 경제적 이익뿐만 아니라 서서히 강화되어가는 국제적 정의감과 유사한 의식 ── 이것이 각국의 운동을 하나로 연결시켜주었다 ── 이 존재했다. 이러한 새로운 요구와 가치관의 발원지는 우드로 윌슨 (Woodrow Wilson)의 사상이며 1919년의 파리평화회의를 통해 원칙과 선언으로 포장되어 나온 것일 뿐이라는 해석은 그보다 앞서 유럽 밖에서 일어난 아시아와 아프리카의 유럽 제국주의에 대한 저항이 발원지란 사실을 무시하는 것이다.

　비유럽 사회가 유럽의 초기 침입행위에 대해 보여준 거의 모든 원시적인 저항행동과는 달리 대부분 평화로운 방식으로 진행된 이런 대중적 저항운동은 상당한 성과를 거두었다. 도시의 각 사회계층── 농민이 참여한 경우는 드물었다 ── 이 임시로 결성한 동맹이 거둔 성과는 순수한 정부의 외교성적보다 훨씬 많았다. 1914년 이전에 아시아 아프리카 국가 가운데서 자국 시민이 서방국가로부터 인종차별을 당하지 않도록 보호할 수 있는 나라는 일정한 국제적 영향력을 갖고 있던 일본뿐이었다. 그러나 그런 영향력도 한계가 있었다. 그 한계를 분명하게 보여준 것이 1919년 파리평화회의의 가슴 아픈 결과였다.[127]

5. 국제주의와 보편규범의 등장

국제사회의 통합과 안정을 가져온 것은 결코 유럽식 국가 간 교류 방식과 그것에 상응하는 국제법 규범만이 아니었다. 19세기 후반에 민간 혹은 비정부 성격의 국가 간 교류가 급속하게 증가했다. 물론 이것은 19세기에 처음 나타난 일은 아니었다. 유럽에서 문예부흥, 종교개혁, 계몽운동 등은 '다국 참여형'은 아니었을지라도 국경을 넘는 토론과 지식분자의 운동이었음은 분명하다. 국경은 음악, 회화, 자연과학, 기술의 전파를 막아낸 적이 없었다.

대략 19세기 중반부터 민간 성격의 국제조직이 늘어나기 시작했고 영향의 범위도 확대되었다. 통계학자들은 이른바 국제비정부조직(INGO: International Nongovernmental Organizations)의 숫자에 대해 통계를 낸 적이 있다. 1890년 이전 이런 기구의 숫자는 매우 적었다. 그 후 기하급수적으로 늘어나 1910년에 정점에 이르렀다가(이 기록은 1945년에 깨어진다) 1차 세계대전이 일어나기 몇 년 전에 다시 하락한다.[128] 이들 비정부기구는 대부분이 고유의 역사를 갖고 있었다. 그들의 목표, 조직기구의 형태, 후원자는 다양한 차이를 보였다.

적십자회

앙리 뒤낭(Henri Dunants)이 창설한 적십자회(Red Cross)는 가장 성공적인 비정부조직이었다. 성공의 근원은 치밀한 직능의 분할이었다. 제네바에 자리 잡은 적십자 국제위원회는 국제정세를 관찰·평가하고 1864년에 체결된 제네바협약('전시무장부대 병상자의 처우개선에 관한 협약'Convention for the Amelioration of the Condition of the Wounded and Sick in Armies in the Field)과 그 후속 협약의 이행상황을 감독했다. 각 국에는 1863년부터 국가적십자회가 설립되기 시작했다(최초의 국가적십자회는 뷔르템베르크Württemberg와 바덴Baden에 세워졌다). 1870년이 되자 모든 서유럽 국가와 북유럽 국가에 적십자회가 생겼다. 이리하여 1차 대전 발발 이전에 종횡으로 연결되고, 책임이 분명하며, 동시에 관료화의 폐단을 벗어난 조직이 형성되었다.

적십자회를 가능하게 한 것은 수많은 자원봉사자의 열정이었다. 적십자회는 조직이 느슨하여 모든 형식과 규모의 후원금과 개인의 공헌을 받아들일 수 있었다. 그러나 국가적십자회와 적십자국제위원회의 기본 직능 사이의 관계가 문제였다. 오늘날까지도 이 문제의 해법을 찾기 위한 노력이 거듭되고 있다. 적십자회 창건 초기부터 비대칭 문제가 등장했다. 1866년의 프로이센-오스트리아전쟁 중에 프로이센은 제네바협약에 가입했지만 오스트리아는 가입하지 않았다. 1894-95년, 일본은 일방적으로 제네바협약의 규정을 준수하겠다고 약속했지만 중국은 그렇게 하지 않았다.

19세기 70년대에 제네바협약이 내전에도 적용될 수 있느냐는 문제가 제기되었다. 발칸지역과 관련되었을 때 이 문제에 대한 답은 긍정적이었다(당시 발칸지역에서 내전이 발생했다). 이런 해석은 주로 오스만제국의 적국을 보호하기 위해서 나왔다. 서방은 오스만제국을 '인도주의를 모르는 잔인한' 국가로 분류해놓고 있었다. 그러나 1차 대전이 일어나기 전에 열강은 이 문제에 대해 보편적으로 부정적인 답을 내놓았다.

발칸지역의 이슬람국가와 적대국인 기독교국가 사이에 충돌이 발생하자 다시 문제가 생겼다. 원래 '기독교' 정신을 기반으로 하고 있다고 인식되던 제네바협약의 원칙이 서방 기독교 세계 이외의 지역에도 적용될 수 있는가. 장기적인 해법은 적십자 철학과 전쟁에 관한 국제법의 종교를 초월한 인도주의 정신을 강조하는 것이었다.

1875년 이후 발칸전쟁의 혼란스러운 국면 가운데서 무슬림이 적십자 표지를 착용한 민간인을 공격하는 일이 발생했다. 그리하여 적신월(赤新月)을 또 하나의 표지로 사용하는 임시 협상이 이루어졌다.[129]

적십자 정신은 멀리 떨어진 국가에도 영향을 미쳤다. 중국은 지역적인 자선과 구제활동의 오랜 전통을 갖고 있었다. 19세기에 새로운 사회세력이 명성을 얻기 위해 이 전통을 부활시켰다. 1900년 의화단 운동 시기에 무수한 평민이 피해를 입었고 돌아갈 집이 없어진 사람도 많았다. 강남 — 장강 하류지역 — 의 부유한 상인들이 북방으로 구호물자를 보냈고 재해지역의 부상자들을 남방으로 데려와 보살폈다. 이것은 중국 역사에서 지역을 초월한 첫 번째 구조활동이었다. 이 과정에서 적십자회가 모범이 되었다. 그 뒤로 십 년 동안 중국적 십자회는 특유의 활동을 발전시켜 나갔다.[130]

몇 명의 제네바 시민의 인도주의 정신을 바탕으로 태어난 적십자회는 '국제사회의 양심'이 성장해가는 중요한 단계였다.[131] 인도주의는 강대국정치 일변도의 시대적 흐름에 균형을 잡아준 운동이었으며 민족과 국가 사이의 무정부 상태를 교정해주는 최소한의 규범이었다.

정치성을 띤 국제조직

이 시대에 등장한 여러 가지 비국가 정치적 국제조직은 시대의 주류 추세에 맞서는 균형추 역할을 했다. 그중에 칼 마르크스가 1864년에 설립한 '제1인터내셔널'과 좀더 넓은 범위의 노동운동과 사회주의 정당의 국제조직인 '제2인터내셔널'(1889년 파리에서 성립)이 있었다. 두 조직의 활동 범위는 유럽에 국한되어 있었다. 미국에는 광범위한 조직과 정치적 영향력도 갖춘 사회주의운동이 존재하지 않았기 때문이다.[132]

일본은 사회주의 조직이 생장할 수 있는 비옥한 토양인 공업기반을 갖춘 유일한 비서방 국가였다. 일본의 초기 사회주의자들 ─ 제국주의 연구로 이름을 떨친 이론가 코도쿠 슈스이(幸德秋水)가 그중 한 사람이었다 ─ 은 혹독한 탄압을 받았다. 사회민주당이 1901년에 창립되었지만 당 조직과 기관지는 곧바로 공권력에 의해 파괴되었다.[133]

중국에서는 사회주의와 출발점에서는 강력했던 무정부주의운동이 1차 대전 중에 비로소 지식분자의 좁은 울타리를 벗어났고 1921년 이후 제3인터내셔널(코민테른Comintern) 대표를 통해 세계의 혁명운동과 연결되었다. 각양각색의 변종을 가졌던 사회주의는 처음부터 초국가적 운동이었다. 초기 사회주의에 속하는 생-시몽파(Saint-Simonians)는 일찌감치 이집트에 가서 사회주의 운동에 투신했다.

1914년 이전의 각종 사회주의운동이 '국가화'했는지, 그렇다면 각자의 정치환경 속에서 어떻게 '국가화'했는지 하는 문제는 지금까지도 사학계의 중요한 과제로 남아 있다. 1914년에 사회주의운동의 국가화 추세는 국제주의를 능가했다. 출생기에 사회주의의 쌍둥이였던 무정부주의는 쌍둥이 형제와는 달리 튼튼한 뿌리를 내리지 못했다. 무정부주의는 근본적으로 망명정치와 음모 행동에 주력했다. 국경 초월은 무정부주의의 본질이었다.

여성운동 ─ 무엇보다도 여성의 시민으로서의 권리와 정치적 권리를 쟁취하기 위한 투쟁 ─ 은 원론적으로는 사회주의운동보다 더 기민하고 확장력이 있었다. 사회주의운동이 공업 프롤레타리아의 기반 위에서 성립되었다고 한다면 정치적인 여성운동은 공업화의 부산물로서 시작된 것이 아니라 (거의 예외 없이) "민주화가 국가적 의제로 떠오른 지역에서" 발생했다.[134] 미국, 캐나다, 오스트레일리아, 뉴질랜드는 일찍부터 이런 상황이었고 따라서 이들 나라에서 여성투표권운동이 발전했다. 그 뒤 일본에서도——이 시기에 '신여성'의 문화적 이미지와 여성투표권 문제를 두고 치열한 토론이 벌어졌다——1919년에 (중국과 유럽처럼) 같은 운동이 일어났다.[135]

따라서 어떤 관점에서는 여성운동은 노동운동보다 더 국제적인 성격을 갖추고 있었다. 운동 참여자의 확장이라는 면에서 보자면——최소한 잠재적 가능성으로는——여성운동이 더 광범위한 사회적 기초를 갖고 있었고 사회적 안정을 해친다는 이유로 쉽게 탄압받지도 않았다. 1914년 이전에는 (자치령을 제외한) 모든 식민지 국가와 비식민지 이슬람세계에서는 여성운동 조직이 출현하지 않았지만 중국에서는 그런 조직이 생겨났다. 그러나 일부 국가에서는 1920년 이전에 여성들이 소규모로 가정을 벗어나 공공영역으로 진출하기 시작했다. 이런 활동은 초기에는 흔히 전통적인 교회의 빈민구제 사업을 벗어난 자선활동의 형태를 띠었다.[136]

대다수의 초국가적 운동이 그랬지만 여성운동의 역사를 그 시작부터 초국가적 현상으로 해석하는 것은 지나치게 단순한 분석이다. 더 의미 있는 질문은 개별적인 단체의 연결이 증가·강화되다가 마지막에 조직으로 형성된 임계점이 어디였느냐는 것이다. 어떤 조직이 화제의 중심이 된다면 역사 연구자로서는 그 조직이 구체적으로 형성된 시점을 찾아낼 수 있으므로 문제는 상대적으로 단순해진다. 1888년 워싱턴 DC에서 열린 제2회 국제여성대회가 그런 임계점의 표지였다. 이 회의를 통해 탄생한 국제여성평의회(International Council of Women, ICW)는 단 하나의 투쟁목표를 추구하는 상설 초국가 여성조직은 아니었다. 평의회는 출발점에서부터 여성참정권론자들만의 연합은 아니었고 하부에 각국의 여성연합회를 거느린 우산조직이었다.

1907년, ICW는 전 세계 400-500만 여성의 대변인이라 공언했다. 그러나 이때 유럽과 북아메리카를 제외하면 오스트레일리아와 뉴질랜드만 평의회 구성원이었다(남아프리카는 1908년에 가입했다). 에버딘 부인(Lady Aberdeen)이 1893-1936년 동안 (단기간 자리를 내놓은 시간을 제외하고) 장기간 ICW 회장을 역임했다. 그는 스코틀랜드 귀족 출신으로서 처음 평의회 회장으로 선출되었을 때 영국의 캐나다 총독 부인이었다.

이런 종류의 초국가적 조직이 그러하듯 ICW 조직에도 얼마가지 않아 분열이 발생해 독립된 새 조직이 생겨났다. ICW는 갈수록 보수적으로 변해가면서 충돌을 피해가고 친귀족·친왕실의 경향이 강해졌다. 그럼에도 불구하고 ICW의 사회적 공헌은 탁월했다. ICW는 몇몇 나라의 여성단체와 연대하여 각국의 정치운동을 자극했다. 1888년은 국제적으로 연대한 여성운동이 시작된 해였다.[137]

이 같은 새로운 시작이 필요했다는 것은 놀라운 사실이다. 국제적인 여성운동은 메리 울스턴크래프트(Mary Wollstonecraft) 같은 작가와 몇몇 사회주의자가 불을 붙인 여성의 사회적·정치적 역할에 관한 논쟁이 있던 1830년대에 이미 등장했기 때문이다. 이 시기에 조르주 상드(George Sand) 같은 여성은 여성해방과 여성의 공개적인 활동을 대표했고, 루이제 오토 페터스(Louise Otto-Peters)는 저널리즘 분야에서 다양한 활동을 시작했고, 사회주의자 플로라 트리스탄(Flora Tristan)은 비판적인 시각으로 신흥 공업사회를 비평했고, 해리엇 테일러(Harriet Taylor)는 여성인권의 핵심사상을 구상하고 있었다(그의 사상은 사후에 남편 밀 J. S. Mill의 『여성의 종속』*On the Subjection of Women*으로 정리되어 가장 열정적인 자유주의 철학저작으로 남게 된다). 유럽대륙에서 여성운동은 1848년의 혁명시기에 첫 번째 고조기를 맞았다가 종결된다. 반동정치 세력이 프랑스, 독일, 오스트리아의 여성운동을 탄압하고 새로운 법규를 만들어 여성의 정치집회 참여를 금지시킨다. 여성운동에 협력했던 사회주의 단체와 독립교회에 대한 탄압은 시민사회의 기반에 대한 타격이었다.

개인적으로는 비극을 가져온 이러한 후퇴가 역설적으로 국제적인 여성운동의 발전을 자극했다. 1세대 여성운동의 몇몇 중요 인물이 자유의 정도가 비교적 높은 국가—주로 미국—로 피신하는데 성공했고 그곳에서 기왕의 운동을 계속했다. 미국에도 이미 여성조직이 있었지만 유럽에서 온 여성들이 가세함으로써 조직은 활기를 찾고 역량이 강해졌다. 그러나 이런 상승세는 지속되지 못했다. 50년대 중반에 여성운동은 정점에 이르렀다. 그 후 노예제 문제—많은 여성운동가가 이 문제 앞에서 여성의 권리쟁취를 위한 투쟁은 잠시 부차적 위치로 물러나야 한다고 주장했다—가 여성운동 조직 내부의 의견을 분열시켰고 19세기 50, 60년대 유럽의 각종 정치운동이 국가화하면서 유럽은 국제운동에 새로운 동력을 제공할 수 없게 되었다.

60년대 초, 국제 여성운동 조직은 희소해졌다. 그러므로 우리는 25년 뒤의 여성운동을 새로운 시작이라고 할 수 있는 것이다.[138] 최소한 운동의 조직화란 면에서 보자면 그렇다. 19세기 내내 비공식적이었던 개인적 연결 통로는 유지되었다. 이런 연결망을 통해 여행자, 선교사, 가정교사, 예술가, 기업가의 신분으로 대서양 양안의 여성들이 연결되었다. 오늘날까지도 사람들은 이 사실에 대해 많이 알지 못한다.[139] 시간이 흐르자 대영제국도 여성의 연대가 개념과 행동의 수준에서 감지되는 공간으로 변했다. 빅토리아시대의 여성주의자들은 인도여성의 법률적 지위를 개선하는 데 힘을 쏟았고, 중국의 부녀자 전족(纏足)을 반대하는 운동은 중국 현지에서 이 문제에 관심을 가진 영국과 미국 여성들의 지지를 받았다.[140]

노동운동이나 여성운동과는 달리 평화주의자들은 처음부터 국내 정치체제 내에서 발언권을 추구하지 않았다.[141] 그들은 국가 내부에서부터 개별 민족국가의 군사화에 반대하는 투쟁을 벌일 수 있었지만 그 미약한 영향력을 국제무대에서의 활동에 집중시켰다. 전쟁의 공포와 폭력에 대한 비판은 유럽, 인도, 중국의 오랜 사상 유파 가운데 하나였다.

1815년 이후 전쟁혐오 정서가 퍼져 있던 유럽에서 부분적으로는 종교에 기원을 둔 ── 예컨대 퀘이커주의(Quakerism)와 메노주의(Mennonism) ── 평화주의 운동이 다시 고개를 들었다(최소한 영국에서는 그랬다).[142] 평화주의는 구체적인 전쟁경험이나 미래의 무력분쟁이 가져올 공포를 강조하여 대중의 지지를 끌어내려 했다. 이런 방식은 전쟁이 재발한 시대인 19세기 60년대에 효과를 보았다. 이 시기에 유럽에서 새로운 평화주의 추종자들이 대거 등장했고 평화주의는 확산되었다. 1867년, 제1회 '평화와 자유 대회'가 제네바에서 열렸고 그 뒤로 소규모의 유사한 집회가 지속적으로 열렸다.

1889년, 평화주의 운동은 국경을 초월한 압력집단이 되었다. 이해에 310명의 평화주의 활동가들이 파리에 모여 제1회 세계평화대회를 열었다. 이 대회는 1913년까지 23차례 열렸다. 제24회 세계평화대회는 1914년 빈에서 열리게 되어 있었다. 국제평화운동의 영향력이 최고조에 이르렀을 때는 약 3,000명이 회의에 참석했다.[143]

평화운동은 북대서양 지역을 기반으로 한 유럽의 운동이었다. 기타 지역에서는 아르헨티나와 오스트레일리아에서만 평화협회가 만들어졌다. 스스로 전쟁을 주도할 수 없는 식민지 국가에서 국제적인 관점에서 움직이는 평화주의가 뿌리내리기는 어려웠다(간디의 비폭력운동은 일종의 내부저항 전략이었다).

일본은 1868년 이후 군사강국 건설이란 국가노선을 흔들림 없이 추구해왔다. 일본에서 평화주의는 메이지시대에 개별 학자 또는 소집단의 신념이었고 대중적인 영향력을 갖지 못했다. 일본 최초의 평화주의자는 키타무라 도코쿠(北村透谷, 1868-94)였다. 다른 모든 평화주의자와 마찬가지로 그도 당시 일본에서 배척받던 기독교로부터 가르침과 자극을 받아 반역자로 비난받는 위험을 감수했다.

1902년, 인도에 망명중이던 중국 철학자 캉유웨이(康有爲)가 저서 『대동서』(大同書)를 통해 유토피아 사회의 청사진을 제시했다. 이 책은 1935년이 되어서야 완간되었지만 정치적인 영향력은 없었다.[144] 중국과 오스만제국은 다른 나라에 위협이 되지 못했다. 오히려 두 나라는 얼마 안 되는 군대로 자신을 지키기도 벅찬 형편이었다. 그들에게 평화주의는 다른 세상의 일이었다. 19세기의 평화운동은 '자연적인' 사회적 기초와 목표 집단을 갖추지 못한 채 개인의 도덕관념에서 출발했으며, 노동운동이나 여성운동과 비교할 때 주도하는 개인의 카리스마에 의존하는 정도가 더 높았다. 따라서 아래에서 서술하는 사건들은 중요한 의미를 갖는다.

베르타 폰 주트너(Bertha von Suttner)의 풍부한 설득력과 감염력을 가진 소설 『무기를 내려놓으라!』(Die Waffen nieder!)(1889)는 국제적인 성공을 거두었다. 스웨덴의 화약 발명가 알프레드 노벨(Alfred Nobel)은 노벨상에 평화상을 증설했고 이 상은 1901년부터 수여되기 시작했다. 노벨 평화상의 첫 번째 수상자는 앙리 뒤낭과 프랑스 정치가 프레데리크 파시(Frédéric Passy)였다(1905년 수상자는 베르타 폰 주트너).

미국의 철강재벌 앤드류 카네기(Andrew Carnegie)는 거대한 부의 일부를 평화를 유지하고 국제적인 이해를 촉진하는 일에 사용했다. 평화운동의 주류는 군비축소가 아니라 국제 중재제도의 수립이었다. 평화운동가들은 어느 날 세계가 평화로워지리라는 사치스런 꿈을 갖고 있지 않았으며 현실주의에서 출발하여 (크리미아전쟁 이후로 사라져버린) 기본적인 협상제도를 세우려고 노력했다.

90년대에 전쟁을 부추기는 경솔한 언론이 유럽을 소란하게 만들었고 아프리카와 아시아에서 제국주의의 침략은 더욱 강화되었다. 이런 배경에서 국제적인 평화운동의 열기는 정점에 도달했고 그 최대의 성취가 1899년에 열린 제1차 헤이그평화회의였다. 이때 열강은 중국을 노리고 있었고, 미국은 필리핀 정복전쟁을 일으켰으며, 남아프리카에서는 보어인과 영국인의 전쟁이 서막을 열고 있었다. 적십자회 창립대회와는 달리 이때의 회의는 개인의 이름으로 소집할 수 없었고 반드시 어느 정부의 공식발의가 있어야 했다.

역설적이게도 이때의 평화회의를 소집한 나라는 유럽에서 가장 전제적인 러시아 차르 정부였다. 러시아가 나선 동기는 평화에 대한 순수한 도덕적 열정이 아니었다. 군비경쟁이 가열되면서 재정적으로 궁핍한 상황에 빠지게 된 러시아는 곤경을 벗어날 출로를 찾으려 했다. 제1차 헤이그평화회의에 이어 1907년에 제2차 헤이그평화회의가 열렸다. 두 차례 회의는 국제법의 중대한 개혁을 이루어냈으나 중재제도를 수립한다는 목표는 달성하지 못했다. 그들은 국제체제를 개혁하는 일에는 관심이 없었고 평화회의의 전통을 이어가는 데도 관심이 없었다. 1899년, 26개 참여국 가운데서 유럽 이외의 국가는 여섯 나라(미국, 멕시코, 일본, 중국, 태국, 이란)뿐이었다. 이것은 국제체제 가운데서 실제적인, 또는 감지되는 국가의 역량 분포를 반영했다.

평화회의는 결코 국가 간의 긴밀한 협력을 바탕으로 태어난 것이 아니라 개별 인물 간의 밀접한 협력 덕분에 생겨났다. 요컨대 평화회의는 평화주의자들의 초국가적 클럽이었다. 회의의 문제는 그 영향력이 강대국 정치를 움직일 수준에 이르지 못했다는 것이었다. '헤이그 정신'은 정책결정자의 사고를 바꾸어놓을 수 없었다.[145]

19세기 후반에 각국 정부가 군사력의 과시가 아니라 국제관계에 관심을 기울였더라면 그들은 평화운동이 아니라 국제 협력체계를 만드는 데 주력했을 것이다.[146) 국제법이 국가 간의 관계를 긴밀하게 해주는 도구 또는 수단이었을 때 국제법은 "공존의 법에서 협력의 법으로" 바뀌었고 그 목표는 "국가 간의 협력을 통해 공동으로 초국가적 목적을 실현하는 것"이 되었다.[147) 강력한 구속력을 갖춘 조약이 있고 그것이 전문가들의 정기적인 회의를 통해 유지되었을 때 (과거에 존재했던 것과는 다른) 기대했던 초국가적 법이 생겨났다. 그 결과는 기술, 통신, 국경을 초월하는 교역 등 무수한 영역에서 역사에 유례가 없는 표준화였다. 이 책의 제2장에서는 전 세계 시간의 통일에 관해 이미 언급했다.[148) 같은 시기에 도량형, 우편(만국우정연맹은 1875년에 결성되었고 만국우정협약은 1878년에 체결되었다), 철도궤도의 폭, 철도시각표, 그 밖의 몇 가지 분야가 큰 범위에서 간소화되고 표준화되었다.[149) 큰 범위라고 말하는 이유는 (진정한 의미에서 전 세계적으로 통일된 것이 아니라) 개별 기능의 체계가 복잡하고 하나로 통일되지 않아서 부닥치는 문화적·정치적 장애의 강약에 차이가 있기 때문이다.

결국 우편업무의 통일은 세계의 수없이 많은 화폐와 지급수단의 통일보다 용이했다. 이 시기의 마지막 단계, 즉 1차 세계대전을 전후하여 19세기에 시작된 모든 조정과 통일 과정이 전부 완성되지는 않았으며 일부는 오늘날까지도 계속되고 있다. 중요한 것은 19세기에 사람들이 이러한 규제의 필요성을 인식하고 그것을 실현하기 위해 최초의 몇 걸음을 내디뎠다는 사실이다. 세계의 대부분 지역에서 아직도 이런 방식을 통한 통일 과정이 수용되지 않고 있다는 것은 놀라운 일은 아니다. 중국은 오늘날까지 국제사회와 완전히 겸용되는 화폐를 가져본 적이 없다. 이런 시각에서 보자면 19세기 후반기는 20세기까지 연속되었다고 할 수 있다.

다른 각도에서 보자면 과거와의 연속성은 흔치 않았다. 근대 초기에 유럽에는 여러 가지 형태의 철학적·과학적 보편주의가 존재했지만 '현대세계체제'(임마누엘 월러스타인Immanuel Wallerstein의 이론)에 비추어볼 때 초국가적 교역 관계를 제외하면 이 시기에 유럽을 초월하는 체계적 연결은 형성된 것이 거의 없었다. 그 유산과 학설은 옛 체제의 답습이었다. 그래서 라이프니츠의 구상을 따라 보조적 세계어를 채용하자는 새로운 제안이 나왔던 것이다.

이 제안의 가장 널리 알려진 결과물은 폴란드의 안과의사 루도비코 라자로 자멘호프(Ludwik Łazarz Zamenhof)가 창안해 1887년에 제안한 '에스페란토'(Esperanto)다. 에스페란토는 콘스탄츠의 신부 요한 마르틴 슐라이어(Johann Martin Schleyer)가 창조한 세계어 '볼라퓌크'(Volapük)보다 앞서 태어났다. 1912년, 세계어를 가르치는 단체가 1,500여 개였고 유럽과 북아메리카 이외 지역의 세계어 단체는 매우 적었다. 이들 언어세계주의자들은 지구공동체의 진정한 소통을 꿈꾸었지만 세계어는 생명력 있는 매체가 되지 못했다.[150]

장기적인 관점에서 볼 때 매우 성공적인 제안인 고대 올림픽운동 이념을 부활시키자는 주장의 시발점은 근대 초기보다 더 오래된 시대로 거슬러 올라간다. 최초에 (주로 영국에서) 소수의 그리스 애호가와 스포츠 애호가들이 제안했고 그중에 친영국파의 프랑스 남작 피에르 드 쿠베르탕(Pierre de Coubertin)이 있었다. 이들의 열광적인 활동에 힘입어 1896년 첫 번째 현대 올림픽이 열렸다. 이후 올림픽은 큰 규모, 높은 명성, 경제적 영향력을 두루 갖춘 세계적인 스포츠 활동으로 성장했다.

드 쿠베르탕이 올림픽의 부활을 구상한 동기는 결코 평화로운 미래에 대한 철학적 고민이 아니었다. 프랑스의 이 젊은 귀족은 독일이 1870-71년의 전쟁에서 승리할 수 있었던 요인은 독일의 학교 체육 교육이 우수했기 때문이라고 확신했다. 그러나 1892년 이전에는 그는 이런 체육 민족주의를 말하지 않고 여러 국가 운동선수들 사이의 경쟁을 찬양했다.[151] 올림픽 종목 이외의 운동 종목—특히 오늘날 세계의 모든 대륙에 걸쳐 상업화된 남성 단체경기 ─ 이 국경을 넘어 유행하게 된 것 또한 19세기의 마지막 30, 40년에 발생하기 시작된 일이었다.[152]

대부분의 이분법적 사고가 그렇듯이 호전적인 권력정치와 국제적인 비정부 민간 평화운동을 선명하게 대립시키는 것은 지나치게 단순한 논리라 어느 쪽도 설득력을 갖기 어렵다. 현실에서는 이 두 극단 사이에는 중간 조정단계, 특히 일부 민족국가 정부가 국제주의를 자국의 외교정책에 이용하려는 시도 ─ 1908년 평화주의자 알프레드 프리트(Alfred H. Fried)는 이를 두고 "국가에 유익한 국제주의"라고 정의했다[153] ─ 가 있었다. 스위스와 특히 벨기에 두 나라는 국제화 전략을 국가 외교정책의 핵심요소로 설정했으며 구체적으로는 국제회의를 개최하고 국제적인 조직의 본부를 유치하기 위해 모든 기회를 이용했다.[154]

19세기 60년대에는 정부 간에 국제조직(IGO: International Governmental Organizations) ─ 정부의 자금지원을 받는 국제적인 정부조직 ─ 이 성립된 중요한 시기였다(비정부조직INGO인 적십자회도 이 시기에 태어났다). 1865년의 국제전보연맹(Internationalen Telegraphenunion Union) 설립을 시작으로 하여 1차 세계대전 때까지 30개가 넘는 IGO가 설립되었다.[155] 그중 대다수 조직이 식민지를 활동범위에 포함시켰다. 많은 수의 전문기술 회의가 열려 새로운 운송과 통신체계의 원활한 작동(예컨대 전보와 증기선의 정시운행)을 도모하고 국경을 초월한 지불을 보장하기 위한 법규범을 조정하고 정비했다. 일찍이 1851년부터 일련의 국제 공중위생 회의가 열린 사실은 특히 중요한 의미를 지닌다.[156]

전쟁, 평화, 국제정치의 시각에서 본다면 19세기는 1815년에 시작되었다. 19세기는, 세계의 일부 지역(유럽, 인도, 동남아시아, 중앙아시아 등)에서 군사적 폭력이 매우 빈번하게 사용되었던 긴 18세기를 이어받았다. 유럽대륙에서 1815-1914년의 100년은 그전 시기나 그 후 시기와 비교할 때 매우 평화로운 시기였다. 국가 간의 전쟁은 흔치 않았고 전쟁은 일어났다고 해도 그 파급 범위와 지속된 시간이 제한적이었다. 군대의 규모와 민간인 인구에 비하면 사망자 수는 상대적으로 적었다. 미국과 중국에서 대규모 내전이 발생했으나 유럽에서는 내전이 없었다. 무기기술, 철도, 총참모부, 의무병역제의 출현은 작전방식의 혁명적 변화를 가져왔다.

1914년이 되자 잠재되어 있던 에너지가 터져나왔다. 이때 시작된 세계대전이 그토록 오래 끌었던 원인 가운데 하나는 교전 쌍방의 주역이 동원할 수 있었던 수단이 상당한 정도로 동일했기 때문이다. 개별적인 전격전은 여전히 가능했지만 단지 며칠 사이에 적을 붕괴시키는 나폴레옹식의 전격전은 더 이상 가능하지 않았다. 19세기, 특히 1840년 이후로 군비경쟁을 통해 세력균형을 이룰 수 없었던 지역—예컨대 공업화 이전 시대의 군사문화를 유지하고 있던 아시아, 아프리카, 뉴질랜드, 북아메리카 내륙—을 상대로 했을 때는 유럽과 미국이 기술과 조직상의 우위를 보여주었다. '비대칭' 식민전쟁이 그 시기의 전형적인 폭력형식의 하나였다.

또 하나의 폭력형식은 '문호개방전쟁'이었다. 이 전쟁은 선택적인 대상을 상대로 하는 신속한 전쟁이었으며 목적은 영토점령이 아니라 상대의 정치적 순종과 서방으로 기우는 외교정책을 압박하는 것이었다. 군사력은 점차 그 수가 줄어드는 몇 개의 '강대국'에 집중되었다. '강대국'은 1880년 이후의 예외였던 일본을 제외하면 모두 지리적으로는 북반부에, 문화적으로는 서방에 분포되어 있었다. 지역적 세력 차이—이 때문에 무함마드 알리 치하의 이집트가 존경할만한 군사 강국으로 등장할 수 있었다—에도 불구하고 아프리카, 무슬림세계, 러시아 동쪽의 유라시아 평원지대에서 단 한 나라도 자국의 국경을 지켜낼 능력을 갖지 못했고 더 나아가 국가와 제국의 경계를 넘어 세력을 떨쳐보지 못하는 상황은 몇 세기만에 처음 출현했다. 1877-78년의 대 러시아 전쟁 이후 오스만제국도 결국 그런 능력을 상실했다. 브라질은 한때 강대한 지역 강국이었으나 결국은 한때로 끝나고 말았다.

이민, 교역, 통화협력, 자본이전을 통해 전 지구적 연결이 형성되어 가고 있던 시대에 전 지구적 정치질서는 세워지지 않았다. 유럽 여러 나라 가운데서 영토가 가장 넓은 제국이 일시적으로 경제적 우위를 차지하고 규범을 만드는 모델로서 존경받았으나 질서를 창조하는 만능의 제국에는 훨씬 미치지 못했다. 1814-15년에 유럽 강대국들은 놀라울 정도로 성공적인 평화질서를 만들어냈다. 그런 강대국들이 해외이익을 가진 제국으로서는 (비록 제국들 사이에 대규모 전쟁이 벌어지지 않았고, 18세기에 깊은 낙인을 남겨 놓은 영국과 프랑스의 대립―워털루전쟁을 포함하여 여러 차례의 전쟁―이 19세기에는 다시 전쟁의 불길을 피워 올리지는 않았으나) 근본적으로 여전히 무질서 상태에 빠져 있었다.

각국의 역사에 자리잡고 있던 헤아릴 수 없을 만큼 오래된 지역질서는 타파되고 해소되었다. 인도의 국가질서는 영국제국의 지역 질서로 재편되었다. 18세기에 청 왕조에 의해 완성된 중국의 고대질서는 조공국들이 열강의 식민지가 되면서 붕괴되었다. 일본은 아직 자신의 신질서를 세울 의지와 실력이 부족했고 1931년이 되어서야 그런 꿈을 가질 수 있었다. 그 꿈은 14년 동안 거대한 인명손실을 만들어냈다. 그러므로 빈회의 질서가 적용되던 유럽을 제외한 지역은 물론이고 크리미아전쟁 이후로는 유럽에서도 19세기의 특징은 규제된 무정부상태였으며, 사회적 다원주의-인종주의의 관점에서 해석된 자유주의 국제관계 사상이 1900년 무렵에 주류 이념이 되었다. 규제는 정치 이전의 영역에 머물고 있었고 국제적인 통일, 단결, 조화를 목표로 하는 개인 또는 기술적·행정적 시도가 분출하고 있었다. 이 모든 것이 세계대전의 폭발을 막을 수는 없었다. 세계대전이 종결된 후 사람들은 세계가 재난으로부터 교훈을 얻어 안정된 평화와 질서의 길로 들어서기를 바랐다. 그러나 10년도 채 지나지 않아서 이런 희망은 다시 파괴되었다.

주註

1) Scott, H. M.: *The Birth of a Great Power System, 1740-1815,* London 2006은 유럽 의 국제체제가 18세기 60년대부터 시작되었다고 주장한다(pp.121, 143f).

2) 전통적인 구분은 Bull, Hedley Norman: *The Anarchical Society: A Study of Order in World Politics,* London 1977, pp.8f를 참조할 것. 더 구체적이며 복잡한 역사적 분석으로서 Buzan, Barry/Little, Richard: *International Systems in World History. Remaking the Study of International Relations,* Oxford 2000, pp.90f를 참조할 것.

3) Dülffer, Jost: *Regeln gegen den Krieg? Die Haager Friedenskonferenzen 1899 und 1907 in der internationalen Politik.* Frankfurt a. Maim 1981, p.300

4) Baumgart, Winfried: *Europäisches Konzert und nationale Bewegung.* p.343.

5) 세부적인 묘사는 Wawro, Geoffrey: *Warfare and Society in Europe, 1792-1914,* London 2000, pp.55-57을 참조할 것.

6) 파노라마식의 개관으로는 Geyer, Michael/Bright, Charles: *"Global Violence and Nationalizing Wars in Eurasia and America. The Geopolitics of War in Mid-Nineteenth Century"* (Comparative Studies in Society and History, v.38[1996], pp.619-57에 수록).

7) Schroeder, Paul W.: *The Transformation of European Politics, 1763-1848,* 1815년 이전 시기에 관한 Schroeder의 관점은 날카로운 비판을 받았고 특히 비판의 대한 그의 답변(pp.323-32)도 날카로운 비판을 받았다. Krüger, Peter/Schroeder, Paul W.(ed.): *The Transformation of European Politics, 1763-1848. Episode or Model in Modern History?,* Münster, 2002를 참조할 것. 이 밖에도 관련된 기본 관점 으로서 Dülffer, Jost(et al.): *Vermiedene Kriege. Deeskalation von Konflikten der Grossmächte zwischen Krimkrieg und Erstem Weltkrieg, 1865–1914.* München 1997 을 참조할 것. 이 저작은 19세기 국제관계에 관한 가장 중요한 저작 가운데 하 나이다.

8) Bridge, F. R.: *"Transformation of the European States System, 1856-1914"* (Krüger, Peter/Schroeder, Paul W.(ed.): *The Transformation of European Politics, 1763-1848.* pp.255-72에 수록)는 설득력 있는 논설이다.

9) Hamilton, Charles Iain: Anglo-French naval rivalry, 1840-1870, Oxford 1993, pp.273-4.

10) Mommsen, Wolfgang J.: *Bürgerstolz und Weltmachtstreben. Deutschland unter Wilhelm II. 1890 bis 1918.* Berlin 1995, p.305.

11) Mahan 저작의 제목은 *The Influence of Sea Power Upon History, 1660–1783* (1890) 이다.

12) 1840-1914년의 군비확장 상황에 관해서는 Hobson, Rolf: *Imperialismus: Seemachtideologie, seestrategisches Denken und der Tirpitzplan 1875 bis 1914,*

München 2004를 참조할 것. 이 저작의 내용은 제목을 훨씬 초과한다.

13) Kolb, Eberhard: *"Stablilisierung ohne Konsolidierung? Zur Konfiguration des europaischen Machtesystem 1871-1914"* (Krüger, Peter[ed.]: *Das europäische Staatensystem im Wandel. Strukturelle Bedingungen und bewegende Kräfte seit der Frühen Neuzeit,* München 1996, pp.188-195에 수록).

14) Clark, Ian: *The Hierarchy of States. Reform and Resistance in the International Oredr,* Cambridge 1969, p.133

15) Lieven, Dominic: *Russia and the Origins of the First World War,* London 1983, pp.40f.

16) Mommsen, Wolfgang J.: *Großmachtstellung und Weltpolitik 1870–1914. Die Außenpolitik des Deutschen Reiches.* Berlin 1993, p.69.

17) Schroeder, Paul W.: *The Nineteenth-Century International System* (World Politics v.39 [1986], pp12-14).

18) James Monroe, Message to Congress, December 2, 1823 (Davis, David Brion/Mintz, Steven [ed.): *The Boisterous Sea of Liberty. A Documentary History of America from Discovery through the Civil War,* Oxford 1998, p.350에서 인용).

19) Steiger, Heinhard: *"Peace Treaties from Paris to Versailles"* (Lesaffer, Randall [ed]: *Peace Treaties and International Law in European History,* Cambridge 2004, pp.59 – 99 에 수록, 인용된 부분은 pp.66f).

20) 다른 해석에 관해서는 Kleinschmidt, Harald: *Geschichte der internationalen Beziehungen. Ein systemgeschichtlicher Abriß,* Stuttgart 1998, pp.312-17을 참조할 것.

21) 사례연구는 Dülffer, Jost(et al.): *Vermiedene Kriege*를 참조할 것.

22) Schieder, Theodor: *Staatensystem als Vormacht der Welt 1848–1918,* Frankfurt a.M. 1977.

23) Baumgart, Winfried: *Europäisches Konzert und nationale Bewegung*이 이런 견해를 제시했다.

24) Xiang Lanxin: *The Origins of the Boxer War. A Multinational Study,* London 2003.

25) Birmingham, David: *A Concise History of Portugal,* Cambridge 1993, pp.133, 135.

26) Waddell, D.A.G.: *"International Politics and Latin American Independence"* (Bethell, Leslie: *Cambridge History of Latin America,* v.3, Cambridge 1985, pp.197 – 228에 수록, 인용된 부분은 pp.199, 216-18). Knight, Alan: *"Britain and Latin America"* (Louis, W. Roger: *Oxford History of the British Empire,* v.3 [1999], pp.122 – 45에 수록). Cain, Peter J/Hopkins, A.G.: British Imperialism, v.2, pp.243 – 74.

27) Gregory, Desmond: *Brute New World. The Rediscovery of Latin America in the*

Early Nineteenth Century, London 1992.

28) Sondhaus, Lawrence: *Naval Warfare, 1815–1914,* London 2001, p.15.

29) Landes, David S.: *Wohlstand und Armut der Nationen. Warum die einen reich und die anderen arm sind,* Berlin 1999, p.342.

30) Kraay, Hendrik/Whigham, Thomas (ed.): *I Die with My Country. Perspectives on the Paraguayan War, 1864–1870,* Lincoln, NE 2004, p.1. 독일 관련 수치는 Wehler, Hans-Ulrich: *Deutsche Gesellschaftsgeschichte,* v.4, p.944에서 인용했다.

31) Hans Vogel: "Argentinien, Uruguay, Paraguay, 1830/1852 – 1904/1910" (Bernecker, Walther L.[et al. ed]: *Handbuch der Geschichte Lateinamerikas,* v.3, Stuttgart 1992 – 96. pp.694 – 98에 수록).

32) Collier, Simon/Sater, William F.: *A History of Chile,* p.139. Riekenberg, Michael: *Ethnische Kriege in Lateinamerika im 19 Jahrhundert,* Stuttgart 1997, pp.101-9.

33) König, Hans-Joachim: *Kleine Geschichte Lateinamerikas,* Stuttgart 2006, p.392

34) LaFeber, Walter: *The American Age. United States Foreign Policy at Home and Abroad since 1750,* New York 1989, p.110.

35) *Ibid,* p.164.

36) Major, John: *Prize Possession. The United States and the Panama Canal, 1903–1979,* Cambridge 1993, pp.34f, 78f(숫자는 p.83에 나온다).

37) LaFeber, Walter: *The American Age,* p.234.

38) Topik, *Trade* (1996), p.209.

39) Fisher, Michael H.: *Indirect Rule in India,* pp.255-7.

40) Lieberman, Victor: *Strange Parallels,* p.302.

41) 근대 초기의 국제관계사에 관한 중요한 저작인 Jansen, Marius B.: *China in the Tokugawa World,* Cambridge, MA 1998, ch.1을 참조할 것.

42) 조약의 내용은 Lu, David J.: *Japan,* v.2, pp.288-92를 참조할 것.

43) Auslin, Michael: *Negotiating with Imperialism.* 이 책도 16개의 우호통상조약 목록을 열거하고 있다. 일본의 주권이 제약을 사례에 관한 가장 뛰어난 저작은 Hoare, James E.: *Japan's Treaty Ports and Foreign Settlements* 이다. 특히 이 책의 chs.3, 8을 참조할 것.

44) Osterhammel, Jürgen: *China und die Weltgesellschaft,* chs.9-10과 Dabringhaus, Sabine: *Geschichte Chinas 1279–1949,* München 2006, pp.56-59, 145-57을 참조할 것. 더 이른 시기의 참고문헌은 Kim Key-hiuk: *The Last Phase of the East Asian World Order. Korea, Japan, and the Chinese Empire,1860–1882,* Berkeley, CA 1980이 있다.

45) Paine, Sarah C.M.: *The Sino-Japanese War of 1894–1895. Perceptions, Power, and Primacy,* Cambridge 2003.

46) Takeshi, Hamashita: *"Tribute and Treaties: Maritime Asia and Treaty Port Networks in the Era of Negotiations, 1800–1900"* (Arrighi, Giovanni[et al., ed.]: *The Resurgence of East Asia. 500, 150 and 50 Year Perspectives,* London 2003, pp.17 – 50에 수록).

47) Schmid, André: *Korea between Empires,* pp.56f.

48) Hildebrand, Klaus: *"Eine neue Ära der Weltgeschichte. Der historische Ort des Russisch-Japanischen Krieges"* (Kreiner, Josef [ed.]: *Der Russisch-Japanische Krieg [1904/05],* Göttingen 2005, pp.27 – 51에 수록. 인용된 부분은 p.43).

49) Howard, Michael: *War in European History,* London 1976, pp.100f.

50) Connelly, Owen: *The Wars of the French Revolution and Napoleon, 1792–1815,* London 2006, p.115.

51) Wawro, Geoffrey: *Warfare and Society in Europe,* p.33.

52) Pröve, Ralf: *Militär, Staat und Gesellschaft im 19.Jahrhundert.* München 2006, p.4.

53) Storz, Dieter: *"Modernes Infanteriegewehr und taktische Reform in Deutschland in der Mitte des 19.Jahrhunderts"* (Epkenhans, Michael/Groß, Gerhard P.(ed.): *Das Militär und der Aufbruch in die Moderne 1860 bis 1890,* München 2003, pp.209 – 30에 수록. 인용된 부분은 p, 217).

54) Agoston, Gabor: *Guns for the Sultan. Military Power and the Weapons Industry in the Ottoman Empire,* Cambridge 2005의 대부분의 내용은 17세기와 18세기에 관한 것이다. 19세기의 상황에 관해서는 Ralston, David B.: *Importing the European Army. The Introduction of European Verzeichnis der zitierten Literatur 1497 Military Techniques and Institutions into the Extra-European World, 1600–1914,* Chicago 1990, pp.43-78과 Grant, Jonathan A.: *Rulers, Guns, and Money. The Global Arms Trade in the Age of Imperialism,* Cambridge, MA 2007을 참조할 것.

55) Vandervort, Bruce: *Wars of Imperial Conquest in Africa, 1830–1914,* London 1998, pp.158-166. 에티오피아에 관한 내용은 Pankhurst, Richard: *The Ethiopians,* Oxford 1998, pp.188-193을 참조할 것.

56) Wawro, Geoffrey: *Warfare and Society in Europe,* p.127.

57) 일러전쟁의 세계적 영향에 관해서는 Aydin, Cemil: *The Politics of Anti-Westernism in Asia. Visions of World Order in Pan-Islamic and Pan-Asian Thought,* New York 2007, pp.71-92와 Kowner, Rotem (ed.): *The Impact of the Russo-Japanese War,* London 2007을 참조할 것.

58) Paine, Sarah C.M.: *The Sino-Japanese War of 1894–1895,* p.182. Sondhaus, Lawrence: *Naval Warfare,* pp.13f, 152.3

59) Walter, Dierk: *"Warum Kolonialkrieg?"* (Klein, Thoralf/Schumacher, Frank[ed.]: Kolonialkriege, pp.14 – 43에 수록. 특히 pp.17 – 26)와 같은 저작의 사례연구, 그

리고 Moore/Wesseling의 *"Imperialism and War"*를 참조할 것. 중요한 참고문 헌은 Wesseling, H.L.: *"Les guerres coloniales et la paix armée, 1871–1914. Esquisse pour une étude comparative"* (같은 저자의 *Histoires d'outre-mer. Mélanges en l'honneur de Jean-Louis Miège*, v.1, Aix-en-Provence 1992, pp.105‒26에 수록)을 참조할 것.

60) Belich, James: *The New Zealand Wars and the Victorian Interpretation of Racial Conflict*, Montreal 1986, pp.323f.

61) Tone, John L.: *War and Genocide in Cuba, 1895–1898*, Chapel Hill, NC 2006, p.193(pp.153-177에 Weyler의 인물묘사가 있다). 또한 Everdell, William R.: *The First Moderns. Profiles in the Origins of Twentieth-Century Thought*, Chicago 1997, pp.116-26도 참고했다. Gott, Richard: *Cuba. A New History*, New Haven, CT 2004, pp.93-7.

62) Nasson, Bill: *The South African War*, pp.220-24.

63) Miller, Stuart Creighton: *"Benevolent Assimilation." The American Conquest of the Philippines, 1899–1903*, New Haven, CT 1982, pp.164,208-210을 참조할 것.

64) Laband, John: *Kingdom in Crisis. The Zulu Response to the British Invasion of 1879*, Manchester 1992, p.14.

65) Lieven, Michael: *"'Butchering the Brutes all over the Place.' Total War and Massacre in Zululand, 1879"* (History, v.84 [1999], pp.614‒32에 수록).

66) Spiers, Edward M.: *The Late Victorian Army 1868–1902*, Manchester 1992, p.335. 같은 책의 pp.272‒300도 작전방식에 관한 훌륭한 분석이다. Wesseling 의 통계에 따르면 1871‒1914년 사이에 영국은 23차례의 식민전쟁을 치렀고 프랑스는 40차례, 네덜란드는 32차례였다(*"Les guerres coloniales et la paix armée,"* p.108). 또한 Marx, Christoph: *Geschichte Afrikas*, pp.133f를 참조할 것.

67) Vandervort, Bruce: *Wars of Imperial Conquest in Africa*, pp.174-77.

68) *Ibid*, p.49.

69) Lee Ki-baik: *A New History of Korea*, Cambridge, MA 1984, p.212.

70) Esdaile, Charles J.: *Fighting Napoleon. Guerrillas, Bandits, and Adventurers in Spain, 1808–1814*, New Haven, CT 2004, p.176.

71) Hobsbawm, Eric J.: *Sozialrebellen*, Neuwied 1962, 특히 ch.2..

72) Teng Ssu-yü: *The Nien Army and Their Guerilla Warfare, 1851–1868*, Paris 1961.

73) Showalter, Dennis: *The Wars of German Unification*, London 2004, pp.315-27.

74) Blanning, Timothy C.W.: *The French Revolutionary Wars 1787–1802*, London 1996, p.101. 최근 출판된 Bell, David A.: *The First Total War. Napoleon's Europe and the Birth of Modern Warfare*, London 2007은 이에 대해 과장된 묘사를 하고 있다.

75) Broers, Michael: *Europe under Napoleon 1799–1815*, pp.70-77. 다른 관점은

Connelly, Owen: *The Wars of the French Revolution and Napoleon,* p.117을 참조할 것.

76) Förster, Stig/Nagler, Jörg: *"Introduction"* (Förster, Stig/Nagler, Jörg [ed]: *On the Road to Total War. The American Civil War and the German Wars of Unification, 1861–1871,* Cambridge 1997, pp.1-25에 수록. 인용된 부분은 pp.6f).

77) Wawro, Geoffrey: *Warfare and Society in Europe,* pp.19, 89, 155f. 같은 저자의 *The Franco-Prussian War. The German Conquest of France in 1870–1871,* Cambridge 2003, pp.75, 84. Nasson, Bill: *The South African War,* p.75. Elleman, Bruce A.: *Modern Chinese Warfare, 1795–1989,* London 2001, p.41.

78) McPherson, James M.: *Battle Cry of Freedom,* p.664. Wawro, Geoffrey: *Warfare and Society in Europe,* p.155. Urlanis, Boris Z.: *Bilanz der Kriege. Die Menschenverluste Europas vom 17.Jahrhundert bis zur Gegenwart,* Berlin (DDR) 1965, p.99.

79) 개괄적으로 묘사한 Steinberg, John W., (et al. ed.): *The Russo-Japanese War in Global Perspective. World War Zero,* Leiden 2005를 참조할 것.

80) Moorehead, Caroline: *Dunant's Dream. War, Switzerland and the History of the Red Cross,* London 1998, pp.1-7.

81) Steinbach, Matthias: *Abgrund Metz. Kriegserfahrung, Belagerungsalltag und nationale Erziehung im Schatten einer Festung 1870/71,* München 2002, p.45.

82) Langewiesche, Dieter: *"Eskalierte die Kriegsgewalt im Laufe der Geschichte?"* (Baberowski, Jörg [ed.]: *Moderne Zeiten? Krieg, Revolution und Gewalt im 20.Jahrhundert,* Göttingen 2006, pp.12-36에 수록).

83) Grove, Eric: *The Royal Navy since 1815. A New Short History,* Basingstoke 2005, pp.39-68.

84) Deng Gang: *Maritime Sector, Institutions, and Sea Power of Premodern China,* Westport, CT 1999, p.195(tab.4.3).

85) Wright, Mary C.: *The Last Stand of Chinese Conservatism. The T'ung-Chih Restoration, 1862–1874,* Stanford, CA 1957, p.220.

86) Sondhaus, Lawrence: *Naval Warfare,* pp.3, 52, 73, 103, 133f, 150-2.

87) Jansen, Marius B.: *The Making of Modern Japan,* p.277.

88) Ville, Simon: *"Shipping Industry Technologies"* (Jeremy, David J. [ed.]: *International Technology Transfer. Europe, Japan and the USA, 1700–1914,* Aldershot 1991. pp.74-94에 수록. 인용된 부분은 p.83 [Tab. 5.2]). 해군 함대의 건설상황에 관해서는 Evans, David C./Peattie, Mark R.: *Kaigun. Strategy, Tactics, and Technology in the Imperial Japanese Navy, 1887–1941,* Annapolis, MD 1997, pp.1-31을 참조할 것.

89) Kreiner, Josef: *"Der Ort des Russisch-Japanischen Krieges in der japanischen*

Geschichte" (Kreiner, Josef [ed.]: Der Russisch-Japanische Krieg (1904/05), Göttingen 2005, pp.53-76, 인용된 부분은 p.57).

90) Evans, David C./Peattie, Mark R.: *Kaigun,* p.124.

91) Edsall, Nicholas C.: *Richard Cobden. Independent Radical.* Cambridge, MA 1986 은 19세기에 가장 영향력 있던 비직업 정치가의 생애에 관한 가장 좋은 저작 이다.

92) Lee Ki-baik: *A New History of Korea,* pp.268f. Beasley, W.G.: *"The Foreign Threat and the Opening of the Ports"* (Hall, J.W.: *Cambridge History of Japan,* v.5, 1989, pp.259-307에 수록, 인용된 부분은 p.307).

93) 이에 관한 훌륭한 개설서로서 Gollwitzer, Heinz: *Geschichte des weltpolitischen Denkens.* v.2, pp.23-82를 참조할 것. 또한 전쟁 발발 이전의 분위기에 관해 서는 Joll, James: *Die Ursprünge des Ersten Weltkriegs,* München 1988, pp.265-307도 참조할 것. Cassels, Alan: *Ideology and International Relations in the Modern World,* London 1996, chs.3-6. 지명도가 그리 높지 않은 스웨덴의 지정학자 Johan Rudolf Kjellén (1864-1922)의 저작들은 이 주제에 관해 광범위하게 개괄했다.

94) Crook, David P.: *Darwinism, War and History. The Debate over the Biology of War from the "Origin of Species" to the First World War,* Cambridge 1994, p.63을 참조 할 것.

95) Gollwitzer, Heinz: *Die gelbe Gefahr. Geschichte eines Schlagworts. Studien zum imperialistischen Denken,* Göttingen 1962.

96) 참조할만한 최근의 저작은 없고, Koch, Hannsjoachim: *Der Sozialdarwinismus. Seine Genese und sein Einfluß auf das imperialistische Denken,* München 1973은 여 전히 참고할만한 저작이다.

97) Gluck, Carol: *Japan's Modern Myths. Ideology in the Late Meiji Period,* Princeton, NJ 1985, p.206.

98) Chang Hao: *"Intellectual Change and the Reform Movement, 1890–8"* (Fairbank/ Twitchett, *Cambridge History of China,* v.11, [1980], pp.274-338에 수록, 인용 된 부분은 pp.296-98). 또한 Pusey, James Reeve: *China and Charles Darwin,* Cambridge, MA 1983, pp.236-316를 참조할 것.Liang에 대해서는 비판적인 태도를 보이고 있다).

99) Black, Antony: *The History of Islamic Political Thought,* p.304.

100) 전면적인 묘사로서 Windler, Christian: *La diplomatie comme expérience de l'autre. Consuls français au Maghreb (1700–1840),* Genf 2002를 참조할 것.

101) 매카트니 사절단의 건륭황제 알현 상화에 관해서는 Hevia, James L.: *Cherishing Men from Afar. Qing Guest Ritual and the Macartney Embassy of 1793,* Durham, NC 1995을 참조할 것.

102) Scott, Hamish M.: *The Birth of a Great Power System*, p.278.

103) Vandervort, Bruce: *Wars of Imperial Conquest in Africa*, p.85.

104) Scott, Hamish M.: *The Birth of a Great Power System*, pp.275f.

105) Gong, Gerrit W.: *The Standard of "Civilization" in International Society*, Oxford 1984. Bull, Hedley/Watson, Adam (ed.): *The Expansion of International Society*, Oxford 1984, pp.8–12. Frey, Linda/Frey, Marsha: The History of Diplomatic Immunity, Columbus, OH 1999, pp.384–421. ; Jörg Fisch: *"Internationalizing Civilization by Dissolving International Society: The Status of Non-European Territories in Nineteenth-Century International Law"* (Geyer, M.H./ Paulmann, Johannes (ed.): *The Mechanics of Internationalism. Culture, Society, and Politics from the 1840s to the First World War*, Oxford 2001, pp.235 – 57에 수록). 일본의 상황에 관해서는 Henning, Joseph M.: *Outposts of Civilization*을 참조할 것.

106) 상세한 묘사는 Farah, Caesar E.: *The Politics of Interventionism in Ottoman Lebanon, 1830–1861*, Oxford 2000을 참조할 것.

107) Owen, Roger: *The Middle East in the World Economy 1800–1914*, London 1981, pp122–35. Osterhammel, Jürgen: *China und die Weltgesellschaft*, pp.211–18. Mommsen, Wolfgang J.: *Der europäische Imperialismus. Aufsätze und Abhandlungen*, Göttingen 1979, pp.85–148. 금융제국주의에 관한 연구 성과로서는 아직도 이 저작을 을 능가하는 저작은 아직 없다. Barth, Boris: *Die deutsche Hochfinanz und die Imperialismen. Banken und Außenpolitik vor 1914*, Stuttgart 1995는 독일의 이 방면 상황에 관한 모범적인 저작이다.

108) 주로 Lipson, Charles: *Standing Guard. Protecting Foreign Capital in the Nineteenth and Twentieth Centuries*, Berkeley, CA 1985, pp.37–57을 참고했다.

109) Anderson, Matthew. S.: *The Rise of Modern Diplomacy 1450–1919*, London 1993, pp.103–11. Girault, René: *Diplomatie européenne et impérialismes*, pp.13–19.

110) Headrick, Daniel R.: *The Invisible Weapon. Telecommunications and International Politics, 1851–1945*, New York 1991, p.17.

111) 상세한 서술은 King, Michael: *The Penguin History of New Zealand*, pp.156–67을 참조할 것. Belich, James: *Making Peoples. A History of the New Zealanders from Polynesian Settlement to the End of the Nineteenth Century*, Honolulu 1996, pp.193–97.

112) Kinji Akashi: *"Japanese 'Acceptance' of the European Law of Nations: A Brief History of International Law in Japan, c.1853–1900"* (Stolleis, Michael/Masaharu Yanagihara [ed.]: *East Asian and European Perspectives on International Law*, Baden-Baden 2004, pp.1 – 21에 수록, 인용된 부분은 p.9).

113) Paulmann, Johannes: *Pomp und Politik. Monarchenbegegnungen in Europa zwischen Ancien Régime und Erstem Weltkrieg,* Paderborn 2000, pp.295f.

114) Keene, Donald: *Emperor of Japan. Meiji and His World, 1852–1912,* New York 2002, p.308.

115) Georgeon, François: *Abdulhamid II. Le Sultan Calife,* Paris 2003, pp.31-35.

116) Wright, Denis: *The Persians amongst the English. Episodes in Anglo-Persian History,* London 1985는 문화와 외교를 넘나드는 훌륭한 저작이다. 이 책의 pp.121-40은 샤의 두 차례 방문(1873, 1889년)을 기술하고 있다.

117) Keene, Donald: *Emperor of Japan.* p.308.

118) Hall, D.G.E.: *A History of South-East Asia,* Basingstoke 1981, pp.629f

119) Mawer, Granville Allen: *Ahab's Trade. The Saga of South Seas Whaling,* New York 1999, pp.97f.

120) Grewe, Wilhelm G.: *Epochen der Völkerrechtsgeschichte,* Baden-Baden 1988, p.554.

121) Jelavich, Barbara: *Russia's Balkan Entanglements 1806–1914,* Cambridge 1991, p.172.

122) Traxel, David: *1898. Year One of the American Century,* New York 1998. 저널리스트가 쓴 이 책은 이런 분위기를 거꾸로 포착하고 있다.

123) Dülffer, Jost(et al.): *Vermiedene Kriege,* pp.615-39. Mommsen, Wolfgang J.: *Großmachtstellung und Weltpolitik 1870–1914,* pp.213-27.

124) Keddie, Nikki R.: *"Iran under the Later Qajars, 1848–1922"* (Bailey, H.: *Cambridge History of Iran,* v.7 [1991], pp.174-212에 수록. 인용된 부분은 pp.195f). Keddie, Nikki R.: *Qajar Iran and the Rise of Reza Khan, 1796–1925,* Costa Mesa, CA 1999, pp.37-39.

125) 인용문의 출처는 Osterhammel, Jürgen: *China und die Weltgesellschaft,* p.222 이다. 파업과 불매운동에 관해서는 Wang Guanhua: *In Search of Justice. The 1905–1906 Chinese Anti-American Boycott,* Cambridge, MA 2001을 참조할 것.

126) Quataert, Donald: *Social Desintegration and Popular Resistance in the Ottoman Empire, 1881–1908. Reactions to European Economic Penetration,* New York 1983, pp.121-45.

127) Lauren, Paul Gordon: *Power and Prejudice. The Politics and Diplomacy of Racial Discrimination,* Boulder, CO 1988, pp.57, 76-101. 또한 Shimazu Naoko: *Japan, Race and Equality. The Racial Equality Proposal of 1919,* London 1998도 참조할 것.

128) Boli, John/Thomas, George M.: *"INGOs and the Organization of World Culture"* (같은 저자의 [ed.] *Constructing World Culture. International Nongovernmental Organizations since 1875,* Stanford, CA 1999. pp.13-49에 수록, 인용된 부분은

p.23 [Diagramm 1.1]).

129) Moorehead, Caroline: *Dunant's Dream*, p.125. 또한 Riesenberger, Dieter: *Für Humanität in Krieg und Frieden. Das Internationale Rote Kreuz 1863–1977*, Göttingen 1992도 참고했다.

130) Chi Zihua: *Hongshizi yu jindai Zhongguo [Das Rote Kreuz und das moderne China]*, Hefei 2004, pp.52f.

131) Lyons, Francis S.L.: *Internationalism in Europe 1815–1914*, Leiden 1963, p.263. 아직도 이 고전적 저작을 능가하는 저작은 없다.

132) 관련 내용은 주로 비교적 초기의 문헌인 Braunthal, Julius: *Geschichte der Internationale*, v.1 – 3, Hannover 1961 – 71을 참조했다. Joll, James: *The Second International 1889–1914*, London 1974.

133) Jansen, Marius B.: *The Making of Modern Japan*, p.491.

134) Bock, Gisela: *Frauen in der europäischen Geschichte. Vom Mittelalter bis zur Gegenwart*, München 2005, p.179.

135) McClain, James L.: *Japan*, pp.381f.

136) Badran, Margot: *Feminists, Islam and Nation. Gender and the Making of Modern Egypt*, Princeton, NJ 1995, pp.47–51의 이집트 사례연구를 참조할 것.

137) Rupp, Leila J.: *Worlds of Women. The Making of an International Women's Movement*, Princeton, NJ 1997, pp.15–21. Karen Offen은 1878–90년이 페미니즘이 국제화한 중요한 시기라고 주장한다. 그의 저작 *European Feminisms, 1700–1950. A Political History*, Stanford, CA 2000, pp.150f를 참조할 것.

138) Anderson, Bonnie S.: *Joyous Greetings. The First International Women's Movement, 1830–1860*, New York 2000, pp.24f, 204f.

139) McFadden, Margaret H.: *Golden Cables of Sympathy. The Transatlantic Sources of Nineteenth-Century Feminism*, Lexington, KY 1999, 특히 부록 A–F를 참조할 것.

140) 인도에 관한 서술은 Burton, Antoinette: *Burdens of History. British Feminists, Indian Women, and Imperial Culture, 1865–1915*, Chapel Hill, NC 1994, chs. 4-5를 참조할 것.

141) 그러나 평화주의는 때로는 선명한 주장을 내세우는 반침략 국가주의 노선을 피해갈 수는 없다. Grossi, Verdiana: *Le pacifisme européen 1889–1914*, Brüssel 1994, pp. 219f를 참조할 것. 이 저작은 평화주의 운동을 전면적으로 소개한 가장 뛰어난 책이다.

142) Ceadel, Martin: *The Origins of War Prevention. The British Peace Movement and International Relations, 1730–1854*, Oxford 1996.

143) Cooper, Sandi E.: *Patriotic Pacifism. Waging War on War in Europe, 1815–1914*, New York 1991, pp.219f.

144) K'ang Yu-wei, *Ta T'ung Shu* (1974), 특히 pp.77f. 권위 있는 관점으로서 Hsiao Kung-chuan: *A Modern China and a New World. K'ang Yu-wei, Reformer and Utopian, 1858–1927,* Seattle 1975. pp.456f를 참조할 것.

145) Dülffer, Jost: *Regeln gegen den Krieg?* 는 헤이그평화회의에 관한 비교 대상이 없는 뛰어난 저작이다.

146) 이 관점은 저명한 편저 Geyer, Martin H./Paulmann, Johannes (ed.): *The Mechanics of Internationalism. Culture, Society, and Politics from the 1840s to the First World War,* Oxford 2001에서 인용했다.

147) Vec, Miloš: *Recht und Normierung in der industriellen Revolution. Neue Strukturen der Normsetzung in Völkerrecht, staatlicher Gesetzgebung und gesellschaftlicher Selbstnormierung,* Frankfurt a.M. 2006, p.379.

148) 이 책 제2장을 참조할 것.

149) Geyer, Martin H.: "One Language for the World" (Geyer, Martin H./Paulmann, Johannes: *The Mechanics of Internationalism*, pp.55 -92에 수록). 가장 뛰어난 개설서는 Murphy, Craig N.: *International Organization and Industrial Change. Global Governance since 1850,* Cambridge 1994, pp.46 -118이다.

150) Forster, Peter Glover: *The Esperanto movement,* The Hague 1982, p.22 (Tab. 3).

151) Young, David C.: *The Modern Olympics. A Struggle for Revival,* Baltimore, MD 1996, pp.68-70, 85.

152) 축구에 관해서는 Goldblatt, David: The Ball is Round. A Global History of Football, London 2006, pp.85-170을 참조할 것.

153) 인용문의 출처는 Herren, Madeleine: *Hintertüren zur Macht. Internationalismus und modernisierungsorientierte Außenpolitik in Belgien, der Schweiz und den USA 1865–1914,* München 2000, p.1이다.

154) *Ibid,* 특히 벨기에에 관한 내용.

155) 조직 목록은 Murphy, Craig N.: *International Organization and Industrial Change,* pp.47f를 참조할 것.

156) *Ibid,* pp.57-9.

제 10 장

혁명

필라델피아로부터 난징시를 거쳐
상트페테르부르크로

'자유'란 구호를 내세우고 '진보'란 깃발을 흔들어야 한다는
협소한 관점을 버리고, '특수한 영향을 미치는 집단적인 항의사건이며
이전 정권의 집권자 그룹에 속하지 않은 사람들이 주도하는 정치제도의 변경'을
혁명이라고 한다면 긴 19세기 전체가 혁명의 시대였다.
정치적 현대는 『미국독립선언』(1776), 『미국헌법』(1787), 『인간과 시민의 권리선언』
(1789), 『프랑스의 식민지 노예제폐지법령』(1794), 볼리바르의 『앙고스트라연설』 등과
같은 혁명시대의 위대한 문건들과 함께 시작되었다.

◀ 미국 「독립선언」(Declaration of Independence)

▶ 프랑스의 「인간과 시민의 권리선언」

(Déclaration des droits de l'Homme et du citoyen)

◀ 장 자크 데살린(Jean-Jacques Dessalines)

1804년, 나폴레옹 보나파르트는 스스로 황관을 머리에 얹고 황제를 칭했다.
같은 해에 장 자크 데살린(Jean-Jacques Dessalines)이 보나파르트보다 앞서
프랑스의 가장 풍요로운 식민지 아이티에서 독립을 선포하고
황제(자크 1세)가 되었다. 식민지 신분제도는 무너지고
그 자리에 자유로운 흑인 소농으로 구성된 평등 사회가 들어섰다.

▶ 투팍 아마루 2세(Tupac Amaru II)

1780-21년에 스페인령 아메리카에서 잉카 왕 투팍 아마루 2세를 자처하는
호세 가브리엘 콘도르칸키(José Gabriel Condorcanqui)가 주도한 대규모 봉기가 발생했다.
이 봉기는 스페인령 아메리카에 대규모 민중 저항운동을 일으킬 수 있는
세력이 잠복하고 있음을 증명해 주었다.

CHARLESTON MERCURY

EXTRA:

Passed unanimously at 1.15 o'clock, P. M. December 20th, 1860.

AN ORDINANCE

To dissolve the Union between the State of South Carolina and other States united with her under the compact entitled " The Constitution of the United States of America."

We, the People of the State of South Carolina in Convention assembled, do declare and ordain, and it is hereby declared and ordained,

That the Ordinance adopted by us in Convention, on the twenty-third day of May, in the year of our Lord one thousand seven hundred and eighty-eight, whereby the Constitution of the United States of America was ratified, and also, all Acts and parts of Acts of the General Assembly of this State, ratifying amendments of the said Constitution, are hereby repealed; and that the union now subsisting between South Carolina and other States, under the name of "The United States of America," is hereby dissolved.

THE UNION IS DISSOLVED!

"연방은 와해되었다."

미국연방의 와해를 알리는 신문 호외

미국내전의 시발지인 찰스턴타운(사우스캐롤라이나주)에서 발행되던
『찰스턴 머큐리』(*Charleston Mercury*) 신문의 1860년 12월 20일 자 호외다.
미국내전은 제1차 세계대전보다 훨씬 '필연적'이었다.
건국의 아버지들이 노예제 문제에 대해 명확한 해석을 해놓지 않았던 것이
환란의 씨앗이 되었다. 교전 쌍방은 '자유'를 입에 달고 다녔다.
북부는 노예에게 자유를 주라고 요구했고
남부는 계속해서 노예를 소유할 수 있는 자유를 주장했다.

◀ 토마스 클락슨(Thomas Clarkson, 1760-1846)
1807년 광범위한 노예무역 반대 시민운동이 의회를 움직여
'노예무역'을 '범죄'로 바꿨으며, 공식적으로 불법화시켰다.
이 운동을 이끈 핵심인물은 목사였던 클락슨이었다.
이후 1834년에는 영국제국 내에서 노예제가 폐지되었다.

▶ 조시아 웨지우드(Josiah Wedgwood, 1730-95)
노예제 폐지운동은 유럽역사에서 처음으로
다양한 비폭력 선전기법을 이용한 운동이었다. 또한,
처음으로 상인(웨지우드, 도자기회사 경영주)이 주도한 항의 활동이면서
광범위한 지지를 받은 사회운동이었다.

조시아 웨지우드가 제안해 노예제폐지운동 단체가 사용한 휘장
"나는 인간이며 형제가 아닙니까?"

▶ 태평천국 천왕부의 왕좌
◀ 태평천국의 동전

태평천국은 기독교 구세주 사상을 기반으로 한 종교국가였다.
명청전쟁 이후 중국 역사상 가장 큰 전쟁이었으며
인류 역사를 통틀어도 손꼽히는 내전이었다. 태평천국은
짧은 시간 안에 전통적인 유교질서와 완전히 대립되는 통치모형을 실현했다.
그러나 훗날 중화인민공화국의 관변사학자들이 주장한 바와는 달리 태평천국은
절대적인 평등주의, 나아가 원시공산주의를 추구하지 않았다.
태평군이 적에게 보여준 야만적인 잔혹함과 그 적이 태평군에게 되갚아준
피비린내 나는 보복은 19세기 역사에서 유례를 찾아볼 수 없다.
1851~64년 사이에 중국 동부의 인구가 가장 많은
3개의 성(장쑤, 저장성, 안후이성)에서 주민 수가 43퍼센트나 줄었다.

천경공방전, 태평천국 수도 난징 탈환전투
중국 오우여(吳友如, 1840-93)가 1886년에 그렸다.
천경은 지금의 난징으로 태평천국이 수도로 삼았다.
이 전투는 태평천국이 국가의 형태로 수행한 마지막 전투였고
14년간의 태평천국운동이 사실상 끝나게 된다.

세포이 항쟁을 보도한 신문기사의 삽화
(『일러스트 런던 뉴스』(*Illustrated London News*) 1857년 7월 11일 자)

1857년 7월 칸푸르 대학살로 시작된 이 사건을 영국은 '인도 반란'이라고 부르고
인도에서는 '항쟁'이라고 부른다. 이 봉기는 농민항쟁이 아니라
세포이들의 항명으로 시작되었다. 세포이는 동인도회사에서 고용한 용병이고
현대 인도군의 이등병 계급을 일컫는다. 퇴직 연금 지급 중단,
진급 불이익 등 크고 작은 문제가 있었고, 폭발의 촉매는 인도병사를 강제로
기독교로 개종시키려 한다는 소문이었다. 또한, '화약 탄포 문제'가 있었는데
영국인이 소와 돼지의 기름을 칠한 소총 탄포를 사용한다는 소문이 퍼졌기 때문이다.
세포이들은 힌두교나 이슬람교를 믿었기 때문에 이는 치명적이었다.
영국군에 압도되어 항쟁을 시작한 지 2년 만인 1859년 7월에 완전 진압되었다.
이후 영국은 직접 통치로 전환하고 동인도 회사를 해체한다.

▲ 의화단운동을 진압한 뒤 베이징을 점령하고
자금성 안에 집결한 연합군(일본, 러시아, 영국, 프랑스, 미국, 독일,
이탈리아, 오스트리아-헝가리) 1900년 11월 28일

의화단운동(義和團運動)은 청나라 말기 산둥 지방, 화베이 지역에서 의화단(義和團)이
일으킨 외세 배척 운동이다. 이후 베이징 시내까지 의화단원들이 모습을 나타내자
베이징 주재 각국 공사들은 베이징으로 자국의 군대를 끌어들이기로 결정한다.
사실상 통보한 셈인데 당시 중국은 이를 거절할 힘이 없어 가급적 늦춰달라고
요구할 뿐이었다. 하지만 5월 30일 영국, 프랑스, 러시아, 미국의 4국 공사는 총리아문에
군대를 베이징에 불러들일 수밖에 없다는 뜻을 밝혔다. 연합군이 베이징을 점령하고
자금성으로 진격하자 8월 15일, 서태후는 측근들과 함께 베이징을 탈출한다.

▼ 포로가 된 의화단 병사

의화단원 간부 처형
연합군은 베이징을 점령한 뒤 살인, 약탈, 강간 등의 범죄를 저질렀다.
목적은 의화단 색출이었으나 희생자는 대부분 민간인이었다고 전해진다.
또한, 수많은 문화제를 약탈했고 신축조약이 체결될 때까지 13개월을 주둔했다.
이 조약은 어마어마한 배상금과 외국군 주둔 등을 담고 있다.
사실상 청나라의 주권을 심각하게 침해했고 청나라는 무방비 상태가 되었다.

1. 혁명
아래로부터, 위로부터, 예기치 않은 방향으로부터

혁명의 철학적 개념과 구조적 개념

다른 어떤 시기와 비교하더라도 19세기의 정치는 혁명적 정치였다. 19세기의 정치는 '오래된 권리'를 보호하지 않았으며, 미래를 바라보며 국부적인 이익(특수 '계층' 혹은 계층 연맹의 이익)을 민족 전체의 이익 또는 더 나아가 인류 전체의 이익으로 끌어올렸다. 유럽에서 '혁명'은 정치사상의 핵심적인 이념이 되었으며 처음으로 '좌익'과 '우익'을 나누는 잣대가 되었다. '긴' 19세기 전체가 혁명의 시대였다.

정치지도를 보면 한눈에 알 수 있다. 세계에서 가장 큰 공화국이 북아메리카에서 탄생한 1783년부터 1차 대전 종결 후 전 세계에 퍼져나간 경제위기가 폭발한 때까지의 두 시점 사이에 세계에서 가장 오래되고 가장 강대한 국가조직이 역사의 무대 뒤로 사라졌다. 그것은 아메리카(최소한 캐나다 이남의 지역)에 있는 영국과 스페인의 식민지, 프랑스 부르봉 왕조의 낡은 제도, 중국·이란·오스만제국·러시아·오스트리아·헝가리 제국·독일의 군주정이었다. 1865년 이후의 미국 남부의 각 주, 1868년 이후의 일본, 식민종주국이 현지 통치집단의 권력을 완전히 빼앗고 직접 식민통치를 실행한 지역에서 잇달아 혁명적인 변혁이 일어났다. 상술한 모든 사건은 구제도의 외피가 여전히 존속하는 상황에서 인물만 교체한 것이 아니라 새롭고 합법적인 기초를 가진 신제도를 만들어냈다. 신제도 설립 이전의 구세계로 되돌아갈 길은 끊겼다. 전 세계의 어느 지역에서도 이전의 왕조가 복원되고 혁명 이전 상태가 회복된 곳은 없었다.

미국이 태어난 1783년은 국가의 새로운 형태의 초석이 놓인 해였다. 이런 결과를 가져온 혁명의 물결은 일찍이 18세기 60년대에 꿈틀거리기 시작했다. 본질을 말하자면 혁명의 시대는 바로 이때 막을 열었다. 그렇다면 19세기는 한 차례의 혁명이 시대의 처음부터 끝까지 이어졌을까 아니면 여러 차례의 혁명이 발생한 시대였을까. 어느 쪽 해석도 충분한 이유를 갖고 있다. 역사철학을 기반으로 하는 관점은 단수의 혁명을 선호하고 구조를 중시하는 관점은 복수의 혁명을 지지한다.

미국혁명과 프랑스대혁명을 경험했거나 주도한 사람은 새로운 혁명의 독자성을 강조한다. 그들의 시각으로는 1776년과 1789년 필라델피아와 파리에서 발생한 사건은 인류 역사에서 전례가 없는 일이었다. 북아메리카에서는 식민지 13개 주가 영국 왕실로부터의 독립을 선언했고 프랑스에서는 시민들이 자발적으로 국민제헌의회를 구성했다. 이렇게 역사는 전례가 없는 연동상태를 연출했다. 이전의 폭력적 변혁이 새로운 병에 오래된 술을 담는 것이었다고 한다면, 그래서 결국 이전으로의 복귀였다고 한다면, 미국과 프랑스의 혁명가들은 시대의 경계를 부수고 직선형 진보의 길을 열었다고 할 수 있다. 그들은 처음으로 형식적 평등의 원칙을 사회 공동생활의 기초로 확립했으며, 통치자가 규제와 제약을 받아들이며 전통과 왕실의 카리스마를 벗어던지고 시민공동체를 향해 직접 책임을 지도록 만들었다. 계몽시대의 목표를 달리하는 두 혁명은 정치적 현대성의 시작을 알렸다. 이후 현존 질서의 옹호자는 반동적 반혁명 세력이 되거나 '보수주의자'로 변신해야 했다.

두 혁명—그중에서도 프랑스대혁명이—은 새로 출현한 분리선을 따라 양극으로 분화했다. 분리선은 전과는 달리 엘리트집단이나 종교단체 사이에서가 아니라 대립되는 세계관을 가진 진영 사이에서 나타났다. 동시에 그들은 영원히 화해할 수 없는 대립된 입장으로 인류의 화해를 요구했다. 이를 두고 한나 아렌트(Hannah Arendt)는 "혁명의 현대성에 대해 말한다면 가장 전형적인 특징은 처음부터 모든 인류의 해방을 요구했다는 사실보다 중요한 것은 없다"고 썼다.[1] 그가 인용한 구절은 두 혁명을 다 경험했고 영향을 미쳤던 한 인물의 입에서 나왔다. 1776년, 영국인 토머스 페인(Thomas Paine)은 이와 같은 논조를 통해 유럽 계몽주의운동의 가장 뜨거운 화두인 '인류'의 진보를 영국 시민의 부분적인 저항운동과 연결시켰다. 그는 "미국이 추구하는 명분은 대부분 인류 전체를 위한 명분"이라고 썼다.[2] 만약 미국혁명과 프랑스대혁명의 강령이 구구절절 진실이었다고 한다면 모든 혁명의 강령은 "완전히 새로운 시작을 향한 열정"(아렌트의 말)과[3] 저항자의 이기심을 뛰어넘어 더 많은 사람의 이익을 대표했다고 할 수 있다.

이런 의미에서 하나의 혁명은 보편적인 호소력을 지닌 지역적 사건이다. 더 나아가 1776년과 1789년의 혁명이 우연히 발생했기 때문에 혁명이념이 태어났다. 이후의 모든 혁명은 이러한 이념의 자양분을 흡수하며 자라났다. 달리 말해 혁명은 모두가 모방이었다.

혁명에 대한 이러한 철학적 정의는 협소한 관점이라고 하지 않을 수 없다. 더 나아가 혁명은 '자유'란 구호를 내세우고 '진보'란 깃발을 흔들어야 한다는 주장은 한 층 더 협소한 관점이라고 할 수 있다. 이것은 또한 서방에서 발명되었으나 다른 곳에서는 받아들여지지 않던 보편성을 일반화하려는 시도일 수 있다. 혁명의 목적과 그 철학적 근거를 따지거나 역사철학에서 말하는 '대혁명'의 특수한 작용을 기준으로 하지 않고, 관찰할 수 있는 구체적인 사건과 실제적인 결과만을 기준으로 한다면 우리는 더 넓은 공간에서 더 많은 혁명을 만날

수 있다.[4]

혁명은 특수한 영향을 미치는 집단적인 항의 사건이며 이전 정권의 집권자 그룹에 속하지 않는 사람들이 주도하는 정치제도의 변경이다. 개념의 정확성을 중시하는 사회과학자의 신중한 표현을 빌려서 정의한다면 혁명은 "신엘리트가 성공적으로 구엘리트를 전복시키고(통상적으로 상당한 폭력과 대중 동원을 통해) 정권을 탈취한 후 사회구조와 함께 권위의 구조를 근본적으로 바꾸는" 사건이다.[5]

이 정의는 역사철학의 시각에서 혁명을 논하지 않으며 따라서 그 속에 현대성의 열정은 보이지 않는다. 거의 모든 지역에서 어느 시기에나 이런 의미의 혁명은 있었다. 문헌으로 기록된 역사 전체를 통해 사람들이 평상적이라 생각하던 모든 것이 뒤집어지고 뿌리 뽑힌 극단적인 사건은 끊임없이 일어났다. 이러한 혁명에 관한 통계수치가 있다면 아마도 깊은 영향을 준 중대한 전환기적 사건 가운데서 군사적 점령이 초래한 사건이 혁명이 유발한 사건보다 많을 것이다.

점령자가 승리한 상대는 단지 한 무리의 군대만은 아니었다. 그들은 패배한 국가를 점령하여 그 나라의 엘리트를 소멸시켰고, 그들의 권력을 박탈했으며, 그들의 지위를 대체했고, 이국의 법률을 도입했으며, 심지어 때로는 이국의 종교까지 들여왔다. 19세기에도 이런 현상은 세계 각처에서 보편적이었다. 그러므로 영향력과 후유증이란 면에서 본다면 식민정복은 문자 그대로 '혁명적'이었다. 대부분의 경우 피정복자에게 그것은 과거의 생활방식과 단절되어야 하는 고통스러운 경험이었다. 옛 엘리트들은 물리적으로 살아남았어도 새로운 주인들 아래로 들어가야 하는 모멸을 견뎌야 했다. 이민족 식민 지배자들이 권력을 장악할 때 협상을 벌인 경우는 거의 없었다. 많은 경우에 아프리카인, 아시아인 또는 남태평양 제도의 원주민 대부분에게 이런 상황은 혁명과 다름없었다. 더 나아가 장기적인 관점에서 볼 때 식민주의의 혁명적 성격은 원주민 사회에서 새로운 집단이 성장할 수 있는 공간을 만들어주었고 그리하여 두 번째 혁명의 기초를 닦아 주었다. 많은 국가에서 진정한 사회적·정치적 혁명은 탈식민화 시기 또는 탈식민화 시기 이후에 발생했다. 혁명적 단절은 식민시기의 시작과 종결의 표지였다.

이민족의 정복을 '혁명'으로 보는 관점은 18세기와 19세기 유럽에서는 오늘날보다 더 보편적이었다. 1644년 명 왕조의 붕괴와 함께 시작되어 그 뒤로 수십 년을 더 지속한 만주족의 중국 정복 과정은 19세기 초 유럽 문필가들의 갖가지 묘사 가운데서 극단적으로 '혁명적인' 사건이었다. 유럽의 오래된 정치언어는 혁명의 개념을 제국의 흥망성쇠와 긴밀하게 연결시켰다. 1776-88년 사이에 — 혁명이 막 시작된 시기다! — 출간된 에드워드 기번(Edward Gibbon)의 로마제국 흥망을 묘사한 저작은 제국의 멸망을 불러온 몇 가지 요인의 상호작용(내란, 엘리트계층의 교체, 외부의 군사적 위협, 제국 주변부의 이탈, 파괴적인 사상과 가치관의 전파)을 분석했다. '안장형 시기'에 혁명이 발생한 정치적 원인은 앞에서 열거한 요인과 다르지 않았다. 달리 표현하자면, 오래된 유럽의 정치적 개념은 대규모 변혁에 대해 전방위적인 해석을 내놓았다. 이를 바탕으로 하여 우리는 18세기 마지막 30, 40년 동안에 출현한 새로운 사건을 이해하는 길을 찾을 수 있다.

새로운 '선형' 역사 이해와 오래된 '주기성' 역사 이해를 대립관계로 파악하는 것은 지나치게 단순한 논리다. 1815년의 워털루전투가 프랑스 패권 주기의 종결을 의미하지 않는다면 다른 해석은 무엇인가? 순수한 '전(前)현대'의 모형을 찾는 사람이라면 분명히 찾아낼 것이다. 예컨대, 프랑스에서 혁명적인 사건이 일어나고 있던 바로 그 시기에 (오늘날의) 나이지리아에서는 기번이 서술한 사건의 복사판과 같은 사건이 일어났다. 그것은 오요제국(Oyo Empire)의 붕괴였다. 이 제국은 중심부에서 일어난 엘리트의 내분과 지방 각 성에서

발생한 봉기 때문에 붕괴되었다.[6]

역법 상의 19세기(1800-1900년)는 통상적인 혁명사에서는 특별한 의미를 갖지 못한다. 이 세기에 북아메리카와 프랑스에서 혁명의 성과가 나타났지만 '대'혁명은 일어나지 않았다. 1800년 무렵 혁명의 주사위는 이미 던져졌고 그 후에 일어난 모든 일은 영웅적인 시작의 모방이거나 무기력한 복습이었다. 또는 비극이 끝난 뒤의 광대극이거나 1789-94년에 진행되었던 위대한 봉기를 소란스러운 소규모로 흉내낸 것에 불과했다. 이런 시각에서 볼 때 역사는 1917년 러시아에서 다시 한번 전례가 없는 극을 연출했다고 할 수 있다.

유럽에서 19세기는 혁명의 시대라기보다는 반항의 세기였다. 19세기에 저항은 보편적으로 발생했으나 국가라는 정치무대에서 임계점을 넘은 경우는 거의 없었다. 특히 1849-1904년(즉, 1차 러시아혁명 기간)에는 유일한 예외인 1871년의 실패한 파리 코뮌을 제외하면 유럽에서 혁명은 일어나지 않았다. 찰스 틸리(Charles Tilly)의 통계수치를 보면 1842-91년에 유럽에서는 49차례의 '혁명적 상황'이 발생했고 1792-1841년에는 98차례 발생했다.[7] 그 가운데서 대부분의 상황은 그 잠재력이 지속적인 효력을 갖는 혁명적 행동으로 전환되지 못했다.

혁명의 변종과 경계선 사례

그러나 미국과 프랑스에서 발생한 두 차례 기반혁명에 얽매이지 않고 혁명의 구조적 개념에서 출발하여 먼 곳을 바라본다면 더 많은 혁명적 사건이 시야에 들어올 것이다. 또한, 이 두 혁명의 비할 바 없는 신화에 지나치게 매혹되지 않는다면 다양한 형태의 제도붕괴와 집단폭력의 사례를 발견하게 될 것이다. 그전에 우리는 먼저 두 개의 질문에 답해야 한다.

첫째, 성공한 혁명만 혁명이라고 불릴 수 있는가? 극적이기는 했지만 목적을 달성하지는 못한 권력탈취 시도는 혁명이라 불릴 수 없는가? 혁명의 이론에 관한 가장 뛰어난 사회학적 연구는 혁명을 다음과 같이 정의한다.

"혁명은 하층 집단이 정권과 사회의 기초를 바꾸려는 시도다."[8]

그렇다면 혁명은 극단적인 의도를 지닌 대규모의 미완성 시도도 포함하게 된다. 그런데 성공과 실패는 어떤 상황에서도 분명하게 구분될 수 있는가? 승리가 패배로부터 나와 세상을 뒤집어놓은 경우는 없는가? 반대로 승리한 혁명이 폭력을 통제하지 못해 자신의 기반을 무너뜨린 상황은 없는가?

성공과 실패의 문제는 흔히 지나치게 학술적으로만 다루어진다. 19세기에 살았던 사람들은 이 문제를 동태적으로 파악했다. 그들은 자신이 느낀대로 혁명을 이해했다. 그들은 지원하거나, 환영하거나, 두려워하면서 혁명의 동향을 주시했다. 역사가는 이런 생각의 흐름을 따라가는 연구과정을 통해 이를 현실에서 발생한 운동의 기준으로 적용할 수 있다. 현존하는 제도를 소멸시키려는 목표를 지닌 운동이 국가 정치무대에서 위상을 확보하고 현존하는 제도에 맞서는 대항세력이 되거나 최소한 어느 정도의 시간 동안 대항력을 유지할 때 우리는 이것을 혁명이라 불러야 할 것이다.

19세기에 발생한 가장 유명한 두 예를 들어보자. 프랑크푸르트의 성 파울 교회에서 국민의회가 열리고, 자신의 군대를 보유한 반란정부가 짧은 기간 동안 바덴, 작센(Sachsen), 부다페스트, 로마, 베네치아, 피렌체에서 권력을 장악한, 즉 1848-49년에 유럽에서 일어난 일은 혁명이었다. 1850-64년 중국에서 일어난 태평천국운동은 서방에서 통상적으로 말하듯 반란이 아니라 혁명이었다. 태평천국운동을 펼친 사람들은 현존하는 정부에 맞서 온전한 조직을 갖춘 국가를 십수 년 동안 유지했으며, 현존하는 질서를 뒤집어놓은 변종의 질서를 세웠다.

둘째, 현존하는 통치관계를 심각하게 흔들어 놓거나 소멸시키는 혁명은 반드시 '아래에서' 시작되는가? 다시 말해 혁명은 국가와 엘리트계층이 설정한 권력 분배에서 어떤 선택도 할 수 없기 때문에 무시된 자신의 이익을 지키기 위해 집단적 폭력이란 수단을 선택한 사회구성원들에 의해서만 발동되는가? 아니면 현존 제도 내부에서 화장을 고치는 정도의 개혁에 그치지 않고 제도의 변혁을 시도하는 일부 엘리트가 직접 발동하는 혁명은 생각해볼 수 없는가?

'위로부터'의 혁명은 단순히 일종의 표현방식(façon de parler)을 넘어 여러 가지 함의를 지닌다.[9] 혁명 그 자체는 불가피하게 '일상화'되지 않을 수 없고 그 결과로 대중 동원력을 상실한다. 따라서 혁명의 목적을 달성하기 위해서는 국가권력이란 도구를 사용하는 관료기구로 발전한다. 이 과정에서 최초의 혁명가들은 소외되거나, 타도되거나, 심지어 제거된다. 나폴레옹과 스탈린은 이런 유형의 '위로부터의 혁명가'에 속했다. 이와는 다른 하나의 가능성은 저돌적인 보수주의로―현대화를 통해 국가의 실력을 강화함으로써―혁명의 발생을 예방하는 방식이다. 비스마르크(특히 프로이센 수상 시절)와 이탈리아 수상 카부르(Camillo de Cavour) 같은 반자코뱅파 정치가들이 바로 그런 '백색혁명가'였다. 그들은 주도권을 잃지 않으려면 시대의 흐름을 거스르지 않아야 한다는 것을 알고 있었다(이것은 영국 지배계층의 오랜 통찰력이었다). 그러나 '백색' 혁명으로는 엘리트 교체가 불가능하고 새로운 엘리트 집단―예컨대 민족주의·자유주의 성향의 중산계급―이 추가될 뿐이었다. 그들은 새로운 체제의 창조가 아니라 현존하는 체제의 보강을 통해 현상유지를 추구했다. 비스마르크는 독일에 프로이센 체제를 남겨놓았고 카부르는 피에드몬트 모형을 이탈리아 전체에 확산시켰다. 그러므로 '백색' 혁명이란 화법은 모호하고 영향력도 제한적이다.

그러나 19세기에는 정확하게 정의하기 어려운 상황이 분명히 존재했다. 어떤 국가에서는 부차적인 지위에 있던 엘리트들이 전체 국가의 정치·사회 질서를 재구성하고 그것을 통해 자신도 재탄생했다. 1868년의 메이지유신은 가장 급진적인 '위로부터'의 혁명적 실험이면서 혁명이란 명칭을 거부하고 합법성의 근거를 초대 천황이었던 진무 천황(神武天皇) 등극 초기에 시정방침을 회복하는 데서 찾았다. 메이지유신은 대다수 유럽 정치평론가들의 시야 밖에서 일어났고 관련된 지식은 유럽인의 혁명과 개혁에 관한 이해에 아무런 영향을 미치지 않았다. 일본의 엘리트들에게는 '홍색' 사회혁명의 전망에 대한 두려움보다는 서방의 강압에 굴복한 문호개방이 가져올 무수한 후유증에 대한 두려움이 더 컸다. 따라서 천황 직접통치의 외피를 걸친 정치체제 개혁을 합법화하기 위해 현실에서 현존 제도를 철저히 타파하려는 일련의 조처를 '유신' 또는 '회복'으로 위장했다.

두세기 반 동안 교토(京都)의 황실은 아무런 실권도 갖지 못한 잊힌 존재였고 통치권을 실제로 쥔 사람은 에도(江戶)막부의 장군이었다. 1868년 메이지천황이 왕정복고를 선포하고 막부를 폐지했다.[10] 유신의 핵심세력은 통치자의 지위를 차지하고 있던 옛 엘리트 계층(영주)의 구성원이 아니라 영주를 보필하면서 특권을 누렸던 소집단 무사, 녹봉을 받고 칼을 찰 수 있는 권리를 지녔던 하층 귀족계급 출신이었다. 19세기 초가 되자 무사의 직능 가운데서 남은 것이라고는 행정업무뿐이었다.

이처럼 혁명을 예방하거나 보편적인 원칙을 전파하는 것이 목적이 아닌, 빠른 시간 안에 효율을 높이려는 혁신 방식이 일본 사회에 미친 영향은 미국혁명과 프랑스대혁명이 각자의 발원지에 미친 영향에 뒤지지 않았다. 그러나 그 역사적 배경은 불공정과 언론자유 결핍에 대한 저항이 아니라 '부국강병'을 통해 전 지구적 경쟁에 참여하기 위해 성장 중인 국가의 목표였다. 이 나라는 처음부터 전 지구적 경쟁의 새로운 규칙을 받아들였을 뿐만 아니라 그것을 적극 활용하려 했다. 메이지유신이 추진한 사회혁신의 철저함은 비스마르크가 추진한 독일 민족국가의 건설 과정도 따라오지 못할 정도였다. 막부군과 천황군의 짧은 군사적 충돌이 있은 뒤 몇 개의 과두집단이 중앙정권을 장악하고 내부개혁 정책을 실행했다. 이 정책이 현존하는 사회계급제도를 철저하게 무너뜨리지는 못했지만 무사계급의 이익과 배치되는 것만은 분명했다.

메이지 과두체제는 거의 예외 없이 바로 이 무사계급 출신이었다. 일본의 이러한 상황에 유럽식 혁명의 유형은 적용할 수가 없고, '위로부터'의 혁명이란 개념을 적용하기에도 모호하다. 메이지유신의 역사적 유형을 분류하기 위해서는 관점을 바꾸지 않으면 안 된다. 메이지유신은 19세기의 가장 철저하고도 가장 성공적인 부국강병 행동이었으므로 같은 시기의 유사한 국가전략과 비교해야 한다.[11] 메이지유신은 일본의 낡은 봉건제도를 종결시켰다는 점에서 형식상으로는 일본판 '부르주아혁명'이라고 할 수 있다. 메이지유신 과정에서 민중의 권리는 전혀 존중되지 않았으며 20여 년이 지나서야 중하층 민중은 이 정치체제 안에서 의견을 표시할 수 있는 통로를 갖게 되었다. 메이지유신의 전략을 실행하기 위해서는 순종적인 노동자만 있으면 족할 뿐 대중동원은 필요 없었다. 혁명적인 것은 메이지유신의 동기와 방법이 아니라 그 결과였다. 메이지유신은 위장된 이념을 동원해 진행된 과거와의 급진적인 단절이었으며 그 결과 미래의 공간이 갑자기 열리고 주변부에 머물러 있던 엘리트가 권력의 중심으로 돌아온 일이었다.

위기가 파급된 범위의 크기라는 관점에서 볼 때 명백하게 혁명으로 분류되기 어려운 현상이거나 과도적인 현상으로서 네 가지 사례가 있다. 이런 현상에 대한 고찰을 통해서 진정한 혁명의 특성이 부각될 수 있다.

1. 역사의 저압기류(Windschatten)*에서 발생한 혁명

베트남 중부 떠이선(西山)에서 세 형제가 1773년 봄에 시작한 저항운동이 20세기 이전 베트남에서 가장 규모가 큰 농민봉기로 발전했다. 그들은 빈자와 부자의 균등한 권리를 주장했고, 징세대장을 불태웠고, 부자들의 재산(토지는 제외)을 가난한 사람들에게 나누어주었다. 10만 명의 농민군을 이끌고 베트남 북부(통킹東京)로 진격하여 300여 년 동안 통치해오던 레(黎) 왕조를 무너뜨렸다. 레 왕조를 돕기 위해 개입한 중국과 태국의 군대를 몰아내고, 이웃한 라오스와 크메르로 진격했다. 중국과 포르투갈의 용병 그리고 '해적'이 양쪽 진영에 참가하여 싸웠다. 수많은 사람이 전장에서 죽거나 굶어서 죽었다. 떠이선 지도자들은 베트남 전체의 지배자가 되었고, 폭압적인 통치를 했고, 특히 소수민족과 화교를 무자비하게 탄압했다. 그들은 대중의 지지를 잃었다. 다른 군벌이 그들의 통치를 종결시키고 1802년에 후에(順化)에 응우옌(阮)왕조를 세웠다.[12]

2. 소규모 내전

역사서술에서는 흔히 생략되지만 유럽과 인근 지역에서 이런 내전은 적지 않았다. 전제주의 사상을 가진 스페인의 마지막 통치자 페르디난드 7세(Fernando VII)가 죽은 후 발생한 1833~49년의 내전(제1차 카를로스파전쟁Carlist War)은 스페인의 일부 지역을 전장으로 바꾸어놓았다.[13] 이 전쟁의 두 주역은 의회제를 지지하는 자유주의파와 고전적 반혁명 세력이었다. 바스크지역을 중요 거점으로 한 카를로스파는 자유주의와 '현대적' 사상에 기운 세력을 몰아내고 스페인을 천주교 신앙을 중심으로 통일시키고, 페르난도 7세의 조카 이사

---

* 고속으로 이동하는 물체의 진행방향 뒤쪽에 형성되는 저기압 영역. 반류(拌流) 또는 후류(後流)라고도 하고 영어로는 slipstream이라 한다.

벨라 2세 여왕(Isabella II, 1833-70년 재위)을 몰아내고, 전제제도를 찬성하고 16세기적 사고방식에 머물러 있는 카를로스 5세(Carlos V) 를 국왕으로 옹립하려 했다. 1837-38년, 쌍방의 군대는 나폴레옹 점 령시대를 연상케 하는 치열한 전투에 돌입했다. 1840년, 패배한 카를 로스파는 그래도 항복하지 않고 유격전으로 전환하여 쿠데타를 계 획했다. 1876년, 또 한번의 전투가 벌어졌고 카를로스파의 '나라 안 의 나라'(바스크Vasco, 나바라Navarra, 일부 카탈루냐Cataluña)는 완전 히 소멸되었다. 이후로 이 입헌군주국은 안정되었다.[14)]

전투의 규모는 상대적으로 작았지만 잔혹함에 있어서 쌍방의 우열 을 가릴 수 없던 1832-34년의 포르투갈 내전은 간헐적인 소규모 반 란의 형태로 1847년까지 지속되었다.[15)] 오스만제국의 레바논에서는 사회적 충돌과 종교적 갈등이 빈번하게 발생하는 데다 1840년 이후 로는 외세의 간섭까지 더해져 지역 간 적대감이 형성되었다. 1858- 60년에 수천 명이 학살되고 수십만 명이 난민이 되었다. 이 전쟁의 결과는 구제도의 붕괴나 혁명시대 이후의 반혁명이 아니라 국제협 상을 통한 헌법적 타협이었다. 이를 근거로 프랑스가 레바논에 대한 보호권과 간섭권을 갖는 조건하에서 1861년부터 독립국가로서 합법 적 지위를 갖는 레바논의 역사가 시작되었다.[16)]

3. 농민봉기

1848-49년, 합스부르크 군주국의 동부지역에서부터 남쪽으로는 시칠리아에 이르기까지. 북쪽으로는 독일의 남부와 중부에 이르는 지역에서 다시 농민봉기가 발생했다. 봉기는 완전히 현실적이며 시 대의 흐름에 부합하는 요구와 방식을 보여주었다. 다시 말해, 도시민 과 역사학자들이 즐겨 내리는 판단과는 달리 이때의 봉기는 결코 반 동적이거나 맹목적인 폭력행위가 아니었다. 이후로는 유럽에서 다 시는 농민봉기가 발생하지 않았다(발칸지역을 제외하고).

유럽에서 농민의 이익이 의회를 통해 대변되는 국가는 극히 소수였으며 이들 국가 이외의 지역에서는 농민이 폭력에 호소하거나 상징적인 집단행동을 벌이는 사건이 수시로 발생했다. 모든 농업사회에서는 본질적으로 이런 형식의 저항운동이 발생할 수 있다. 1820-55년 멕시코에서 농민봉기의 규모는 점차로 커져갔고 1842-46년에 정점에 이른다.[17] 정치 환경이 좀더 안정되어 있던 일본에서 농민봉기는 주로 경제위기가 심각하고 생태환경이 악화된 30년대에 집중적으로 발생한다. 그 뒤 이런 상황이 재연된 때는 80년대였다. 이때의 상황은 앞선 30년대와는 완전히 달라져 농민봉기는 주로 도시세력과 연결되어 폭발했다.[18] 1858-1902년에 중근동 지역의* 몇 나라에서 발생한 연속적인 농민폭동은 대부분이 '현대화' 세력, 특히 과거보다 더 체계화된 정부의 가혹한 징세와 더 많은 농업이윤을 거두려는 부재지주(不在地主)에 대한 저항이었다. 농업부문에서 구조적인 개혁이 일어나지 않은 상황에서, 달리 말하자면 농업생산성이 더 높아지지 않은 상황에서 정부와 지주의 행동은 가혹한 착취였다.[19]

4. 반식민주의 투쟁

혁명의 형태를 띨 수 있으며 더 나아가 혁명적인 영향을 미칠 수 있다.[20] 미국과 라틴아메리카 공화국들은 바로 이런 상황에서 태어났다. 그리스 민중이 오스만제국의 통치에 저항하여 일으킨 봉기(1821-26)에서부터 1825-30년의 대규모 자바전쟁 같은 시기에 폭발한 카자흐인의 반러시아 식민통치 투쟁, 1850-58년 희망봉의 코이코이(Khoikhoi)족 봉기(이 봉기는 '흑인'과 '백인' 간의 인종적 편견의 원형이 형성된 시발점이었다)를 거쳐 1863년 폴란드 민족봉기, 1865년 자메이카 봉기와 1866-69년의 크레타봉기, 1816-1919년 아

* 중동과 근동을 아울러 이르는 말. 리비아에서 아프가니스탄까지의 북아프리카와 서아시아를 가리킨다.

일랜드·인도·이집트·조선·중국과 아시아 내륙지역에서 새로 출
현한 식민통치와 제국주의에 반대하는 다수의 봉기에 이르기까지,
이민족 통치에 대한 저항활동은 끊임이 없었다. 그러나 반식민주의
운동은 그 목표가 독립된 새로운 질서, 예컨대 민족국가의 수립이
었을 때 비로소 '혁명적'이었다. 이런 경우는 유럽 이외의 지역에서
1차 대전 이전에는 찾아보기 힘들었다. 몇 안 되는 이런 종류의 혁명
가운데 하나가 1881-82년에 이집트에서 발생한 우라비 운동(Urabi
Movement)이었다.[21]

　'가속화된 발전과정'[22]이라는 특별한 변종으로서의 혁명은 시간
상으로 균등하게 분포되어 있지 않다. 혁명은 흔히 결정적인 역사변
화의 시점에 집중적으로 발생한다. 그래서 역사학자들은 혁명을 역
사시기의 분기점으로 보는 경향이 강한데 이런 방식은 1789년 프
랑스대혁명부터 시작된 것은 아니었다. 18세기 중반 이전에도 정치
체제의 위기 또는 체제의 붕괴는 세계 여러 곳 — 대표적인 몇 곳을
예로 들자면 1550-1700년 사이에 일본, 오스만제국, 영국, 중국, 태
국 — 에서 쉽게 찾아볼 수 있었다. 이들 위기는 상호 간에 직접적
인 영향이나 접촉이 없는 상태에서 발생했다. 1649년 영국 스튜어트
(Stuart)왕조의 일시적인 붕괴와 1644년 중국 명 왕조의 (최종적인)
멸망은 그 원인에 있어서 공통점이 없었다. 그러나 우연한 동시성의
배후에는 당시 사람들이 알지 못했던 요소가 있었다는 주장이 제기
되어왔다. 그중에서 중요한 요소 가운데 하나가 인구변천 상황의
유사성이었다.[23] 그러나 오늘을 살고 있는 우리가 볼 때에 사건들 사
이의 관련성은 분명하게 드러난다. 대략 1765-1830년 무렵에는 몇
몇 지역에서 혁명적 사건들이 집중적으로 발생했다. 그러므로 우리
는 이 시기를 혁명 밀집시대라고 부를 수 있다.[24] 그중에서 규모가
가장 큰 사건의 여파는 모든 대륙에 미쳤다. 이처럼 상호 영향을 미
치는 혁명의 발원지는 미국과 유럽대륙에 있었다. 그래서 '혁명적인

대서양지역'이란 개념이 합당한 것이다.

혁명이 두 번째로 집중적으로 발생한 때는 1847-65년이었고 이 기간 중에 유럽혁명(1848-51년), 중국의 태평천국운동(1850-64년), 인도의 민족봉기(1857년), (특별한 사례로서) 미국의 내전(1861-65년)이 있었다. 대서양 연안에서 발생한 혁명과 비교할 때 이 사건들의 상호 영향은 비교적 적었고 또한 직접적이지도 않았다. 그러므로 이 시기는 제2차 혁명 밀집시대라고 하기는 어렵고 단지 미약한 '초국가적' 관계로 연결된 고립적인 대형 위기가 같은 시기에 발생했을 뿐이었다.

세 번째 혁명의 물결 —1905년 러시아, 1905년 이란, 1908년 터키, 1911년 중국—이 유라시아대륙을 휩쓴 때는 세기가 바뀐 뒤였다. 1917년 2월에 세계대전이란 특수한 형세에서 태어난 제2차 러시아 혁명도 어떤 관점에서 보자면 이 범주에 들어간다. 이 밖에 1910년에 시작되어 꼬박 10년 동안 지속된 멕시코 혁명도 같은 유형으로 분류해야 마땅하다. 세기 중반과 비교할 때 이 시기의 개별 사건 사이의 상호 영향은 좀더 커졌다. 혁명적 사건들에서 같은 시대라는 공통 배경이 표현되었다.

2. 혁명적인 대서양지역

민족혁명과 대서양지역 혁명의 연관성

혁명은 언제나 지역적 근원을 갖고 있다. 혁명은 개인과 소집단의 불공정, 대안, 행동 기회에 대한 인식에서 출발한다. 이런 선택적 인식이 발전하여 운동에 가까운 집단적 불복종 행동으로 발전하고, 이 운동이 성장하면 적이 등장하고, 적이 등장하면 운동은 자신의 추진력을 형성한다. 마르크스주의 혁명이론이 설정한 표준적인 상황——모든 계급이 역사적 행위자가 된다——은 출현한 적이 거의 없다. 근대에 혁명은 흔히 민족과 민족국가 건설의 행동으로 간주되어왔기 때문에 혁명사는 본질적으로 국가사다. 혁명이라는 공동의 노력으로 국가는 스스로를 '창조'했다. 혁명은 혁명 외부의 요인에 의존하며 때로는 국외자의 도움으로 태어난다는 주장은 자기도취적 혁명 개념에는 부합하지 않는다.

전쟁과 정복행위를 포함하는 고대 유럽의 혁명개념과 비교하면 근현대 유럽의 혁명개념은 편협하다. 근현대 유럽의 혁명개념은 외부적·국제적 차원을 배제하며, 비지역적 근원을 경시하고 오로지 특정 사회 내부의 충돌——즉, 혁명의 내인(內因)——만 강조한다.[25] 극단적으로 말해 혁명의 내인에만 주목했을 때 혁명사학은 근본적으로 혁명의 주요 발전맥락을 해석할 수 없게 된다.

프랑스대혁명을 예로 든다면 당시에 존재하던 전쟁위협이 공포를 유발했고 나아가 공포정치를 합리화하는 이유가 되었다. 만약 이 사실을 무시한다면 프랑스대혁명의 공포정치 시기(1793-94)에 대한 공인된 평가라고 할 수 있는 이폴리트 텐(Hippolyte Taine, 1828 – 93)의 해석이 성립할 수 있을까?[26]

놀라울만큼 오랜 시간이 흐른 뒤에야 프랑스대혁명은 처음으로 당시의 국제적인(유럽의) 배경 아래서 관찰되기 시작했다. 처음으로 이런 시각에서 대혁명을 고찰한 사람은『프랑스대혁명 시기의 역사』(*Geschichte der Revolutionszeit*, 1853-58)를 쓴 프로이센의 하인리히 폰 지벨(Heinrich von Sybel)이었다. 프랑스에서는 1885년 이후에야 역사학자 알베르 소렐(Albert Sorel)이 이런 시각으로 대혁명 시기의 역사를 연구하기 시작했다.[27] 그러나 이런 시각은 주류 관점이 되지 못하고 주기적으로 잊혔다가 다시 불려나오기를 거듭했다. 미국혁명사 관련 저작도 오랜 기간 동안 '미국 예외주의'라는 민족적 자기탐닉에 빠져 있었다.[28] 이 논조의 핵심 주장은 저항정신이 강한 뉴잉글랜드인이 부패하고 타락한 구세계를 버리고 힘든 환경 속에서 비할 바 없이 완벽한 국가를 창조했다는 것이다. 혁명의 주역과 그들을 추종하는 민족주의적 관점을 지닌 역사학자들이 볼 때 혁명의 비교연구는——이런 비교는 흔히 혁명의 매력을 약화시키고 혁명의 유일성 신화를 훼손한다——오랫동안 중요한 의미를 갖지 못했으며 역사철학자들과 비교연구에 주력하는 사회학자들이 혁명의 비교를 중시하기 시작하자 비로소 그들의 관점이 바뀌었다.[29]

'안장형시기'의 유럽과 아메리카의 대혁명은 상호 연관성이 없다는 관점은 두 가지 근거에서 부적절하다는 주장이 나왔다. 첫째, 20세기 40년대 이후로 (주로 미국과 멕시코의) 역사학자들은 신대륙의 역사를 하나의 전체로서 다루었다. 이런 범신대륙적 관점은 이민사와 식민사는 달라도 민족적 차이의 배후에 숨어 있는 역사경험의 공통성을 찾아내야 한다고 주장했다. 둘째, 20세기 50-60년대에 공동의 '대서양문명'이란 관점이 형성되었다. 냉전이 고조되었을 때 일부 학자들이 이런 관점에 강렬한 반공과 반유라시아대륙의 논리를 주입했다. 이때 '서방'이란 개념은 대양을 넘어 확장되었다. 그러나 우리가 이러한 이념화된 관점에 동의하지 않는다 하더라도 대서양을 넘어 확장된 시각의 역사적 의미는 이해할 수 있다. 프랑스 학자 자크 고드쇼(Jacques Godechot)와 미국 학자 로버트 파머(Robert R. Palmer)는 같은 시기에 미세한 차이는 있지만 '대서양혁명의 시대'란 개념을 제시했다.[30]

한나 아렌트는 철학적 관점에서 이 주제에 접근했다. 20세기 80년대에 들어와서야 학자들은 '백색'대서양 이외에 '흑색'대서양도 존재한다는 사실을 (재)발견하게 되었다. 학자들은 영국적 특성을 가진 북아메리카와 스페인이나 포르투갈의 특성을 가진 남아메리카를 발견했다.[31] 혁명의 시대를, 유럽을 뛰어 넘는 혁명적 사건으로 이해하려는 관점은 라이프치히의 연구자들이 제시했다. 프랑스대혁명의 좌파를 연구한 사회학자 발터 마르코프(Walter Markov)와 그의 제자 만프레드 코속(Manfred Kossok)이 라이프치히에 비교혁명사 연구소를 세우고 마르크스와 독창적 견해를 가진 라이프치히의 역사학자 칼 람프레히트(Karl Lamprecht)의 사상을 종합하는 연구를 시작했다.[32] 코속이 만들어낸 (시작과 끝이 있는) '혁명주기'란 개념이 활용되면서 상이한 국가와 지역에서 발생한 혁명 사이의 상호작용을 표현할 수 있게 되었고 비교적 쉽게 세계사의 시대구분을 할 수 있게 되었다.[33]

북아메리카, 영국, 아일랜드

구체적으로 어떤 혁명을 말하는가? 개별 혁명의 시간구조는 어떠하며 시간의 순서는 어떻게 연결되어 있는가? 혁명 — 잠재적인 혁명적 상황이 아니라——의 태동에서부터 여파에 이르는 모든 단계를 혁명의 과정에 포함시킨다면 혁명의 시작과 끝이 명확히 언제인지는 단정할 수 없고 또한 혁명의 성과도 분명치 않다.[34] 저항을 시작한 영국령 북아메리카 식민지(뉴욕 제외)가 1776년 7월 4일 유명한 「독립선언」(Declaration of Independence)을 발표하자 미국혁명은 첫 번째 정점에 이르렀다. 이때부터 북아메리카의 대다수 영국 신민은 영원히 영국 왕실의 주권을 거부했다. 당연히 「독립선언」은 하늘에서 떨어지지 않았다. 영국의 식민통치에 저항하는 연합행동은 1765년 3월 「인지세법」(Stamp Act)에 대한 항의에서부터 이미 시작되었고 최종적으로 「독립선언」의 통과로 정점에 도달했다. 런던은 식민지의 동의도 없이 모든 신문과 인쇄물에 인지세를 부과하는 새로운 세법의 시행을 자의적으로 결정함으로써 식민지와 모국 사이의 이미 긴장된 관계를 한층 더 악화시켰다.

식민정부의 대표를 공격하는 사건이 속출했다.[35] 인지세 위기를 둘러싸고 북아메리카 인민이 행동하기 시작했다. 이전의 어떤 정치적 사건도 이처럼 대규모 행동을 유발하지 못했다. 비귀족화된 사회에서 민중은 일찍부터 공화주의 주장에 공명하고 있었다.[36] 일부 식민지에는 통치 형식과 사회구조 면에서 커다란 차이가 있는데도 이때의 위기가 각 식민지 엘리트 사이에 지금까지 경험한 적이 없는 강력한 연대감을 형성시켰다. 영국과 미국 간의 위기는 경제전쟁으로 발전했고 결국 1775년에 영국제국과 총사령관 조지 워싱턴이 이끄는 대륙군 사이의 공개적인 군사충돌로 이어졌다. 대륙회의(Continental Congress)가 열렸을 때 전쟁은 아직도 진행 중이었다. 이 회의에서 주로 토마스 제퍼슨이 기초한 「독립선언」이 채택되었다. 그러므로 독립의 이유를 공개적으로 표현한 것은 무엇보다도 일종의 상징적 행동이었다.

실제적인 전환점은 1781년에 발생한 두 가지 사건이었다. 무엇보다도 먼저 식민지가 「연방조례」(Articles of Confederation)에 합의했다. 이 조례는 일종의 헌법이었고 이 헌법에 따라 새로운 국가연맹(아직 연방국가가 아니었다)이 성립되었다. 다음으로는 10월 18일에 영국군이 버지니아의 요크타운(Yorktown)에서 투항했다. 1783년, 파리에서 열린 평화회의에서 영국은 미국이 제시한 대부분의 조건을 받아들이고 아메리카합중국의 독립을 인정했다. 이때부터 미국은 능력을 갖춘 국제법상의 행위주체, 즉 독립국가가 되었다.

여러 요소를 종합할 때 이 사건이 미국혁명 과정의 종점이라고 할 수 있다. 새로운 연맹 내부의 질서 문제를 둘러싸고 격렬한 논쟁이 몇 년 동안 더 지속되었다. 1788년 6월에 새로운 연방헌법이 효력을 내기 시작했다. 1789년 봄, 대통령직을 포함해 연방의 가장 중요한 국가기구가 성립되었고 조지 워싱턴이 초대 대통령에 취임했다. 미국혁명은 1765년부터 1783년까지 지속되었다. 이 혁명이 이루어낸 가장 중요한 성과는 완전히 새로운 독립국가의 탄생이었다. 이 국가의 수립이 완성된 때부터 몇 달 뒤에 파리의 바스티유 감옥이 무너졌다.

대서양 연안 혁명 드라마의 다음 막이 상연된 곳은 프랑스가 아니라 영국이었다. 1788-91년에 아일랜드, 요크셔(Yorkshire), 런던에서 각기 독립적이지만 전례 없이 격렬하고 잔혹한 폭동이 일어나 통치질서를 심각하게 위협했다. 따라서 안정되고 평화로운 영국과 소동과 불안 속의 프랑스란 대비법은 적절하지 않다. 1780년 런던에서 발생한 이른바 고든 폭동(Gordon Riot)—가톨릭 신자에 대한 새로운 유화정책에 반대하는 프로테스탄트 폭동—을 직접 경험한 사람이라면 대혁명의 폭풍이 몰려오고 있는 곳은 유럽대륙이 아니라 영국이라는 결론을 내렸을 것이다. 고든 폭동은 런던에 엄청난 손실을 가져왔다. 군대가 온갖 노력을 한 끝에 질서가 회복되었다. 59명의 폭도가 사형을 선고받았고 그중 26명이 교수형에 처해졌다.[37] 아일랜드의 폭동은 대서양 건너편의 혁명 과정으로부터 직접적인 영향을 받았다.

폭동은 매우 힘든 과정을 거쳐 진압되었다. 심지어 가톨릭교도로 구성된 민병조직까지 동원되고 나서야 폭동을 진압할 수 있었다. 아일랜드는 종래에도 민족혁명 성격의 폭동이 빈번하게 일어난 지역이었지만 1789년 이후로는 프랑스대혁명의 영향을 받아 폭동이 더 자주 일어났다. 이런 상황은 1798년까지 지속되었다. 저명한 아일랜드 역사학자는, 프랑스 혁명정부의 지원을 받은 1798년의 봉기는 "아일랜드 역사상 폭력사건이 가장 밀집된 봉기"였다고 평가했다.[38] 이때의 봉기에서 약 3만 명(모든 방면을 다 합해)이 목숨을 잃은 것으로 알려져 있다. 폭동에 참여한 사람들에 대한 가혹한 처벌은 1801년이 되어서야 종결되었다. 1798-99년에 내려진 사형판결만 해도 590건이 넘었다.[39]

유럽대륙의 여러 나라와 마찬가지로 영국에서도 프랑스대혁명에 영향받은 사람들이 일어나 급진적이고 심지어는 공화제 정치체제로의 개혁 ─ 이성적 원칙을 바탕으로 한 정치질서의 재구성 ─ 을 요구했다. 대부분의 경우 이런 급진주의는 혁명을 지지하는 쪽과 반대하는 쪽 사이에서 선전 소책자의 형식을 빌려 진행된 공개적인 논쟁을 통해 퍼져나갔을 뿐 1780년처럼 폭동으로 치닫지 않았다.[40] 그러나 이런 논쟁은 점차 프랑스와 전쟁을 벌일 위험을 높여갔고 마침내 1793년 2월에 전쟁이 일어났다. 체제에 대한 비판은 (프랑스에서 그랬듯이) 반역죄가 될 수 있었다. 경제적으로 어려운 전쟁 시기에 일부 지식분자와 수공업자 이외에 농촌지역도 끊임없이 폭동을 일으켰다. 영국 정부는 특별법의 시행과 강력한 진압을 통해 (어떤 의미에서든 프랑스의 공포정치와 비할 바는 못됐지만) 시국을 안정시켰다. 대략 1801년 무렵 현존 질서에 대한 준 혁명적 도전은 흔적도 없이 사라지고 반프랑스 애국주의의 영향을 받아 새로운 민족적 공감

대가 형성되었다.[41) 영국에서 대규모 정치혁명이 발생하지는 않았지만 영국도 혁명 과정 속으로 깊숙이 말려들어갔다. 당시에 이미 세상을 떠난 대학자 존 로크로부터 왕성하게 활동하고 있던 평론가이자 정치가인 토머스 페인(Thomas Paine) ──그의 소책자 『상식』 (Common Sense, 1776)은 미국혁명에 강력한 영향을 주었다── 에 이르기까지 혁명시기에 가장 중요한 사상적 기여를 한 사람들 가운데서 적지 않은 수가 영국인이었다. 그러나 정치 엘리트들은 다른 하나의 진영에 속했다. 그들은 승패를 가리지 않고 미국과 프랑스의 혁명가들과 전쟁을 벌였다. 혼란스러웠던 수십 년 동안에 영국의 과두집단은 통치계급으로서의 지위를 유지하기 위해 무엇을 해야 하는지 알고 있었다.

영국에서는 18세기 80년대와 90년대에 혁명에 가까운 사태가 일어난 후 이어서 30여 년에 이르는 보수적인 체제방위의 시기가 찾아왔다. 그런 다음에 '위로부터'의 신중한 개량운동이 시작되었다. 1832년의 의회 선거제도 개혁을 시발점으로 한 개량운동은 19세기 후기에 중요한 영향을 미쳤다. 유럽대륙의 일부(아주 소수의) 국가는 영국처럼 평온을 유지했다. 특히 러시아는 시대의 혁명적인 추세와는 멀리 떨어져 있었다. 이 시기에 러시아를 통치한 예카테리나 2세는 1796년 세상을 떠날 때까지 안전하게 권좌를 유지했다. 이 여성 황제는 서방에서 일어나고 있는 혁명적인 사건들에 대한 경계를 늦추지 않았다. 러시아 동남부 변경지대에서 예멜란 푸가체프 (Yemelyan Pugachev)가 이끄는 대규모 농민봉기가 일어났다. 봉기는 수백 명 귀족의 목숨을 빼앗고 1774년에 진압되었다. 이 봉기 이후한 세기 동안 러시아 중앙정권은 더 이상 혁명적인 도전을 받지 않았다. 이런 봉기가 다시 일어날지도 모른다는 두려움이 러시아의 정책에 결정적인 영향을 미친 요인이었음은 분명하다. 러시아는 1812년 나폴레옹 대군의 침입을 막아내면서 서방 자유주의 사상으로부터 전혀 영향을 받지 않았다. 1825년, 일부 귀족들이 알렉산드르 1세가 죽은 후 불투명한 정세를 이용하여 정변을 일으켰다. 모반자들은 독재정치를 벗어나려 했으나 행동한 지 며칠 만에 실패하고 말았다. 실패한 '12월당원들'(Dekabrists)은 대부분 시베리아 유형지로 추방되었다.

프랑스

유럽대륙의 복잡하고 혼란스러운 혁명 정국은 파리의 바스티유 감옥이 공격당한 1789년 7월 14일에 시작된 게 결코 아니었다. 1782년 봄, 공화정 도시국가 제네바에서 정당 간에 충돌이 일어났고 유럽대륙의 혁명은 이 소동에서 시작되었다. 18세기에 제네바는 몇 차례 혼란스러운 시기를 경험했다. 1782년의 봉기는 이전의 어떤 봉기보다도 인명손실이 많았다. 프랑스, 사르디니아 왕국, 베른(Bern)이 공동으로 개입함으로써 봉기는 평정되었다.[42] 그러나 혁명의 초국가적 연관성에 깊은 영향을 미친 사건은 네덜란드에서 발생했다. 네덜란드에서는 혁명과 전쟁이 긴밀하게 연결되어 있었다. 이때는 영국이 다시 전쟁 도발국이었다. 양국이 평화로운 관계를 유지한 지 한 세기가 지난 1780년 말에 영국이 네덜란드를 공격했다. 한때는 정치적인 강국이었던 네덜란드는 이제는 화려한 이름만 유지하고 있었다.

영국이 전쟁을 일으킨 이유는 혁명과 관련이 있었다. 네덜란드 선박이 카리브해를 거쳐 영국의 교전 상대 — 반란을 일으킨 북아메리카 식민지 — 에게 물자를 제공하고 있었고 이것이 영국을 분노하게 했다. 짧은 전쟁은 당연히 네덜란드의 참패로 끝났다. 패전은 이른바 '애국자운동'을 촉발했다. 정치에 관심이 있고 미국혁명과 계몽운동의 사상적 영향을 받은 시민들이 통령(通靈, stadhouder)* 빌럼 5세(Willem V)와 소수 측근 집단의 통치를 끝내겠다는 목표를 가지고 모였다. 애국자운동의 반영국 친프랑스 성향은 내정의 상황을 반영한 것이 아니라 외교적인 필요에서 나온 것이었다.

이런 성향은 겉보기에는 별로 중요하지 않은 작은 사건 때문에 거대한 영향을 미쳤다. 애국운동의 자원병 부대가 집정관의 부인—프로이센 국왕 프리드리히 빌헬름 2세의 여동생—을 체포하자 프로이센은 영국의 지지를 업고 1787년에 2만 5,000명의 군대를 파견하여 개입했다.[43] 집정관의 부인은 풀려나고 무능한 집정관은 원래의 자리로 돌아갔다. 애국자들은 지하로 숨어들거나 국외로 망명했다. 거친 반동의 시기가 찾아왔지만 1795년에 프랑스가 침입하면서 네덜란드의 구체제는 사라졌다. 핵심은 영국이나 프로이센과의 대결에 익숙한 프랑스의 대중이 루이 16세 정부가 재정적인 문제로 네덜란드의 애국자운동을 지원할 수 없었다는 사실을 알게 되었고, 이 때문에 프랑스 왕국의 체면은 땅에 떨어졌다는 것이다.

프랑스대혁명의 주원인은 '외환'(外患)이 아니었다. 혁명의 역사에 등장하는 모든 사건이 그러하듯 프랑스대혁명 발생의 주원인은 '내우'(內憂)였다.[44] 그러나 사회적 모순의 심화, 급진사상의 영향, 또는 자기 정체성을 찾아가는 과정에 있는 민족의 민족적 의지만으로는 프랑스 왕국의 합법성이 왜 18세기 80년대부터 급격하게 흔들리게 되었는지를 설명하기에는 부족하다. 잠재적인 혁명적 상황이

---

* 통령(通靈, stadhouder)은 문자 그대로 해석하면 '궁내관'이다. 16세기에서 18세기 사이 네덜란드 공화국의 국가원수 직함이었다. 사실상 세습직이었으나 18세기 빌럼 4세에 이르러 공식적으로 세습직이라고 명시되었고, 이로써 네덜란드는 국호만 공화국이지 사실상 군주국이 되었다. 빌럼 4세의 아들 빌럼 5세가 마지막으로 통령을 칭했다. 네덜란드 공화국의 첫 번째 통령이었던 오렌지공 빌럼 1세(Willem I of Orange)의 후손은 빌럼 3세를 끝으로 대가 끊겼다. 현재의 네덜란드 왕실은 빌럼 1세—스페인 제국에 맞서 네덜란드의 독립을 지켜냈다—의 방계 혈족이다.

실제적인 혁명과정으로 발전하는 상황을 해석하기 위해서는 반란세력의 우위와 공격대상의 약점을 동등하게 고려해야 한다.

이 지점에서 역사학의 추론이 개입하여 사회적 긴장과 이념적 극단화와 함께 한 국가가 국제질서 가운데서 자신의 지위를 유지하기 위한 여러 형태의 시도를 고려하게 된다.[45] 7년 전쟁 기간에 프랑스와 영국은 마지막 전 지구적 패권 쟁탈전을 보여주었다. 1763년, 프랑스는 이 쟁탈전에서 패배했다. 파리평화회담에서 영국은 상당히 관대한 태도를 보였지만 프랑스는 북아메리카에서 밀려나고 인도에서의 지위도 심각하게 약화되었다. 미국의 독립전쟁은 프랑스 외교정책 설계자들에게 오랜 적수를 상대로 복수할 기회를 제공했다. 1778년, 프랑스 국왕과 북아메리카의 반영국파가 미국인에게 상당히 유리한 조건으로 동맹조약을 체결했다. 이 조약은 순전히 영국을 공동의 적으로 설정한 강대국 외교전략에서 나왔다. 또한 이 조약은 북아메리카 반란자들에 대한 유럽 강대국의 최초의 공개적 승인이었다. 이듬해에는 스페인이 이 동맹이 합류했다. 유럽대륙으로부터의 지지는 결정적인 시기에 미국이 난관을 돌파하는 데 도움을 주었다. 가장 중요한 것은 1781년 프랑스 함대가 짧은 시간 동안 북대서양 해역을 장악했고 이 때문에 영국이 북아메리카로 보내는 군대가 발이 묶였다는 사실이었다.[46]

1783년 파리에서 체결된 평화조약은 영국에게는 1763년의 승리 이후 20년 만에 맞는 큰 좌절이었으나 국제사회에서 프랑스의 지위는 강화되었다. 그러나 프랑스에게 이것은 피로스의 승리였다.* 미국

* 피로스전쟁(The Pyrrhic War, BC280‐BC275). 이탈리아반도 남부의 그리스 식민도시 타렌툼(Tarentum)은 로마와 싸울 때 에피루스(Epirus)의 왕 피로스(Pyrrhus)에게 도움을 요청했다. 피로스는 연합군을 이끌고 로마군과 싸워 이겼으나 희생이 너무 컸다. 로마의 역사가 플루타크에 의하면 피로스는 전쟁이 끝난 후 이렇게 말했다고 한다. "로마와 한

과 동맹이나 세계 최강의 해양강국과 해전을 벌여 어쩌다 이긴 몇 번의 전투는 엄격하게 말하자면 상징적인 승리였을 뿐 프랑스는 그것을 위해 정부재정이 파산 직전으로 내몰리는 대가를 치러야 했다. 그밖의 어떤 위기라도 이런 절망적인 상황을 대중의 시야에 드러나게 했을 것이다. 1787년 프로이센과 영국이 네덜란드에 개입했을 때 프랑스는 아무런 성과도 없이 네덜란드를 지원함으로써 실제로 이런 상황이 벌어졌다. 국고가 비어버린 재난 상황이 프랑스대혁명이 폭발하게 된 심층적 원인은 아닐 수도 있지만 중요한 역사적 사건 가운데서 이것만큼 이미 불붙기 시작한 군주정체에 대한 일련의 도전 행동을 자극한 사건은 없었다. 세제상으로는 세수를 빠르게 증가시킬 공간이 없었고, 왕실 또한 무능하여 채무 불이행을 즉각 선포할 수 없었기 때문에 왕국의 유력인물들과 협의하지 않을 수 없었다. 그들은 현실적인 위기 해결방안을 제시하기보다는 3부회의를 소집하여 협의 과정을 공식화하라는 제안을 내놓았다. 이 대표기관이 마지막으로 소집된 때는 1614년이었다.

민심이 들끓고 왕실에 대한 압력과 요구가 높아갔다. 그런데다 다른 충돌 요인 ― 궁정 내부의 파당 싸움, 농민과 수도 빈민의 소요, 사회 상층계급 내부에서 귀족과 비귀족의 갈등 ― 이 등장했다. 사태를 장악할 능력이 없는 정부가 개혁조치를 도입하겠다는 신호를 보내던 그 순간 당초에는 통치제도 자체보다는 루이 16세의 비효율적인 통치 방식에 불만을 가졌던 반대세력 내부에서 새로운 분열이 일어났다. 임박한 변화와 불확실한 미래를 앞에 두고 각종 사회집단과 개인이 자신들의 이익을 쟁취하기 위해 할 수 있는 모든 수단을 다 동원했다. 모든 계층과 집단이 자신의 이익을 위해 경쟁하는 과정에서

번만 더 싸우면 우리가 거덜 날 것 같다." 따라서 승리자가 장기적으로 감당할 수 없는 부담을 안고 거둔 승리를 피로스의 승리라고 한다.

정부의 무능이 폭로되는 것은 시간문제였다.

1789년 혁명의 폭발에서부터 프랑스가 유럽의 강대국들과 군사적 충돌을 시작한 1792년 4월까지의 시기에 외교정책과 식민정책이 어떤 역할을 했는지 하는 문제에 대한 해석과 평가는 역사학자들의 연구를 좀더 기다려야 한다.[47] 그러나 한 가지는 분명하다. 1787–89년에 프랑스의 외교적 위상은 실제로나 상징적 의미에서나 다 같이 취약했고 이것이 구체제(Ancien Régime) 붕괴의 중요한 요인이 되었다. 이때 이후로 신흥 정치세력의 입장에서는 중요한 목표의 하나가 이러한 상황을 바꾸는 것이었으며, 그들 자신이 갈수록 높아가는 민족주의 정서를 대변하고 있는 입장에서는 더욱 그러했다. 그러므로 훗날 나폴레옹 통치하에서 프랑스의 군사적 확장은 완전히 영국과의 패권경쟁의 논리를 기반으로 했다.

프랑스대혁명은 언제 시작되었으며 언제 끝났을까. 프랑스대혁명에는 북아메리카의 1765년 인지세 위기에서부터 1776년 「독립선언」이 통과되기까지의 시기처럼 소요와 불안 속에서 혁명이 태동하는 단계가 존재하지 않았다. 만약 구체제를 종결시킨 위기의 폭발을 혁명의 시작으로 본다면 1776년을 프랑스대혁명이 시작된 해로 단정할 수 있을 것이다. 당시 외교부 장관 베르제느(Charles Gravier de Vergennes)는 5월에 실각한 재무장관 튀르고(Anne Robert Jacques Turgot)의 경고를 무시하고 미국에 대한 개입정책을 멈추지 않았고 결국은 이것이 재난을 불러왔다.[48] 그러나 이러한 정책의 후과가 드러나기 시작한 1783년을 혁명의 시발점으로 볼 수도 있다. 프랑스에서 1789년 이전에는 1765년 미국에서 발생한 것과 비교할만한 혁명적 폭력사건은 발생하지 않았다. 1789년 6월 17일, 제3신분 대표들이 3부회의에서 떨어져 나와 국민의회를 구성했을 때 혁명의 국면은 돌이킬 수 없는 임계점까지 발전했다. 바로 이때가 국왕과 그가 대표하는 왕조가 남아 있는 얼마 안 되는 권력을 상실한 시점이었다. 그 시대 사람들의 관점에서 본다면 중대한 사건들이 짧은 시간 안에 잇달아 발생하여 —특히 베르사유와 파리에서— 프랑스대혁명에 전혀 새로운 특징을 부여했다. 평화로운 시대에 이와 유사한 시공의 압축현상은 찾아보기 어렵다. 북아메리카에서도 1765년 이후로 이런 상황은 더 이상 출현하지 않았다.

이어지는 프랑스 국내의 혁명과정을 여기서 상세하게 서술할 필요는 없을 것이다. 대혁명은 몇 단계를 거쳤고, 매 단계마다 몇 가지 선택의 기회를 흘려보냈고(예컨대 1792년 여름에 등장한 입헌군주제의 기회) 그리고 새로운 지평이 열렸다.[49] 대혁명이 언제 종결되었는지 하는 문제와 관련해서는 과거에도 그랬고 지금도 정론이 없다. 혁명적 폭력이 끊임없이 가열되어 '백열화'(白熱化)한 단계는 1792년 8월부터 시작하여 정확하게 2년을 지속하다가 1794년 7월 로베스피에르가 실각하면서 끝났다. 그러나 1795년 11월에 같은 해 8월에 제정된 헌법에 따라(공화국3년 헌법, Constitution de l'an III) 총재정부(總裁政府, le Directoire)가 수립되었다. 이때부터 정국은 점차로 안정되어갔다.

혁명은 언제 끝났을까? 보나파르트 장군이 정권을 찬탈한 1799년 11월 9일(브뤼메르Brumaire 18일)인가? 프랑스와 영국이 아미앙(Amiens)에서 임시 휴전협정을 체결한 1802년 3월인가? 아니면 나폴레옹 통치가 끝난 1814년에 같이 막을 내렸는가? 세계사의 시각에서 보면 많은 사람이 1814년에 동의한다. 프랑스대혁명이 세계에 미친 영향은 완만하게 나타났다. 나폴레옹의 군대가 가장 먼저 혁명의 불꽃을 퍼트렸다. 군대의 행군로를 따라 혁명은 이집트에서부터 폴란드까지, 다시 스페인과 전 세계로 퍼져나갔다.

아이티

1804년 보나파르트는 스스로 황관을 머리에 얹고 황제를 칭했다. 같은 해에 장 자크 데살린(Jean-Jacques Dessalines)이 보나파르트보다 앞서 프랑스의 가장 풍요로운 식민지 아이티에서 독립을 선포하고 황제(쟈크 1세)가 되었다. 프랑스대혁명과 긴밀하게 연결되어 있고 또한 같은 시기에 발생한 혁명이 이렇게 종결되었다. 생도맹그(Saint-Domingue) 식민지는 카리브해 이스파뇰라섬의 서쪽 절반을 차지했고 위치는 오늘날의 아이티와 거의 일치했다. 이곳에서 발생한 혁명은 프랑스대혁명의 직접적인 결과였다. 아일랜드계 영국인 정치가이자 시사평론가 에드먼드 버크(Edmund Burke)는 1790년에 출간한 『프랑스혁명에 대한 성찰』(*Reflections on the Revolution in France*)에서 혁명가와 혁명가의 적 사이에서 벌어지는 세계시민 이념을 둘러싼 논쟁을 예견하고 또 촉발했다. 이 이념전쟁이 폭발하기 전에 파리에서 발생한 사건이 이미 멀리 떨어진 카리브해 지역에 혁명의 불을 지펴놓았다. 1791-1804년에 발생한 이 혁명은 폭력의 정도로 말하자면 미국혁명과 프랑스대혁명을 능가했다.[50] 이 혁명은 미국혁명이나 프랑스대혁명 만큼 널리 알려지지 않았기 때문에 여기서 간략하게 소개하기로 한다.

설탕제조의 중심지인 이 식민지 사회의 출발점은 당연히 북아메리나 프랑스와는 달랐다. 18세기 80년대 초에 생도맹그는 아직도 전형적인 노예제 사회에 속했다. 이 식민지 사회는 세 계층으로 나뉘었다. 1789년에 인구의 대부분을 차지하는 아프리카 출신의 흑인 노예는 약 46만 5,000명이었다. 그다음은 플랜테이션 소유주, 농장 감독, 식민지 관리로 구성된 백인 계층이 3만 1,000명이었다. 이 두 계층 사이에 약 2만 8,000명의 자유인 신분의 유색인종(gens de couleur)이 끼어 있었다. 유색인 가운데 일부는 적지 않은 부를 일구어냈고 노예노동을 사용하는 플랜테이션을 소유한 경우도 있었다.[51] 이러한 삼각 관계 속에서 세 가지 혁명이 동시에 일어났다. ① 보수적인 플랜테이션 소유주와 노예제에 반대하는 파리의 새 정부 사이의 대립. ② 미국과 브라질 이외의 지역에서 절대 다수의 노예들이 봉기하고 있는 부인할 수 없는 사실. ③ 유색인종이 인종차별적 사회에 침투해 들어가면서 백인의 지배적 지위를 위협하는 현실. 혁명의 기운이 감도는 대서양 연안 지역의 여러 국가 가운데서 어떤 나라도 생도맹그처럼 폭발력이 높은 사회적 에너지가 축적된 곳은 없었다. 이곳에서 혁명의 목표는 헌법의 제정이 아니었고 법치 원칙의 준수도 아니었다. 혁명의 주된 관심사는 극단적으로 잔혹한 사회에서 생존해나가는 문제였다.

이 시기에 발생한 대규모 혁명 가운데서 아이티혁명은 그 원인이나 결과에 있어서 가장 명확한 사회적 혁명이었다. 미국혁명은 완전히 새로운 사회를 만들어내지 않았고 식민질서를 구성하던 계급제도가 완전히 소멸되지도 않았다. 1815-48년 사이에 발생한 이른바 '시장혁명'(market revolution)이 만들어낸 사회변화는 1765년 이후 혁명시기에 발생한 사회구조의 변화보다 훨씬 심층적이었다고 단정할 수 있는 충분한 이유가 있다.[52]

프랑스대혁명의 사회적 영향은 깊고도 넓었다. 가장 중요한 영향은 귀족 특권의 박탈, 봉건적 질곡으로부터 농민의 해방, 사회의 중요한 요소로서(예컨대 대지주로서의) 교회가 지닌 권리 박탈, 주로 나폴레옹 통치시기에 만들어진 부르주아-자본가 경제구조의 기반이 되는 법과 행정제도 등이었다. 두 차례의 '대'혁명은 정치질서를 파괴하기는 했지만 사회제도 전체를 파괴하지는 않았다. 사회제도 전체가 붕괴되는 상황은 아이티혁명에서 나타났다. 일련의 대학살과 내전을 거친 후 노예들이 최종적인 승리를 거두었다. 식민지 신분제도는 무너지고 그 자리에 자유로운 흑인 소농으로 구성된 평등사회가 들어섰다.

이 극적인 사건은 각종 국제적인 요인이 복합적으로 작용하여 발전한 결과였다. 프랑스에서는 보편적 인권을 지지하는 계몽사상의 지도적 인물들이 식민지 흑인 노예의 해방을 강력하게 요구했다. 이와 동시에 프랑스대혁명은 시작하자마자 프랑스 정치체제의 민주화에 식민지의 프랑스인과 유색인종을 어떤 방식으로 참여시킬 것인가 하는 문제를 제기했다.

생도맹그에서는 1790년 2월에 참여과정이 시작되었다. 식민지 백인들이 선거를 통해 식민지 대표의회를 구성했다.[53] 이보다 앞서서 유색인종 대표단이 1789년 10월에 파리의 국민의회에 참석했다. 프랑스에서 발생한 사건과 카리브해 섬에서 발생한 사건은 직접적인 상호작용과 영향을 갖고 있었으나 통신 장애로 상호 간에 직접 협력할 수는 없었다.

1791년 11월, 3명의 국민의회 대표가 생도맹그에 도착했다. 그들의 방문 목적은 파리에서 결정된 새로운 정책이 그곳에서 제대로 시행되고 있는지 확인하는 것이었다. 대표들은 이미 8월에 식민지에서 대규모 노예폭동이 발생했고, 그 폭동이 간신히 진압된 사실에 대해 전혀 알지 못했다.[54] 1792년 4월, 파리 국민의회는 백인, 유색인종, 자유민 흑인은 평등한 정치적 권리를 누린다는 원칙을 선포했다. 이것은 역사적으로 매우 중요한 상징적 의미를 갖는 전환점이었다. 이 선언으로 모든 노예가 해방될 수는 없었지만 피부색에 관계없이 모든 사람은 똑같이 시민으로서의 권리를 누린다는 원칙이 탄생했다. 그러나 파리의 여러 혁명단체 가운데서 어느 집단도 프랑스의 가장 귀한 식민지를 독립시키려는 계획을 갖고 있지 않았다.

노예 출신이면서 프랑스 혁명정부에 충성했기 때문에 관리의 자리에 올랐던 투생 루베르튀르(François Dominique Toussaint Louverture 혹은 L'Ouverture, 1743－1803)의 영도하에 식민지 민중은 한편으로는 혁명투쟁을 해나가면서 암암리에 독립을 모색하는 신중한 전략을 펼쳐나갔다. 만약 아이티가 독립한 후에도 프랑스의 대서양 무역체계 안에서 계속하여 역할을 한다는 보장만 있다면 프랑스도 사실은 아이티의 독립을 용인할 생각을 하고 있었다.

1797년, 투생 루베르튀르가 생도맹그 총독에 임명되었다. 권력의 정상에 오른 그는 프랑스와의 경제적 관계를 완전히 단절한다는 것은 현명한 생각이 아니라는 점을 인식하고 있었다. 투생은 프랑스와 두 반혁명 간섭국 —— 영국과 스페인(이스파뇰라섬의 동쪽 절반은 스페인령이었다) —— 사이를 교묘하게 오갔다. 1798년, 영국이 아이티를 정복하려했다가 막중한 손실을 입고 물러났다.[55] 나폴레옹이 투생의 시험을 끝냈다. 파리 국민의회의 결의에 따라 모든 식민지에서 노예제는 1794년에 이미 폐지되었으나 이때 다시 살아났다.

1802년 4월, 수석집정관 나폴레옹은 영국과 평화협정을 체결한 뒤 카리브해 지역으로 원정군을 보내 투생의 자치를 마감시켰다. 총독은 체포되었고 얼마 뒤 프랑스의 감옥에서 숨을 거두었다. 그러나 노예제를 다시 실시하려는 정책은 난관에 부딪쳤다. 흑인들이 일어나 저항했다. 1803년 치열한 유격전 가운데서 프랑스군은 궤멸적인 패배를 경험했다.

1804년 1월 1일, 아이티는 정식으로 독립을 선포했다. 1825년이 되어서야 프랑스는 아이티를 승인하고 무력으로 아이티를 탈환하려는 계획을 포기했다. 대다수 민중의 투쟁을 통해 아이티는 당시 군사적 최강국인 영국과 프랑스의 간섭을 물리치고 이 섬을 300여 년 동안 지배해온 노예제를 청산했다. 그러나 다른 한편으로는 혁명과 개입전쟁이 이 섬을 상처투성이로 만들었다. 평화롭게 번영하는 새로운 사회를 만드는 일은 이토록 힘들었다.

아이티에서 발생한 사건은 한걸음 더 나아가 혁명의 연쇄반응을 유발하지는 않았다. 아이티를 제외하면 19세기의 다른 어떤 노예제사회에서도 노예가 스스로를 해방시킨 혁명적인 계획이나 거사는 발생하지 않았다. 아이티에서 타오른 봉화는 프랑스에게는 노예제 문제에 있어서 정책이 지나치게 온화해서는 안 된다는 하나의 경고였다. 1794년에 모든 노예를 해방시켜야 한다고 선언한 나라에서 1848년에 되어서야 나머지 노예가 해방되었다. 더욱이나 이 시점은 반혁명적인 영국이 전체 흑인 노예를 해방하고 나서 15년이 지난 때였다. 이때 이후로 모든 노예제 사회에서 ─특히 미국의 남부 여러 주에서─ 노예에 대해 약간의 관용만 베풀어도 '노예폭동'이 일어날지 모른다는 공포가 널리 퍼졌다. 미국내전이 일어나기 전까지, 다시 말해 아이티혁명이 발생한 지 반세기가 지난 시점까지도 미국 남부에서는 선동가들이 프랑스의 노예제 폐지론자들(Amis des Noirs)이 노예폭동이란 판도라의 상자를 열었다는 사실을 잊지 말라고 선전하고 있었다. 미국의 노예제 폐지론자들은 그래도 목소리를 낮추지 않았다.[56]

미국혁명이나 프랑스대혁명과는 달리 아이티혁명은 출판과 인쇄문화가 발달하지 않은 사회에서 일어났다. 일부 혁명가들의 직접 경험담이 기록으로 남아 있기는 하지만 분명한 혁명의 강령을 담은 문서는 거의 작성된 적이 없다. 투생 루베르튀르처럼 복잡한 인물의 계획과 의도는 그의 행동을 통해 미루어 생각해볼 수 있을 뿐이다. 최근 역사학자들이 소량의 파편화된 원시자료를 창조적으로 분석하고 이용한 덕분에 혁명의 시대는 새로운 모습을 갖게 되었다.[57] 아이티혁명은 자료도 부족한 데다 화제가 될만한 극적인 사건도 알려진 게 없어서 오랫동안 혁명사 연구자들의 주목을 받지 못했다. 노예해방 주장을 제외한다면 아이티혁명에서 비롯된 보편적 호소력을 갖는 정치사상은 없었다. 그러나 우리는 프랑스령 카리브해 지역이 처음부터 전체 대서양 지역의 혁명담론인 자유란 주제를 공유했다는 사실을 기억해야 한다. 영국령 북아메리카와 프랑스의 정치사상가들은 전제제도를 비판하는 과정에서 족쇄를 벗어나는 노예의 이미지를 강조해왔다. 영국의 계몽사상가 새뮤얼 존슨(Samuel Johnson)은 자유를 요구하는 가장 큰 목소리가 노예 소유주들에게서 나왔다는 사실에 대해 놀라움을 표시했다.[58] 미국 건국의 아버지라 불리는 인물들 가운데서 일부는 계속 노예를 소유했고(조지 워싱턴은 소유했던 노예 전부를 해방시켰다) 1787년의 미국 헌법은 물론이고 그 후 헌법 수정안에서도 노예제 문제에 대해서는 단 한마디도 언급된 적이 없었다. 오직 아이티에서만 처음에는 인종차별 금지가, 이어서 노예해방의 강령이 혁명에 참여하는 사람들에게 직접적인 영향을 미쳤다. 완고한 착취제도의 피해자로서 흑인과 유색인종은 프랑스대혁명의 관념, 이상, 상징을 받아들였고 나아가 1794년의 선언이 밝힌 대로 '피부색을 나누지 않는' 새로운 세계에서 시민의 신분으로 자신의 위치를 찾았다.[59] 그랬기 때문에 1802-1803년에 노예제를 다시 실시하려 했을 때 프랑스 식민자들에게 궤멸적 패배를 안겨준 해방전쟁이 일어났던 것이다. 아이티를 제외한 세계 여러 지역에서 식민주의는 여전히 존재했고, 법률상의 평등의 원칙과 현실 세계의 모순은 하나의 역사적 현상으로서 다시 반세기를 존속하고 난 뒤에야 사라졌다.

라틴아메리카와 북아메리카

1776년과 1789년의 원칙이 가져온 사상적 충격은 시공의 경계를 초월하는 것이었다.[60] 이후로 모든 시기, 세계 도처에서(어쩌면 일본은 제외하고) 자유, 평등, 자결, 인권, 시민의 권리를 내세웠다. 그러나 동시대의 영국인 에드먼드 버크에서부터 현대 프랑스 역사학자 프랑소와 퓌레(François Furet)에 이르기까지 서방 사상계의 일부에서는 대립되는 사조에 대해 전혀 다른 평가를 내놓았다. 그들은 자코뱅파의 급진 공화주의는 '전체주의적 민주주의'—야콥 탈몬(Jacob L. Talmon)이 한 말. 그는 루소를 전체주의를 발명한 죄인이라고 평했다—와 모든 형태의 정치적 광신주의 또는 근본주의의 원형이며 세계에 미친 직접적이고 실제적인 상호작용의 영향은 제한적이라고 주장했다. 지금까지 보아왔듯이 자유, 평등, 자결, 인권, 시민의 권리 등은 러시아 국경에서 걸음을 멈추었다.[61]

중국에서는 프랑스대혁명은 1919년 이전에는 기본적으로 분명한 반향을 일으키지 못했고 1919년 이후에도 중국인들은 북아메리카 식민지의 반제국주의 해방투쟁에 더 많은 흥미와 관심을 가졌다. 혁명 지도자 쑨원(孫文, 1866-1925)은 중국의 조지 워싱턴이라 불리기를 좋아했다. 인도에서는 일부 영국에 반대하는 사람들이 프랑스의 지지를 받으려 했으나 그들의 희망은 수포로 돌아갔다. 반대로 영국인은 프랑스의 침략에 대한 인도인의 두려움을 교묘하게 이용하여 리처드 웰즐리(Richard Wellesley)—나폴레옹전쟁에서 전공을 세워 1814년에 웰링턴 공작(Duke of Wellington)이 된 아더 웰즐리(Arthur Wellesley)의 형—의 지휘하에 인도 아대륙의 대부분을 점령했다.[62] 상호 영향을 주고받던 대서양 연안 혁명지역의 바깥 또는 변경지역 가운데서 프랑스대혁명의 영향을 가장 많이 받은 곳은 나폴레옹의 군사적 확장의 대상이었던 중근동 지역이었다. 물론 이집트, 오스만제국, 더 나아가 먼 이란에서 나폴레옹의 군사적 확장이 미친 영향이 프랑스대혁명 자체가 미친 영향보다 훨씬 더 깊고 컸다. 프랑스 점령군은 수백 년 동안 통치해온 맘루크(Mamluk) 왕조를 무너뜨렸고 1802년 프랑스군이 철수하자 정권을 탈취하려는 개인 또는 집단이 활동할 수 있는 공간이 생겨났다.

지중해 이동 지역의 안전 요소로서 영국의 믿을만한 파트너였던 오스만제국의 위상은 이전보다 더 높아졌다. 시대의 획을 긋는 혁명의 해(1789년)에 뜻밖에 왕위에 오른 술탄 셀림 3세(Selim III,

1789 – 1807)는 개혁을 반대하는 보수적인 예니체리* 군단을 제거하려 했으나 성공하지 못했다. 1826년 계승자이자 제2대 술탄 마흐무트 2세(Mahmud II)가 근위대 개혁에 성공했다. 술탄 셀림 3세는 유력한 외교와 군사적 조처를 통해 군대의 현대화 정책을 시작했다. 얼마 후 이란도 유사한 정책을 추진하기 시작했다. 그러나 이슬람 세계의 모든 국가, 아시아와 아프리카 전체에서 프랑스대혁명은 '아래로부터'의 독립혁명 운동을 유발하지 못했다.[63]

이러한 그림 속에서 라틴아메리카의 위치는 어디일까.[64] 대서양 연안의 몇 개 큰 지역 중에서 라틴아메리카는 안장형 시기의 혁명과정에 휘말린 네 번째 지역이었다. 혁명의 급류에 휘말린 모든 지역의 상황은 지역에 따라 차이가 있었다. 북아메리카에서 훗날 캐나다가 된 식민지는 한결같이 영국왕실에 충성을 다했다. 카리브해 지역의 기타 노예제 식민지는 아이티에 비해 상대적으로 평정을 유지했다. 프랑스령 안틸레스 제도의 나머지 섬에서 상황은 아이티와 다르게 전개되었다. 이에 비해서 라틴 아메리카의 가장 뚜렷한 특징은 쿠바를 제외한 스페인 식민제국 전체가 전면적으로 붕괴했다는 것이었다(브라질은 포르투갈 왕실의 통치하에서 다른 길을 가고 있었다), 불과 몇 년 사이에 방대한 제국이 해체되어 수많은 독립적 소공화국으로 변했다. 어떤 의미에서는 스페인이란 민족국가 자체가 제국 붕괴의 결과물이었다. '독립혁명들'(복수로 표시되어야 한다)이란 일련의 사건은 시간적으로 볼 때 대서양 연안지역의 마지막 대전환이었다. 그 사건들이 발생한 시기를 1810-26년으로 특정하는 데 대해 학계에서 이견은 없다.[65]

* 오스만 터키어로는 yeniçeri, 영어로는 janissary라고 표기한다. 오스만제국 황제의 직속 경호대이자 친위대 역할을 하는 정예 상비군단, 용맹성으로 유명했다. 14세기에 처음 조직되었다. 예니체리는 터키어로 '새로운 병사'라는 뜻이다.

여기서 세 차례의 중요한 혁명이 모두 좋은 참고가 된다. 노예제가 아직도 중요한 역할을 하는 모든 지역, 특히 자유인 유색인종—스페인령 아메리카에서는 '파르도'(pardos, 혼혈인이란 뜻)라 불렀다—이 자신의 정치적 목표를 갖기 시작한 지역에서 아이티는 공포를 불러일으켰다. 아이티는 표본이라기보다는 경고, 불길한 징조이면서 동시에 스페인 식민자에 저항하는 모반자들에게는 안전지대였다. 스페인령 아메리카의 독립혁명 지도자들은 대부분이 크레올, 다시 말해 신대륙에서 태어난 스페인계 백인이었기 때문에 프랑스대혁명은 제한적인 범위에서만 표본으로서의 의미를 지녔다. 스페인계 백인의 전형적인 특징은 사회의 상층계급으로서 지주 또는 신흥도시귀족이었다. 이들은 프랑스대혁명 초기의 자유주의적인 목표에 대해 호감을 가졌지만 자코뱅 급진주의에 대해서는 위협을 느꼈고 대중의 무장봉기에 대해서는 의심을 품을 수밖에 없었다.

1780-82년, 스페인령 아메리카에서 잉카왕 투팍 아마루 2세(Túpac Amaru II)를 자처하는 호세 가브리엘 콘도르칸키(José Gabriél Condorcanqui)가 주도한 대규모 봉기가 발생했다. 이 봉기는 스페인령 아메리카에 대규모 민중 저항운동을 일으킬 수 있는 세력이 잠복하고 있음을 증명해주었다. 이 봉기는 러시아의 푸가초프 반란이 일어난 지 불과 몇 년 뒤 세계의 다른 한쪽 끝에서 폭발한, 어떤 면에서는 그것과 유사한 민중봉기였다. 두 봉기는 광범위한 세력이 느슨하게 연합한 바탕 위에서 문화적 자기인식이 촉발한 저항운동이었다. 콘도르칸키의 봉기는 스페인 식민통치에 저항했고 잔혹하게 진압되었다는 점에서는 크레올의 저항운동과 같았으나 자치를 추구한 크레올 과두 집단의 동기와는 완전히 일치하지 않았다. 이 봉기의 규모는 엄청난 희생자 수에서 잘 드러난다. 추론에 의하면 약 10만 명의 인디언과 1만 명의 스페인인이 목숨을 잃었다.[66] 그러므로 라틴 아메리카 '해방자'의 입장에서 자코뱅 급진주의와 국민개병제(國民皆

兵制Levée en masse)에 대해 매력을 느낄 수 없었을 뿐만 아니라 프랑스 혁명정부로부터 지지를 기대할 수도 없었다. 자유를 쟁취하기 위한 싸움의 승패가 갈리던 결정적인 시기에 프랑스에서는 나폴레옹 제국이 막을 내리고 왕정복고파가 다시 권력을 잡고 있었다.

본질적으로 프랑스의 전환과 라틴아메리카의 전환 사이에는 혁명적 이념보다는 권력정치의 수준에서 관계가 있었다. 이 이야기를 하자면 우리는 북아메리카의 독립혁명뿐만 아니라 라틴아메리카의 독립혁명도 뿌리를 두고 있는 18세기 60년대를 돌아봐야 한다. 유사하지만 각자 다른 이유 때문에 영국정부와 스페인정부는 같은 시기에 아메리카 식민지에 대한 통제를 강화하고 식민지 경제의 잠재력을 종주국의 발전에 더욱 효율적으로 동원하기 위해 식민 통치기구를 개편·강화하는 조처를 시행했다. 새로운 국왕 조지 3세(George III) 통치하의 영국이 취한 새로운 조처는 불과 몇 년 만에 실패로 끝났다. 카를로스 3세(Carlos III, 1759 – 88년 재위) 통치하의 스페인은 최소한 식민지 민중의 강렬한 저항에 부닥치지 않았다는 점에서 초기에는 어느 정도의 성과를 거두었다. 아메리카에서 스페인의 통치체계는 줄곧 균질적이고 중앙 집중적이었기 때문에 유능한 행정 관료가 비교적 쉽게 새로운 조처를 관철시킬 수 있었다. 이 밖에도 남아메리카의 크레올인은 권위주의를 비판하는 계몽사상에 물들지 않았기 때문에 자신의 요구를 대의기관을 통해 표출하는 방식에 익숙하지 않았다. 이런 이유와 몇 가지 다른 이유 때문에 스페인 식민체계는 영국 식민체계와는 달리 18세기 70, 80년대에 붕괴되지 않았다. 뿐만 아니라 스페인 식민체계는 나폴레옹 군대가 침입하여 스페인 본토의 부르봉왕조의 통치가 붕괴될 때까지 현상을 유지할 수 있었다.

북아메리카의 봉기가 갈수록 불공정하고 전제적인 제국정부에 대해 저항을 시도했다고 한다면 스페인령 아메리카의 결정적인 위기는 제국의 중심부가 진공상태에 빠졌을 때 찾아왔다.[67] 이 때 두 가지 추세가 전면에 등장했다. 하나는 여러 형태의 크레올 애국주의다. 이것은 스페인제국의 배경을 가진 채 시간의 흐름과 함께 형성되었으며 북아메리카 식민지들과 비교할 때 선명한 특색을 갖고 있었다. 다른 하나는 새로운 자유주의-입헌주의의 질서 안에서 스페인과 느슨한 정치적 연맹관계를 계속 유지해나가려는 의지다. 어떤 의미에서 이것은 북아메리카 발전과정의 복사판이라고 할 수 있다.

충돌이 발생한 초기에 북아메리카 '크레올인'(그들을 이렇게 부르는 것을 용서하기 바란다)의 대다수는 여전히 자신을 영국인으로 인식하고 있었다. 그들 가운데서 많은 사람이 오랜 시간이 지난 뒤에야 비로소 뿌리 깊은 영국과의 일체감을 벗어나 아직도 안정되지 않은 미국이란 나라에 대해 귀속감을 갖기 시작했다.[68] 바로 이런 이유 때문에 그들이 저항한 표적은 가혹한 세금을 부과하면서도 허울뿐인 대표권만 약속한 런던의 무소불위한 의회가 아니라 국왕이라고 하는 인물과 그 배후의 상징이었다. 스페인 식민지의 경우 국가적 자기인식은 훨씬 앞서 있었다.

그 밖에 스페인령 아메리카의 크레올인은 스페인의 비점령지역에 세워진, 왕실—반동적인 국왕 페르난도 7세(Fernando VII)는 이때 나폴레옹의 포로가 되어 있었다—에 충성하지 않는 대립정부에 큰 기대를 걸었다. 이 정부의 핵심은 1810년 9월 카디스(Cadiz)에서 소집된 의회(cortes)였고 이 의회는 스페인 역사상 첫 번째 근대적 의회였다. 이 의회의 제도 설계를 보면 처음부터 스페인 세계 전체를 대표하는 기구, 다시 말해 식민지도 대표하는 기구였다.[69] 의회에서 아메리카 지역의 대표가 차지한 의석은 당연히 매우 적었다. 이 의회는 일부 문제에서는(예컨대 무역문제) 수십 년 전의 영국 의회와 마찬가지로 완고한 태도를 보였다. 스페인 전제체제 밖에 제국연방을 세운다는 이상은(이론적으로는 가능하지만) 현실이 되지 못했다. 또한 의회는 노예무역·노예제도의 폐지와 아메리카 사회의 다종족 문제에 대한 입장을 밝힐 시기를 놓쳤다. 그럼에도 불구하고 입헌국가를 만들려던 스페인의 초기 (그리고 한동안 철저했던) 실험은 당시의 유럽 상황에 비추어보면 상당히 넓은 범위에서 진행되었다. 이런 영향을 받아 크레올인도 성문헌법 ─스페인의 1812년 헌법은 19세기 라틴아메리카 지역에서 성행한 헌법제정 풍조의 기반이 되었다 ─과 (재산 보유정도의 제약을 받지 않는) 남성 참정권의 확대를 당연하게 받아들였다.

영국령 아메리카와 비교할 때 스페인령 아메리카 해방의 과정은 순조롭지 않았다. 스페인령 아메리카는 면적이 더 넓었고, 보급문제는 더 힘들었으며, 도시와 농촌의 대립은 더 심각했고, 왕실에 대한 충성심은 더 강했다. 이 때문에 크레올 엘리트 계층 내부의 분쟁이 끊이지 않아 내전 폭발 직전의 상태였다. 공간적으로는 다양한 군대와 민병조직이 나란히 존재하면서 온갖 방식의 독립전쟁을 벌였고 이 전쟁은 상호 간에 느슨하게만 연결되어 있었다. 시간적으로는 두 시기의 전쟁이 이어졌다.[70] 1814년 5월, 신전제주의적 국왕 페르난도 7세가 복귀하면서 대서양 양안에서는 이쪽과 저쪽을 가릴 것 없이 새로운 시도와 출발이 하루 아침에 모조리 파괴되었다. 스페인은 이미 통제를 벗어난 식민지를 다시 찾아오려는 시도를 시작했고 초반에는 상당한 성과를 거두었다. 그러자 시몬 볼리바르(Simón Bolívar), 호세 데 산 마르틴(José de San Martín), 베르나르도 오히긴스(Bernardo O'Higgins) 등이 이끄는 군사적 저항이 폭발했다.[71] 1816년 시점에서 보자면 스페인은 아르헨티나를 제외한 지역을 통제하고 있는 듯했다. 반란자들은 아메리카 대륙 도처에서 수세에 몰려 있었다. 제국주의 반동세력은 반란자들을 법정에 세웠다. 이때의 혁명의 침체기를 벗어나면서 해방전쟁의 두 번째 단계가 막을 열었다. 이 단계에서 카우디요(caudillos) ─무장부대와 민간 추종자들을 거느린 군벌. 이들은 전리품만 챙겼지 국가제도에는 관심이 없었다——가 의심스러운 역할을 시작했다.

북아메리카와 비교했을 때 라틴아메리카의 혁명은 더 많은 사회계층이 개입해 있었고 전체적으로 더 복잡했다. 북아메리카에서는 엘리트 혁명 가운데서 (특히 멕시코의 농촌에서 자주 일어나던) 농민반란과 민중봉기의 색채를 찾아보기 어려웠다. 멕시코에서 사람들이 무기를 든 이유는 스페인 식민통치에서 벗어나기 위해서가 아니라 위협받는 생활 방식을 지키기 위해서였다.[72] 뉴스페인·멕시코 이남의 여러 나라가 거둘 수 있었던 최종적인 군사적 승리는 스페인 자신의 약화와도 연관이 있었다.

군대는 아메리카를 탈환하려는 열정이 높지 않았고, 유럽에서 군대의 지지가 없이는 자유파가 국왕 페르난도 7세에게 1820년 헌법을 회복하라고 압박할 수 없었다. 스페인에서 다시 발생한 혼란이 새로 조직된 아메리카 원정군의 출발을 지연시켰다. 아메리카를 다시 정복하려고 시도하는 과정에서 스페인은 자신이 얼마 전에 직접 경험한 유격전술을 사용했다. 이것은 혁명적 대서양 지역에서 혁명자들 상호 간에 학습곡선으로 연결되어 있음을 다시 보여주는 사례였다.

마지막으로 국제적 배경이다. 1778년 이후의 북아메리카 반란자들과는 달리 스페인령 아메리카의 자유투사들은 외부로부터 직접적인 군사원조를 얻을 수 없었고 미국의 지지도 없었다. 아이티혁명 과정에 있었던 일시적인 외부 강대국의 직접적인 개입도 없었다. 대서양 해역 전체를 장악한 영국 해군이 보호막의 역할을 해주고는 있었지만 다른 혁명과는 달리 크레올인과 복원된 스페인 왕조 대표 사이의 결정적인 군사적 충돌에 제3자의 개입은 없었다. 그러나 가볍게 보아서 안 될 것은, 처음(즉, 1810년 무렵)에 프랑스가 스페인 식민지를 차지할지도 모른다는 우려가 매우 중요한 역할을 했다는 점이다. 스페인 왕조가 더 이상 존재하지 않게 되었을 때 기꺼이 나폴레옹의 백성이 되고자 했던 라틴아메리카인은 없었다. 후기에 가서 '개인적인' 지지의 중요성이 무시해도 좋을 정도는 아니었다. 영국과 아일랜드 출신 병사와 자원자들이 ―1817-22년 사이에 5,300여 명의 혁명가들이 남아메리카에 도착했다―여러 전투에서 중요한 군사요인이 되었다.[73] 미국 해적은 정부의 묵인하에 스페인 함선을 공격했다. 영국 상인은 재정적으로 지원했다. 이것은 새로운 시장을 개척하기 위한 장기적인 투자였다.

아메리카 대륙의 독립혁명은 최소한 두 가지 근본적인 변화를 가져왔다. 하나는 백성이 시민으로 변한 것이고, 다른 하나는 낡은 계층사회의 구조가 흔들린 것이었다.[74] 종주국이 달랐기 때문에 북아메리카와 스페인령 아메리카의 정치적 풍경도 달랐다. 스페인령 아메리카에서 독립된 여러 민족국가가 등장하면서 정치적 풍경은 북아메리카보다 더 다양했다. 북아메리카에서 형성된 하나의 연방국가의 발전 동력은 서쪽과 남쪽으로의 영토 확장이었으며 그 앞에서 멕시코와 스페인의 영향을 받은 문명이 희생되었다(그 정점이 1898년의 미국-스페인전쟁이었다). 이 밖에도 북아메리카와 남아메리카에는 혁명을 겪지 않은 대국이 하나씩 ―남쪽에는 브라질왕국(1889년 이후 공화국이 되었다), 북쪽에는 영국제국의 캐나다 자치령― 있었다. 또한 북아메리카와 남아메리카에서 정치적 혁명은 즉각적인 안정을 가져오지는 않았다. 그런 가운데서도 북아메리카 대륙의 상황이 좀더 유리했다.

북아메리카에서는 독립전쟁이 동시에 내전으로 변하지 않았고, 북아메리카에는 공화파와 왕당파 양쪽으로부터 구애의 신호를 받는 자유민 파르도(pardos) 같은 유색인종 집단이 없었다.[75] 북아메리카에서는 백인, 인디언, 흑인 사이의 경계는 분명했다. 국가와 정치는 처음부터 끝까지 백인의 국가이며 정치였다. 남아메리카 식민정부는 피부색의 차이를 법률적인 지위의 차이로 명확하게 치환했고 이 때문에 분열의 경계선은 더 복잡했다. 북아메리카에서 도시와 농촌은 비교적 평형상태를 유지했으나 남아메리카에서는 전쟁이 '권력의 농촌화'를 유발했다.[76] 그 뒤로 수십 년 동안 북아메리카의 영토확장은 토지 점유의 민주화를 촉진했다. 그러나 남아메리카에서는 이와는 정반대로 토지를 과점한 계층이 권력을 독점했다. 이들은 각자의 나라에서 정치에 심각한 영향을 미쳤다. 미국에서도 내전 이전 시기 남부 각 주에서 대토지 소유자의 영향력이 정점에 이르기는 했지만 농촌세력의 강력함이 남아메리카와는 비교될 수가 없었다.

젊은 미국이 이룬 거대한 성취의 하나는 군사화와 군국주의를 피해갔다는 것이며 남아메리카는 미국의 성공을 복제할 수 없었다. 미국은 혁명시기의 '무장국가'에서 군사독재로 발전하지 않았다. 카우디요와 유사한 독립적인 군사세력이 큰 영향력을 확보하지 못했기 때문이다. 남아메리카와 일부 유럽지역과는 달리 북아메리카는 쿠데타가 자주 일어나는 지역으로 진화하지 않았다.[77] 스페인령 아메리카의 몇몇 국가는 세계경제에 통합되던 19세기 60년대와 심지어 70년대까지도 내부 안정을 실현하지 못하고 있었다.[78]

중남부 아메리카에서 정치적 안정기를 찾고자 한다면 1880년에서부터 멕시코 혁명이 시작된 1910년까지의 30년 동안이 될 것이다. 라틴아메리카에서 독립투쟁이 막 시작되었을 때 북아메리카에서는 이미 혁명이 끝나고 상황은 상당히 안정되어 있었다. 1800년에 토마스 제퍼슨이 제3대 대통령에 당선되었을 때 합중국은 혁명 후의 안정기에 진입했다.[79] 그러나 안정기의 내면에는 허위와 임시성이 자리 잡고 있었다.

중요한 두 가지 문제가 아직 해결되지 않고 있었다. 첫째, 노예제 사회인 남부와 자유로운 임금노동을 기초로 한 북부의 자본주의가 하나의 공화국 안에서 어떻게 공존할 것인가? 둘째, 새로운 주가 어떻게 현존하는 헌법적 균형을 파괴하지 않고 연방에 가입할 수 있을 것인가? 1861년에 시작된 내전은 전혀 뜻밖의 사건은 아니었다. 돌아보면 미국내전은 제1차 세계대전보다 훨씬 더 '필연적'이었다. 내전이 시작될 무렵 혁명시기가 남겨놓은 문제는 아직 해결되지 않고 있었다. 건국의 아버지들이 노예제 문제에 대해 명확한 해석을 해놓지 않았던 것이 환란의 씨앗이 되었고 19세기 60년대가 되자 남부의 노예주들이 1807년에 금지된 아프리카 노예무역을 다시 개방해달라고 정중하게 요구하기에 이르렀다.

에이브러햄 링컨(Abraham Lincoln) 같은 신중하고 지혜로운 정치가는 남부가 북부 자유주에 노예제를 강요할 것이라고 확신했다.[80] 그러므로 어떤 의미에서는 내전은 혁명전쟁의 부산물이었다. 혁명의 개념을 과도하게 사용하는 위험을 무릅쓴다면 우리는 북아메리카에 백년에 한 차례씩 혁명적인 폭동의 주기 —— 1765년의 인지세 위기에서부터 1865년의 남부연합의 패배에 이르기까지 —— 가 존재한다고 상상할 수도 있을 것이다.

스페인령 아메리카의 독립혁명이 끝나자 곧바로 1830-31년의 유럽혁명이 이어졌다. 혁명은 야누스의 얼굴처럼 과거를 돌아보면서 동시에 미래를 바라보았다. 스페인령 아메리카의 독립혁명이 혁명시대의 종결로 분류된다고 한다면 1830-31년의 유럽혁명은 혁명시대의 한 부분으로 분류된다.

1830년 7월 말 파리에서 발생한 수공업자들의 폭동으로부터 촉발된 혁명적인 상황이 프랑스 전역, 네덜란드 남부(이 사건이 끝난 후 이 지역에 독립국 벨기에가 세워진다), 이탈리아, 폴란드, 독일연방의 일부 가맹국(주로 쿠르헤센Kurhessen, 작센Sachsen, 하노버Hannover)으로 퍼져나갔다. 그런데 결과는 이렇다 할만 한 게 없었다. 유럽에서 상승세를 탄 왕정복고 세력은 1815년 이후 각처에서 약화되었으나 정치적으로 패배한 곳은 프랑스뿐이었다. 그런 프랑스에서조차도 정치적 활동공간을 넓힌 주요 사회세력은 '저명인사'라고 부를 수도 있고 '자유주의 부르주아'라고도 부를 수 있는 집단이었으며

이들이 7월혁명 이전 엘리트계층의 핵심을 형성했다.[81]

1830년에 발생한 혁명은 사회혁명이라기보다는 정치혁명이었다. 그러나 1830년의 혁명은 입헌체제 최초의 혁명사상에 관한 기억을 되살렸고 자코뱅시대 이전 프랑스대혁명의 구호와 상징을 반복적으로 제기했다는 점에서 1789~91년 혁명의 계승이라고 할 수 있을 것이다. 그러나 도시 시가전의 영웅적인 분위기가 여전히 존재하고 있던 농촌의 저항을 가릴 수는 없으며 ─ 또는 도시와 농촌이 느슨하게 연결되었다는 사실을 부정할 수는 없으며 ─ 그런 의미에서 1830년의 혁명은 '전현대적'이었다고 할 수밖에 없다.[82]

대서양 통합

대서양 연안의 혁명은 전례가 없는 기본적 경험을 갖고 있었다. 그것은 광범위한 민중의 지속적인 정치화였다. 이런 현상의 후과로서 어떤 혁명이든 발생 후에는 혁명 이전 상태로 돌아갈 수 없게 되었다. 모든 지역에서 정치는 더 이상 엘리트 정치가 아니었다. 혁명의 유산은 상당 부분이 혁명의 열기가 식은 뒤에도 전혀 다른 방향으로 발전해 나갔다.[83]

미국에서 민중의 정치화는 가장 효과적인 통로를 찾아내어 대의제 도라는 외피를 입었지만 비백인은 배제되었다. 5인집정관 내각 시기 (1795~99년)의 프랑스와 라틴아메리카의 여러 나라처럼 민주적 재건이 실패한 곳에서 새로운 권위주의 체제라도 일정 정도의 (최소한 박수쳐서 통과시키는 방식일지라도) 대중적 합법성을 갖추지 않을 수 없었다.

'보나파르트주의'는 구체제로의 복귀를 의미하지는 않았다. 1814년 이후의 부르봉 복원왕조도 1789년으로부터 내려온 일부 시대적 유산을 받아들여 헌장(charte constitutionelle)의 형식으로나마 입헌사상을 명문화하고 나폴레옹이 자신에게 충성하는 장군과 총신들을 발탁하여 구성한 새로운 귀족집단을 그대로 물려받았다. 그러나 복원왕조는 혁명 때문에 출현한 가장 두려운 도구 ─ 생명을 집어삼키는 나폴레옹 시대의 징집제도 ─ 는 없애버렸다.[84] 스페인, 쿠르헤센, 이탈리아 일부 지역을 제외하고는 어떤 지역에서도 '반동세력'이 혁명의 흔적을 완전히 지워버리려 하지는 않았다. 위대한 제도 설계자였던 나폴레옹은 오로지 카리스마에만 의존해서는 혁명 이후 시대의 질서를 유지할 수 없다는 점을 꿰뚫어 보았다.

볼리바르도 이 점을 알고 있었다. 그는 승리하고 있던 동안에 독재통치를 실행하고 싶은 유혹을 적지 않게 받았으나 법치를 세우고 권력의 사유화를 막기 위해 끊임없이 노력했다. 그러나 그는 조국 베네수엘라와 라틴아메리카의 유사한 나라들이 수십 년에 이르는 군벌통치 시대로 빠져드는 것을 막아내지는 못했다.[85] 이런 상황에서 대중정치는 위축되고 좁은 범위의 추종자들의 만족을 추구하는 정치만 남았다. 대서양혁명은 콜럼버스 시대 이후로 발전해온 대양의 이쪽과 저쪽을 잇는 긴밀한 관계망 속에서 태어났다. 통합은 몇 가지 단계에서 중첩적으로 발생했다.

1. 스페인, 영국, 프랑스 등의 대제국과 포르투갈과 네덜란드 두 소제국의 영토 안에서 발생한 **행정적 통합.**

2. 신세계로의 이민을 통한, 또한 이와는 반대 방향으로의 인구 이동(주로 식민지 관리인원의 복귀)을 통한 **인구통합.**

3. 북아메리카의 모피교역에서부터 남아메리카의 앙골라-브라질 노예무역에 이르기까지, 처음에는 적용하기도 어려웠고 (1730년대까지는) 전염병 같은 해적의 방해를 받았던 국가 중상주의 경쟁의 법칙에 따라 조직된 **상업적 통합.**

이것을 통해 대서양 공통의 소비문화(즉, 오늘날 서방세계의 '소비주의'consumerism의 기원)가 생겨났다. 정치적 동기에 의한 소비의 중단은 국제관계에서 거부의 무기가 되었다.[86]

4. 서아프리카 생활방식의 전파에서부터 유럽식 건축양식의 변형된 모방의 확산[87]에 이르기까지, 각양각색의 문화적 통합.

5. 갈수록 늘어나는 서적, 소책자, 잡지의 유행을 통해 전파된 '대서양 문명'이라고 하는 유사하거나 공통의 기반 위에 형성된 규범의 통합.

이런 점에서 1828년에 영국의 작가이자 문학평론가 윌리엄 헤즐릿(William Hazlitt)은 프랑스대혁명은 인쇄기술 발명의 최신 효과라고 평가하기도 했다.[88]

대서양혁명을 이해하기 위해서 다섯 번째 관점이 (정치적인 행위가 저변의 이익과는 관계없이 순전히 사상에 의해 결정된다는 주장은 설득력이 부족하지만) 특별히 중요하다. 사상사의 관점에서 볼 때 모든 대서양혁명은 계몽운동이 낳고 기른 자식이었다. 계몽운동은 유럽에서 발원했고 그것이 대서양 건너편에 미친 영향을 알고자 한다면 무엇보다도 이해와 수용의 특별한 과정을 고찰해야 한다.

신대륙의 자연과 문화에 대한 유럽 학자들 — 예컨대, 프랑스 박물학자 뷔퐁(Buffon)과 후대의 독일 철학자 헤겔(Hegel) — 의 오만한 평가와 관련하여 18세기 60년대부터 아메리카인들 사이에서 비판의 목소리가 나오기 시작했고 유럽에서도 이런 목소리에 귀 기울이는 사람들이 있었다. 분노에 찬 목소리를 낸 아메리카인이 벤저민 프랭클린(Benjamin Franklin), 토머스 제퍼슨(Thomas Jefferson), 『연방주의자 논집(1787-88)』(The Federalist Papers)에 기고한 몇 명의 작가, 멕시코 신학자 프라이 세르반도 테레사 데 미에르(Fray Servando Teresa de Mier) 등이었다.[89] 박학다식하고 런던을 주무대로 활동하던 학자 안드레스 베요(Andrés Bello)와 그 시대 라틴아메리카의 가장 중요한 정치사상가 시몬 볼리바르는 유럽 계몽운동의 강령을 수정 없이 그대로 아메리카 대륙에 적용할 수 없다고 일관되게 주장했다. 볼리바르는 자신의 주장을 입증하기 위해 몽테스키외의 이론을 인용했다. 몽테스키외는 어떤 나라가 제정한 법률은 그 나라의 구체적인 상황에 적합해야 한다고 말했다. 전체 대서양 지역 계몽운동 내부에 핵심지역과 주변지역이 형성되었다. 프랑스나 스코틀랜드와 비교했을 때 카를로스 3세 치하에서 반교회 개혁정책을 펴던 시기의 스페인조차도 지적인 면에서는 주변지역이었다.

그러나 유럽 내부의 문화적 경계를 초월하는 것이 이 시대의 특징이었다. 영국인과 북아메리카 개척민은 종교적으로는 서로 다른 경로로 발전했지만 법률적 전통은 같았고 개인의 인격과 안전보장 면에서는 공통의 가치관을 갖고 있었다.[90] 수많은 소책자와 무엇보다도 『독립선언』을 통해서 존 로크(John Locke)의 정부계약론, 알저논 시드니(Algernon Sidney)의 저항이론, 프랜시스 허치슨(Francis Hutcheson)과 애덤 퍼거슨(Adam Ferguson) 같은 초기 스코틀랜드 '도덕철학자'의 이론이 북아메리카에 널리 알려져 있었다.[91] 뛰어난 코르셋 제조 장인이자 독학을 통해 경지에 이른 철학자 토머스 페인(Thomas Paine)은 1774년 11월에 처음 신대륙에 발을 디뎠다. 그는 신대륙 유사 이래 가장 영향력이 큰 시사평론가의 한 사람으로 화려하게 변신했다. 그는 1776년에 출판한 전염력이 강한 저작 『상식』(Common Sense)에 영국의 급진적인 정치사상을 녹여서 담아냈다. 이 책은 대서양지역 세계주의의 산물이었으며 그의 사상은 『인간의 권리』(Rights of Men)에 이르러 남김없이 표출된다.

유럽 '계몽전제주의'의 실제적 성과와 비교할 때 새로운 합중국은 현실 세계에서 계몽사상의 진보를 구체적으로 보여주었다. 안장형 시기에 프로이센의 프리드리히 2세, 오스트리아의 요제프 2세, 절대무비의 나폴레옹 같은 철학자 군주가 있었다고 한다면 조지 워싱턴 대통령의 뒤를 이은 세 대통령——존 애덤스, 토마스 제퍼슨, 제임스 메디슨——도 같은 평가를 받을 만한 정치지도자들이었다. 영어를 사용하는 아메리카에서 프랑스 학자도——특히 몽테스키외, 루소, 식민주의의 격렬한 비판자였던 신부 아베 레이날(Abbé Raynal, 이 이름으로 발표된 논문의 일부는 드니 디드로Denis Diderot가 썼다)——주목을 받았다. 이들 철학자는 라틴아메리카에도 일찍부터 알려졌다. 카라카스의 부유한 집안 출신인 청년 시몬 볼리바르는 이들의 저작은 물론이고 홉스, 흄, 엘베시우스(Claude Adrien Helvétius), 돌바흐(Paul Henri Dietrich d'Holbach)의 저작도 읽었다.[92] 볼리바르의 경험은 전혀 예외적인 것이 아니었다. 18세기 90년대 멕시코시티에서는 위로는 총독에서부터 아래로는 일반 민중에 이르기까지 (즉시 실행에 옮기지는 않았어도) 비판정신이 가득한 유럽 거물 사상가들의 철학을 공부했다.[93] 보다 일반적으로 말하자면 진보를 믿는 시대정신이 대서양 양안에서 좁은 의미의 지식분자뿐만 아니라 상업세계의 일부도 사로잡았다.[94] 많은 미국인에게 정치적으로는 보수적이지만 현대 경제의 중심인 런던을 방문할 때 느끼는 흥분과 파리를 방문하여 직접 접촉하는 혁명의 분위기에서 느끼는 흥분은 다 같이 감동적이었다.

1927년에 청년 마오쩌둥은 혁명은 디너파티가 아니라고 썼다. 이 말은 대서양혁명에도 적용된다. 대서양혁명 가운데서 1989-91년 엘베강과 고비사막 사이의 지역에서 발생한 것과 같은 평화로운 혁명은 단 한 차례도 없었다. 여기서 구체적인 통계숫자를 나열할 필요도 없다. 1793-94년의 '공포정치' 시기 프랑스 전국의 희생자 수가 5만 명에 이르렀다(그 밖에 1793-1800년의 방데Vendée 내전* 중에 15-

---

* 방데전쟁(Guerre de Vendée), 방데폭동(Révolte Vendéenne), 방데반란(Rébellion Vendéenne), 방데봉기(Insurrection Vendéenne) 등 여러 가지 이름으로 불린다. 그만큼 프랑스

20만 명이 죽었다).[95] 또한 우리는 1792-1815년에 유럽에서 발생한 일련의 전쟁(1808년 이후 스페인의 모든 분야에서 벌어진 공포통치를 포함하여)에서 희생자의 숫자가 프랑스를 초월한다는 사실도 잊어서는 안 된다. 라틴아메리카에서는 1780년 투팍 아마루의 봉기에서부터 통제할 수 없는 폭력과 전면전으로 진화한 해방전쟁과 내전이 종결될 때까지 수십만 명이 목숨을 잃었다.[96] 이 시기 혁명의 중심지 생도맹그/아이티에서 얼마나 많은 사람이 죽었는지는 알 수가 없다(그중에서 프랑스와 영국 원정군의 보통 병사 수만 명은 대부분 열대 질병으로 죽었다). 막시밀리앙 로베스피에르(Maximilien Robespierre)가 주도한 혁명과 비교하면 토마스 제퍼슨과 조지 워싱턴이 주도한 혁명은 자비로웠다는 말이 있는데, 이런 표현은 상당히 공정하다고 볼 수 있다.

미국에서는 프랑스처럼 이른바 반혁명세력에 대한 학살은 일어나지 않았다. 그럼에도 불구하고 우리가 잊지 말아야 할 것이 있다. 영국에서 1775-81년의 미국독립전쟁을 겨냥하여 전례가 없는 규모의 전쟁동원령이 내려졌다. 그런 의미에서 미국독립전쟁은 최초의 현대전이라고도 할 수 있으며 또한 반란군 측에서도 약 2만 5,000명이 목숨을 잃었다.[97] 프랑스대혁명 전체와 비교해도 이 전쟁은 더 많은 난민과 이민을 만들어냈다.[98] 그러나 1789년의 러시아-오스만제국전쟁과는 달리 — 오차코프(Ocakov, Özi)란 요새 항구 하나를 점

역사에서 아직도 논쟁의 중심화제가 되고 있기 때문이다. 프랑스대혁명 시기에 발생한 왕당파의 반혁명 반란이다. 방데는 프랑스 서부해안의 지명이다. 1793년 3월 징병령에 반대하는 농민봉기가 일어났다. 교회와 지방귀족이 봉기를 지원하고 지도했다. 정부군의 가혹한 진압에 맞서 봉기군은 유격전으로 전환했고 장기전이 되었다. 1801년에 나폴레옹이 교황과 화해하면서 방데 지역에 대해 많은 부흥정책을 내놓음으로써 이 반란은 완전히 종결됐다.

령하는데 반나절 사이에 수천 명의 터키인이 살해되었다——미국독립전쟁 중에는 시민에 대한 학살은 없었다. 19세기 2/4분기는 1850-51년에 중국에서 태평천국의 유혈사태가 발생하기 전까지는 세계사에서 비교적 평화로운 시기였다.

광활한 대서양혁명 전장에서 영국은 독특한 위치를 차지했다. 영국은 최소한 1763년부터 가장 강력한 군사 강국이었다. 완강한 식민지를 복종하게 만들려는 영국의 시도는 혁명의 연쇄반응을 불러일으켰다. 라틴아메리카를 제외한 모든 곳의 혁명을 상대로 영국은 전쟁을 선포하고 진압했다. 라틴아메리카 지역에서도 영국은 초기에 한 차례 군사행동을 일으킨 적이 있었다. 영국의 1806년 6월 부에 노스아이레스 점령의 영향은 깊고도 오래 끌었다. 이때 영국은 민중을 동원하기 시작했다. 영국은 도처에 개입하고 도처에 군대를 보냈다. 영국의 정치체제는 농촌은 물론 공업화로 성장한 신흥도시에서 발생한 저항과 전복 행위에도 흔들리지 않았을 뿐만 아니라 1775-1815년 사이에 1차 세계대전 이전 최대 규모의 군사적 경제적 동원을 성공적으로 완성했다. 이 시기의 영국 정치무대에는 소 피트(William Pitt the Younger)같은 비상한 능력을 가진 정치지도자가 등장했다. 그는 1783년부터 1806년까지 거의 단절 없이 수상을 역임했고 나폴레옹의 맞수 가운데서 가장 위험한 인물이었다. 따라서 영국은 급격한 사회 경제적 변화를 겪으면서도 혼란한 세계에서 보수의 조용한 지주(支柱)였다.

영국도 1830년의 유럽혁명운동에 참여했다. 1830년 여름, 국왕 조지 4세가 세상을 떠난 직후 프랑스로부터 7월혁명의 소식이 들려왔다. 1832년 7월, 극단적으로 대립을 겪으면서 의회는 일련의 개혁법안을 통과시켰다. 이 시기에 영국은 19세기 이래 가장 심각한 내정의 위기를 경험했다. 영국이 혁명 앞에서 가장 취약했던 시기는 1790년대나 1848년이 아니라 20년 넘게 지속된 전쟁이 종결된 뒤의 15년 동안이었다. 나폴레옹전쟁이 남긴 문제가 아직 해결되지 못한 상황에서 초기 공업화의 후유증이 현행 체제에 대한 불만을 극대화시켰다. 1830–32년에 잉글랜드 남부와 동부, 웨일즈에서 소요사태가 발생했다. 항구도시 브리스톨 (Bristol)이 상당히 많이 파괴되었고, 노팅엄(Nottingham) 성이 잿더미가 되었다. 노동자와 중산층이 각자 자위대와 민병대를 결성했다. 만약 1832년 봄에 저명한 보수파 정치가 웰링턴 공작(Duke of Wellington)이 2년 전 프랑스의 폴리냐 왕자(Prince Polignac)처럼 반동적인 국왕의 지지를 업고 대중과 직접 맞서려 했더라면 하노버(Hanover) 왕조는 프랑스의 부르봉왕조가 걸어간 길을 따라갔을 것이다.[99] 그러나 최종적으로 공작은 휘그당 출신인 개혁 성향의 수상을 지지했다. 찰스 그레이(Charles Grey) 수상이 공작의 도움을 받아 통과시킨 개혁 법안은 남성 투표권자의 범위를 조심스럽게 확대하고 신흥 공업도시의 의석수를 늘렸다. 그러나 법안의 내용보다 더 중요한 것은 법안이 통과되었다는 사실 그 자체였다.[100]

위로부터의 개혁이 아래로부터의 혁명보다 먼저 발생했던 것이다. 그 덕분에 영국은 안정을 보장할 수 있는 새로운 정책적 수단을 찾을 수 있게 되었고, 한편으로는 피트(Pitt)로 대표되는 보수적 과두체제가 그때까지 참정권을 갖지 못한 계층을 포함하여 대중의 정서를 수용하려는 초당파 신정권으로 대체되었다. 새 정권은 이전의 정권보다 농촌지역의 민의에 더 많은 관심을 가졌고 선거권이 없는 민중의 의견에도 점차로 귀를 기울였다. 그러나 이런 정책이 모두를 만족시킬 수는 없었다. 개혁의 한계에 대한 실망이 인민헌장운동(Chartist Movement)이 등장할 수 있는 비옥한 지적 토양을 제공했다. 그러나 이 운동은 풍부한 사상적 성과에도 폭력혁명으로 진화하지도 못했고 중산계층 개혁파 세력 가운데서 충분한 동맹자를 확보하지도 못했기 때문에 1848년 정치적으로 실패했다.

1807년, 또 하나의 영국식 혁명이 첫 번째의 승전고를 울렸다. 광범위한 지지를 받는 노예무역 반대 시민운동이 의회를 움직여 이 기념비적인 범죄행위를 불법화시켰다. 1834년에는 영국제국 판도 내에서 노예제가 폐지되었다. 이것은 도덕과 대중적 정의감의 혁명이었다. 수백 년 동안 유럽에서 당연한 일로 받아들여졌고 국가의 이익을 위해서도 필요한 제도라고 인식되어왔던 노예제가 완전히 폐지되었다. 영국의 이 특수한 혁명이 시작되던 초기─구체적인 시점은 1787년으로 단정할 수 있다─에는 오직 소수의 종교활동가(대부분 퀘이커교도)와 인도주의자만 참여했다. 이 운동의 가장 강인하고도 가장 성공적인 조직자는 성공회 목사 토마스 클락슨(Thomas Clarkson)이었고 의회 내부의 대변인은 신사적인 풍모가 돋보이는 복음주의 정치가 윌리엄 윌버포스(William Wilberforce)였다. 영향력이 정점에 이르렀을 때 노예제 폐지운동은 영국 전체에 퍼진 대중운동이 되었다. 노예제 폐지운동은 다양한 비폭력 선전 기법을 이용했으며, 유럽 역사에서 처음으로 상인─도자기 제조회사 기업주인 조지아 웨지우드(Josiah Wedgwood)─이 주도한 항의 활동이면서 광범위한 지지를 받은 사회운동이었다. 프랑스대혁명과는 달리 이 운동에서 귀족계급은 거의 아무런 역할도 하지 않았다.[101] 노예제 폐지운동이 광대한 영토를 가진 국가의 정치체제를 파괴하지는 않았으나 근대 초기 대서양 세계의 근간이 되었던 억압적 제도와 그것을 뒷받침해온 법률과 이념을 제거했다.[102]

혁명은 오직 서적과 추상적 토론을 통해서만 서로 영향을 주지는 않았다. 미래의 혁명가들은 현장에서 배웠다. 벤저민 프랭클린─여러 가지 자연과학 실험 때문에 유럽에서 가장 널리 알려진 미국인이었다─은 1776-85년에 신생국 미국의 파리 주재 대사를 지냈다. '두 세계의 영웅'이라 불리던 라파이예트 후작(Marquis de Lafayette)은 많은 유럽 지원자들과 함께 미국독립전쟁에 참전했다. 그는 미국

헌법의 원칙으로부터 깊은 영향을 받았고, 조지 워싱턴의 막역한 친구가 되었으며, 토머스 제퍼슨으로부터 직접 가르침을 받았고, 프랑스대혁명의 초기 단계에서 온건파의 지도적 인물이 되었다. 얼마 가지 않아 그는 미국모형을 맹목적으로 따라서는 안 된다는 비판을 들었다. 그는 프랑스를 빠져나와 프로이센과 오스트리아에서 위험한 급진주의자라 하여 감옥에 갇혔고 최종적으로는 많은 사람에게—예컨대 청년 하인리히 하이네(Heinrich Heine). 하이네가 파리에서 라파이예트를 만났을 때 라파이예트는 노인이었으나 아직도 열정과 자유분방함을 잃지 않았다—순수한 혁명적 이상의 화신이란 평을 들었다.[103]

당연히 하나하나의 혁명은 나름의 독특한 길을 걸어갔다. 예컨대 프랑스대혁명은 정부기관 사이의 '견제와 균형'을 중시하지 않았고 오히려 장 자크 루소식의 나눌 수 없는 대중의지의 명확한 표현을 더 중시했다. 몽테스키외의 이론을 학습하는 능력에 있어서는 몽테스키외의 동포들보다 미국인이 더 뛰어났다. 19세기 70년대 말이 되어서야 프랑스인은 점차로 안정된 민주적 제도를 받아들이기 시작했다. 여하튼 1795년 5인 집정관 내각 시기에 제정된 헌법은 이전의 몇 차례 혁명헌법보다 미국식 구상에 가까이 접근했고, 이 때문에 보나파르트 장군은 많은 사람에게 제2의 조지 워싱턴이란 찬사를 받았다.[104] 뿐만 아니라 19세기에 아메리카와 유럽 사이에 거대한 사상적 골이 패이기 전까지는 두 혁명은 각자의 모습에 서로를 투영했다.

훗날 왕정복고 시기에도 많은 사람의 인생경력과 혁명은 밀접한 관계를 가졌다. 테니스 코트의 서약(Serment du Jeu de paume)에서부터 워털루전쟁에 이르기까지 프랑스대혁명은 꼬박 26년 동안 지속되었다. 탈레랑(Talleyrand) 같은 인물은 이 시기에 중년을 맞았고, 혁명에 적극 참여했다. 그는 이 시기에 모든 형태의 프랑스 정부에서 고위직에 올랐다. 괴테, 헤겔, 프리드리히 폰 겐츠(Friedrich von

Gentz) 그리고 장수한 동시대인은 혁명의 시작과 끝 전 과정을 목격했다. 알렉산더 훔볼트는 프랑스대혁명이 일어나기 전에 런던에서 에드먼드 버크(Edmund Burke)의 강연을 들었고, 토머스 제퍼슨과 학문적인 토론을 벌였고, 나폴레옹을 알현했고, 유럽 여러 곳을 분주히 쫓아다니며 라틴아메리카 독립혁명을 지지하라고 호소했고, 1848년 3월에는 80세의 고령에도 베를린의 혁명집회에 참석했다.[105]

경제사학자들이 공업화의 시대를 19세기까지 연장한 뒤로 혁명의 시대는 거대한 역설을 보였다. 에릭 홉스봄(Eric Hobsbawm)이 앞장서서 퍼뜨린 이중혁명 — 프랑스의 정치혁명, 영국의 공업혁명 — 이란 놀라운 이론은 더 이상 유효하지 않다. 정치적 현대는 혁명시대의 위대한 문건들, 그중에서도 특히 미국「독립선언」(1776), 미국「헌법」(1787), 「인간과 시민의 권리선언」(1789), 프랑스의 식민지 노예제 폐지 법령(1794), 볼리바르의 앙고스투라(Angostura)* 연설(1819)과 함께 시작되었다. 이런 문건들이 등장했을 때 영국에서는 공업혁명이 아직 혁명적인 충격을 주고 있지도 않았다. 대서양혁명의 동력은 공업화에 따른 새로운 사회적 충돌이 아니었다. 대서양혁명이 '부르주아'적 특징을 갖고 있다 하더라도 그 특징은 공업화와는 무관한 것이다.

---

* 앙고스투라 회의(The Congress of Angostura)는 콜롬비아와 베네수엘라 독립전쟁 중에 시몬 볼리바르가 소집하여 1819년 2월 15일에 앙고스투라(지금은 베네수엘라의 시우다 볼리바르Ciudad Bolívar)에서 열린 회의다. 베네수엘라와 누에바 그라나다(Nueva Granada 지금의 콜롬비아) 대표 26명이 참석했다.

3. 세기 중반의 혼란

1917-23년, 혁명과 봉기의 폭풍이 러시아, 독일, 아일랜드, 이집트, 스페인, 조선, 중국을 격렬하게 뒤흔들었고 유럽과 근동에서는 몇 개의 새로운 국가가 탄생했다. 이런 혁명을 뺀다면 대서양혁명 시대 이후로 두 번째의 혁명시대는 나타나지 않았다. 19세기 중반 무렵 세계의 몇몇 지역에서는 대규모 집단폭력 사건이 발생했다. 그중에서 가장 중요한 것은 1848-49년의 유럽혁명, 중국의 태평천국혁명(1850-64), 인도대봉기(1857-59, '인도반란'이라고도 한다), 미국의 내전(1861-65)이었다.[106] 이들 사건이 17년 동안에 집중적으로 발생했다는 사실로부터 혁명의 동시성 또는 계열성을 추론할 수 있다. 마치 세계 전체가 심각한 위기를 경험한 것 같다.

대서양혁명 시대 이래로 전 지구적 연결이 밀접해졌고 이 때문에 세계 각지에서 발생한 혁명적인 사건들이 서로 긴밀하게 연계되었었을 가능성도 생각해 볼 수 있다. 그러나 사실은 그렇지 않았다. 세기 중반에 나타난 일련의 혁명에서는 대서양혁명이 갖추고 있던 공간적인 통일성이 결핍되어 있었다. 대서양혁명은 한 국가에 한정된 사건이 아니었음에도 불구하고 대륙의 한 부분에만 머물렀다. 사건으로서 그들 사이의 공통점은 이것뿐이었다. 그때 인도와 중국은 민족국가가 아니었다. 미국의 불안정한 국가적 통일성은 공공연한 의문의 대상이었다. 개별적인 위기는 그러므로 우선은 각자 분리되어 서술되어야 한다.

유럽의 1848-49년

혁명의 발전과정에서 1848-49년의 유럽혁명은 1830년의 프랑스 7월혁명의 양식을 되풀이했다. 유럽 여러 지역에서 저항의 의지가 정치환경의 차이를 뛰어넘어 빠른 속도로 전파되었다.[107] 역사학자들은 들불처럼 번져나갔다는 등 자연현상에 빗대어 그 빠르기를 표현하였으나 이런 비유법은 아무 것도 설명해줄 수 없을 뿐만 아니라 혁명적인 반응에 대한 진지한 연구를 어렵게 만든다.

아무튼 이번의 혁명은 혁명정부의 기세당당한 군대가 다른 나라로 혁명을 전파하던 1792년처럼 퍼져나가지는 않았다. 대부분의 경우 유언비어에 지나지 않는 소식이 현실적인 문제에 대응할 때 혁명적인 행동을 촉발했다. 이때의 혁명이 이처럼 빠르게 퍼져나갔던 이유는 1847년 가을부터 많은 사람이 혁명의 강림을 갈망하고 있었기 때문이다. 이 과정에서 웅변술, 선동, 혁명적 행동방식—예컨대 도시 시가전을 상징하는 바리케이드 설치—등 모든 선전선동 수단이 동원되었다.

이런 수단은 1789년 이후 서남부 유럽 정치문화 가운데 이미 존재하고 있던 것이 1830년에 다시 유행하기 시작한 것이다. 1789년 혁명과 1830년 혁명의 세례를 통해 기득권 세력도 혁명이 어떻게 작동하는지를 잘 알게 되었고 그에 따라 대비했다. 물론 각 혁명 중심부들의 상호 간 초기의 민감한 반응은 오래 가지 않았다. 그러므로 각 혁명은 지역화 되고 점차로 특수한 자기만의 권력구조와 이념을 형성하면서 상호 간에 의미 있는 도움을 주지 못하고 각자의 길을 가는 경향을 보였다.

그럼에도 불구하고 이 시기의 혁명은 여전히 같은 시기에 발생한 시대적 연관성을 바탕으로 상호 비교될 수 있는 사건이었다.[108] 1848-49년 사이에 유럽 각지에서 일어난 혁명의 거센 물결은 유럽

대혁명이란 전례가 없는 규모의 큰 흐름을 형성하지 못했다. 그러나 앞선 나폴레옹전쟁 시대에 그러했듯이 유럽은 상당한 정도로 하나의 '소통공간,' 하나의 '광역 행동장'(行動場)이 되었다.[109] 개별적인 장소와 사건은 ─ 지역적인 사건으로 인식되는 경우가 종종 있었지만 ─ 전체 유럽의 배경과 시각에서 수용되었다. 정치적 사상과 신화, 영웅적 인물의 이미지는 유럽대륙 전체로 퍼져나갔다.[110]

이 시기의 혁명에 능동적으로 참여한 나라는 스위스(1847년, 개신교 주와 가톨릭 주 사이에 '분리주의연맹 전쟁'Sonderbundskrieg이 일어났다. 이것은 본격적인 내란이었다), 프랑스, 독일(연방에 참여한 주의 일부), 이탈리아(연방에 참여한 주의 일부), 합스부르크 왕국 통치하의 다민족 국가, 오스만제국의 발칸 변경지역이었다. 네덜란드, 벨기에, 스칸디나비아도 진행 중인 개혁이 가속화되었다는 점에서 혁명의 영향권 안에 있었다. 전체적으로 보아 이것은 19세기 유럽에서 참여 국가가 가장 많고, 파급 지역이 가장 넓고, 가장 폭력적인 정치운동이었다. 혁명은 흔히 대부분의 민중을 동원했다. 그러므로 이 시기에 발생한 몇몇 혁명은 다음과 같은 네 가지 유형 ─ 농민봉기, 부르주아 입헌운동, 도시 하층계급의 항의행동, 때로는 광범위한 사회적 동맹을 바탕으로 한 민족혁명운동 ─ 으로 분류할 수 있다.[111] 상이한 집단이 주도한 혁명 사이에는 긴밀한 관계가 존재하지 않았다. 산림을 도벌한 농민과 즐거운 연회자리를 정치적 논쟁장으로 바꾸어 놓는 도시의 유명인사 사이에는 공통점이 거의 없다.[112] 여기서 제시된 산림도벌은 무작위의 예시가 아니다. 이 예를 통해 우리는 1848년에 발생한 거의 모든 잠복된 충돌이 전염성을 갖고 있었음을 알 수 있다. 산림자원에 대한 접근권은 많은 지역에서 저항의 단서가 되는 뜨거운 문제였다. "산림이 있는 곳이면 산림폭동이 있었다."[113] 그런데 유럽에는 산림이 무성했다.

연대순으로 보자면, 특히 1848년 봄의 상황을 보면, 몇몇 나라에서 권력은 '거리'에 있었다. 이런 상황에서 모든 혁명이 실패로 끝났다는 것은 놀라운 일이었다. 어떤 행동집단도 자신의 목표를 오랫동안 관철하지 못했다는 점에서 이때의 혁명은 실패한 혁명이었다. 그러나 여기서 중요한 것은 실패의 구체적인 양상을 분석하는 일이므로 포괄적 평가를 서두를 필요는 없다. 다시 말해 실패의 정도와 형태가 제각기 달랐다는 말이다.

'사회적으로' 세분화된 그림은 농민이 가장 많은 것을 얻은 집단임을 보여준다. '농민해방' 정책이 아무 흔적도 남기지 않은 합스부르크왕조와 독일(연방에 참여한 주의 일부)에서 농민의 농노신분이 해제되었다. 농민의 법률적 지위가 이전보다 개선된 지역에서 해방의 과정은 더 빨라졌고 최종적으로 완성되었다. 예를 들자면, 농민이 지불해야 하는 속전(贖錢)은 합리적인 수준으로 낮아졌다.[114] 농민은 일단목표가 달성되자 혁명에 대한 흥미를 잃었다. 원래 그들의 불만은 지주를 향한 것이었을 뿐 부르주아 입헌운동 때문에 권력이 흔들리고 있던 말기의 절대군주를 향한 것이 아니었다. 정부는 농민 아래의 사회계층에 대해서는 어떤 양보도 하지 않았다.

따라서 많은 농민과는 달리 농촌의 하층 민중은 혁명의 피해자가 되었다. 마찬가지로 도시빈민도 혁명의 피해자였고 그들이 모든 사회적 압박을 감당해야 했다. 표면적으로는 실패한 것처럼 보이는 혁명에서 여전히 승자를 발견할 수 있다는 것은 놀라운 일이다. 귀족계층─그들이 프랑스에서처럼 이미 쇠약한 상태가 아니었다고 한다면─은 대체적으로 지위를 유지했다. 정부 관료계층은 정치화된 민중을 다루는 경험을 쌓았고 어떻게 언론을 이용해야 하는지도 배웠다. 상공업 부르주아지는 최소한 자신의 이익에 관련해서는 정부의 태도에 대해 더 많은 이해를 갖게 되었다.[115]

'지역적으로' 세분화된 그림은 프랑스의 혁명이 다른 지역의 혁명에 비해 덜 철저하게 실패했음을 보여준다. 프랑스에서는 혁명을 통해 정통성을 갖춘 마지막 군주정체가 완전히 소멸되고 1799년 이후 처음으로 다시 공화국이 등장했다. 3년 뒤, 루이 나폴레옹(Louis Napoléons)이 쿠데타를 일으키고 백부의 정치적 계승자를 주장하며 황위에 올라 나폴레옹 3세라 자칭했다. 새로운 공화국은 이렇게 종결되었다. 그러나 이 사건은 이전에 발생한 왕정복고와는 전혀 달랐다. 제2제국은 원초적인 형태의 보나파르트주의가 현대화된 새로운 표현 형식이었으며, 어떤 의미에서는 1794년 공포통치가 종결된 뒤 나타났던 프랑스 정치문화의 온갖 양상의 종합적 재현이었다.[116]

루이 나폴레옹은 처음에는 대통령으로 당선된 뒤 다시 황제로서 나폴레옹 3세가 되었다. 그는 권력을 장악하자 곧바로 정적을 잔혹하게 탄압했으나 시간이 지나면서 자유화에 개방적인 자세를 보였고 프랑스의 부르주아-자본가 사회가 평화롭게 성장할 수 있는 틀을 만들었다. 이와 대비했을 때 민족의 자치가 모든 요구의 핵심이었던 헝가리에서 혁명가들의 실패는 충격적이었다. 헝가리 혁명가들은 모든 혁명집단 가운데서 가장 충분한 무장을 갖추었기 때문에 충돌은 필연적으로 헝가리와 완고한 오스트리아제국 절대권력 사이의 전쟁으로 발전했다. 반혁명 진영의 단결을 주장하던 러시아도 나서서 오스트리아를 도왔다.

1849년 8월, 헝가리혁명은 패배한 쪽이 군사적 항복을 하는 방식으로 종결되었다. 헝가리는 정복되었고 잔혹하게 보복당했다. 혁명의 피의 부채는 하나씩 상환되었고 그때마다 헝가리 귀족 가운데 적지 않은 수가 박수를 보냈다. 헝가리군 장교는 군사법정에서 재판받았고 다수가 족쇄를 찬 강제노동 형(오스트리아 판의 열대 고도 유배형)에 처해졌다. 오스트리아 쪽의 전사자까지 포함한다면 1848-49년에 헝가리에서 약 10만 명의 병사가 목숨을 잃었다. 이 밖에도 수천 명의 농민이 도나우강 유역의 농촌 민족투쟁 과정에서 살해되었다.[117]

1848년 혁명의 실패를 좀더 넓은 시대적 시각으로 본다면 실패의 후유증은 그토록 심각하지 않아 보인다. 우리는 혁명이 승리했을 때 어떤 국면이 전개되었을지 추론해볼 수 있을 뿐이다. 프랑스는 조화시킬 수 없는 갖가지 모순으로 가득차올랐겠지만 공화국 체제를 유지했을 것이다. 이탈리아와 헝가리의 반란자들이 승리했더라면 다민족국가 합스부르크 왕조는 완전히 붕괴했을 것이다. 독일에서는 혁명의 성공으로 입헌국가와 광범위한 민중의 정치참여를 향해 나아가는 발걸음이 더 빨라졌을 것이다. 그러나 우리는 혁명이 가져온 실제의 영향과 혁명의 성공을 가정했을 때 가능했을 영향을 구분해야 한다. 혁명의 폭풍을 견뎌낸 보수적 과두체제의 국가는 혁명이 지나간 뒤 새로운 전제정치로 대응했다. 이런 나라는 권력이 누구의 손에 있는지에 대해 어떠한 회의도 허용하지 않았으나(군사력의 강화를 포함하여) 그렇다고 모든 타협을 거부하지는 않았다. 나폴레옹 3세는 인민의 갈채를 원했고, 오스트리아는 1867년에 헌정개혁을 약속한 '오스트리아-헝가리 협의'를 체결하여 헝가리 상층 계급을 회유했다(그전 해에 프로이센과의 전쟁에서 패배하지 않았더라면 이 협의의 탄생은 상상할 수 없었다).

1871년 독일 헌법은 남성의 보통·평등 선거권을 보장했다. 이 모든 타협의 내용과 형식은 나라마다 차이가 있었다. 두 번째의 불가역적이고 장기적인 영향은 많은 사회집단이 정치화의 경험을 스스로도 놀랄만한 공고한 제도의 형태로 정착시킬 줄 알게 된 것이었다. 그러므로 유럽의 혁명시대는 "전통적인 집단폭력의 형식으로부터 조직적인 이익 주장으로" 바뀌어 간 전환점이었다.[118]

1848년 혁명은 세계적인 사건은 아니었다. 이것이 1848년 혁명의 최대 역설이다. 1789-1917년 사이에 발생한 가장 큰 규모의 유럽 혁명운동이 세계에 미친 영향은 매우 제한적이었다. 유럽 이외의 지역에서는 이 혁명을 새로운 시대를 열어가는 신호로 보지 않았다. 프랑스대혁명과는 달리 1848년 혁명은 새로운 보편적 원칙을 제시하지 않았다. 1848년 무렵 유럽 대륙과 세계의 다른 지역과의 관계는 이전 50년 혹은 이후 50년만큼 지속적이고 긴밀하지 않았고 그렇기 때문에 가능한 인구 이동의 통로는 희소하고 좁았다. 가장 중요한 통로는 대서양 피안으로의 이민이었다.

미국은 이민 오는 '1848년인'(Achtundvierziger)을 흔쾌히 난민으로서 받아들였다. 미국은 이민자들을 통해 자신의 우월성과 진보성을 확인할 수 있었다. 코슈트 라요슈(Kossuth Lajos)*는 오스만제국을 경유하여 1851년에 미국에 도착했다. 그는 미국에서 영웅으로 대접받았다. 1867년에 프란츠 요제프 황제가 그를 사면했으나 죽을 때까지 그는 북부 이탈리아에서 망명객으로 머물렀다. 카를 슈르츠(Carl Schurz)는 1849년 팔츠-바덴봉기(pfälzisch-badischer Aufstand)에 참여한 후 미국에 망명한 기간 동안에 새로 생긴 공화당의 가장 영향력 있는 정치지도자 가운데 한 사람이 되었다. 미국내전에 장군으로서 참전했으며, 1869년에는 상원의원으로 당선되었다. 1877년부터 (1881년까지) 연방정부의 내무부 장관을 지냈다. 구스타프 폰 슈트루베(Gustav von Struve)는 슈르츠만큼 적응력이 강하지 않았고 업적도 뛰어나지 않았으나 남부 바덴과 셰난도 계곡(Shenandoah Valley)의 군사행동에 적극적으로 참여했고, 인류의 자유를 쟁취하기 위한 이 두 차례의 전투에 참여한 것에 대해 자부심을 가졌다. 작센의 지휘자 리하르트 바그너(Richard Wagner)는 혁명의 급류 가운데서 존재감이 미미한 혁명가였지만 혁명 후에 망명했다. 1864년에야 독일로 돌아

---

* 코슈트 라요슈(1802~94)는 헝가리의 대표적인 민족주의자이며 1848년 헝가리 혁명의 지도자였다. 1849년에 그는 오스트리아로부터 독립을 선언한 헝가리 왕국의 섭정 대통령이 되었으나 헝가리 혁명이 러시아군과 오스트리아군에 의해 진압되면서 외국으로 피신했다. 망명 이후로도 헝가리의 민족주의를 선전하기 위해 강대국 지도자들을 만나는 등 활동을 계속했다. 1894년 이탈리아 토리노에서 사망했다.

갔다.[119] 19세기 중반 이후 중부 유럽의 이민자가 급격하게 증가했는데 그중 정치적 망명자가 얼마나 되는지는 추산하기 어렵다. 분명한 것은 혁명이 대규모 '두뇌유출'을 유발했다는 사실이다. 그들은 더 자유로운 유럽 국가와 신대륙으로 갔을 뿐만 아니라 고국을 떠나면서 정치적 이상도 가지고 갔다.[120]

유럽의 양쪽 끝, 유럽과 다른 대륙을 연결하는 가장 중요한 지점에 자리 잡은 두 강대국 영국과 러시아는 혁명적 사건에 말려든 정도가 프랑스대혁명의 계승자이자 집행자가 11만의 대군을 이끌고 모스크바에 입성했을 때보다 깊지 않았다. 러시아에서 1848년은 조용히 지나간 반면에, 영국에서는 1842년에 정점에 이르렀던 헌장운동 ― 전제적인 정부에 반대하고 조상 전래의 권리를 지키려는 보통의 민중이 조직한 느슨한 대중운동 ― 이 1848년에 다시 일어났으나 다시 한 번 아무런 성과 없이 끝났다. 그러나 이때 이후로 급진적 사상과 담론이 영국 정치문화에서 완전히 사라진 것은 아니었다.

1848년에는 효율적으로 작동하는 영국의 제도 덕분에 비급진적인 사상유파가 대중의 지지를 받았다. 두 제국의 내부에서 가장 불온한 민족 ― 한쪽은 아일랜드인, 다른 한쪽은 폴란드인 ― 은 그 시대 서유럽의 기준으로 보면 오히려 침묵을 지키고 있는 편이었지만 수백 명의 아일랜드 반란자들이 식민지로 유배되는 처벌을 받고 있었다. 이것은 제국주의적 행동을 취한 최초의 표시다.[121] 과거부터 영국 정부는 추방이라는 편리한 수단을 이용해 불온분자를 격리함으로써 유혈충돌을 피해갔다. 그러나 이 시기에 이르러 많은 식민지 주민들이 자신의 국가가 영국정부의 범죄인 유배지로 남용되는 것을 불만스럽게 생각했다. 1848-49년, 오스트레일리아, 뉴질랜드, 남아프리카 세 나라에서 유배수를 실은 배의 입항에 항의하는 시위에 수천 명이 참가했다. 영국 정부로서는 추방이란 수단을 통해 헌장운동 주동자들과 아일랜드 반란자들을 효과적으로 제거할 수 있었겠지만 영국제국의 나머지 지역에서 이런 행위는 사람들의 불만을 불러왔다.

식민종주국에서 혁명 발생을 피하려면 온갖 수단을 동원해 위험을 제국의 식민지로 전가시켜야 했다. 재정적인 수단이 영국정부가 채택한 또 하나의 방법이었다. 런던의 집권자들은 어떤 대가를 치르더라도 중산층의 세수부담 증가는 피해야 한다는 점을 잘 알고 있었다. 세수부담 증가는 여러 가지 후유증을 불러왔기 때문이다. 세수부담이 증가한 지역(예컨대 1848년의 실론)에서 혁명이 발생할 충분한 위험이 있었다.

조세저항은 일종의 전통적이며 유럽에서는 누구나 다 알고 있는 방식이었다. 일단 저항이 일어나면 진압하는 것 말고는 대안이 없었다. 식민종주국이 관리 인원을 줄여 식민지 경영비용을 줄이자(예컨대 캐나다에서) 자신감을 가진 식민지 주민이 빈자리를 메웠다. 심지어 인도에서는 소요가 자주 일어나는 변경지역의 국방비용을 줄이기 위해 1848-49년에 펀자브주를 합병했다. 유럽혁명의 불꽃이 영국제국의 변방지역에까지는 퍼지지 않아도 제국의 적수들은 유럽에서 오는 소식을 이용했다(세계는 아직 전신망으로 연결되지 않아 소식이 전해지는 데 몇 달이나 걸렸다). 실론, 캐나다의 프랑스어 사용지역, 시드니의 급진파 사회에서 프랑스대혁명의 혁명적인 논조는 공명을 일으켰다.

이런 연결에도 불구하고 1848-49년 영국제국의 모든 식민지에서 벌어졌던 일련의 충돌은 폭발적인 정치사건으로 발전하지 않았다. 그래도 혁명의 결과로 정치적 충돌이 첨예화하는 경향이 있었다. 식민지 대표대회는 더 많은 활동공간을 부여받았고 동시에 총독은 재정이라고 하는 결정적인 영역에서 통제권을 강화했다. 상징적인 타협과 더 강력한 권력 장악이 동시에 진행되었다.

태평천국(太平天國)운동

중국의 태평천국 반란군이 유럽의 1848년 혁명 소식을 들었다는 증거는 없다. 19세기 중반 무렵 유럽에는 (유럽의) 정치적 사건을 보고할 중국인 관찰자가 없었다. 홍콩과 1842년의 난징조약에 따라 개방된 몇몇 통상항에는 유럽국가의 영사, 선교사, 상인들이 사건의 진원지에 상대적으로 더 가까이 있었으나 그들 역시 아는 것은 많지 않았다. 최초의 보도는 1850년 8월에 나왔다. 그때 태평천국은 시골 벽지인 광서(廣西)성에서 막 봉기한 참이었다. 보도는 완전히 흘러 다니는 소문에만 의존했다. 1854년이 되어서야 서방세계는 태평천국운동에 관심을 갖기 시작했지만, 그 뒤로 다시 4년 동안 아무런 소식을 들을 수 없었다.

1858년 2차 아편전쟁 기간에 태평천국운동에 관한 조악한 보도들이 등장했다. 1860년 이후 태평천국운동은 이미 쇠퇴기에 들어가 생존을 위한 싸움을 벌이고 있었다. 바로 이 시기에 서방은 태평천국과 집중적으로 접촉하고 상황을 알렸다.[122] 요컨대, 근대 최대 규모의 봉기 지도자들은 유럽에서 발생한 사건에 대해 아무것도 알지 못했고 대부분의 유럽인도 중국대륙에서 발생한 이 사건의 규모에 대해 이해하지 못했다. 그러므로 두 사건 사이에 직접적인 상호 영향이 없었다고 단정할 수 있다. 소수의 서방 병사들이 태평천국운동에 참가하여 태평군 편에 서서 싸웠다. 그들 중에 1848년인이 있었는지는 알 수 없다. 19세기 중반, 유럽혁명가와 중국혁명가의 정신세계를 연결시킬 수 있는 어떤 사물도 없었으나 그들은 19세기 세계사에서 각자한 자리를 차지할 자격이 있다.

현행 국가와 맞설 수 있는 국가를 만들었고, 상당 기간 유지했다. 일부 성에서는 낡은 사회엘리트를 완전히 제거했다는 점에서 태평천국운동은 최소한 1848년 유럽혁명만큼 혁명적이었다. 태평천국은 어떤 운동이었을까?[123] 태평천국운동은 중국을 15년 가까이 내전상태에 빠트렸다. 이 운동의 발기자는 홍수전(洪秀全)이다. 그는 1814년 중국 최남단 성의 농민가정에서 태어났다. 모든 것은 선지자로 불리는 태평천국의 개국자가 신의 부름을 받고 깨우침을 얻는 데서 시작되었다.

향시에서 여러 차례 낙방한 홍수전은 정신적으로 붕괴 직전의 상황에 내몰렸다. 그는 연달아 이상한 꿈을 꾼 뒤 기독교 포교 소책자(중국어판)를 읽고서 중국의 전통적 가치와는 다른 방향을 찾아냈다. 1847년, 그는 광동에서 미국 부흥파 선교사로부터 가르침을 받는다. 이런 경험을 통해 그는 자신이 예수그리스도의 동생이며 하느님으로부터 올바른 신앙을 전파하라는 명령을 받았다고 믿는다. 스스로 신의 대리인이라 믿었던 이 인물은 얼마 후 전도의 목적에 중국인을 만주족으로부터 해방시킨다는 새로운 소명을 추가했다. 하늘의 명을 받아 군왕의 자리에 오른다는 생각은 서방인에게도 낯설지 않았다. 모르몬교의 출생과정이 그랬다. 프랑스대혁명의 소수 극렬파 사이에도 어둠의 세력과 새로운 세계질서를 세우려는 정의의 전사들 사이의 계시록적 충돌이라는 믿음이 퍼져 있었다. 그런데 중국에서 이런 상황이 독특한 의미를 갖게 되는 이유는 한 개인의 깨달음이 겨우 몇 년 사이에 기세등등한 대중운동으로 발전했기 때문이다.

이 운동은 맨 처음 중국의 서남부에서 무리를 모아 시작되었고 급속히 발전하여 중국의 다른 지역을 휩쓸었다. 이 운동이 휩쓸고 지나간 지역은 원래부터 사회혁명의 기운이 암암리에 분출하고 있던 곳이었다. 그렇지 않았더라면 이 모든 일은 발생할 수 없었을 것이다. 사태가 발전해나가는 과정에서 이민족 지배를 벗어난다는 정치적 목표 이외에 사회를 철저하게 개조한다는 강령도 점차 선명해졌다. 태평군은 중국 남부와 중부지역에서 대규모로 토지를 몰수하고 관리와 지주를 박해하며 새로운 법령을 시행했다. 1851년 초, 태평천국은 개국을 선언했다. 1853년, 명 왕조의 수도 난징을 도읍으로 정했다. 몇 년 사이에 태평천국은 전통적인 유교질서와 완전히 대립되는 통치모형을 실현했다. 그러나 훗날 중화인민공화국의 관변 역사학자들이 주장한 바와는 달리 태평천국은 절대적인 평등주의, 더 나아가 원시 공산주의를 추구하지 않았다.

태평천국이 비상한 군사적 승리를 거둘 수 있었던 이유는 두 가지였다. 하나는 애초부터 조정의 군사력이 허약했다. 다른 하나는 홍수전 수하에 군사들을 잘 관리하고 전장에서 뛰어난 지략을 발휘하는 장수들이 몇 명 있어서 이들이 우유부단한 선지자를 보좌했다. 이들 장수는 중국 고대 '전국'시대의 방식을 따라 왕으로 임명되었다(북왕, 동왕 등). 시간이 흐르면서 그들 사이에도 격렬한 내분이 일어났다. 1848-49년 유럽혁명이 내부 의견 대립 때문에 허약해졌다고 한다면 이 방면에 있어서 태평천국운동도 더하면 더했지 결코 뒤지지 않았다. 운동은 내부 의견충돌 때문에 홍수전의 신성한 이상을 새롭게 조명해주던 카리스마를 갖춘 몇 명의 지도자를 잃어버렸다. 1853년, 태평군은 베이징성을 눈앞에 둔 곳까지 접근했다. 이때 청 조정은 한 사람도 남김없이 달아났다. 그런데 태평군 지휘관은 군대를 철수시켰다. 소문에 의하면 지휘관이 도성을 점령하라는 '천부(天父)의 성지(聖旨)'를 받지 못했기 때문이었다. 여기서 태평천국운동은 가장 중요한 시기를 놓쳤다.

1856년 무렵 쌍방의 실력대비가 역전되기 시작했다. 형세가 위급해지자 청 조정은 집권의 고위 관리들에게 새로운 군대와 민병대의 조직을 허락했다. 이 새로운 무력이 관군의 전투력을 훨씬 앞질렀고 가는 곳마다 태평군을 무찔렀다. 유럽 각국 정부의 용인하에 청 조정은 병력을 증강하기 위해 서방 용병을 모집했다. 주로 영국과 프랑스 병사들로 구성된 용병부대는 최종적인 전황에 중요한 영향을 주지는 못했다. 1864년 6월, 청군이 태평천국의 천경(天京, 난징)을 탈환하고 처절한 학살극을 벌였다. 태평군이 적에게 보여준 야만적인 잔혹함과 그 적이 태평군에게 되갚아준 피비린내 나는 보복은 19세기 역사에서 유례를 찾아볼 수 없다. 서로의 잔인한 보복사건은 셀 수없이 많았지만 여기서는 두 가지 예만 들겠다.

1853년 3월, 태평군이 난징성을 점령했을 때 5만 명의 청 병사와 그 가족이 대학살과 집단자살로 목숨을 잃었다. 1864년 6월, 청군이 다시 난징성을 탈환했을 때 태평천국 무리를 숙청하는 과정에서 이틀 사이에 10만 명이 살해된 것으로 추산된다. 잔혹한 살육을 면하기 위해 수많은 사람이 사전에 스스로 목숨을 끊었다.[124] 1851~64년, 중국 동부의 인구가 가장 조밀한 3개 성 ── 장쑤(江蘇, 난징성 포함), 저장(浙江), 안후이(安徽) ──에서 주민 수가 43퍼센트나 줄었다.[125] 중국에서 이때 발생한 전투의 가혹함과 폭력성은 그 정도를 말하자면 진정한 내전과 똑같았다. 태평군의 지휘관으로 지목된 사람은 남김없이 현장에서 살해되거나 재판 후 처형되었다. '천왕'(天王) 홍수전의 15살 된 아들까지도 죽음을 면할 수 없었다. 홍수전 자신은 난징에서 병사했다고 하나 독을 마시고 자살했다는 설도 있다.

'도적무리'(이것이 공식적인 호칭이었다)에 대해 한 사람도 남김없는 철저한 제거는 중국인의 천성이 잔인한 결과가 아니라 정치적 결정의 결과였다. 유럽의 혁명가들과는 달리 태평군은 전면적으로 패배했다. 이런 탓에 1864년 ── 청군의 승세가 굳어져 한숨 돌리게 된 첫 해 ── 이후로 중국에서 교전 쌍방 간의 타협과 화해는 불가능해졌다.

일부 서방인, 특히 선교사들의 시각으로 볼 때 태평군은 기독교를 믿는 새로운 중국을 세웠다. 이런 평가를 회의하는 서방인도 있었다. 그들은 충격받은 청 조정의 편에 서서 태평천국은 세상을 어지럽힌 상종할 수 없는 세력이라 주장했다. 중국에서 이때 이후로 수십 년 동안 태평천국운동을 회고하는 일은 금기시 되었다. 살아남은 실패자들은 태평천국의 무리였던 사실이 드러나지 않도록 철저하게 신분을 위장했다. 반면에 승리자들은 이 운동이 철저하게 숙청되었다고 믿(고 싶어 했)었다. 놀랍게도 태평천국운동과 그 급진적인 강령 그리고 대규모 살육이 중국 대륙을 십수 년 동안 괴롭혔다는 사실을 지적하는 사람은 매우 적었다. 혁명 지도자 쑨원(孫中山)은 어쩌다 한 번씩 태평천국운동을 언급했다. 그러다가 중화인민공화국 수립 이후 공산당사 편찬자들에 의해 이 운동에 대한 반(半)공식 평가가 내려졌다. 이때부터 태평천국운동은 추위와 배고픔을 견디지 못한 농민계급이 일으킨 반봉건, 반제국주의 투쟁으로 해석되었다. 냉전 시대의 논리가 반영된 태평천국운동에 대한 해석은 앞선 반공식 평가와는 전혀 달랐다. 이때 태평천국은 초기 '전체주의' 운동으로 해석되었다. 이 또한 일방적이고 시대착오적인 평가라는 지적을 피할 수 없다.

세계사적 시각에서 볼 때 이 운동에서 우리가 주목해야 할 것은 다음 몇 가지다.

첫째, 태평천국운동과 그에 앞서 중국 역사에 등장한 여러 차례 민중운동의 차이점은 이 운동이 서방 사상의 계시를 받았다는 점이다. 이 운동의 세계관 속에 일부 다른 요소가 섞여 있기는 하지만 미국과 유럽 선교사들의 존재가 없었더라면, 중국 남부지역에 첫 번째 기독교 귀의자가 나오지 않았더라면, 이런 형식의 혁명은 발생하지 않았을 것이다. 19세기 중반 무렵 중국의 집권자와 문화계 엘리트들은 기독교에 대해서 아는 것이 전혀 없었다. 따라서 그들은 태평천국운동의 관념세계가 낯설었고 중국 민간신앙, 유학, 개신교 복음주의 교리가 융합된 특수한 사상혼합체를 이해하지 못했다. 1842년 이후 중국은 점진적으로 대외교역을 개방해왔고 이것이 중국 서남부 지역에서 발생한 경제위기의 원인 가운데 하나였다. 이 지역의 경제위기가 많은 사람을 태평천국운동의 추종자로 만들었다. 아편과 수입상품의 충격은 중국사회를 왜곡시키고 혁명적인 상황을 만들어냈다. 태평천국운동은 유일하지는 않았지만 여러 세계화 현상 가운데 하나였다.

둘째, 태평천국운동과 세계 기타 지역의 종교 부흥운동 사이에 상당한 유사성이 있었고 그 증거는 쉽게 찾아볼 수 있다. 이 운동의 독특한 점은 초기의 군사화, 그것을 통해 쌓아올린 군사적 성공, 세속을 완전히 초탈하지 않고 현존하는 정치질서를 뒤집으려는 목표였다. 태평천국은 신의 계시를 받아 촉발된 운동이었지만 말세에 나타날 구세주를 기다리는 메시아파는 아니었다. 이런 점에서 그들은 세속지향적 가치관을 중시하는 중국적 전통을 온전히 따랐다.

셋째, 운동의 강령 면에서 태평천국운동과 유럽혁명은 연관성이 별로 없었다. 하나의 왕조는 통치에 실패했을 때 '천명'을 잃게 된다는 관념은 서방과는 관계가 없다. 이것은 중국의 오래된 국가통치 사상체계가 공유해온 정신적 자산이다. 당시의 중국에서는 인권, 시민의 권리, 사유재산권 보호, 인민주권의 원칙, 삼권분립, 헌법 같은 사상은 존재하지 않았다. 태평천국운동 내부에도 사회 기반시설 건설과 경제현대화 등의 정책강령이 제시되었는데, 영국령 홍콩의 통치 경험을 참조한 미래지향성이 강한 정책이었다. 강령은 주로 홍인간(洪仁玕, 간왕干王, 태평천국의 실질적인 총리였다)이 설계했다. 그는 홍수전의 집안 동생이었고, 홍콩에서 선교사로부터 교육받았다. 따라서 서방세계에 관해 비교적 넓은 식견을 갖고 있었다. 홍인간은 세계 공동체의 일부로서 기독교를 믿는 중국을 건설할 수 있다고 믿었다. 당시에 중국정부 대부분의 관료들은 '중앙제국'이 만국을 다스려야 한다는 생각을 갖고 있어서 천하를 얕보는 환상에 젖어 있었다. 홍인간의 사상은 중국 관료들을 한참 앞질렀다. 홍인간은 그 시대에 이미 철도, 증기선, 우편제도, 특허권 보호, 서방식 은행과 보험회사의 도입을 계획했다. 그는 이 모든 사업을 정부가 나서서 추진해야 할 뿐만 아니라 관심을 가진(공공사업에 흥미를 느끼는 부유한) 개인의 참여도 적극 권장했다.[126] 이런 청사진은 중국의 수요에 배치되지는 않았고 다만 유럽혁명처럼 구체제의 정신적 한계를 뛰어넘었을 뿐이다.

넷째, 1848-49년 유럽혁명과는 달리 태평천국운동의 진압은 대규모 망명을 유발하지 않았다. 그 많은 중국인이 어디로 달아날 수 있었겠는가? 그래도 몇 군데 (주로 동남아시아지역으로) 망명의 통로는 있었다. 당시에 막 일기 시작한 쿨리무역의 물결을 타고 대양을 건넌 사람들 가운데는 조국에서 안전을 기대하기 어려운 태평천국운동의 옛 혁명가가 분명히 포함되어 있었을 것이다. 그러나 태평천국운동은 수출되지 않았다. 태평천국의 용사들은 운동의 목표를 다른 사회로 전파하지 않았다.

인도대봉기

1857년 봄, 청군은 여러 전선에서 태평군에 밀려 궤멸될 위기를 맞고 있었다. 다만 한곳 호북 전선에서는 청군의 병력이 증강되었다. 이것이 훗날 전세가 역전되는 전환점이었다. 1857년, 청 왕조는 힘겹게 버티고 있었다. 태평양 건너 미국에서 1857년은 국가적으로 중요한 의제가 설정되는 해였다. 꾸준히 축적된 북부와 남부의 갈등은 비등점에 이르렀고 사태는 폭력적 해결에 의존할 수밖에 없는 방향으로 발전했다. 예민한 시각을 가진 관찰자는 눈앞에 다가온 내전을 예감했고 그들의 예감대로 4년 뒤에 내전이 폭발했다.[127] 세계에서 가장 오래된 군주국과 세계에서 가장 큰 공화국이 동시에 붕괴의 위험을 마주하고 있었다. 유라시아대륙의 광활한 영토를 가진 국가도 마찬가지로 혼돈에 빠져 있었다. 이 무렵 러시아의 통치자는 크리미아 전쟁에서 패배한 일 때문에 심각한 자기회의에 빠져 있었다. 차르 알렉산드르 2세와 그의 고문은 농노해방 방안을 만드느라 바빴다. 이무렵 농노해방은 피할 수 없는 일로 받아들여지고 있었다.[128] 대규모 농민봉기가 임박한 것 같지는 않았으나 미연에 방지하기 위해서는 개혁이 필요했다.

같은 시기에 인도는 변경에서 반란이 일어났을 때 제국이 어떤 상황에 빠지게 되는지 보여주고 있었다. 꼬박 한 세기 동안 영국인은 꾸준히 이어지는 전투를 통해 확장해 나가면서 점진적으로 인도 아대륙 전체를 통치하게 되었다. 이 과정은 패배를 경험한 적이 거의 없었을 정도로 순조로웠다. 영국인은 인도 통치권을 확실하게 장악했다고 믿었고 그런 상상에 도취되어 있었다. 그들은 인도 백성이 자신을 통치자로 받아들이고 있으며, 자신은 인도에 고상한 문명을 심어주고 인도인의 행복한 미래를 준비하고 있다고 확신했다. 그러나 불과 몇 주 사이에 현실은 변했고 현실에 대한 판단도 바뀌었다. 1857년 7월, 북부 인도 대부분의 지역에서 영국의 통치가 요란스러운 소리를 내며 무너졌다. 영국제국이 세계 최대의 식민지를 계속 유지할 수 있을 것인지가 문제로 떠올랐다. 최소한 당시에 비관론자들은 그렇게 생각했다.

영국인은 이 사건을 '인도반란'이라 불렀고 지금도 그렇게 부른다. 1857년 7월, 칸푸르(Kanpur, 영국인은 Cawnpore로 표기) 대학살로 수백 명의 유럽계와 영국-인도 혼혈의 여성과 아동이 살해되었다. 이때의 공포는 지금까지도 제국의 기억 속에 신화의 한 부분으로 남아 있다.[129] 인도에서는 이 사건을 인도대봉기라 부른다. 인도인의 기억은 봉기자들에게 가해진 야만적 처벌을 중심으로 형성되어 있다. 봉기자 수백 명 또는 수천 명이 집단으로 포격을 받아 죽었고 무슬림에게는 처형하기 전에 돼지가죽을 뒤집어씌웠다.[130] 이 봉기를 인도 독립운동의 시발점으로 볼 수 있느냐의 문제는 정치적으로 논란이 많은 화두임으로 여기서 결론을 낼 필요는 없다. 중요한 것은 이 사건은 혁명이 아니라 반란운동이었다는 점이다. 봉기자들은 영국인이 오기 전 상황으로의 회복을 요구했을 뿐 그 밖의 다른 방향성을 갖고 있지 않았다. 미국과 유럽의 혁명과 달랐고 또한 같은 시기에 발생한 태평천국운동과도 달랐던 점은 이 봉기가 그 시대의 도전에 대응하는 새로운 질서에 관한 구상을 제시하지 않았다는 것이다. 태평천국운동과 구분되는 또 하나의 차이는 단기적인 군사적 점령행위를 뛰어넘어 현 정부에 대항하여 생명력을 갖춘 국가를 건설하지 않았다는 점이다. 그럼에도 불구하고 인도대봉기는 세기 중반에 발생한 일련의 격변에 포함시켜 비교 분석해볼 가치가 있다.

이 대봉기가 이전과 이후에 인도에서 발생한 봉기와 다른 점은 농민항쟁이 아니라 병사들의 항명으로부터 시작되었다는 것이다. 1857년, 식민지 군대에는 4만 5,000명의 영국인 병사와 함께 23만 2,000명의 인도인 병사가 복무하고 있었다. 그러므로 언제든지 항명 사태가 일어날 위험이 존재했다.[131]

동인도회사는 세 개의 부대를 보유하고 있었다. 그중 가장 큰 부대인 뱅골부대에서 반란이 일어났다. 반란은 한 순간에 폭발했지만 인도병사(세포이, sepoys)의 불만은 한 세기 동안 쌓여온 것이었다. 폭발의 촉매는 인도병사를 강제로 기독교로 개종시키려 한다는 소문이었다. 여기에 더해 1856년에는 부대를 해외로 파병한다는 명령이 내려왔다. 새로운 파병지에서는 종교적 금기사항을 위반할 수밖에 없을 것이라는 우려와 의심이 병사들 사이에 퍼졌다. 이러한 우려와 의심이 기독교로의 강제 개종에 대한 공포를 증강시켰다. 이보다 앞서 인도군의 주력을 형성해왔던 인도 서북부지역 상층 카스트 출신의 용병이 상당한 기간 동안 신분상의 특권을 상실해가고 있었다. 이 부대의 엘리트들은 대부분이 아와드(Awadh 또는 Oudh) 왕국 출신이었다.

아와드 왕국은 얼마 전에 영국에 합병되었는데 그 과정에서 영국 측의 독단적 행동이 현지인의 불만을 샀다. 아와드 왕국의 각종 사회 세력 ─ 농민, 대지주(탈룩다르 taluqdar), 수공업자 등 ─ 이 광범위하게 연합하기 시작했고 반란을 일으킨 병사들의 대열에 합류했다. 봉기가 시작된 정확한 날짜는 1857년 5월 10일이었다. 이날 세 용병부대가 델리 부근 미라트(Mirat, 또는 Meerut)에서 반란을 일으켰다. 이보다 앞서 그들의 동료 일부가 (힌두교와 이슬람이 다 같이 금기로 보는) 동물의 기름을 바른 탄창을 사용하기를 거부했다가 투옥되는 사건이 있었다. 반란병사들은 유럽인 장교를 살해했고 군대는 델리를 향해 진격했다.

반란은 들불처럼 빠르게 번져나갔다. 유럽인 장교와 그 가족들을 살해하는 것은 자연스러운 분노의 표출이기도 했지만 의도적으로 상황을 격화시키려는 전술적 고려도 작용했다. 이제 퇴로는 끊어졌고 원상으로 돌아갈 가능성은 사라졌다. 반란부대가 벵골과 카이버 고개(Khyber pass)를 잇는 간선도로를 봉쇄하자 영국인은 쌍방의 관계가 돌이킬 수 없는 지점에 이르렀다고 판단했다.

영국은 이란, 중국(영국은 2차 아편전쟁을 준비하고 있었다), 크리미아로부터 군대를 이동시켜 반격을 강화하기 시작했다. 중국에서처럼(물론 규모는 인도에서보다 컸지만) 반란을 일으킨 도시에 대한 포위 공격은 군사적으로 결정적인 작용을 했다. 1858년 5월 1일 영국군의 라크나우(Lakhnau 또는 Lucknow) 점령은 식민권력이 사태를 장악했다는 신호였다. 최후의 중요한 몇 차례 전투는 인도 중부지역에 집중되었다. 이 지역에서 잔시(Jhansi) 여왕이 이끄는 기병이 영국군과 영웅적인 전투를 벌였다. 1858년 7월 초, 총독은 봉기의 종결을 선포했다. 태평천국운동과는 달리 인도 반란군은 영국 식민정부에게 치명적인 타격이 되지 못했다. 태평천국운동은 (태평천국과는 독립적이었던 염군捻軍이 참여해 세력이 증대되었기 때문에) 청 정부를 붕괴 직전까지 몰아부칠 수 있었다.

인도 민중 사이에 이민족 지배에 대한 적대적 정서가 퍼져 있기는 했지만 아와드 이외의 지역에서 이 운동은 태평천국운동처럼 광범위한 사회적 기초를 확보하지 못했다. 태평천국운동과 비교할 때 인도대봉기가 석권한 지역은 제한적이었고 남부 인도 전체는 빠져 있었다. 나머지 두 용병부대인 뭄바이와 마드라스 부대는 아무런 역할도 하지 않았다. 콜카타 주변지역인 벵골에는 강대한 영국 군대가 주둔하고 있어서 봉기가 발생하지 않았다. 1848년에야 합병된 편자브에서는 식민정부가 현지 상층사회와 자존심 강한 시크교 병사들을 잘 대해주었기 때문에 이들이 영국 편을 들었다. 봉기가 종식된 후 시크교 병사들이 영국령 인도군의 핵심이 되었다. 이때부터 시크인, 스코틀랜드 하이랜드인, 네팔 히말라야 산악지역 구르카인(Gurkhas)이 가장 용감한 '전투민족'으로 인식되었다.

영국의 대중은 이들이 제국의 안전을 지켜준다고 믿었다. 『타임즈』의 윌리엄 러셀(William H. Russell. 그는 훗날 미국내전도 취재 보도했다) 같은 뛰어난 기자들의 보도 덕분에 국제사회는 중국 내륙에서 발생한 봉기보다 인도에서 일어나 사건을 더 잘 이해할 수 있었다.[132] 통신기술 면에서도 인도는 중국보다 앞서 있었다. 인도는 이미 전국을 연결하는 전신망을 갖추고 있었다. 반란군에 의해 절단되지 않은 전신선로는 영국인의 군사와 선전 활동에 이용되었다. 훗날 인도대봉기를 주제로 한 영국의 문학작품이 다수 나왔지만 태평천국운동을 주제로 한 중국 문학작품은 많지 않다. 이 때문에 태평천국운동과 비교할 때 사람들은 인도대봉기의 구체적 상황을 더 많이 이해할 수 있었다.

태평천국운동은 인도대봉기보다 지속된 기간이 훨씬 더 길었다. 전자는 14년 동안 지속했지만 후자는 겨우 12개월 동안 지속했다. 태평천국운동은 봉기가 파급된 지역의 인구를 감소시켰고 나아가 상층사회 전체를 소멸시켰지만 인도대봉기는 그렇지 않았다.

두 운동의 발생 원인도 달랐다. 인도의 봉기는 군대의 항명에서 시작되었고 중국의 봉기는 처음에는 비군사적 운동으로 출발했다가 상대의 강압 때문에 빠르게 군사조직을 갖추었다. 태평천국운동은 기독교의 계시에서 싹텄지만 인도대봉기는 기독교로의 강제 개종에 대한 두려움 때문에 폭발했다. 그러나 인도대봉기에서도 천년왕국 신앙이 일정 정도 작용했다. 이 예언을 퍼뜨린 사람들은 힌두교도가 아니라 무슬림이었다. 반란이 폭발하기 직전 무슬림 설교자들이 영국 통치의 종말을 예언했다. 운동이 고조되었을 때 여러 지역에서 이슬람 성전(聖戰)을 호소하는 목소리가 대규모 민중을 동원했다. 그러나 성전의 대상이 되는 이교도에 힌두교도가 포함되는지는 확정되지 않았다. 봉기의 지도자들은 무슬림과 힌두교도 대립으로 운동의 역량이 약화되는 것을 피하고자 했다.[133]

그 시대의 일부 영국인이 의심한 것처럼 봉기는 대규모(심지어 세계적 범위의) 무슬림 음모의 결과가 아니었다. 그러나 인도의 신화적인 민족저항운동의 저변에 부분적으로 종교적 요소가 깔려 있었음을 잊지 말아야 할 것이다.

인도와 중국의 봉기는 둘 다 애국주의의 특징을 갖추고 있었다. 두 봉기는 다 같이 유럽의 1848-49년 헝가리 봉기와 가장 유사하다고 할 수 있다. 또는 두 봉기를 원시 민족주의 봉기라 부를 수 있을 것이다(인도의 경우, 만약 반란이 성공했을 때 오랜 전통인 분열을 어떻게 극복할 것인지 분명하지 않았지만). 유럽의 1848-49년 혁명과 비교했을 때 인도와 중국의 저항운동은 더 심각한 실패를 경험했다.

모든 경우에 기성사회 정치적 질서는 도전을 물리친 후 더욱 공고해졌다. 인도에서 동인도회사가 해산되자 인도 통치권은 영국 왕실이 직접 장악했다. 인도에서 식민제국의 구질서는 1947년까지 유지되었고 중국에서 기사회생한 청 왕조는 1911년까지 버텨냈다. 내란을 평정하고 어느 정도 기력을 회복한 청 정부는 양무운동 이른바 동치중흥(同治中興)이란 우유부단한 개혁을 시도했다. 개혁의 핵심은 군사였고 정치와 사회개혁은 시도하지 못했다.

인도에서 영국의 통치는 더 보수적으로 변해 현상유지에 치중하고 전통적 엘리트 계층에 대한 의존성이 더 높아졌다. 인종주의 사상의 영향을 받아 영국인은 인도인을 갈수록 심하게 배척했다. 20세기로 접어들면서 영국 통치자들은 인도 엘리트 계층이 제시한 새로운 정치적 요구에 대해 어쩔 수 없이 반응하기 시작했다.

우리는 여기서 '반동'세력이 '진보'역량을 꺾었다고 단언할 수는 없다. '천왕' 홍수전과 나나 샤히브(Nana Shahib. 본명은 고빈드 돈두 판트Govind Dhondu Pant. 가장 저명한, 그러나 바깥 세계에서는 가장 악명 높은 인도대봉기의 지도자) 두 사람은 자신의 조국을 현대로 인도할 수 있는 인물은 아니었다. 유럽혁명과의 유사성은 여기서 끝난다.

미국내전

미국내전에 관해서는 공인된 평가는 없다.[134] 세기 중반에 발생한 모든 대규모 사회 내부 충돌 가운데서 미국내전은 도덕적이고 진보적인 정치세력이 분명한 승리를 거둔 전쟁이었다. 이 전쟁의 승리는 보수적인 혹은 현상을 유지하려는── 현존하는 민족국가를 지키려는──목표와 관련이 있었다. 이것이 인도와 중국의 상황과 다른 점이었다.

인도의 대봉기를 일으킨 '세포이'와 그들을 지지한 소수의 왕공귀족들은 당시 영국군과 통치기구가 구축해놓은 통합된 구조를 대체할 능력이 없었다. 성공적인 반란에서 인도 아대륙의 통일을 끌어갈 인도판 프로이센이 나타났을 만한 흔적은 찾아볼 수 없다. 인도는 만약 '해방'되었더라도 18세기에 작은 왕국들이 늘어선 상태로 되돌아갔을 것이다. 태평천국이 중국을 지배했더라도 ─ 홍인간이 어떤 그림을 그렸던지 간에 ─ 자유로운 민주국가로 나아가지 않았을 것이다. 아마도 권위주의적인 신정국가가 아니면 시간이 흐르면서 만주족의 요소를 제거한 수정된 유교질서가 등장했을 것이다. 태평천국 내부에 존재했던 심각한 분열적 경향을 고려한다면 통일된 제국의 유지는 상상하기 어렵다. 만약 중국이 19세기에 다원적 민족국가로 발전했더라면 자신의 생존을 유지할 충분한 경제력을 갖출 수 있었을까? 우리의 답변은 회의적이다.

북아메리카의 상황은 명쾌했다. 1865년 북부의 승리는 북아메리카 대륙에서 제3의 영구적인 독립대국의 등장을 막음으로써 당시 아메리카의 기준으로 볼 때 보수적인 또는 반동적인 사물과 연결된 제도를 무너뜨렸다. 미국의 정치적 좌표는 같은 시기의 유럽과 전혀 달랐다. 1850년 또는 1860년 무렵 미국의 우파는 권위주의적인 통치, 신절대주의 군주, 귀족적 특권의 지지자가 아니라 노예제도 옹호자였다. 동시대의 관찰자들(예컨대 칼 마르크스와 프랑스의 젊은 기자 조르주 클레망소)이 그랬듯이 우리도 미국내전에 혁명이란 표제를 붙여야 할까?[135] 이 논제를 두고 20세기 20년대 이래로 미국 사학계에서는 몇 차례 논란이 있었다. 여기서 제시하는 비교적인 시각은 이 문제에 또 하나의 논쟁거리를 더 하게 될 것이다.[136]

태평천국운동을 두고서도 유사한 논란이 있었다. 엄격한 유교적 시각에서 보자면 태평군은 온갖 악행을 저지르는 도적무리로서 철저히 제거되어야 할 대상이었다. 반면에 훗날 중국의 마르크스주의 사관은 태평군은 혁명의 선구자 ─ '부르주아 혁명가'는 아니다 ─ 이며 진정한 혁명은 1921년 중국공산당의 창건으로 비로소 시작되었다고 평가했다.[137] 그러나, 1848-49년 유럽의 사건이 혁명이었다고 한다면 태평천국도 혁명적 운동으로 보아야 한다. 태평천국운동도 실패로 끝났다. 태평천국운동은 사회의 변혁을 유발했고 최소한

1848-49년 유럽에서 발생한 모든 사건이 유발한 변혁만큼 급진적이었다. 두 혁명은 영속적인 새 제도를 세우지는 못했으나 구제도의 기반을 약화시켰다. 중국의 구제도는 1911년에 붕괴되었고 중부유럽의 구제도는 1918-19년까지 가쁜 숨을 이어갔다.

폭력의 정도와 희생자의 숫자에 있어서 미국내전과 비견될 수 있는 사건은 피비린내로 뒤덮인 태평천국운동뿐이다. 1848-49년에 중부 유럽에서 발생한 사건과 1857-58년에 인도에서 발생한 사건은 미국내전 앞에 명함을 내밀 형편이 못 된다. 그러나 그뿐만이 아니라 다른 사건과 비교할 때 미국내전의 원인과 결과의 혁명적인 성격은 강조되어야 한다.

내전의 직접적인 원인은 연방헌법에 대한 전혀 다른 두 가지 해석이었다. 1787년 이후로 연방헌법은 연방을 하나로 묶어온 가장 중요한 상징이었다. 내전이 일어나기 전 수십 년 동안 남과 북 정치엘리트 사이의 대립은 지역 간(미국에서는 '분야 간'이라 한다) 갈등을 해소해주는 튼튼한 양당제도 덕분에 완화되었다. 19세기 50년대에 들어와 양당제도가 지역에 따라서 양극화되는 현상이 나타났다. 공화당은 북부를 대변했고 민주당은 남부를 대표했다.

1860년 말, 노예제 폐지를 주장하는 에이브러햄 링컨(Abraham Lincoln, 1809-65)이 새로운 대통령으로 선출되었다. 새로운 남부 민족주의 지지자들이 즉시 계획을 실행에 옮겼다. 1861년 1월 말, 남부 7개 주가 연방탈퇴를 선언했고 2월에는 새로운 아메리카연맹국(Confederate States of America)이 남부에 있는 연방정부 재산을 접수하기 시작했다. 링컨은 3월 4일의 취임식 연설을 통해 연방의 통일을 굳건하게 지켜낼 것이며 남부 여러 주의 연방탈퇴는 반란행위라고 밝혔다.[138] 4월 14일, 남부군이 사우스캐롤라이나 해안지대 섬에 있는 섬터(Sumter) 요새를 공격했다. 내란이 폭발했다.

전쟁 폭발 초기부터 현재에 이르기까지 사학계에서는 전쟁발생의 원인을 두고 논쟁이 끊이지 않았다. 충돌의 원인은 전형적인 유럽혁명의 원인과는 달랐다. 사회적·경제적으로 지위가 낮은 계층 —노예, 농민, 노동자 —의 저항이 없었고 전제정치로부터의 해방이 화두가 되지도 않았다. 물론 베링턴 무어(Barrington Moore)의 평가에 따르면 "노예제 폐지는 영국 내전과 프랑스대혁명에서 절대군주제의 폐지 못지않게 중요한 의미를 갖는 행동"이었다.[139] 교전 쌍방은 모두가 '자유'를 입에 달고 다녔다. 북부는 노예에게 자유를 주라고 요구했고 남부는 계속해서 노예를 소유할 수 있는 자유를 주장했다.[140] 충돌의 심층적인 원인이 무엇이든(남부와 북부의 경제발전의 불균형, 민족적 동질감의 결핍, 새로운 정치제도에 대한 경험 부족과 과도하게 감정적인 접근, '귀족적인' 남부와 부르주아적인 북부의 대립 등) 미국내전은 전형적인 유럽혁명과는 달리 입헌국가의 수립을 목표로 하지 않았다. 오히려 미국내전은 입헌체제를 건설하는 과정에서 해결하지 못한 문제에서 비롯된 혁명 이후 시대의 후속조치이자 충돌이었다.

이 투쟁의 목표는 헌법을 제정하는 것이 아니라 이미 존재하는 헌법의 틀 안에서 이질적인 사회모형이 활동할 수 있는 공간을 확대하는 것이었다. 1787년 헌법이 규정한 국가의 응집력은 지역적 이익의 분화 때문에 붕괴되었다.[141] 마지막으로, 전쟁을 바라는 사람은 두 적대 진영의 엘리트집단에 한정되지 않았다. 이런 현상이 생겨난 원인은 18세기 미국혁명의 철저하지 못한 점이었다. 이 혁명은 백인의 자유는 보장했으나 아프리카계 미국인의 노예상태는 보고도 무시했다.

사건의 발전과정을 살펴보면 내전은 이 모순이 해결되지 않고 남아서 독립혁명 시기의 통합이 붕괴되기를 원하는 집단, 그래서 자기들만의 국가를 따로 만들려던 집단 때문에 일어났다.[142] 내전의 과정과 내용에 관해서는 여러 가지 해석과 평가가 있다. 그중 하나는,

경제적 실력이 뒤지는 남부가 어떻게 전쟁 초기에 기적처럼 우위를 차지하다가 1863년 중반에 가서야 북부의 강력한 공세에 밀리게 되었는지를 강조한다. 다른 하나는, 남북 양쪽에서 점차로 사회적 동원이 확대되어간 과정을 중시한다. 세 번째는, 링컨의 탁월한 지도력을 강조한다. 과장법이 용납이 된다면 그는 19세기의 "가장 위대한 역사적 인물"이다. 1865년 4월, 남부 연맹군의 마지막 부대가 투항함으로써 전쟁은 끝났다.[143]

남부 백인의 대부분이 참여한 실패한 반란의 후과는 혁명적이었다. 1861년에 남부가 세운 독립국가와 그 군사기구는 파괴되었다. 링컨이 서명한 미국헌법 수정 13조 안에 따라 전국적인 범위에서 노예는 모두 헌법이 부여한 자유를 누리게 되었다. 법의 보호를 받지 못하는 400만에 이르는 노예가 시민으로 신분이 바뀐 일은 (상당한 기간 동안 현실에서는 차별 때문에 제한적이기는 했지만) 심각하고도 장기적인 영향을 미친 중대한 사회적 사건이었다. 아프리카계 미국인의 해방은 수십 년 동안 남부와 그 주민의 심리에 영향을 주었다. 옛 노예제 주의 엘리트는 신체적으로 소멸되지는 않았지만 보상도 없이 노예 소유권을 상실했고 내전이 끝나자마자 전후의 질서를 결정하는 과정에서 배제되었다. 청군이 태평군에게 했듯, 영국인이 인도 반란자들에게 했듯, 1849년 합스부르크 왕조의 군대가 헝가리 혁명가들에게 했듯, 미국내전의 승자는 패자에게 미친 듯 보복하지 않았다. 남부 연맹의 대통령 제퍼슨 데이비스(Jefferson Davis)는 시민권을 상실하고 감옥에 2년 동안 갇혀 있다가 빈곤 속에서 죽었다. 남부군의 총사령관이자 내전 기간을 통틀어 가장 뛰어난 전략가였던 로버트 리(Robert E. Lee) 장군은 화해전문 변호사가 되었고 마지막에는 대학 총장으로 생을 마감했다. 이것은 공개적인 반란행위에 대한 처벌로서는 가벼운 쪽에 속했다. 도시는 모조리 무너지고 상처투성이가 된 남부는 잠시 점령군의 관리 아래에 있었다. 빠르게 재건된

비군사 질서가 점령군의 관리를 대체했다. 링컨의 후임자가 ── 링컨은 1865년 4월 15일에 암살당했다 ── 남부연맹의 장교와 사병을 모두 사면했다.[144] 종전 후 초기에 남부에서 생활한 적이 있거나 각자의 목적을 가지고 남부로 온 사람들은 심각한 변혁의 시대가 시작되고 있음을 느꼈다.

남부의 옛 통치계급은 세력이 크게 약화되었다. 전쟁과 노예제 폐지는 그들의 재산을 절반 가까이 박탈했다. 1860년 이전에는 남부 플랜테이션 경제의 과점자들이 북부의 경제 엘리트보다 부유했다. 1870년 이후로 미국의 초특급 부호 가운데 4/5가 이전의 북부 주에 살고 있었다.[145]

해방노예들이 자신의 운명을 스스로 결정할 수 있는 기회를 적극적으로 이용했다. 이 또한 이전 시대에는 볼 수 없었던 새로운 현상이었다.[146] 내전이 끝나기 2년 전부터 이런 추세가 드러나기 시작했다. 북부군에서 복무하던 아프리카계 미국인이 18만 명이었다. 남부에서는 연맹의 군사적 패배가 분명해지자 노예의 소동이 갈수록 격렬해졌다. 전쟁은 끝났지만 아직도 정세는 불투명했다. 온갖 사회집단이 전후 질서 속에서 자기 몫을 마련하기 위해 다양한 수단을 동원했다.

그들은 무기를 들지 않고 입법이란 수단을 통해 자신의 목적을 달성했다. 이런 집단 가운데는 몰락한 플랜테이션 경영주, 내전 전에 소수의 노예만 소유했거나 노예를 소유한 적이 없는 백인 농장주, 1865년 이전에 자유를 획득한 노예출신, 종전 후 해방된 노예 등이 포함되어 있었다. 이 모든 움직임이 북부가 주도하는 '재건계획'의 틀 안에서 일어났다.

남부 여러 주를 개혁하려는 연방정부의 정책적 조치가 정점에 이른 때는 종전 직후가 아니라 1867-72년(급진적 재건시기)이었다. 이때 각 계층 민중의 정치참여는 대폭 확대되었고 옛 남부의 과두적 권력은 대폭 축소되었다. 그러나 대형 플랜테이션 소유주 이외의 계층은 원래 갖고 있던 사회적·경제적 지위를 상당한 정도로 보장받았다. 공화당은 아무리 늦어도 1877년 이전까지는 남부 각 주에 흑인 참정권 부여를 강요하는 정책을 포기하고 남부의 엘리트와 타협했으나(이 타협은 1867년 '오스트리아-헝가리 타협', 1871년 독일제국을 성립시킨 독일연방 제후국들의 타협과 함께 이 시기의 가장 위대한 타협이었다) 1865년 이전 상황으로 돌아가기는 이미 불가능했다.

그런 의미에서 이때의 정책전환은 혁명적이었다고 할 수 있다. 70년대 말이 되자 거의 모든 분야에서 선거를 통해 뽑는 자리에 아프리카계 미국인이 진출했다. 이런 상황은 1860년 무렵이라면 상상도 할 수 없는 일이었다. 그러나 흑인에게 구체적인 방법과 경로가 제공되지 않는 상황에서 흑인은 새로운 기회로부터 진정한 이익을 획득할 수 없었다. 사회 경제적 해방이 정치적 해방과 함께 진행되지는 않았기 때문이고 정치적 해방 또한 대다수 백인의 인종차별 의식을 바꿀 수 없었기 때문이다.[147]

미국내전은 '미완의 혁명'이었다.[148] 더 많은 정치적 권리를 쟁취하겠다는 (피부색을 막론하고) 여성의 희망은 실현될 수 없었다. 그러나 다른 시각으로 본다면 19세기 60, 70년대의 일부 발전은 많은 역사학자로부터 혁명적인 의미를 갖는다는 평가를 받았다. 수십 년 동안 광범위한 자유방임 정책을 시행한 뒤 정부는—주로 연방 차원에서—더 적극적으로 개입하고 더 많은 책임을 지기 시작했다. 중앙은행 제도가 시행되면서 이전의 혼란스러웠던 화폐·금융체계가 통일된 표준을 갖추었고, 보호관세(미국이 지금까지도 시행하고 있는 공격적인 대외무역 정책) 제도가 시행되었다. 정부의 사회 기반시설 투자가 확대되었고, 서부로의 확장은 보다 엄격하게 통제되었다. 이른바 '미국체제'는 미국이 세계 선두의 경제 강국으로 부상하는 데 중요한 정치적 조건으로 작용했다. 프랑스대혁명에서부터 나폴레옹

시대에 이르는 1789-1815년이 연속되는 단일 시대로 평가되듯이 미국내전에서부터 재건시기에 이르는 1861-1877년도 연속되는 단일 시대로 보아야 그 의미가 분명해진다.[149]

4. 1900년 이후의 유라시아 혁명

측면에서 본 멕시코

19세기의 3/4분기는 세계 각지에서(아프리카의 상대적인 예외를 제외하고) 폭력은 무성하고 위기가 사방에 존재했던 시기였다. 현존하는 질서에 대한 혁명적 도전은 1847년 유럽에서 시작되어 1873년 중국에서 ── 이해에 중국 서남부지역에서 민족적 갈등과 종교적 충돌 때문에 발생한 마지막 대규모 무슬림 봉기가 잔혹하게 진압되었다[150] ── 끝났다. 1815-1914년 사이에 유럽에서 발생한 가장 큰 규모의 전쟁(크리미아에서부터 세당Sedan까지)은 이 시기에 일어났다. 동란이 지나가자 세계의 많은 국가가 거의 동시에 국가통합기에 진입했고 일부 국가는 특수한 형태의 민족국가를 건설했다. 이후 수십 년 동안 세계는 비교적 평온했다. 이런 상태는 새로운 유형의 혁명가들이 러시아에서 승리하기 전까지 유지되었다.

새로운 혁명가들이 생각한 혁명은 국경을 초월한 혁명, 즉 세계혁명이었다. 1919년에 그들은 코민테른(Communist International)을 창설하고 대표 파견과 군사적 원조를 통해 세계혁명을 추진했다. 이것은 혁명사에서 전혀 새로운 시도였다. 19세기에 무정부주의자들이 유사한 시도를 했다가 철저하게 실패한 적이 있었다. 한동안 유럽의 위기에 빠진 지역이면 (아무런 성과도 거두지 못했지만) 어김없이 저명한 무정부주의자 미하일 바쿠닌(Michail Bakunin)의 그림자가 어른거렸다. 1792년 이후 프랑스대혁명은 정복군을 통해 수출되었다. 20세기에는 프랑스대혁명의 수출방식과는 다른 새로운 혁명 전파방식이 등장했다. 이 시기에 유럽에서 발생한 최후의 위대한 혁명적 사건이라고 할 수 있는 1871년 파리 코뮌(Paris Comune)은 완전히 고립된 사건이었다. 파리 코뮌은 1830-48년의 유럽혁명과 유사한 점이 많았지만 유럽 전체에 전파되지는 않았다. 파리 코뮌은 프로이센-프랑스전쟁의 결과물로서 하나의 지역적 간주곡이었다. 파리 코뮌이 보여준 것은 대혁명이 일어나고 80년이 넘게 지났어도 프랑스 사회는 여전이 평온을 회복하지 못했다는 사실이었다.

이렇게 조감할 때는 '주변부'에서 일어나는 '부차적인' 혁명은 쉽게 간과된다. 이런 혁명은 유럽의 기준에 따르면 실패했는지 성공했는지 판정하기 어렵다. 이런 혁명은 모두 1905-11년 사이에 발생했는데, 19세기 중반에 발생한 혁명만큼 극적인 폭력과 유혈을 수반하지도 않았다. 그중에서 특별한 예외가 멕시코혁명이었다. 이 혁명은 1910부터 1920년까지 꼬박 10년 동안 지속되었다. 혁명의 영향을 억제하는데도 1920년대 10년 전체가 소모되었다. 멕시코혁명은 매우 짧은 시간 안에 내전으로 발전했다. 혁명이 몇 개의 단계를 거치는 동안 멕시코 인구의 1/8이 목숨을 잃었다. 혁명의 역사에서 이것과 비견할만한 희생을 치른 경우는 중국 동부지역에서 발생한 태평천국운동뿐이었다.[151] 멕시코혁명은 어떤 면에서는 프랑스식의 '대'혁명이었다. 멕시코 혁명은 광범위한 사회적 기초를 갖고 있었다.

멕시코혁명은 본질적으로 농민봉기였지만 단순히 농민봉기로만 끝나지 않았다. 멕시코혁명이 소멸시킨 구제도는 절대군주 체제가 아니라 시간이 흐르면서 날로 경직되어가던 과두체제였고 구제도를 대체한 것은 '현대적인' 일당 독제체제였다. 이 체제는 몇 년 전까지도 존재하고 있었다. 멕시코혁명에서 우리가 주목해야 할 것은 광범위한 농민동원의 규모와 적대적인 외부세력이 존재하지 않았다는 사실이다. 미국이 간섭한 것은 사실이지만 간섭의 중요성이 과장되어서는 안 된다. 훗날의 중국 또는 베트남 농민과는 달리 (본질을 말하자면) 멕시코인의 투쟁은 식민통치자와 제국주의 침략자에 맞서는 저항이 아니었다. 멕시코혁명이 북아메리카, 프랑스, 러시아, (20세기 20년대 이후의) 중국의 '대'혁명과 다른 또 하나의 특징은 제시된 혁명 이념이나 이론이 없다는 점이다. 멕시코 혁명에서는 제퍼슨, 시에예스(Emmanuel Joseph Sieyès), 레닌, 마오쩌둥같이 세계적인 명성을 얻는 인물이 등장하지 않았다. 멕시코 혁명가들은 세계 다른 지역 —— 하다 못해 바로 이웃 나라 —— 인민의 행복을 추구한다고 선포한 적이 없었다. 그러므로 멕시코 혁명은 광대한 규모, 오랜 진행 기간에도 불구하고 한 지역 혹은 한 국가에 한정된 혁명으로 끝났다.

유라시아지역 혁명의 공통점과 학습과정

세기가 바뀐 뒤 발생한 유라시아지역의 '부차적인' 혁명에 대해서도 같은 평가를 할 수 있다. 유라시아지역에는 아래 예시와 같이 잇달아 일어난 네 차례의 혁명이 있었다.

1. 1905년 러시아혁명. 실제 전개된 시간으로 보면 1904~1907년에 발생한 혁명이다.

2. 통상적으로 헌정(憲政)혁명이라 불리는 이란혁명. 1905년 시작되었고 1년 뒤에 이란 역사상 최초의 헌법을 탄생시켰다. 1911년 말, 의회중심제로의 전환과정이 중단되면서 끝났다.

3. 청년터키당이 일으킨 오스만제국혁명. 1908년 6월에 시작되었다. 반란을 일으킨 젊은 장교들이 술탄 압뒬하미트 2세(Abdülhamid II)를 압박해 1878년에 폐지된 헌법을 회복시켰다. 이 혁명은 명백한 방식으로 종결된 적이 없다. 사실상 이 혁명은 술탄국을 터키 민족국가로 전환시키는 기나긴 과정의 시작이었다.

4. 중국의 신해(辛亥)혁명. 1911년 10월 여러 성에서 발생한 무장봉기로 시작되어 상대적으로 평화로운 방식으로 신속하게 청 왕조를 무너뜨리고 1912년 1월 1일 중화민국의 성립을 거쳐 1913년 위안스카이(袁世凱)의 권력 장악으로 종결되었다. 위안스카이는 구체제의 고위 관료였다. 그는 1911년 혁명을 발동한 사람들과 대립했고, 중화민국 대총통에 취임하여 1916년까지 독재통치를 실행했다.

위의 네 혁명이 일어난 각국의 사회적·정치적 질서는 여러 면에서 달랐다. 네 차례 혁명을 모두 같은 유형으로 보는 것은 무책임한 평가다. 혁명 상호 간에 직접적인 영향도 없었고 혁명을 촉발한 결정적 요소도 이웃 나라에서 먼저 발생한 혁명이 아니었다. 조심스럽게 예를 들어보자. 1908년 구정권을 붕괴시킨 청년터키당의 혁명은 결코 이란 혁명에 의해 촉발되지 않았다. 그러나 영향의 고리를 찾는 일은 사고 훈련으로서 의미가 없지는 않을 것이다. 러시아 황제가 1905년의 러일전쟁에서 치욕스러운 패배를 당하지 않았더라면(1787년 루이 16세가 네덜란드 위기에서 아무것도 하지 못한 채 체면을 잃었던 사건과 유사하다) 러시아의 정세는 안정을 유지했을 것이다. 러시아가 전쟁과 1905년의 혁명 때문에 지속적으로 약해지지 않았더라면 1907년에 영국의 아시아 세력권 분할 제안을 받아들이지 않았을 것이다. 영국과 러시아의 세력 범위 분할이 합의 되지 않았더라면 오스만제국은 열강에 의해 분할되지 않았을 것이다. 오스만제국이 분할되지 않았더라면 마케도니아에 주둔한 오스만제국군 장교들이 공황에 빠져 봉기하는 일은 일어나지 않았을 것이다.

유라시아지역 혁명이 도미노현상의 결과는 아니었지만 혁명가들은 자신들의 시대에 동원할 수 있는 혁명의 방법에 관한 다양한 지식을 암암리에 배울 수 있었다. 그들은 자신들 나라의 최근의 역사에서도 배웠다. 청년터키당이 회복하고자 했던 1876년 헌법은 당초에 정부와 행정부문의 '오스만청년당'이 제정하고 '위로부터의 혁명'을 통해 술탄을 압박하여 채택된 헌법이었다. 청년터키당은 철저한 변혁은 교육받고 사상이 개명된 엘리트 계층이 시작해야 한다는 오스만청년당의 관념을 그대로 흡수했다.

중국에서 1911년 직전 시기에 태평천국운동은 혁명의 표본으로서 아무런 작용도 하지 못했다. 20세기 초에 적극적으로 혁명에 참가한 사람들이 혁명을 논할 때 머릿속에 떠올린 것은 최근 실패로 끝난 두 가지 행동이었다. 그 하나는 1898년에 일부 관료들이 청 조정을 움직여 야심차게 추진했던 개량주의 운동('백일유신'百日維新)이었고, 다른 하나는 어떠한 건설적인 강령도 제시하지 못했던 1900-1901년의 의화단운동이었다. 1898년의 유신운동에서 드러났듯이 사회적 기초가 협소하면 변혁을 추진하기 어려웠다. 의화단운동은 대중적 분노의 무분별한 분출만으로는 상황을 장악할 수 없다는 사실을 깨우쳐 준 전형적인 사례였다.

유라시아지역 혁명가들은 정도의 차이는 있었지만 유럽혁명사를 이해하고 있었다. 오스만청년당원들은 ─1867-78년에 개혁을 주장하던 지식분자와 정부의 고위 관료─ 프랑스대혁명을 높이 평가하고 (물론 비난받는 공포정치는 제외하고) 모방하려 했다. 20세기에 들어와서는 청년터키당원들이 선배들을 모방하려 했다.[152] 프랑스대혁명에 영향을 준 계몽주의 시대의 책이(예컨대 루소의 작품) 동방의 문자로 번역되었다.

중국에서는 미국혁명이 프랑스대혁명보다 더 환영받았지만 두 혁명에 관한 역사적 문헌이 중국어로 번역된 경우는 매우 적었다. 세기가 바뀌던 시기에 대다수의 지식분자들이 '위로부터'의 강력한 현대화 정책을 모델로 생각했다.

이런 정책을 시행한 대표적인 군주가 표트르 대제였다.[153] 중국과 오스만제국에게는 더 중요한 표본이 있었다. 그것은 메이지시대의 일본이었다.[154] 그들이 본 일본의 모습은 사상이 개명된 엘리트

계층이 부강한 나라를 건설하여 서방으로부터 문명국가로 인정받게 되었으면서도 유혈 충돌이 일어나지 않았던 나라였다. 중국의 일부 혁명가들은 중부 유럽과 북아메리카의 정치제도를 받아들여야 할 표본으로 보았고 다른 일부는 이 제도를 받아들이되 (이 또한 일본의 방식은 참고하되 '일본모형'을 모방하지는 않는) 어느 정도는 아시아화해야 한다고 생각했다.[155)]

청년터키당은 일본에 대해 특별한 호감을 갖고 있었다. 그 시기에 일본이 러시아에게 심각한 타격을 주었고 러시아는 바로 오스만제국의 숙적이었다. 그들은 "담장 하나를 사이에 두고 있는" 러시아와 이란의 아주 작은 움직임까지도 주목했다. 러시아와 이란에서 발생한 혁명에서는 인민의 저항이 중요한 역할을 했지만 청년터키당의 혁명계획 안에서 인민의 저항은 중요한 역할을 맡지 않았다. 그러나 이웃나라의 사태발전, 특히 러시아의 상황은 그들에게 오스만청년당의 옛 책략(통치기구 내부에서의 압력)을 따라가기만 해서는 성공할 수 없다는 확신을 심어주었다.[156)]

이란, 오스만제국, 중국의 혁명은 서방 모델의 불완전한 모방만은 아니었다. 그들은 상호 모방도 하지 않았다. 그렇다고 해서 혁명가들에게 상호 학습의 의지가 없었다는 의미는 아니었다. 혁명의 '전파' 현상은 결정적인 작용을 하지 않았을 뿐 끊임없이 발생했다. 예컨대, 러시아 아제르바이잔 지역 바쿠 유전에서 일하던 이란인 노동자들이 혁명사상을 타브리즈로 가져왔다.[157)] 중국의 신해혁명은 부유한 화교들에게 많은 지원을 받았다. 그들은 서유럽의 동남아 식민지나 미국에서 살면서 상대적으로 개방적인 경제정책이 어떤 장점을 갖고 있는지 이해하게 되었다. 이런 학습은 때로는 우회로를 통해 이루어지기도 했다.

1871년 3월, 일본의 명문귀족 후지와라(藤原) 집안 출신의 사이온지 긴모치(西園寺公望)는 파리로 가서 프랑스어와 법률을 배웠다. 그는 10년 동안 파리에 살면서 파리 코뮌을 직접 목격했다. 그는 귀국하면서 일본도 시민의 기본적인 자유를 보장하는 제도를 시행해야 하며 동시에 인민주권 사상의 범람이 야기할 위험도 피해야 한다는 한다는 믿음을 갖고 왔다.[158] 조르주 클레망소와도 교류했던 그는 훗날 여러 차례 대신과 내각 총리대신을 역임했고, 메이지유신의 마지막 원로로서 일본 자유주의파 엘리트 통치계급의 중요한 대표 인물 가운데 한 사람이 되었다.

앞에서 예시한 세기 말의 혁명 4중주곡에서 러시아혁명은 어떤 의미에서는 특수한 예외에 속한다고 할 수 있다. 재무대신 비테(Vitte)의 현대화 정책 덕분에 러시아 경제는 다른 세 나라보다 발전할 수 있었다. 이 시기에 네 나라 가운데서 러시아에서만 공업 프롤레타리아가 등장하여 계획적으로 자신의 이익을 지키기 위해 방대하고도 명확한 요구를 제시할 줄 알았다. 그 시대에 아시아 국가에서 1905년 1월 9일에 발생한 상트페테르부르크의 '피의 일요일' 같은 가두시위는 일어날 수 없었다. 10만 명의 노동자가 겨울궁전 앞에 모여 황제에게 청원서를 제출하기 위해 평화로운 시위를 벌였다. 군대가 시위대를 폭력으로 진압했고 그 후 40만의 노동자가 참가한 파업이 러시아를 휩쓸었다. 리가(Riga)에서 바쿠에 이르기까지 파업의 물결에 잠기지 않은 곳이 없었다.[159]

1905년 10월에 발생한 더 큰 규모의 파업이 러시아제국의 수많은 지역에서 끊임없이 혼란을 가중시켰다. 공업시설이 희소하고 철도도 놓이지 않은 일부 지역에서 노동자 파업은 실제적인 손실을 끼칠 수 없었다. 그런 빈 공간을 메운 것이 이란과 중국에서(20세기 30년대 이전까지) 큰 효과를 보였던 상인들의 장사 거부, 즉 철시(撤市)와 소비자의 불매운동이었다. 서로 다른 사회적 기초를 고려했을 때 1905년 러시아혁명이 나머지 세 아시아 국가보다 '더 현대적'이었다고 한다면, 다른 측면에서 보았을 때 러시아혁명과 다른 세 나라 혁명의 관계는 밀접했다고 할 수 있다.

총체적으로 보아 네 혁명 사이에는 차이 못지않게 유사성이 존재했다. 차이가 분명히 드러나는 지점에서도 (특히 혁명발생의 전제조건과 국가발전 경로 면에서) 비교는 가능하다. 결국 각자의 특수성은 비교를 통해서 설명될 수 있기 때문이다.

전제체제와 헌법

네 혁명의 목표는 서유럽에서는 존재한 적이 없는 구식 독제체제에 대한 저항이었다. 러시아와 아시아에는 법률로서 권력을 제한하는 전통이 전혀 없지는 않았으나 서유럽과 비교할 때 이 지역 국가에서 그런 전통의 발전은 매우 빈약했다. 귀족과 토지를 소유한 엘리트 집단의 세력은 서유럽(또는 일본) 봉건제도처럼 통치자의 절대권력을 견제할 수 있을 정도로 강했던 적이 없었다. 이 지역 각 국가의 정치체제에서 군주의 지위는 루이 16세나 영국의 조지 3세보다 더 굳건했다. 본질적으로 이 지역 국가의 정치체제는 통치자가 신분대표회의나 의회의 의견을 고려할 필요 없이 최종적인 발언권을 갖는 전제체제였다. 그렇다고 해서 통치자가 실제로 권력을 행사할 때 언제나 독단으로 전횡하지는 않았다. 다른 체제와 비교할 때 이런 체제에서 권력의 행사는 많은 부분이 왕좌에 앉은 인물의 개인적 품성과 소양에 따라 결정되었다.

술탄 압뒬하미트 2세는 서방이 상상하는 동방 폭군의 모습에 가장 잘 들어맞는 인물이었다. 1878년 2월, 그는 2년 전에 시작되었으나 지지부진한 의회제 도입 실험을 끝내고 (그 무렵 완전한 무용지물이 되어버린) 의회를 해산하고 1876년에 만든 헌법을 폐지했다.[160] 이때부터 그는 독재통치를 시작했다. 독재라고 하면 러시아 황제 니콜라이 2세(Nikolas II, 1894 – 1917년 재위)도 압뒬하미트와 우열을 가리기 힘들었다. 그는 스스로 만든 군주의 형상에 몰두하고 자유라는 시대의 조류와 전혀 타협하지 않았다. 총체적으로 평하자면 군주로서 그는 압뒬하미트만큼 유능하지도 않았고, 시대의 추세와는 더욱 어울리지 않았다. 재위 말기에 갈수록 타락했고, 결국에는 유례를 찾아보기 어려운 우민정책을 펼쳤다.[161]

이란의 나시르 알딘 샤(Nasir al-Din, 1848–96년 재위)는 반세기 동안 재위하다가 1896년 암살자의 총탄을 맞고 죽었다. 그는 어떤 개혁도 시행한 적이 없었으나 반항적이기로 악명 높은 부족들을 성공적으로 장악하여 국가의 통일을 유지하는 데는 어느 정도 기여했다.[162] 그의 아들이자 왕위를 계승한 무자파르 알딘(Muzaffar al-Din, 1896–1907년 재위)은 온화하고 우유부단한 성격이어서 궁정의 각 파벌 세력에 휘둘리는 허수아비였다. 훗날 그는 자신의 아들이면서 잔혹한 독재자 샤 무함마드 알리(Muhammad Ali, 1907–1909년 재위)에게 사실상 쫓겨났다. 네 혁명 가운데서 이란에서만 유일하게 혁명이 아직 진행 중일 때 왕위가 교체되었다. 새로 즉위한 샤는 타협을 모르는 인물이어서 최소한도의 양보조차 하지 않았다. 이것이 이란의 상황을 더 악화시켰다.

중국에서는 1850년 도광(道光)황제의 죽음과 함께 강력한 독재자의 시대는 끝났다. 그를 이어 황위에 오른 황제들은 무능하거나 정사에 관심이 없었다. 1861년부터 한 여성 —자희(慈禧)태후(1835–1908)—이 독재자의 역할을 맡았다. 이는 서태후로 알려져 있다. 이 귀부인은 무자비하고 결단력이 있어서 교활한 수단을 동원해 왕실의 이익을 지켜낼 줄 알았다. 형식논리에 따르면 서태후는 권력 찬탈자였다. 따라서 그는 18세기의 몇몇 위대한 청 왕조의 황제와는 달리 지위가 공고하지 못했다. 그는 문자 그대로 '수렴청정'(垂簾聽政) —드리워진 발 뒤에 그가 앉아 있던 의자는 지금도 베이징에 진열되고 있다—을 통해 유약한 두 황제를 보좌했다. 1898년부터 그는 자신

의 자매의 아들(이자 조카)인 광서(光緖)황제(1875-1908년 재위)를
자유파의 유신변법(維新變法)을 찬성했다고 하여 유폐시켰다. 전하
는 얘기에 의하면 그는 1908년 죽기 얼마 전에 사람을 시켜 광서제를
독살했다고 한다.

서태후가 세상을 떠난 후 중국의 황위는 사실상 비어 있었다.
1908년, 서태후의 종손인 3살의 부의(溥儀)가 황위에 올랐다. 섭정
이 된 그의 아버지는 죽은 황제의 이복동생이었다. 신해혁명이 발생
했을 때 섭정 순친왕(醇親王)이 사실상의 황제였다. 섭정은 편협하고
고집스러운 인물이었고, 만주 귀족의 권력을 강화하는 정책을 시행
하고 한족 신하를 멀리 했다.

네 혁명이 폭발하기 직전 진정한 의미의 개인 독재가 행해지고 있
던 나라는 러시아와 오스만제국이었고 이란은 부분적인 개인 독재
체제였다. 혁명가들이 현행 통치체도에 맞설 때 사용하는 무기 — 또
한 각국 혁명가들의 공통자산 — 는 입헌주의 사상이었다.[163] 유럽
과 마찬가지로 헌정실시는 혁명가들이 제시하는 핵심 정치강령이었
다. 오스만제국과 이란에서는 입헌군주제를 규정한 1831년 벨기에
헌법이 널리 찬사를 받았다.[164] 공화파 세력은 프랑스 7월 왕조 또는
1871년 이후 독일제국 방식의 입헌군주제를 모방하는 것에 대해 불
만을 품었으나 공화파는 혁명세력 가운데서 소수파였다. 오직 중국
에서만 공화주의가 주류를 차지했다. 2세기 반이 넘는 만주 '이민족'
통치를 거치면서 청 왕조 통치를 대체할 한족 왕조 세력은 완전히 사
라지고 없었다. 이 밖에도 상층 귀족계급이 존재하지 않았기 때문에
황위에 오를 대안 세력도 없었다.

네 혁명은 각자의 성문헌법을 만들어냈다. 서방의 표본을 참조하
지 않을 수 없었지만 헌법을 만든 사람들은 본국 정치문화의 특성에
맞는 헌법을 만들기 위해 최선을 다했다. 그러므로 입헌제는 결코 유
럽에 대한 단순하고 기회주의적인 모방이 아니었다.

널리 찬양받는 표본은 1889년에 제정된 일본의 헌법이었다. 이 헌법은 식견이 뛰어난 정치가 이토 히로부미(伊藤博文)의 작품이라고 해도 과언이 아닐 정도로 그가 제정 과정에 깊이 관여했다. 이 헌법은 외국의 경험을 참조하고 본국의 현상을 결합한 표본적인 헌법이었다. 일본은 한 국가가 흥기하는 과정에서 헌법이 국가통일의 정치적 상징이 될 수 있음을 보여주었다. 헌법은 국가기구의 조직체계에 관한 계획일 뿐만 아니라 인민이 자랑스럽게 여길 수 있는 문화적 성취이기도 하다. 일본은 헌법 내용에서 유럽의 인민주권주의를 의도적으로 배제했다. 일반적으로 말해 유럽과 흥기하는 아시아 국가의 새로운 헌법전통의 가장 큰 차이가 이것이었다. 그렇다면 통치의 정통성의 다른 원천 —세속적이든 종교적이든—은 어디서 찾아야 할까.

개혁, 혁명의 방아쇠

1789년 대혁명이 폭발하기 전 프랑스 사회를 끌어가던 화두는 첨예화된 압제와 배제가 아니라 주로 재정장관 튀르고(Turgot) 재임 시기에 추진된 정치체제의 개방과 현대화를 위한 조심스런 시도였다. 이것으로부터 우리는 구체제가 방출한 최초의 자유화 신호는 사람들의 기대를 나선형으로 상승시킴으로써 혁명으로 나아가는 길을 평탄하게 만든다는 가설 —이 가설은 미하일 고르바초프 통치하의 소련에서 입증되었다—을 끌어낼 수 있다.

우리가 고찰하고 있는 동방 각국에서 발생한 혁명의 전제조건은 각기 달랐다. 술탄은 그 정적들이 만들어낸 이미지와 완전히 일치하는 폭군은 아니었다. 그는 자신이 등극하기 전에 시작된 몇 가지 개혁정책들, 예컨대 교육사업의 확대와 군대의 현대화를 계속해서 추진했다. 그러나 압뒬하미트 2세는 정치참여를 확대하는 문제에 있어서는 전혀 타협하지 않았다. 혁명이 폭발하기 직전 이란에서의 개혁의 신호는 거의 찾아볼 수 없었다. 과거 수십 년 동안 샤는 민중이 항의하면 언제나 정책을 철회했지만 체제개혁과 관련된 문제에서는 생각이 확고했다. 러시아와 중국은 상황이 비슷했다. 1904년 여름, 니콜라이 2세가 적은 범위의 개혁을 공포했다. 개혁의 필요성을 인식했기 때문이 아니라 외부 압력 때문이었다. 황제는 이 조치로 민중의 소란이 진정될거라 예상했지만 오랫동안 기다려왔던 최소한도의 타협의 신호는 오히려 반대파의 반독재활동을 격화시켰다.[165] 이와 유사하게 루이 16세의 삼부회의 소집 결정도 공개적인 논쟁을 확산시켜놓았다.

놀랍게도 중국은 이 방면에서 틀에 박힌 동방 전제체제의 이미지와는 큰 차이가 나는 대응방식을 보여주었다. 서태후의 악명은 국내외로 널리 퍼져 있었고 아시아 통치자 가운데서 가장 무자비하고 강경한 인물이었다. 당시 세계에서 중국만큼 정치적 반대파의 입지가 위험스러운 곳은 없었다. 1898년, 서태후는 온건한 개혁운동을 무자비하게 진압했다. 그러나 1900년 의화단운동이 참패하자 그는 국가제도의 재검토와 국가 현대화의 필요성을 인정하고 상층사회의 정책결정 참여를 부분적으로 허락하는 방안을 고려했다. 러시아에서는 1864년부터 이런 정치참여의 경로가 마련되어 있었고 그 구체적인 방식이 '지방자치국'(젬스트보zemstvo)의 설치였다. 이 기관은 주, 현, 마을 단위의 지방행정 기구로서 주로 교육, 의료, 도로 건설에 관한 지역 주민의 요구를 수렴하는 업무를 수행했다. '지방자치국'은 어느 정도는 국가 관료기구에서 독립되어 있었다.

지방자치국은 (1865년 이후부터) 선거를 통해 구성되었으며 선거에는 귀족뿐만 아니라 농민도 자신의 대표를 파견하여 참여할 수 있었다. 그러나 1890년부터 지방자치국은 더 이상 직선을 통해 구성되지 않았다. 지방자치국의 설치로 여러 민중 집단이 정치화되고 그 집단들이 상호 반목하는 상황이 나타났다. 급진세력이 우위에 있는 지역에서 지방자치국은 20세기 초 반대파의 집결지가 되었다. 지역에서 생겨난 유아기의 의회는 헌법의 통제를 받지 않는 전제체제와 전제체제를 떠받치는 날로 팽창하는 국가기관과 융화되기 어려웠다. 1914년 이전 시기에 러시아는 개방적인 민주주의는 말할 것도 없고 자치를 확대하는 노력도 해본 적이 없었다.[166]

중국에서는 전통적으로 관료기구 밖에서의 정치참여는 상상도 할 수 없는 일이었다. 대의제의 원리는 알려져 있지 않았다. 그러므로 1906년 11월 서태후가 헌법제정을 위한 준비 작업의 시작을 약속하고, 1908년 말에 청 조정이 9년 이내에 헌법을 제정하겠다는 계획을 발표한 것은 ─ 그러면서도 관료기구 내부로부터 심각한 저항이 없었다는 것은 ─ 전통의 철저한 타파를 의미했다. 1909년 10월, 각 성 단위에서 엘리트계층 남성 대표로 구성된 자의국(咨議局)의 회의가 열렸다. 이 기구는 유럽의 선례를 따라 만들어진 기구로 중국에서는 역사에 유례가 없는 대사건이었다. 중국에서 사상 처음으로 성 단위 또는 전국적인 문제를 자유롭게 토론할 수 있는 합법적인 기구가 등장했다.

자의국의 설치는 청 왕조의 고위 관료들이 새로운 세기의 첫 10년 동안에 시행한 모든 개혁조치 ─ 전문화된 정부 부처의 설치, 아편재배의 금지, 철도건설의 확대, 대학과 기타 신식 교육기관의 설립, 특히 역사가 800년이 넘으며 시험을 통해 관료를 선발하는 과거제의 폐지 등 ─ 와 맞먹는 중요한 조치였다. 과거제 폐지는 중국의 국가와 사회 상층계급의 성격을 빠르게 바꾸어 놓았다. 우리가 비교하고 있는 네 나라 가운데서 오직 중국만 혁명이 폭발하기 전에 급진적이고도 장기적인 안목의 개혁을 선포하고 나아가 실시까지 했다.

세계에서 가장 오래된 군주국이 보여준 뛰어난 학습능력은 어느 정도는 1905년 이후 러시아에서 발생한 일련의 사건들로부터 영향을 받은 결과이기도 했다.[167] 그런데 무엇보다도 풍자적인 의미가 강한 것은 어떤 구체제도 중국의 군주제처럼 그토록 빠르게 사라진 사례가 없다는 사실이다.

지식분자

모든 혁명의 배후에는 사회세력의 특별한 동맹관계가 존재한다. 고찰의 대상인 네 나라는 전통적인 사회형태가 서로 매우 다르지만 분명한 공통점도 있었다. 네 나라 모두에서 지식분자는 혁명의 추진력이었다. 지식분자(intelligentsia)란 개념은 19세기의 1/4분기에 러시아에서 알렉산드르 1세가 온건하고 계몽주의적인 교육개혁을 추진하는 과정에서 생겨났다. 그때부터 대다수 귀족계급은 교육을 인생설계에서 '빠질 수 없는 요소'로 인식했다.[168] 등장 초기의 지식계층은 서유럽 계몽사상가를 표본으로 받아들였다. 러시아 엘리트 문화의 독특한 세계주의 정신은 계몽운동과 훗날의 영웅적·낭만적 이상주의로부터 영향을 받았다. 상층계급 출신이란 보호막 덕분에 19세기 60년대 이래로 러시아 사회를 죄어오는 검열제도 아래서도 지식계층이 성장할 수 있었다. 자유직종의 등장과 고등교육의 확산으로—서유럽과 비교했을 때는 엘리트계층으로 제한되었지만—지식분자가 되는 길은 (귀족사회의 울타리를 넘어) 넓어졌다. 지식계층은 갈수록 반정부적인 성향을 보였다. 다시 말해, 지식분자와 관료정치는 갈수록 대립관계로 나아갔다. 60년대에 일어난 '허무주의' (nihilism)의 반(反)전통문화와 사상공동체적 생활방식도 (혁명의 기운이 서서히 익어가던 다른 세 나라에서는 찾아보기 어려운) 저항의 상징부호로 가득했다. 1881년 3월 1일, 차르 알렉산드르 2세가 암살되었다. 범인은 지식계층 운동 내부에서 테러를 주요 수단으로 신봉하는 분파(나로드니키Narodniki, '인민의 친구'란 뜻)의 구성원이었다.

이 때문에 지식분자는 급진적인 정치적 저항집단으로 비쳐졌다.[169]

19세기 중반 무렵, 오스만제국에서는 관료체제의 최상층부에서 가장 먼저 계몽주의의 영향을 받은 개혁사상이 퍼져나갔다. 이 나라에서 비판정신을 갖춘 지식분자 집단은 처음에는 정부와 관계가 매우 가까웠으나 훗날 관계는 급격하게 나빠졌다. 술탄 압뒬하미트 2세 치하에서 현상황에 대한 비판은 위험행위로 간주되었다. 이후로 관료체제 내부에서 독립적인 정신의 공간은 사라졌다. 많은 정부관리가 국외로 망명했고 그중 일부는 서유럽으로 갔다. 이들 망명자들이 혁명운동의 주류를 형성했다.

망명 인사는 이란 혁명에서도 (오스만제국보다는 작았지만) 상당한 역할을 했다. 이란의 또 하나의 특수성은 세속화였다. 오스만제국에 비할 바는 못 되지만 이란에서도 정치와 종교의 분리는 빠르게 진행되고 있었다. 이 나라의 시아파 율법학자들, 특히 고위 성직자 무지타히드(mujitahids)는 수니파 율법학자보다 더 큰 문화적 영향력을 갖고 있었다. 18세기에 시아파의 영향력은 한층 더 커졌고, 콰자르(Qajar)왕조(1796년 창건) 시기에 지속적으로 확대되어 앞선 샤파비(Shafavids) 왕조 시대의 세력을 뛰어 넘었다.[170] 그러므로 이란에서 유럽의 지식분자에 해당하는 계층은 오스만제국의 경우처럼 국가 관료기구 내부의 자유파가 아니라 종교집단 내부의 폐쇄적인 소집단이었다.

중국에서는 오래전부터 경쟁시험을 통과한 후 학자-관료로 훈련받는 이외에는 비판정신을 갖춘 독립적인 지식분자가 생존할 공간이 없었고 비판은 항상 관료기구 자신에게서 나왔다. 1842년, 중국 영토 안에서 중국 당국이 직접 통제할 수 없는 지역이 등장했다. 그 첫 번째 사례가 영국 식민지 홍콩이었다. 이런 지역에서 현대적 신문업이 발아하면서 처음으로 비판적 사고를 위한 공간이 마련되었다.[171] 그러나 과거시험 제도가 존재하는 한 청년들은 여전히 한번

합격하면 죽을 때까지 인생행로가 결정되는 운명을 피해갈 수 없었고 '자유로운' 지식분자의 생성은 큰 제약을 받을 수밖에 없었다. 그러므로 중국에서 지식분자가 나타난 것은 1905년 이후의 일이라고 해야 할 것이다.[172]

이 시기는 또한 많은 청년에게 해외유학의 길이 열린 해이기도 했다. 천 명을 넘은 사람들이 재빨리 이 기회를 잡아 해외로 유학을 떠났다. 중국에서 혁명적 지식분자는 개혁의지를 갖춘 관료집단으로부터 나오지 않았고(실패한 백일유신 개혁가들은 특수한 예외에 속한다), 러시아와는 달리 서방을 본보기로 삼았던 문화적 엘리트계층도 형성되지 않았다.

이 밖에도 중국에는 이란과는 달리 성직자 계층이 존재하지 않았다. 중국에서 지식분자란 개념은 1905년 이후 민족주의 사상이 강한 유학생(특히 일본 유학생) 사회에서 형성되었다. 그들의 대표적인 조직이 그 이름에서 '혁명을 서약'한다는 의미를 지닌 동맹회(同盟會)였다. 동맹회는 혁명의 목표를 확립하는 데 큰 공헌을 했고 쑨원이 창건한 중국 국민당(國民黨)이 여기서 시작되었다.

20세기에 들어와 특히 1915년 이후로 지식분자는 중국역사가 나아가는 방향에 결정적인 영향을 미친 세력이 되었다. 이런 면에서는 세계의 어떤 나라도 중국과 비교될 수 없다. 이들 지식분자의 대부분은 해외에서 망명생활을 하고 있었고 때로는 상하이와 홍콩에서 활동했다. 그들은 신해혁명에 직접 참가하지도 않았다. 나머지 세 혁명과 다른 점은, 지식분자는 막후에서 중요한 역할을 했으나 혁명의 현장에 나가 직접 무기를 들고 싸운 경험에서는 한계를 지녔다는 사실이었다.

혁명과정에서 가장 중요한 역할을 담당했던 지식분자는 러시아와 이란의 지식분자였다. 오스만제국에서 1908년 망명 혁명가들이(아르메니아 혁명가를 포함하여) 보여준 혁명적 행동은 마케도니아에 주둔한 오스만제국 군단의 일부 장교들을 자극해 그들이 지닌 혁명의 열정에 불을 붙였다. 혁명이 성공한 뒤 그들 가운데 일부는 청년터키당 운동의 지도층으로 흡수되었다.[173]

군대와 국제환경

네 혁명 가운데 어느 것도 군사 쿠데타는 아니었다. 러시아와 이란에서 군대는 구질서 편에 섰다. 만약 러시아군대가 애초에 파업노동자, 반란농민, 봉기한 변경민족 편에 섰더라면 독재정권은 구차하게 목숨을 이어가지 못했을 것이다. 흑해함대의 봉기는 대규모 반란으로 확대되지 못하고 반란 수병들은 포템킨(Potemkin)호 하나만 장악한 채 오데사항(Odessa)의 급진 집단과 손을 잡았다. 1905년 6월 16일, 러시아군대가 반란군을 잔혹하게 진압했다. 잔혹함의 정도는 상트페테르부르크의 '피의 일요일'에 뒤지지 않았다. 단지 몇 시간 안에 2,000여 명이 목숨을 잃었다.[174]

이란에서는 민간 권력의 직접 통제를 받는 군대는 아예 존재하지 않았다. 1833년, 재능 있는 황태자 압바스 미르자(Abbas Mirza)가 요절하자 군대의 현대화 계획도 요절했다. 그 후 나시르 앗딘 샤는 러시아를 방문한 기회에 우연히 코사크 기병대를 본적이 있었다. 1879년, 샤는 코사크 기병대를 창설했다. 이 기병대는 러시아 장교가 지휘했다. 기병대는 근위대와 비슷한 역할을 하면서 자신의 이익, 샤의 이익, 러시아의 이익을 지키려했다. 1908년 6월, 샤 무함마드 알리가 코사크 기병대를 동원해(병력이 2,000여 명 남짓하다고 했으나 의심스러운 숫자다) 쿠데타를 일으켜 의회를 해산하고 헌법을 정지시켰다. 혁명의 1단계는 이렇게 끝났다.

오스만제국, 중국과 이란의 차이는 비유의 방법을 찾을 수 없을 정도로 컸다.[175] 오스만제국과 중국에서 혁명이 성공할 수 있었던 결정적 역량은 군 장교집단에서 나왔다. 두 나라의 혁명발생의 전제조건도 유사했다. 술탄 압뒬하미트는 물론이고 20, 30년 뒤 청의 통치자들도 군사학교를 설립하고 외국에서 군사고문을 초빙하여 훈련, 장비, 사기 면에서 군대의 수준을 높이려 시도했다.

이 방면의 성과는 상당했으나 중앙정부는 애국심에 불타는 새로운 세대 장교들의 충성을 확보하는 데는 생각이 미치지 못했다. 청년터키당 운동을 예로 들자면, 망명자 사회에서 초기에는 군인의 역할이 보잘 것 없었으나 민간조직이 성공적으로 장교들의 지지를 확보한 그 순간부터 운동은 술탄 통치지역 내에서 최대의 위협이 되었다.[176] 군대의 압박에 밀린 압뒬하미트 2세는 1908년 7월 23일에 헌법 회복을 선포했다. 이리하여 최소한 명목상으로는 전제제도가 폐지되었다.

오스만제국의 혁명운동 과정과 매우 유사하게 중국의 동맹회도 망명지 일본에서 혁명사상을 형성했고 청제국의 현대화된 군대 내부로부터 일부 장교들의 지지를 확보했다. 태평천국운동을 진압하는 과정에서 중국의 일부 지역에 민병 조직이 형성되었다. 19세기 90년대에 탄생한 신식 군대의 핵심은 베이징에 주둔하지 않고 각 성의 수도에 주둔했다. 베이징을 지키는 부대는 전투력이 보잘것없는 팔기군이었다. 성의 수도에서 장교는 지방 관원이나 호족과 긴밀한 관계를 형성했다. 그들 사이의 동맹은 조정으로서는 재난에 가까운 후과를 가져왔다.[177]

한커우(漢口)에 주둔하던 부대의 정부 전복 계획이 부주의함 때문에 발각되자(오스만제국에서도 살로니카Salonika에서 1908년에 유사한 사건이 발생했다) 몇 개 성에서 군대가 서둘러 반란을 일으켰다. 1911년 중국혁명은 대부분의 성이 청 왕실로부터 이탈하는 형태로 전개되었다.[178] 이것이 이후 20여 년 동안의 권력분포를 결정했다. 각 성의 군대와 민간 엘리트들은 대체로 자치를 추구하는 추세를 보였다.

오스만제국의 제도는 훨씬 더 중앙집권적이었다. 1908년 이후 이 나라의 군부 지도자들은 권력의 핵심층으로 진입했다. 중국과 달리 터키는 1차 대전에 제대로 휘말렸고 중국은 명목상으로만 참여했을 뿐이었다. 1차 대전이 끝난 후 터키는 숨 돌릴 틈도 없이 또 하나의 전쟁—그리스와의 전쟁—에 휘말렸다. 이 모든 사태전개 과정에서 군부 지도자들의 위상이 강화되었다. 그러나 장군들 가운데서 전공이 가장 뛰어났던 케말 파샤(Kemal Pasha. 훗날의 아타튀르크 Atatürk)가 군대의 에너지를 세속적이고 공화제적인 민족국가를 건설하는 데 투입하는 '민간화' 전략을 성공시켰다. 반면에 중국에서는 정치의 '군사화' 상태—군벌, 국민당, 공산당의 권력투쟁—가 20세기 중반까지 지속되었다.

'군사독재'는 20세기 초반의 터키와 중국의 정세를 표현하기에는 적합하지 않은 용어다. 1913년, 터키정권은 청년터키당이 온전하게 장악하고 있었다. 청년터키당 정권에 대해 강력한 영향력을 갖고 있던 군부의 거물 엔베르 파샤(Enver Pasha)는 1914년에 중앙동맹국*과 손을 잡음으로써 터키를 1차 대전에 휘말리게 만들었다. 그렇지만 그는 절대 권력을 갖지는 못했고 군부를 움직이는 권력집단 가운데서 '서열 1위'(Primus inter pares)에 지나지 않았다.

중국에서는 청 조정을 좌지우지하던 고위 관료이자 군사개혁가였던 위안스카이가 단지 몇 달 안에 대총통의 지위를 물려받았다. 1913~15년, 군대의 지지를 등에 업고 그는 실제적인 독재정치를 펼쳤으나 그가 의지한 것은 군대만이 아니었다. 중국에서는 전통적으

---

* 1차 세계대전에서 대립한 두 세력 집단은 '중앙동맹국'(Central Powers, 독일제국, 오스트리아-헝가리제국, 오스만제국, 불가리아왕국)과 연합국(Allied Powers 또는 협상국 Entente Powers, 프랑스, 러시아, 영국이 핵심)이다.

로 군대를 장악한 자는 권력자의 의심과 견제의 대상이 되었다. 이런 전통을 거울삼아 위안스카이는 군대를 경계했다. 1916년에 위안스카이가 죽자 중국은 마침내 군벌할거의 혼란한 국면으로 진입했다.[179)]

네 혁명의 기반이 되었던 사회세력의 동맹관계는 (특히 그 범위에 있어서) 서로 달랐다. 민중의 참여가 가장 활발했던 혁명은 러시아혁명이었다. 독재체제를 무너뜨리기 위해 참여한 세력 가운데는 자유를 신봉하는 귀족계층도 있었고 농노에서 해방되었으나 기근과 무거운 속전(贖錢)의 부담 때문에 고통받는 농민도 있었다. 중국에서 혁명의 물결은 도시에서 농촌에 퍼지기 전에 빠르게 사라졌다. 1911년 이전 중국의 일부 지역에서 비교적 큰 규모의 농민항쟁이 발생했으나 1644년의 농민봉기가 명 왕조를 무너뜨린 것과는 달리 청왕조의 붕괴는 결코 농민봉기가 원인이 아니었다.

사회적 · 경제적 발전 수준이 다른 몇 나라에 비해 앞서 있었던 러시아에서 '부르주아세력'은 혁명과정에서도 중요한 역할을 했다. 이란 바자르의 상인집단은 철시에 참여하는 등 비교적 적극적으로 혁명을 지지하는 행동을 보여주었다. 1911년 이전의 중국에는 사실상 '부르주아계급'이라고 부를 만한 계층이 존재하지 않았다. 레닌이 지적했듯이 러시아혁명에는 '부르주아계급' 혁명이라는 표지를 붙일 수가 없었다. 이란, 중국, 오스만제국의 혁명은 더 말할 것도 없었다.

네 혁명의 발생은 모두 국제 환경과 관련이 있었다. 네 나라의 당시 정권은 한결같이 심각한 군사적 패배 또는 외교적 실패를 겪고 있었다. 러시아는 일본과의 전쟁에서 참패했고, 중국은 1900년 의화단운동으로 8국 연합군의 침입을 맞고 있었고, 오스만제국은 발칸지역에서 다시 좌절을 겪고 있었고, 이란에서는 영국과 러시아가 이란 영토 안에서 각자 세력권을 넓히고 있었다. 이들 네 나라는 다 같이 외교적으로 수세에 몰려 있었다. 혁명가들은 개혁을 통해서, 더 나아가 현존 정치체제의 폐지를 통해서 경제적 빈곤을 탈피하고, 시민의 자유를 보장하고, 민중의 정치참여를 확대하려는 희망을 갖고 있었다. 또한 혁명가들은 민족적 자신감을 회복하고, 열강과 일부 자본주의 국가의 무리한 요구를 물리치기 위해 강대한 국가를 만들려 했다. 그런데 이것은 러시아에게는 어울리지 않는 구상이었다. 러시아는 나머지 세 나라와 비교할 때 그 자신이 호전적인 제국이었다. 러시아에서는 오히려 비용은 많이 들고 효과는 미미한 외교정책이 저항을 촉발했다.

혁명의 결과

네 혁명은 어떤 결과를 가져왔을까? 네 나라는 혁명 이후 옛 길로 돌아가 구질서를 회복하지 않았다. 러시아의 중기적인 미래는 볼셰비키 혁명이었다. 터키와 이란에서는 20세기 20년대 초에 비공산주의 독재정권이 들어섰다. 중국에서도 유사한 성격의 정권—국민당 정부—이 1927년 이후로 기반이 공고해졌다. 그러나 이 정권은 이란과 터키 정권처럼 광범위한 지지기반을 확보하지는 못했다. 신해혁명은 장기적으로 정치적 분열을 격화시켰다. 1949년 이후 제2차혁명, 즉 공산주의 혁명의 성공으로 오랫동안 지속된 정치적 분열이 종결되었다.

네 혁명의 단기적인 결과를 어느 정도 19세기에 국한된 시각으로 관찰한다면 어떤 평가를 내릴 수 있을까? 1907년 6월, 러시아에서는 차르의 지지를 등에 업고 수상 스톨리핀(Stolypin)이 쿠데타를 일으켜 제2기 국가두마*를 해산시켰다. 2대 국가두마는 1905년 혁명 기간

---

* 두마(duma)는 중세 러시아 공국(公國)들이 채택한 의회 체제로, 그리스의 민회와 비슷한 의사결정 기구였다. 마을에

에 차르의 동의로 설치된 제1기 두마의 계승자였고, 짧은 기간이기는 했지만 '종잇장 위의 헌법'(막스 베버Max Weber의 말) 이상의 기능을 했다. 제3기 국가두마는 이전과는 내용이 전혀 다른 새로운 선거법에 따라 선출되었다. 그러므로 3기 두마는 신중하고 순종적이었다. 제4기 두마(1912-17)는 완전히 유명무실한 존재였다. 1907년의 쿠데타로 러시아의 의회제 도입 실험은 완전히 중단되었다. 이란의 단기간 내에 발전한 활기 넘치던 의회제도 비슷한 좌절을 겪었다. 아시아에서 선례가 없는 이란의 의회(마줄레스majles)는 한때는 정치생활의 핵심제도로서 작동했다. 이 제도의 중요한 기둥은 바자르의 상인, 진보적인 성직자, 세속 지식분자였다.

1979년 이슬람 혁명 후 세속 지식분자는 다시 정치무대에 올라왔다.[180] 1908년 6월, 샤는 지극히 잔혹한 수단을 동원해 친위쿠데타를 일으켰다. 러시아에서 2기 두마가 해산된 후 민중은 정치적 무관심에 빠졌다. 반면에 이란에서는 샤와 측근 코사크 기병대를 겨냥한 저항운동이 내전으로 발전했다. 1911년 겨울 러시아군대가 개입하면서 이란 북부에서 발생한 내전은 종결되었다. 다수의 입헌파 정치인과 적극적인 혁명지지자들이 공직에서 쫓겨나고 처형되거나 추방되었다.[181]

이란의 상황은 1849년 헝가리의 상황과 유사했다. 그러나 의회제는 이미 이란의 정치문화 속에 뿌리를 내리고 있었다. 이후 여러 차례 정권교체를 경험하는 과정에서도 이란인은 이란은 원칙적으로 입헌국가라는 인식을 버리지 않았다.

중국의 상황은 전혀 달랐다. 1911년 이전 중국에서는 안으로는

> 중요한 일이 생기면 가장들이 모여 광장이나 시장터에서 함께 의논했다. 다수결 제도가 아니라 만장일치 제도였기 때문에 합의를 이끌어내기 위해 끝없이 토론을 벌였고, 끝내 합의를 이루지 못할 때에는 결투로 결정했다. 구소련 해체 후 들어선 러시아 연방의 하원을 두마라 부른다.

국가의 실력을 강화하고 밖으로는 국위를 떨치자고 호소하는 목소리가 높았으나 민주화를 요구하는 목소리는 상대적으로 미약했다. 1912년부터 중국은 끊임없이 헌법을 제정했다. 그런데도 오늘날까지도 의회제는 뿌리를 내리지 못했다(20세기 80년대부터 의회제를 시행한 타이완을 제외한다면). 신해혁명은 안정된 의회제도를 만들어내지 못했다. 어떤 지역도 중국처럼 구제도가 빠르고도 조용히 사라진 곳이 없었고, 어느 지역도 중국처럼 폐허 위에서 곧바로 공화국이 일어난 곳이 없었다. 그러나 어느 지역도 중국처럼 (이론상으로는 이 나라를 유지시켜주는 유일한 힘인) 군대가 무책임하게 행동한 곳도 없었다. 혁명은 문화와 예술을 검열했고 정치적 순종을 강제하는 제도를 만들어냈다. 안정적 제도가 건설되지 못한 상황에서 혁명은 이를 통해 최소한 중국의 도시를 대상으로 한 특수한 '현대화'만 시작했다.

이런 시각에서 보자면 오스만-터키의 발전은 더 많은 성과를 냈고 발전과정의 과도기도 더 순조로웠다. 노인이 된 술탄 압뒬하미트 2세는 심지어 혁명 후에도 그의 추종자들이 새 정부의 지도자들을 제거하려다 실패할 때까지 1년 동안 제위에 머물렀다. 그의 계승자 메흐메트 5세(Mehmed V Reşâd, 1909 – 18년 재위)는 오스만제국 역사상 첫 번째 입헌군주제의 군주로서 정치적 야심이 없는 인물이었다. 하늘은 로마노프왕조와 청 왕조에게는 이처럼 부드러운 결말을 허락하지 않았다. 그러나 1913년 청년터키당의 지도자 가운데 한 사람인 마흐무드 셰브케트 파샤(Mahmud Shevket Pasha)가 암살되자 1908년부터 시작된 진보적이고 다원적인 시대는 막을 내렸다. 다른 한편으로는 발칸전쟁 때문에 제국은 극도의 곤경에 빠졌다.[182]

청년터키당 혁명의 결과는 일시적인 왕정복고(러시아와 이란처럼)가 아니었고 핵심영토의 분열(위안스카이의 권력 장악이란 막간극이 상연되던 1916년의 중국처럼)도 아니었다. 청년터키당의 혁명은 온갖 곡절을 겪으면서, 최종적으로는 위기를 견뎌내고 더 강해진, 보다 인도적인 정치체제를 두 차례 세계대전 사이의 기간에 유라시아대륙에 건설했다. 이것이 케말주의 공화국이었다. 케말 아타튀르크는 물론 민주주의자가 아니었다. 뒤돌아보면 그는 민중을 속여 나쁜 길로 인도한 전쟁광(터키의 무쏘리니)이 아니었고, 민중이 바른 길로 걸어가도록 안내한 항해사였다. 따라서 유라시아대륙에서 일어난 네 나라의 혁명 가운데서 오스만-터키의 혁명이 가장 명료한 논리를 보여준다. 혁명의 과정은 보다 안정되고 보다 연속적이었으며 최종적으로 20년대에 케말주의를 탄생시킨다.

  1925년 무렵 청년터키당 혁명이 올바른 혁명의 성과를 수확하고 있을 때 러시아—이때는 소련이 되었다—와 중국은 질풍노도의 역사시기로 진입하고 있었다. 이해에 이란에서는 군부의 강자 레자 칸(Reza Khan)이 이름만 남아 있던 콰자르 왕조를 무너뜨리고 스스로 새로운 팔라비(Pahlavi) 왕조를 세워 제1대 군주의 자리에 올랐다. 실제적으로 20년 동안—국방대신이 된 1921년부터 쫓겨나 해외로 망명한 1941년까지—독재를 펼친 레자 칸은 터키의 케말 아타튀르크와 중국의 장제스(蔣介石)란 동시대의 두 인물과 비교할 때 약간의 현대화 의지를 갖고 있었으나 거칠고 무지한 군사독재자의 모습을 온몸으로 보여주었다. 그는 아타튀르크와는 달리 제도의 창건자도 아니었고 정치적 이상도 갖고 있지 못했다. 이란의 취약한 위상 때문에 그는 강대국에 지나치게 의존하지 않을 수 없었고, 그가 친독일 성향을 보이자 강대국이 그를 왕위에서 끌어내렸다.[183] 이란의 20세기사는 1905-11년 혁명의 결과였고 터키의 20세기사처럼 연속적이지 않았다. 혁명의 목표는 모두 미완으로 끝났다. 1979년의 제2차 혁명은 러시아(소련)가 또 한번 혁명에 휘말리게 되기 전까지 10년 동안 비자유주의적인 목표를 추구했다. 오직 터키만 1908-13년의 과도기 이후로 더 이상의 혁명을 겪지 않았다.

1905년 이후 짧은 기간 안에 유라시아지역에서 발생한 네 혁명은 조용한 호수에 파도가 일 듯 갑자기 일어나지 않았다. 17세기 이후로 유럽인은 동방은 피에 굶주린 '폭군'의 통치하에서 민중에게는 '묘지의 평화'만 허용되는 곳이라는 이미지를 갖고 있었다. 이런 상상은 현실을 왜곡한 것이었다. 유라시아지역 사회는 유럽과 별로 다를 바 없이 평온한 표면 아래 쪽에서 역동적으로 움직이고 있었고 그곳에도 각종 형태의 저항과 집단폭력이 존재하고 있었다.[184] 예컨대, 서방이 갖고 있는 폭압적인 동방의 이미지가 형성되는 데 가장 많은 소재를 제공해 준 이란에서는 여러 형태의 집단폭력이 빈번하게 발생했고, 민중은 이런 방식으로 통치자에 대한 자신의 요구를 표출했다. 그런 집단 가운데는 유목부족, 도시빈민, 여성, 병사, 흑인노예가 포함되어 있었고 때로는 '인민' 전체가 이민족의 압박과 통치에 맞서 무기를 들고 일어서기도 했다.[185] 그 밖의 아시아 국가에서도 상황은 크게 다르지 않았다.

이슬람 국가와 비교할 때 중국에서는 전통적으로 국가의 민중에 대한 통제가 보다 엄격했다. 모든 가구를 보(保)와 갑(甲)의 단위로 조직하여 공동으로 책임을 지게 함으로써 공동체의 질서를 유지하는 보갑(保甲)제도하에서는 질서위반 행위는 빈번하게 일어날 수가 없었다. 그러나 이런 제도는 관료기구가 제대로 작동하고 있어서 민중이 극단적인 곤경에 빠지지 않을 때라야 기능을 발휘할 수 있었다. 아무리 늦어도 1820년 이후로는 상황이 변했고 중국도 통치하기 어려운 나라가 되었다.[186] 그러므로 혁명은 다른 무엇보다도 통치능력에 문제가 생겼을 때 나오는 반응이었다. 반대로 통치능력의 문제는 문화적 가치관의 변화와 사회적 충돌의 강도에 따라 결정됐다. 이 밖에 외부 요인으로서 일반적으로 변경지역과 사회경제적으로 낙후한 나라의 혼란도 일정 정도의 영향을 미쳤다.

서유럽 헌법사상이 동방국가 ─ 러시아에서부터 일본까지 ─ 에 미친 영향이 얼마나 큰지, 또는 서유럽 헌법사상이 이들 개별 국가의 특수한 필요에 따라 얼마나 창조적으로 수용되었는지 하는 문제는 아무리 강조해도 지나치다고 할 수는 없다.[187] 1876년 오스만제국의 입헌운동은 이 분야의 첫 번째 중요한 신호였다. 1889년 이후의 일본의 사례에서도 증명되었듯이 헌법은 그냥 하나의 문건이 아니라 아시아적 맥락에서 국가통합의 강력한 상징이었다. 입헌주의 이론과의 도입과 입헌운동의 실제적 추진과정은 필연적으로 권력투쟁에 불을 지필 수밖에 없었다. 통치권은 더 이상 하늘이 내려주는 것이 아니었다. 권력은 충돌을 통해 획득한 후 제도화되어야만 했다. 왕조 통치 시대가 지나가고 있었고 따라서 왕조는 더 이상 당연한 존재가 아니었다. 이념과 대중정치의 시대가 시작되고 있었다.

주註

1) Arendt, Hannah: *Über die Revolution,* München 1968, p.10.

2) Paine, Tom: *Common Sense* [1776]., ed. by Isaac Kramnick, Harmondsworth 1976, p.63.

3) Arendt, Hannah: *Über die Revolution,* München 1968, p.41.

4) '대'혁명이란 ① 혁명정권이 확고히 자리 잡은 혁명, ② 그 강령이 최소한 일정 기간 동안 전 세계적 주목을 받은 혁명을 말한다.

5) Zimmermann, Ekkart: Krisen, *Staatsstreiche und Revolutionen. Theorien, Daten und neuere Forschungsansätze,* Opladen 1981, p.142.

6) Law, Robin: *The Oyo Empire, c.1600–c.1836. A West African Imperialism in the Era of the Atlantic Slave Trade,* Oxford 1977, pp.245f.

7) Tilly, Charles: *Die europäischen Revolutionen,* München 1993, p.346(Tab. 14, 이상하게도 독일은 빠져 있다).

8) Kimmel, Michael S.: *Revolution. A Sociological Interpretation,* Cambridge 1990, p.6.

9) 놀라우리만치 정교한 이론화의 성과를 Moore, Barrington: *Soziale Ursprünge von Diktatur und Demokratie. Die Rolle der Grundbesitzer und Bauern bei der Entstehung der modernen Welt,* Frankfurt a. M. 1969, p.497-519에서 찾아볼 수 있다. 일본에 관해서는 이 저작의 pp.270f를 참조할 것.

10) Beasley, William G.: *The Meiji Restoration,* Stanford, CA 1973. Zöllner, Reinhard: *Geschichte Japans. Von 1800 bis zur Gegenwart,* Paderborn 2006, pp.181f. 원시자료는 Tsunoda Ryusaku(et. al, ed.): *Sources of Japanese Tradition,* v.2, New York 1958, pp.131-210을 참조할 것. Eisenstadt, Shmuel N.: *Die Vielfalt der Moderne, Weilerswist 2000,* pp.154-165도 메이지유신을 혁명 혹은 '혁명적' 왕정복고로 서술하고 있다.

11) 이 책의 제11장을 참조할 것.

12) Dutton, George: *The Tây Son Uprising. Society and Rebellion in Eighteenth century Vietnam,* Honolulu 2006.

13) 그 후 제2차(1846-49)와 제3차(1870-75) Carlist전쟁이 일어났다.

14) Carr, Raymond: *Spain 1808–1975,* pp.184-95. Schmidt, Peer(et al.): *Kleine Geschichte Spaniens,* Stuttgart 2002, p.335.

15) Labourdette, Jean-Francois: *Histoire du Portugal,* Paris 2000, pp.522-27.

16) Farah, Caesar E.: *The Politics of Interventionism in Ottoman Lebanon,* pp.695f.

17) Tutino, John: *The Revolution in Mexican Independence. Insurgency and the Renegotiation of Property, Production, and Patriarchy in the Bajio, 1800–1855* (Hispanic American Historical Review, v78 [1998], pp.367 -418에 수록).

18) McClain, James L.: *Japan,* pp.123f, 193f.

19) Edmund Burke III: *Changing Patterns of Peasant Protest in the Middle East, 1750–1950* (Kazemi, Farhad/Waterbury, John[ed.]: *Peasants and Politics in the Modern Middle East,* Miami, FL 1991, pp.24-37, 인용된 부분은 p.30).

20) 이 책의 제8장을 참조할 것.

21) Schölch, Alexander: *Ägypten den Ägyptern!* Cole, Juan R.: *Colonialism and Revolution in the Middle East.*

22) Burckhardt, Jacob: *Die geschichtlichen Krisen,* (같은 저자의 *Werke,* v.10, *Kritische Gesamtausgabe,* München 2000, p.463에 수록).

23) 예컨대 Goldstone, Jack A.: *Revolution and Rebellion in the Early Modern World,* Berkeley, CA 1991을 참조할 것.

24) 이 책 제2장을 참조할 것.

25) 혁명의 내부만을 주목하는 관점에 대한 반론은 사회학계에서 나왔다. 비교혁명사의 고전적 저작인 Skocpol, Theda: *States and Social Revolutions,* Cambridge 1979를 참조할 것.

26) Schulin, Ernst: *Die Französische Revolution,* München 2004, p.37.

27) Sorel에 관해서는 Pelzer, Erich (ed.): *Revolution und Klio. Die Hauptwerke zur Französischen Revolution,* Göttingen 2004, pp.120-41을 참조할 것. 이 책은 프랑스 대혁명사 연구 분야에서 매우 가치 있는 저작이다.

28) Adams, Willi Paul: *Die USA vor 1900,* München 1999, p.166. 교조적 저술로서 Bender, Thomas (ed.): *Rethinking American History in a Global Age,* Berkeley, CA 2002를 참조할 것.

29) Rosenstock-Huessy, Eugen: *Die europäischen Revolutionen und der Charakter der Nationen,* Jena 1931과 Brinton, Crane: *The Anatomy of Revolution.* New York 1938은 이 분야의 선구적 저작이다.

30) Godechot, Jacques: *France and the Atlantic Revolution of the Eighteenth Century.* Palmer, Robert R.: *Das Zeitalter der demokratischen Revolution.*

31) Bailyn, Bernard: *Atlantic History,* pp.21-40.

32) Middell, Matthias: *Weltgeschichtsschreibung im Zeitalter der Verfachlichung und Professionalisierung.* Das Leipziger Institut für Kultur- und Universalgeschichte 1890-1990, v.3, Leipzig 2005, pp.999-1054.

33) Kossok, Manfred: *Ausgewählte Schriften,* v.3, Leipzig 2000.

34) 훌륭한 입문서로서는 아직도 Schröder, Hans-Christoph: *Die Amerikanische Revolution. Eine Einführung,* München 1982를 첫 번째로 꼽을 수 있다. 최신 연구 성과로는 Countryman, Edward: *The American Revolution,* New York 2003과 가장 영향력 있는 혁명 해설자 가운데 한 사람인 Wood, Gordon S.: *The American Revolution. A History,* New York 2002를 참조할 것. Greene, Jack P./Pole, Jack R.(ed.): *A Companion to the American Revolution,* Malden, MA 2000

과 Wellenreuther, Hermann: *Von Chaos und Krieg zu Ordnung und Frieden. Der Amerikanischen Revolution erster Teil, 1775–1783,* Münster 2006은 방식은 다르지만 둘 다 미국혁명에 관한 백과전서식 저작이다.

35) 이것은 런던 측의 전략적 착오였을 뿐만 아니라 징세 문제에 있어서도 제국의 각종 구상이 상호 충돌했다. Gould, Eliga H.: *The Persistence of Empire. British Political Culture in the Age of the American Revolution,* Chapel Hill, NC 2000, pp.110–36은 이 두 가지에 대한 뛰어난 묘사를 보여주고 있다.

36) Wood, Gordon S.: *The Radicalism of the American Revolution. A History,* New York 1992, p.109.

37) Langford, Paul: *A Polite and Commercial People. England 1727–1783,* Oxford 1992, pp.550f.

38) Foster, Roy F.: *Modern Ireland, 1600–1972,* London 1988, p.280.

39) *Ibid,* p.281.

40) 논쟁에 관한 문장은 Hampsher-Monk, Iain(ed.): *The Impact of the French Revolution. Texts from Britain in the 1790s,* Cambridge 2005를 참조할 것.

41) Philp, Mark: *Revolution* (McCalman, Iain [ed.]: *An Oxford Companion to the Romantic Age. British Culture 1776–1832,* Oxford 1999, pp.17–26에 수록).

42) Godechot, Jacques: *France and the Atlantic Revolution of the Eighteenth Century,* p.54.

43) Schama, Simon: *Patriots and Liberators. Revolution in the Netherlands,* London 1977, pp.120–31.

44) Spang, Rebecca L.: *Paradigms and Paranoia. How Modern is the French Revolution?* (American Historical Review v.108 [2003], pp.119–47에 수록).

45) 관련된 기본 소개는 Skocpol, Theda: *States and Social Revolutions*를 참조할 것.

46) Wellenreuther, Hermann: *Von Chaos und Krieg zu Ordnung und Frieden,* p.603.

47) 특히 Whiteman, Jeremy J.: *Reform, Revolution and French Global Policy, 1787–1791,* Aldershot 2003을 참조할 것. 이보다 조금 앞서 나온 저작으로서는 Stone, Bailey: *Reinterpreting the French Revolution. A Global-historical Perspective,* Cambridge 2002가 있다. 이 저작은 서술이 비교적 "분산'되어 있고 참고문헌을 바탕으로 한 개설서이다.

48) Doyle, William: *The Oxford History of the French Revolution,* Oxford 2002, p.66. 상세한 서술로서는 Whiteman, Jeremy J.: *Reform, Revolution and French Global Policy,* pp.43f를 참조할 것.

49) 프랑스대혁명에 관한 문헌은 무수히 많다. 여기서는 몇 가지만 예시한다. Reichardt, Rolf: *Das Blut der Freiheit. Französische Revolution und demokratische Kultur,* Frankfurt a.M. 1998. Schulin, Ernst: *Die Französische Revolution.* Doyle, William: *The Oxford History of the French Revolution.* Jessenne, Jean-Pierre:

Révolution et Empire 1783–1815, Paris 2002. 이 책은 1789~1815년 전체에 관한 저작이면서 또한 우리가 특별히 강조하고자 하는 시기에 관한 저작이다. Sutherland, Donald M.G.: *The French Revolution and Empire. The Quest for a Civic Order*, Malden, MA 2003은 비교적 높은 수준의 전문서이다.

50) 간략한 서술로서 Knight, Franklin W.: *The Haitian Revolution* (American Historical Review v.105 [2000], pp.103–15에 수록)을 참조할 것. 간명하지만 핵심적인 내용을 담은 입문서로서 Gliech, Oliver: *Die Sklavenrevolution von Saint-Domingue/Haiti und ihre internationalen Auswirkungen (1789/91–1804/25)* (Hausberger, Bernd/Pfeisinger Gerhard [ed.]: *Die Karibik. Geschichte und Gesellschaft 1492–2000*, Wien 2005, pp.85–99에 수록)을 참조할 것. 권위 있는 표준적 저작으로서 Dubois, Laurent: *Avengers of the New World*가 있다.

51) 수치의 출처는 *Ibid*, p.30이다.

52) '시장혁명'에 관해서는 Wilentz, Sean: *Society, Politics and the Market Revolution, 1815–1848* (Foner, Eric [ed.]: *The New American History*, pp.61–64, 특히 pp.62–70)을 참조할 것.

53) Dubois, Laurent: *Avengers of the New World*, p.78.

54) *Ibid*, p.125.

55) Geggus, David: *Slavery, War and Revolution. The British Occupation of Saint-Domingue, 1793–1798*, Oxford 1982는 대서양 전쟁에서 중요한 이 사건에 대한 심층적인 분석이다.

56) Fox-Genovese, Elizabeth/Genovese, Eugen D.: *The Mind of the Master Class. History and Faith in the Southern Slaveholders' Worldview*, Cambridge 2005, p.38.

57) Dubois, Laurent: *A Colony of Citizens. Revolution and Slave Emancipation in the French Caribbean, 1787–1804*, Chapel Hill, NC 2004는 주로 과달루페를 언급한 중요하고 깊이 있는 저작이다.

58) 인용문의 출처는 Davis, David Brion: *The Problem of Slavery in the Age of Revolution, 1770–1823*. Oxford 1966, p.3.

59) Dubois, Laurent: *A Colony of Citizens*, pp.7,171f.

60) Klaits, Joseph/Haltzel, Michael H.(ed.): *The Global Ramifications of the French Revolution*, Cambridge 1994의 개별적인 사례연구를 참조할 것.

61) 프랑스대혁명은 '유럽 정치문화의 촉매제'란 기술의 내용에 관해서는 Reichardt, Rolf: *Das Blut der Freiheit*, pp.257-334를 참조할 것.

62) Förster, Stig: *Die mächtigen Diener der East India Company. Ursachen und Hintergründe der britischen Expansionspolitik in Südasien, 1793–1819*, Stuttgart 1992.

63) Keddie, Nikki R.: *Iran and the Muslim World. Resistance and Revolution*, Basingstoke 1995, pp.233-49. Shaw, Stanford J.: *Between Old and New. The Ottoman Empire*

under Sultan Selim III, 1789–1807, Cambridge, MA 1971. Laurens, Henry: *L'Expédition d'Égypte 1798–1801,* 특히 pp.467-73을 참조할 것.

64) 가장 중요한 해석으로서 Uribe, Victor M.: *The Enigma of Latin American Independence. Analyses of the Last Ten Years* (LARR v.32 [1997], pp.236 – 55에 수록)를 참조할 것.

65) 표준적인 해석으로서 Lynch, John: *The Spanish American Revolutions 1808–1826*을 참조할 것. 각 지역의 구체적인 상황에 대하여는 Bernecker, Walther L.(et al.[ed.]: *Handbuch der Geschichte Lateinamerikas,* v.3, Stuttgart 1992 – 96을 참조할 것. 대서양 지역을 배경으로 한 새로운 해석으로서 Adelman, Jeremy: *Sovereignty and Revolution in the Iberian Atlantic,* Princeton, NJ 2006, chs. 5, 7을 참조할 것.

66) Elliott, John H.: *Empires of the Atlantic World,* p.360.

67) *Ibid,* p.374.

68) Wood, Gordon S.: *The Americanization of Benjamin Franklin,* New York 2004.

69) Rodríguez O., Jaime E.: *The Independence of Spanish America,* p.82.

70) Graham, Richard: *Independence in Latin America. A Comparative Approach,* New York 1994, pp.107f.

71) Lynch, John: *Simón Bolívar. A Life,* New Haven, CT 2006는 이 분야의 걸출한 저작이다.

72) Van Young, Eric: *The Other Rebellion. Popular Violence, Ideology, and the Mexican Struggle for Independence, 1810–1821,* Stanford, CA 2001가 그렇게 묘사하고 있다.

73) Lynch, John: *Simón Bolívar,* p.122.

74) Graham, Richard: *Independence in Latin America,* pp.142f.

75) Lynch, John: *Simón Bolívar,* p.105.

76) *Ibid,* p.147.

77) 혁명후 시대의 라틴아메리카의 군사화에 관해서는 Halperin-Donghi, Tulio: *The Aftermath of Revolution in Latin America,* New York 1973, pp.17-24를 참조할 것.

78) Colin Lewis: *The Economics of the Latin American State: Ideology, Policy and Performance, c.1820–1945* (Smith, David A.[et al., ed.]: *States and Sovereignty in the Global Economy,* London 1999, pp.99 – 119에 수록, 인용된 부분은 p.106.)

79) Finzsch, Norbert: *Konsolidierung und Dissens. Nordamerika von 1800 bis 1865,* Münster 2005, pp.25f.

80) *Ibid,* pp.596f. Davis, David Brion: *Inhuman Bondage. The Rise and Fall of Slavery in the New World,* Oxford 2006, p.262.

81) Kossok, Manfred/Loch, Werner (ed.): *Die französische Julirevolution von 1830 und Europa,* Berlin (DDR) 1985, 특히 pp.53-72를 참조할 것. Körner,

Axel: *Die Julirevolution von 1830: Frankreich und Europa* (Wende, Peter [ed]: *Große Revolutionen der Geschichte. Von der Frühzeit bis zur Gegenwart,* München 2000, pp.138‐57에 수록). Pilbeam, Pamela M.: *The 1830 Revolution in France,* Basingstoke 1991, 특히 p.149를 참조할 것.

82) 1829-31년 프랑스 피레네산맥에서 발생한 저항의 상황에 관해서는 Sahlins, Peter: *Forest Rites. The War of the Demoiselles in Nineteenth-Century France,* Cambridge, MA 1994를 참조할 것.

83) 프랑스의 혁명으로부터 '버려진' 과정에 관한 훌륭한 개괄적인 고찰로서 Jourdan, Annie: *La révolution, une exception française?* Paris 2004, pp.71-83을 참조할 것.

84) Woloch, Isser: *The New Regime. Transformations of the French Civic Order, 1789–1820s,* New York 1994, pp.380-426.

85) Dominguez, Jorge I.: *Insurrection or Loyalty: The Breakdown of the Spanish American Empire,* Cambridge, MA 1980, pp.227f.

86) Breen, T.H.: *The Marketplace of Revolution. How Consumer Politics Shaped American Independence,* Oxford 2004, 특별히 pp.235f를 참조할 것.

87) Kennedy, Roger G.: *Orders from France. The Americans and the French in a Revolutionary World, 1780–1820,* New York 1989는 대단히 뛰어난 저작이지만 인용된 적이 거의 없다. 이 밖에 Roach, Joseph: *Cities of the Dead. Circum-Atlantic Performance,* New York 1996도 참조할 것.

88) Life of Napoleon Buonaparte (*The Complete Works of William Hazlitt,* v.13, published by P.P. Howe, London 1931, p.38에 수록).

89) Brading, D.A.: *The First America,* pp.538-602.

90) 관련 개설서로서 Gould, Eliga H.: *A World Transformed?*를 참조할 것. Gould, Eliga H./Onuf, Peter S.(ed.): *Empire and Nation. The American Revolution in the Atlantic World,* Baltimore, MD 2005에도 관련된 문장 여러 편이 실려 있다.

91) 유럽 계몽운동의 흡수과정에 관한 내용은 May, Henry F.: *The Enlightenment in America,* Oxford 1976을 참조할 것. 그러나 이 저작은 시대구분에 있어서 비교적 도식적이다.

92) Lynch, John: *Simón Bolívar,* p.28.

93) Lynch, John: *The Spanish American Revolutions 1808–1826,* p.27.

94) 이것이 Liss, Peggy: *Atlantic Empires. The Network of Trade and Revolution, 1713–1826,* Baltimore, MD 1983이 (제목과는 달리) 다룬 주제의 하나이다. 그러나 주로 미국의 각종 정치 경제적 관점을 소개하고 있다.

95) Schulze, Winfried: *"Die Zahl der Opfer der Französischen Revolution"* (Geschichte in Wissenschaft und Unterricht, v.59 [2008], pp.140‐52에 수록. 특히 p.149를 참조할 것..

96) 베네수엘라 10년 전쟁을 Lynch는 "a total war of uncontrolled violence"라고 표현했다. Lynch, John: *The Spanish American Revolutions 1808–1826*, p.220을 참조할 것.

97) Conway, Stephen: *The British Isles and the War of American Independence*, Oxford 2000, pp.43f. Heideking, Jürgen: *Geschichte der USA*, Tübingen 2003, p.56.

98) Langley, Lester D.: *The Americas in the Age of Revolution*, p.61.

99) Royle, Edward: *Revolutionary Britannia? Reflections on the Threat of Revolution in Britain, 1789–1848*, Manchester 2000, pp.67f.

100) Hilton, Boyd: *A Mad, Bad, and Dangerous People?* p.421.

101) 전체 서술은 Hochschild, Adam: *Bury the Chains. The British Struggle to Abolish Slavery*, London 2005를 참조할 것.

102) 이 주제에 관한 상세한 서술은 이 책 제17장을 참조할 것.

103) Kramer, Lloyd S.: *Lafayette in Two Worlds. Public Cultures and Personal Identities in an Age of Revolutions*, Chapel Hill, NC 1996, pp.113f.

104) Jourdan, Annie: *La révolution*, p.357.

105) Beck, Hanno: *Alexander von Humboldt*, v.1, Wiesbaden 1959, pp223f, 같은 저자의 v.2, 1961, pp.2f, 194-200.

106) 같은 기간에 주목할만한 다른 저항운동으로서 1849년 부 지얀(Bu Ziyan)이 이끈 알제리 아틀라스산맥의 마디봉기가 있다. 관련 내용은 Clancy-Smith, Julia A.: *Rebel and Saint. Muslim Notables, Populist Protest, Colonial Encounters (Algeria and Tunisia, 1800–1904)*, Berkeley, CA 1994, pp.94-124를 참조할 것.

107) 전체 유럽의 관점에서 기술한 저작으로서는 Hachtmann, Rüdiger: *Epochenschwelle zur Moderne. Einführung in die Revolution von 1848/49*, Tübingen 2002와 Mommsen, Wolfgang J.: *1848. Die ungewollte Revolution. Die revolutionären Bewegungen in Europa 1830–1849*, Frankfurt a. M. 1998과 Sperber, Jonathan: *The European Revolutions 1848–1851*, Cambridge 2005가 전면적으로 기술한 가장 뛰어난 저작이다. 그 밖에 Dowe, Dieter(et al. ed.): *Europa 1848. Revolution und Reform*, Bonn 1998의 몇몇 장을 참고하라.

108) Breuilly, John: *1848: Connected or Comparable Revolutions?* (Körner, Axel [ed.]: *1848. A European Revolution? International Ideas and National Memories of 1848*, Basingstoke 2000, pp.31 - 49에 수록. 인용된 부분은 pp.34f).

109) Langewiesche, Dieter: *"Kommunikationsraum Europa. Revolution und Gegenrevolution"* (같은 저자의 편저 *Demokratiebewegung und Revolution 1847 bis 1849. Internationale Aspekte und europäische Verbindungen*, Karlsruhe 1998, pp.11 - 35에 수록. 인용된 부분은 p.32).

110) Ginsborg, Paul: *Daniele Manin and the Venetian Revolution of 1848–49*, Cambridge 1979는 1848-9년 혁명을 다룬 고전적인 저작이다.

111) Mommsen, Wolfgang J.: *1848*, p.300.

112) Sperber, Jonathan: *The European Revolutions 1848–1851,* p.62.

113) *Ibid,* p.124.

114) Blum, Jerome: *The End of the Old Order in Rural Europe,* Princeton, NJ 1978, p.371.

115) Hachtmann, Rüdiger: *Epochenschwelle zur Moderne.*, pp.178 – 81.

116) Tombs, Robert: *France 1814–1914,* London 1996, p.395.

117) Deák, István: *The Lawful Revolution. Louis Kossuth and the Hungarians 1848–1849,* New York 1979, pp.321-37(숫자는 p.329를 참조할 것..

118) Langewiesche, Dieter: *Europa zwischen Restauration und Revolution 1815–1849,* München 1993, p.112.

119) 전형적인 인생경로: 봉기참가-망명-명예회복. Gregor-Dellin, Martin: *Richard Wagner. Sein Leben, sein Werk, sein Jahrhundert,* München 1983, pp.279f 를 참조할 것.

120) Hachtmann, Rüdiger: *Epochenschwelle zur Moderne,* pp.181-5. Brancaforte, Charlotte L. (ed.): *The German Forty-Eighters in the United States,* New York 1989. Levine, Bruce C.: *The Spirit of 1848. German Immigrants, Labor Conflict, and the Coming of the Civil War,* Urbana, IL 1992. Siemann, Wolfram: *"Asyl, Exil und Emigration"* (Langewiesche, *Demokratiebewegung und Revolution 1847 bis 1849.* pp.70-91에 수록).

121) Taylor, Miles: *"The 1848 Revolution and the British Empire"* (Past & Present, v.166 [2000], pp.146 – 80에 수록)

122) Clarke, Prescott/Gregory, J.S.: *Western Reports on the Taiping. A Selection of Documents,* London 1982는 뛰어난 역사기록 문헌이다.

123) Spence, Jonathan: *God's Chinese Son. The Taiping Heavenly Kingdom of Hong Xiuquan,* New York 1996은 특히 시작부분에서 태평천국운동에 관한 가장 뛰어난 묘사와 분석을 보여준다. 이 밖에도 Michael, Franz: *The Taiping Rebellion,* v.1, Seattle 1966과 Jen Yu-wen: *The Taiping Revolutionary Movement,* New Haven, CT 1973과 Shih, Vincent Y.C.: *The Taiping Ideology*도 참조할 것.

124) Spence, Jonathan: *God's Chinese Son,* p.171. Michael, Franz: *The Taiping Rebellion,* v.1, p.174.

125) Cao Shuji[曹樹基]: Zhongguo yimin shi [中國移民史], v.6: Qing-Minguo shiqi [清-民國時期], Fuzhou[福州] 1997, p.469.

126) Michael, Franz: *The Taiping Rebellion,* v.1, pp.135-68. 원시자료는 같은 책의 v.3(1971), pp.729-1378(특히 pp.754f)에서 나왔다.

127) Stampp, Kenneth M.: *America in 1857. A Nation on the Brink,* New York 1990, p.8.

128) Lincoln, W.Bruce: *The Great Reforms. Autocracy, Bureaucracy, and the Politics of Change in Imperial Russia,* DeKalb, IL 1990, pp.68f.

129) Taylor, P.J.O. (ed.): *A Companion to the Indian Mutiny of 1857,* Delhi 1996, p.75.

130) 거의 모든 최신작에서 사건이 묘사되고 있다. 예컨대, Mann, Michael: *Geschichte Indiens. Vom 18. bis zum 21.Jahrhundert,* Paderborn 2005, pp.100-04 와 Markovits, Claude(et al.): *A History of Modern India, 1480–1950,* London 2002, pp.283-93 등. David, Saul: *The Indian Mutiny 1857,* London 2002는 연구방법이 성실하고 내용이 상세한 저작이다. 원시자료의 출처는 Harlow, Barbara/Carter, Mia (ed.): Archives of Empire, v.1/2, Durham, NC 2003, pp.391-551이다. Herbert, Christopher: *War of No Pity. The Indian Mutiny and Victorian Trauma,* Princeton, NJ 2008은 국민성을 탐구한 흥미 있는 역사 심리학 저작이다.

131) Omissi, David E.: *The Sepoy and the Raj. The Indian Army, 1860–1940,* Basingstoke 1994, p.133. '인도반란' 이후로 이 비율은 5:1에서 2:1로 바뀌었 다.

132) 편견이 많지 않고 인도에 대해 우호적인 입장의 신문보도 모음은 Russell, William Howard: *Meine sieben Kriege. Die ersten Reportagen von den Schlachtfeldern des 19.Jahrhunderts,* Frankfurt a.M. 2000, pp149-88을 참조할 것.

133) Cook, David: *Understanding Jihad,* Berkeley, CA 2005, pp.80f. Bose, Sugata/ Jalal, Ayesha: *Modern South Asia. History, Culture, Political Economy,* New York 2004, p.74.

134) 모든 교과서가 사건의 과정을 기술하고 있다. Heideking, Jürgen: *Geschichte der USA,* pp.157-75. Norton, Mary Beth(et al.): *A People and a Nation. A History of the United States,* Boston 2001, pp387-424. 상세한 서술과 최신문 헌은 Finzsch, Norbert: *Konsolidierung und Dissens,* pp561-741을 참조할 것.

135) McPherson, James M.: *Abraham Lincoln and the Second American Revolution,* New York 1990, 특히 pp.6f를 참조할 것.

136) 사회학자 Barrington Moore는 세계 각지의 현대화 경로를 비교 연구 한 저서에서 미국내전을 '최후의 자본주의 혁명'이라고 말했다. Moore, Barrington: *Soziale Ursprünge von Diktatur und Demokratie,* pp.140f, 특히 pp.193-290을 참조할 것. 미국내전을 혁명으로 평가하는 논점의 주요 대표 는 내전을 연구한 저명한 역사학자 McPherson이다. McPherson, James M.: *Abraham Lincoln and the Second American Revolution,* 특히 pp.3-22를 참조할 것.

137) 어떤 비마르크스주의 권위자도 혁명이란 용어를 사용했다. Jen Yu-wen: *The Taiping Revolutionary Movement.*

138) Lincoln, Abraham: *Speeches and Writings,* v.2, ed. by Don E. Fehrenbacher,

New York 1989, p.218.

139) Moore, Barrington: *Soziale Ursprünge von Diktatur und Demokratie*, p.188.

140) Foner, Eric: *The Story of American Freedom,* New York 1998, p.58.

141) Ashworth, John: *The Sectionalization of Politics, 1845–1860* (Barney, William L. [ed.]: *A Companion to Nineteenth-Century America,* Malden, MA 2001, pp.33–46에 수록). Freehling, William W.: *The Road to Disunion,* 2vls, Oxford 1990–2007 은 관련 분야의 권위 있는 저작이다.

142) Potter, David M.: *The Impending Crisis.* Levine, Bruce C.: *Half Slave and Half Free. The Roots of Civil War,* rev. ed., New York 2005.

143) 전쟁 과정의 묘사는 McPherson, James M.: *Battle Cry of Freedom. The American Civil War,* New York 1988을 참조할 것.

144) Cooper, William J./Terrill, Thomas E.: *The American South. A History,* v.2, New York 1996, p.373.

145) Fogel, Robert W: *The Slavery Debates, 1952–1990. A Retrospective,* Baton Rouge, LA 2003, p.63.

146) 관련된 고전적 저작으로서 Litwack, Leon F.: *Been in the Storm so Long*을 참조할 것.

147) Boles, John B. (ed.): *A Companion to the American South,* Malden, MA 2002, pp.16–18.

148) Eric Foner의 말을 인용했다. Foner, Eric: *Reconstruction. America's Unfinished Revolution, 1863–1877,* New York 1988을 참조할 것.

149) 이 시기를 1848–77년까지 확대하기도 한다. 권위 있는 저작 Barney, William L.: Battleground for the Union: *The Era of the Civil War and Reconstruction, 1848–1877,* Englewood Cliffs, NJ 1990을 참조할 것. 이 저작은 '1848년'을 이 시기의 정식 시발점으로 본다('세기 중반').

150) Atwill, David G.: *The Chinese Sultanate. Islam, Ethnicity, and the Panthay Rebellion in Southwest China, 1856–1873,* Stanford, CA 2005, p.135. 이 봉기는 순수한 종교적 충돌은 아니었고 상당한 정도로 한족(漢族)의 도발이 작용했다.

151) 수치의 출처는 Meyer, Michael C./William L. Sherman: *The Course of Mexican History,* p.552이다. 권위 있는 묘사로서 Tobler, Hans Werner: *Die mexikanische Revolution. Gesellschaftlicher Wandel und politischer Umbruch, 1876–1940,* Frankfurt a. M. 1984을 참조할 것. 서사적인 묘사로서는 Knight, Alan: *The Mexican Revolution,* 2 vls., Lincoln, NE 1986를 참조할 것.

152) Mardin, Serif: *The Genesis of Young Ottoman Thought. A Study in the Modernization of Turkish Political Ideas,* Princeton, NJ 1962, pp.169–71. 그러나 이 저작은 수십 년이 지난 뒤에 프랑스대혁명의 오스만제국에 대한 영향이 드러나기 시작했다고 강조한다.

153) Price, Don C.: *Russia and the Roots of the Chinese Revolution, 1896–1911,* Cambridge, MA 1974.

154) 중국에 관한 기본적인 저작으로서 Reynolds, Douglas R.: *China, 1898–1912. The Xinzheng Revolution and Japan,* Cambridge, MA 1993을 참조할 것.

155) Gasster, Michael: *Chinese Intellectuals and the Revolution of 1911. The Birth of Modern Chinese Radicalism,* Seattle 1969, 특히 pp.106f를 참조할 것.

156) Sohrabi, Nader: *Global Waves, Local Actors. What the Young Turks Knew about Other Revolutions and Why It Mattered* (Comparative Studies in Society and History v.44 [2002], pp.45 – 79에 수록. 인용된 부분은 p.58).

157) Gelvin, James L.: *The Modern Middle East. A History,* New York 2005, p.145.

158) Yoshitake Oka: *Five Political Leaders of Modern Japan,* Tokyo 1986, pp.180, 193, 222.

159) Ascher, Abraham: *The Revolution of 1905. A Short History,* Stanford, CA 2004, p.28. 이 책은 원래 2권(1988-1992)으로 되어 있었던 것을 한 권으로 줄인 수정판이다.

160) Kreiser, Klaus/Christoph K. Neumann: *Kleine Geschichte der Türkei,* pp.241f. Georgeon, François: *Abdulhamid II,* pp.87–9.

161) Lieven, Dominic: *Nicholas II. Twilight of the Empire,* New York 1993을 참조할 것.

162) Amanat, Abbas: *Pivot of the Universe. Nasir al-Din Shah Qajar and the Iranian Monarchy, 1831–1896,* Berkeley, CA 1997은 권위 있는 전기이다. 이 저작은 통치 초기를 중점적으로 조명한다.

163) 관련 기본 저작으로서 Arjomand, Saïd Amir: *"Constitutions and the Struggle for Political Order. A Study in the Modernization of Political Traditions"* (Archives Europeennes Sociologie v.33 [1992], pp.39 – 82d에 수록).

164) 헌법의 내용은 Gosewinkel, Dieter/Johannes Masing (ed.): *Die Verfassungen in Europa 1789–1949,* München 2006, pp.1307–22를 참조할 것.

165) Ascher, Abraham: *The Revolution of 1905.* pp.16f.

166) Hartley, Janet M.: *Provinvial and Local Government* (Lieven, Dominic [ed.]: *The Cambridge History of Russia, v.2: Imperial Russia, 1689–1917,* Cambridge 2006. pp.449 – 67에 수록. 인용된 부분은 pp.461 – 65). Philippot, Robert: *Les zemstvos. Société civile et état bureaucratique dans la Russie tsariste,* Paris 1991, pp.76 – 80.

167) 청 말기의 개혁에 관해 상세한 기술로서 Chuzo Ichiko: *Political and Institutional Reform, 1901–11* (Fairbank, John K./Denis Twitchett [ed.]: *The Cambridge History of China,* v.11 [1980], pp.375 – 415에 수록)을 참조할 것. 또한 Reynolds, Douglas R.: *China, 1898–1912*도 참조할 것.

168) Sdvizkov, Denis: *Das Zeitalter der Intelligenz. Zur vergleichenden Geschichte der Gebildeten in Europa bis zum Ersten Weltkrieg,* Göttingen 2006. p.150.

169) 고전적 저작으로서 Venturi, Franco: *Roots of Revolution. A History of the Populist and Socialist Movements in Nineteenth-century Russia,* Chicago 1960, chs.21-22. 좀더 간결한 초상화로서는 Sdvizkov, Denis: *Das Zeitalter der Intelligenz.* pp.139-83을 참조할 것.

170) Martin, Vanessa: *Islam and Modernism. The Iranian Revolution of 1906,* London 1989, pp.18f.을 참조할 것.

171) 사례연구는 Cohen, Paul A: *Between Tradition and Modernity. Wang T'ao and Reform in Late Ch'ing China,* Cambridge, MA 1974를 참조할 것.

172) 간단한 사회사적 개요로서 Osterhammel, Jürgen: *Die erste chinesische Kulturrevolution. Intellektuelle in der Neuorientierung (1915–1924)* (Osterhammel, Jürgen [ed.]: *Asien in der Neuzeit. Sechs historische Stationen,* Frankfurt a.M. 1994, pp.125-42에 수록. 인용된 부분은 pp.127-30)를 참조할 것.

173) 반 하미드 2세 운동에서 정치화된 군대의 등장에 관해서는 Turfan, Naim: *Rise of the Young Turks. Politics, the Military and Ottoman Collapse,* London 2000의 약간 산만한 분석을 참조할 것. 그러나 이 책은 주로 청년터키당 혁명에 관한 영어로 된 권위 있는 저작 Hanioglu, M. Sükrü: *Preparation for a Revolution*을 참고했다.

174) Ascher, Abraham: *The Revolution of 1905.* pp.57f.

175) Keddie, Nikki R.: *Qajar Iran and the Rise of Reza Khan,* p.59.

176) Zürcher, Erik J.: *Turkey. A Modern History,* London 1993, p.93f.

177) Fung, Edmund S.K.: *The Military Dimension of the Chinese Revolution. The New Army and Its Role in the Revolution of 1911,* Vancouver 1980. McCord, Edward A.: *The Power of the Gun. The Emergence of Modern Chinese Warlordism,* Berkeley, CA 1993, pp.46-79.

178) 관련 사건사는 Spence, Jonathan: *Chinas Weg in die Moderne,* München 1995, pp.305-37을 참조할 것.

179) 19세기 말에서 20세기 초 사이의 매우 중요한 인물 위안스카이에 관해서는 Young, Ernest P.: *The Presidency of Yuan Shih-k'ai. Liberalism and Dictatorship in Early Republican China,* Ann Arbor, MI 1977을 참조할 것.

180) 초기 의회주의 발전과정에 관해서는 Abrahamian, Ervand: *Iran,* pp.81-92 를 참조할 것.

181) Afary, Janet: *The Iranian Constitutional Revolution, 1906–1911. Grassroots Democracy, Social Democracy, and the Origins of Feminism,* New York 1996, pp.337-49.

182) Kreiser, Klaus/Christoph K. Neumann: *Kleine Geschichte der Türkei,* p.361.

183) 1941년 이전의 팔라비 정권에 관한 내용은 Hambly, Gavin R.G.: *The Pahlavi Autocracy: Rixa Shah, 1921–1941* (Bailey, H.: *Cambridge History of Iran*, v.7 [1991], pp.213–43에 수록)을 참조할 것.

184) 비교적 최근의 혁명사 연구 추세는 혁명을 집단 폭력의 한 형식으로 파악한다. Tilly, Charles: *The Politics of Collective Violence*, Cambridge 2003이 대표적이다.

185) 이 주제의 걸작인 Martin, Vanessa: *The Qajar Pact. Bargaining, Protest and the State in Nineteenth-Century Persia*, London 2005는 여성의 '역량'에 대해 인상 깊은 묘사를 보여준다(특히 pp.95-112).

186) Hsiao Kung-chuan: *Rural China. Imperial Control in the Nineteenth Century*, Seattle 1960, pp.502f.

187) 주로 Gelvin, James L.: *The Modern Middle East*, pp.139-46을 참고했다.

찾아보기

ㄱ

가스조명 893

가우초 995, 996, 1107, 1108

간접통치 982, 1017, 1155, 1237, 1241, 1249

갑오전쟁 1305

강자의 정의론 1114

강화도조약 1328

개발형 도시계획 902, 904, 908

게티즈버그 1321

겐츠, 프리드리히 폰 1443

겔케, 레오나르도 1006

경제정책의 자유화 1221

고던, 찰스 1205

고드쇼, 자크 1407

고든 폭동 1409

고야, 프란시스코 1322

골드러시 963, 964, 967, 977, 1007, 1297

공업도시 809, 818, 820-823, 825, 837, 850, 895, 1441

공업화 767, 773-775, 783, 787, 795, 796, 807, 808, 813, 818, 820, 823, 825, 834, 862, 879, 889, 996, 998, 1037, 1040, 1048, 1052, 1059, 1078, 1102, 1107, 1169, 1174, 1175, 1233, 1284, 1325, 1353, 1362, 1440, 1441, 1444

공쿠르 900

공포의 균형 1287

과달루페 히달고 조약 1297

관리형 도시계획 902, 908

광산도시 807, 808

교외화 887-891

구루마 → 인력거 883, 884

국민개병 1099, 1319

국민개병제 1100, 1319, 1320, 1426

국제여성평의회 1353

국제적십자사 1322

군대 조직구조의 합리적 개혁 1309

군비경쟁 1098, 1102, 1219, 1284-1286, 1311, 1358, 1362

군항 829, 1179

궤도전차 765, 808, 883, 891

그레이, 찰스 1441

글래드스톤, 윌리엄 806, 1344

기번, 에드워드 1013, 1393

기차역 875-877, 878, 883, 898, 909

길버트, 윌리엄 슈웽크 1342

ㄴ

나나 샤히브 1466
나로드니키 1488
나마인 1316
나카하마 만지로 1071, 1072
나폴레옹제국 1100, 1111, 1168, 1183-
　1185
남만주철도주식회사 1201
남부 11개 주의 이탈 1144
남아프리카전쟁 1008, 1009
내부 의존적 국가 983
내부이민 1019
내쉬, 존 815, 865, 888
네덜란드령 동인도 1111, 1192, 1195,
　1196
네덜란드의 애국운동 1413
네트워크 모형 798
노르가이, 텐징 1049
노벨, 알프레드 1357
농노의 해방 1026

ㄷ

다이묘 782, 1141, 1143
다카르 843
대구경의 함포 1311
대규모 저항운동 1346
대도시 765-767, 769, 771, 773-777,
　779, 783-785, 787, 789, 791, 793-
　796, 798, 800, 802, 812, 814, 819,
　821, 825, 838, 846, 848, 851, 852,

860, 865, 868, 869, 873, 876, 883,
　884, 887, 889, 898, 907, 912, 1062,
　1161
대동아공영권 1306
대륙형 제국과 해양형 제국 1168
대서양혁명 1126, 1170, 1435, 1436,
　1438, 1440, 1444, 1445
대서양혁명의 시대 1470
대지주 프런티어 993
더램 1137, 1138
더블린 843
데른부르크, 베른하르트 1196
데살린, 장 자크 1418
데이비스, 제퍼슨 1470
델리의 성벽 870
도광황제 1483
도시 기반시설 767, 795, 821, 891, 912
도시 등급체계 783, 784
도시 부동산의 상품화 767
도시 조직 764
도시개발 765
도시계획 768, 821, 839, 842, 857, 858,
　865, 866, 891, 902-905, 907-910
도시는 석조건물 762
도시발전사 776, 851, 891
도시유형의 다양화 766
도시의 건축물 759
도시의 밤이 민주화 893
도시의 성장 766, 783, 794, 800
도시의 토지자산 767
도시의 현대화 764, 868
도시체계 764, 767, 784, 789, 791, 792,

795, 796, 798-801, 818, 822, 851, 859, 860
도시화 758, 764, 766, 769, 773-776, 778-784, 787-792, 800, 820, 825, 837, 838, 841, 852, 854, 859, 891, 904, 966, 1005, 1007, 1029
도쿠가와 이에야스 794
독일형 도시계획 907
돌바흐, 폴 1438
동맹회 1490, 1492
동아시아에서 탈도시화 788
뒤낭, 앙리 1322, 1349, 1357
디즈레일리, 벤저민 1111
떠이선 1399

ㄹ
라인하르트, 볼프강 1121, 1122
라파이예트 1442, 1443
란지트 싱 1206
람프레히트, 칼 1407
랑게비쉐, 디터 1099
랑팡, 피에르 816, 817, 909
래티모어, 오언 957, 1011, 1048
량치차오 1330
러시아의 시베리아-우랄산맥 이동의 광활한 지대-정복 1025
러일전쟁 1109, 1201, 1306, 1312, 1322, 1478
런던 지하철 885, 902
런던의 금융시장 1228
레닌, 블라디미르 1477, 1494
레벨 소총 1312

레비스트로스, 클로드 949
레이날, 아베 1438
로디지아 1038, 1217
로빈슨, 로널드 956
로즈, 세실 1198, 1200, 1301
로카, 훌리오 996
로페스, 프란시스코 1295
루마니아의 농민폭동 770
루브르 대호텔 900
루소, 장 자크 1424, 1438, 1443, 1479
루스벨트, 시어도어 1035, 1067, 1299, 1342, 1345
루이 14세 827
루지애나 1207-1209
루티엔스, 에드윈 909
루티엔스와 베이커의 뉴델리 909
룩셈부르크, 로자 1172
룩소르의 오벨리스크 899
르 노트르, 앙드레 817
리, 로버트 1470
리스트, 프란츠 1222
리요테, 위베르 1189
리젠트 파크 815, 888, 908
리처즈, 존 958

ㅁ
마디운동 804, 1206
마르코프, 발터 1407
마르크스, 크리스토프 1202
마셜, 존 983
마오리족 948, 1038, 1041, 1044, 1120, 1339

마오쩌둥 763, 1438, 1477

마이, 카를 1034

마이소르 1206, 1215

마지드, 술탄 세이이드 799

마차버스 880, 881, 883

마차철도 879, 880, 883, 884

마천루 767, 910

만국우정연맹 1359

만국우정협약 1359

말-들소 문화 970-972

매카트니 1332

매킨리, 윌리엄 1101

매판 1241

맥심기관총 1176

맨체스터 774, 793, 799, 814, 820-823,
   888, 901, 902

머핸, 알프레드 1285

먼로원칙 1289

먼로주의 1137, 1293, 1299

메넬리크 2세 761, 1150

메디슨, 제임스 1438

메흐메트 5세 1497

메이지유신 813, 1072, 1140-1142,
   1145, 1325, 1397, 1398, 1481

메테르니히, 클레멘스 1106, 1179

메트로 885

멕시코의 사파티스타 운동 770

멕시코혁명 995, 1476, 1477

멜빌, 허먼 1069, 1073

명백한 운명 965

모내드녹 빌딩 910

모로코 위기 1345

『모비딕』 1070, 1073

모스, 에드워드 763

모제르 소총 1312

무스타파 4세 810

무쏘리니 1498

무어, 베링턴 1469

무자파르 알딘 1483

무지타히드 1489

무함마드 아메드 1205

무함마드 이븐 압둘 와하브 1203

문명화를 위한 개입의 권리 1299

문명화의 사명 1157, 1215

문호개방의 원칙 1114

물라이 하산 761

뭄바이 역 877

미국내전 965, 969, 997, 1009, 1144,
   1284, 1321, 1342, 1422, 1433, 1451,
   1464, 1466-1470, 1472

미국-스페인전쟁 1101, 1110, 1146,
   1147, 1431

미국의 도시화 791

미국의 새로운 수도 817

미국의 재건시기 1145

미국정부의 인디언에 대한 태도 982

미니에, 클로드 에티안 1310

미드웨이 1326

미에르, 세르반도 테레사 데 1436

민돈 1342

민족국가 774, 796, 810, 947, 955, 956,
   1005, 1018, 1036, 1038, 1097, 1100,
   1101, 1107, 1116-1126, 1129, 1131,
   1132, 1133, 1135, 1138-1140,

1144-1148, 1150-1158, 1160,
1162, 1163, 1171, 1182, 1183, 1210,
1213, 1214, 1235, 1242, 1245, 1247,
1249, 1285, 1286, 1311, 1314, 1329,
1356, 1361, 1398, 1402, 1405, 1425,
1431, 1450, 1466, 1467, 1475, 1493
민족주의 828, 912, 1106-1109, 1117,
1120, 1121, 1123, 1126, 1130, 1133,
1151, 1152, 1157, 1158, 1162, 1211,
1214, 1242, 1243, 1245-1247, 1284,
1319, 1330, 1335, 1345, 1346, 1360,
1396, 1406, 1465, 1490
민족해방운동 1043, 1125
밀너, 알프레드 1315

ㅂ
바이로흐, 폴 781
반란을 진압하는 능력 1159
백인 우월주의 1009
버만, 마셜 770
버크, 에드먼드 1418, 1423, 1444
베니젤로스, 엘레프테리오 1130
베데커, 카를 831
베르제느 1416
베요, 안드레스 1436
베이, 아메드 815
베이징성의 성벽 871
베추아나랜드 1198-1200
벨기에령 콩고 1193
별장촌 888
보갑제도 1499
보스포루스 해협의 환자 1342

보어인 959, 1000-1003, 1005-1009,
1011, 1066, 1188, 1243, 1312, 1216,
1358
보호구역 965, 973, 988, 997, 999,
1004, 1005, 1017, 1027, 1028, 1335
볼리바르의 앙고스투라 연설 1444
볼튼, 허버트 956
부두노동자 835, 837
부리야트인 1032
부의 1484
부하라인 1032
부하린, 니콜라이 1172
북아메리카 원주민 인구 967
북아메리카의 도시 778, 783
불신의 균형 1287
불평등조약 833, 853, 1233, 1305,
1324, 1328, 1335, 1340
뷔퐁 1436
브라운, 리처드 981
브라자, 피에르 사보르냥 드 1193
브로우어스, 마이클 1185
브루나이 1199
브루일리, 존 1121
브룩, 제임스 1199
브룩, 찰스 1199
비밀외교 1340, 1345
비테 1481
비후퇴의 의무 981
빈민가가 형성 876, 879
빈민가화 889, 890
빌링턴, 레이 951
빌헬름 1세 805, 1128

빌헬름 2세 1108, 1285, 1340, 1342, 1413

ㅅ

사라와 1199, 1200
사막 프런티어 1060
사막의 전쟁 996
사이드 파샤 1159
사이온지 긴모치 1480
사적인 제국 1199
사회적 다윈주의 1174, 1328, 1363
산 마르틴, 호세 데 1429
산에 대한 태도변화 1048
삼국간섭 1330
삼국동맹전쟁 1295, 1296
삼림벌채의 속도 1050
상드, 조르주 1354
상징적 통합 1162
상트페테르부르크 770, 775, 784, 793, 794, 814, 817, 882, 1116, 1171, 1481, 1491
새로운 파괴능력 1101
생 시몽 769, 1352
생존공간 964, 972, 973, 988, 1025, 1034, 1078, 1118
생태제국주의 1044
샤카 1001
샹폴리옹 899
서부획득 950
선체의 금속화 1323
설리반, 아서 1342
섬터 요새 1468

성벽 철거 869, 872
세계 최초의 과학도시 819
세계도시 801, 802
세계박람회 807, 857, 865, 898, 1341
세계혁명 1475
세력권 분할 1141, 1478
세미놀 인디언 984
세인트 판크라스 역 877
셀림 3세 1424, 1425
소렐, 알베르 1406
소유권에 대한 상이한 인식 1041
소총 980, 997, 1202, 1310-1312
손자 1308
솔로비요프, 세르게이 1030
솔즈베리 1147
솔페리노 1322
쇼군 794, 1141
쇼펜하우어 879
수렴청정 1113, 1483
수렵 프런티어 1061, 1066
수에즈운하(가) 개통 829, 831
쉬더, 테오도르 1291
슈뢰더, 폴 1284
슈미트, 카를 1168
슈트루베, 구스타브 폰 1451
슐체, 하겐 1121
스캇, 제임스 1035
스탈린 1396
스텐리, 헨리 모턴 1194
스톨리핀 1495
시드니, 알저논 1437
시에예스, 에마뉘엘 조제프 1477

시크왕국 1206, 1207

식민도시 813, 841, 843, 845-853, 856, 861, 862, 864, 911, 1037, 1209

식민지 도시 783, 843

식민지 민중의 분류와 유형화 1242

신해혁명 1018, 1480, 1484, 1490, 1497

실리, 존 1198

12월당원들 1412

ㅇ

아두아 전투 761, 1312

아렌트, 한나 1391, 1407

아르헨티나의 프런티어 993, 994

아메리카연맹국 1468

아미노 요시히코 828

아시아의 도시 777, 779

아우랑제브 1206

아이티의 독립 1421

아이티혁명 1419, 1422, 1430

아파르트헤이트 1006

아프리카 쟁탈전 1113

아프리카 코끼리 1066

안트워프 역 877

알딘 샤 1483

알렉산더 1세 1321

알리 무바라크 857, 858

암스테르담 역 876, 877

암스트롱 1311, 1312

압달 콰디르 1188

압바스 미르자 1491

애덤스, 존 1438

애스터, 존 1066

애스펀 808

야생동물에 대한 대대적인 포획과 학살 1062

에드워드 7세 1341

에르크망-샤트리앙 1323

에버딘 1354

에스페란토 1360

에어 총독 논쟁 1230

에어, 에드워드 1230, 1231

엘리자베스 1세 837, 1117

엘베시우스, 클로드 아드리앵 1438

여론 855, 902, 985, 996, 1034, 1101, 1231, 1285, 1345

여성투표권운동 1353

영국령 말라야 1301

『영국령 북아메리카 사건에 관한 보고서』 1137

영국의 민족의식 1214

영국의 해양에서의 절대적인 우위 1218

영국제국의 비용과 수익 1224

영국제국의 연속성 1216

영허스밴드 1227

5두체제 1104, 1105

오렌지자유주 1001

오르세 역 878

오리건 가도 1025

오베르, 다니엘 1128

오벨리스크 898-900

오스만제국혁명 1477

오스망 백작 765, 857, 905

오스망식의 대규모 도시계획 905

오스트리아-헝가리제국 812, 1109, 1179-1181, 1286, 1287, 1292

오스트리아-헝가리제국의 몰락 1183

오토 페터스, 루이제 1354

오히긴스, 베르나르도 1429

온천 휴양지 805

외교관 면책권 1333

외제니 황후 1341

요제프, 프란츠 805, 1162

우라비 운동 1124, 1402

우루크성 801

우편마차 881, 882, 1063

운디드니 1315

운하지역 매입 1297

울스턴크래프트, 매리 1354

워드, 데이비드 770

워싱턴기념비 899

원거리 후방보급 체계 1317

원형감옥 900

웨일러, 발레리아노 1315

웨지우드, 조지아 1442

웰링턴 1424, 1441

위안스카이 1478, 1493, 1494, 1497

월러스타인, 임마누엘 1360

윌버포스, 윌리엄 1442

윌슨, 우드로 1347

유라시아대륙 프런티어 1015, 1021

유라시아지역 혁명 1477, 1478

유랑하는 야만인 988

유럽의 국제체제 1103, 1282, 1284, 1287, 1291, 1292, 1302, 1304

유럽의 도시 777, 780, 850, 868, 890, 893, 910

유럽의 도시화 780-783

유목사회 1013, 1014

의화단운동 1110, 1305, 1334, 1342, 1346, 1479, 1486

이념과 대중정치의 시대 1500

이동수도 761

이란혁명 1477

이리운하 795

이민 식민지 852, 1036-1038, 1041, 1043, 1118

이사벨라 2세 1400

이슬람 성전 860, 1202

이탈리아의 통일과정 1132

이토 히로부미 1485

이홍장 1318

인도대봉기 871, 1461, 1462, 1464-1466

인도 용병부대 1219

인도의 삼림관리 법체계 1055

인도주의적 개입 1215

인디언 영지 984

인디언 인구 변화 974

인디언보호구역 988, 1004

인디언의 소유권 개념 990

인디언전쟁 965, 979, 980, 986, 987, 997

인디오 999

인력거 883, 884

일본의 포경업 1071

일크, 알프레드 1312

ㅈ

자경단주의 981
자금성 815, 816, 871
자라진, 필립 870
자멘호프, 루도비코 라자로 1360
자바섬의 티크 숲의 면적 1054
자연추출식 프런티어 958
자유무역 798, 838, 853, 1163, 1222,
    1223, 1233, 1302, 1327
자유무역의 제국주의 1223, 1328
자의국 1487
잔시 여왕 1463
장제스 1498
재건계획 1471
적신월 1351
적십자회 1349-1351, 1361
전국민 전쟁동원체제 1100
전기조명 893
전면전 1319-1321, 1323, 1439
전투민족 1464
정화 1324
제1인터내셔널 1352
제2인터내셔널 1352
제3인터내셔널 1352
제국 내부의 민족주의 1247
제국과 민족국가의 차이 1155
제국도시 864, 865
제국의 시대 1123, 1245
제국의 언어정책 1239
제국의 통합방식 1160
제국의 해체 1165
제국주의 현상의 다양성 1116
제국형 민족국가 1213

제퍼슨의 구상 975
조계지 854, 855
조선의 문호를 개방 1328
조슈 번과 사츠마 번의 무사들 1142
조지 3세 1162, 1427, 1482
조지 4세 1440
조지 5세 1340
조지 워싱턴 816, 817, 1408, 1409,
    1423, 1424, 1439, 1443
조지, 로이드 1219
존슨, 새뮤얼 1423
종교 중심지 803
종교도시 810
종주국-속국 관계 1303-1305
주거공간의 고밀도화 889
주트너, 베르타 폰 1357
준즈, 올리비에 770
줄루전쟁 1316
줄루족 999-1001, 1316
중간지대 현상 948
중국의 도시규모 780
중국의 삼림훼손 1051
중국의 소형 분할전 1114
중국적십자회 1351
중화세계질서 1306
증기 포함 1175
증기선 795, 829, 883, 1071, 1219,
    1317, 1323, 1361, 1459
지방자치국 1486, 1487
지식분자 904, 1132, 1214, 1246, 1349,
    1352, 1410, 1438, 1479, 1488-1490,
    1496

지하철 767, 885, 886, 891

ㅊ

1848년 혁명 1445, 1446, 1449, 1450,
1451, 1454
1905년 러시아혁명 1477, 1481
챈들러, 테르티우스 778
철도역사 766
철도의 침입 887
철도체계 874
철도허브 804
철조망 988
청군의 난징성 탈환 1457
청일전쟁 1305
체이스, 오언 1073
체임벌린, 조지프 1165
초석전쟁 1314
총리아문 1333
총참모부 1309, 1362
충격의 도시 820
치외법권 853, 854
치중흥 1466

ㅋ

카부르, 카밀로 벤소 1107, 1132, 1133,
1134, 1144, 1396
카스터, 조지 암스트롱 1315
카우디요 1007, 1429
카프카스 정복전 1020
칸트, 이마누엘 1105
칼라일, 토마스 1231
컨비츠, 조셉 902

케말주의 공화국 1498
케인, 피터 1228
케치와요 1316
코도쿠 슈스이 1352
코만치제국 971
코믹오페라 「미카도」 1342
코민테른 1352, 1475
코사크인 1022, 1023, 1027-1029,
1159
코속, 만프레드 1407
콘도르칸키의 봉기 1426
콜럼버스 교환 1045
콜카타 794, 814, 841, 842, 844, 855,
865, 1464
콩고자유국 1174, 1194
쿠르드족 1018
쿠르디스탄 1018, 1019
쿠베르탕, 피에르 드 1360
쿠알라룸푸르 역 877
쿠퍼, 제임스 947
크레인, 스티븐 1323
크루프 819, 1311, 1312, 1317
크리미아전쟁 1107, 1282-1284, 1322,
1335, 1357, 1363
클라우제비츠, 카를 폰 1320
클레망소 1467, 1481
클레오파트라의 바늘 899
클레퍼턴, 휴 860
키더렌베히터, 알프레드 폰 1345
키치너 1205, 1315, 1317

ㅌ

탄지마트개혁 1019

탈도시화 782, 787-789

탈레랑 1443

탈몬, 야콥 1424

태평군의 난징성 점령 1457

태평양전쟁 1296

태평천국운동 1154, 1205, 1238, 1395,
　　1403, 1454-1460, 1462-1465,
　　1467, 1468, 1479, 1492

테일러, 해리엇 1354

텐, 이폴리트 888, 1406

토요토미 히데요시 1141, 1318

토지침탈식 정착이민 947

토지침탈형 식민화 949

통상항 826, 841, 854, 855, 872, 1161,
　　1304-1306, 1335, 1454

투베르튀르, 투생 1420, 1421, 1422

투팍 아마루 2세 1426, 1439

트란스발 공화국 1001

트리스탄, 플로라 1354

티르피츠, 알프레드 1285

티무르 1016

틸리, 찰스 1394

ㅍ

파리 북역 877

파리 코뮌 1098, 1394, 1476, 1481

파리평화회의 1347

파머, 로버트 1407

파머스톤 849, 885, 1327

파시, 프레데리크 1357

팍스 브리타니카 1232, 1233

팍스 아메리카나 1232

판초 비야 995

8국 연합군 815, 871, 1110, 1292, 1494

팔라비 왕조 1498

팩스턴 무리 983

퍼거슨, 애덤 1437

페르디난드 7세 1399

페리 1072, 1302, 1325

페리함대 1325

페인, 토머스 1391, 1411

페트로 1세 1127

평화주의 운동 1356

포경 1068, 1070, 1072-1074

포용형 프런티어 964

포우프, 존 818

포인, 스벤드 1070, 1072

포크, 제임스 1296

포템킨호 1491

포함 1112, 1175, 1319

폭스, 제랄드 778

폴리냑 1441

푸가체프, 예멜란 1411

퓌레, 프랑소와 1423

프랑스령 인도차이나 1301

프랑스식 다층주택 890

프랑스의 제국주의 1192

프랑크푸르트 역 877

프랭클린, 벤저민 1442

프런티어 사회의 인종구성 977

프런티어 확장의 피해자들 1078

프런티어 횡단과정 959

프런티어와 제국 955
프런티어의 국유화 960
프런티어 이론 950, 965, 1005, 1006, 1030
프레르, 바틀 1316
프리드리히 2세 1437
프리트, 알프레드 1361
피사로 1147
피슈, 외르크 1001
피어슨, 찰스 885
피와 대지 1034
피우스 9세 1132
피트, 윌리엄 1344, 1440, 1441

ㅎ
하겐베크, 요한 1064
하겐베크, 카를 1064
하노이 814, 843-845, 852, 855, 861,
    909, 1135
하를레메르 메이르 배수공사 1076,
    1077
하이네, 하인리히 1443
하이다르 알리 1206
하자노프, 아나톨리 1013
한커우 833, 860-862, 1492
할둔, 이븐 1013
항구도시 759, 778, 780, 782, 795, 796,
    799, 809, 813, 821, 825-829, 831,
    833-839, 841, 846, 847, 850, 854,
    1064, 1441
항구도시의 인구 유동성 835
항구도시의 황금시대 825
해밀턴, 알렉산드르 1222

해변 휴양도시 766, 805-807
향유고래 1068-1070, 1073
허브 798, 800
허치슨, 프랜시스 1437
헝가리 혁명 1449, 1470
헤레로인 1316
헤이그평화회의 1282, 1343, 1358
헤즐릿, 윌리엄 1436
현대 올림픽 1360
현대 외교의 규칙 1333
현대식 동물원 1064
현실정치 1107, 1283, 1328
호랑이 1062-1065, 1067
호랑이 사냥 1062-1065
호랑이 표본 1064
홀, 피터 906
홉슨, 윌리엄 1339
홉슨, 존 1172
홉킨스, 앤서니 1228
홍수전 1320, 1455-1457, 1459, 1466
홍인간 1459, 1467
화이트, 리처드 948
황화 1329
회전식 포탑 1323
후르그론제 804
후아레스, 베니토 904
흄, 데이비드 1438
흑인 거주구역 1004
히토르프 877
히틀러, 아돌프 1034
힐러리, 에드먼드 1049
힐퍼딩, 루돌프 1172

위르겐 오스터함멜(Jürgen Osterhammel, 1952−　)

오스터함멜은 1980년 독일에 있는 카셀대학에서 현대사 연구로 박사학위를 받았다. 이후 독일의 프라이부르크대학, 하겐대학, 콘스탄츠대학에서 가르쳤으며, 스위스의 '국제연구 대학원'(Graduate Institute of International Studies), '네덜란드 암스테르담 연구소'(Netherlands Institute for Advanced Study in the Humanities and Social Sciences), 런던에 있는 '독일 역사연구소 런던'(German Historical Institute London)에서 연구했다. 현재 독일 콘스탄츠대학의 명예교수이며 2010년 독일에서 가장 중요한 연구 관련 상인 라이프니츠상을 수상했다. 또한 세계사 연구의 업적을 인정받아 2017년에는 사회과학 분야의 최고상인 토인비상, 2018년에는 발찬(Balzan)상을 받았다. 국내 출간된 저서로는 『식민주의: 식민주의의 역사를 다시 해부한다』(2006), 『글로벌화의 역사』(2013, 공저)가 있으며 이번에 한길사에서 총 세 권으로 출간하는 『대변혁: 19세기의 역사풍경』이 있다.

박종일(朴鍾一)

1950년에 태어났으며 1975년 고려대학교 정치외교학과를 졸업했다.
이후 기업에서 30여 년간 일한 뒤 은퇴하여 번역가로 활동 중이다.
주요 번역서로는 『벌거벗은 제국주의』(2008), 『중국통사上, 下』(2009),
『다원주의와 지적 설계론』(2009), 『생태혁명』(2010), 『라과디아』(2010),
『학살의 정치학』(2011), 『아편전쟁에서 5・4운동까지』(2013),
『근세 백년 중국문물유실사』(2014), 『중국의 형상 1, 2』(2016)가 있으며
이번에 한길사에서 총 세 권으로 출간하는 『대변혁: 19세기의 역사풍경』이 있다.

HANGIL GREAT BOOKS 177

대변혁 II
19세기의 역사풍경

지은이 위르겐 오스터함멜
옮긴이 박종일
펴낸이 김언호

펴낸곳 (주)도서출판 한길사
등록 1976년 12월 24일
주소 10881 경기도 파주시 광인사길 37
홈페이지 www.hangilsa.co.kr
전자우편 hangilsa@hangilsa.co.kr
전화 031-955-2000~3 팩스 031-955-2005

부사장 박관순 총괄이사 김서영 관리이사 곽명호
영업이사 이경호 경영이사 김관영 편집주간 백은숙
편집 박희진 노유연 최현경 강성욱 이한민 김영길
관리 이주환 문주상 이희문 원선아 이진아 마케팅 정아린
디자인 창포 031-955-2097
CTP출력·인쇄 예림 제본 경일제책사

제1판 제1쇄 2021년 10월 5일
제1판 제2쇄 2022년 4월 25일

값 40,000원

ISBN 978-89-356-6500-6 94080
ISBN 978-89-356-6427-6 (세트)

• 잘못 만들어진 책은 구입하신 서점에서 바꿔드립니다.

한길그레이트북스 인류의 위대한 지적 유산을 집대성한다

1 관념의 모험
앨프레드 노스 화이트헤드 | 오영환

2 종교형태론
미르치아 엘리아데 | 이은봉

3·4·5·6 인도철학사
라다크리슈난 | 이거룡
2005 『타임스』 선정 세상을 움직인 100권의 책
『출판저널』 선정 21세기에도 남을 20세기의 빛나는 책들

7 야생의 사고
클로드 레비스트로스 | 안정남
2005 『타임스』 선정 세상을 움직인 100권의 책
2008 『중앙일보』 선정 신고전 50선

8 성서의 구조인류학
에드먼드 리치 | 신인철

9 문명화과정 1
노르베르트 엘리아스 | 박미애
2005 연세대학교 권장도서 200선
2012 인터넷 교보문고 명사 추천도서
2012 알라딘 명사 추천도서

10 역사를 위한 변명
마르크 블로크 | 고봉만
2008 『한국일보』 오늘의 책
2009 『동아일보』 대학신입생 추천도서
2013 yes24 역사서 고전

11 인간의 조건
한나 아렌트 | 이진우
2012 인터넷 교보문고 MD의 선택
2012 네이버 지식인의 서재

12 혁명의 시대
에릭 홉스봄 | 정도영·차명수
2005 서울대학교 권장도서 100선
2005 『타임스』 선정 세상을 움직인 100권의 책
2005 연세대학교 권장도서 200선
1999 『출판저널』 선정 21세기에도 남을 20세기의 빛나는 책들
2012 알라딘 블로거 베스트셀러
2013 『조선일보』 불멸의 저자들

13 자본의 시대
에릭 홉스봄 | 정도영
2005 서울대학교 권장도서 100선
1999 『출판저널』 선정 21세기에도 남을 20세기의 빛나는 책들
2012 알라딘 블로거 베스트셀러
2013 『조선일보』 불멸의 저자들

14 제국의 시대
에릭 홉스봄 | 김동택
2005 서울대학교 권장도서 100선
1999 『출판저널』 선정 21세기에도 남을 20세기의 빛나는 책들
2012 알라딘 블로거 베스트셀러
2013 『조선일보』 불멸의 저자들

15·16·17 경세유표
정약용 | 이익성
2012 인터넷 교보문고 필독고전 100선

18 바가바드 기타
함석헌 주석 | 이거룡 해제
2007 서울대학교 추천도서

19 시간의식
에드문트 후설 | 이종훈

20·21 우파니샤드
이재숙
2005 서울대학교 권장도서 100선

22 현대정치의 사상과 행동
마루야마 마사오 | 김석근
2005 『타임스』 선정 세상을 움직인 100권의 책
2007 도쿄대학교 권장도서

23 인간현상
테야르 드 샤르댕 | 양명수
2007 서울대학교 추천도서

24·25 미국의 민주주의
알렉시스 드 토크빌 | 임효선·박지동
2005 서울대학교 권장도서 100선
2012 인터넷 교보문고 MD의 선택
2012 인터넷 교보문고 MD의 선택
2013 문명비평가 기 소르망 추천도서

26 유럽학문의 위기와 선험적 현상학
에드문트 후설 | 이종훈
2005 서울대학교 논술출제

27·28 삼국사기
김부식 | 이강래
2005 연세대학교 권장도서 200선
2012 인터넷 교보문고 필독고전 100선
2013 yes24 다시 읽는 고전

29 원본 삼국사기
김부식 | 이강래

30 성과 속
미르치아 엘리아데 | 이은봉
2005 『타임스』 선정 세상을 움직인 100권의 책
2012 인터넷 교보문고 명사 추천도서
『출판저널』 선정 21세기에도 남을 20세기의 빛나는 책들

31 슬픈 열대
클로드 레비스트로스 | 박옥줄
2005 서울대학교 권장도서 100선
2005 연세대학교 권장도서 200선
2008 홍익대학교 논술출제
2012 인터넷 교보문고 명사 추천도서
2013 yes24 역사서 고전
『출판저널』 선정 21세기에도 남을 20세기의 빛나는 책들

32 증여론
마르셀 모스 | 이상률
2003 문화관광부 우수학술도서
2012 네이버 지식인의 서재

33 부정변증법
테오도르 아도르노 | 홍승용

34 문명화과정 2
노르베르트 엘리아스 | 박미애
2005 연세대학교 권장도서 200선
2012 인터넷 교보문고 명사 추천도서
2012 알라딘 명사 추천도서

35 불안의 개념
쇠렌 키르케고르 | 임규정
2012 인터넷 교보문고 필독고전 100선

36 마누법전
이재숙·이광수

37 사회주의의 전제와 사민당의 과제
에두아르트 베른슈타인 | 강신준

38 의미의 논리
질 들뢰즈 | 이정우
2000 교보문고 선정 대학생 권장도서

39 성호사설
이익 | 최석기
2005 연세대학교 권장도서 200선
2008 서울대학교 논술출제
2012 인터넷 교보문고 필독고전 100선

40 종교적 경험의 다양성
윌리엄 제임스 | 김재영
2000 대한민국학술원 우수학술도서

41 명이대방록
황종희 | 김덕균
2000 한국출판문화상

42 소피스테스
플라톤 | 김태경

43 정치가
플라톤 | 김태경

44 지식과 사회의 상
데이비드 블루어 | 김경만
2002 대한민국학술원 우수학술도서

45 비평의 해부
노스럽 프라이 | 임철규
2001 『교수신문』 우리 시대의 고전

46 인간적 자유의 본질·철학과 종교
프리드리히 W.J. 셸링 | 최신한

47 무한자와 우주와 세계·원인과 원리와 일자
조르다노 브루노 | 강영계
2001 한국출판인회의 이달의 책

48 후기 마르크스주의
프레드릭 제임슨 | 김유동
2001 한국출판인회의 이달의 책

49·50 봉건사회
마르크 블로크 | 한정숙
2002 대한민국학술원 우수학술도서
2012 『한국일보』 다시 읽고 싶은 책

51 칸트와 형이상학의 문제
마르틴 하이데거 | 이선일
2003 대한민국학술원 우수학술도서

52 남명집
조식 | 경상대 남명학연구소
2012 인터넷 교보문고 필독고전 100선

53 낭만적 거짓과 소설적 진실
르네 지라르 | 김치수·송의경
2002 대한민국학술원 우수학술도서
2013 『한국경제』 한 문장의 교양

54·55 한비자
한비 | 이운구
한국간행물윤리위원회 추천도서
2007 서울대학교 추천도서
2012 인터넷 교보문고 필독고전 100선

56 궁정사회
노르베르트 엘리아스 | 박여성

57 에밀
장 자크 루소 | 김중현
2005 서울대학교 권장도서 100선
2000·2006 서울대학교 논술출제

58 이탈리아 르네상스의 문화
야코프 부르크하르트 | 이기숙
2004 한국간행물윤리위원회 추천도서
2005 연세대학교 권장도서 200선
2009 『동아일보』 대학신입생 추천도서

59·60 분서
이지 | 김혜경
2004 문화관광부 우수학술도서
2012 인터넷 교보문고 필독고전 100선

61 혁명론
한나 아렌트 | 홍원표
2005 대한민국학술원 우수학술도서

62 표해록
최부 | 서인범·주성지
2005 대한민국학술원 우수학술도서

63·64 정신현상학
G.W.F. 헤겔 | 임석진
2006 대한민국학술원 우수학술도서
2005 연세대학교 권장도서 200선
2005 프랑크푸르트도서전 한국의 아름다운 책 100선
2008 서우철학상
2012 인터넷 교보문고 필독고전 100선

65·66 이정표
마르틴 하이데거 | 신상희·이선일

67 왕필의 노자주
왕필 | 임채우
2006 문화관광부 우수학술도서

68 신화학 1
클로드 레비스트로스 | 임봉길
2007 대한민국학술원 우수학술도서
2008 『동아일보』 인문과 자연의 경계를 넘어 30선

69 유랑시인
타라스 셰브첸코 | 한정숙

70 중국고대사상사론
리쩌허우 | 정병석
2005 『한겨레』 올해의 책
2006 문화관광부 우수학술도서

71 중국근대사상사론
리쩌허우 | 임춘성
2005 『한겨레』 올해의 책
2006 문화관광부 우수학술도서

154 로마사 논고
니콜로 마키아벨리 | 강정인·김경희
2005 대한민국학술원 우수학술도서

155 르네상스 미술가평전 1
조르조 바사리 | 이근배

156 르네상스 미술가평전 2
조르조 바사리 | 이근배

157 르네상스 미술가평전 3
조르조 바사리 | 이근배

158 르네상스 미술가평전 4
조르조 바사리 | 이근배

159 르네상스 미술가평전 5
조르조 바사리 | 이근배

160 르네상스 미술가평전 6
조르조 바사리 | 이근배

161 어두운 시대의 사람들
한나 아렌트 | 홍원표

162 형식논리학과 선험논리학
에드문트 후설 | 이종훈
2011 대한민국학술원 우수학술도서

163 러일전쟁 1
와다 하루키 | 이웅현

164 러일전쟁 2
와다 하루키 | 이웅현

165 종교생활의 원초적 형태
에밀 뒤르켐 | 민혜숙 · 노치준

166 서양의 장원제
마르크 블로크 | 이기영

167 제일철학 1
에드문트 후설 | 이종훈
2021 대한민국학술원 우수학술도서

168 제일철학 2
에드문트 후설 | 이종훈
2021 대한민국학술원 우수학술도서

169 사회적 체계들
니클라스 루만 | 이철 · 박여성 | 노진철 감수

170 모랄리아
플루타르코스 | 윤진

171 국가론
마르쿠스 툴리우스 키케로 | 김창성

172 법률론
마르쿠스 툴리우스 키케로 | 성염

173 자본주의의 문화적 모순
다니엘 벨 | 박형신

174 신화학 3
클로드 레비스트로스 | 임봉길

175 상호주관성
에드문트 후설 | 이종훈

176 대변혁 1
위르겐 오스터함멜 | 박종일

177 대변혁 2
위르겐 오스터함멜 | 박종일

178 대변혁 3
위르겐 오스터함멜 | 박종일

179 유대인 문제와 정치적 사유
한나 아렌트 | 홍원표

● 한길그레이트북스는 계속 간행됩니다.